“一带一路”沿线国家国际仲裁制度研究

⑥

中国国际经济贸易仲裁委员会 编
China International Economic and Trade Arbitration Commission

The Research of the International Arbitration
System in Countries Along
The Belt and Road

法律出版社
LAW PRESS · CHINA
—— 北京 ——

图书在版编目(CIP)数据

"一带一路"沿线国家国际仲裁制度研究. 6 / 中国国际经济贸易仲裁委员会编. -- 北京 : 法律出版社, 2022

ISBN 978 - 7 - 5197 - 5930 - 8

Ⅰ. ①一… Ⅱ. ①中… Ⅲ. ①国际仲裁—研究 Ⅳ. ①D994

中国版本图书馆 CIP 数据核字(2021)第 189634 号

"一带一路"沿线国家国际仲裁制度研究(6)
"YIDAIYILU" YANXIAN GUOJIA GUOJI ZHONGCAI ZHIDU YANJIU (6)

中国国际经济贸易仲裁委员会 编

策划编辑 沈小英
责任编辑 毛镜澄
装帧设计 李 瞻

出版发行 法律出版社
编辑统筹 法治与经济出版分社
责任校对 晁明慧 王 皓
责任印制 吕亚莉
经 销 新华书店

开本 710 毫米×1000 毫米 1/16
印张 37.5 字数 653 千
版本 2022 年 8 月第 1 版
印次 2022 年 8 月第 1 次印刷
印刷 北京虎彩文化传播有限公司

地址:北京市丰台区莲花池西里 7 号(100073)
网址:www.lawpress.com.cn
投稿邮箱:info@lawpress.com.cn
举报盗版邮箱:jbwq@lawpress.com.cn

销售电话:010 - 83938349
客服电话:010 - 83938350
咨询电话:010 - 63939796

书号:ISBN 978 - 7 - 5197 - 5930 - 8
定价:188.00 元

凡购买本社图书,如有印装错误,我社负责退换。电话:010 - 83938349

目　录

CHAPTER 01 >>

第一章 日本仲裁制度研究

一、日本仲裁法律制度概况及演进

(一)日本国内仲裁立法

1.1890 年《仲裁法》

日本1890年《仲裁法》规定在1890年《日本民事诉讼法典》第8编"公告程序与仲裁程序"第786条至第805条中。该法大量借鉴了德国1879年《民事诉讼法典》第10卷有关仲裁的内容。日本1890年《仲裁法》对仲裁协议、仲裁员的选任、仲裁程序以及仲裁裁决作出了规定,其特点是规则较简单且落后。该法还规定仲裁庭由当事人分别指定的两名仲裁员组成,如果两名仲裁员在仲裁时无法达成一致意见,仲裁协议便失效。但是该法未对国际仲裁作出规定。德国1879年《民事诉讼法典》第10卷早已在1998年适时进行了修改,而日本《民事诉讼法典》第8编"公告程序与仲裁程序"自1890年生效起,超过100余年仍然没有进行任何修改。另外,日本1890年《仲裁法》与法院公告程序被规定在1890年日本《民事诉讼法典》同一编中也显示出仲裁制度在日本法律体系中没有受到足够重视。日本仲裁法的陈旧过时导致仲裁无法在日本流行发展。国内仲裁方面,由于仲裁裁决与法院判决具有相同的执行力,日本当事人传统的厌诉情绪也因此蔓延到对仲裁的态度上;比起仲裁,日本当事人更倾向选择更加友好的调解作为解决争议的方式。而在国际仲裁方面,因日本1890年《仲裁法》与国际仲裁实践脱轨,国际商事纠纷的当事人几乎不会选择日本作为仲裁地。因此,1890年《仲裁法》招致日本学术界与实务界的强烈批评。

2.2004年《仲裁法》

随着《联合国国际贸易法委员会国际商事仲裁示范法》(以下简称《示范法》)的颁布以及各国国内仲裁立法对《示范法》的采纳,日本国内改革仲裁法的呼声越来越高。日本前首相小泉纯一郎于2001年上任后,组建了日本司法系统改革促进办公室。在小泉纯一郎的指引下,该办公室成立了由仲裁专家组成的研究小组,负责修改日本《仲裁法》。该小组在广泛征询了来自学术界、实务界、仲裁机构和政府的有关建议后,制定了新的仲裁法草案。2003年8月,日本颁布了修订后的《仲裁法》,并于2004年5月正式施行。2004年《仲裁法》与公示催告程序分离开来,在日本《民事诉讼法典》中单独成编。

相较旧法,2004年《仲裁法》以《示范法》为蓝本,不仅适用于日本国内仲裁,还适用于国际商事仲裁,以求日本仲裁法与国际社会仲裁立法与实践接轨。此外,该法还将日本加入的1958年《承认及执行外国仲裁裁决公约》(以下简称《纽约公约》)中有关承认与执行外国仲裁裁决的内容规定于其中,构成了《纽约公约》缔约方的裁决在日本承认与执行的国内法依据。

3.2011年《民事调解法》

日本于1952年颁布了《民事调解法》,并于2011年作了修订。《民事调解法》的目的在于根据符合情理的实际情况,通过当事人的互让谋求民事纠纷的解决。《民事调解法》中所指的调解系法院附设的调解制度,并不涉及民间调解。当事人发生民事纠纷时,可以向日本法院提出调解申请,法院将由调解委员会或独任法官对纠纷进行调解。如果调解成功,法院会将当事人的调解协议载入笔录,该笔录与确定判决具有同样的效力。调解失败的,当事人可以根据法律规定就该纠纷提起诉讼。

4.2006年《促进利用替代性纠纷解决程序法》(以下简称《促进利用ADR法》)

替代性争议解决方式(Alternative Dispute Resolution,ADR),是指通过在争议解决程序中引入公正的第三方来解决当事人之间的民事争议的诉讼外争议解决程序,一般包括仲裁、调解与和解。在日本,ADR除《民事调解法》规定的法院附设调解外,民间ADR也广受欢迎。实际上,日本律师协会从20世纪90

年代起就通过律师协会仲裁中心(Bar Association's Arbitration Center)为日本公民提供解决民商事纠纷的ADR服务。该仲裁中心最初是为解决建筑仲裁纠纷而设立的,后来随着市民之间小额金钱纠纷数量的增加,该仲裁中心开始提供解决建筑仲裁服务以外的争议解决服务。尽管称为律师协会仲裁中心,但是其受理的大部分争议并没有仲裁协议。在实践中,这些争议几乎都是该中心通过调解解决的。[1] 随着日本公民对律师协会仲裁中心的调解服务青睐度的不断提高,日本民间ADR服务发展越来越繁荣。为了规范民间ADR行业与市场,日本于2006年施行《促进利用ADR法》,为民间ADR服务的开展提供法律依据。

(二)1958年《纽约公约》

在加入《纽约公约》以前,日本曾分别于1923年和1927年批准了国际联盟《日内瓦仲裁条款议定书》和《日内瓦外国仲裁裁决公约》。1967年,日本加入了《纽约公约》。根据《纽约公约》第7条第2款的规定,加入公约的缔约方不再受《日内瓦仲裁条款议定书》和《日内瓦外国仲裁裁决公约》的约束。《纽约公约》实际上已经取代了《日内瓦仲裁条款议定书》和《日内瓦外国仲裁裁决公约》。

日本没有颁布有关执行《纽约公约》的国内立法,但根据《日本宪法》第98条第2款的规定,日本缔结的条约应当被遵守。因此,《纽约公约》在日本属于可以直接适用的法律渊源。值得注意的是,日本在加入《纽约公约》时作出了互惠保留,即日本法院只承认和执行在《纽约公约》缔约方境内作出的仲裁裁决。对于在非《纽约公约》缔约方境内作出的仲裁裁决,则应根据日本《仲裁法》的规定申请承认与执行。

二、日本现行仲裁法律制度介绍和评析

(一)2004年《仲裁法》

日本现行的2004年《仲裁法》共10章,55条,外加附则中有关消费者仲裁与雇员仲裁的特殊规定。下文将对该法的主要内容进行介绍并作简要评析。

---

[1] See Yasunobu Sato, *The New Arbitration Law in Japan: Will It Cause Changes in Japanese Conciliatory Arbitration Practices?*, Journal of International Arbitration, Kluwer Law International, Volume 22 Issue 2, p. 141 – 148 (2005).

1. 主要内容

(1)一般规定

第一,《仲裁法》的适用范围。《仲裁法》第 1 条规定:“仲裁地在日本的仲裁程序以及法院实施的与仲裁程序相关的程序,除其他法律规定外,依照本法。”《仲裁法》并没有对国内仲裁和国际仲裁作出区分,只要是仲裁地在日本的仲裁程序都适用《仲裁法》。此外,根据《仲裁法》第 3 条的规定,仲裁地不在日本的仲裁也适用《仲裁法》中的某些条款,如《仲裁法》第 14 条第 1 款[1]、第 15 条[2]以及第 8 章有关仲裁裁决的承认与执行的规定。

第二,仲裁的定义。《仲裁法》并没有对“什么是仲裁”这一问题作出界定。但是,《仲裁法》第 2 条第 1 款对“仲裁协议”的定义事实上回答了“什么是仲裁”的问题。根据《仲裁法》第 1 条第 1 款的规定,“仲裁协议”,是指将已经发生的民事纠纷或将来发生的关于特定法律关系(不限于契约法律关系)的民事纠纷的全部或部分委托于 1 名或 2 名以上的仲裁员予以解决,并服从上述仲裁员的判断合意。另外,根据《仲裁法》的规定,“仲裁庭”,是指依据仲裁合意,对作为仲裁对象的民事纠纷进行审理并作出判断的独任仲裁员或 2 名以上仲裁员组成的仲裁庭。从上述规定可以看出,日本《仲裁法》并没有强制要求争议必须交由常设仲裁机构予以解决,也并没有明文禁止临时仲裁,因此,《仲裁法》实际上允许当事人通过仲裁协议将争议交付临时仲裁解决,即当事人可以不指定仲裁机构对仲裁案件进行行政管理,由当事人和仲裁员商定仲裁程序以解决争议。

第三,法院对仲裁的介入。《仲裁法》第 4 条规定,法院可以根据规定对仲裁程序行使职权,例如,法院对仲裁程序中的书面通知的送达、取证、确认仲裁协议效力、指定仲裁员等问题提供协助。同时,该法第 5 条规定了介入仲裁程序的法院的管辖权。根据该规定,有权介入仲裁程序的日本法院包括当事人合意确定的

---

〔1〕 日本《仲裁法》第 14 条第 1 款规定:“对于作为仲裁和一兑现规定民事纠纷提起诉讼时,受诉法院应依被告申请,驳回起诉。但是下列情形不在此限:(1)仲裁协议因无效、撤销或其他事由而失效时;(2)为依据仲裁和一商事仲裁程序时;(3)被告的申请是于被告对本案进行辩论,或于辩论准备程序中进行陈述后提出时。”

〔2〕 日本《仲裁法》第 15 条规定:“仲裁协议的存在不影响当事人在仲裁程序开始前或进行中,向法院申请关于作为仲裁协议对象的民事纠纷的保全处分,亦不妨碍受理该申请的法院作出保全处分命令。”

法院、仲裁地的法院以及被申请人的普通裁判籍[1]所在地的法院。当依照该法规定有两个以上法院具有管辖权时，由申请人首先提出申请的法院管辖。法院认为案件的全部或部分不由其管辖时，应依申请或依职权将案件移送至有管辖权的法院。另外，法院依照《仲裁法》的规定介入仲裁程序时，其对仲裁程序有关问题所作出的裁判可以不经口头辩论直接作出。对于法院作出的裁判，利害关系人可根据《仲裁法》的规定，自受告知之日起 2 周内提出即时抗告。[2] 以上规定适用于仲裁地在日本国内的仲裁程序。对于仲裁地尚未确定，但仲裁地有可能在日本国内，且申请人或被申请人的普通裁判籍（依最后住所地确定的普通裁判籍所除外）所在地在日本国内的仲裁程序，当事人则可以依法就仲裁员的人数、仲裁员的选任、仲裁员的回避和仲裁员的解任问题，申请法院介入。在这种情形下，有权介入仲裁程序的法院仅限于申请人和被申请人普通裁判籍所在地的地方法院。

(2) 仲裁协议

第一，仲裁协议有效要件、可仲裁事项以及仲裁协议的形式。《仲裁法》规定，有效的仲裁协议必须符合两个要件：一是仲裁事项具有可仲裁性；二是仲裁协议必须以书面形式达成。《仲裁法》第 13 条第 1 款规定："除法律另有规定外，仲裁合意以当事人可进行和解的民事纠纷（离婚或解除收养关系的纠纷除外）为对象时有效。"该条指出了仲裁协议有效的条件之一是争议具有可仲裁性。从该规定可以看出，《仲裁法》所规定的可仲裁事项非常广，除离婚和解除收养关系的纠纷、不可和解的民事纠纷以及非民事纠纷外，其他可以和解的合同纠纷、侵权纠纷、财产纠纷、商事纠纷、家庭纠纷和继承纠纷等民事纠纷都属于可仲裁的纠纷。另外，该法第 13 条第 2 款至第 5 款规定了仲裁协议的书面形式，且其所认可的书面形式具有多样性、时代性。首先，仲裁协议应当以全部当事人署名的文书、当事人互寄

---

〔1〕 日本《民事诉讼法》第 4 条规定："（一）诉讼由被告普通裁判籍所在地的裁判所管辖。（二）自然人的普通裁判籍依住所而定；在日本国内没有住所或住所不明时，则依居所而定；在日本国内没有居所或居所不明时，则依最后住所而定。（三）大使、公使以及其他主要享有治外法权的日本人无前项规定的普通裁判籍时，其普通裁判籍由最高法院规则予以规定。（四）法人以及其他社团或财团的普通裁判籍依其主要事务所或者营业所而定；无事务所或者营业所时，以代表人或其他主要业务负责人的住所而定。（五）外国社团或财团的普通裁判籍不受前项规定限制，依据其在日本的主要事务所或者营业所而定；在日本国内没有事务所或者营业所时，则依其驻日的代表人以及其他主要业务负责人的住所而定。（六）国家的普通裁判籍依代表国家的国家机关所在地而定。"

〔2〕 抗告是对判决以外的决定或命令提起的独立上诉。即时抗告是法律个别赋予的、特别允许的抗告，要求抗告人在抗告期间内提起。

的书信或电报(包含传真及其他通信手段提供给收信人的文字通信记录)及其他书面形式作出。其次,在书面合同中记载的仲裁协议条款也视作仲裁协议以书面形式做成。再次,仲裁协议以电磁记录(是指需要以电子计算机进行信息处理的方式、电磁的方式以及其他不能以人的知觉识别的方式作成的记录)的方式达成时,也视为符合仲裁协议的书面形式要件。最后,在仲裁程序中,一方当事人提出的书面主张中记载有仲裁协议的内容,且他方当事人提出的书面主张中未对此表示异议的,该仲裁协议视为以书面形式达成。《仲裁法》可仲裁性范围和书面形式认定范围的扩大化显示出《仲裁法》尽量使仲裁协议有效的立法目的。

第二,仲裁协议的效力。《仲裁法》第 14 条规定了在当事人之间存在仲裁协议的情况下,当事人一方就同一争议向法院提起诉讼时,法院应当依被告申请驳回起诉,除非仲裁协议无效、仲裁程序不符合仲裁协议约定或被告提出驳回起诉的申请是在其对案件进行辩论或于辩论准备程序中进行陈述后提出的。该条确定了有效的仲裁协议具有排除法院管辖权的效力。另外,《仲裁法》第 15 条还规定,仲裁协议的存在并不影响当事人在仲裁开始前或仲裁中向法院申请针对同一争议的保全处分,也不妨碍受理该保全申请的法院作出保全处分命令。

第三,仲裁条款独立性原则。《仲裁法》第 13 条第 6 款规定,当仲裁协议以合同条款形式达成时,仲裁条款以外的合同条款因无效、撤销及其他事由而失效时,不妨碍仲裁条款的效力。该条确立了仲裁协议的独立性原则,即仲裁条款的效力不受主合同或主合同条款效力的影响。

第四,仲裁协议效力(仲裁管辖权)的确认。有效的仲裁协议除能够排除法院的管辖权外,也构成仲裁庭对纠纷行使管辖权的依据。《仲裁法》第 23 条规定,有权审查仲裁协议效力的主体有两个:一是仲裁庭;二是法院。首先,仲裁庭可以对仲裁协议是否存在、仲裁协议的效力以及自己是否具有审理案件的仲裁管辖权作出判断,也就是说,《仲裁法》确立了仲裁庭的自裁管辖权原则。需要注意的是,当事人对仲裁员管辖权持有异议的,应当及时向仲裁庭提出。当事人异议应在提出关于案件的最初书面主张(包括口头审理时最初以口头形式提出关于案件的主张)之前向仲裁庭提出,若在仲裁程序中出现仲裁庭无管辖权事由的,当事人则应当在事由产生后迅速向仲裁庭提出。原则上,仲裁庭不受理当事人延迟提出的仲裁管辖权异议,但如果仲裁庭认为这种延迟具有正当理由时,则应处理该异议。对于当事人提出仲裁管辖权异议的,仲裁庭经审理认为异议不成立从而确认自己管辖权的,应当在仲裁裁决前专门作出决定或在仲裁裁决中予以明确说明;经审理后确认自己不具有管辖权的,则应作出终结仲裁程序的决定,并在决定中说明自己无管辖权。其次,仲裁庭裁定自己有管辖权的,当事人可以在收到该决定通知之日起30日内向法院提出申请,确认仲裁庭是否有管辖权。但是该申请不会产生中止仲裁程序的效力,即使该纠纷确实属于法院管辖的情况下,仲裁庭仍可以继续仲裁程序,并作出仲裁裁决。《仲裁法》虽然规定了仲裁庭和法院都有审查仲裁管辖权的权力,但二者的审查权具有先后顺序,仲裁庭的审查权优先于法院的审查权,当事人只有在仲裁庭对自己的管辖权作出确认后,方能向法院申请审查仲裁庭是否具有管辖权。

(3)仲裁庭的组成

第一,仲裁员人数。《仲裁法》第16条规定,仲裁员的人数首先由当事人合意确定。当事人未就仲裁员人数达成合意的,如果当事人人数为2人,则仲裁员人数默认为3人;如果当事人人数为3人以上的,当事人可申请由法院确定仲裁员人数。在确定仲裁员人数问题上,《仲裁法》没有授予仲裁机构以确定权。

第二,仲裁员的选任。在仲裁员选任问题上,《仲裁法》第17条规定,当事人可以就如何选任仲裁员以及选任何人担任仲裁员的问题达成合意。在当事人没有达成此种合意时,仲裁员的选任应根据当事人人数和仲裁员人数适用《仲裁法》的规定,并且法院将依当事人申请提供协助。若在当事人人数为2人且需选任的仲裁员人数为3人的情形中,由当事人各自选任1名仲裁员,第三名仲裁员则由当事人选任的2名仲裁员选任。在这种情形下,一方当事人自受已选任仲裁员的他方当事人提出的选任仲裁员的催告起30日未予选任时,则可依该已选任仲裁员的当事人的申请,由法院选任仲裁员。由当事人选任的2名仲裁员于选任后30日内未选任第三名仲裁员时,亦同此处理。若在当事人人数为2人,且为独任仲裁员的情形中,法院将依一方当事人的申请,选任独任仲裁员。若当事人人数为3人以上时,法院亦依一方当事人的申请选任仲裁员。法院在选任仲裁员时,应考虑以下3个因素:依当事人合意确定的仲裁员的条件;被选任者的公正性及独立性;在选任独任仲裁员或由当事人选任的两名仲裁员选任第三名仲裁员的情形中,选任具有不同于双方当事人国籍的仲裁员是否适当。

第三,仲裁员的回避。根据《仲裁法》第18条的规定,仲裁员的回避事由有两个:不具备当事人合意确定的仲裁员条件;有足以怀疑仲裁员公正性及独立性的适当理由。《仲裁法》并没有进一步规定影响仲裁员公正性及独立性的适当理由包括哪些。当事人在选任仲裁员后方知晓仲裁员存在回避事由的,可以申请该仲裁员回避。在仲裁员方面,拟接受委任的仲裁员应当向委任人披露“使其公正性或独立性产生疑问的全部事实”,并且仲裁员应当在仲裁程序中及时向当事人披露可能使自己的公正性或独立性受到质疑的全部事实(已经披露的事实除外)。在回避程序上,《仲裁法》允许由当事人协议确定仲裁员的回避程序,在当事人没有达成合意的情况下,由仲裁庭依当事人申请作出关于仲裁员是否回避的决定。当事人向仲裁庭提出回避申请的条件有两个:其一,应当在“知晓仲裁庭的构成之日与回避事由之日中较晚之日起 15 日内”向仲裁庭提出申请;其二,申请应当以书面方式提出,并且载明回避事由。对于在回避程序中作出的仲裁员无回避事由的决定,申请回避的当事人可以在收到该决定之日起 30 日内向法院提出针对该仲裁员的回避申请,法院认为该仲裁员存在回避事由的,应作出具有回避事由的决定。在法院审理当事人提出的回避申请期间,仲裁庭仍可继续进行仲裁程序。

第四,仲裁员的解任。根据《仲裁法》第 20 条的规定,仲裁员的解任事由有两个:其一,仲裁员在法律上或事实上不能执行该仲裁任务;其二,仲裁员使仲裁任务不当延迟。需要注意的是,解任决定只能由法院依当事人申请作出。此外,《仲裁法》第 20 条虽然没有规定当事人能否通过达成合意解任仲裁员,但根据《仲裁法》第 21 条的规定,仲裁员的任务终结事由之一是当事人合意解任仲裁员,因此可认为,当事人可以通过达成合意解任仲裁员。

第五,仲裁员任务终结与继任仲裁员的选任。《仲裁法》第 21 条规定,仲裁员的任务因下列事由而终结:其一,仲裁员死亡;其二,仲裁员辞职;其三,当事人合意解任仲裁员;其四,仲裁员被作出回避决定;其五,仲裁员被法院作出解任决定。仲裁员任务终结后,继任仲裁员的选任方法由当事人合意确定,当事人没有就此达成合意的,则依照之前选任仲裁员的方法选任继任仲裁员。

第六,仲裁员的报酬与罚则。根据《仲裁法》第 47 条的规定,仲裁员的报酬由当事人合意确定,当事人之间没有就该问题达成合意的,则由仲裁庭决定仲裁员应获得的适当报酬。此外,《仲裁法》第 10 章规定了对仲裁员腐败行为的刑事惩罚,如受贿、受托受贿及事前受贿、间接受贿、加重受贿及事后受贿等。但应注意的是,《仲裁法》对仲裁员腐败行为的刑事惩罚仅适用于仲裁地在日本国内的仲裁。

第七,仲裁庭的特别权限。仲裁庭除对自己是否具有管辖权这一问题具有决定权外,还有权在仲裁中作出临时措施或保全措施的决定。仲裁庭与当事人间没有其他合意时,可依一方当事人的申请,作出对另一方当事人采取仲裁庭认为必要的临时措施或保全措施的命令,并且可以命令当事人提供适当担保。

(4)仲裁的法律适用

根据《仲裁法》的规定,仲裁的法律适用可以分为仲裁程序的法律适用、仲裁协议的法律适用以及仲裁争议的准据法三个方面。

第一,仲裁程序的法律适用。根据《仲裁法》第1条的规定,仲裁地在日本的仲裁程序应当适用《仲裁法》。

第二,仲裁协议的法律适用。《仲裁法》并没有直接对仲裁协议的准据法作出规定,但根据《仲裁法》第44条第1款第2项有关撤销仲裁裁决事由的规定,仲裁协议的法律应适用当事人指定的法律(无指定时,则为日本法律),因当事人行为能力受限以外的其他事由导致该仲裁协议无效的,当事人可申请撤销仲裁裁决。该规定指出,仲裁协议的准据法应由当事人协议确定,当事人未达成协议的,仲裁协议应当适用日本法。

第三,仲裁争议的准据法。根据《仲裁法》第36条的规定,仲裁争议适用的实体法应由当事人合意确定,在当事人没有就争议准据法达成合意的情况下,仲裁庭应适用与争议具有最密切关系的国家的法律。该规定与《示范法》有关仲裁争议准据法的规定不同,根据《示范法》第28条的规定,仲裁庭应当按照各当事人选择适用于争议实体的法律对争议作出决定,在当事人没有选择法律的情况下,仲裁庭应适用根据冲突规范所指引的法律。另外,《仲裁法》还允许友好仲裁,即当事人双方提出明确请求时,仲裁庭可以不适用任何国家的法律,而基于公平合理的原则灵活作出裁决。友好仲裁制度能够很好地弥补立法相对实践发展所存在的滞后性,立法可能对有些争议缺乏明确规定,而友好仲裁能使争议无须适用暂时滞后的立法而得以解决。另外,仲裁庭在作出裁决时,还应当考虑当事人的合同约定以及有关民事习惯。

(5)仲裁程序

第一,仲裁规则。当事人可以合意确定仲裁庭应遵守的仲裁程序准则,但是当事人的合意不得违反关于公共秩序的规定。在当事人没有就应适用的仲裁规则达成合意的情况下,仲裁庭应在不违反法律规定的限度内,适用其认为适当的方法实施仲裁程序。在仲裁程序中,当事人知晓仲裁庭未遵循法律规定或当事人间合意确定的仲裁规则时,有权提出异议。但当事人未及时提出异议且无其他约定的,视为放弃异议权。

第二,仲裁地及仲裁场所的确定。仲裁地由当事人合意确定,但当事人未达成此项合意时,仲裁庭应考虑当事人便利及其他与纠纷有关的情况以确定仲裁地。对于仲裁场所,当事人如果没有作出特别约定,仲裁庭可以在仲裁地以外的其认为适当的任何场所进行仲裁合议,听取当事人、鉴定人或第三人的陈述以及对文书或物进行验证。

第三,仲裁程序的开始。当事人可以合意确定仲裁程序开始的时间。若当事人没有就此达成合意,仲裁程序始于一方当事人通知另一方当事人将该特定民事纠纷提交仲裁时。

第四,仲裁语言。当事人可以合意确定仲裁程序应使用的语言。在当事人未达成合意的情况下,由仲裁庭对该事项作出决定。当事人或仲裁庭确定的仲裁语言应当适用于所有的仲裁程序,包括庭审程序、当事人提交的书面陈述、有关通知、仲裁庭以书面形式作出的决定(包含仲裁裁决)或通知,当事人另有约定的除外。此外,仲裁庭还可以要求将证据文件翻译为当事人或仲裁庭确定的语言。

第五,审理方法。仲裁庭可以对当事人提出的证据或陈述意见进行开庭审理,若当事人申请开庭审理,仲裁庭则应当开庭审理。在仲裁审理过程中,当事人和仲裁庭都负有程序通知义务。具体而言,当事人向仲裁庭提供书面意见、证据文件及其他记录时,应当通知其他当事人;对作为仲裁裁决或其他决定基础的鉴定人报告及其他证据资料的内容,仲裁庭应通知全部当事人。

第六,鉴定人的选任。仲裁庭可以选任一位或两位以上的鉴定人对必要事项进行鉴定,并可要求鉴定人以书面或口头形式报告鉴定结果。同时,仲裁庭可以要求当事人向鉴定人提供鉴定所必需的信息、文书及其他物品。另外,在当事人提出请求或仲裁庭认为必要时,鉴定人在作出鉴定报告后应当出席口头审理。当事人可以在口头审理中询问鉴定人,或聘请专家对有关鉴定事项进行陈述。当事人可以就上述所有鉴定事项作出特别约定。

第七,法院对仲裁程序的支持。法院除协助当事人指定仲裁员外,还就仲裁程序中的送达和取证提供协助。首先,法院对仲裁程序中送达仲裁程序书面通知提供协助。在送达仲裁程序中的书面通知时,除非当事人另有约定,该通知由收取人直接领取或发送至该收取人的住所、经常居住所、营业所、事务所或投递场所(收取人指定的接收发信人所发送的书面通知的场所)时,视为送达。法院也可以将上述通知以书面形式送达收取人的住所、经常居所、营业所、事务所或投递场所。其次,法院对仲裁程序中证据调取提供协助。仲裁庭认为,在仲裁程序中需要委托法院调取证据、询问证人、开展鉴定、书证、勘验等,仲裁庭或当事人可向法院提出申请,当事人另有约定的除外。法院依申请进行证据调取时,仲裁员可阅读文书、验证勘验标的,也可以在法院许可后询问证人或鉴定人。[1]

(6)仲裁裁决

第一,仲裁庭决议。《仲裁法》第37条规定,当事人可以就仲裁庭决议方式作出约定。在无约定时,如果仲裁庭由多名仲裁员组成,则应当由仲裁庭选任首席仲裁员,首席仲裁员可就程序事项作出决定。仲裁裁决应由仲裁庭多数意见作出。

第二,仲裁和解。仲裁程序进行中,若当事人就争议达成和解,仲裁庭可以依当事人双方的申请作出以该和解协议为内容的决定,且该决定具有仲裁裁决的效力。

第三,仲裁调解。在双方当事人均同意的情况下,仲裁庭或当事人选任的一名或两名以上的仲裁员可对争议进行调解。但是《仲裁法》并没有对调解失败后参与调解的仲裁员可否继续担任案件仲裁员作出规定。

第四,仲裁裁决书。首先,关于仲裁裁决的形式,仲裁庭作出仲裁裁决时,应当制作仲裁裁决书并署名。仲裁庭为合议庭形式时,可仅由过半数的仲裁员署名,但是应记载其他仲裁员未署名的理由。其次,关于仲裁裁决的内容,仲裁裁决书中应出具裁决理由,但当事人另有约定的除外。仲裁裁决书还应载明裁决作出的日期和仲裁地。此外,仲裁庭作出仲裁裁决后,应向当事人寄送仲裁员署名的仲裁裁决书副本。

第五,仲裁程序终止。仲裁程序于仲裁裁决作出之时或仲裁庭决定终止仲裁程序时终止。仲裁庭决定终止仲裁程序的情形包括:其一,仲裁庭明示自己对争议无管辖权;其二,仲裁申请人没有在规定期间内陈述仲裁请求、提供作为请求依

---

[1] 此处的"鉴定人",是指《民事诉讼法》第213条规定的由法院指定的鉴定人,而非仲裁程序中的鉴定人。日本《民事诉讼法》第213条规定:"鉴定人由受诉法院、受命法官或委托法官指定。"

据的事实以及对纠纷要点进行说明;其三,仲裁申请人撤回仲裁申请,但被申请人对撤回申请提出异议,且仲裁庭认为被申请人对于争议解决具有正当利益;其四,双方当事人合意终止仲裁程序;其五,当事人对争议达成和解;其六,仲裁庭认为无继续仲裁程序的必要或仲裁程序无法继续进行。

第六,仲裁裁决的修正、解释和补充。首先,仲裁裁决的修正。仲裁庭可依当事人申请或依职权修正仲裁裁决中的计算错误、笔误及其他类似错误。当事人可以就申请仲裁庭修正仲裁裁决的期限作出约定,当事人没有约定的,申请期限为收到仲裁裁决通知之日起30 日内。当事人申请仲裁庭修正仲裁裁决的,应预先或同时向其他当事人发送申请通知。仲裁庭决定是否作出修正的期限为收到申请之日起30 日内,但仲裁庭认为必要时,可延长该期间。其次,仲裁庭对仲裁裁决的解释。在当事人达成合意的情况下,当事人可向仲裁庭提出请求对仲裁裁决的特定部分进行解释。最后,仲裁裁决的补充。仲裁庭未对全部仲裁请求事项作出裁决的,当事人可以请求仲裁庭对该未决事项作出补充裁决,当事人另有约定的除外。仲裁庭应在收到申请之日起60 日内就该申请作出决定,仲裁庭认为必要时可延长该期限。

第七,仲裁裁决的撤销。首先,撤销仲裁裁决的理由。根据《仲裁法》第 44 条第 1 款的规定,存在下列情形之一的,当事人可以向法院申请撤销仲裁地在日本的仲裁裁决:①因当事人行为能力存在缺陷导致仲裁协议无效的;②根据当事人合意选择的准据法(无此合意时则根据日本法律)认定仲裁协议无效的;③根据日本法律或当事人约定的法律,当事人未收到关于指定仲裁员的通知;④当事人未能在仲裁程序中答辩;⑤仲裁裁决超过仲裁请求范围;⑥仲裁庭的构成或仲裁程序违反日本法律;⑦根据日本法律,仲裁事项不具有可仲裁性;⑧仲裁裁决内容违反日本的公共秩序或善良风俗。对于前6 项事由,当事人应承担举证责任。其次,申请撤销仲裁裁决的期限。当事人应在收到仲裁裁决书副本之日起 3 个月内向法院提出撤销仲裁裁决的申请,逾期未提出或法院已作出执行仲裁裁决决定的,不得再申请撤销仲裁裁决。最后,法院在决定是否撤销仲裁裁决时应当开庭审理。当事人以仲裁裁决超出仲裁合意或仲裁申请范围的事项为由申请撤销仲裁裁决的,如果该超出部分与仲裁裁决其他部分可以区分的,法院可以仅撤销仲裁裁决中的超裁部分。另外,对于法院作出的有关撤销仲裁裁决的决定,当事人可以提起即时抗告。

(7)仲裁裁决的承认与执行

第一,承认与执行仲裁裁决的范围。《仲裁法》第45条第1款规定,无论仲裁地是否在日本,仲裁裁决具有既判力,可以申请在日本执行。该规定表明,外国仲裁裁决也可以根据《仲裁法》的规定在日本申请承认与执行。

第二,拒绝承认与执行的理由。《仲裁法》第45条第2款规定了拒绝承认与执行仲裁裁决的9项事由:①因当事人行为能力具有缺陷导致仲裁协议无效的;②根据当事人合意选择的准据法(无此合意时则根据日本法律)认定仲裁协议无效的;③根据日本法律或当事人约定的法律,当事人未收到关于指定仲裁员的通知;④当事人未能在仲裁程序中答辩;⑤仲裁裁决超过仲裁请求范围;⑥仲裁庭的组成或仲裁程序违反当事人的约定,或无此约定时违反日本法律;⑦根据当事人约定的仲裁程序适用的法律,在无此约定时根据仲裁地国法律,仲裁裁决不是终局的,或者被上述国家的司法机关撤销或终止效力的;⑧根据日本法律仲裁事项不具有可仲裁性的;⑨仲裁裁决内容违反日本的公共秩序或善良风俗的。对于前7项事由,当事人应承担举证责任。与撤销仲裁裁决的规定相似,《仲裁法》规定当事人以仲裁裁决超出仲裁合意或仲裁申请范围的事项为由申请拒绝承认与执行仲裁裁决的,如果该超出部分与仲裁裁决其他部分可以区分,法院可以仅拒绝承认和执行仲裁裁决中的超裁部分。该法规定的拒绝承认与执行仲裁裁决的事由与《示范法》和《纽约公约》的规定一致。与撤销仲裁裁决的事由相比,该法在拒绝承认与执行仲裁裁决方面的事由增加了一项,即根据当事人约定的仲裁程序适用的法律,在无此约定时根据仲裁地国法律,仲裁裁决不是终局的,或者被上述国家的司法机关撤销或终止效力的。

第三,申请承认与执行仲裁裁决的程序。申请执行仲裁裁决的当事人可以将债务人作为被申请人,向标的物所在地或可被扣押的债务人财产所在地的地方法院申请承认与执行有关仲裁裁决。当事人在提出申请时,应当提交仲裁裁决书的副本、可证明该副本与仲裁裁决书相同的证明文书以及仲裁裁决书的日文译本(以日文方式作成的仲裁裁决书除外)。在仲裁裁决承认与执行过程中,被申请人主张根据仲裁程序准据法所在国法律,或者无此法律时根据仲裁地国家法律,仲裁裁决不是终局的或仲裁裁决被该国裁判机关撤销或终止其效力为由请求拒绝承认与执行该仲裁裁决的,法院认为有必要时,可以中止承认与执行程序,并可以根据申请承认与执行仲裁裁决当事人的请求,并命令被申请人提供担保。法院受理承认与执行仲裁裁决的申请后,经审查不存在拒绝承认与执行事由的,应作出承认与执行仲裁裁决的决定;若存在拒绝承认与执行事由的,则应驳回当事人的申请。

第四,《仲裁法》与《纽约公约》的关系。日本在加入《纽约公约》时作了互惠保留,仅依据《纽约公约》承认与执行仲裁地为公约缔约方所作出的裁决。但是《仲裁法》关于承认与执行仲裁裁决的规定适用于在任何国家作出的仲裁裁决,也就是说,在《纽约公约》缔约方境内作出的仲裁裁决,日本应按照《纽约公约》的规定予以承认与执行;对于在非《纽约公约》缔约方境内作出的仲裁裁决,则可根据日本《仲裁法》的规定申请承认与执行。由于《仲裁法》有关承认与执行仲裁裁决的条件与《纽约公约》的规定是一致的,因此,实际上仲裁地在任何国家的仲裁裁决都可以在日本申请承认与执行。

(8)仲裁费用

《仲裁法》第49条规定,当事人可以就仲裁费用的分担进行约定,仲裁庭可以根据当事人的约定具体确定各方当事人应承担的费用数额。当事人没有约定的,仲裁费用由当事人各自承担。

2. 简要评析

和之前的法律相比,日本2004年《仲裁法》的规定更加合理、细致与完善,并具有明显的国际性特征。总体而言,2004年《仲裁法》具有以几个主要特点。

(1)以《示范法》为蓝本,同时体现自己的特色

2004年《仲裁法》以《示范法》为蓝本,大部分内容与《示范法》保持一致,仅在少数规定上与《示范法》存在不一致,比如,《仲裁法》的适用范围比《示范法》规定得更广,只要仲裁地在日本,该法就可以得以适用,也就是说,该法既适用于国际商事争议,也适用于国内民事争议。另外,在可仲裁事项的范围、仲裁员的指定、仲裁争议适用的准据法等问题上,日本《仲裁法》也作出了具有自己特色的规定。这种立法模式既体现了该法的国际性特征,表明了日本仲裁法与国际立法保持一致的立场,同时也展示了日本法律对仲裁持友好支持的态度。

(2)自动执行有关国际条约

根据日本《宪法》,对于日本批准的可自动执行的(self-executing)国际条约无须再制定国内法予以执行,日本法院应当善意履行这些条约。在国际仲裁领域,日本批准的重要条约包括1958年《纽约公约》和1965年《华盛顿公约》。日本《仲

裁法》还吸收了《纽约公约》的大部分内容,从而确保公约在日本的执行。另外,如果《仲裁法》与《纽约公约》或日本批准的其他多边公约或双边条约不一致的,后者应当优先于前者得以适用。

(3)澄清了与仲裁有关的一些问题

由于1890年《仲裁法》颁布的历史悠久,对于与仲裁有关的很多问题未予规定或规定不明确。2004年《仲裁法》对这些问题作出了明确规定,使该法更具有时代性和可操作性。具体表现在如下方面:第一,关于仲裁程序规则。《仲裁法》第26条规定,当事人可以约定仲裁庭应适用的仲裁程序规则,只要该约定不违反《仲裁法》中关于公共秩序的规定。当事人没有约定的,仲裁庭在不违背《仲裁法》的情况下可以适用其认为适当的程序规则。第二,关于法院对仲裁的介入。为了体现对仲裁的友好支持态度,《仲裁法》规定,法院只有在法律规定情况下才能介入仲裁程序,同时当事人不得约定扩大或限制法院对仲裁的介入情形。这种规定既体现了司法对仲裁的监督与协助,也维护了司法的权威。第三,确立了仲裁条款独立性原则。虽然早在1975年最高法院就通过判决方式确认了仲裁条款的独立性原则,但是有些地方法院在司法实践中却存在不一致的做法。《仲裁法》彻底改变了这种情况,《仲裁法》第13条第6款明确规定了仲裁条款的独立性原则。第四,《仲裁法》第24条明确了仲裁庭有权作出临时保全措施的决定,但是这种决定不具有可强制执行力。换言之,如果当事人不自动履行该决定,另一方当事人不得请求法院强制执行。不过该法也明确规定,当事人可以在仲裁程序开始前或进行中,向有管辖权的日本法院提起临时措施请求,并且无论仲裁地是否位于日本,也无论当事人是否指定仲裁地。第五,《仲裁法》第29条明确规定,仲裁程序将导致诉讼时效的中断,但是如果仲裁程序非因仲裁裁决的作出而终结时除外。第六,《仲裁法》还就当事人提出仲裁庭管辖权异议的期限、仲裁语言、专家的聘用、仲裁费用的分担、仲裁程序的终结、仲裁程序中的调解、争议实体问题的法律适用、仲裁员的报酬以及仲裁裁决的修正与补充等内容作了明确规定。上述澄清或明确规定使《仲裁法》具有很强的可操作性。

(4)体现了较强的时代特征

考虑到信息技术的发展对仲裁的影响,《仲裁法》在一些条文上体现了对信息技术的认可与运用。比如,对于仲裁协议书面形式的理解,它除包括传统的白纸黑字的书面形式外,还包括通过电子、光学以及其他可获取信息的储存方式所载明的仲裁合意。对于庭审形式,除传统的现场开庭外,还可以通过计算机网络平台进行。由此可见《仲裁法》在其通过之时即具有很强的前瞻性。

(5)对特殊民事关系作了特别规定

考虑到消费者与雇员在法律关系中作为弱势一方所需要的特殊法律保护,日本《仲裁法》在附则中对消费者仲裁和劳动仲裁作了特别规定。

在消费者仲裁方面,《仲裁法》附则第3条规定,消费者可以将消费者争议依照仲裁协议提交仲裁,也可以单方取消与商家签订的仲裁协议。如果商家提起对消费者的仲裁程序,仲裁庭则应向双方发出开庭通知并进行开庭审理。在审理中,仲裁庭应当告知消费者以下事项:①仲裁裁决与法院判决具有同等法律效力;②仲裁协议将导致消费者不得将争议向法院提起诉讼;③消费者可以放弃仲裁协议。消费者不出席仲裁开庭的,视为放弃仲裁协议。在劳动仲裁方面,《仲裁法》附则第4条规定,雇员(包括正在寻找工作者)与雇主之间签订的将可能发生的劳动争议提交仲裁的协议无效。

《仲裁法》之所以对消费者仲裁和劳动仲裁作出特别规定,是因为考虑到消费者和劳动者在仲裁中通常处于弱势地位。这种弱势地位首先体现在缔结合同时的谈判能力上。在实践中,很多消费合同都是商家提供的格式合同,消费者事实上并没有谈判的机会,因此也不太可能对其中的仲裁条款进行谈判或提出反对意见,这就有可能违背仲裁当事人的意思自治原则。在劳动合同中,单个劳动者一般处于弱势地位,缺乏与雇主进行讨价还价的能力,因此可能迫于雇主的压力而签订仲裁条款。此外,双方对通过仲裁解决争议所掌握的相关技巧和法律资源也不平衡。通常而言,商家和雇主一般都有专业的法律服务团队,他们对如何拟定对自己有利的仲裁条款以及如何启动仲裁程序都有比较专业的经验,而消费者和单个劳动者显然缺乏这方面的知识和经验。鉴于此,法律必须确认有关的仲裁条款是当事人合意的结果,体现了双方的真实意思。《仲裁法》的规定也体现了当今国际立法中对弱者利益保护的原则,值得肯定。

(二)《民事调解法》:法院附设的民事调解制度

日本《民事调解法》共3章,38条,分别是调解的一般规定(包括调解范围、调解机关、调解程序、通过调解达成的和解协议的效力、调解失败的处理以及调解员的报酬等事项)、特殊调解规则(包括涉及不动产的调解、农业调解、商事调解、矿难事故调解、环境污染等公害调解等)以及罚则(包括当事人不参加调解的民事责任、调解参与人泄露调解信息的民事责任以及调解人员泄露调解信息的刑事责任等)三部分内容。

1. 主要内容

日本于1951年颁布并施行《民事调解法》,并于2011年作了修改。该法确立了附属法院的民事调解制度,即在法院设立的调解委员会或在法官的居中调解下,当事人之间互相作出让步达成合意以解决民事纠纷。下面简要介绍该法的主要内容。

(1)调解范围

《民事调解法》第2条规定:"发生民事纠纷时,当事人可以向法院提出调解申请。"根据该规定,所有民事性质的争议都可以提请法院通过调解解决,无论是财产性争议还是非财产性争议,这说明调解范围相当宽泛,表明日本对调解这种争议解决方式的高度认可。

(2)调解机关

当事人申请调解的,原则上由法院调解委员会进行调解。如果争议是法院依职权交付调解的,且法院认为适当时,调解也可以单独由法官进行。调解委员会由一名调解主任和两名以上的民事调解员组成,并由调解主任组织调解程序。调解主任由地方法院从法官中指定,民事调解员则需为具有5年以上执业经验的律师,他们并非专职调解员,其任职与解聘的具体事宜由最高法院制定。民事调解员由法院根据案件具体情况个案指定参与调解。

(3)调解程序

第一,调解程序的启动。调解程序的启动有两种方式:一是当事人申请调解;二是受诉法院依职权将争议交付调解。这两种方式都需要以当事人对调解表示同意为前提。在当事人申请调解的情况下,当事人应向法院提交调解申请书,申请书中应当载明当事人、法定代理人、调解请求与争议要点等内容。

第二,调解的管辖法院。该法规定,对调解案件具有管辖权的法院主要为被告的住所、居所、营业所或其他办公场所所在地的地方法院或执行简易程序的法院(summary court),当事人也可以约定管辖法院。上述法院在受理调解申请后,可以根据情况将全部争议或部分争议移交其他法院受理。

第三,利害关系人参与调解。对于调解结果有利害关系的人,经调解委员会许可,可以参加调解程序。调解委员会也可以在其认为适当的时候通知与调解结果具有利害关系的人参加调解程序。

第四,调解前措施。调解委员会依一方当事人申请,认为确有必要时,可以发布调解前措施的命令,禁止被告或其他与案件有关的人改变现状或处分任何财物,或者停止采取可能使调解目的无法实现或实现起来极度困难的行为。需要指出的是,这种调解前措施虽然类似诉讼中的诉前保全措施,但它不具有强制执行力。

第五,事实调查与证据调查。调解委员会和调解主任可以依职权调查事实,并且可以依职权或当事人申请调查证据。

(4)调解结果

第一,未实施调解而终结的情形。调解委员会认为案件的性质不适合调解或当事人基于不正当目的提出调解申请时,可不经调解终结案件。对于该决定,当事人可以在决定告知之日起两周内提起即时抗告。

第二,调解成功。当双方当事人在调解中就争议解决达成一致意见,并将该意见记录在案的,应当认为调解取得了成功。该记录的和解意见与法院判决具有同等效力。

第三,调解失败。调解委员会认为当事人之间没有达成合意的可能性或达成的合意不适当时,并且法院也没有根据《民事调解法》第 17 条之规定在调解过程中作出裁定,调解委员会可以认定调解不成功并终结案件。该条规定,如果调解委员会组织的调解无法达成和解协议且法院认为是适当的,可在听取民事调解委员意见的基础上,在给予双方当事人公平待遇并考虑案件的具体情况后,在不违反双方当事人调解请求目的的限度内,依职权作出旨在解决纠纷的必要决定以代替调解结案。该决定可以命令支付金钱、交付财物及其他履行财产上的给付义务。但是对于法院作出的该决定,可因当事人提出异议而终止效力。也就是说,如果当事人或利害关系人在收到决定之日起两周内提出异议,该决定就终止效力,否则该决定将具有与法院判决同等的效力。由此可见,法院的决定在某种程度上仅具有和解协议的效力,并不必然具有强制执行力。

第四,撤回调解申请。申请调解的当事人在调解程序终结前可以撤回全部或部分调解申请。但是在法院根据《民事调解法》第 17 条作出代替调解的决定后,申请调解的当事人欲撤回调解申请的,必须经对方同意,否则撤回申请不发生效力。

(5)特殊调解规则

该法在第一章就调解问题作了一般规定,第二章针对一些特殊民事关系作了特别规定,包括不动产调解、农业调解、商事调解、矿业污染调解、交通事故调解以及对自然人采光、通风及其他个人利益产生污染或妨害事件的调解。这些特殊民事争议在适用第一章一般规定的情况下,还应满足特别规定。

(6)罚则

该法第三章针对不同的调解参与人规定了不同的民事责任和刑事责任。具体而言包括以下几种情形:第一,与案件有关的人员经法院或调解委员会传唤而无正当理由拒不参与调解的,应承担罚款的民事责任;第二,如果当事人或调解参与人无正当理由不履行调解前措施决定的,也要承担罚款的民事责任;第三,民事调解员或行使相应职权的人将调解委员会的评议内容、调解主任和调解委员的意见、调解多数意见和少数意见的情况等信息泄露的,应承担罚金的刑事责任;第四,若前述人员将其在调解过程中获知的个人隐私信息无正当理由泄露的,应承担最高1年的有期徒刑或罚金。

2. 简要评析

在日本,法院附设的调解非常受欢迎。总体而言,在解决争议的过程中最大范围融合当事人意思自治与司法强制力是法院附设调解制度最明显的特征。与诉讼和仲裁相比,法院附设的调解制度主要有以下几个方面的优势。

(1)法院权威的背书

相较灵活程度与自治程度更高的仲裁而言,民众对法院附设的调解制度信赖度更高。这是因为,首先,法院附设的调解制度有《民事调解法》这一完善的法律依据作为基础。其次,调解员由日本法院根据最高法院规则挑选并任命的具有较高道德素养和社会声望的法律工作人员担任。最后,当事人在调解中达成的调解协议具有和法院判决相同的强制执行力。

(2)程序自治性与简易性

与诉讼相比,法院附设的调解制度在程序上具有更高的自治性和灵活性。首先,调解程序的启动需要基于当事人的共同同意,而不是基于任何机构的强制性命令。其次,当事人可以自主选择受理调解案件的简易法院或地方法院。最后,调解结果也同样需要取得当事人的共同认可。另外,相较诉讼冗长且严格的程序性规定,法院附设的调解制度在程序上的要求要简易许多,如不强制要求当事人委托律师、不存在上诉程序等。这不仅能够大幅减少当事人解决民事纠纷的金钱成本,还能减少时间成本。

(3)私密性

受传统思维的影响,日本当事人认为公开解决争议不仅有失颜面,且不利于维系人际关系的和谐,因而一般不愿意将争议解决的过程公之于众。相较诉讼的公开性,在法院附设调解制度下,法院不需要将调解过程与调解结果公之于众,这能很好地维护当事人解决争议过程的私密性,与日本社会风俗相契合。

(三)《促进利用 ADR 法》

除法院附设民事调解制度这种司法 ADR 方式外,日本于 2006 年通过了《促进利用 ADR 法》,大力推广并发展民间 ADR,为民众解决民商事争议提供了多元化途径。《促进利用 ADR 法》主要通过对日本私营 ADR 服务者提供认证以规范民间 ADR 服务,开展私营 ADR 服务的自然人、法人或其他组织均应遵守该法。该法共有 5 章,共 34 条。第一章对立法目的、有关定义、基本原则及政府在促进利用 ADR 方面的职责作了一般规定;第二章规定了私营 ADR 服务者的认证制度;第三章对利用 ADR 程序解决争议作了特别规定,主要涉及 ADR 程序与诉讼的关系问题。该法最后两章则分别为杂项与罚则。下文将对日本《促进利用 ADR 法》的主要内容进行介绍与评析。

1. 主要内容

(1)一般规定

第一,立法目的。由于国内外社会经济环境的变化,ADR 已经成为及时解决民商事争议的重要手段。《促进利用 ADR 法》旨在通过其确立的基本原则、政府和其他实体的责任以及 ADR 机构认证制度等,实现提高利用 ADR 程序之目的,从而使争议当事人能够选择最合适的方法解决争议,切实保护当事人的权利和利益。

第二,基本原则。首先,作为解决争议的法律程序,ADR 程序应当充分尊重当事人意愿,通过公平与适当的方式进行,并且应当凭借 ADR 人员的专业知识考虑争议事实,促进争议的解决。其次,参与 ADR 程序的人员应当努力相互配合、相互协作,以促进解决争议。

第三,政府与地方公共实体在促进利用 ADR 方面的责任。为提高 ADR 的利用率,政府应当对国内外 ADR 的发展趋势及实践情况进行研究分析并提供有关信息，且应采取必要措施促使公众熟悉 ADR 程序。另外，地方公共实体应当认识 ADR 程序的广泛利用对促进社会福祉的重要作用，并为政府促进利用 ADR 的工作提供协助。

(2)私营 ADR 服务认证规则

提供常设性私营争议解决服务的人员、法人和其他组织可以向日本司法部长申请 ADR 服务认证。

第一，认证申请书。申请私营 ADR 服务认证者应当向日本司法部长提交认证申请书，并在认证申请书中载明以下内容：①申请人的名称和地址、法人代表的姓名或其他组织的代表或管理人姓名；②提供 ADR 服务的地点；③《司法部条例》规定的其他事宜。申请人提交认证申请书时还应当附上以下文件：①载明法人申请人的章程和其他基本情况的文件；②载明提供私营 ADR 服务的内容和方法的文件；③私营 ADR 服务的业务报告或业务计划；④《司法部条例》规定的其他文件。另外，申请人还应当依照内阁的有关规定缴纳申请费用。

第二，私营 ADR 服务的认证标准。获得私营 ADR 服务认证应满足下列标准：①申请者能凭借其专业知识解决的争议范围。②申请者有能力选择合适的人员作为 ADR 服务人员，并且有一套选任 ADR 服务人员的方法，且该方法应当能够确保该 ADR 服务人员的公正性与中立性。③在当事人一方为法人或其他组织的案件中，该申请者能够采取有效措施防止该当事人的实际控制者或其分支机构对 ADR 服务人员的不正当干涉。④在 ADR 服务人员为非律师的案件中，申请者能够确保在 ADR 程序中有律师参与，以便于对 ADR 程序中有关法律问题提供专业咨询意见。⑤申请者有一套送达 ADR 程序通知的适当方法。⑥申请者有一套供争议当事人提出争议解决请求并进行答辩的机制。⑦申请者有一套开始或终结 ADR 程序的操作标准，可供当事人根据意思自治终结 ADR 程序。申请者认为无法通过 ADR 程序解决当事人争议时，应有能力立即终止 ADR 程序并通知各方当事人。⑧申请者有一套能够存储、归还或以其他方式处理 ADR 材料的方法，且能够适当保存 ADR 程序中当事人陈述意见或其他材料以及第三方来文，且应当确保 ADR 程序中通信的保密性。⑨申请者有一套能够确定 ADR 费用的方法。⑩申请者有一套能够解决当事人异议的机制。申请人符合上述标准的，司法部长将授予其私营 ADR 服务认证。另外，司法部长为私营 ADR 服务颁发认证后，还应当在官方公报上对私营 ADR 服务经营者的名称和地址进行公示。如果经认证的私营 ADR 服务者发生终止、合并或解散等情况的,或 ADR 服务内容及服务方法发生变更的,应当及时通知司法部长并取得司法部长颁发的服务变更认证。

第三,失去认证资格的情形。存在以下情形之一的,申请者将失去私营 ADR 服务认证资格:①该申请人是受监护的人;②该申请人被宣布破产且尚未恢复权利;③该申请人被判处有期徒刑或有期徒刑以上刑罚,且自刑罚执行完毕或不在执行之日起尚未满 5 年;④该申请人因违反日本《促进利用 ADR 法》或日本《律师法》而被判处罚款,且自缴纳罚金或无须缴纳罚金之日起尚未满 5 年;⑤该申请人被撤销私营 ADR 服务认证,且自撤销认证之日起尚未满 5 年;⑥如果申请人在提供私营 ADR 服务的法人或其他组织被撤销认证之日前 60 日内担任其董事、法定代表人或经理的,自该法人或其他组织被撤销认证之日起尚未满 5 年;⑦该申请人是犯罪组织成员或自退出犯罪组织之日起尚未满 5 年,或者该申请人的商业活动受犯罪组织控制,或者该申请人可能使犯罪组织成员参与 ADR 程序。

第四,撤销认证。具有下列情形之一的,司法部长应当撤销私营 ADR 服务者的服务认证:①服务者存在上述任一认证申请失格事由;②服务者以欺骗或其他不正当手段获得认证或变更认证。另外,发生以下情形之一的,司法部长可以撤销私营 ADR 服务运营者的服务认证:①服务者的 ADR 服务内容或操作方法不符合前述认证标准;②服务者不再具备继续开展经认证的 ADR 服务所需的知识、技能和资金基础;③服务者违反《促进利用 ADR 法》有关规定。司法部长作出撤销认证决定后,应当向服务者发出通知,并公示撤销该服务者 ADR 服务认证的事实。服务者可以就司法部长的撤销认证决定提出异议,司法部长将对有关异议进行处理。

第五,认证失效。具有下列情形之一的,私营 ADR 服务者已经获得的服务认证将失去效力:①获得认证的私营 ADR 服务者未将其业务合并、转让或分包的事实通知司法部长;②获得认证的私营 ADR 服务者已经解散;③获得认证私营 ADR 服务者已经死亡。

(3)获得认证的 ADR 服务者的主要义务

第一,解释义务。获得认证的 ADR 服务者在提供争议解决服务时应当向当事人解释下列事项并提供有关信息:①争议解决服务机构的选择;②争议当事人应付的费用;③争议解决程序的开始至终结的操作流程。

第二,禁止雇用犯罪组织成员。获得认证的 ADR 服务者不得雇用犯罪组织成员从事 ADR 服务或担任 ADR 服务的助理。

第三,保存程序记录。获得认证的 ADR 服务者应当记录与备份以下与争议解决程序有关的事项:①与争议当事人签订 ADR 服务协议的日期;②争议当事人或其代表人的姓名;③争议解决机构的名称;④争议解决程序的详情;⑤争议解决程序的结果(包括程序终结的原因与日期);⑥《司法部条例》规定的其他事项。

第四,报告义务。为方便司法部长对获得认证的 ADR 服务者的服务情况进行跟踪,服务者应当按照《司法部条例》的规定向司法部长提交业务报告、争议清单、资产负债表、收入和支出报表或每一营业年度结束后 3 个月内的业务损益报表。在有关官员对服务者的业务运行情况进行必要调查时,服务者应当予以配合。

(4) ADR 程序与诉讼的关系

第一,当事人就同一争议先提交 ADR 程序后提起诉讼的。获得认证的 ADR 服务者因当事人不可能在 ADR 程序中达成解决争议协议而终结 ADR 程序时,若申请启动 ADR 程序的当事人在收到 ADR 程序终结通知之日起 3 个月内就争议提起诉讼的,此前当事人在 ADR 程序中所作的陈述均归于无效。另外,在因私营 ADR 服务者认证失效或被撤销认证而导致 ADR 程序无法继续进行的情况下,当事人在知晓 ADR 程序无法继续进行的事实之日起 1 个月内就争议提起诉讼的,当事人在此前 ADR 程序中所作的陈述也应归于无效。

第二,当事人就同一争议先提起诉讼后提交 ADR 程序的。当事人在民事诉讼期间,合意将争议提交获得认证的私营 ADR 服务者解决的,法院可以在符合下列任一情形的前提下作出中止诉讼程序(不超过 4 个月)的决定:①同一争议的 ADR 程序即将开始;②当事人已经约定将争议提交获得认证的私营 ADR 服务者解决。但是,法院作出中止诉讼程序的决定后,可以随时撤销该决定,恢复诉讼程序,且法院作出的中止诉讼程序决定或撤销决定均不可上诉。

(5) ADR 服务费用

获得认证的 ADR 服务者可以按照与当事人订立的服务协议收取 ADR 服务费。

(6) 罚则

第一,刑事惩罚。私营 ADR 服务者通过欺骗或其他不正当手段获得私营 ADR 服务认证或变更认证的,将被判处 2 年以下有期徒刑或 100 万日元以下的罚款,或同时判处这两项刑罚。私营 ADR 服务者违反该法规定雇用犯罪组织成员参与 ADR 程序的,将被判处 1 年以下有期徒刑或 100 万日元以下的罚款,或同时判处这两项刑罚。私营 ADR 服务者在认证申请书或服务变更申请认证书中作不符合事实的虚假陈述的,将被判处 100 万日元以下的罚款。如果私营 ADR 服务者为法人或其他组织的,其法定代表人、管理人、雇员或其他个人违反上述规定的,将被判处相同刑罚。

第二,民事惩罚。如果私营 ADR 服务者就其认证信息作虚假陈述,未将撤销服务认证的事由或终止、合并或解散的事实通知司法部长,或在通知中作虚假陈述、未尽记录程序义务或报告义务,或在有关官员对其进行业务调查中不予配合的,将被判处 50 万日元以下的民事罚款。

2. 简要评析

(1)通过规范民间 ADR 服务提高 ADR 的利用率

一方面,《促进利用 ADR 法》通过私营 ADR 服务的认证制度与违反该法的法律惩罚制度对日本民间 ADR 服务市场进行有效规范,提高当事人对民间 ADR 服务的信赖度与安全感。另一方面,《促进利用 ADR 法》对民间 ADR 类型具有很强的包容性。虽然该法并没有对民间 ADR 类型作出列举式规定,但从该法有关立法目的以及私营 ADR 服务认证标准的规定来看,只要当事人选择的 ADR 程序是由公正第三人参与,且依照该法获得服务认证的,则该程序就是《促进利用 ADR 法》所认可的 ADR 方式。实际上,在该法施行后,获得认证的民间 ADR 机构大都是日本的仲裁机构和调解机构,认证单位多为社会团体。总而言之,《促进利用 ADR 法》赋予民间 ADR 合法地位,扩大了当事人在选择解决民事争议方式方面的自由。这不仅能够有效减轻法院在处理民事争议方面的压力,还有利于当事人通过比诉讼更友好的方式解决争议,符合日本社会崇尚和谐的传统。

(2)通过民间 ADR 程序达成的争议解决结果的性质

仲裁也属于民间 ADR 方式之一,但由于仲裁主要受日本《仲裁法》的特别规范,通过仲裁方式解决民事纠纷的结果,即仲裁裁决,具有与法院判决相同的执行力。而对于仲裁裁决以外的民间 ADR 争议解决结果,如调解协议、和解协议等,《促进利用 ADR 法》并没有赋予强制执行力,因此它们在性质上与合同相同,在执行方面有赖当事人自觉履行。如果一方当事人未履行调解协议或和解协议的,另一方当事人可以就该违约行为另寻救济。

三、日本仲裁机构及其规则

(一)日本主要仲裁机构介绍

日本比较有影响力的仲裁机构有日本商事仲裁协会(Japan Commercial Arbitration Association,JCAA)、日本知识产权仲裁中心(Japan Intellectual Property Arbitration Center,JIPAC)和东京海事仲裁委员会(Tokyo Maritime Arbitration Center,TOMAC)。其中,1950 年成立的 JCAA 是日本最知名的国际性商事仲裁机构,其仲裁员有近 70% 为非日本籍仲裁员,该仲裁机构于 2015 ~ 2019 年所受理的 74 起商事仲裁案件中有 80% 以上为国际性案件,主要涉及中国、韩国、美国和泰国等。[1] JIPAC 主要提供解决知识产权争议 ADR 服务,其前身系 1998 年由日本专利代理人协会和日本律师联合协会设立的工业产权仲裁中心。2001 年 4 月,工业产权仲裁中心改名为"日本知识产权仲裁中心",并扩大了其争议解决业务范围,既处理工业产权纠纷,也处理知识产权纠纷。JIPAC 通过其东京总部和位于名古屋、大阪、仙台、高松、福冈等地的分支机构提供争议解决服务。TOMAC 则是日本海运集会所(The Japan Shipping Exchange,Inc. ,JSE)于 1921 年设立的专门处理和解决海事领域争议的仲裁机构,主要处理和解决如提单、租船合同、船舶买卖合同、造船合同、船舶融资合同、人员配备合同等纠纷。下文将对日本最重要的商事仲裁机构 JCAA 现行的仲裁规则和调解规则作简要介绍与分析。目前,JCAA 共提供 3 套仲裁规则和一套调解规则供当事人选用。其中,3 套仲裁规则分别是《商事仲裁规则》、《互动仲裁规则》以及《联合国国际贸易法委员会仲裁管理规则》(以下简称《UNCITRAL 仲裁管理规则》,United Nations Commission on International Trade Law,UNCITRAL),这 3 套规则各有特点,当事人可根据具体需求自由选择适用,并可对这些规则予以变通。

(二)JCAA《商事仲裁规则》

JCAA 现行《商事仲裁规则》(以下简称《仲裁规则》)于 2019 年 1 月 1 日生效。JCAA《仲裁规则》共 4 部分,108 条,分别对普通仲裁程序、快速仲裁程序、仲裁员的报酬与总裁管理费用作了规定,下文将介绍《仲裁规则》的主要内容。

---

[1] 参见 JCAA 官网公布的仲裁数据,载 https://www.jcaa.or.jp/en/arbitration/performance.html,最后访问日期:2020 年 6 月 13 日。

1. 一般规定

(1)《仲裁规则》的目的、有关定义与适用范围

《仲裁规则》第 1 条指出,该规则旨在为当事人同意根据本规则通过仲裁解决争议的仲裁程序和其他必要事项作出规定。

《仲裁规则》对规则中出现的重要术语作出了界定。在该规则下,“JCAA”是指日本商事仲裁协会;“当事人”是指一方或多方申请人与被申请人;“书面”包括纸质副本和电子文档;“电子文档”包括计算机或其他电子设备的信息处理中适用的电子、磁性和任何其他记录介质;“互动仲裁规则”是指 JCAA 制定的《互动仲裁规则》;“UNCITRAL 仲裁规则”是指《JCAA 进行 UNCITRAL 仲裁的补充管理规则》。

(2)《仲裁规则》的适用范围

《仲裁规则》在两种情况下予以适用:第一,当事人在仲裁协议中明确指定适用《仲裁规则》;第二,当事人在仲裁协议中约定将争议提交 JCAA 解决,但没有具体指定应适用《仲裁规则》、《互动仲裁规则》或《UNCITRAL 仲裁管理规则》的情况下,应适用《仲裁规则》。在适用《仲裁规则》的情况下,当事人可以协议改变除本规则第三部分“仲裁员报酬”和第四部分“管理费用”外的任何规定,且仲裁员和 JCAA 应予以遵守。而《互动仲裁规则》和《UNCITRAL 仲裁管理规则》则在以下两种情况适用:第一,在 JCAA 确定或任命仲裁员之前,各方当事人均已通过书面形式同意仲裁程序适用《互动仲裁规则》或《UNCITRAL 仲裁管理规则》,并将该书面同意通知 JCAA;第二,申请人在仲裁请求中提议适用《互动仲裁规则》或《UNCITRAL 仲裁管理规则》进行仲裁,而被申请人于 JCAA 在确定或任命仲裁员之前接受该提议。

(3)《仲裁规则》的解释

该规则以日文和英文为作准文本。当两个文本不一致时,以日文文本为准。在对该规则的解释存在分歧时,应以 JCAA 的解释为准。但在仲裁程序中,仲裁庭对该规则第一部分和第二部分规定作出的解释优先于 JCAA 的解释。

(4)通信送达

该规则下的任何通知、请求或互换文件(统称为通信)应通过快递、挂号信、电子邮件、传真或其他合理方式进行送达,但另有规定的除外。通信内容应当送达至收件人的街道地址、惯常居所地或营业地、通常使用的地址、指定的电子邮件地址、传真号码或收件人指定的任何地址,并在收件人接收后视为有效送达。若收件人拒绝接受通信内容的,则应在发出后第 4 天或在经证实拒绝接收日当天视为

送达。在其他当事人通过合理努力仍无法查明被送达人地址的情况下,可将通信内容发送至该收件人已知的最后通信地址,并在发出后第4天视为送达,且其他后续通信内容也可根据这种方式进行送达。另外,任何一方当事人搬迁或变更通信地址的,应立即指定新的通信地址并通知JCAA、仲裁员和其他当事人。

(5)仲裁管理机构和秘书处

仲裁程序由JCAA根据该规则进行管理。JCAA应根据仲裁庭或任一当事人的要求作出解释、制作开庭笔录或提供开庭场所。

(6)仲裁员名单与代理人

JCAA应当根据当事人要求提供仲裁员名册,协助当事人指定仲裁员。当事人也可以在仲裁员名册以外指定仲裁员。当事人可以选择任何人担任其代理人或协助其根据该规则参与仲裁程序。

(7)仲裁语言

当事人可以协议约定仲裁程序的语言,在当事人没有约定的情况下,由仲裁庭决定仲裁程序应使用的语言。仲裁庭在决定仲裁程序语言时,应考虑仲裁协议的语言,并要考虑是否需要口译或笔译,是否可能产生翻译费用或其他额外支出。仲裁庭根据需要可以要求当事人提供文件证据的翻译文本。另外,无论当事人约定或仲裁庭指定何种语言进行仲裁程序,JCAA与当事人之间或JCAA与仲裁员之间的通信内容均应以英文或日文进行。

(8)期间

期间的计算不包括每月的第一天,但包括节假日与非工作日。若期间最后一日为收件人所在地的节假日或非工作日,则期间最后一日应顺延至下一工作日。当事人可通过书面协议变更《仲裁规则》对期间的规定,但以下期间除外:①对合并仲裁提出异议的期间为被申请人收到通知后1周内;②被申请人提交书面答辩意见的期间为收到仲裁申请通知后4周内;③被申请人提出反请求的期间为收到仲裁申请通知后4周内;④被申请人提出抵销之债抗辩(set-off defense)的期间是收到仲裁申请通知后4周内;⑤当事人在提出紧急措施申请之前或提出的同时未提出仲裁申请的,当事人应当在提出紧急措施申请后10天内提交仲裁申请;⑥仲裁庭和JCAA在适当情况下对期间的变更。当事人协议变更期间的应立即通知JCAA和仲裁庭。仲裁庭在认为必要时可以更改《仲裁规则》规定的期间,包括由仲裁庭确定的期间,但下列情形除外:①仲裁庭应在仲裁庭组成之日起9个月内作出仲裁裁决;②仲裁庭认为在必要时可以重启仲裁程序,但仲裁庭原则上不得在仲裁终止之日起3周内重启仲裁程序;③JCAA在其认为必要时所确定或更改的期间。仲裁庭更改期间的,应当立即通知JCAA和各当事人。JCAA在认为必要的时候可以确定或更改《仲裁规则》有关仲裁程序的任何期间。

(9)责任豁免

仲裁员,JCAA及其主任、管理人员、雇员及其他工作人员对与仲裁程序有关的作为或不作为免责,除非这种作为或不作为构成故意的不当行为或重大过失。

2. 仲裁程序

(1)仲裁申请(第14条、第15条、第16条)

第一,仲裁程序的启动。为启动仲裁程序,仲裁申请人应当向JCAA提交仲裁请求书。仲裁请求书必须载明下列内容:①根据《仲裁规则》提交仲裁解决的争议;②仲裁协议;③各方当事人的姓名(法人实体或其他协会的公司名称和代表姓名)、街道地址和其他已知的通信方式;④如果仲裁申请人由律师代理,则该代理律师的姓名、街道地址和其他联系方式;⑤仲裁申请人的主张;⑥争议摘要;⑦支持主张的事实与法律依据及有关证明。除以上7项必须载明的内容外,仲裁申请人还可以选择在仲裁请求书中载明以下内容:①当事人约定仲裁庭人数为3人时,仲裁申请人选定的仲裁员的姓名、街道地址和其他方式;②仲裁员人数、任命仲裁员的程序、仲裁地点或仲裁程序语言;③仲裁实体争议所适用的法律。仲裁申请人提交仲裁申请时应当附上仲裁协议的副本以及代理律师的代理权限说明(若申请人有代理律师的),并根据《仲裁规则》向JCAA支付仲裁管理费用。若申请人未足额支付仲裁管理费用的,JCAA将视当事人未提出仲裁申请。JCAA收到仲裁申请之日为仲裁程序开始之日。

第二,合并仲裁申请(single arbitration for multiple claims)。在下列情形中,仲裁申请人可就多个仲裁争议提交同一份仲裁申请,申请合并仲裁:①各方当事人均以书面形式同意在同一仲裁程序中处理这些争议;②所有争议都适用同一仲裁协议;③所有争议都发生在相同当事人之间,且基于相同或类似的事实和法律,并且仲裁协议约定争议由JCAA根据《仲裁规则》予以处理,以及这些争议所涉及的仲裁地点、仲裁员人数、仲裁程序语言和仲裁协议管辖的其他问题都能够在同一仲裁程序中予以解决。

第三,仲裁请求的修改与撤回。在下列情形中,申请人可以向JCAA申请修改仲裁请求:①各当事人均通过书面形式同意修改后的请求可以与其他请求或反请求在同一仲裁程序中予以解决;②本请求和修改后的请求适用相同的仲裁协议;③本请求和修改后的请求均基于相同或类似的事实和法律,且仲裁协议约定仲裁请求和反请求均由 JCAA 根据《仲裁规则》予以处理,以及这些请求所涉及的仲裁地点、仲裁员人数、仲裁程序语言和仲裁协议管辖的其他问题都能够在同一仲裁程序中予以解决。在仲裁庭组成后,当事人修改仲裁请求需经过仲裁庭的许可,仲裁庭在作出许可之前应当给予其他当事人进行陈述的机会。仲裁庭认为修改后的请求会使仲裁程序严重延迟或损害其他当事人利益的,可以拒绝修改仲裁请求。此外,申请人可以在仲裁庭组成之前向 JCAA 书面提出撤回仲裁的请求,JCAA 应当通知被申请人仲裁请求被撤回。仲裁庭组成后,申请人撤回仲裁请求须取得仲裁庭许可,仲裁庭应当在听取被申请人意见后作出决定。如果被申请人反对撤回仲裁且仲裁庭认为被申请人在仲裁中具有合理利益时,仲裁庭不应许可撤回仲裁请求。仲裁庭允许申请人撤回仲裁申请的,应当决定终结仲裁程序。

第四,仲裁申请的通知。JCAA 在确认申请人依照《仲裁规则》提交了仲裁申请书、仲裁协议副本以及律师代理权限说明后,应当立即通知被申请人,并向其发送仲裁申请书副本。在申请人申请合并仲裁的情况下,被申请人对合并仲裁持有异议的,应在收到合并仲裁通知后 1 周内提请仲裁庭分别仲裁,仲裁庭应根据《仲裁规则》的相关规定处理被申请人的异议。

(2)仲裁答辩与仲裁反请求

第一,被申请人答辩。被申请人应当在收到仲裁申请通知后 4 周内向 JCAA 提交答辩书。答辩书应当载明以下内容:①各方当事人的姓名(法人实体或其他协会的公司名称和代表姓名)、街道地址和其他已知的通信方式;②如果被申请人由律师代理,则该代理律师的姓名、街道地址和其他联系方式;③对申请人主张的回应;④争议摘要;⑤对申请人陈述的承认或否认,以及有关的事实依据、法律依据和有关证明。除以上 5 项必须载明的内容外,被申请人还可以选择在答辩书中载明以下内容:①当事人约定仲裁庭人数为 3 人时,被申请人选定的仲裁员的姓名、街道地址和其他方式;②仲裁员人数、任命仲裁员的程序、仲裁地点或仲裁程序语言;③仲裁实体争议所适用的法律。被申请人提交仲裁答辩时应当附上其代理律师的代理权限说明(若申请人有代理律师的)。JCAA 收到仲裁答辩书后应当立即向其他当事人和所有仲裁员转递仲裁答辩书副本。

第二,反请求和抵消之债抗辩。在下列情形中,被申请人可以在收到仲裁申请通知后4周内提出反请求:①各方当事人均书面同意应在同一仲裁程序中处理该反请求;②仲裁请求和仲裁反请求均适用同一仲裁协议;③仲裁请求和反请求均基于相同或类似的事实和法律,且仲裁协议约定仲裁请求和反请求均由JCAA根据《仲裁规则》予以处理,以及这些请求所涉及的仲裁地点、仲裁员人数、仲裁程序语言和仲裁协议管辖的其他问题都能够在同一仲裁程序中予以解决。被申请人还可以在收到仲裁申请通知后4周内以书面方式提出抵消抗辩。被申请人提出的仲裁反请求和抵消抗辩的修改规则与上述仲裁申请人修改仲裁申请的规则相同。

(3)第三方参与仲裁

具有下列情形之一的,第三方可以仲裁申请人身份参与仲裁程序,当事人也可以请求第三方以仲裁被申请人的身份参与仲裁程序:①各方当事人及该第三方均已书面同意第三方参与仲裁;②所有请求均适用同一仲裁协议,但是当事人在仲裁庭组成后要求第三方作为被申请人加入仲裁程序的,必须获得该第三方的书面同意。此外,第三方在仲裁庭组成之间加入仲裁程序的,应当根据《仲裁规则》的规定选定仲裁员,在此之前对仲裁员的选定失效。第三方在仲裁庭组成后加入仲裁的,仲裁庭应保持不变。

(4)仲裁庭的组成

第一,仲裁庭的组成。即使被申请人就仲裁协议的存在或效力提出异议,或对合并仲裁提出异议,JCAA也可促成仲裁庭的组成。仲裁庭正式组成后,应处理被申请人提出的上述异议。

第二,仲裁员的公正性与独立性。仲裁员在仲裁程序的任何时候都应保持公正性与独立性。为此,应当对当事人认为会对可能被任命为仲裁员的人的公正性和独立性产生正当怀疑的情况进行合理调查,经调查后确实存在影响公正性与独立性事由的,该可能被任命为仲裁员的人应当拒绝接受任命或以书面形式披露有关事由,以便当事人决定是否撤回任命。被任命为仲裁员后,该仲裁员应当立即向当事人和JCAA提交书面声明,披露可能导致影响其公正性或独立性的任何情况,或声明不存在这些情况。在仲裁程序中,仲裁员负有持续披露义务,如果发现存在可能对其公正性或独立性产生合理怀疑的任何事由,仲裁员应立即以书面形式向当事人和JCAA披露,其已经披露的除外。有关将来可能出现的此类事由的预先声明并不能免除仲裁员的持续披露义务。

第三,仲裁员人数。原则上,仲裁员人数为1人或3人。在被申请人收到仲裁请求通知后4周内,若各方当事人未向JCAA提交有关仲裁员人数的书面协议,仲裁员人数为1人。在上述期间,各方当事人可以向JCAA提出书面申请,提议仲裁员人数为3人,JCAA应当结合争议标的额、案件复杂性以及其他有关情况考虑该申请是否适当,如果适当,JCAA应当同意该申请。仲裁员人数确定后,JCAA应当向各当事人发出通知。

第四,仲裁员的任命与确认。当事人可以协议任命独任仲裁员,并在被申请人收到仲裁申请通知后2周内将该任命通知JCAA。如果当事人没有在该期间内向JCAA发出通知,则由JCAA任命独任仲裁员。JCAA在任命独任仲裁员时,一方当事人请求被任命人员应当与各方当事人拥有不同国籍的,JCAA应当对该请求予以尊重。当事人约定仲裁庭人数为3人时,各方当事人应各自任命1名仲裁员,并在被申请人收到仲裁请求通知后3周内将任命结果通知JCAA。JCAA决定仲裁庭人数为3人时,各方当事人应各自任命1名仲裁员,并在收到JCAA决定通知之日起3周内将任命结果通知JCAA。当事人逾期未通知的,由JCAA任命仲裁员。当事人各自任命或JCAA任命2名仲裁员后,由该2名仲裁员合意确定第三名仲裁员,并在该2名仲裁员收到JCAA确认任命通知后2周内将对第三名仲裁员的任命结果通知JCAA。如果该2名仲裁员逾期未通知JCAA,则由JCAA根据案件情况任命第三名仲裁员。

当事人对仲裁员的任命以及2名仲裁员对第三名仲裁员的任命,经JCAA确认后生效。当事人或2名仲裁员任命仲裁员后,应当立即向JCAA提交书面文件,以便JCAA对任命进行确认。该书面文件应载明以下内容:①仲裁员任命通知,包括仲裁员的姓名、街道地址、联系方式和职业;②仲裁员同意接受任命;③仲裁员的公正性与独立性声明。JCAA应当立即将该书面文件转递给其他当事人和其他仲裁员。JCAA确认仲裁员任命后,应当立即通知各当事人和仲裁员。如果JCAA认为任命不适当的,在给予任命仲裁员的当事人或任命第三名仲裁员的2名仲裁员以说明机会后,可以拒绝对仲裁员的任命进行确认,且无须说明理由。如果JCAA对仲裁员任命不予确认的,当事人和2名仲裁员应当在JCAA规定的期限内重新任命仲裁员。

第五,仲裁员的回避、移除与继任仲裁员的选任。当出现影响仲裁员公正性和独立性的事由时,当事人可以向JCAA提出回避申请。当事人应在收到JCAA

确认仲裁员任命通知起2周内或在其知晓任命后才产生的回避事由之日向JCAA提出书面回避申请。JCAA收到回避申请后,应当立即通知其他当事人和被申请回避的仲裁员,并转递回避申请书副本。JCAA应当给予其他当事人和被申请回避的仲裁员以说明机会。当仲裁员无法正确履行职责、不正当延迟履行职责或者因事实或法律上的原因无法履行职责时,JCAA可以根据任一当事人的书面申请移除该仲裁员,但应给予各方当事人以及被移除仲裁员以说明机会。仲裁员因辞职、回避、移除或死亡而无法继续参与仲裁程序的,当事人和其他仲裁员应当任命继任仲裁员并通知JCAA,除非当事人间另有协议。当事人没有其他约定且未及时任命继任仲裁员的,由JCAA任命继任仲裁员。如果停止履行职责的仲裁员是由JCAA任命的,除非当事人约定,否则应由JCAA任命继任仲裁员。继任仲裁员任命后,仲裁庭在听取各方当事人意见后应当就继续或重新开始仲裁程序作出决定。

第六,仲裁庭的组成。仲裁庭由独任仲裁员或3名仲裁员组成。仲裁庭在JCAA确认所有仲裁员的任命之日组成。如果仲裁庭由3名仲裁员组成的,第三名仲裁员为首席仲裁员。除非3名仲裁员另有协议,首席仲裁员的职责如下:①在仲裁程序中主持听证会和审理工作;②代表仲裁庭和转递文件或通信内容;③为仲裁庭起草首份仲裁裁决以及其他文件。

第七,仲裁庭的特别权限。仲裁庭享有下列特殊权限:①仲裁庭有权审查其对争议是否具有管辖权。仲裁庭可以就仲裁协议是否存在及其效力或其他与管辖权有关的问题作出决定。当仲裁庭经审查发现其无管辖权时,应当决定终结仲裁程序。②仲裁庭有权对合并仲裁申请作出分别仲裁的决定。被申请人在规定时间内对合并仲裁提出异议的,若仲裁庭审查发现该合并仲裁申请不符合《仲裁规则》要求时,仲裁庭应当作出分别仲裁的决定,并通知各方当事人。③仲裁庭有权作出临时决定。仲裁庭认为适当时,可以对在仲裁过程中发生的争议作出临时决定,且可以不出具理由。④仲裁庭可以决定是否就证据审查举行听证会。仲裁庭应当决定是否就仲裁程序中的证据审查问题举行听证会,或者仅作书面审查。但如果当事人在仲裁程序中请求举行听证会的,仲裁庭应当举行。仲裁庭决定举行听证会后,应当选择包括视频会议在内的适当方式进行听证。在给予各当事方充分说明机会后,仲裁庭应决定是否在听证会中询问证人。仲裁庭原则上应当在所有当事人均出席的情况下举行听证会,但一当事人无法出席时仲裁庭也可以举行听证会。⑤仲裁庭有权采取临时措施。当事人可以书面方式向仲裁庭提出对其他当事人采取临时措施的申请。仲裁庭可采取的临时措施包括维持或恢复原状、采取可能的措施阻止或避免对仲裁程序已经造成的影响或即将造成的影响、财产保全和证据保全。当事人请求仲裁庭采取临时措施的,应当向仲裁庭说明不采取措施可能导致无法充分弥补的损害,且该种损害远超过采取措施可能造成的损害,以及证明提出申请的当事人有胜诉的可能。仲裁庭在采取临时措施前,应当给予各当事人合理的说明机会,并可要求申请临时措施的当事人提供适当担保。仲裁庭作出采取临时措施决定后,当事人应当予以遵守并执行。仲裁庭可以依照当事人的书面申请或依职权修改、中止或终止临时措施。

第八,仲裁庭秘书。仲裁庭秘书是协助仲裁员执行仲裁任务的第三人,由独任仲裁员或首席仲裁员任命。在任命仲裁庭秘书之前,独任仲裁员或首席仲裁员应以书面方式向当事人提供有关拟任命的仲裁庭秘书人选、任务及其报酬计算方法等信息,并征得当事人同意。

(5)仲裁程序要求

第一,仲裁地点。当事人可以就仲裁地点达成协议,在当事人无协议的情况下,仲裁地点应为当事人提交仲裁请求的 JCAA 办公室所在的城市。除当事人另有特别约定外,仲裁庭可以在其认为适当的任何地点开展仲裁程序。

第二,仲裁程序的推进。仲裁庭应当指挥并控制仲裁程序和听证会的进行。仲裁庭在仲裁程序中应当平等对待当事人,为每一位当事人提供充分的陈述与说明机会。仲裁庭应当尽努力快速解决争议,并可在为当事人提供说明机会后,在职权范围内列出仲裁的主要问题清单。

第三,保密性。仲裁程序应当秘密进行,所有仲裁记录不得对外公开。除非法律或法院程序要求披露或有其他正当理由,仲裁员、JCAA 及其工作人员、当事人、代理律师和其他参与仲裁程序的人不得披露与仲裁程序有关或通过仲裁程序获悉的事实,并且不得对此类事实发表任何意见。

第四,当事人异议权的放弃。当事人知晓《仲裁规则》未得到遵守但未对不遵守行为立即表示异议的,视为该当事人放弃其异议权。

(6)证据和专家

每一位当事人应当在仲裁庭规定的时间内向仲裁庭提交载明案件事实和法律的书面陈述和证据,仲裁庭应当接受当事人提交的书面陈述和证据。当事人逾期提交书面陈述和证据的,仲裁庭应当拒绝接受。如果当事人未在《仲裁规则》规定的时间内或仲裁庭确定的时间内提交书面陈述(包括答辩书)的,仲裁庭不应将此种行为视为对另一方主张的承认。如果一方当事人在没有充分理由的情况下拒绝出席听证会或提供证据,仲裁庭可以继续进行仲裁程序,并根据现有证据作出仲裁裁决。每一位当事人应当对自己的主张或抗辩承担举证责任。仲裁庭在必要时可以依职权审查非当事人提交的证据。仲裁庭可以在听证会以外审查证据,但是应当为当事人提供对证据作出书面陈述或口头陈述的机会。仲裁庭在必要时可以依当事人申请或依职权,命令当事人出示其所掌握的文件并给予该当事人以说明机会,除非仲裁庭发现当事人有合理理由拒绝披露该文件。

在为当事人提供说明机会的前提下,仲裁庭可以任命1名或1名以上的专家对仲裁庭审理的问题提供建议,并向仲裁庭作出口头报告或书面报告。仲裁庭在向当事人转递专家报告后,应当在听证会中给予当事人询问专家的机会。仲裁庭在必要时也可以允许当事人提交其自行委托的专家所出具的报告。

(7)仲裁调解

当事人可以在仲裁程序中的任何阶段达成书面协议,将争议通过《JACC商事调解规则》规定的调解程序予以解决。当事人就争议通过调解达成协议后,仲裁庭应当根据当事人的要求保留仲裁程序。在调解程序中,当事人提交的文件、作出的承认和其他陈述以及调解员的建议,除非当事人均表示同意,否则都不应在仲裁程序中作为证据。调解失败的,仲裁庭应当根据当事人的请求恢复仲裁程序。

原则上,仲裁员不得担任同案调解员,但当事人另有书面约定的除外。各当事人书面同意仲裁员担任同案调解员的,应当向JCAA提交该书面同意的副本,并且在因调解失败而恢复的仲裁程序中,当事人不得以仲裁员曾担任过案涉调解员为由提出回避申请。仲裁员担任同案调解员的,可以对当事人进行询问,但在未取得当事人共同书面同意的情况下,不得分别对当事人进行口头询问或书面询问。仲裁庭对当事人进行询问后,应当向其他当事人披露询问事实,但无须披露询问内容。

(8)仲裁程序的中止、重启与终结

在给予当事人充分的陈述与证明各自主张和抗辩机会后,仲裁庭确定依据现有陈述与证据足以作出仲裁裁决的,仲裁庭应当中止仲裁程序。仲裁庭也可以依照相同的条件中止针对部分请求的仲裁程序。仲裁庭在中止仲裁程序以前应当提前通知各当事人。仲裁庭在认为适当的时候可以重启仲裁程序,但原则上不得在中止仲裁程序之日起 3 周内重启仲裁程序。另外,仲裁员因辞职、回避、移除或死亡而无法在仲裁程序中止但尚未作出仲裁裁决这一期间内继续履行职责的,如果 JCAA 在听取剩余仲裁员和各当事人意见后,认为情况适当的,仲裁庭可以在没有继任仲裁员的情况下作出仲裁裁决。

仲裁程序在以下 3 种情况下终结:①仲裁庭作出仲裁裁决;②当事人在仲裁庭组成之前撤回所有仲裁请求;③仲裁庭作出终结仲裁程序的决定。在以下情况中,仲裁庭应作出终结仲裁程序的决定:①仲裁庭许可申请人撤回仲裁请求;②仲裁庭发现自己对争议没有管辖权;③仲裁庭发现仲裁程序没有必要继续进行或无法继续进行。仲裁程序终结后,仲裁庭无权对仲裁裁决作出修正、解释和补充。

(9)仲裁裁决

第一,作出仲裁裁决的期限、方式及效力。仲裁裁决应当在仲裁庭组成之日起 9 个月内作出。仲裁庭由多名仲裁员组成时,仲裁裁决和与仲裁有关的决定应根据多数意见作出。仲裁庭无法形成多数意见的,由首席仲裁员作出决定。在当事人和其他仲裁员同意的情况下,仲裁的程序性事项可由首席仲裁员独自决定。仲裁庭由 3 名仲裁员组成的,仲裁庭在仲裁裁决中应仅载明多数意见,仲裁员不得披露其对任何事项的反对意见或个人意见。仲裁裁决对各当事人具有终局约束力。

第二,仲裁裁决的形式。仲裁裁决的形式包括最终裁决、部分裁决和合意裁决。仲裁庭应当就仲裁程序中所有争议作出仲裁裁决。但是,仲裁庭在终止针对部分请求的仲裁程序后,可以就该部分请求作出部分仲裁裁决。另外,当事人在仲裁程序中就争议达成和解合意的,仲裁庭应当依据当事人的请求将该合意制作成仲裁裁决。

第三,仲裁实体争议的适用法律。当事人可以约定实体争议应适用的法律,当事人未约定的,仲裁庭应适用与争议具有最密切联系国家的实体法。此外,在当事人明确要求的情况下,仲裁庭可以不适用任何国家的法律,而依照公平善良原则作出仲裁裁决。

第四,仲裁裁决内容。仲裁裁决应当载明以下内容:①各方当事人的姓名和街道地址(如果当事人为法人实体或其他协会的,则为其公司名称、街道地址和其法定代表人的姓名);②代理律师的姓名和地址(若有代理律师);③对仲裁请求的决定;④仲裁程序;⑤仲裁裁决所依据的理由,但当事人同意无须说明理由或达成和解的除外;⑥仲裁裁决的日期;⑦仲裁地点。此外,仲裁裁决还应写明仲裁总费用与当事人费用分担比例(但在部分仲裁裁决中仲裁庭可以选择不写明),如果一方当事人要求另一方当事人偿还垫付费用的,仲裁庭应在裁决中命令另一方当事人偿还款项。最后,仲裁员应当在仲裁裁决上签字。如果1名或1名以上的仲裁员拒绝签字,应在仲裁裁决中说明其拒绝签字的理由。

第五,仲裁裁决的通知。仲裁庭应根据当事人人数制作若干份仲裁裁决的纸质副本,并为JCAA提供一份纸质副本。在当事人向JCAA足额支付应付款项(包括仲裁员报酬与费用,以及与仲裁程序有关的其他合理费用)后,JCAA应将仲裁裁决发送给每一位当事人,JCAA保留一份仲裁裁决的正本。

第六,仲裁裁决的更正、解释与补充。仲裁庭可以根据当事人的书面请求或依职权更正仲裁裁决中的计算错误、文字错误或其他类似性质的错误或遗漏。当事人可在收到仲裁裁决之日起4周内请求仲裁庭更正仲裁裁决、对仲裁裁决中的特定部分或特定内容作出解释。此外,当事人还可在上述期间内通过书面方式请求仲裁庭对仲裁程序中提出的、但在仲裁裁决中遗漏的请求作出补充裁决。

3. 紧急仲裁员制度

紧急仲裁员制度是当事人在仲裁庭成立之前,因情况紧急而直接申请仲裁机构指定仲裁员,该仲裁员可对有关证据、财产或行为采取临时措施的制度。JCAA《仲裁规则》也设立了紧急仲裁员制度。

(1)紧急措施的申请

在仲裁庭组成之前或独任仲裁员无法继续履行职责的情况下,当事人可以向JCAA提交书面申请,请求紧急仲裁员采取临时措施。该书面申请应当载明以下内容:①当事人申请采取紧急措施以及紧急措施的内容;②仲裁协议;③各方当事人的姓名、街道地址和已知的联系方式(如果当事人为法人实体或其他协会的,则为其公司名称、街道地址和其法定代表人的姓名及其联系方式);④如果申请人由律师代理,则该代理律师的姓名、街道地址和其他联系方式;⑤申请人的主张;⑥争议摘要;⑦采取紧急措施必要性的事实依据。另外,申请人在提交紧急措施申请书时应当附上仲裁协议的副本,如果申请人由律师代理,则还应附上授权委托书。申请人提交紧急措施申请时,应当按照《仲裁规则》的有关规定向紧急仲裁员支付报酬,并向 JCAA 支付管理费用和押金。如果申请人未足额支付上述款项的,JCAA 视为其未提出紧急措施申请。JCAA 在收到紧急措施申请之前或之时未收到仲裁请求的,申请紧急措施的当事人应当自申请日之日起 10 日内提交仲裁请求。

(2)紧急仲裁员的任命

JCAA 应任命独任紧急仲裁员,紧急仲裁员应遵守《仲裁规则》有关仲裁员公正性和独立性的要求与规定。符合下列情况的,JCAA 应在收到紧急措施申请后 2 个工作日内任命紧急仲裁员:①申请人已按《仲裁规则》要求提交紧急措施申请书;②JCAA 认为任命紧急仲裁员是适当的。

当事人可以依照《仲裁规则》有关仲裁员回避的规定请求紧急仲裁员回避。当出现影响紧急仲裁员公正性和独立性的事由时,当事人可以向 JCAA 提出回避申请。当事人应在收到 JCAA 确认紧急仲裁员任命通知起 2 日内或在其随后知晓的回避事由之日向 JCAA 提出书面回避申请。紧急仲裁员授权终结之时和之后,任何当事人均不得对紧急仲裁员提出异议,且应终止未决的异议程序。

(3)紧急仲裁员的权限

紧急仲裁员可以作出的临时措施范围与仲裁庭相同,包括财产保全、证据保全、行为保全以及要求当事人提供适当担保等,并且可以修改、中止或终结临时措施。紧急仲裁员在接受任命后应当立即制订紧急措施程序时间表,并应在接受任命后 2 周内作出紧急措施决定。

紧急措施命令应视为仲裁庭作出的临时措施命令,各当事人应当遵守并执行,直至仲裁庭成立后或 JCAA 任命或确认继任仲裁员后,仲裁庭才可修改、中止或终结该紧急措施。存在下列情形之一的,紧急措施命令失效:①紧急措施作出之日起 3 个月内未组成仲裁庭,或 JCAA 未任命或确定继任仲裁员的;②仲裁程序终结的;③JCAA 在收到紧急措施申请后 10 日内未收到仲裁申请的。

存在下列情形之一的,紧急仲裁员的授权终结:①JCAA 在收到紧急措施申请后 10 日内未收到仲裁申请;②仲裁庭组成;③JCAA 任命或确认继任仲裁员。但是,JCAA 可以在认为必要时延长紧急仲裁员授权的期限。另外,紧急仲裁员不得被任命为同案仲裁员,除非当事人以书面形式表示同意。

(4)仲裁庭对紧急措施的维持、修改、中止或终结

仲裁庭不受任何紧急措施决定的约束。仲裁庭组成后,可以维持、修改、中止

或终结全部或部分紧急措施。

4. 快速仲裁程序

(1)适用范围

快速仲裁程序适用于仲裁请求标的额小于5000万日元的仲裁案件。如果是外币,仲裁请求标的额应按照TTM汇率或JCAA收到仲裁请求之日前一个工作日指定的任何其他合理汇率兑换成日元。仲裁请求标的额的计算应除去该请求附带的任何利息、租金、损害、罚款、费用或成本。在争议标的额无法计算、计算非常困难或者当事人对争议标的额的计算有分歧的情况下,争议标的金额应视为超过5000万日元。

自被申请人收到仲裁请求通知之日起2周内,当事人通过书面协议同意将争议提交快速仲裁程序并通知JCAA的,即使仲裁请求标的额超过5000万日元的仲裁案件也应适用快速仲裁程序。

存在下列情形之一的,仲裁请求标的额小于5000万日元的案件应适用《仲裁规则》第一部分规定的普通仲裁程序:①当事人在仲裁协议中约定仲裁员人数为3人的;②自被申请人收到仲裁请求通知之日起2周内,一方当事人通知JCAA仲裁协议中约定争议不得提交快速仲裁程序解决的。另外,在快速仲裁程序过程中,被申请人提出的仲裁反请求或抵消抗辩标的金额超过5000万日元的,应当转换适用普通仲裁程序,但当事人书面同意继续适用快速仲裁程序的除外。

当JCAA决定适用快速仲裁程序解决争议时,其应立即将通知各当事人及仲裁员。

(2)仲裁反请求和抵销请求

在快速仲裁程序中,被申请人应当在收到仲裁通知后2周内提出仲裁反请求和抵消抗辩。另外,申请人和被申请人不得修改或增加仲裁请求、反请求和抵销抗辩。

(3)仲裁员的任命

快速仲裁程序由独任仲裁员进行。当事人应当在收到快速仲裁程序通知之日起2周内协议选择独任仲裁员,并将选任结果通知JCAA。当事人逾期未通知JCAA的,独任仲裁员由JCAA任命。JCAA在任命独任仲裁员时,一方当事人请求被任命人员应当与各方当事人拥有不同国籍的,JCAA应当对该请求予以尊重。当事人对独任仲裁员的一致任命也需经JCAA确认后生效。JCAA确认仲裁员任命后,应当立即通知各当事人和仲裁员。如果 JCAA 认为任命明显不适当的,在给予当事人说明机会后,可以拒绝确认对独任仲裁员的任命,且无须说明理由。如果 JCAA 对仲裁员任命不予确认的,当事人应当在相同的期限内重新任命独任仲裁员。

(4)书面审理

在快速仲裁程序中,仲裁庭原则上不开庭审理,只对有关文件和材料进行审理。仲裁庭认为有必要举行听证会的,应当在给予当事人说明机会后,以合理方式并在尽可能短的时间内举行听证会。

(5)仲裁裁决作出期限

仲裁员应当在接受任命后 3 个月内作出仲裁裁决。

(6)第三方不得参与、不得合并仲裁

在快速仲裁程序中,第三方不得参与快速仲裁程序,仲裁员也不得对多个有关联的仲裁争议进行合并仲裁。

5. 仲裁费用

(1)一般规定

第一,仲裁费用的分担。仲裁费用包括仲裁管理费用、仲裁员报酬和费用以及其他有关仲裁程序的合理费用和仲裁庭认为合理的当事人委托的代理律师和专家的费用和开支。仲裁庭可根据当事人在仲裁过程中的行为、争议的是非曲直以及其他相关事由,决定当事人对仲裁费用的分担比例。如果申请人在仲裁庭成立之前撤回所有仲裁请求,则 JCAA 可以决定当事人对仲裁费用的分担比例(但不包括当事人委托的代理律师和专家的费用和开支)。

第二,当事人对 JCAA 的连带责任。各方当事人应就向 JCAA 支付仲裁费用承担连带责任,包括其所需支付的仲裁员报酬和费用以及其他与仲裁程序有关的合理费用。

第三,费用支付、垫付和计算方法。各方当事人应按照 JCAA 规定的方式和期限向 JCAA 支付足以覆盖仲裁员报酬和费用以及与仲裁程序有关的其他合理费用。如果一方当事人未能按照规定支付款项,仲裁庭应根据 JCAA 的要求中止或终结仲裁程序,除非另一方当事人垫付该款项。如果当事人向 JCAA 所支付的总款项超过了仲裁庭在仲裁裁决中确定的应付款项,则 JCAA 应当在仲裁程序终结时向一方或双方当事人退还多余款项。

(2)仲裁员报酬

第一,有关定义。JCAA《仲裁规则》下的“争议标的额”,是指以下费用的总和,或者以下项目在合并仲裁中的每个仲裁程序的总和:①申请人提出的仲裁请求的经济价值;②被申请人提出的仲裁反请求的经济价值;③第三方提出的仲裁请求或针对第三方提出的仲裁请求的经济价值;④在争议标的额无法计算或计算特别困难时,该争议标的额应视为70万日元;⑤自提出仲裁请求1年内持续产生的利息、损害或其他费用;⑥当事人提出的抵销抗辩中的经济价值。如果是外币,仲裁请求标的额应按照TTM汇率或JCAA在收到仲裁请求之日前一个工作日指定的任何其他合理汇率兑换成日元。JCAA《仲裁规则》下的“仲裁时长”,是指进行仲裁程序所需要的合理时间。另外,仲裁员为参与仲裁程序而产生的差旅时长的1/2也应计入仲裁时长。

第二,仲裁员报酬计算方法。仲裁员报酬计算方法为仲裁时长乘以按小时收取费用的费率。其中,按小时收取费用的费率为每小时5万日元(不含消费税)。仲裁员应当在每月的20日向JCAA提交报告,汇报上个月仲裁时长和每天的工作情况。仲裁总时长超过150小时的,超过部分每50个小时的费率降低10%,但费率不应低于原有费率的50%。在计算上述超出时长的费率时,不包括仲裁员因进行仲裁程序而产生的差旅时长。

第三,仲裁员报酬的上限。仲裁员报酬上限的计算应以争议标的额为基础。争议标的小于2000万日元的,仲裁员报酬上限为200万日元;争议标的额在2000万日元至1亿日元的,仲裁员报酬上限为200万日元加上争议标的额超过2000万日元部分的2.5%;争议标的额在1亿至5亿日元的,仲裁员报酬上限为400万日元加上争议标的额超过1亿日元部分的1.5%;争议标的额在5亿日元至10亿日元的,仲裁员报酬上限为1000万日元加争议标的额超过5亿日元部分的0.4%;争议标的额在10亿日元至50亿日元的,仲裁员报酬上限为1200万日元加上争议标的额超过10亿日元部分的0.1%;争议标的额在50亿日元至100亿日元的,仲裁员报酬上限为1600万日元加上争议标的额超过50亿日元部分的0.08%;争议标的额超过100亿日元的,仲裁员报酬上限为2000万日元加上争议标的额超过100亿日元部分的0.02%,但总报酬额不得超过3000万日元;争议标的额无法计算或计算特别困难的,该争议标的额应视为70万日元。如果仲裁庭由3名仲裁员组成,则每名仲裁员报酬的上限应当这样计算:①首席仲裁员的报酬上限为独任仲裁员报酬上限的120%；②其他仲裁员的报酬上限为独任仲裁员报酬上限的80%。

第四,仲裁员报酬的减免。在下列情况下,当事人无须支付仲裁员报酬:①仲裁程序在仲裁庭成立之前终结的;②仲裁员因辞职、死亡、回避或移除(当事人协议移除仲裁员的除外)而无法继续履行职责的。如果仲裁庭是由3名仲裁员组成的,则由JCAA决定因死亡或疾病而无法继续履行职责的仲裁员的报酬。JCAA决定该仲裁员报酬时应当考虑仲裁时长、该仲裁员在争议解决中的作用以及其他有关情况。

第五,仲裁员报酬的变更。在仲裁庭成立前,当事人可以通过书面协议变更上述有关仲裁员报酬的上限、按小时收取费用的费率或仲裁员报酬减免的规定。当事人达成此类书面协议的,应当毫不延迟地通知JCAA。如果仲裁员是由JCAA任命的,则该仲裁员报酬的上限、按小时收取费用的费率以及报酬的减免条件应与当事人协议变更的条件相同或高于该条件。仲裁庭成立后,任何仲裁员都不得与当事人或JCAA协商更改有关按小时收取费用的费率、仲裁员报酬上限或仲裁员报酬减免的条件,并且当事人也不能协议更改这些条件。

第六,仲裁员报酬的支付。JCAA应当在仲裁裁决作出后4周内毫不延迟地向仲裁员支付报酬。在仲裁庭由3名仲裁员组成的情况下,如果仲裁员因辞职或其他情况无法继续履行职责的,JCAA应当在仲裁裁决作出后4周内毫不延迟地支付仲裁员的报酬。

第七,仲裁员费用。仲裁员有权在合理和必要的范围内要求JCAA偿付下列与仲裁程序有关的费用:①交通费用(公务舱机票和其他运输方式的同等舱位机票);②邮费、快递费、电话费、复印费或JCAA认为根据案件性质合理的任何其他费用;③仲裁秘书的报酬和费用。如果仲裁员需要住宿的,则应获得6万日元的平均日津贴,以支付旅馆费用、餐食和其他个人生活费用。仲裁员要求JCAA偿付费用的,应当提交收据或其他可以证明费用的证明文件。以上费用由当事人负担,当事人应向JCAA缴纳上述费用,由JCAA向仲裁员支付。

第八,紧急仲裁员报酬的特殊规则。无论争议标的额大小如何,紧急仲裁员的报酬均为1200万日元。如果仲裁程序在紧急仲裁员作出紧急措施决定前终结的,紧急仲裁员的报酬则为30万日元。

(3)仲裁管理费用

第一,仲裁管理费用的一般计算规则。仲裁申请人应当在提交仲裁请求时根据下列规定向 JCAA 支付仲裁管理费用:争议标的额小于2000万日元的,仲裁管理费用为50万日元;争议标的额在2000万日元至1亿日元的,仲裁管理费用为50万日元加上争议标的额超过2000万日元部分的1%;争议标的额在1亿日元至10亿日元的,仲裁管理费用为130万日元加上争议标的额超过1亿日元部分的0.3%;争议标的额在10亿日元至50亿日元的,仲裁管理费用为400万日元加上争议标的额超过10亿日元部分的0.25%;争议标的额在50亿日元至100亿日元的,仲裁管理费用为1400万日元加上争议标的额超过50亿日元部分的0.1%;争议标的额超过100亿日元的,仲裁管理费1900万日元加上争议标的额超过100亿日元部分的0.05%,但仲裁管理费总额不得超过2500万日元;争议标的额无法计算或计算特别困难的,该争议标的额应视为70万日元。如果争议标的额包括争议利息、损害或其他持续产生的费用,仲裁管理费用的计算应当基于争议标的额加上争议利息、损害以及自提交仲裁请求之日起1年内持续产生的其他费用。如果是外币,仲裁请求标的额应按照 TTM 汇率或 JCAA 收到仲裁请求之日前一个工作日指定的任何其他合理汇率兑换成日元。

第二,仲裁管理费用的特殊计算规则。①变更争议标的额情形下仲裁管理费用的计算。申请人在缴纳仲裁管理费用后,因修改仲裁请求而导致争议标的额提高的,仲裁管理费用应当根据上述一般计算规则予以修改。②撤回仲裁请求时仲裁管理费用的计算。申请人在仲裁程序开始后30日之内(但仲裁庭尚未成立之时)撤回全部仲裁请求的,JCAA 应当向其退回90%的仲裁管理费用。③快速仲裁程序中撤回仲裁请求时的管理费用的计算。在快速仲裁程序中,如果申请人在仲裁程序开始后10日内(但仲裁庭尚未成立之时)撤回全部仲裁请求的,JCAA 应当向其退回90%的仲裁管理费用。④被申请人提出仲裁反请求与第三方参与仲裁时仲裁管理费用的计算适用上述所有规则(包括一般计算规则和除紧急仲裁员制度仲裁管理费用特别规定外的特殊规则)。⑤紧急仲裁程序中的仲裁管理费用的计算。当事人在提交紧急措施申请之时,应当向 JCAA 提交足以覆盖紧急仲裁员费用和其他与仲裁程序有关的合理费用的仲裁管理费用与押金。其中,仲裁管理费用为20万日元加消费税,押金为10万日元。如果紧急措施申请人在紧急仲裁员任命之前撤回紧急措施申请的,JCAA 应当向其退回90%的仲裁管理费用。

(4)仲裁—调解程序中仲裁员担任同案调解员时的报酬、调解请求费用和仲裁管理费用

仲裁员在仲裁—调解程序中担任调解员的,当事人无须缴纳调解请求费用和行政管理费用。仲裁员在调解程序中的报酬和费用适用前述有关仲裁费用的一般规则:各方当事人应就向 JCAA 支付仲裁费用承担连带责任,包括其所需支付的仲裁员报酬和费用以及其他与仲裁程序有关的合理费用。各方当事人应按照 JCAA 规定的方式和期限向 JCAA 支付足以覆盖仲裁员报酬和费用以及与仲裁程序有关的其他合理费用。如果一方当事人未能按照规定支付款项,仲裁庭应根据 JCAA 的要求中止或终结仲裁程序,除非另一方当事人垫付该款项。如果当事人向 JCAA 所支付的总款项超过了仲裁庭在仲裁裁决中确定的应付款项,则 JCAA 应当在仲裁程序终结时向一方或双方当事人退还多余款项。

(三)JCAA《互动仲裁规则》

JCAA 于 2019 年发布的《互动仲裁规则》与 JCAA《仲裁规则》除少数规定不同外,大体相同。在适用范围上,除非当事人明确约定适用《互动仲裁规则》,否则应当适用《仲裁规则》。另外,即便当事人约定适用《互动仲裁规则》,但是在 JCAA 指定仲裁员或对当事人指定的仲裁员予以确认之前,当事人书面同意适用《仲裁规则》的,那么《仲裁规则》也应予以优先适用,但前期根据《互动仲裁规则》已经进行的仲裁程序依然有效。下文就《互动仲裁规则》独有的规定作简要介绍。

1. 裁决作出期限

《仲裁规则》要求仲裁裁决应当在仲裁庭组成之日起 9 个月内作出。而《互动仲裁规则》的仲裁裁决作出期限较短,要求仲裁裁决应当在仲裁庭组成之日起 7 个半月内作出。

2. 仲裁庭在澄清当事人立场和确定争议焦点方面的积极作用

《互动仲裁规则》第 48 条要求仲裁庭应当在仲裁程序尽可能早的阶段中起草一份书面摘要,说明各方当事人主张的事实依据和法律依据,以及仲裁庭围绕当事人立场所初步确定的事实问题和法律问题。仲裁庭应当向当事人提交该书面摘要,允许当事人在仲裁庭规定的时间内就该书面摘要发表意见。在该期间内,当事人应当就仲裁庭书面摘要中列明的问题发表书面意见,并明确表示其是否同意仲裁庭总结的这些立场和问题。仲裁庭在参考当事人发表的意见后可以对书面摘要中的立场和问题作出修改,并以该修改后的立场作为仲裁裁决中的当事人

立场。在后续庭审过程中,当事人请求对上述立场再次修改的,仲裁庭可视情况予以接受或拒绝。

3. 仲裁庭审查证据的初步意见书

为了协助当事人提供争议解决效率,《互动仲裁规则》第 56 条规定,仲裁庭在决定是否审查证据前应就下列内容提供一份初步书面意见:①仲裁庭认为重要的事实问题与法律问题,以及仲裁庭对这些问题的初步意见;②仲裁庭认为重要的其他事项。仲裁庭应当允许当事人在仲裁庭规定的时间内对该初步意见书发表意见,当事人应在规定期间内以书面方式提出对初步意见书的意见以及是否应审查证据的意见,仲裁庭应根据当事人的意见决定是否询问证人。

4. 实行仲裁员固定报酬制度

与《仲裁规则》的仲裁员浮动报酬规则不同,《互动仲裁规则》实行仲裁员固定报酬制度。

第一,独任仲裁员的报酬。根据《互动仲裁规则》第 94 条的规定,独任仲裁员报酬的确定方法为:争议标的额低于 5000 万日元的,独任仲裁员报酬为 100 万日元;争议标的额在 5000 万日元至 1 亿日元的,独任仲裁员报酬为 200 万日元;争议标的额在 1 亿日元至 5 亿日元的,独任仲裁员的报酬为 300 万日元;争议标的额在 5 亿日元至 10 亿日元的,独任仲裁员的报酬为 400 万日元;争议标的额在 10 亿日元以上的,独任仲裁员的报酬为 500 万日元;争议标的额无法计算或计算特别困难的,该争议标的额应视为 70 万日元。

第二,首席仲裁员和其他两名仲裁员的报酬。根据《互动仲裁规则》第 95 条的规定,首席仲裁员和其他两名仲裁员的报酬确定方法如下:争议标的额低于 5000 万日元的,首席仲裁员报酬为 120 万日元,其他两名仲裁员的报酬为 70 万日元;争议标的额在 5000 万日元至 1 亿日元的,首席仲裁员报酬为 250 万日元,其他两名仲裁员的报酬为 150 万日元;争议标的额在 1 亿日元至 5 亿日元的,首席仲裁员报酬为 400 万日元,其他两名仲裁员的报酬为 250 万日元;争议标的额在 5 亿日元至 10 亿日元的,首席仲裁员报酬为 500 万日元,其他两名仲裁员的报酬为 350 万日元;争议标的额在 10 亿日元以上的,首席仲裁员报酬为 600 万日元,其他两名仲裁员的报酬为 400 万日元;争议标的额无法计算或计算特别困难的,该争议标的额应视为 70 万日元。

（四）JCAA《UNCITRAL 仲裁管理规则》

在实践中，当事人可能约定仲裁案件的管理机构为 JCAA，但仲裁规则为《UNCITRAL 仲裁规则》，在这种情况下，JCAA 为了更好地为当事人提供服务，于 2019 年通过了《UNCITRAL 仲裁管理规则》，下文就《UNCITRAL 仲裁管理规则》作简要介绍。

1. 一般规定

（1）《UNCITRAL 仲裁管理规则》的目的

该规则旨在对当事人将争议提交 JCAA 解决但选择《UNCITRAL 仲裁规则》作为仲裁规则的仲裁程序提供必要的补充性规定。该规则中的条款与《UNCITRAL 仲裁规则》不同的，应当适用该规则的条款。

（2）有关定义

在该规则下，UNCITRAL 仲裁规则，是指仲裁程序所适用的联合国大会分别于 1976 年、2010 年或 2013 年采纳的任一《UNCITRAL 仲裁规则》；JCAA，是指日本商事仲裁协会；当事人，是指一方或多方申请人与被申请人；书面包括纸质副本和电子文档；电子文档包括计算机或其他电子设备信息处理中适用的电子、磁性和任何其他记录介质；商事仲裁规则，是指 JCAA 的《仲裁规则》；互动仲裁规则，是指 JCAA 制定的《互动仲裁规则》。

（3）《UNCITRAL 仲裁管理规则》的适用范围

首先，当事人在仲裁协议中约定适用《UNCITRAL 仲裁规则》，但未具体指明应当适用 1976 年、2010 年或 2013 年《UNCITRAL 仲裁规则》哪个版本的规则时，2010 年《UNCITRAL 仲裁规则》应予适用。其次，具有下列情形之一的，JCAA 应该适用《UNCITRAL 仲裁管理规则》：①当事人事先约定 JCAA 为适用《UNCITRAL 仲裁规则》的仲裁程序提供管理服务的；②仲裁申请人请求适用 JCAA《仲裁规则》或《互动仲裁规则》之后，但在 JCAA 指定仲裁员或对当事人指定的仲裁员予以确认之前，各当事人通过书面协议同意仲裁适用《UNCITRAL 仲裁规则》并将该合意通知 JCAA 的。但是，在当事人达成此种合意之前，已经适用 JCAA《仲裁规则》或《互动仲裁规则》的仲裁程序仍然有效。在适用《UNCITRAL 仲裁管理规则》的仲裁程序中，对于《UNCITRAL 仲裁管理规则》没有规定的事项，则适用《UNCITRAL 仲裁规则》的有关规定。另外，若仲裁程序适用《UNCITRAL 仲裁管理规则》的，当事人可以约定变更除规则第二部分和第三部分外的任何规定。

(4)《UNCITRAL 仲裁管理规则》的解释

《UNCITRAL 仲裁管理规则》以英文文本为准。如果有关该规则的其他解释与 JCAA 对该规则所作的解释不同的,以 JCAA 的解释为准,但仲裁庭在仲裁程序中对于该规则第一部分的解释应当优先于 JCAA 的解释。

(5)指定机构

除非当事人另有约定,《UNCITRAL 仲裁规则》所规定的指派和指定机构应为 JCAA。

2. 仲裁请求

(1)仲裁程序的启动

为启动仲裁程序,仲裁申请人应当向 JCAA 提交载明《UNCITRAL 仲裁规则》第 3.3 条[1]与第 20.2 条[2]规定事项的仲裁请求书。仲裁程序开始之日为 JCAA 收到仲裁申请之日。JCAA 在确认申请人提交的仲裁请求书符合《UNCITRAL 仲裁规则》第 3.3 条与第 20.2 条规定的,以及申请人已经缴纳仲裁管理费用后,应当立即向申请人与被申请人发出确认通知,同时向被申请人发送仲裁请求书副本。被申请人提出仲裁反请求的,亦适用上述规定。

(2)仲裁请求的撤回

在仲裁庭组成之前,申请人可以通过书面方式向 JCAA 请求撤回仲裁申请,JCAA 应当立即向被申请人发出撤回仲裁请求的撤回通知。

3. 通信方式

当事人应当以书面形式向仲裁员、其他当事人和 JCAA 转递有关仲裁程序的通知或材料,仲裁庭也应当以书面形式向 JCAA 提交其在仲裁程序中向当事人发出的通知和材料。JCAA 与当事人之间或与仲裁员之间的通信语言应当为英文或日文。

---

〔1〕《UNCITRAL 仲裁规则》第 3.3 条规定:“仲裁通知应载明下列各项内容:①将争议提交仲裁的要求;②各方当事人的名称和联系方式;③指明所援引的仲裁协议;④指明引起争议的或与争议有关的任何合同或其他法律文书,无此类合同或文书的,简单说明相关关系;⑤对仲裁请求作简单说明,涉及金额的,指明其数额;⑥寻求的救济或损害赔偿;⑦各方当事人事先未就仲裁员人数、仲裁语言和仲裁地达成协议时,与这些事项有关的提议。”

〔2〕《UNCITRAL 仲裁规则》第 20.2 条规定:“申请书应包括以下各项:①各方当事人名称和联系方式;②支持本仲裁请求的事实陈述;③争议点;④寻求的救济或损害赔偿;⑤支持本仲裁请求的法律依据或观点。”

4. 向当事人和仲裁庭提供服务与协助

JCAA 应根据仲裁庭或当事人的要求作出解释、制作开庭笔录或提供开庭场所。在适当的情况下，JCAA 还可根据仲裁庭或当事人的请求提供该规则以外的服务。

5. 仲裁裁决通知

在当事人向 JCAA 足额支付所有仲裁费用后，JCAA 应当向每一位当事人发送仲裁裁决。

6. 仲裁申请费、仲裁员报酬与仲裁管理费用

(1) 仲裁申请费

仲裁申请人提交仲裁请求时或被申请人提交仲裁反请求时，应当同时依照该规则的有关规定向 JCAA 支付仲裁管理费。JCAA 在必要时可以要求一方或各方当事人提前支付全部或部分费用。当事人未支付有关费用的，仲裁庭可以中止或终结仲裁程序，除非另一方当事人垫付该费用。仲裁程序终结时，仲裁庭应当确定《UNCITRAL 仲裁规则》规定的有关费用、仲裁管理费用以及《UNCITRAL 仲裁管理规则》规定的其他费用，并决定这些费用在当事人之间的分担比例。JCAA 应向当事人提供预付费用账单，并将多余款项退还给一方或双方当事人。

(2) 仲裁员报酬

第一，定义。《UNCITRAL 仲裁管理规则》下的"仲裁时长"，是指进行仲裁程序所需要的合理时长。另外，仲裁员为开展仲裁程序而产生的差旅时长的 1/2 也应计入仲裁时长。

第二，仲裁员报酬的计算方法。仲裁员报酬计算方法为仲裁时长乘以按小时收取费用的费率。每名仲裁员的报酬数额应由 JCAA 确定。在允许当事人发表意见的前提下，JCAA 应当考虑仲裁员的经验、案件复杂程度及有关问题，将每名仲裁员按小时收取费用的费率规定在每小时 500 美元至 1500 美元，且首席仲裁员的收费费率不应低于仲裁庭其他仲裁员的收费费率。此外，在当事人同意的情况下，JCAA 可以确定任何其他收费费率。仲裁员应当在每月的 20 日向 JCAA 提交报告，汇报上个月的仲裁时长和每天的工作情况。

第三，仲裁员报酬的减少。如果仲裁员在仲裁过程中因辞职或其他原因无法继续履行其职责的，JCAA 可以根据导致该仲裁员无法继续履行职责的原因决定减少该仲裁员的报酬。JCAA 决定减少仲裁员报酬的，应当先咨询并考虑仲裁员

报酬审查委员会的意见。JCAA 所作出的减少仲裁员报酬的决定具有终局性。

第四,仲裁员报酬的支付。仲裁员作出仲裁裁决或终结仲裁程序的决定,或仲裁程序因其他原因而终结时,JCAA 应当在当事人收到仲裁裁决之日起 30 日后毫不延迟地向仲裁员支付报酬。在仲裁程序延长的情况下(如当事人在收到仲裁裁决后要求仲裁庭对裁决作出解释、修改或补充的),经当事人同意,JCAA 可以在当事人收到仲裁裁决之日起 30 日内向仲裁员支付报酬。

第五,仲裁员费用。仲裁员有权要求 JCAA 向其偿付合理的住宿费或其他费用,但应当向 JCAA 提交收据或其他可以证明费用的证明文件。仲裁员费用由当事人负担,当事人应向 JCAA 缴纳有关费用,并由 JCAA 向仲裁员偿付。

(3)仲裁管理费用

第一,仲裁管理费用的一般计算规则。仲裁申请人应当在提交仲裁请求时根据下列规定向 JCAA 支付仲裁管理费用:争议标的额小于 2000 万日元的,仲裁管理费用为 50 万日元;争议标的额在 2000 万日元至 1 亿日元的,仲裁管理费用为 50 万日元加上争议标的额超过 2000 万日元部分的 1%;争议标的额在 1 亿日元之 10 亿日元的,仲裁管理费用为 130 万日元加上争议标的额超过 1 亿日元部分的 0.3%;争议标的额在 10 亿日元至 50 亿日元的,仲裁管理费用为 400 万日元加上争议标的额超过 10 亿日元部分的 0.25%;争议标的额在 50 亿日元至 100 亿日元的,仲裁管理费用为 1400 万日元加上争议标的额超过 50 亿日元部分的 0.1%;争议标的额超过 100 亿日元的,仲裁管理费 1900 万日元加上争议标的额超过 100 亿日元部分的 0.05%,但仲裁管理费总额不得超过 2500 万日元;争议标的额无法计算或计算特别困难的,该争议标的额应视为 70 万日元。如果争议标的额包括争议利息、损害或其他持续产生的费用,仲裁管理费用的计算应当基于争议标的额加上争议利息、损害以及自提交仲裁请求之日起 1 年内持续产生的其他费用金额。如果是外币,仲裁请求标的额应按照 TTM 汇率或 JCAA 在收到仲裁请求之日前一个工作日指定的任何其他合理汇率兑换成日元。

第二,仲裁管理费用的特殊计算规则。①变更争议标的额情形下仲裁员管理费用的计算。仲裁申请人在缴纳仲裁管理费用后,因修改仲裁请求而导致争议标的额提高的,仲裁管理费用应当根据上述一般计算规则予以修改,并且被申请人“提高争议仲裁标的额或增加仲裁请求之日”应视为上述规则中的“提交仲裁请求之日”。②撤回仲裁请求情形下仲裁管理费用的计算。仲裁申请人在仲裁程序开始后 30 日之内(但仲裁庭尚未成立之时)撤回全部仲裁请求的,JCAA 应当向其退回 90% 的仲裁管理费用。③仲裁被申请人提出仲裁反请求与第三方参与仲裁情形下的仲裁管理费用的计算适用上述所有规则(包括一般计算规则和特殊计算规则)。

(五)JCAA《商事调解规则》

为了使调解服务在日本与世界范围内更具竞争力,JCAA 对其原有的《商事调解规则》(以下简称《调解规则》)作了全面修改,规定更加细致透明,提高了争议解决效率。经修改后的《调解规则》已于 2020 年 2 月 1 日生效。《调解规则》共 5 章,35 条,分别对调解的一般规则、调解的启动、调解员、调解程序以及调解费用作了规定。下文将对该《调解规则》的内容进行介绍。

1. 一般规定

(1)规则的目的、有关定义及适用范围

《调解规则》旨在为 JCAA 管理的商事争议调解程序和有关问题提供必要的规定。在该规则下,JCAA,是指日本商事仲裁协会;当事人,是指一方或多方申请人与被申请人;调解员包括 1 名以上的调解员;书面包括纸质副本和电子文档;电子文档包括计算机或其他电子设备信息处理中适用的电子、磁性和任何其他记录介质;调解协议,是指当事人达成的将争议提交 JCAA 调解的协议;调解员名单,是指 JCAA 通过参考 JCAA 调解员候选人数据或其他任何资源专门为调解案件准备的名单;调解开始日期,是指当事人在争议发生前达成调解协议的情况下,JCAA 向各方当事人发出调解请求通知之日,或当事人未在争议前达成调解协议的,JCAA 收到被申请人提交的同意调解提议的书面通知之日。《调解规则》适用于 JCAA 调解程序以及当事人、调解员与 JCAA 之间的关系。除《调解规则》第五章有关费用的规定外,当事人可以合意变更其他规定。

(2)规则的解释

《调解规则》以日文和英文为作准文本。当这两个文本不一致时,以日文文本为准。JCAA 对《调解规则》具有最终解释权。

(3)通信方式

该规则下的任何通知、请求或互换文件均应通过快递、挂号信、电子邮件、传真或其他合理方式进行送达,但当事人另有约定的除外。JCAA 与当事人或与调解员之间的通信语言应为英文或日文。

(4)调解员名册

JCAA应当根据当事人的请求向其提供调解员名册,以协助当事人任命调解员。当事人也可以在调解员名册之外任命调解员。

(5)代理与协助

当事人可以委托任何人代表或协助其根据《调解规则》参与调解程序。

(6)期间的确定与变更

JCAA可以应当事人或调解员请求,或者在其认为必要时,确定或变更该规则下有关调解程序的任何期间。

(7)责任豁免

调解员、JCAA及其主任、管理人员、雇员以及其他工作人员对其与调解程序有关的作为或不作为免责,除非这种作为或不作为构成故意的不当行为或重大过失。

2. 调解的启动

(1)争议前调解协议

为启动调解程序,调解申请人应根据事前达成的调解协议向JCAA提交调解申请书,并附上调解协议副本。调解申请书应当载明以下内容:①各方当事人的姓名(法人实体或其他协会的公司名称和代表姓名)、街道地址和其他已知的通信方式;②如果调解申请人由律师代理,则该代理律师的姓名、街道地址和其他联系方式;③争议摘要(包括可确认的主张);④当事人之间的任何协议或申请人的提议,这些协议或提议应载明调解员姓名、调解员人数或任命调解员的程序、调解程序(包括调解员是否应该对各当事人提出解决争议的建议)、调解期限、调解语言以及调解员报酬的计算方式。申请人在提交调解申请书时应当附上代理律师的授权委托书(若申请人有代理律师的),并向JCAA支付申请费。如果申请人未在JCAA规定的期限内支付申请费,JCAA将视该申请人未提交调解申请。JCAA在确认仲裁申请书符合《调解规则》的要求后,应向各当事人发出通知,并且应向被申请人发送调解申请书的副本,除非调解申请是由当事人共同提出的。

(2)争议后调解协议

当事人事前未达成调解协议的,调解申请人仍可向JCAA提交调解申请书。调解申请书应载明以下内容:①向被申请人发出的有关将争议提交调解的提议;②各方当事人的姓名(法人实体或其他协会的公司名称和代表姓名)、街道地址和其他已知的通信方式;③如果调解申请人由律师代理,则该代理律师的姓名、街道地址和其他联系方式;④争议摘要(包括可确认的主张);⑤当事人之间的任何协议或申请人的提议,这些协议或提议应载明调解员姓名、调解员人数或任命调解员的程序、调解程序(包括调解员是否应该对各当事人提出解决争议的建议)、调解期限、调解语言以及调解员报酬的计算方式。申请人在提交调解申请书时应当附上代理律师的授权委托书(若申请人有代理律师的),并向 JCAA 支付申请费。如果申请人未在 JCAA 规定的期限内支付申请费,JCAA 将视该申请人未提交调解申请。JCAA 在确认仲裁申请书符合《调解规则》的要求后,应向各当事人发出通知,并且应向被申请人发送调解申请书的副本。JCAA 收到被申请人针对申请人调解提议的同意书后,应当认可该同意书并立即向申请人转递。JCAA 收到被申请人同意书之日为当事人达成调解协议之日。在被申请人收到调解申请通知后 2 周内,如果 JCAA 未认可被申请人的同意书,JCAA 应当立即向申请人发出调解启动失败的通知。

(3)被申请人的回复

在调解开始之日起 2 周内,被申请人应当就调解申请向 JCAA 提交相应的回复书,并附上代理律师的授权委托书(若申请人有代理律师的)。JCAA 收到回复书后,应当立即向申请人发出通知并转递该回复书副本。

3. 调解员

(1)调解员的公正性与独立性要求

调解员在调解程序的任何时候都应保持公正性与独立性。可能被任命为调解员的人应当对当事人认为会对其公正性和独立性产生正当怀疑的情况进行合理调查,经调查后确实存在影响其公正性与独立性事由的,该可能被任命为调解员的人应当拒绝接受任命或以书面形式披露有关事由,以便当事人决定是否撤回任命申请。被任命为调解员后,该调解员应当立即向当事人和 JCAA 提交书面声明,披露可能导致影响其公正性或独立性的任何情况,或声明不存在这些情况。在调解程序中,调解员负有持续披露责任,如果发现了当事人认为可能对调解员的公正性或独立性产生合理怀疑的任何事由后,调解员应立即以书面形式向当事人和 JCAA 披露该事由,除非其已经披露。有关将来可能出现的此类事由的预先声明并不能免除调解员的持续披露义务。

(2)调解员的任命与确认

调解员的任命应当根据当事人的协议进行。一方当事人或双方当事人对调解员的任命,或者由当事人任命的调解员对另一名调解员的任命经 JCAA 确认后生效。被任命的调解员应向 JCAA 提交确认任命申请书,该申请书应包括以下内容:①载明被任命调解员姓名、街道地址、联系方式与职业的任命通知;②载明调解员接受任命的文件;③调解员的公正性与独立性声明。当 JCAA 收到调解员的确认任命申请书后,应当立即转递给各当事人和其他调解员。JCAA 在决定是否要确认任命时,应当考虑被任命调解员的背景、国籍、居住地、语言能力、专业能力、调解经验、所披露的有关公正性和独立性的任何事由以及其他有关问题。JCAA 确认调解员的任命之后,应当立即向各当事人和调解员发出确认任命通知。如果 JCAA 发现任命明显不当,应当拒绝确认任命该调解员。JCAA 在认为适当的时候,可以在拒绝确认任命之前为各方当事人或任命另一名调解员的调解员提供发表意见的机会。JCAA 拒绝确认任命后,应当立即通知任命该调解员的当事人或调解员,当事人和调解员应当在收到通知之日起 2 周内重新任命调解员并通知 JCAA,重新任命的调解员应当依照上述规定向 JCAA 提交确认任命申请书。

在调解程序开始后 2 周内,如果当事人没有通知 JCAA 有关调解员人数的协议,调解员人数默认为 1 人,该独任调解员由当事人共同任命。如果当事人协议同意调解员人数为 2 人,但未能就选任 2 名调解员的程序达成一致意见的,当事人应当依照下列程序选任 2 名调解员:①如果当事人人数为 2 人的,由当事人各自任命一名调解员;②如果当事人人数为 3 人或 3 人以上的,则申请方当事人和被申请方当事人应当各自选任一名调解员。JCAA 在认为适当的时候可以就调解员的选任作出其他程序性安排,但应给予各当事方发表意见的机会。如果当事人约定调解员人数为 3 人,但未能就选任该 3 名调解员的程序达成一致意见的,当事人应当依照下列程序选任 3 名调解员:①如果当事人人数为 2 人的,由当事人各自任命 1 名调解员,第三名调解员由当事人任命的 2 名调解员共同任命;②如果当事人人数为 3 人或 3 人以上的,则由申请方当事人和被申请方当事人各自选择 1 名调解员,第三名调解员由当事方选任的 2 名调解员任命。JCAA 在认为适当的时候可以就调解员的选任作出其他程序性安排,但应给予各当事方发表意见的机会。依照上述程序任命调解员后,如果当事人未在调解程序开始后 4 周内向 JCAA 发出任命通知,则由 JCAA 任命调解员。JCAA 任命调解员时,应当向当事人发送调解员名册。在各方当事人收到调解员名册之日起1周内,应当各自在调解员名册中删除其不认同的调解员候选人姓名,并根据其偏好程度对剩下的调解员候选人进行排序,再将该调整后的调解员名单以书面形式通知JCAA。JCAA收到当事人调整后的调解员名单后,应当考虑当事人对调解员的偏好程度和其他有关情形以任命调解员,在任命后通知各方当事人,并附上该调解员接受任命的文件与公正性和独立性声明的副本。

(3)调解员的回避、移除与继任调解员的任命

首先,调解员的回避。如果当事人对调解员的公正性和独立性持有正当怀疑,可以在收到JCAA确认任命通知或任命通知之日起2周内或在其知晓任命后才产生的回避事由之日,就该调解员的回避向JCAA提出书面申请。JCAA收到书面回避申请后,应当立即通知其他当事人和被申请回避的调解员并附上回避申请书副本。JCAA应当在给予各当事人以及被申请回避的调解员以发表意见的机会后,对回避申请作出决定。

其次,调解员的移除。当事人可以协议移除某一调解员,JCAA也可以依照当事人的书面申请或依职权移除调解员,但应为当事人和被移除调解员提供发表意见的机会。JCAA可以移除调解员的情形如下:①该调解员未能履行其职责;②该调解员无故懈怠履行其职责;③该调解员不适合继续履行其职责。另外,JCAA发现调解员具有与日本《民事诉讼法》第23条第1款规定相似的事由,则应当移除该调解员。根据日本《民事诉讼法》第23条第1款的规定,在下列情形中,法官应当回避:①法官或者其配偶或者曾为其配偶的人为案件的当事人,或者是案件当事人的共同权利人、共同义务人或偿还义务人;②法官为或者曾为当事人四亲等内的血亲、三亲等内的姻亲或者同居的亲属;③法官是当事人的监护人、监护监督人、保佐人、保佐监督人、辅助人或者辅助监督人;④法官曾为案件的证人或鉴定人;⑤法官为或曾为案件当事人的代理人或者辅佐人;⑥法官曾参与案件的仲裁判断,或者曾参与被声明不符的前审裁判。

最后,继任调解员的任命。如果调解员因回避、辞职或死亡而无法继续履行其职责的,JCAA应当立即通知各当事人及其他调解员。如果该无法继续履行职责的调解员是由当事人或其他2名调解员任命的,则当事人和其他2名调解员应当在收到JCAA上述通知后2周内以相同方式任命继任调解员并依规则通知JCAA。如果当事人或其他2名调解员未能在规定期间内任命继任调解员,则由

JCAA 依照前述任命调解员的规则任命继任仲裁员。如果该无法继续履行职责的调解员是由 JCAA 任命的,则应由 JCAA 依照前述任命调解员的规则任命继任仲裁员。

4. 调解程序

(1)调解程序的推进

在调解程序中,调解员应当勤勉公正地行事,并协助当事人解决争议。经 JCAA 确认或任命后,调解员应立即与各当事人讨论调解程序的进行,包括调解语言,书面陈述和文件交换的时间与方式,调解会议的日期、地点,调解员是否应向所有当事人提出解决争议的建议方案和建议的时间以及结束调解的期限,并迅速进行调解。

(2)单独会议

调解员可以分别单独会见当事人,但当事人另有约定的除外。调解员与当事人进行单独会见时,应当向其他当事人披露该单独会见,但不得将在单独会见中获知的信息披露给其他当事人,除非征得该单独会见当事人的许可。

(3)保密性

调解程序应当秘密进行,所有有关调解程序的记录均应向公众保密。除非披露调解信息是法律要求的或为执行或中止调解协议所要求的,否则调解员、当事人及其律师和协助人员、JCAA 工作人员以及其他参与调解程序的人员均不得透露与调解程序有关的事实或从调解程序中获知的事实,并且上述人员在辞职、退休或完成职务后也应当遵守保密性规定。

(4)调解案件的效力

在调解程序中,当事人对案件所作的陈述、证词与援引的证据并不会影响其权利和义务。除非当事人另有约定,或披露调解信息是法律要求的或为执行或中止调解协议所要求的,否则一方当事人不应在与另一方当事人之间的司法、仲裁或其他类似程序中陈述调解案件,也不得就以下内容提供或寻求证词:①另一方当事人提议进行调解程序或接受调解建议的事实(但不包括调解程序正在进行或已经进行的事实);②另一方当事人或者调解员在调解过程中提出的解决纠纷的建议;③另一方当事人就调解过程中的纠纷解决建议的态度;④另一方当事人表示愿意接受争议解决方案的事实。另外,除非当事人另有约定,或者披露调解信息是法律要求的或为执行或中止调解协议所要求的,否则一方当事人不得在与另一方当事人的司法、仲裁或其他类似程序中将下列内容援引为证据或要求披露这些内容:①阐明另一方当事人或者调解员在调解过程中提出的解决纠纷建议的文件或其他材料;②仅为调解程序准备的文件或其他材料。

(5)调解的期限

当事人可以协议确定调解程序的期限,并可以协议延长该期限。如果当事人未就此达成协议的,则调解程序的期限应为 JCAA 任命或确认所有调解员之日起 3 个月。即使在由于调解员回避、移除、辞职或死亡而任命继任调解员的情况下,该期限也应保持不变,除非当事人均同意延长该期限。

(6)达成和解协议与基于和解协议的仲裁裁决

当事人在调解程序中达成和解协议的,应当通知调解员,调解员应当根据各当事人的请求以见证人的身份签署和解协议,当事人应向 JCAA 提交调解协议的副本。任何一方当事人均可要求 JCAA 证明该调解结果产生于 JCAA 管理的调解程序。此外,各当事人达成和解协议后,可以通过书面形式任命调解员为仲裁员,并要求该仲裁员以仲裁裁决的形式记录和解协议。

(7)调解程序的终结

存在下列情形之一的,调解程序应当终结:①达成和解协议的当事人将调解协议的副本提交 JCAA。②被申请人未在规定期限内向 JCAA 提交针对调解请求书的书面回复(如果被申请人人数为 1 人以上的,则仅终结申请人与未在规定期限内向 JCAA 提交针对调解请求的书面回复的被申请人之间的调解程序)。③在由 JCAA 任命调解员并向当事人发送调解员名单供当事人删除调解员候选人,且按照偏好程度对候选人进行排序的情形下,因当事人对 JCAA 的任命调解员的结果持有异议而导致所有调解员无法在 JCAA 初次向当事人发出调解员名单之日起 3 个月内被 JCAA 任命或确认任命。④调解程序超过调解期限。⑤调解员或 JCAA 收到任何当事人撤回调解的通知(但如果当事人人数为 3 人或 3 人以上的,仅终结提出撤回调解通知当事人的调解程序)。⑥调解员因当事人无调解意愿或立场分歧无法弥合而作出不可能达成和解协议的决定的,并将该决定通知当事人和 JCAA。自当事人和 JCAA 收到通知之日的下一日起算,经过 2 周后调解程序终结(在此期间各当事人要求调解员继续调解程序的,调解程序不终结)。⑦当事人未按照规则向 JCAA 支付押金,JCAA 应以书面形式向各当事人发出终结调解程序通知。调解程序因上述情形终结的,JCAA 应当立即向各当事人和调解员发出书面通知。

(8)调解程序与其他程序的衔接

除非双方另有协议或法律禁止,否则任何一方当事人均可将调解的争议交付司法程序或仲裁程序等类似程序。

5. 费用

(1)调解员的报酬

当事人可以约定调解员的报酬依据以下方法计算:①固定报酬;②如果当事人在调解程序中达成和解协议的,当事人可以协议提高调解员按小时收取费用的费率或者固定费率;③其他计算方法。当事人没有达成上述协议的,调解员报酬计算方法为调解时长乘以按小时收取费用的费率。其中,按小时收取费用的费率为每小时 5 万日元(不含消费税)。调解时长,是指调解员在调解程序中完成以下任务所需时长:①与当事人和 JCAA 进行沟通;②准备或起草通知或其他任何文件;③审查当事人提交的书面陈述或文件;④研究法律问题或技术问题;⑤准备调解会议和为准备调解会议与其他调解员进行沟通;⑥参与调解会议;⑦调解程序所要求的其他任何调解任务。另外,调解员为履行调解任务所产生的差旅时间的 1/2 应当计入调解时长。仲裁员因回避、移除、辞职或死亡而无法继续履行其职责的,该调解员的报酬由 JCAA 确定,除非各当事人和该调解员另有协议。调解员应当在每月的 20 日向 JCAA 提交报告,汇报上个月调解时长和每天的工作情况,JCAA 应当根据一方当事人要求将该报告发送给各当事人。调解员的报酬由当事人承担,当事人应向 JCAA 缴纳足以覆盖调解员报酬的费用,JCAA 将在调解程序终结后立即向调解员支付报酬。

(2)调解员的费用

除非当事人另有约定,调解员有权要求 JCAA 支付下列因调解程序而产生的合理费用:①交通费用(公务舱机票和其他运输方式的同等舱位机票);②邮费、快递费、电话费、复印费或 JCAA 认为根据案件性质合理的任何其他费用。如果调解员需要住宿的,则应获得 6 万日元的平均日津贴,以支付旅馆费用、餐食和其他个人生活费用。调解员要求 JCAA 偿付费用和津贴的,应当提交收据或其他可以证明费用的证明文件。以上调解员费用和津贴由当事人负担,当事人应向 JCAA 缴纳足以覆盖调解员费用和津贴的款项,并由 JCAA 向仲裁员支付。

(3)调解申请费用

调解申请人向JCAA提交调解申请书时应当同时提交5万日元调解申请费(不含消费税)。调解程序开始后,JCAA不予退还调解申请费。

(4)调解管理费用及与调解程序有关的合理费用

当事人应当向JCAA缴纳调解管理费用。调解管理费用为调解员报酬总额的10%。此外,当事人应当承担在调解程序中产生的合理费用。

(5)押金与调解费用的分担

调解程序开始后,JCAA应当要求当事人缴纳足以覆盖调解费用的押金,调解费用包括调解员报酬与费用、调解管理费用和调解程序中产生的其他合理费用。如果当事人未按要求缴纳押金,JCAA可以中止或终结调解程序,除非任何一方当事人缴纳押金。调解程序终结后,如果当事人缴纳的押金总额超过调解费用总额,JCAA应当立即向当事人返还多余款项。任何一方当事人撤回调解申请,且当事人缴纳的押金总额超过已经产生的调解费用总额的,JCAA应当立即将超出部分款项返还当事人。除非当事人另有协议,否则调解费用应当由各当事人平均分担。

6. 调解示范条款

《调解规则》为当事人提供了3种不同类型的调解示范条款,以供当事人选择适用。

第一,合同调解示范条款。当事人在缔结商事合同时,可以在合同中将JCAA示范条款纳入争议解决条款:

与合同给有关任何争议、纠纷或分歧应当首先在____国____市根据《日本商事仲裁协会商事调解规则》交付调解。

第二,争议发生后的调解示范协议。当事人事前未达成调解协议的,可以在争议发生后采纳JCAA提供的示范条款达成调解协议:

各当事方同意将以下争议在____国____市根据《日本商事仲裁协会商事调解规则》交付调解。

(简要描述争议)

第三,调解仲裁示范条款。当事人如果希望与合同有关的争议提交仲裁前能够先行调解的,可以在合同中采纳下述 JCAA 调解仲裁示范条款:

各当事方应当友好协商解决所有与合同有关的争议、纠纷与分歧(以下简称争议)。

如果争议无法在一方当事人向另一方当事人发出协商请求之日起____周内通过协商解决,当事人应当将争议提交调解解决,并适用《日本商事仲裁协会商事调解规则》。各当事人应当自提交调解申请之日起____月内进行调解。

如果争议无法通过调解解决的,各当事人最终应当将争议提交仲裁解决,并适用《日本商事仲裁协会商事仲裁规则》。仲裁地为____国____市。

(六)简要评析

1. JCAA《仲裁规则》、《互动仲裁规则》与《UNCITRAL 管理规则》的简要评析

JCAA 同时提供 3 套各具特色的仲裁规则供当事人选择,当事人可以根据自身的需求选择合适的仲裁规则。下文将对这 3 套不同的仲裁规则的特点作简单评析。

(1)JCAA《仲裁规则》

第一,提高了仲裁程序的效率。首先,《仲裁规则》通过设置快速仲裁程序简化了小额仲裁案件的仲裁流程。例如,在快速仲裁程序中实行独任仲裁员制度可以减少仲裁员选任的时间;将仲裁裁决作出期限缩短为仲裁员接受任命后 3 个月内,可以促使仲裁员更加积极推进仲裁程序的快速进行;禁止当事人对仲裁请求进行修改或补充,可以有效避免仲裁程序中出现新的分歧等。以上措施能够大幅加速争议解决的进程。另外,在当事人达成协议的前提下,非小额案件可以提交快速仲裁程序解决。总而言之,对于希望争议能够尽快解决的当事人来说,JCAA《仲裁规则》中的快速仲裁程序是非常理想的争议解决程序。此外,JCAA《仲裁规则》还对仲裁员的报酬作了限制,例如,在仲裁总时长超过 150 小时时降低仲裁员报酬的费率,同时对仲裁员报酬的上限作了规定。此举有利于防止仲裁员为获得更高报酬而拖延仲裁程序,从而提高仲裁程序的效率。

第二,紧急仲裁员制度能够为后续仲裁程序顺利开展与仲裁结果的顺利执行提供保障。为了使当事人能够在仲裁庭组成前的紧急状态下获得临时救济,紧急

仲裁员制度允许当事人申请成立紧急仲裁庭,对证据、行为或财产作出紧急性临时措施,以防止发生涉案证据灭失、财产转移或损害的风险。这不仅使仲裁庭的权力延伸覆盖至仲裁庭组成之前,从而更好地维护当事人的权益,还能为后续仲裁程序的顺利开展与仲裁裁决的执行提供有力保障。

第三,《仲裁规则》中关于仲裁和调解的衔接规定在一定程度上弥补了《仲裁法》的不足。《仲裁法》允许在仲裁程序中由仲裁员担任同案的调解员,但却没有对因仲裁调解失败而恢复仲裁程序的情况下,该调解员能否继续担任仲裁员的问题作出规定。这可能会导致当事人在后续恢复的仲裁程序中对曾经担任过同案调解员的仲裁员的公正性与独立性产生质疑而请求该仲裁员回避,从而导致仲裁程序的拖延。《仲裁规则》在这一问题上弥补了《仲裁法》的不足。《仲裁规则》规定,在仲裁调解中,仲裁员原则上不得担任同案调解员,但当事人通过书面协议要求仲裁员担任同案调解员的除外。同时,在因调解失败而恢复的仲裁程序中,当事人不得以仲裁员曾担任过同案调解员为由提出回避申请。

(2)JCAA《互动仲裁规则》

《互动仲裁规则》旨在通过采用一种更具大陆法系特色的仲裁程序,鼓励仲裁庭积极管理仲裁程序,并在仲裁过程中与各当事人进行公开"对话",以最大限度地提高仲裁的可预测性和效率。总体而言,《互动仲裁规则》具有以下几个方面的特色。

第一,澄清各当事方立场的书面摘要。在仲裁程序的早期阶段,仲裁庭必须向当事人提交一份书面摘要,说明各方当事人对其主张和辩护的事实和法律依据的立场,并为当事人提供评论的机会。此举有利于仲裁庭更好地了解各方立场,及早发现争议问题,从而提高争议解决效率。

第二,初步意见的交流。在举行任何证据听证会之前,仲裁庭必须向当事人提供其认为重要的事实和法律问题的书面摘要,以及对这些问题的初步意见,并为各当事方提供发表意见的机会。这不仅能使各方当事人及时发现仲裁庭对争议可能存在的误解,而且还有助于当事人在后续的书面陈述和证据听证会中将注意力聚焦争议的重要问题上。

第三,仲裁员固定报酬制度。在《互动仲裁规则》下,仲裁员的报酬仅按照争议的数额确定,而不设置任何按小时收取费用的费率。这不仅可以省去仲裁庭仲裁员费用烦琐的计算程序,还能够使当事人对仲裁成本有更加直观的了解,很好地提高当事人对仲裁费用的可预测性。

(3)《UNCITRAL 仲裁管理规则》

鉴于《UNCITRAL 仲裁规则》在国际商事仲裁领域的知名度,当事人可在书面仲裁协议中约定仲裁适用《UNCITRAL 仲裁规则》,并指定 JCAA 负责仲裁的行政管理工作。为了便于 JCAA 管理 UNCITRAL 仲裁,JCAA 就适用《UNCITRAL 仲裁规则》的问题专门制定了《UNCITRAL 仲裁管理规则》。JCAA 提供的服务内容主要是为当事人提供必要协助,如与双方当事人进行沟通,转递仲裁程序材料与通知,安排仲裁时间与地点,提供解释与记录服务等。另外,《UNCITRAL 仲裁管理规则》在仲裁员报酬方面的标准与《仲裁规则》的标准相同,确定了仲裁员较高的报酬标准,此举有利于吸引优秀的国际性仲裁员成为其管理的 UNCITRAL 仲裁的仲裁员。作为常设仲裁机构,JCAA 允许当事人整体适用其他仲裁规则体现出了对当事人意愿的充分尊重,也体现出该机构对其他国际商事仲裁规则的开放性与包容性,表明 JCAA 与国际商事仲裁规则接轨的立场,有利于提高 JCAA 在国际上的知名度,吸引更多国际商事纠纷当事人选择其作为争议解决机构。

2. JCAA《调解规则》的简要评析

第一,完全尊重当事人意思自治。鉴于当事人意思自治是调解的基础,JCAA《调解规则》在通知送达方式、调解员人数与任命、调解程序的期间、结束调解的期限、调解员报酬与费用等方面均允许当事人作出特别约定,JCAA 与调解员对当事人的约定予以尊重。在当事人没有达成特别协议的情况下,《调解规则》为默认规则予以补充,以确保调解程序不会因当事人的分歧而陷入僵局,从而迅速、合理地解决当事人的争议。

第二,与《新加坡调解公约》的对接。联合国大会会议于 2018 年 12 月审议通过的《联合国关于调解所产生的国际和解协议公约》(以下简称《新加坡调解公约》)是旨在解决国际商事调解达成的和解协议的跨境执行问题的国际公约,该公约已于 2020 年 9 月 12 日生效。根据《新加坡调解公约》,由调解产生的和解协议将在缔约方境内得以执行。虽然日本尚未批准《新加坡调解公约》,但 JCAA《调解规则》第 26 条规定,当事人在调解程序中达成和解协议的,调解员应当根据当事人的请求以见证人的身份签署和解协议,且任一当事人均可要求 JCAA 证明该和解协议产生于 JCAA 管理的调解程序。因此,即使日本不是《新加坡调解公约》的缔约方,当事人在 JCAA 调解程序中达成的和解协议也有可能在缔约方境内得到执行。JCAA《调解规则》与《新加坡调解公约》的衔接有利于吸引国际商事争议当事人选择 JCAA 作为调解管理机构。

第三,调解员的公正性与独立性要求以及调解员人数。在调解员公正性与独立性要求方面,《调解规则》采纳了与 JCAA《仲裁规则》和《互动仲裁规则》相同的规定,即调解员公正性与独立性的要求与仲裁员同样严格、详细。需要指出的是,《调解规则》允许调解员的人数为 2 人。这是因为调解员只需要对当事人的争议提出解决方案的建议,而不需要作出具有约束力的决定,因此调解员的数量不必为奇数。相较独任调解员,2 名调解员提供的争议解决方案更容易为当事人所接受,有利于促进当事人在调解程序中达成和解协议。

第四,和解协议的执行力。《调解规则》允许当事人通过协议任命调解员为仲裁员,该仲裁员将当事人在调解程序中达成的和解协议转化为仲裁裁决。由于仲裁裁决具有和法院判决相同的执行力,因此,该规定事实上使当事人在调解程序中达成的和解协议具有强制执行力,从而使当事人的合法权益得以落到实处。

四、日本调解机构及其规则

(一)日本国际调解中心简介

日本国际调解中心(Japan International Mediation Center,JIMC)是日本第一个国际调解中心,专门为日籍当事人与外籍当事人之间的各种国际性争议提供国际调解服务。JIMC 于 2018 年 11 月 20 日正式成立,位于日本京都同志社大学,由日本仲裁员协会(Japan Association of Arbitrators)进行行政管理。JIMC 聘请了众多国际性法律工作者与知名教授作为顾问,并聘请了来自世界各地的知名调解员供当事人选择。

(二)JIMC 调解规则

JIMC 现行调解规则是 2018 年 11 月 20 日生效的《JIMC 调解规则》(以下简称《国际中心调解规则》)。该规则共 13 条,外加附则 2 条,分别对规则的适用、调解程序的启动、调解员的任命、调解程序、调解费用等内容作出规定。下文将对《国际中心调解规则》的内容进行简要介绍。

1. 规则的适用

《国际中心调解规则》适用于 JIMC 管理的调解。当事人可以对《国际中心调解规则》予以变更。

2. 调解程序的启动

希望通过调解解决争议的任何一方当事人应当向 JIMC 和另一方当事人发送书面调解请求。调解请求书应当通过邮递、传真、电子邮件或其他电子方式发送至 JIMC,并应向 JIMC 缴纳调解申请费。调解程序在 JIMC 确认收到调解请求书与申请费后视为开始。

调解请求书应当载明以下内容:①申请人的姓名、地址、电话号码、传真号码和电子邮件地址;②申请人代理律师的联系方式(如申请人委托律师代理的);③申请人已知的被申请人的联系方式;④调解协议(如有)。除非当事人之间存在调解协议,否则 JIMC 应当在确认收到调解请求书与申请费后立即将调解请求书发送至被申请人,并要求当事人之间确认是否同意调解。在 JIMC 向被申请人发送调解请求书之日起 14 日内,被申请人未同意调解的,调解程序应当终结。

JIMC 在确认收到申请费并确认当事人同意调解后,应要求各当事人支付足以覆盖管理费用和其他调解费用的押金。当事人支付押金后,JIMC 应就调解程序与各当事人和调解员(如已任命)进行协商。当事人未按要求足额支付押金的,JIMC 可以中止调解程序。调解程序终止后,若当事人支付的押金数额超过调解费用总额的,JIMC 应当向当事人返还多余款项。

3. 调解员人数和与任命

当事人可以就调解员人数问题达成协议。如果当事人没有达成此种协议的,调解员人数为 1 人。当事人可以请求 JIMC 提供调解员名单,或要求 JIMC 提供 1 名或多名调解员候选人。自调解程序开始后 20 日内,如果当事人未能就选任调解员达成一致意见,JIMC 可以经与当事人协商后任命 1 名调解员。JIMC 在任命调解员时,应当考虑该调解员候选人的国籍、技能、资历、经验等因素。在任命前,调解员候选人应向 JIMC 提交接受任命的书面声明以及公正性和独立性声明,并应向各当事人披露所有有关公正性和独立性的情况。

4. 调解程序

(1)调解程序的推进

调解员在进行调解程序时,应当公平、公正地考虑案件情况,且各方当事人应当尽一切努力迅速进行调解程序。调解员可以在调解程序的任何阶段提出解决争议的建议。JIMC 将对调解程序提供支持以促进调解程序的顺利进行。经各方当事人同意,JIMC 可以任命一名助理协助调解员管理调解程序。JIMC 应当事先向当事人披露该助理的有关信息，当事人可以反对助理的任命。除非各方当事人与助理另有协议，否则助理将免费为当事人提供服务。

（2）通信与沟通

调解员可以单独或同时与各方当事人见面或交流。如果调解员分别与各方当事人见面或交流的，调解员应将与该当事人见面或交流的事实通知另一方当事人。调解员从当事人处知悉的有关争议的信息，未经该当事人的同意，调解员不得披露。另外，该规则下的文件可以通过电子邮件、传真或邮递进行送达，调解员还可决定其他送达方式。当事人或调解员与JIMC之间的通信语言应为日文或英文。

（3）保密性

与调解程序有关的任何信息均应保密，但因法律要求、执法需要和执行调解协议而必须披露的除外。除因法律要求、执法需要和执行调解协议而必须披露的，当事人、调解员和参与调解程序的其他人员不得在任何仲裁、司法或类似程序中将下列与调解程序有关的信息援引作为依据、证据或作证：①任一当事人提出的调解请求或希望参加调解程序的事实；②任一当事人在调解程序中针对可能解决的争议所表达的意见或建议；③任一当事人在调解程序中所作的陈述或承认；④调解员提出的任何建议；⑤任一当事人表示愿意接受调解员提出的解决方案的事实；⑥仅为调解程序准备的文件。无论仲裁、司法或类似程序所涉及的争议是否与当前或过去的调解程序所涉及的争议有关，上述规定均应适用。

（4）调解程序的终结

存在下列情形之一的，调解程序应当终结：①当事人达成和解协议的，调解程序在当事人签署该和解协议之日终结；②调解员宣布没有必要继续调解的，调解程序在调解员宣布之日终结；③一方当事人向另一方当事人和调解员（如已任命）宣布终结调解程序的，调解程序在该当事人宣布之日终结；④调解请求书发出后，被申请人拒绝调解的，调解程序在被申请人拒绝调解之日终结。

5. 调解与仲裁和诉讼的衔接

除非各当事人之间另有协议，否则对于当前或过去的调解程序所涉及的争议或由同一合同或法律关系产生的争议，调解员均不得担任仲裁员。一方当事人认为为维护自己的权益而有必要将争议提交仲裁时，任何一方当事人均可将正在进行的调解程序所涉及的争议交付仲裁或司法程序予以解决，但仲裁或司法程序的启动不应被视为当事人放弃调解协议或终结调解程序。

6. 责任豁免

调解员,JIMC 及其主任、工作人员和雇员对于调解程序有关的任何作为或不作为均不承担责任,除非这种作为或不作为是出于故意或严重疏忽。

7. 调解费用

(1)调解员报酬与费用

当事人和调解员应当就调解员报酬及费用的计算、管理、支付和其他事项进行讨论并作出约定,JIMC 对该约定不承担责任。

(2)调解申请费

调解申请人在提交调解申请书时应当向 JIMC 支付 5 万日元的调解申请费,且该费用不予退还。

(3)调解管理费用

每一当事人均应依照下列规定向 JIMC 支付调解管理费用:①争议标的额不超过 1999.9999 万日元的,每一当事人应支付 10 万日元调解管理费;②争议标的额在 2000 万日元至 9999.9999 万日元的,每一方当事人应支付 15 万日元调解管理费;③争议标的额在 1 亿日元至 1.99999999 亿日元的,每一方当事人应支付 25 万日元调解管理费;④争议标的额在 2 亿日元至 9.99999999 亿日元的,每一当事人应支付 35 万日元调解管理费;⑤争议标的额在 10 亿日元至 49.99999999 亿日元的,每一当事人应支付 45 万日元调解管理费;⑥争议标的额超过 50 亿日元的,每一当事人应支付 50 万日元调解管理费。如果争议标的额不在上述规定范围内,则调解管理费用应由 JIMC 根据争议涉及的经济价值予以确定。在特殊情形下,JIMC 可以收取高于上述标准的调解管理费用。

(三)简要评析

1. 重视调解程序效率

根据 JIMC《国际中心调解规则》有关调解程序期间的规定,一个调解程序从开始到结束通常只需要 2 ~ 3 个月。自当事人提出调解申请后 20 日内,调解员任命问题基本确定。调解员任命确定后,调解员将在 1 ~ 2 个月内根据争议类型、争议复杂程度为调解程序做好材料分析等准备工作。准备工作完成后,调解会议通常在 1 ~ 2 天内就能够完成。在调解会议中,如果当事人能够达成和解协议,则争议解决,调解程序终结;如果当事人无法达成和解协议,则调解程序直接终结。

2. 调解费用透明

在调解申请费和调解管理费用方面,JIMC《国际中心调解规则》实行固定收费制度,仅根据争议标的额确定调解申请费与调解管理费。因此,当事人在向JIMC 提交调解申请之前便能对调解费用标准一目了然,使当事人对调解总成本有比较明确的预期。

3. 调解员角色灵活

一般而言,调解大致可以分为"评估型调解"(evaluative mediation)和"促进型调解"(facilitative mediation)两种类型。在"评估型调解"中,调解员在推动争议解决方面通常扮演积极的角色,对当事人的主张提出自己的建议,或对争议的具体问题发表自己的看法,从而对争议的结果作出评估或提出争议解决方案以供当事人参考。而在"促进型调解"中,调解员既不评价双方的主张,也不就案件的预期结果提供意见,而是促进和支持各方当事人进行更加积极的沟通,从而帮助双方自行解决争议。在法院附设的调解中,几乎所有的法官和调解员都使用"评估型调解"来解决纠纷,而在国际商事调解中,"促进型调解"更常见。JIMC《国际中心调解规则》规定,"调解员可以在调解程序的任何阶段提出解决争议的建议"。该规则表明 JIMC《国际中心调解规则》同时提供"评估型调解"和"促进型调解",调解员将根据案件实际情况或当事人的要求,综合运用这两种类型的调解,适时为当事人的争议提供解决方案,促成当事人达成和解协议,从而促进争议的解决。

五、中国当事人参与日本仲裁的建议

如前所述,日本现行仲裁法以联合国贸法会制定的《示范法》为蓝本,体现了国际商事仲裁的最新发展与最佳实践做法,具有较强的先进性与国际性。在仲裁裁决的承认与执行方面,日本批准了 1958 年《纽约公约》和 1965 年《华盛顿公约》,同时还与包括中国在内的 20 多个国家签订了包含有仲裁裁决承认与执行的双边条约。在仲裁规则的制定方面,以 JACC 为首的日本仲裁机构制定了较完善和先进的仲裁规则。从日本法院对仲裁的司法协助与监督来看,日本对仲裁持较友好的态度。同时,中国当事人在日本参与仲裁时须对以下问题予以一定的关注。

(一)注重协商和调解在争议解决中的运用

从有关统计数据来看,日本仲裁机构受理的案件数量非常有限,远远落后于包括新加坡国际仲裁中心、香港国际仲裁中心、吉隆坡地区仲裁中心在内的其他几个亚洲国际仲裁机构的受案量。[1] 其原因主要有两个:第一,从硬件设施来看,日本缺乏具有国际先进水平的庭审设施,政府在这方面的资金投入不足。目前,国际仲裁案件的庭审工作一般都是在律师事务所或酒店会议室开展,这在一定程度上限制了国际仲裁在日本的发展。第二,从争议解决习惯来看,日本人一般不把诉讼和仲裁作为最后的争议解决手段,他们倾向通过友好协商解决争议,如若不成,则倾向通过有第三方参与的调解解决争议,因此调解在日本的运用领域非常广泛。另外,日本仲裁机构在仲裁程序中也积极鼓励当事人通过调解解决争议,仲裁员和调解员的角色可以转换,其目的都是帮助当事人友好解决争议。因此,中国当事人在与日本当事人签订争议解决条款时,不妨将友好协商和调解作为首要的争议解决方法,在无法解决争议时方可诉诸仲裁,也就是可以采用调解—仲裁(Med-Arb)的争议解决条款。但需要注意的是,当事人最好对友好协商和调解的期限作出适当约定,以免争议久拖不决。

(二)对特殊主体参与仲裁的保护

日本仲裁法对消费者和个体劳动者在参与仲裁时作出了特殊规定,以保护其合法权益。对消费者来说,日本《仲裁法补充规定》第 3 条赋予消费者随时解除其与商户签订的仲裁条款的权利。如果商户针对消费者提起仲裁,仲裁庭应当向消费者发出仲裁庭审通知,告知其开庭的时间、地点,并用简明的语言告知消费者如下事项:仲裁裁决像法院判决一样具有终局法律效力,对其具有约束力;仲裁协议将使消费者丧失将协议约定的争议事项诉诸法院的权利,消费者如果向法院起诉,法院将驳回起诉;消费者有权随时撤销仲裁协议;如果消费者不出席庭审,则表明其解除了仲裁协议。当消费者出席庭审时,仲裁庭应当再次提请消费者知悉前 3 个事项。就个体劳动合同而言,日本《仲裁法补充规定》第 4 条明确规定,在劳动合同中签订的针对将来发生的劳动争议进行仲裁的条款是无效的。该规定主要是为了确保劳动者在劳动争议发生后有权向法院寻求救济的基本权利。

中国当事人在与日本消费者签订消费合同,或者与日本劳动者签订劳动合同时,对上述特殊规定应予以关注。

(三)外国律师出席仲裁庭审的资格问题

日本仲裁法本身未就外国律师出席仲裁庭审的资格问题作出规定,但是根据

---

[1] Yoshimi Ohara, *Arbitration in Japan*, Asia Dispute Review, Volume 19 Issue 4, p. 198(2017).

1986 年《外国律师处理法律服务特殊规定法案》(后于 1996 年修订)第 58 条第 2 款之规定,外国律师(在外国取得律师资格并从事法律服务的人)可以在国际仲裁案件中代理当事人参加仲裁程序。在实践中,JCAA 管理的仲裁案件中经常有外国律师参与仲裁程序,外国律师只需提供授权委托书即可。因此,中国当事人在日本仲裁时,必要时可以考虑委托中国律师与日本律师一同参与仲裁程序。

(四)日本法院对仲裁的司法协助与监督

在承认与执行外国仲裁裁决时,日本仲裁法对国内裁决和外国裁决规定了相同的执行程序。即便仲裁地不在日本,该仲裁裁决依然具有终局性,对当事人具有约束力。另外,日本仲裁法对仲裁也未作“商事”或“国际”区分,而以领域为标准,规定只要发生在日本的仲裁都适用日本仲裁法。日本是 1958 年《纽约公约》的缔约方,因此在实践中一般都严格遵守公约的规定对外国仲裁裁决予以承认和执行。比如,根据已公布的数据,日本法院已经承认与执行了中国国际经济贸易仲裁委员会管理的 6 份仲裁裁决,[1]这表明日本法院对外国仲裁裁决一贯持有支持和友好的态度。在对公共秩序的理解上,日本的表述为“公共秩序或良好道德”,虽然日本法院对“国际公共秩序”理论并未普遍接受,但在实践中尚未出现根据公共秩序拒绝承认与执行外国仲裁裁决的情形。但在承认与执行外国法院判决方面,日本法院曾经根据公共政策和良好道德拒绝承认一份美国法院作出的包含巨额惩罚性赔偿的判决,认为该巨额惩罚性赔偿远远超过了补偿性质,违背了日本的公共政策和良好道德。[2]

在撤销仲裁裁决方面,日本法院也表现得非常谨慎。日本仲裁法明确规定了得以撤销裁决的事由,日本法院在司法实践中也严格按照这些事由审查撤销申请。裁决一旦由法院作出执行决定,则不得被撤销。在撤销程序中,法院不得将该裁决发回仲裁庭再次审理,该规定与《示范法》不同。其理由主要有二:首先,仲裁庭并不隶属于法院,它有权独立就案件作出裁决;其次,仲裁庭作出裁决后其职责即完成,要再次将原仲裁庭重新组织起来在实践中有时并非易事,甚至不可能。

总之,日本仲裁法具有较强的国际性,充分尊重当事人的意思自治,当事人可以就仲裁机构、仲裁地、仲裁语言、仲裁程序等事项作出约定。

---

[1] Yasuhei Taniguchi, *National Report for Japan*(2019 *through* 2020), ICCA International Handbook on Commercial Arbitration, ICCA & Kluwer Law International 2020, Supplement No. 109, p. 6(2020).

[2] Ibid., p. 39.

附录一:

日本仲裁法

Japanese Arbitration Law

(Law No. 138 of 2003)

Chapter Ⅰ General Provisions

Article 1. Purpose

Arbitration procedures of which the place of arbitration is in Japan and procedures carried out by the court for an arbitration procedure shall be governed by the provisions of this Act in addition to the provisions of other laws and regulations.

Article 2. Definitions

(1) The term "Arbitration Agreement" as used in this Act means an agreement to refer the resolution of all or certain civil disputes which have already arisen or which may arise in the future in respect of a certain legal relationship (irrespective of whether contractual or not) to one or more arbitrators, and to accept the award made therefor (hereinafter referred to as an "Arbitral Award"). (2) The term "Arbitral Tribunal" as used in this Act means a single arbitrator or a panel of two or more arbitrators that, based on an Arbitration Agreement, carries out proceedings and makes an Arbitral Award in regard to the civil disputes which are the subject thereof. (3) The term "Written Allegation" as used in this Act means documents which the parties prepare and submit to the Arbitral Tribunal in an arbitration procedure, and in which the allegations of the parties are set forth.

Article 3. Scope of Application

(1) The provisions of the following Chapter to Chapter Ⅶ, and Chapters Ⅸ and Ⅹ, except for the matters provided for in the following paragraph and Article 8, shall apply to the case where the place of arbitration is in Japan.

(2) The provisions of Article 14, paragraph (1) and Article 15 shall apply to the case where the place of arbitration is in Japan, the case where the place of arbitration is outside Japan, and the case where the place of arbitration has yet to be determined.

(3) The provisions of Chapter Ⅷ shall apply to the case where the place of arbitration is in Japan and the case where the place of arbitration is outside Japan.

Article 4. Participation of the Court

With respect to an arbitration procedure, the court may exercise its authority only in the case provided for in this Act.

Article 5. Jurisdiction of the Court

(1) The case pertaining to the procedures carried out by the court pursuant to the provisions of this Act shall be under the exclusive jurisdiction of the following courts:

(i) the district court determined by an agreement between the parties;

(ii) the district court which has jurisdiction over the place of arbitration (limited to the case where an area that belongs only to a jurisdictional district of a single district court is determined to be the place of arbitration); or

(iii) the district court which has jurisdiction over the location of the general venue of the respondent of said case.

(2) If two or more courts have jurisdiction pursuant to the provisions of this Act, said case shall be under the jurisdiction of the court which first received a petition.

(3) If the court finds that whole or part of the case pertaining to the procedures carried out by the court pursuant to the provisions of this Act is not under its jurisdiction, it shall transfer the case to the court with jurisdiction, upon petition or by its own authority.

Article 6. Optional Oral Arguments

A judicial decision on a proceeding carried out by a court pursuant to the provisions of this Act may be made without holding oral arguments.

Article 7. Appeal Against Judicial Decision

Any person that has an interest in the judicial decision on a proceeding carried out by a court pursuant to the provisions of this Act may file an immediate appeal against the judicial decision, within an unextendible period of two weeks from the day on which a notice of the judicial decision has been received, only in cases where there are special provisions allowing such appeal in this Act.

Article 8. Participation of the Court in the Case If the Place of Arbitration Has Yet to Be Determined

(1) The Petitions set forth in the following items may be filed with a court, even if the place of arbitration has yet to be determined and the place of arbitration is likely to be in Japan, and the location of the general venue of the petitioner or respondent (excluding general venues which shall be determined by the last domicile) is in Japan. In this case, the provisions set forth in said following items shall be applied in accordance with the categories of petition listed in the respective items:

(i) the petition set forth in Article 16, paragraph (3): Article 16

(ii) the petitions set forth in Article 17, paragraphs (2) to (5): Article 17

(iii) the petition set forth in Article 19, paragraph (4): Articles18 and 19; and

(iv) the petition set forth in Article 20: Article 20.

(2) Notwithstanding the provisions of Article 5, paragraph (1), a case pertaining to the petition set forth in the items of the preceding paragraph in the case referred to in said paragraph shall be under the exclusive jurisdiction of the district court which has jurisdiction over the location of the general venue provided for in the preceding paragraph.

Article 9. Inspection of Record of the Case Pertaining to the Proceeding Carried Out by the Court

Any person that has an interest in the proceeding carried out by a court pursuant to the provisions of this Act may file a request with the court clerk in regard to the following matters:

(i) inspection or copy of the record(s) of the case;

(ii) reproduction of a record which is created in an electronic form, a magnetic form, or any other form that cannot be perceived by the human senses and included in the records of the case;

(iii) delivery of an authenticated copy, transcript, or extract of the record of the case; and

(iv) delivery of a certificate for the matters related to the case.

Article 10. Application Mutatis Mutandis of the Code of Civil Procedure to the Proceeding Carried Out by the Court

Except as otherwise provided, the provisions of the Code of Civil Procedure (Act No. 109 of 1996) shall apply mutatis mutandis to the proceeding carried out by the court pursuant to the provisions of this Act.

Article 11. Rules of the Supreme Court

In addition to what is provided for in this Act, necessary particulars pertaining to the proceeding carried out by the court pursuant to the provisions of this Act shall be specified by the Rules of the Supreme Court.

Article 12. Notice to Be Given by Means of Documents

(1) If a notice in an arbitration procedure is to be given by means of documents, unless otherwise agreed between the parties, such notice shall be deemed to have been given at the time when the addressee directly received the document or the time when the document was delivered to the addressee's domicile, habitual residence, business office, office, or place of delivery (meaning the place designated by the addressee as the place of delivery of documents from the sender; hereinafter the same shall apply in this Article).

(2) With regard to the notice to be given by means of documents in an arbitration procedure, if it is possible to deliver the document to the addressee's domicile, habitual residence, business office, office, or place of delivery of the addressee, but it is difficult for the sender to obtain the materials that prove the fact of delivery, and the court finds it necessary, it may decide that it will serve the document by itself, upon the petition of the sender. With respect to the service in this case, the provisions of Article 104, and Articles110 to 113 of the Code of Civil Procedure shall not apply.

(3) The provision of the preceding paragraph shall not apply if an agreement to the effect that the service set forth in said paragraph shall not be made has been reached between the parties.

(4) Notwithstanding the provisions of Article 5, paragraph (1), a case pertaining to the petition set forth in paragraph (2) shall be under the exclusive jurisdiction of the courts set forth in items (i) and (ii) of said paragraph and the district court which has jurisdiction over the location of the addressee's domicile, habitual residence, business office, office, or place of delivery.

(5) If a notice in an arbitration procedure is to be given by means of documents, and none of the addressee's domicile, habitual residence, business office, office, or place of delivery can be found after making a reasonable inquiry, unless otherwise agreed between the parties, it shall be sufficient for the sender to send the document to the addressee's last-known domicile, habitual residence, business office, office, or place of delivery by registered mail or any other means by which the attempt to deliver it can be certified. In this case, the notice shall be deemed to have been given at the time when the document should normally have arrived.

(6) The provisions of paragraph (1) and the preceding paragraph shall not apply to the case where notice is to be given in the proceeding carried out by the court pursuant to the provisions of this Act.

Chapter Ⅱ Arbitration Agreement

Article 13. Validity of Arbitration Agreement

(1) Except as otherwise provided for in laws and regulations, an Arbitration Agreement shall be effective only when the subject thereof is a civil dispute (excluding disputes of divorce or dissolution of adoptive relation) which can be settled between the parties.

(2) An Arbitration Agreement shall be in writing, such as in the form of a document signed by all the parties, letters or telegrams exchanged between the parties (including those sent by facsimile device or other communication measures for parties at a distance which provides the recipient with a written record of the communicated con-

tent), or other documents.

(3) If a document containing a clause of an Arbitration Agreement is quoted in a contract concluded in writing as constituting part of said contract, such Arbitration Agreement shall be in writing.

(4) If an Arbitration Agreement is made in an electromagnetic record (meaning a record used computerized information processing which is created in electronic form, magnetic form, or any other form that cannot be perceived by the human senses) recording the contents thereof, such Arbitration Agreement shall be in writing.

(5) In an arbitration procedure, if a Written Allegation submitted by either party contains the contents of an Arbitration Agreement, and a Written Allegation submitted in response by the other party does not contain anything to dispute it, such Arbitration Agreement shall be deemed to be made in writing.

(6) In regard to a single contract containing an Arbitration Agreement, even if the clauses of the contract other than that of the Arbitration Agreement are not valid due to nullity, rescission or for any other reasons, the validity of the Arbitration Agreement shall not be impaired automatically.

Article 14. Arbitration Agreement and Suit on the Merits

(1) If an action is filed for a civil dispute which is subject to an Arbitration Agreement, the court in charge of the case must dismiss the action without prejudice, upon the petition of the defendant; provided, however, that this shall not apply to the following cases:

(i) if the Arbitration Agreement is not valid due to nullity, rescission or for any other reasons;

(ii) if it is impossible to carry out an arbitration procedure based on an Arbitration Agreement; and

(iii) if said petition was filed after the defendant presented oral arguments on the merits or made statements on the merits in preparatory proceedings.

(2) Even while a suit pertaining to the action set forth in the preceding paragraph is pending in the court, an Arbitral Tribunal may commence or continue the arbitration

procedure, and make an Arbitral Award.

Article 15. Arbitration Agreement and Provisional Order by the Court

An Arbitration Agreement shall not preclude the parties from filing a petition, before the commencement or during the course of the arbitration procedure, for a provision order with the court, in regard to the civil dispute which is subject of the Arbitration Agreement, and the court that has received such petition from issuing a provisional order.

Chapter Ⅲ Arbitrator

Article 16. Number of Arbitrators

(1) The number of arbitrators shall be as provided by the agreement of the parties.

(2) If there are two parties, and an agreement set forth in the preceding paragraph has not been reached, there shall be three arbitrators.

(3) If there are three or more parties, and an agreement set forth in paragraph (1) has not been reached, the number of arbitrators shall be provided by the court, upon the petition of a party.

Article 17. Appointment of Arbitrator(s)

(1) The procedure for appointing an arbitrator or arbitrators shall be as provided by the agreement of the parties; provided, however, that this shall not apply to what is provided for in paragraph (5) or (6).

(2) If there are two parties and three arbitrators, and an agreement set forth in the preceding paragraph has not been reached, the parties shall each appoint one arbitrator, and the two arbitrators appointed by the parties shall appoint the third arbitrator. In this case, if one party fails to appoint an arbitrator within 30 days from the day on which it received a demand to appoint an arbitrator from the other party that has already appointed an arbitrator, or if the two arbitrators appointed by the parties fail to appoint the third arbitrator within 30 days from their appointment, the court shall appoint the arbitrator, upon the petition of said other party or of one of the parties respectively.

(3) If there are two parties and one arbitrator, and an agreement set forth in paragraph (1) has not been reached and the parties are unable to reach an agreement for the appointment of the arbitrator, the court shall appoint the arbitrator, upon the petition of one of the parties.

(4) If there are three or more parties, and the agreement set forth in paragraph (1) has not been reached, the court shall appoint the arbitrator, upon the petition of a party.

(5) Even if a procedure for appointing an arbitrator has been provided by the agreement set forth in paragraph (1), and it becomes impossible to appoint an arbitrator under said procedure for appointing an arbitrator due to the fact that the act provided under said procedure is not performed or for any other reasons, one of the parties may file a petition for the appointment of an arbitrator with the court.

(6) In appointing an arbitrator under the provisions of paragraph (2) to the preceding paragraph, the court shall pay due consideration to the following matters:

(i) the requirements for the arbitrator as provided by the agreement of the parties;

(ii) the impartiality and independence of the person to be appointed; and

(iii) in cases where there is one arbitrator, or in cases where the two arbitrators appointed by the parties are to appoint an arbitrator, whether it is appropriate or not to appoint a person whose nationality is different from those of both parties.

Article 18. Grounds for a Challenge

(1) If the following grounds are found with respect to an arbitrator, the parties may challenge such arbitrator:

(i) the arbitrator fails to satisfy the requirements provided by the agreement of the parties; or

(ii) there are reasonable grounds to doubt the impartiality or independence of the arbitrator.

(2) A party that has appointed an arbitrator or that has made a recommendation for or otherwise similarly dealt with participated in the appointment of the arbitrator may challenge such arbitrator, provided that such person challenges on grounds that he/she becomes aware of after the appointment.

(3) A person who has been requested to assume the post of an arbitrator and intends to accept the negotiation shall disclose to the person that made said request all facts that would likely to give rise to doubts as to his/her impartiality or independence.

(4) During the course of the arbitration procedure, an arbitrator shall, without delay, disclose to the parties all the facts that would likely to give rise to doubts as to his/her impartiality or independence (excluding those which have already been disclosed).

Article 19. Challenge Procedure

(1) The procedure for challenging an arbitrator shall be as provided by the agreement of the parties; provided, however, that this shall not apply to what is provided for in paragraph (4).

(2) If an agreement set forth in the preceding paragraph has not been reached, the decision on the challenge of the arbitrator shall be made by the Arbitral Tribunal, upon the petition of a party.

(3) A party that intends to file a petition set forth in the preceding paragraph shall submit to the Arbitral Tribunal a written petition stating the grounds for the challenge, within 15 days from the day on which he/she became aware of the constitution of the Arbitral Tribunal or the day on which he/she became aware of the existence of any grounds set forth in the items of the preceding Article, paragraph (1), whichever comes later. In this case, if the Arbitral Tribunal finds grounds for challenge in said arbitrator, it shall decide that the challenge is well-grounded.

(4) If a decision is made to the effect that the challenge of an arbitrator is groundless in the challenge procedure provided in the preceding three paragraphs, the party that challenged may file a petition for the challenge of said arbitrator with the court, within 30 days from the day of receipt of notice of said decision. In this case, if the court finds grounds for challenge in said arbitrator, it shall decide that the challenge is well-grounded.

(5) Even while the case pertaining to the petition for the challenge set forth in the preceding paragraph is pending in court, the Arbitral Tribunal may commence or con-

tinue the arbitration procedure, and make an Arbitral Award.

Article 20. Petition for Dismissal

If the following grounds are found, a party may file a petition to dismiss the arbitrator with the court. In this case, if the court finds grounds pertaining to the petition in the arbitrator, it shall decide to dismiss the arbitrator:

(i) the arbitrator has become de jure or de facto unable to perform his/her duties; or

(ii) except for the case set forth in the preceding item, the arbitrator unjustly delays the performance of his/her duties.

Article 21. Termination of the Arbitrator's Duties

(1) The arbitrator's duties shall terminate for the following reasons:

(i) the death of the arbitrator;

(ii) the resignation of the arbitrator;

(iii) the dismissal of the arbitrator by the agreement of the parties;

(iv) a decision finding a challenge to be well-grounded, which has been made in the challenge procedure provided for in Article 19, paragraphs (1) to (4); and (v) a decision to dismiss the arbitrator under the preceding Article.

(2) It shall not be presumed that the grounds set forth in the items of Article 18, paragraph (1) or the items of the preceding Article are found in the relevant arbitrator from the mere fact that the arbitrator resigned or was dismissed by the agreement of the parties during the course of the challenge procedure provided for in Article 19, paragraphs (1) to (4), or the procedure for dismissal under the provision of the preceding Article.

Article 22. Method of Appointing the Successor Arbitrator

Unless otherwise agreed by the parties, the method of appointing a successor arbitrator, if the arbitrator's duties have terminated for the reasons set forth in the items of the preceding Article, paragraph (1), shall be the appointment method applied to the appointment of the arbitrator whose duties have terminated.

Chapter Ⅳ Special Authority of Arbitral Tribunal

Article 23. Competence of Arbitral Tribunal to Rule on Its Jurisdiction

(1) An Arbitral Tribunal may rule on its own jurisdiction (meaning the authority to carry out proceedings in an arbitration procedure and to make an Arbitral Award; hereinafter the same shall apply in this Article), including a ruling on any allegations on the existence or validity of an Arbitration Agreement.

(2) In an arbitration procedure, an allegation that an Arbitral Tribunal does not have jurisdiction shall be made promptly after the occurrence of the cause for such allegation if the cause has occurred during the course of the arbitration procedure, or shall be made by the time of submission of the first Written Allegation on the merits (including the time of orally making the first allegation on the merits in oral hearings) in any other case; provided, however, that this shall not apply when the Arbitral Tribunal finds justifiable grounds for a delay in making an allegation that the Arbitral Tribunal does not have jurisdiction.

(3) A party may make the allegation set forth in the preceding paragraph even if said party has appointed an arbitrator, or has made a recommendation for or otherwise similarly participated in the appointment of an arbitrator.

(4) If the allegation set forth in paragraph (2) has been made lawfully, an Arbitral Tribunal shall rule on said allegation by the decision or Arbitral Award provided in the following items for each category of ruling set forth in those items:

(i) when ruling that the Arbitral Tribunal has jurisdiction: by an independent decision made before an Arbitral Award or by an Arbitral Award; and

(ii) when ruling that the Arbitral Tribunal does not have jurisdiction: by a decision to terminate the arbitration procedure.

(5) If an Arbitral Tribunal has ruled that it has jurisdiction in its independent decision made before an Arbitral Award, a party may petition a court to rule on whether the Arbitral Tribunal has jurisdiction within 30 days of receipt of notice of said decision. In this case, even if a case pertaining to said petition is pending in the court, the Arbitral Tribunal may continue the arbitration procedure and make an Arbitral Award.

Article 24. Interim Measures or Provisional Measures

(1) Unless otherwise agreed by the parties, an Arbitral Tribunal may order any party to take interim measures or provisional measures as the Arbitral Tribunal may consider necessary in respect of the subject matter of the dispute, upon the petition of a party.

(2) An Arbitral Tribunal may order any party to provide appropriate security in connection with the interim measures or provisional measures set forth in the preceding paragraph.

Chapter V Commencement of Arbitration Procedure and Proceedings in Arbitration Procedure

Article 25. Equal Treatment of Parties

(1) The parties shall be treated with equality in an arbitration procedure.

(2) The parties shall be given a full opportunity to explain his/her case in an arbitration procedure.

Article 26. Rules of Arbitration Procedure

(1) The rules of an arbitration procedure which the Arbitral Tribunal should observe shall be as provided by the agreement of the parties; provided, however, that such rules shall not violate the provisions concerning public order provided in this Act.

(2) If an agreement set forth in the preceding paragraph has not been reached, the Arbitral Tribunal may carry out the arbitration procedure in such manner asit finds appropriate, unless such manner violates the provisions of this Act.

(3) The power conferred upon the Arbitral Tribunal if an agreement set forth in paragraph (1) has not been reached shall, with regard to evidence, include the power to determine its admissibility as evidence, necessity of examination, and its probative value.

Article 27. Waiver of Right of Objection

In an arbitration procedure, if a party, knowing that any provision of this Act or rules of an arbitration procedure which have been provided by the agreement of the parties(limited to those unrelated to public order)has not been complied with,does not state his/her objection without delay(if a time limit within which an objection should be stated is provided for, by said time limit), such party shall be deemed to have waived his/her right to object,unless otherwise agreed between the parties.

Article 28. Place of Arbitration

(1)The place of arbitration shall be as provided by the agreement of the parties.

(2)If an agreement set forth in the preceding paragraph has not been reached,the Arbitral Tribunal shall provide the place of arbitration by giving regard to the circumstances of the dispute,including the convenience of the parties.

(3)Notwithstanding the place of arbitration as provided for in the provisions of the preceding two paragraphs,an Arbitral Tribunal may,unless otherwise agreed by the parties,carry out the following procedures at any place it considers appropriate:

(i)consultation within an Arbitral Tribunal which is a panel;

(ii)hearing of statements of the parties,expert witnesses,or third parties; and

(iii)inspection of goods or documents.

Article 29. Commencement of Arbitration Procedure and Interruption of Prescription

(1)Unless otherwise agreed by the parties,an arbitration procedure in respect of a particular civil dispute will commence on the date on which one party notifies the other party that the arbitration procedure shall be applied to such civil dispute.

(2)A request in an arbitration procedure shall have the effect of interruption of prescription; provided,however,that this shall not apply to cases where the arbitration procedure has been terminated without an Arbitral Award.

Article 30. Language

(1)The language(s)to be used in an arbitration procedure and the procedure to be carried out by using such language(s)shall be as provided by the agreement of the parties.

(2)If an agreement set forth in the preceding paragraph has not been reached,the

Arbitral Tribunal shall determine the language(s) to be used in the arbitration procedure and the procedure to be carried out by using such language(s).

(3) With regard to the agreement set forth in paragraph(1) or the determination set forth in the preceding paragraph, if there is no provision for the procedure to be carried out by using the language(s) specified, the procedure to be carried out by using such language(s) shall be as follows:

(i) oral procedure;

(ii) statement or notice in writing by the parties; and

(iii) decision (including an Arbitral Award) or notice in writing by the Arbitral Tribunal.

(4) An Arbitral Tribunal may order that any documentary evidence shall be accompanied by a translation into the language(s) provided by the agreement set forth in paragraph(1) or determination set forth in paragraph(2) (if the language(s) to be used for a translation is provided, said language(s)).

Article 31. Time Limit of Statements by the Parties

(1) An Arbitration Petitioner (meaning a party that carried out acts to commence the arbitration procedure; the same shall apply hereinafter) shall state the object of a petition, the facts supporting his/her petition and points of the dispute within the period of time determined by the Arbitral Tribunal. In this case, the Arbitration Petitioner may submit all documentary evidence he/she considers necessary to be examined or quote documentary evidence or other evidence he/she plans to submit.

(2) An Arbitration Respondent (meaning the party to the arbitration procedure other than the Arbitration Petitioner; the same shall apply hereinafter) shall state his/her allegation in respect of the matters stated pursuant to the provision of the preceding paragraph, within the period of time determined by the Arbitral Tribunal. In this case, the provision of the second sentence of said paragraph shall apply mutatis mutandis.

(3) All parties may amend or supplement their statements during the course of the arbitration procedure; provided, however, that if said amendment or supplement has been made outside the appropriate time, the Arbitral Tribunal may not allow said a-

mendment or supplement.

(4) The provisions of the preceding three paragraphs shall not apply in cases where otherwise agreed by the parties.

Article 32. Proceedings

(1) An Arbitral Tribunal may hold oral hearings to have the parties produce evidence or state their opinions; provided, however, that if one party makes the request set forth in Article 34, paragraph (3) or otherwise petitions to hold oral hearings, the Arbitral Tribunal shall hold said oral hearings at an appropriate stage of the arbitration procedure.

(2) The provision of the preceding paragraph shall not apply in cases where otherwise agreed by the parties.

(3) If an oral hearing is to be held to hear opinions or inspect goods or documents, the Arbitral Tribunal shall notify the parties of the date, time and place of the oral hearing, leaving a reasonable period of time prior to the date of the oral hearing.

(4) If a party has submitted the Arbitral Tribunal with a Written Allegation, documentary evidence or any other records, said party shall take measures to enable the other party to know the contents thereof.

(5) An Arbitral Tribunal shall take measures to enable all the parties to know the content of the report of the expert witness and other evidentiary material which should serve as the basis for the Arbitral Award or other decision by the Arbitral Tribunal.

Article 33. Treatments in Case of Default of a Party

(1) If an Arbitration Petitioner violates the provisions of Article 31, paragraph (1), the Arbitral Tribunal shall make a decision to terminate the arbitration procedure; provided, however, that this shall not apply to cases where there are justifiable grounds for such violation.

(2) Even if an Arbitration Respondent has violated the provisions of Article 31, paragraph (2), the Arbitral Tribunal shall continue the arbitration procedure without treating such violation as the Arbitration Respondent's admission of the Arbitration Petitioner's allegations.

(3) If one party fails to appear on the date of oral hearings or to produce documentary evidence, the Arbitral Tribunal may make an Arbitral Award on the evidence collected by that time; provided, however, that this shall not apply to cases where there are justifiable grounds for the party to fail to appear at the oral hearings or to produce documentary evidence.

(4) The provisions of the preceding three paragraphs shall not apply to cases where otherwise agreed by the parties.

Article 34. Appointment of Expert Witness by Arbitral Tribunal, etc.

(1) An Arbitral Tribunal may appoint one or more expert witnesses, and may have them give an expert testimony on necessary matters and report the results thereof in writing or orally.

(2) In the case referred to in the preceding paragraph, the Arbitral Tribunal may require the parties to carry out the following acts:

(i) to provide the expert witness with the information necessary for an expert testimony; and

(ii) to submit documents and other things necessary for an expert testimony to the expert witness, or enable the expert witness to inspect them.

(3) If the parties request or the Arbitral Tribunal finds it necessary, an expert witness shall appear on the date of the oral hearing after delivering the report set forth in the provision of paragraph (1).

(4) The parties may carry out the following acts on the date of oral hearing set forth in the preceding paragraph:

(i) to put questions to the expert witness; and

(ii) to have a person who has expert knowledge and whom the party has appointed to make statements on the matters pertaining to said expert testimony.

(5) The provisions of the preceding paragraphs shall not apply in cases where otherwise agreed by the parties.

Article 35. Examination of Evidence by the Court

(1) An Arbitral Tribunal or party may petition the court to implement the com-

mission of an examination, examination of a witness, expert testimony, examination of documentary evidence (excluding those where the parties submit the documents) and observation (excluding those where the parties present the subject matter of the observation) provided for in the provisions of the Code of Civil Procedure and found necessary by the Arbitral Tribunal; provided; however, that this shall not apply to cases where the parties have agreed not to petition the implementation of all or part of these procedures.

(2) If the party files a petition set forth in the preceding paragraph, the consent of the Arbitral Tribunal shall be obtained.

(3) Notwithstanding the provisions of Article 5, paragraph (1), the case pertaining to the petition set forth in paragraph (1) shall be under the exclusive jurisdiction of the following courts:

(i) the courts set forth in Article 5, paragraph (1), item (ii);

(ii) the district court which has jurisdiction over the domicile or residence of the person to be examined or the person that possesses the document, or the location of the subject matter of the observation; and

(iii) the district court which has jurisdiction over the general venue of the petitioner or respondent (limited to cases where there is no court set forth in the preceding two items).

(4) An immediate appeal may be filed against the decision on the petition set forth in paragraph (1).

(5) If the court implements said examination of evidence upon the petition set forth in paragraph (1), an arbitrator may inspect the document, verify the subject matter of the observation, or may ask the witness or expert witness (meaning the expert witness provided for in Article 213 of the Code of Civil Procedure) questions by obtaining the permission of the presiding judge.

(6) A court clerk shall prepare records on the examination of evidence to be implemented by the court upon the petition under paragraph (1).

Chapter Ⅵ Arbitral Award and Termination of Arbitration Procedure

Article 36. Applicable Law in to be Applied Arbitral Award

(1) The law which the Arbitral Tribunal should comply with in making an Arbitral Award shall be as provided by the agreement of the parties. In this case, if laws and regulations of a given State have been designated, such designation shall be deemed as designating the laws and regulations of the State which shall be directly applied to the case and not the laws and regulations of the State providing the application of conflicting domestic and foreign laws and regulations, unless a contrary intention has been clearly indicated.

(2) If an agreement set forth in the preceding paragraph has not been reached, the Arbitral Tribunal shall apply the laws and regulations of a State which has the closest relationship to the civil dispute that has been referred to the arbitration procedure and which should be directly applied to the case.

(3) Notwithstanding the provisions of the preceding two paragraphs, if a clearly indicated request has been made by both of the parties, the Arbitral Tribunal shall decide ex aequo et bono.

(4) An Arbitral Tribunal shall decide in accordance with the terms of the contract pertaining to the civil dispute which has been referred to the arbitral procedure, if said contract exists, and take into account the usages applicable to the relevant civil dispute, if any usages exist.

Article 37. Decision of the Arbitral Tribunal Which is a Panel

(1) An Arbitral Tribunal which is a panel shall appoint a presiding arbitrator, who shall be elected from among the Arbitral Tribunal members.

(2) The decision of an Arbitral Tribunal which is a panel shall be made by the majority of the arbitrators constituting the Arbitral Tribunal.

(3) Notwithstanding the provision of the preceding paragraph, the procedural matters in an arbitration procedure may be decided by the arbitrator who is the presiding

arbitrator, if so agreed by both of the parties or delegated by all the other arbitrators.

(4) The provisions of the preceding three paragraphs shall not apply to cases where otherwise agreed by the parties.

Article 38. Settlement

(1) If, during the course of the arbitration procedure, a settlement is arranged between the parties with regard to a civil dispute which has been referred to an arbitration procedure and both the parties have so petitioned, the Arbitral Tribunal may make a decision based on the agreed matters in the settlement.

(2) The decision set forth in the preceding paragraph shall have the effect of an Arbitral Award.

(3) In making the decision set forth in paragraph (1), an Arbitral Tribunal shall prepare a written decision in accordance with the provisions of paragraphs (1) and (3) of the following Article and indicate that such written decision is an Arbitral Award.

(4) If the consent of both parties has been obtained, an Arbitral Tribunal or one or more arbitrators who have been appointed by the Arbitral Tribunal may attempt to arrange a settlement for the civil dispute which has been referred to an arbitral procedure.

(5) The consent set forth in the preceding paragraph or the revocation thereof shall be made in writing, unless otherwise agreed by the parties.

Article 39. Written Arbitral Award

(1) In making an Arbitral Award, a written arbitral award shall be prepared and signed by the arbitrator(s) who has made the Arbitral Award; provided, however, that if the Arbitral Tribunal is a panel, it will be sufficient that the written arbitral award is signed by the majority of the arbitrators constituting the Arbitral Tribunal and states the reasons for the omitted signatures of other arbitrators.

(2) A written arbitral award shall state the reasons thereof; provided, however, that this shall not apply to cases where otherwise agreed by the parties.

(3) A written arbitral award shall state the date of the preparation and the place of arbitration.

(4) An Arbitral Award shall be deemed to have been made at the place of arbitration.

(5) If an Arbitral Award has been made, the Arbitral Tribunal shall notify each party of the Arbitral Award by sending a copy of the written arbitral award signed by the arbitrator(s).

(6) The provision of the proviso to paragraph(1) shall apply mutatis mutandis to the copy of the written arbitral award set forth in the preceding paragraph.

Article 40. Termination of Arbitration Procedure

(1) An arbitration procedure shall terminate when an Arbitral Award or a decision to terminate the arbitration procedure has been made.

(2) If any of the following grounds exists, an Arbitral Tribunal shall make a decision to terminate the arbitration procedure, in addition to what is provided for the provisions of Article 23, paragraph(4), item(ii) or Article 33, paragraph(1):

(i) if the Arbitration Petitioner has withdrawn his/her petition; provided, however, that this shall not apply to cases where the Arbitration Respondent has stated his/her objection against such withdrawal, and the Arbitral Tribunal recognizes a legitimate interest on the part of the Arbitration Respondent in resolving the civil dispute which has been referred to an arbitration procedure;

(ii) if both the parties have reached an agreement to terminate the arbitral procedure;

(iii) if a settlement has been arranged between the parties in regard to the civil dispute which has been referred to an arbitration procedure (excluding if the decision set forth in Article 38, paragraph(1) has been made); and

(iv) in addition to the cases set forth in the preceding three paragraphs, if the Arbitral Tribunal has found that it is unnecessary or impossible to continue the arbitration procedure.

(3) When the arbitration procedure hast erminated, the duties of the Arbitral Tribunal shall terminate; provided, however, that the acts set forth in the provisions of the following Article to Article 43 may be carried out.

Article 41. Correction of Arbitral Award

(1) An Arbitral Tribunal may correct any miscalculation, clerical error or any other error similar thereto in the Arbitral Award, upon the petition of the parties or by its own authority.

(2) The petition set forth in the preceding paragraph shall be filed within 30 days from the date of receipt of the notice of Arbitral Award, unless otherwise agreed by the parties.

(3) If the party makes a petition set forth in paragraph (1), he/she shall issue a notice containing the contents of said petition to the other party, in advance of, or at the same time as such petition.

(4) The Arbitral Tribunal shall make a decision on the petition set forth in paragraph (1) within 30 days from the date of said petition.

(5) The Arbitral Tribunal may extend, if it finds it necessary, the period set forth in the preceding paragraph.

(6) The provisions of Article 39 shall apply mutatis mutandis to the decision to correct the Arbitral Award and the decision to dismiss the petition set forth in paragraph (1) without prejudice.

Article 42. Interpretation of Arbitral Award by Arbitral Tribunal

(1) The parties may petition the Arbitral Tribunal to give an interpretation of a specific part of the Arbitral Award.

(2) The petition set forth in the preceding paragraph may be filed only if an agreement has been reached between the parties that such petition may be filed.

(3) The provisions of the preceding Article, paragraphs (2) and (3) shall apply mutatis mutandis to the petition set forth in paragraph (1), and the provisions of Article 39 and the preceding Article, paragraphs (4) and (5) shall apply mutatis mutandis to the decision on the petition set forth in paragraph (1).

Article 43. Additional Arbitral Award

(1) If the award in respect of a petition in an arbitration procedure is not indicated in the Arbitral Award, the parties may petition the Arbitral Tribunal to make an Arbitral

Award in respect of said petition, unless otherwise agreed by the parties. In this case, the provisions of Article 41, paragraphs (2) and (3) shall apply mutatis mutandis.

(2) The Arbitral Tribunal shall make a decision in respect of said petition within 60 days from the date of the petition set forth in the preceding paragraph. In this case, the provision of Article 41, paragraph (5) shall apply mutatis mutandis.

(3) The provisions of Article 39 shall apply mutatis mutandis to the decision set forth in the preceding paragraph.

Chapter Ⅶ　Setting Aside of Arbitral Award

Article 44

(1) If any of the following grounds exist, the parties may file a petition with the court to set aside the Arbitral Award:

(i) the Arbitration Agreement is not valid due to the limited capacity of a party;

(ii) the Arbitration Agreement is not valid on grounds other than the limited capacity of a party pursuant to the laws and regulations designated by the agreement of the parties as those which should be applied to the Arbitration Agreement (if said designation has not been made, Japanese laws and regulations);

(iii) the petitioner did not receive the notice required under Japanese laws and regulations (if the parties have reached an agreement on the matters concerning the provisions unrelated to public order in such laws and regulations, said agreement) in the procedure of appointing arbitrators or in the arbitration procedure;

(iv) the petitioner was unable to defense in the arbitration procedure;

(v) the Arbitral Award contains a decision on matters beyond the scope of the Arbitration Agreement or of the petition presented in the arbitration procedure;

(vi) the composition of the Arbitral Tribunal or the arbitration procedure is in violation of Japanese laws and regulations (if the parties have reached an agreement on the matters concerning the provisions unrelated to public order in such laws and regulations, said agreement);

(vii) a petition filed in the arbitration procedure is concerned with a dispute which may not be subject to an Arbitration Agreement pursuant to the provisions of Japanese laws and regulations; or

(viii) the content of the Arbitral Award is contrary to public policy in Japan.

(2) The petition set forth in the preceding paragraph may not be filed when three months have elapsed from the date on which the notice was given through the sending of a copy of the written arbitral award(including the written decision made by the Arbitral Tribunal pursuant to the provisions of Article 41 to the preceding Article), or when the execution order set forth in the provisions of Article 46 has become final and binding.

(3) Even where the case pertaining to the petition set forth in paragraph (1) is subject to the jurisdiction of a court and it find sit appropriate, the court may transfer the whole or part of the case to another court with jurisdiction, upon petition or by its own authority.

(4) An immediate appeal may be filed against the decision under the provisions of Article 5, paragraph(3) or the preceding paragraph with regard to the case pertaining to the petition set forth in paragraph(1).

(5) The court may not make a decision on the petition set forth in paragraph(1) without holding an oral argument or a hearing which both parties can attend on the date fixed therefor.

(6) If the petition set forth in paragraph(1) has been filed, and the court finds that any of the grounds set forth in the items of said paragraph exist(for the grounds set forth in items (i) to (vi) of said paragraph, limited to case where the applicant has proved the existence of such grounds), it may set aside the Arbitral Award.

(7) If the grounds set forth in paragraph(1), item(v) exist, and the part concerning the matters provided for in the said item can be separated from the other parts of said Arbitral Award, the court may set aside only said part of the Arbitral Award.

(8) An immediate appeal may be filed against the decision on the petition set forth in paragraph(1).

Chapter Ⅷ Recognition and Execution Order of Arbitral Award

Article 45. Recognition of Arbitral Award

(1) An Arbitral Award (irrespective of whether or not the place of arbitration is in Japan; hereinafter the same shall apply in this Chapter) shall have the same effect as a final and binding judgment; provided, however, that a civil execution based on said Arbitral Award requires an execution order under the provisions of the following Article.

(2) The provision of the preceding paragraph shall not apply if any of the following grounds exist (for the grounds set forth in items (i) to (vii), limited to the case where any of the parties has proved the existence of said grounds):

(i) the Arbitration Agreement is not valid due to the limited capacity of a party;

(ii) the Arbitration Agreement is not valid on grounds other than the limited capacity of a party pursuant to the laws and regulations designated by the agreement of the parties as those which should be applied to the Arbitration Agreement (if said designation has not been made, the laws and regulations of the country to which the place of arbitration belongs);

(iii) the party did not receive the notice required under the laws and regulations of the country to which the place of arbitration belongs (if the parties have reached an agreement on the matters concerning the provisions unrelated to public order in such laws and regulations, said agreement) in the procedure of appointing arbitrators or in the arbitration procedure;

(iv) the party was unable to defense in the arbitration procedure;

(v) the Arbitral Award contains a decision on matters beyond the scope of the Arbitration Agreement or of a petition in the arbitration procedure;

(vi) the composition of the Arbitral Tribunal or the arbitration procedure is in violation of the laws and regulations of the country to which the place of arbitration belongs (if the parties have reached an agreement on the matters concerning the provisions unrelated to public order in said laws and regulations, said agreement);

(vii) according to the laws and regulations of the country to which the place of arbitration belongs(if the laws and regulations applied to the arbitration procedure are laws and regulations of a country other than the country to which the place of arbitration belongs, said other country) the Arbitral Award is not final and binding, or the Arbitral Award has been set aside or its effect has been suspended by a judicial body of that country;

(viii) the petition filed in the arbitration procedure is concerned with a dispute which may not be subject to an Arbitration Agreement pursuant to the provisions of Japanese laws and regulations; or

(ix) the content of the Arbitral Award is contrary to public policy in Japan.

(3) If the grounds set forth in item(v) of the preceding paragraph exist, and the part concerning the matters provided for in said item can be separated from the other parts of the said Arbitral Award, said part and the other parts of the Arbitral Award shall be deemed to be an independent Arbitral Award respectively, and the provisions of said paragraph shall apply.

Article 46. Execution Order of Arbitral Award

(1) A party that intends to have a civil execution based on an Arbitral Award carried out, may file a petition with the court for an execution order(meaning an order allowing the civil execution based on an Arbitral Award; the same shall apply hereinafter), designating the obligor as the respondent.

(2) In filing the petition set forth in the preceding paragraph, the party shall submit a copy of the written arbitral award, a document proving that the contents of said copy are the same as those of the written arbitral award, and a Japanese translation of the written arbitral award(excluding those prepared in Japanese).

(3) If a petition for setting aside the Arbitral Award or suspending the effect thereof is filed with the judicial body provided for in the preceding Article, paragraph (2), item(vii) and the court with which the petition set forth in paragraph(1) is filed finds it necessary, the court may suspend the procedure pertaining to the petition set forth in paragraph(1). In this case, the court may order the other party to provide security, upon the petition of the person that filed the petition set forth in said paragraph.

(4) Notwithstanding the provisions of Article 5, paragraph (1), the case pertaining to the petition set forth in paragraph (1) shall be under the exclusive jurisdiction of the courts set forth in the items of said paragraph or the district court which has jurisdiction over the location of the subject matter of the claim or the seizable property of the obligor.

(5) Even where a case pertaining to the petition set forth in paragraph (1) is subject to the jurisdiction of a court and it finds it appropriate, the court may transfer the whole or part of the case to another court with jurisdiction, upon petition or by its own authority.

(6) An immediate appeal may be filed against the decision under the provisions of Article 5, paragraph (3) or the preceding paragraph with regard to a case pertaining to the petition set forth in paragraph (1).

(7) The court is required to make an execution order, except where it dismisses the petition set forth in paragraph (1) without prejudice pursuant to the provisions of the following paragraph or paragraph (9).

(8) If the petition set forth in paragraph (1) has been filed, the court may dismiss said petition without prejudice only when it finds that any of the grounds set forth in the items of paragraph (2) of the preceding Article exist (for the grounds set forth in items (i) to (vii) of said paragraph, limited to the case where the respondent has proved the existence of such grounds).

(9) The provision of preceding Article, paragraph (3) shall apply mutatis mutandis to the application of the provision of the preceding paragraph if the grounds set forth in said Article, paragraph (2), item (v) exist.

(10) The provisions of Article 44, paragraphs (5) and (8) shall apply mutatis mutandis to the decision on the petition set forth in paragraph (1).

Chapter IX　Miscellaneous Provision

Article 47. Reward for Arbitrator

(1) An arbitrator may receive a reward provided by the agreements of the parties.

(2) If an agreement set forth in the preceding paragraph has not been reached, the

Arbitral Tribunal shall decide on the reward for arbitrator. In this case, said reward shall be a reasonable amount.

Article 48. Prepayment of Arbitration Expenses

(1) An Arbitral Tribunal may provide a reasonable period and order the parties to prepay the amount provided by the Arbitral Tribunal as the estimated amount of the expenses for the arbitration procedure, unless otherwise agreed by the parties.

(2) If an Arbitral Tribunal ordered the prepayment pursuant to the provision of the preceding paragraph, and said prepayment has not been made, it may suspend or terminate the arbitral procedure, unless otherwise agreed by the parties.

Article 49. Sharing of Arbitration Expenses

(1) The sharing of expenses paid by the parties in relation to the arbitration procedure between the parties shall be as provided by the agreement of the parties.

(2) If an agreement set forth in the preceding paragraph has not been reached, each party shall bear the expenses he/she paid in relation to the arbitration procedure.

(3) If the parties have reached an agreement, an Arbitral Tribunal may provide the sharing of expenses paid by the parties in relation to the arbitration procedure between the parties and the amount which one party should reimburse the other party based on said sharing, in an Arbitral Award or in an independent decision, pursuant to said agreement.

(4) If the matters provided for in the preceding paragraph have been provided in an independent decision, said decision shall have the effect as an Arbitral Award.

(5) The provisions of Article 39 shall apply mutatis mutandis to the decision set forth in the preceding paragraph.

Chapter X Penal Provisions

Article 50. Acceptance of Bribes; Acceptance upon Request; Acceptance in Advance of Assumption of Office

(1) An arbitrator who accepts, solicits, or promises to accept a bribe in connection with his/her duties shall be punished by imprisonment with work for not more than

five years; and when the official agrees to perform an act in response to a request, imprisonment with work for not more than seven years shall be imposed.

(2) When a person to be appointed an arbitrator accepts, solicits or promises to accept a bribe in connection with a duty to be assumed with agreement to perform an act in response to a request, the person shall be punished by imprisonment with work for not more than five years in the event of appointment.

Article 51. Passing of Bribes to a Third Party

When an arbitrator, agreeing to perform an act in response to a request, causes a bribe in connection with his/her duty to be given to a third party or solicits or promises such bribe to be given to a third party, imprisonment with work for not more than five years shall be imposed.

Article 52. Aggravated Acceptance; Acceptance after Resignation of Office

(1) When an arbitrator commits a crime provided under the preceding two Articles and consequently acts illegally or refrains from acting in the exercise of his/her duty, imprisonment with work for a definite term of not less than one year shall be imposed.

(2) The same shall apply when an arbitrator accepts, solicits or promises to accept a bribe, or causes a bribe to be given to a third party or solicits or promises a bribe to be given to a third party, in connection with having acted illegally or having refrained from acting in the exercise of his/her duty.

(3) When a person who resigned from the position of an arbitrator accepts, solicits or promises to accept a bribe in connection with having acted illegally or having refrained from acting in the exercise of his/her duty with agreement thereof in response to a request, the person shall be punished by imprisonment with work for not more than five years.

Article 53. Confiscation and Collection of a Sum of Equivalent Value

A bribe accepted by an offender or by a third party with knowledge shall be confiscated. When the whole or a part of the bribe cannot be confiscated, an equivalent sum of money shall be collected.

Article 54. Giving of Bribes

A person who gives, offers or promises to give a bribe provided for in Articles 50 to 52 shall be punished by imprisonment with work for not more than three years or a fine of not more than 2, 500, 000 yen.

Article 55. Crimes Committed outside Japan

(1) The provisions of Articles 50 to 53 shall apply to a person who has committed the crimes provided for in Articles 50 to 52 outside Japan.

(2) The crimes set forth in the preceding Article shall be governed by the provision of Article 2 of the Penal Code (Act No. 45 of 1907).

附录二：

日本民事调解法

Japanese Civil Conciliation Act

Chapter Ⅰ General Provisions

Section 1 General Rules

Article 1

The purpose of this Act is to achieve resolution of civil disputes based on compromise between the parties and in accordance with reason and the circumstances of the disputes.

Article 2

When a civil dispute arises, a party may file a petition for conciliation with a court.

Article 3

Except as otherwise provided, a conciliation case shall be under the jurisdiction of the summary court that has jurisdiction over the location of the domicile, residence, business office, or any other office of the respondent, or the district court or summary court agreed to by the parties.

Article 4

(1) If the court receives a petition for a case that is not under its jurisdiction, it must transfer such case to the district court, family court, or summary court that has jurisdiction; provided, however, that when the court finds it particularly necessary to the processing of the case, the court may transfer all or part of the case to another court with jurisdiction or process the case by itself, notwithstanding the provisions on territorial jurisdiction.

(2)Even if the court receives a petition for a case that is under its jurisdiction, when the court finds it appropriate to the processing of the case, it may transfer all or part of the case to another court with jurisdiction, notwithstanding the provisions on territorial jurisdiction. 3.

Article 5

(1)The court shall carry out the conciliation using a conciliation committee; provided, however, that when the court finds it appropriate, conciliation may be carried out by a judge alone.

(2)The court shall, upon the petition of a party, carry out the conciliation using a conciliation committee, notwithstanding the provision of the proviso to the preceding paragraph.

Article 6

A conciliation committee shall be composed of a chief conciliator and two or more civil conciliation commissioners.

Article 7

(1)The chief conciliator shall be a judge designated by a district court.

(2)Civil conciliation commissioners who is a member of a conciliation committee shall be designated by the court for each case.

Article 8

(1)Civil conciliation commissioners shall participate in the conciliation carried out by the conciliation committee, and shall, as ordered by the court, with regard to other conciliation cases, state their opinions based on their expert knowledge and experience, hear opinions from the persons concerned with the case in order to resolve the dispute as commissioned, and perform other necessary affairs as specified by the Supreme Court in order to process conciliation cases.

(2)Civil conciliation commissioners shall serve part-time, and necessary matters concerning their appointment and dismissal shall be specified by the Supreme Court.

Article 9

Civil conciliation commissioners shall be paid an allowance as separately provided by law, and shall also be paid travel expenses, a daily allowance, and accommodation expenses as specified by the Supreme Court.

Article 10 Deleted

Article 11

(1) A person with an interest in the outcome of conciliation may participate in conciliation proceedings, with the permission of the conciliation committee.

(2) The conciliation committee, when it finds it appropriate, may have any person with an interest in the outcome of conciliation participate in conciliation proceedings.

Article 12

(1) When the conciliation committee finds it particularly necessary for conciliation, as a pre-conciliation measure, the conciliation committee may, upon the petition of a party, order to prohibit the respondent or any other person concerned with the case from changing the existing state of or disposing of any property, or order them to cease and desist from any act that would make it impossible or extremely difficult to achieve the subject matter of the conciliation.

(2) The measure set forth in the preceding paragraph shall not be enforceable.

Article 13

When the conciliation committee finds that a case is unsuitable for conciliation due to its nature, or finds that a party has filed a petition for conciliation for an unjust purpose and without due cause, the conciliation committee may decide not to carry out the conciliation and close the case.

Article 14

If there is no likelihood of the parties reaching any agreement or if the conciliation committee finds that the agreement reached is inappropriate, and the court does not issue an order set forth in Article 17, the conciliation committee may decide the conciliation to be unsuccessful and close the case.

Article 15

The provisions Article 11 to the preceding Article inclusive shall apply mutatis mutandis to cases where conciliation is carried out by a judge alone.

Article 16

When an agreement is reached between the parties during conciliation and it is entered in a record, the conciliation is deemed successful, and such entry shall have the same effect as a judicial settlement.

Article 17

If conciliation being carried out by a conciliation committee is unlikely to be successful, and the court finds it appropriate, it may, by its own authority and to an extent that does not contradict the objectives of the parties' petitions, issue a necessary order to resolve the case after hearing the opinions of the civil conciliation commissioners composing said conciliation committee, giving consideration to the equitable treatment of the interests of both parties, and taking into account all relevant circumstances. Through said order, the court may order the payment of money, delivery of an object, or any other provision of economic benefit.

Article 18

(1) A party or any interested person may raise an objection to an order set forth in the preceding Article. The period for raising such an objection shall be two weeks from the day on which the party receives notice of the order.

(2) If an objection to an order is raised within the period set forth in the preceding paragraph, such order shall cease to be effective.

(3) If no objection is raised within the period set forth in paragraph (1), the order set forth in said paragraph shall have the same effect as a judicial settlement.

Article 19

If a case is closed pursuant to the provision of Article 14 (including cases where applied mutatis mutandis pursuant to Article 15) or if an order ceases to be effective pursuant to the provision of paragraph(2) of the preceding Article, and the petitioner then files an action with regard to the claim for which conciliation was sought within two weeks from the day on which he/she receives notice to that effect, such action shall be deemed to have been filed at the time of the filing of the petition for conciliation.

Article 20

(1) When the court in charge of the case finds it appropriate, it may, by its own authority, refer the case to conciliation and process the case itself or have the case processed by a court with jurisdiction; provided, however, that this shall not apply to cases if the parties do not agree thereto after the completion of proceedings to arrange the issues and evidence of the case.

(2) If the case is referred to conciliation pursuant to the provision of the preceding paragraph, and the conciliation is successful or an order set forth in Article 17 becomes final and binding, the action shall be deemed withdrawn.

(3) If the court in charge of a case carries out the conciliation process itself pursuant to the provision of paragraph(1), notwithstanding the provision of Article 7, paragraph(1), the chief conciliator shall be designated by the court in charge of the case from among the judges assigned thereto.

Article 21

An immediate appeal may be filed against an order made in conciliation proceedings, as specified for by the Rules of the Supreme Court. The period for filing such an appeal shall be two weeks.

Article 22

Except as otherwise provided, the provisions of Part I of the Non-Contentious Cases Procedures Act(Act No. 14 of 1898) shall apply mutatis 8 mutandis to conciliation, unless contrary to the nature thereof; provided, however, that the provision of Article 15 of said Act shall be excluded.

Article 23

In addition to what is provided for in this Act, necessary matters concerning conciliation shall be specified by the Supreme Court.

Section 2 Civil Conciliator

Article 23 – 2

(1) A civil conciliator shall be appointed by the Supreme Court from among attorneys who have served in the capacity thereof for not less than five years.

(2) A civil conciliator shall perform the duties necessary for processing conciliation cases, as provided for by this Act.

(3) A civil conciliator shall hold office for two years, and may be reappointed.

(4) A civil conciliator shall serve part-time.

(5) A civil conciliator shall not be dismissed during his/her term of office, except in any of the cases listed in the following items:

(i) where the civil conciliator comes to fall under any of the items of Article 7 of the Attorney Act (Act No. 205 of 1949);

(ii) where the civil conciliator is found to be mentally or physical incompetent to perform his/her duties; or

(iii) where the civil conciliator is found to have breached his/her obligation in 9 the course of his/her duties or committed any other misconduct so as to render him/her unfit to serve as a civil conciliator.

(6) In addition to what is provided for in this Act, necessary matters concerning the appointment and dismissal of civil conciliators shall be specified by the Rules of the Supreme Court.

Article 23 – 3

(1) A civil conciliator shall handle conciliation cases, as designated by the court.

(2) A civil conciliator may, in the course of processing conciliation cases that he/she handles, exercise the powers in relation to civil conciliation or special conciliation (including the powers vested in the chief conciliator) provided as those to be exercised

by a judge under the provisions of this Act(including the provisions of the Non-Contentious Cases Procedures Act as applied mutatis mutandis pursuant to Article 22) and the provisions of the Act on Special Conciliation Proceedings for Expediting Arrangement of Specified Debts,(Act No. 158 of 1999),and may also exercise the following powers:

(i) the powers in relation to civil conciliation provided as those to be exercised by a court under the provisions of Article 4, the proviso to Article 5, paragraph(1), Article 7, paragraph(2), Article 8, paragraph(1), Article 17, Article 28 as applied mutatis mutandis pursuant to Article 30(including cases where applied mutatis mutandis pursuant to Article 33), Article 34, and Article 35;

(ii) the powers provided as those to be exercised by the court under the provisions of the Non-Contentious Cases Procedures Act as applied mutatis 10 mutandis pursuant to Article 22(excluding the provision of Article 5 of said Act), which relate to civil conciliation; and

(iii) the powers in relation to special conciliation prescribed as those to be exercised by the court in the provisions of the Act on Special Conciliation Proceedings for Expediting Arrangement of Specified Debts, etc.

(3) A civil conciliator shall perform his/her duties independently.

(4) A civil conciliator may, when exercising his/her powers, give a necessary order concerning his/her duties to a court clerk. In this case, the provision of Article 60, paragraph(5) of the Court Act(Act No. 59 of 1947) shall apply mutatis mutandis to a court clerk who receives an order from a civil conciliator.

Article 23 – 4

A civil conciliator shall be paid an allowance as separately provided for by law and also be paid travel expenses, a daily allowance and accommodation charges as specified by the Supreme Court.

Chapter Ⅱ Special Provisions

Section 1 Real Estate Conciliation

Article 24

A conciliation case involving a dispute over a lease or other relationship related to the use of a building lot or a building shall be under the jurisdiction of the summary court that has jurisdiction over the location of the building lot or the building in dispute, or the district court that has jurisdiction over said location as determined by agreement of the parties. 11.

Article 24 – 2

(1) A person who intends to file an action to claim an increase or decrease in the amount of rent for land as set forth in Article 11 of the Act on Land and Building Leases (Act No. 90 of 1991) or to claim an increase or decrease in the amount of rent for a building as set forth in Article 32 of said Act shall first file a petition for conciliation.

(2) If a person files an action in a case set forth in the preceding paragraph without first filing a petition for conciliation, the court in charge of the case must refer the case to conciliation; provided, however, that this shall not apply when the court in charge of the case finds it unsuitable to refer the case to conciliation.

Article 24 – 3

(1) In a conciliation case involving a claim set forth in paragraph (1) of the preceding Article, if there is no likelihood of any agreement being reached between the parties or if the conciliation committee finds that the agreement reached is inappropriate, and there is a written agreement between the parties to the effect that they would obey the terms of a conciliation determined by a conciliation committee (limited to such an agreement reached after the petition for conciliation was filed with regard to the conciliation case), the conciliation committee may, upon petition, determine conciliation terms that are appropriate for resolution of the case.

(2) When the terms of a conciliation set forth in the preceding paragraph are en-

tered in a record, the conciliation is deemed successful, and such entry shall have the same effect as a judicial settlement.

Section 2　Agricultural Conciliation

Article 25

A conciliation case involving a dispute over a lease or other relationship related to the use of farmland, or land, buildings or other agricultural assets incidental to farm management (hereinafter referred to as "farmland, etc.") shall be governed by the provisions of this Section, in addition to the provisions of the preceding Chapter.

Article 26

A conciliation case set forth in the preceding Article shall be under the jurisdiction of the district court that has jurisdiction over the location of the farmland, etc. which is in dispute, or the summary court that has jurisdiction over said location as determined by agreement of the parties.

Article 27

A ministerial or prefectural farmland official may state his/her opinions to the conciliation committee on a fixed appearance date or on an occasion other than such an appearance date.

Article 28

When a conciliation committee intends to carry out conciliation, it shall hear the opinions of a ministerial or prefectural farmland official.

Article 29

The provisions of the preceding two Articles shall apply mutatis mutandis to cases where conciliation is carried out by a judge alone.

Article 30

The provision of Article 28 shall apply mutatis mutandis to cases where the court intends to transfer the case to another court or to process the case by itself pursuant to the provision of the proviso to Article 4, paragraph(1) or paragraph(2) of said Article, or if the court intends to issue an order set forth in Article 17.

Section 3 Commercial Conciliation

Article 31

The provisions of Article 24 – 3 shall apply mutatis mutandis to commercial conciliation cases.

Section 4 Mining Pollution Conciliation

Article 32

A conciliation case involving a dispute over compensation for mining pollution as provided in the Mining Act (Act No. 289 of 1950) shall be under the jurisdiction of the district court that has jurisdiction over the place where the damage occurred.

Article 33

The provisions of Article 24 – 3 and Articles 27 to 30 shall apply mutatis mutandis to conciliation cases set forth in the preceding Article. In such cases, the phrase “ministerial or prefectural farmland official” in Articles 27 and 28 shall be deemed to be replaced with “Director-General of a Bureau of Economy, Trade and Industry.”

Section 5 Traffic Accident Conciliation

Article 33 – 2

A conciliation case involving a dispute over compensation for damages for the death or physical injury of a person caused by the operation of an automobile shall be under the jurisdiction of the summary court that has jurisdiction over the location of the domicile or residence of the person claiming damages, in addition to the court as provided in Article 3.

Section 6　Pollution Conciliation

Article 33 – 3

A conciliation case involving a dispute over damages arising from pollution or infringement of a person's interest in enjoying sunlight, ventilation or other life interest shall be under the jurisdiction of the summary court that has jurisdiction over the place where the damage occurred or is likely to occur, in addition to the court as provided in Article 3.

Chapter Ⅲ　Penal Provisions

Article 34

If a person concerned with the case who is summoned to appear by the court or the conciliation committee fails to appear without justifiable grounds, the court shall punish him/her with a non-criminal fine of not more than 50, 000 yen.

Article 35

If a party or participant does not comply with the measure ordered under the provisions of Article 12 (including cases where applied mutatis mutandis pursuant to Article 15) without justifiable grounds, the court shall punish him/her with a non-criminal fine of not more than 100, 000 yen.

Article 36

(1) An order of a non-criminal fine under the preceding two Articles shall be executed based on a direction issued by a judge. Such direction shall have the same effect as an enforceable title of obligation.

(2) An order of a non-criminal fine is executed according to the provisions of the Civil Execution Act (Act No. 4 of 1979) and other laws and regulations concerning procedures for compulsory execution; provided, however, that it is not necessary to serve the order before executing it.

(3) In addition to what is provided for in the preceding two paragraphs, the provisions of Part V of the Non-Contentious Case Procedures Act shall apply mutatis mutan-

dis to an order of a non-criminal fine; provided, however, that the provisions of Articles 162 and 164 of said Act concerning a public prosecutor shall be excluded. 16.

Article 37

If a civil conciliation commissioner or a person who has held the post, divulges any particulars with respect to the proceedings of deliberations of the committee, or the opinions of the chief conciliator and civil conciliation commissioner or the number of opinions constituting the majority and the minority, he/she shall be punished by a fine of up to 300, 000 yen.

Article 38

If a civil conciliation commissioner or a person who has held the post, divulges any personal confidential information coming to the his/her knowledge in relation to the particulars handled thereby in the course of his/her duties without justifiable grounds, he/she shall be punished by imprisonment with work for up to one year or a fine of up to 500, 000 yen.

附录三:

日本关于促进应用替代性争议解决方式的法案

Japanese Act on Promotion of Use of Alternative Dispute Resolution

(Act No. 151 of December 1,2004)

Chapter Ⅰ　General Provisions

Article 1

Owing to the changes in the social and economic climate at home and abroad, alternative dispute resolution (procedures for resolution of a civil dispute between parties who seek, with the involvement of a fair third party, a resolution without using litigation; the same shall apply hereinafter) has become an important means of achieving prompt dispute resolution based on the specialized expertise of a third party and in accordance with the actual facts of the dispute. Bearing such in mind, the purpose of the Act on Promotion of Use of Alternative Dispute Resolution is to provide for the basic concepts of the Act and for the responsibilities of the government and other entities; and to establish a certification system and set special rules on nullification of prescription and other matters so as to make alternative dispute resolution procedures easier to utilize, thereby enabling parties to a dispute to choose the most suitable method for resolving a dispute with the aim of appropriate realization of the rights and interests of the people.

Article 2

In this Act, the terms set forth in the following items shall have the meanings as defined in the respective items:

(i) Private dispute resolution procedures shall refer to alternative dispute resolution procedures by which a private business, at the request of both parties to a civil dispute for which settlement is sought, arranges settlement under a contract with the parties to the dispute, excluding alternative dispute resolution carried out by persons designated by law as dispute resolution services under the law, in accordance with a Cabinet Order;

(ii) Dispute resolution providers shall refer to persons who arrange settlement through private dispute resolution procedures;

(iii) Certified dispute resolution procedures shall refer to private dispute resolution procedures to be carried out as the services certified under Article 5;

(iv) Certified dispute resolution business operators shall refer to persons who carry out the services of certified dispute resolution under Article 5.

Article 3

(1) Alternative dispute resolution procedures shall, as legal procedures for settling disputes, be executed in a fair and appropriate manner while respecting the voluntary efforts of the parties to the dispute for dispute resolution, and be aimed at achieving prompt dispute resolution based on specialized expertise and in accordance with the actual facts of the dispute.

(2) Persons involved in the alternative dispute resolution procedures shall, in compliance with the basic concepts set forth in the preceding paragraph, strive to cooperate and collaborate with one another.

Article 4

(1) The government shall, with the objective of promoting the use of alternative dispute resolution, research and analyze the trends, use, and other matters of alternative dispute resolution procedures at home and abroad, provide relevant information, and take other necessary measures, thereby endeavoring to familiarize the public with alternative dispute resolution.

(2) Local public entities shall, bearing in mind that the widespread use of alternative dispute resolution will contribute to improvement in social well-being, endeavor to provide information on alternative dispute resolution procedures and take other necessary measures while sharing appropriate roles with the government.

Chapter Ⅱ　Certified Dispute Resolution Services

Section 1　Certification of Private Dispute Resolution Services

Article 5

Persons who carry out private dispute resolution services on regular basis(including unincorporated entities for which a representative or administrator is appointed) may obtain certification by the Minister of Justice for their services.

Article 6

The Minister of Justice shall grant certification for private dispute resolution services that are carried out by a person who has applied for certification under the preceding paragraph(hereinafter referred to as the "applicant"), if the Minister recognizes the services referred to in the application as satisfying the certification standards and the applicant as having necessary knowledge and skills as well as a financial base for carrying out the services. The certification standards are that the applicant:

(i) Defines with his or her specialized expertise the scope of disputes for which settlement will be arranged;

(ii) Is capable of selecting the appropriate person as dispute resolution provider to arrange settlement for each individual private dispute resolution procedure with respect to the scope of disputes given under the preceding item;

(iii) Establishes a method for selecting dispute resolution providers and a method for excluding dispute resolution providers who are interested parties of a party to a dispute or have any other causes which may harm the fair execution of private dispute resolution procedures;

(iv) In cases where the applicant intends to carry out the services of private dispute resolution for disputes in which the applicant's substantial controllers (persons who substantially have control over the applicant's business or have a major impact on the applicant's business through ownership of shares in the applicant, financing to the applicant or any other causes, as provided for by a Ministry of Justice Ordinance; the same shall apply hereinafter in this item) or the applicant's subsidiaries(persons whose business is substantially controlled by the applicant through the ownership of shares or any other causes, as provided for by a Ministry of Justice Ordinance; the same shall apply hereinafter in this item) are involved as the parties concerned, has adopted measures to prevent the substantial controllers or the applicant from exercising undue influence on the dispute resolution providers;

(v) In cases where the dispute resolution provider is not qualified as an attorney (excluding cases where the dispute resolution provider who provides the dispute resolution prescribed in Article 3, Paragraph 1, Item 7 of the Judicial Scriveners Act(Act No. 197 of 1950) is qualified as the judicial scrivener prescribed in Paragraph 2 of the said Article), has taken measures to ensure an attorney is available for consultation when specialized knowledge on the interpretation and application of laws and regulations is required in the process of providing private dispute resolution;

(vi) Establishes an appropriate method for giving notification when executing private dispute resolution procedures;

(vii) Establishes a standard operation process from the commencement to the termination of executing private dispute resolution procedures;

(viii) Establishes requirements and methods of operation to be satisfied or observed by the party to a dispute making a request for execution of private dispute resolution procedures;

(ix) Establishes procedures to promptly notify, upon receiving a request made by one party to a dispute under the preceding item, the other party to the dispute of the request and to confirm whether the other party, in response, also wishes to request use of private dispute resolution;

(x) Establishes methods for storing, returning or otherwise handling materials submitted through private dispute resolution;

(xi) Establishes a method for preserving in an appropriate manner suited to the nature of the information, the communications of the parties to a dispute or other third parties that are contained in opinions stated or materials submitted or presented through private dispute resolution procedures; the same shall apply to such communications as prescribed in the dispute resolution procedure records prescribed in Article 16;

(xii) Establishes requirements and modes of operation for the parties to a dispute to terminate the private dispute resolution procedures;

(xiii) Stipulates that when the dispute resolution provider considers it impossible to arrange settlement between the parties to a dispute through private dispute resolution, the dispute resolution provider shall promptly terminate the private dispute resolution procedures and notify the parties to the dispute to that effect;

(xiv) Establishes measures to assure the confidentiality of communications that the applicant (the directors of the applicant if it is a juridical person, or the representative or manager appointed for the applicant if it is an entity that is not a juridical person and that has a representative or administrator), and the applicant's representatives, employees, and other staff as well as dispute resolution providers come to have knowledge of in connection with the services of private dispute resolution;

(xv) Establishes such amount of any fees or expenses payable to the applicant (including the dispute resolution providers), such methods of calculation and payment, and such other necessary matters that are not extremely unreasonable;

(xvi) Establishes a system for the handling of complaints on the applicant's private dispute resolution services.

Article 7

Notwithstanding the provisions of the preceding Article, a person who falls under any of the following items shall not be eligible to obtain the certification under Article 5:

(i) An adult ward or a person under curatorship;

(ii) A minor who does not have legal capacity equivalent to a major in connection with the services of private dispute resolution;

(iii) A person who was declared bankrupt and has yet to have his rights restored;

(iv) A person who was sentenced to imprisonment or a severer punishment and 5 years have not yet elapsed from the date of the completion of execution of the sentence or the date when the sentence becomes no more executable;

(v) A person who was sentenced to a fine for violating the provisions of this Act or the Attorney Act (Act No. 205 of 1949) and 5 years have not yet elapsed from the date of having paid the fine or having ceased to be liable to pay the fine;

(vi) A person whose certification was rescinded in accordance with Article 23, Paragraph 1 or 2 but 5 years have not yet elapsed from the date of rescission;

(vii) In cases where certification of a certified dispute resolution business operator that is a juridical person (or an unincorporated entity for which a representative or administrator is appointed; the same shall apply hereinafter in Item 9; Article 8, Paragraph 2, Item 1; Article 13, Paragraph 1, Item 3; and Article 17, Paragraph 3) was rescinded in accordance with Article 23, Paragraph 1 or 2, and the person was the director of a certified dispute resolution business (or the representative or manager appointed for an unincorporated entity; the same shall apply hereinafter in Item 9) at a date within 60 days before the date of the rescission and 5 years have not yet elapsed since the date of rescission;

(viii) A person who is an organized crime group member prescribed in Article 2, Item 6 of the Act to Prevent Unjust Acts by Organized Crime Group Members (Act No. 77 of 1991) or a person for whom 5 years have not yet elapsed from the date the person ceased to be an organized crime group member (hereinafter collectively referred to as “organized crime group member”);

(ix) A juridical person that has as a director or as an employee provided for by a Cabinet Order a person who falls under any of the preceding items;

(x) An individual who has as an employee provided for by a Cabinet Order a person who falls under any of Items 1 to 8;

(xi) A person who is likely to have an organized crime group member engage in the services of private dispute resolution or act as an assistant for such services;

(xii) A person whose business activities are controlled by an organized crime group member.

Article 8

(1) An application for the certification under Article 5 shall be made, as provided

for by a Ministry of Justice Ordinance, by submitting an application form that states the following matters to the Minister of Justice:

(i) The name and address of the applicant, the name of the representative of the applicant that is a juridical person (or the representative or administrator appointed for the applicant that is an unincorporated entity);

(ii) The location of the office where the services of private dispute resolution are to be carried out;

(iii) Other matters as provided for by a Ministry of Justice Ordinance.

(2) The following documents shall be attached to the application form under the preceding paragraph;

(i) Documents that state the articles of incorporation and other basic conditions of the applicant that is a juridical person;

(ii) Documents that state the contents and the method of provision of the services of private dispute resolution relating to the application;

(iii) Business reports or business plans on the services of private dispute resolution relating to the application;

(iv) The applicant's inventory list, balance sheets, income and expenditure statements or profit and loss statements, and other documents to verify that the applicant has the necessary financial base for carrying out the services of private dispute resolution relating to the application, as provided for by a Ministry of Justice Ordinance;

(v) Other documents as provided for by a Ministry of Justice Ordinance.

(3) The applicant applying for the certification under Article 5 shall pay fees to the amount calculated with due consideration to actual costs as provided for by a Cabinet Order.

Article 9

(1) The Minister of Justice shall, when disposing an application for the certification under Article 5 or making a decision on an objection to the outcome of the application, consult in advance, where the applicant is a juridical person established directly under laws or a juridical person established by a special act of establishment under spe-

cial laws, with the minister who has jurisdiction over the applicant, or where the applicant was established with permission or approval, with the minister who granted the permission or approval or with the National Public Safety Commission.

(2) The Minister of Justice shall, before granting the certification under Article 5, hear the opinions of the Director-General of the National Police Agency as to whether or not the applicant falls under Items 8 to 12 of Article 7 (limited to Item 8 where the applicant falls under Item 9 or 10).

(3) The Minister of Justice shall, when disposing an application under Paragraph 1 or making a decision on certification, hear the opinions of the certification examiners prescribed in Paragraph 1 of the following Article, as provided for by a Ministry of Justice Ordinance.

Article 10

(1) A number of certification examiners shall, based on their specialized knowledge and experience, be appointed to offer their opinions to the Minister of Justice on applications for the certification under Article 5 and on objections to the outcome of such applications, applications for certification of the changes under Article 12, Paragraph 1 and objections to the outcome of such applications, and rescission of certifications in accordance with Article 23, Paragraph 2 and objections to such rescissions.

(2) Certification examiners may attend the proceedings in which a petitioner or intervener states his opinions in accordance with the proviso of Article 25, Paragraph 1 of the Administrative Appeal Act (Act No. 160 of 1962), as applied mutatis mutandis under Article 48 of the said Act, and may directly ask such person questions.

(3) Certification examiners shall be appointed by the Minister of Justice from persons with specialized knowledge and experience in the area of private dispute resolution.

(4) Certification examiners shall hold their office for two years and may be reappointed.

(5) Certification examiners shall work on a part-time basis.

Article 11

(1) When the Minister of Justice has granted the certification under Article 5, the Minister shall publish the name and address of the certified dispute resolution business operator in an official gazette.

(2) The certified dispute resolution business operator shall, in order to provide correct information for those who are using or intend to use certified dispute resolution procedures, as provided for by a Ministry of Justice Ordinance, post a clearly viewable notice of the fact that it is a certified dispute resolution business operator and matters relating to the contents of the services of certified dispute resolution and the provision method thereof as provided for by a Ministry of Justice Ordinance, in the office where the certified dispute resolution procedures are to be carried out.

(3) Those other than certified dispute resolution business operators shall not use, in their name, letters that would induce a false belief that they are a certified dispute resolution business operator, or present an indication in connection with their services that would induce a false belief that they are a certified dispute resolution business operator.

Article 12

(1) Certified dispute resolution business operators shall obtain certification of changes from the Minister of Justice for any changes in the contents of the services of certified dispute resolution or the method of provision of services thereof; provided, however, that this shall not apply to minor changes as provided for by a Ministry of Justice Ordinance.

(2) Those who seek to obtain certification of the changes under the preceding paragraph shall, as provided for by a Ministry of Justice Ordinance, submit an application form that states the matters to be changed to the Minister of Justice.

(3) The application form under the preceding paragraph shall be submitted with documents attached that state the contents of the services after the change and the provision method thereof and other documents as provided for by a Ministry of Justice Ordinance.

(4) The provisions of Article 6, Article 8, Paragraph 3, and Paragraph 1 of the preceding Article shall apply mutatis mutandis to the certification of changes under Paragraph 1, and the provisions of Article 9, Paragraphs 1 and 3 shall apply mutatis mutandis to cases where an application for certification of the changes under Paragraph 1 is being considered and where a decision is to be made on an objection to such outcome.

Article 13

(1) Certified dispute resolution business operators shall, as provided for by a Ministry of Justice Ordinance, notify without delay the Minister of Justice of any of the following changes:

(i) Changes in the name or address;

(ii) Minor changes as provided for by a Ministry of Justice Ordinance in the contents of the services of certified dispute resolution or the provision method thereof, as prescribed for in the proviso of Paragraph 1 of the preceding Article;

(iii) Changes in the articles of incorporation, or other basic conditions (except for the changes set forth in the preceding two items) where the certified dispute resolution business operator is a juridical person;

(iv) Changes in other matters as provided for by a Ministry of Justice Ordinance.

(2) Upon receiving notification of any changes set forth in Item 1 of the preceding paragraph in accordance with the said paragraph, the Minister of Justice shall publish the change in an official gazette.

Section 2 Services of Certified Dispute Resolution Business Operators

Article 14

Certified dispute resolution business operators shall, prior to conclusion of a contract for execution of certified dispute resolution procedures, give the parties to a dispute an explanation of the following matters, as provided for by a Ministry of Justice Ordinance, by providing them with documents that state these matters or electromagnetic records (any record which is produced by electronic, magnetic or any other means unrecognizable by natural perceptive senses and is used for data-processing by a computer) that contain these matters:

(i) Matters concerning the selection of a dispute resolution provider;

(ii) Matters concerning any fees or expenses payable by the parties to a dispute;

(iii) Standard operation process from the commencement to the termination of executing the certified dispute resolution procedures as prescribed in Article 6, Item 7;

(iv) Other matters as provided for by a Ministry of Justice Ordinance.

Article 15

Certified dispute resolution business operators shall not have organized crime group members engage in services or act as assistants for such services.

Article 16

Certified dispute resolution business operators shall, as provided for by a Ministry of Justice Ordinance, prepare and preserve procedure operation records that describe the following matters regarding the certified dispute resolution procedure provided:

(i) The date of conclusion of the contract with the parties to the dispute for the execution of certified dispute resolution procedures;

(ii) The names of the parties to the dispute or their representatives;

(iii) The name of the dispute resolution provider;

(iv) The particulars of the certified dispute resolution procedure followed;

(v) The results of the certified dispute resolution procedure (including reasons for the termination of the certified dispute resolution procedure and the date of termination);

(vi) Other matters as provided for by a Ministry of Justice Ordinance that are necessary for clarifying the contents of the certified dispute resolution procedure carried out.

Article 17

(1) Certified dispute resolution business operators shall, as provided for by a Ministry of Justice Ordinance, notify the Minister of Justice prior to conducting any of the

following acts:

(i) Merger by which the certified dispute resolution business operator will be extinguished(or any acts equivalent to an administrator in the case of a certified dispute resolution business operator that is an unincorporated entity for which a representative or manager is appointed; the same shall apply hereinafter in Paragraph 3);

(ii) Transfer of all or part of the business or operation of the certified dispute resolution services;

(iii) Division of the certified dispute resolution business operator to share it with a juridical person and to succeed all or part of its management or work of certified dispute resolution services to the incorporated entity;

(iv) Abolition of the services of certified dispute resolution.

(2) The Minister of Justice shall publish any of the notifications under the preceding paragraph in an official gazette.

(3) Those who have conducted any of the acts set forth in the items of Paragraph 1(the incorporated entity that continues to exist after a merger or the juridical person that is established by a merger in relation to the act set forth in Item 1 of the said paragraph) shall, if such act was conducted during the period of provision of the certified dispute resolution procedure, notify within two weeks from the date on which such act was conducted the parties to the dispute of the fact that the act was conducted and that the certification has become invalid in accordance with Article 19.

Article 18

(1) Where certified dispute resolution business operators are dissolved due to causes other than bankruptcy or merger(or any acts equivalent to a merger in the case of a certified dispute resolution business operator that is an unincorporated entity for which a representative or administrator is appointed; the same shall apply hereinafter), the liquidator(or the representative or manager appointed for the certified dispute resolution business operator that is an unincorporated entity; the same shall apply hereinafter in the next paragraph) shall notify the Minister of Justice of the dissolution within a month from the date of the dissolution.

(2) The liquidator under the preceding paragraph shall, if the certified dispute resolution business operator was dissolved during the period of provision of the certified dispute resolution procedure, notify within two weeks from the date of the dissolution the parties to the dispute of the fact that the certified resolution business was dissolved and that the certification has become invalid in accordance with the next Article.

(3) The provisions of Paragraph 2 of the preceding Article shall apply mutatis mutandis to the notification under Paragraph 1.

Article 19

The certification under Article 5 shall become invalid in the following cases:

(i) Where the certified dispute resolution business operator conducts any of the acts set forth in the items of Article 17, Paragraph 1;

(ii) Where the certified dispute resolution business operator is dissolved as prescribed in Paragraph 1 of the preceding Article;

(iii) In the event of the death of the certified dispute resolution business operator.

Section 3　Reports

Article 20

Certified dispute resolution business operators shall, as provided for by a Ministry of Justice Ordinance, prepare and submit to the Minister of Justice a business report, inventory list, balance sheet, and income and expenditure statements or profit and loss statements for each business year within three months after the end of the business year.

Article 21

(1) Where there are reasonable grounds to suspect that a certified dispute resolution business operator falls under any of the items of Article 23, Paragraph 1 or 2, the Minister of Justice may, to the extent necessary to ensure appropriate operation of the services of certified dispute resolution and as provided for by a Ministry of Justice Ordinance, request the certified dispute resolution business operator to report necessary information on the state of operation of the services, or direct ministry officials to visit

the office of the certified dispute resolution business operator, inspect the state of operation of the services or books, documents and other articles, or ask questions of the persons concerned.

(2) Officials who conduct on-site inspection in accordance with the preceding paragraph shall carry identification on their person and present it when requested by relevant person.

(3) The authority to conduct on-site inspection in accordance with Paragraph 1 shall not be interpreted as being granted for the purpose of criminal investigation.

Article 22

(1) Where there are reasonable grounds to suspect that a certified dispute resolution business operator falls under any of the items of Paragraph 2 of the next Article, the Minister of Justice may issue a recommendation that the certified dispute resolution business operator should take necessary measures for the services of certified dispute resolution within a designated period, if the Minister considers such recommendation necessary for ensuring appropriate operation of the services.

(2) If the certified dispute resolution business operator to which a recommendation was issued in accordance with the preceding paragraph fails to take such measures as required in the recommendation without justifiable reason, the Minister of Justice may order the certified dispute resolution business operator to take such measures as required in the recommendation.

Article 23

(1) The Minister of Justice shall rescind certification in the following cases:

(i) The certified dispute resolution business operator has come to fall under any of the items of Article 7 (except for Item 6);

(ii) The certified dispute resolution business operator has obtained the certification under Article 5 or the certification of change under Article 12, Paragraph 1, by deception or other wrongful means;

(iii) The certified dispute resolution business operator has failed to comply with the order under Paragraph 2 of the preceding Article without justifiable reason.

(2) The Minister of Justice may rescind certification in any of the following cases:

(i) The contents of the services of certified dispute resolution and the operation method thereof no longer satisfy the standards set forth in any of the items of Article 6;

(ii) The certified dispute resolution business operator no longer has the necessary knowledge or skills or financial base for carrying out the services of certified dispute resolution;

(iii) The certified dispute resolution business operator is in violation of any of the provisions of this Act.

(3) When rescinding certification in accordance with the preceding two paragraphs, the Minister of Justice may hear the opinions of the Director-General of the National Police Agency regarding whether or not the certified dispute resolution business operator falls under Items 8 to 12 of Article 7 (limited to Item 8 where the applicant falls under Item 9 or 10) or whether or not the certified dispute resolution business operator is in violation of Article 15.

(4) Upon rescinding certification in accordance with Paragraph 1 or 2, the Minister of Justice shall publish the rescission in an official gazette.

(5) Those whose certification was rescinded in accordance with Paragraph 1 or 2 shall, if the certification was rescinded during the period of execution of the certified dispute resolution procedure, notify within two weeks of the date of rescission the parties to the dispute of such rescission.

(6) The provisions of Article 9, Paragraphs 1 and 3 shall apply mutatis mutandis to cases where certification has been rescinded in accordance with Paragraph 2 and where a decision is made on an objection to such rescission.

Article 24

The Minister of Justice shall, when requesting a report or directing ministry officials to conduct an inspection or ask questions in accordance with Article 21, Paragraph 1, or when making a recommendation or giving an order in accordance with Article 22, give due consideration to the fact that private dispute resolution procedures are based on a relationship of mutual trust between the parties to a dispute and the party carrying out the services of private dispute resolution, that the voluntary efforts of the parties to a dispute for dispute resolution should be respected, and to other elements of the nature of private dispute resolution services.

Chapter Ⅲ Special Rules on the Use of Certified Dispute Resolution Procedures

Article 25

(1) Where the dispute resolution provider has terminated the certified dispute resolution procedure on the grounds that it is impossible to arrange settlement between the parties to a dispute through certified dispute resolution, if the party to the dispute that made the request for certified dispute resolution brings a suit, within one month from the date of being notified of the termination, for the demand disputed in the certified dispute resolution procedure, prescription shall be nullified as if the suit had been brought on the date on which the demand was made through the certified dispute resolution procedure.

(2) The provision of the preceding paragraph shall also apply in cases where the certification under Article 5 becomes invalid in accordance with Article 19 during the period when the certified dispute resolution procedure was being carried out for a dispute, and the party to the dispute that made the request for certified dispute resolution brings a suit for the demand disputed through the certified dispute resolution procedure, within one month from the date on which the party received the notification under Article 17, Paragraph 3, or Article 18, Paragraph 2, or became aware of a fact that falls under any of the items of Article 19, whichever comes earlier (or the date on which the party became aware of the death of the certified dispute resolution business operator in cases where the cause of invalidation of the certification under Article 5 is the death of the certified dispute resolution business operator).

(3) The provision of Paragraph 1 shall also apply in cases where the certification under Article 5 was rescinded in accordance with Article 23, Paragraph 1 or 2, during

the period when the certified dispute resolution procedure was being carried out for a dispute, and the party to the dispute that made the request for certified dispute resolution brings a suit for the demand disputed through the certified dispute resolution procedure, within one month from the date on which the party received the notification under Paragraph 5 of the said Article or became aware of the rescission, whichever comes earlier.

Article 26

(1) Where a lawsuit is pending between the parties to a civil dispute which may be settled, the court in charge of the case may, upon the joint request of the parties to the dispute, make a decision that the legal proceedings shall be suspended for a period of not more than four months, in any of the following cases:

(i) A certified dispute resolution procedure is being carried out for the dispute between the parties to the dispute;

(ii) In addition to the case prescribed in the preceding item, the parties to the dispute have reached an agreement to achieve a resolution of the dispute through certified dispute resolution.

(2) The court of the suit may at any time rescind the decision under the preceding paragraph.

(3) An appeal may not be made against a decision to dismiss the request under Paragraph 1 and a decision to rescind the suspension decision under Paragraph 1 in accordance with the preceding paragraph.

Article 27

Where a party to a dispute has brought a suit in respect of a case prescribed in Article 24-2, Paragraph 1 of the Civil Conciliation Act (Act No. 222 of 1951) or a case prescribed in Article 18, Paragraph 1, of the Domestic Relations Trial Act (Act No. 152 of 1947) (except for a case prescribed in Article 23 of the said Act), if the party, prior to bringing the suit, made a request for certified dispute resolution for the dispute and the certified dispute resolution procedure was terminated on the grounds that it was impossible to arrange settlement between the parties to the dispute through certified dispute resolution, the provisions of Article 24 – 2 of the Civil Conciliation Act or Article 18 of the Domestic Relations Trial Act shall not apply. In such case, the court in charge of the case may refer the case to conciliation ex officio if the court considers it appropriate to do so.

Chapter Ⅳ Miscellaneous Provisions

Article 28

Certified dispute resolution business operators (including dispute resolution providers engaged in certified dispute resolution) may receive fees for carrying out the services of certified dispute resolution as provided under a contract concluded with the parties to the dispute or with other parties.

Article 29

The Minister of Justice may make inquiries to or request cooperation from government agencies, public entities, and other parties, if the Minister considers it necessary for the enforcement of this Act.

Article 30

The Director-General of the National Police Agency may offer his opinions to the Minister of Justice when he considers it necessary to take appropriate measures against a certified dispute resolution business operator on the grounds that there is reason to suspect that the certified dispute resolution business operator falls under any of Items 8 to 12 of Article 7 (limited to Item 8 where the applicant falls under Item 9 or 10) or is in violation of Article 15.

Article 31

In order to provide the public with information on the services of certified dispute resolution, the Minister of Justice may, as provided for by a Ministry of Justice Ordinance, disclose through the Internet or other means the name and address of certified dispute resolution business operators, the location of the office where the services are being carried out, and the contents of the services and the operation method thereof, as provided for by a Ministry of Justice Ordinance.

Chapter V Penal Provisions

Article 32

(1) A person who has obtained the certification under Article 5 or the certification of change under Article 12, Paragraph 1, by deception or other wrongful means shall be punished with imprisonment with work for not more than 2 years or a fine of not more than 1 million yen, or both.

(2) A person who has, in violation of Article 15, had an organized crime group member engage in the services of certified dispute resolution or act as an assistant for such services shall be punished with imprisonment with work for not more than 1 year or a fine of not more than 1 million yen, or both (cumulative imposition).

(3) A person who falls under any of the following items shall be punished with a fine of not more than 1 million yen:

(i) A person who has submitted the application form under Article 8, Paragraph 1, or the documents set forth in the items of Paragraph 2 of the said Article or the application form under Article 12, Paragraph 2, or the documents set forth in the items of Paragraph 3 of the said Article, containing false statements;

(ii) A person who has violated Article 11, Paragraph 3.

Article 33

(1) Where the representative or administrator of a juridical person (or an unincorporated entity for which a representative or administrator is appointed; the same shall apply hereinafter in this paragraph), or an agent or employee3 of a juridical person or an individual has committed, in connection with the services of the juridical person or the individual, any of the acts of violation set forth in the paragraphs of the preceding Article, the person who has committed the act shall be punished and the juridical person or the individual shall also be punished with a fine prescribed in the relevant paragraphs.

(2) Where the provisions of the preceding paragraphs shall apply to an unincorpo-

rated entity, the representative or administrator of the unincorporated entity shall represent the entity with respect to the procedural act, and provisions relating to criminal proceedings where a juridical person stands as a defendant or suspect shall apply mutatis mutandis.

Article 34

(1) A person who falls under any of the following items shall be punished with a civil fine of not more than 500, 000 yen:

(i) A person who has failed to post the notice under Article 11, Paragraph 2, or has posted a false notice;

(ii) A person who has failed to make the notification under Article 13, Paragraph 1, Article 17, Paragraph 1, or Article 18, Paragraph 1, or has made a false notification;

(iii) A person who has, in violation of Article 16, failed to prepare procedure operation records, prepared false procedure operation records, or failed to preserve procedure operation records;

(iv) A person who has failed to make the notification under Article 17, Paragraph 3, Article 18, Paragraph 2, or Article 23, Paragraph 5, or has made a false notification;

(v) A person who has, in violation of Article 20, failed to submit a business report, inventory list, balance sheet, or income and expenditure statements or profit and loss statements, or has submitted any of these documents containing false statements;

(vi) A person who has failed to report the information under Article 21, Paragraph 1, or has reported false information;

(vii) A person who has violated an order under Article 22, Paragraph 2.

(2) A certified dispute resolution business operator (the representative or administrator of the certified dispute resolution business operator that is a juridical person or the representative or administrator appointed for the certified dispute resolution business operator that is an unincorporated entity), or representative or employee of the certified dispute resolution business operator who has refused, prevented, or avoided the inspection prescribed in Article 21, Paragraph 1, shall be punished with a civil fine of not more than 500, 000 yen.

Supplementary Provisions

Article 1

This Act shall come into force as from the date specified by a Cabinet Order within 30 months from the date of promulgation.

Article 2

The government shall review the status of the enforcement of this Act when five years have passed after it has entered into force, and shall take necessary measures based on the results as required.

Article 3

The Act on Comprehensive Legal Aid(Act No. 74 of 2004) shall be partially revised as follows: In Article 7, "alternative dispute resolution under law" shall be revised as "alternative dispute resolution procedures(alternative dispute resolution procedures prescribed in Article 1 of the Act on Promotion of Use of Alternative Dispute Resolution(Act No. 151 of 2004); the same shall apply hereinafter in Article 30, Paragraph 1, Item 6 and Article 32, Paragraph 3);" In Article 30, Paragraph 1, Item 6 and Article 32, Paragraph 3, "alternative dispute resolution under law" shall be revised as "alternative dispute resolution procedures."

Article 4

The Ministry of Justice Establishment Act(Act No. 93 of 1999) shall be partially revised as follows. The following item shall be added following Item 25 of Article 4: (xxv) - 2 Affairs relating to certification of private dispute resolution services under the Act on Promotion of Use of Alternative Dispute.

附录四：

JCAA 商事仲裁规则

JCAA Commercial Arbitration Rules

(As Amended and Effective on January 1,2019)

Part 1 Arbitration Procedures

Chapter Ⅰ General Provisions

Article 1 Purpose

These Commercial Arbitration Rules(the “Rules”)provide for the procedures and the other necessary matters relating to arbitration conducted where the parties have agreed to resolve their dispute by arbitration under the Rules.

Article 2 Definitions

1. The term “JCAA” means the Japan Commercial Arbitration Association.

2. The term “Party” or “Parties” means one or more claimants and respondents.

3. The term “in writing” includes hard copy and electronic documents. “Electronic documents” include electronic, magnetic and any other recording media used in information processing by a computer or other electronic device.

4. The term “Interactive Arbitration Rules” means the Interactive Arbitration Rules of the JCAA.

5. The term “UNCITRAL Arbitration Rules” means the UNCITRAL Arbitration Rules supplemented by the Administrative Rules for UNCITRAL Arbitration of the JCAA.

Article 3 Scope

1. The Rules shall apply where an arbitration agreement provides for arbitration conducted under the Rules.

2. The Rules shall also apply where an arbitration agreement provides for JCAA arbitration without specifying the Rules, the Interactive Arbitration Rules or the UNCITRAL Arbitration Rules.

3. Notwithstanding Articles 3.1 and 3.2, the Interactive Arbitration Rules or the Administrative Rules for UNCITRAL Arbitration shall apply where:

(1) before the confirmation or appointment of any arbitrator by the JCAA, all the Parties have agreed in writing to arbitration conducted under the Interactive Arbitration Rules or UNCITRAL Arbitration Rules and notify the JCAA of such agreement; or

(2) the claimant offers in its request that the arbitration be conducted under the Interactive Arbitration Rules or the UNCITRAL Arbitration Rules and the respondent accepts such offer before the confirmation or appointment of any arbitrator by the JCAA.

In these cases, the proceedings conducted under the Rules before such agreement is reached shall remain in effect.

Article 4　Relationship between Part 1 and Part 2 through Part 4

The Parties' agreement that their disputes are resolved by arbitration under the Rules shall include the rules provided for in Part 2 through Part 4 of the Rules.

Article 5　Derogation from the Rules

Where the Rules apply, the Parties, the arbitrators and the JCAA, and their relationships shall be governed by the Rules, and by any agreements varying any of the Rules, except for Part 3 and Part 4 of the Rules.

Article 6　Interpretation of the Rules

1. The authentic texts of the Rules are Japanese and English. In the event of any difference or inconsistency between these two versions, the Japanese version shall prevail.

2. In the event of any difference as to the interpretation of the Rules, the interpretation by the JCAA shall prevail; provided that the interpretation of an arbitral tribunal as to the provisions of Part 1 and Part 2 of the Rules shall prevail over that of the

JCAA in the arbitration proceedings before such arbitral tribunal.

Article 7 Communication

1. Any notice, submission or transmission under the Rules (collectively, a "Communication") shall be made by courier, registered mail, e-mail, facsimile, or any other reasonable means, unless otherwise provided.

2. A Communication shall be sent to the street address, habitual residence, or place of business of the recipient (including the street address or habitual residence of the recipient's representative, if the recipient is a legal entity or other association), the e-mail address usually used by the recipient (if the recipient has designated an email address, such e-mail address), facsimile number or any address designated by the recipient (collectively, an "Address for Communication").

3. Delivery of a Communication shall be effective upon receipt.

4. If the intended recipient refuses to receive a Communication, the Communication shall be deemed to have been received on the fourth day after dispatch or on the day of the refusal where such date is verified.

5. If a Party (other than the intended recipient) uses reasonable efforts to ascertain an Address for Communication but no Address for Communication can be identified, a Communication may be sent to the last-known Address for Communication. In this case, the Communication shall be deemed to have been received on the fourth day after dispatch.

6. If a Communication is deemed to have been received under Article 7.5, any subsequent Communication may be made in accordance with Article 7.5.

7. If any Party relocates or makes any change to its Address for Communication, the Party shall promptly designate and notify the new Address for Communication to the JCAA, the arbitrators, and the other Parties.

Article 8 Administrative Body and Secretariat

1. The JCAA shall administer the arbitral proceedings under the Rules.

2. The JCAA, at the request of the arbitral tribunal or either Party, shall make arrangements for interpreting, making a stenographic transcript of hearings, or providing

a hearing room.

Article 9　List of Candidates for Arbitrators

The JCAA shall provide a list of candidates for arbitrators to a Party, if so requested, for the sake of convenience in the Party's appointment of an arbitrator. The Parties may appoint as an arbitrator a person who is not on the list.

Article 10　Representation and Assistance

A Party may be represented or assisted by any person of its choice in arbitral proceedings under the Rules.

Article 11　Language

1. Unless the Parties have agreed on the language(s) of the arbitral proceedings, the arbitral tribunal shall promptly determine the language(s) of the arbitral proceedings. The arbitral tribunal, in so determining, shall take into account the language of the contract containing the arbitration agreement, whether interpretation or translation will be required, the cost thereof and any other relevant circumstances.

2. The arbitral tribunal may request a Party to attach to any documentary evidence a translation into the language(s) of the arbitral proceedings.

3. Communications between the JCAA and the Parties or between the JCAA and the arbitrators shall be made in either English or Japanese.

Article 12　Period of Time

1. In calculating a period of time under the Rules, the initial calendar day shall be excluded.

2. Holidays and non-business days occurring during the running of the period of time are included. If the last day of the period falls on a holiday or non-business day at the place of the recipient, the period shall be extended until the next following business day.

3. The Parties, by agreement in writing, may change any time limit under the Rules, except for the time limits under Articles 15.2, 18.1, 19.1, 20 and 75.7 and any time limits fixed or changed by the arbitral tribunal under Article 12.4 or by the JCAA

under Article 12.5. In the event of such a change, the Parties shall promptly notify the JCAA and the arbitral tribunal thereof.

4. The arbitral tribunal, if it considers it necessary, may change any time limit under the Rules (including a time limit fixed by the arbitral tribunal), except for the time limits under Articles 43.1 and 60.4, and any time limits fixed or changed by the JCAA under Article 12.5. In the event of such a change, the arbitral tribunal shall promptly notify the JCAA and the Parties thereof.

5. The JCAA, if it considers it necessary, may fix or change any time limit concerning the arbitral proceedings under the Rules.

Article 13 Exclusion of Liability

Neither the arbitrators, nor the JCAA (including its directors, officers, employees and other staff) shall be liable for any act or omission in connection with the arbitral proceedings unless such act or omission is shown to constitute willful misconduct or gross negligence.

Chapter II Commencement of Arbitration

Article 14 Request for Arbitration

1. To request the initiation of arbitral proceedings, the claimant shall submit in writing to the JCAA a request for arbitration (the "Request for Arbitration") setting forth the following:

(1) a request that the dispute be referred to arbitration under the Rules;

(2) a reference to the arbitration agreement that is invoked (including any agreement on the number of arbitrators, the procedure for appointing arbitrators, the place of arbitration, and the language(s) of the arbitral proceedings);

(3) the Parties' full names (if a Party is a legal entity or other association, the corporate name and the name of the Party's representative), street addresses and other known contact details (i.e. the designated street address including, if a Party is a natural person, such Party's place of employment, telephone number, facsimile number and e-mail address);

(4) the full name, street address and other contact details (i. e. the designated street address, telephone number, facsimile number and e-mail address) of claimant's counsel, if the claimant is represented by counsel;

(5) the relief and remedy sought;

(6) a summary of the dispute; and

(7) a statement of the factual and legal grounds for the claim(s), and the manner and method of proof.

2. The Request for Arbitration may set forth the following:

(1) the full name, street address and other contact details (i. e. the designated street address, telephone number, facsimile number and e-mail address) of an arbitrator appointed by the claimant, if the Parties have agreed that the number of arbitrators is three;

(2) a statement about the number of arbitrators, the procedure for appointing arbitrators, the place of arbitration, or the language(s) of the arbitral proceedings; or

(3) a statement about the governing law applicable to the substance of the dispute.

3. A copy of the arbitration agreement under Article 14.2 shall be attached to the Request for Arbitration.

4. A power of attorney shall be submitted with the Request for Arbitration, if the claimant is represented by counsel.

5. The claimant, when it submits a Request for Arbitration, shall pay the administrative fee under Part 4 of the Rules. If the claimant fails to pay such administrative fee in full, the JCAA shall consider that no request for arbitration has been made.

6. Arbitral proceedings shall be deemed to have commenced on the date on which the Request for Arbitration has been received by the JCAA.

Article 15　Single Arbitration for Multiple Claims

1. The claimant may submit a single Request for Arbitration containing multiple claims (the "Single Arbitration for Multiple Claims"), if:

(1) all Parties have agreed in writing that all such claims shall be resolved togeth-

er in a single set of arbitral proceedings;

(2) all claims arise under the same arbitration agreement; or

(3) all claims arise between the same Parties, and

(a) the same or a similar question of fact or law arises from the claims;

(b) the dispute is referred by the arbitration agreement to arbitration under the Rules or at the JCAA; and

(c) the arbitral proceedings are capable of being conducted in a single set of proceedings with regard to the place of arbitration, the number of arbitrators, language(s) of the arbitral proceedings, and other issues governed by the arbitration agreement under which the claims arise.

2. An objection to the Single Arbitration for Multiple Claims shall be made in writing within four weeks from the respondent's receipt of the notice of the Request for Arbitration. The arbitral tribunal shall make a determination on such objection under Article 48.

Article 16 Notice of Request for Arbitration

1. The JCAA, on having confirmed that the Request for Arbitration has been made in conformity with Articles 14.1 and 14.3 through 14.5, shall promptly notify the respondent thereof. A copy of the Request for Arbitration shall be attached to such notice.

2. The JCAA, after appointing or confirming each arbitrator, shall promptly transmit a copy of the Request for Arbitration to each arbitrator.

Article 17 Constitution of Arbitral Tribunal and Jurisdictional Objection

The JCAA may proceed to constitute the arbitral tribunal even if the respondent raises an objection about the existence or validity of the arbitration agreement, or about a Single Arbitration for Multiple Claims. The arbitral tribunal, after being duly constituted, shall make a determination on any such objection under Article 47.1 or 48.1.

Article 18 Answer

1. The respondent, within four weeks from its receipt of the notice of the Request

for Arbitration, shall submit in writing to the JCAA an answer (the "Answer") setting forth the following:

(1) the Parties' full names (if a Party is a legal entity or other association, the corporate name and the name of the Party's representative), street address and other contact details (i. e. the respondent's designated street address, telephone number, facsimile number and e-mail address);

(2) the full name, street address and other contact details (i. e. the designated street address, telephone number, facsimile number and e-mail address) of the respondent's counsel, if the respondent is represented by counsel;

(3) a response to the relief and remedy sought;

(4) a summary of the dispute; and

(5) the admission or denial of the claimant's statements, a statement of factual and legal grounds, and the manner and method of proof.

2. The Answer may set forth the following:

(1) the name, street address and other contact details (i. e. the designated street address, telephone number, facsimile number and e-mail address) of an arbitrator appointed by the respondent, if the Parties have agreed that the number of arbitrators is three;

(2) a statement about the number of arbitrators, the procedure for appointing arbitrators, the place of arbitration, or the language(s) of the arbitral proceedings; or

(3) a statement about the governing law applicable to the substance of the dispute.

3. A power of attorney shall be submitted, if the respondent is represented by counsel.

4. The JCAA, on having received the Answer, shall promptly transmit a copy thereof to the other Party and each arbitrator.

Article 19　Counterclaim

1. The respondent, within four weeks from its receipt of the notice of the Request for Arbitration, may submit a counterclaim, if:

(1) all Parties have agreed in writing that the counterclaim shall be resolved together with all claims in a single arbitral proceeding;

(2) the claim and the counterclaim arise under the same arbitration agreement; or

(3) (a) the same or a similar question of fact or law arises from the claim and the counterclaim; (b) the dispute is referred by the arbitration agreement to arbitration under the Rules or at the JCAA; and (c) the arbitral proceedings are capable of being conducted in a single proceeding with regard to the place of arbitration, the number of arbitrators, language(s) of the arbitration, and other issues governed by the arbitration agreement under which the claims arise.

2. Articles 14, 15.2, 16, 18 and 23 shall apply mutatis mutandis to the counterclaim.

Article 20 Set-off Defense

The respondent, within four weeks from its receipt of the notice of the Request for Arbitration, may submit a set-off defense in writing.

Article 21 Amendment to Claim

1. The claimant (or the respondent having submitted a counterclaim) may amend its claim by submitting a request for amendment to the JCAA in writing, if:

(1) all Parties have agreed in writing that the amended claim shall be resolved together with other claims or counterclaims in a single arbitration proceeding;

(2) the original claim and the amended claim arise under the same arbitration agreement; or

(3) (a) the same or a similar question of fact or law arises from the original claim and the amended claim; (b) the dispute is referred by the arbitration agreement to arbitration under the Rules or at the JCAA; and (c) the arbitral proceedings are capable of being conducted under a single set of proceedings with regard to the place of arbitration, the number of arbitrators, language(s) of the arbitration, and other issues governed by the arbitration agreement under which the claims arise.

2. After the arbitral tribunal is constituted, the claimant (or the respondent having submitted a counterclaim) shall obtain approval of the arbitral tribunal to amend its

claim. The arbitral tribunal shall give the other Party an opportunity to comment before granting approval of an amendment.

3. The arbitral tribunal may deny the amendment under Article 21.2, if it considers it inappropriate in view of a likely substantial delay in conducting the arbitral proceedings, prejudicial to the other Party, or any other circumstances. The arbitral tribunal shall promptly notify the Parties of its decision on approval or denial.

4. Articles 14, 15.2 and 16 shall apply mutatis mutandis to the amended claim.

5. Article 18, 19 or 20 shall apply mutatis mutandis to an Answer, a counterclaim, or set-off defense in response to the amended claim.

Article 22 Number of Copies to be Submitted

1. The number of hard copies to be submitted under Articles 14.1, 15.2, 18.1 (including, the application mutatis mutandis under Articles 19.2, 21.5 and 56.6), 20 and 21.1 shall be the sum of the number of arbitrators (three if not yet determined), and the number of other Parties, plus one. It shall be sufficient for each Party represented by counsel to submit one original power of attorney to the JCAA.

2. Article 22.1 shall not apply to a submission by e-mail, facsimile or any other electronic communication method. A Party, if requested, shall submit the number of hard copies that the JCAA or the arbitral tribunal designates.

Article 23 Withdrawal of Claim

1. Before the constitution of the arbitral tribunal, the claimant may withdraw its claim(s) by submitting a notice to the JCAA in writing (the "Notice of Withdrawal") stating that the claimant withdraws the claim(s). The JCAA shall notify the respondent of the Notice of Withdrawal.

2. After the constitution of the arbitral tribunal, the claimant may withdraw its claim(s) by submitting a Notice of Withdrawal to the arbitral tribunal and obtaining its approval thereof.

3. Upon the request for approval by the claimant under Article 23.2, the arbitral tribunal, after giving the respondent an opportunity to comment, shall approve the withdrawal unless the respondent promptly objects thereto and the arbitral tribunal deter-

mines that the respondent has a legitimate interest in resolving the dispute referred to the arbitral proceedings.

4. The arbitral tribunal shall make a decision to terminate the arbitral proceedings if the arbitral tribunal approves the withdrawal of all the claims under Article 23.3.

Chapter Ⅲ Arbitrators and Arbitral Tribunal

Article 24 Impartiality and Independence of Arbitrators

1. A person who is not impartial and independent shall decline to accept an appointment as an arbitrator. An arbitrator shall be, and remain at all times, impartial and independent during the arbitral proceedings.

2. When a person is approached in connection with his or her possible appointment as an arbitrator, he or she shall conduct a reasonable investigation into any circumstances which may, in the eyes of the Parties, give rise to justifiable doubts as to his or her impartiality or independence. If he or she finds such circumstances, he or she shall decline to accept the appointment or disclose in writing such circumstances to enable the approaching person to decide whether or not to withdraw its request for appointment.

3. When a person is appointed as an arbitrator, he or she shall promptly submit in writing to the Parties and the JCAA his or her undertaking to disclose any circumstances which may give rise to justifiable doubts as to his or her impartiality or independence, or to declare that there are no such circumstances (the "Declaration of Impartiality and Independence").

4. During the course of the arbitral proceedings, an arbitrator shall have an ongoing duty to make reasonable investigation into any circumstances which may, in the eyes of the Parties, give rise to justifiable doubts as to the arbitrator's impartiality or independence. If the arbitrator finds such circumstances, the arbitrator shall promptly disclose to the Parties and the JCAA in writing such circumstances, unless the arbitrator has already disclosed such circumstances. An advance declaration in relation to such circumstances that may possibly arise in the future does not discharge the arbitrator's ongoing duty of disclosure.

Article 25　Appointment and Confirmation of Arbitrators

1. Arbitrator(s) shall be appointed pursuant to the agreement of the Parties.

2. If the Parties have not made any agreement provided for in Article 25.1, the arbitrator(s) shall be appointed under Articles 26 through 30.

3. The appointment of an arbitrator by a Party or by Parties, or the appointment of third arbitrator by co-arbitrators shall be effective only after confirmation by the JCAA.

4. On appointment of an arbitrator by a Party, by Parties or by the co-arbitrators, such Party, Parties, or co-arbitrators shall promptly submit in writing to the JCAA for its confirmation under Article 25.3:

(a) a notice of appointment of the arbitrator setting forth the appointed arbitrator's name, street address, contact details (i. e., designated address, telephone number, facsimile number and e-mail address) and occupation;

(b) a document setting forth the arbitrator's acceptance of appointment; and

(c) Declaration of Impartiality and Independence.

5. The JCAA shall promptly transmit a copy of the documents under Article 25.4 to the other Party (or Parties) and the arbitrator(s).

6. The JCAA, after giving a Party or Parties and co-arbitrator(s) that have appointed the arbitrator an opportunity to comment, may refuse to confirm the appointment of an arbitrator without giving reasons if the JCAA finds that the appointment is clearly inappropriate.

7. Upon confirming the appointment of the arbitrator, the JCAA shall promptly notify such confirmation to the Parties and the arbitrator(s).

8. If the appointment of an arbitrator is not confirmed by the JCAA, the Party, the Parties, or the arbitrators that appointed the arbitrator shall appoint another arbitrator within the period fixed by the JCAA.

Article 26　Number of Arbitrators

1. The number of arbitrators is, in principal, one or three.

2. If the Parties fail to notify the JCAA in writing of their agreement on the num-

ber of arbitrators within four weeks from the respondent's receipt of the notice of the Request for Arbitration, such number shall be one.

3. Notwithstanding Article 26. 2, either Party, within four weeks from the respondent's receipt of the notice of the Request for Arbitration, may make a request to the JCAA in writing that such number shall be three. Such request shall be accepted, if the JCAA considers the request appropriate, taking into account the amount in dispute, the complexity of the case and other relevant circumstances.

4. The JCAA shall promptly notify the number of arbitrators to the Parties when it is fixed.

Article 27 Appointment of Arbitrator-Sole Arbitrator

1. If the Parties have agreed that there shall be only one arbitrator, the Parties shall agree on and appoint such arbitrator, and notify the JCAA of such appointment under Article 25. 4 within two weeks from the respondent's receipt of the notice of the Request for Arbitration.

2. If it is determined that there shall be one arbitrator under Article 26. 2, the Parties shall agree on and appoint such arbitrator, and notify the JCAA of such appointment under Article 25. 4 within two weeks from the time limit under Article 26. 2.

3. If the Parties fail to notify the JCAA of such appointment under Article 25. 4 within the time limit under Article 27. 1 or 27. 2, the JCAA shall appoint an arbitrator.

4. In the case where the JCAA appoints an arbitrator under Article 27. 3 and a Party requests that the arbitrator be a person of a different nationality from that of any of the Parties, the JCAA shall respect such request.

Article 28 Appointment of Arbitrators-Three Arbitrators

1. If the Parties have agreed that the number of arbitrators shall be three, each Party shall appoint one arbitrator and notify the JCAA of such appointment under Article 25. 4 within three weeks from the respondent's receipt of the notice of the Request for Arbitration.

2. If the JCAA determines that the number of arbitrators shall be three under Article 26. 3, each Party shall appoint one arbitrator and notify the JCAA of such appoint-

ment under Article 25.4 within three weeks from the Party's receipt of the notice of the determination by the JCAA under Article 26.3.

3. If either Party fails to notify the JCAA of such appointment under Article 25.4 within the time limit under Article 28.1 or 28.2, the JCAA shall appoint such arbitrator.

4. The two arbitrators appointed under Articles 28.1 through 28.3 shall agree on and appoint the third arbitrator, and notify the JCAA of such appointment under Article 25.4 within three weeks from the two arbitrators' receipt of the notice that the JCAA has confirmed or appointed the two arbitrators.

5. The party-appointed arbitrator may communicate *ex parte* with the Party or the Parties who have appointed the arbitrator to discuss the appointment of the third arbitrator only if all the Parties so agree in writing. Notwithstanding any such agreement of the Parties, where any Party fails to appoint an arbitrator, the other arbitrator appointed by a Party or Parties shall not communicate *ex parte* with the Party or Parties who appointed that arbitrator to discuss the appointment of the third arbitrator.

6. If the two arbitrators fail to notify the JCAA of such appointment of the third arbitrator under Article 25.4 within the time limit under Article 28.4, the JCAA shall appoint such arbitrator.

7. If the JCAA appoints an arbitrator under Article 28.6, Article 27.4 shall apply *mutatis mutandis*.

Article 29　Appointment of Arbitrators-Three Arbitrators in Multi-Party Arbitration

1. If there is more than one claimant or respondent and the number of arbitrators shall be three, the arbitrators shall be appointed under this Article 29.

2. If the Parties have agreed that the number of arbitrators shall be three, the claimant(s) and the respondent(s) shall appoint one arbitrator each and notify the JCAA of such appointment under Article 25.4 within three weeks from the receipt by the respondent(s) of the notice of the Request for Arbitration.

3. If the JCAA determines that the number of arbitrators shall be three under Arti-

cle 26.3, the claimant(s) and the respondent(s) shall appoint arbitrator each and notify the JCAA of such appointment under Article 25.4 within three weeks from the Parties' receipt of the notice of the determination by the JCAA under Article 26.3.

4. The two arbitrators appointed by the claimant(s) and the respondent(s) under Article 29.2 or 29.3 shall agree on and appoint the third arbitrator, and notify the JCAA of such appointment under Article 25.4 within three weeks from the two arbitrators' receipt of the notice that the JCAA has confirmed the two arbitrators.

5. Article 28.5 shall apply *mutatis mutandis* where the two arbitrators appoint the third arbitrator under Article 29.4.

6. If the two arbitrators fail to notify the JCAA of such appointment of the third arbitrator under Article 25.4 within the time limit under Article 29.4, the JCAA shall appoint such arbitrator.

7. If the JCAA appoints an arbitrator under Article 29.6, Article 27.4 shall apply *mutatis mutandis*.

8. If either or both of the claimant(s) or the respondent(s), fail to notify the JCAA of such appointment under Article 25.4 within the time limit under Article 29.2 or 29.3, the JCAA shall appoint all three arbitrators. In such case, the JCAA may appoint the arbitrator already appointed by the claimant(s) or the respondent(s) as one of the three arbitrators, if no Party raises an objection.

Article 30 Notice of Appointment of Arbitrator by the JCAA

On appointment of an arbitrator by the JCAA, the JCAA shall promptly transmit to the Parties and the arbitrator(s) the document under Article 25.4(a), together with a copy of the documents under Articles 25.4(b) and 25.4(c).

Article 31 Arbitral Tribunal

1. Arbitration under the Rules shall be conducted by an arbitral tribunal composed of one arbitrator or three arbitrators appointed under Articles 25 through 30, 36 and 56.

2. The arbitral tribunal shall be constituted on the date when all the arbitrators have been confirmed or appointed by the JCAA.

3. If the arbitral tribunal is composed of three arbitrators, the third arbitrator shall

be the presiding arbitrator. Unless otherwise agreed by the three arbitrators, the presiding arbitrator shall serve the following tasks:

(1) presiding over hearings and deliberations;

(2) transmitting documents and communications on behalf of the arbitral tribunal; and

(3) preparing the first drafts of arbitral awards and other documents for the arbitral tribunal.

Article 32 Decision of Arbitral Tribunal

1. If there is more than one arbitrator, decisions of the arbitral tribunal, including the arbitral award, shall be made by majority vote of the arbitrators.

2. If no decision is made by majority vote of the arbitrators, the presiding arbitrator shall make the decision.

3. Procedural matters in arbitral proceedings may be decided by the presiding arbitrator alone, if the other members of the arbitral tribunal or all Parties so agree.

Article 33 Tribunal Secretary

1. No arbitrator shall delegate to a third person tasks that substantially influence the arbitral tribunal's decision including the arbitral award.

2. To the extent compatible with Article 33.1, the sole arbitrator or the presiding arbitrator may appoint a third person to assist such arbitrator in his or her mandate (the "Tribunal Secretary"). Before the appointment of the Tribunal Secretary, the sole or presiding arbitrator shall obtain the Parties' consent in writing after providing the Parties with the information regarding the proposed Tribunal Secretary, the tasks that are proposed to be performed and the method for calculating their remuneration if remuneration is to be paid to the proposed Tribunal Secretary.

3. Article 24 and Article 42.2 shall apply *mutatis mutandis* to the Tribunal Secretary.

4. The remuneration and expenses of the Tribunal Secretary shall be deemed to be the expenses of the sole arbitrator or the presiding arbitrator as set forth in Article 101; provided that the remuneration of the Tribunal Secretary shall be included in the remu-

neration of such arbitrator for the purpose of calculating the upper limit under Article 94.

Article 34 Challenge to Arbitrators

1. A Party may challenge an arbitrator if circumstances give rise to justifiable doubts as to the arbitrator's impartiality or independence.

2. A Party may challenge an arbitrator it has appointed, or whose appointment the Party has participated in by way of recommendation or any similar acts, only for reasons which the Party becomes aware of after the appointment has been made.

3. A Party that intends to challenge an arbitrator shall submit in writing to the JCAA a request for challenge (the "Request for Challenge") within two weeks from the date of its receipt of the notice by the JCAA confirming the appointment of the arbitrator (the Notice of Appointment of the arbitrator, if the arbitrator is appointed by the JCAA) or the date when it became aware of any circumstance under Article 34.1, whichever comes later.

4. On receipt of the Request for Challenge, the JCAA shall promptly notify the other Party and the challenged arbitrator, supplying them with a copy thereof.

5. The JCAA shall make a decision on the challenge without giving reasons, after giving the other Party and the challenged arbitrator an opportunity to comment.

Article 35 Removal of Arbitrators

The JCAA, at the written request of either Party or on its own motion, may remove any arbitrator who fails to perform his or her duties or unduly delays in the performance of his or her duties, or is *de jure* or *de facto* unable to perform his or her duties, after giving the Parties and the challenged arbitrator an opportunity to comment.

Article 36 Appointment of Substitute Arbitrator

1. If an arbitrator ceases to perform his or her duties before the termination of the arbitral proceedings because of resignation, challenge, removal or death, the JCAA shall promptly notify the Parties and the remaining arbitrators thereof.

2. If the arbitrator who has ceased to perform his or her duties was appointed by a

Party, by Parties or by the remaining arbitrators, such Party, Parties or arbitrators shall appoint a substitute arbitrator and notify the JCAA of such appointment under Article 25.4 within three weeks from their receipt of the notice under Article 36.1, unless otherwise agreed by the Parties. If such Party, Parties or remaining arbitrators fail to do so, the JCAA shall appoint a substitute arbitrator.

3. If the arbitrator who ceases to perform his or her duties was appointed by the JCAA under Article 36.1, the JCAA shall appoint a substitute arbitrator, unless otherwise agreed by the Parties.

Article 37 Vacancy after Closing of Arbitral Proceedings

Notwithstanding Article 36, where an arbitrator ceases to perform his or her duties after the closing of the arbitral proceedings but before an arbitral award is rendered, the arbitral tribunal may render an arbitral award without a substitute arbitrator being appointed, if the JCAA, after giving the remaining arbitrators and the Parties an opportunity to comment, considers it appropriate.

Article 38 Repetition of Arbitral Proceedings by Substitute Arbitrator

If a substitute arbitrator is appointed under Article 36, the arbitral tribunal, after giving the Parties an opportunity to comment, shall decide whether or to what extent arbitral proceedings already conducted should be repeated.

Chapter Ⅳ Arbitral Proceedings

Section 1. Conduct of Arbitral Proceedings

Article 39 Place of Arbitration

1. Unless otherwise agreed by the Parties, the place of arbitration shall be the city of the office of the JCAA to which the claimant submitted the Request for Arbitration under Article 14.1.

2. The arbitral tribunal may conduct the arbitral proceedings at any place it considers appropriate, unless otherwise agreed by the Parties.

Article 40 Conduct of Arbitral Proceedings

1. The arbitral tribunal shall direct and control the arbitral proceedings, including hearings.

2. The arbitral tribunal shall treat the Parties equally. The arbitral tribunal shall give each Party a sufficient opportunity to state and prove its case and to present a defense against the other Party's case.

3. The arbitral tribunal shall use reasonable efforts to resolve the dispute expeditiously.

4. A Party shall transmit any material submitted in writing in the arbitral proceedings to the arbitrator(s), the other Party and the JCAA; and the arbitral tribunal shall transmit to the JCAA a copy of any Communications in writing to the Parties.

Article 41 Rejection of Party's Untimely Submission of Statement or Evidence

The arbitral tribunal may reject and disregard a Party's submission of statement or evidence if it is made in an untimely manner.

Article 42 Confidentiality

1. Arbitral proceedings shall be held in private, and all records thereof shall be closed to the public.

2. The arbitrators, the JCAA (including its directors, officers, employees, and other staff), the Parties, their counsel and assistants, and other persons involved in the arbitral proceedings shall not disclose facts related to or learned through the arbitral proceedings and shall not express any views as to such facts, except where disclosure is required by law or in court proceedings, or based on any other justifiable grounds.

Article 43 Time Limit of Arbitral Award and Procedural Schedule

1. The arbitral tribunal shall use reasonable efforts to render an arbitral award within nine months from the date when it is constituted.

2. To implement Article 43.1, the arbitral tribunal shall consult with the Parties, and make a schedule of the arbitral proceedings in writing (the "Procedural Sched-

ule")to the extent necessary and feasible as early as practicable. The consultation shall be conducted through preliminary meetings, video conferences, telephone conferences, exchanges of documents or any other appropriate methods determined by the arbitral tribunal. The arbitral tribunal shall send the Procedural Schedule to the Parties and the JCAA.

3. The arbitral tribunal may amend the Procedural Schedule under Article 43.2 during the course of the arbitral proceedings after giving the Parties an opportunity to comment.

Article 44 Submission of Written Statements and Evidences

1. Within the time limits under the Rules or the time limits fixed by the arbitral tribunal, each Party shall submit to the arbitral tribunal one or more written statements setting forth such Party's case on the facts and law(the "Written Statements") and evidences.

2. The arbitral tribunal shall acknowledge receipt of the Written Statements and evidences submitted by a Party.

Article 45 Default of a Party

1. If one Party fails to submit the Written Statements including the Answer within the time limits under the Rules or the time limits fixed by the arbitral tribunal, the arbitral tribunal shall continue the arbitral proceedings without treating such failure in itself as an admission of the other Party's statements.

2. If one Party, without sufficient cause, fails to appear at a hearing or to produce evidence, the arbitral tribunal may continue the arbitral proceedings and make the arbitral award based on the evidence before it.

Article 46 Issues and Terms of Reference

1. At a stage as early as practicable, the arbitral tribunal shall use reasonable efforts to identify the issues to be determined upon consultation with the Parties.

2. If the arbitral tribunal considers it appropriate for promoting efficient arbitral proceedings, the arbitral tribunal, after giving the Parties an opportunity to comment,

may prepare terms of reference setting forth the matters referred to the arbitral tribunal and a list of major issues.

Article 47 Competence of Arbitral Tribunal to Determine Jurisdiction

1. The arbitral tribunal may make a determination on any objection as to the existence or validity of an arbitration agreement and any other matters regarding its own jurisdiction.

2. The arbitral tribunal shall make a decision to terminate the arbitral proceedings if it finds that it has no jurisdiction.

Article 48 Decision on Separate Proceedings

1. The arbitral tribunal may make a determination on any objection as to a Single Arbitration for Multiple Claims.

2. If the arbitral tribunal finds that the requirements under Article 15.1 are not satisfied, the arbitral tribunal shall make a decision to separate the arbitral proceedings (the "Decision on Separate Proceedings") and notify the Parties thereof. The arbitral tribunal shall not make a Decision on Separate Proceedings if the respondent has not raised an objection within the time limit under Article 15.2.

3. Upon the Decision on Separate Proceedings, the mandate of the arbitral tribunal shall be terminated, and the arbitral proceedings shall be conducted separately as to each separated claim(s). The mandate of the arbitral tribunal, however, shall not be terminated as to:

(a) any claim(s) against which the respondent that has raised no objection within the time limit under Article 15.2; or

(b) any claim(s) for which the respondent has requested continuation of the mandate of the arbitral tribunal within one week from the respondent's receipt of the notice of the Decision on Separate Proceedings.

4. If the arbitral proceedings are to be conducted separately under Article 48.3, calculation of periods of time based on the respondent's receipt of the notice of the Request for Arbitration shall be determined based on the respondent's receipt of the notice of the Decision on Separate Proceedings.

5. Articles 66.2, 66.4, 66.5, 66.6 and 68 through 70 shall apply *mutatis mutandis* to the Decision on Separate Proceedings.

6. Articles 48.1 through 48.5 shall apply *mutatis mutandis*, if:

(a) the counterclaim does not satisfy the requirements under Article 19.1;

(b) (i) the amendment of the claim does not satisfy the requirements under Article 21.1, or (ii) the application for approval of an amendment is denied under Article 21.3; or

(c) (i) the joinder does not satisfy the requirements under Article 56.1, or (ii) the joinder is denied under Article 56.5.

7. Notwithstanding Article 48.6, the mandate of the arbitral tribunal shall not be terminated as to:

(1) any claim(s) pending before the counterclaim or the amendment of the claim was filed; or

(2) any claim(s) pending before the joinder that was applied for after the constitution of the arbitral tribunal.

Article 49　Interim Decision

The arbitral tribunal, if it considers it appropriate, may make an interim decision on a dispute arising during the course of the arbitral proceedings. Articles 66.2 and 67 shall apply *mutatis mutandis* to such decision. The arbitral tribunal may omit the statement of reasons.

Article 50　Decision on Hearings

1. The arbitral tribunal shall decide whether to proceed with holding hearings or whether to proceed based only on documents and other materials; provided that the arbitral tribunal shall hold such hearings if so requested by a Party at an appropriate stage of the arbitral proceedings.

2. The arbitral tribunal shall, after giving the Parties an opportunity to comment, decide whether or not witness examination will be conducted during the hearings.

3. Where the hearings are to be held, the arbitral tribunal should select appropriate means for holding a hearing, including by video conference or other methods.

Article 51 Scheduled Date and Place of Hearings

1. The arbitral tribunal, after giving the Parties an opportunity to comment, shall fix the scheduled date and place of hearings. If a hearing lasts more than one day, the arbitral tribunal shall hold the hearing on consecutive days, to the extent feasible.

2. If the arbitral tribunal has fixed the scheduled date and place of a hearing, it shall promptly notify the Parties of the scheduled date and place of the hearing.

3. The arbitral tribunal shall change the scheduled date of a hearing at the joint request of the Parties. The arbitral tribunal may change the scheduled date at the request of one Party, if it finds a compelling reason to do so.

4. Any request under Article 51.3 shall be made in writing, unless made at a hearing or during an oral consultation under Article 43.2.

Article 52 Appearance by Parties at Hearings

1. The arbitral tribunal, in principle, shall hold hearings in the presence of all the Parties.

2. The arbitral tribunal may hold a hearing even if any or all of the Parties fail to appear.

Article 53 Waiver of Right to Object

A Party who knows that any of the Rules has not been complied with but fails to promptly object to such non-compliance, shall be deemed to have waived its right to object.

Article 54 Evidence

1. Each Party shall have the burden of proving the facts relied on to support its claims or defenses.

2. The arbitral tribunal, on its own motion, may examine evidence not presented by any Party, when the arbitral tribunal considers it necessary.

3. The arbitral tribunal may examine evidence outside the hearings. The arbitral tribunal, however, shall give the Parties an opportunity to submit statements in writing or orally regarding such evidence.

4. The arbitral tribunal, at the written request of a Party or on its own motion, may order any Party to produce documents in its possession that the arbitral tribunal considers necessary to examine after giving the Party in possession an opportunity to comment, unless the arbitral tribunal finds reasonable grounds for the Party in possession to refuse the production.

Article 55　Expert Appointed by Arbitral Tribunal

1. The arbitral tribunal, after giving the Parties an opportunity to comment, may appoint one or more experts to advise it with respect to any matters to be determined and to report, in writing or orally, the findings of such expert(s) to the arbitral tribunal.

2. If a Party so requests, the arbitral tribunal, after delivery of the report under Article 55.1, shall give the Parties an opportunity to put questions to the expert(s) in a hearing. The arbitral tribunal, if it considers it necessary, may give the Parties an opportunity to submit their own expert reports.

Article 56　Third Party Joinder

1. A third party may join in the arbitral proceedings as a claimant or a Party may request a third party to join in the arbitral proceedings as a respondent, if:

(1) all Parties and the third party have agreed in writing to the joinder; or

(2) all claims are made under the same arbitration agreement; provided, however, that the third party's consent in writing to such joinder is necessary when the third party is requested to join as respondent after the constitution of the arbitral tribunal.

2. If the third party joins the arbitral proceedings before the arbitral tribunal is constituted, the arbitrators shall be appointed under Articles 25 through 27, 29 and 30. If any arbitrators have been appointed under these Rules before the third party joinder, the appointment of such arbitrators shall be no longer effective.

3. Where the arbitrators are appointed under Article 56.2, calculation of periods of time under Articles 26, 27.1 and 29.2 shall be determined based on the date that the respondent against whom the claim is made in the application for joinder receives the notice of the application for joinder.

4. If the third party joins in the arbitral proceedings after the arbitral tribunal is constituted, the arbitral tribunal shall remain the same.

5. Even when the requirement under Article 56.1 is satisfied, the arbitral tribunal may deny joinder if it finds that such joinder will delay the arbitral proceedings or it finds any other reasonable grounds.

6. Articles 14, 15.2 and 16.1 shall apply *mutatis mutandis* to an application for joinder; provided that "the respondent" under Articles 15.2, 16.1 and 48.3 shall be read as "the Party other than the Party that has submitted an application for joinder, and the third party who has been requested to join as respondent."

7. Article 18, 19 or 20 shall apply *mutatis mutandis* to an answer, counterclaim or setoff defense to the claim made in the application for joinder.

Article 57 Consolidation

The arbitral tribunal may, at the written request of a Party and when it finds it necessary, consolidate and hear the pending claim(s) with the other claim(s) (as to which no arbitral tribunal has been constituted), if:

(1) all Parties (including the parties to the other claim(s)) to be consolidated have agreed in writing;

(2) the pending claim(s) and the claim(s) to be consolidated arise under the same arbitration agreement; provided, however, that the written consent to such consolidation by the party to the other claim(s) is necessary when the party has not been a Party to the pending claim(s); or

(3) both the pending claim(s) and the other claim(s) to be consolidated arise between the same Parties, and

(a) the same or a similar question of fact or law arises from the claims;

(b) the dispute is referred by the arbitration agreement to arbitration under the Rules or at the JCAA; and

(c) the arbitral proceedings are capable of being conducted in a single proceeding with regard to the place of arbitration, the number of arbitrators, language(s) of the arbitration, and other issues governed by the arbitration agreements under which the claims arise.

Article 58　Mediation

1. The Parties, at any time during the course of the arbitral proceedings, may agree in writing to refer the dispute to mediation proceedings under the Commercial Mediation Rules of the JCAA (the "CMR"). No arbitrator assigned to the dispute shall be appointed as mediator, except if appointed under Article 59.1.

2. If the Parties enter into an agreement under Article 58.1, the arbitral tribunal, at the request of either Party, shall stay the arbitral proceedings.

3. All offers, admissions, or other statements by the Parties, or recommendations by the mediator, made during the course of the mediation proceedings shall be inadmissible as evidence in the arbitral proceedings unless otherwise agreed by the Parties.

4. If the mediation proceedings are terminated under Article 28.1(1) through 28.1(7) of the CMR, the arbitral tribunal, at the request of either Party, shall resume the arbitral proceedings.

Article 59　Special Rules for the CMR if an Arbitrator serves as Mediator

1. Notwithstanding Article 58.1, the Parties may agree in writing to appoint an arbitrator assigned to the same dispute as a mediator, and refer the dispute to mediation proceedings under the CMR. If the Parties do so, the Parties shall not challenge the arbitrator based on the fact that the arbitrator is serving or has served as a mediator.

2. Notwithstanding Article 22.1 of the CMR, an arbitrator who serves as mediator in regard to the same dispute shall not consult separately with any of the Parties orally or in writing, without the agreement of the Parties in writing. The arbitrator shall disclose to all other Parties, in each instance, the fact that such consultation has taken place, excluding the contents thereof.

3. The Parties shall submit to the JCAA a copy of the agreement under Article 59.1, when they refer the dispute to mediation proceedings under Article 59.1.

4. The mediator's remuneration under Article 59, the request fee and the administrative fee for the mediation proceedings shall be calculated as follows:

(1) the request fee and the administrative fee for the mediation proceedings are

not required to be paid; and

(2) Articles 81 and 82 and the provisions of Part 3 of the Rules shall apply to the arbitrator's remuneration and expenses incurred with respect to conducting the mediation proceedings.

5. The CMR, except Articles 12 through 14, 16 and 17, shall apply to the mediation under Article 59.

Article 60 Closing and Reopening of Arbitral Proceedings

1. The arbitral tribunal shall close the arbitral proceedings upon determining that the Parties have been given sufficient opportunity to state and prove their respective claims and present defenses thereto and that the arbitral tribunal is able to render an arbitral award.

2. The arbitral tribunal may close the arbitral proceedings as to certain claims, upon determining that the requirements under Article 60.1 as to such claims have been satisfied.

3. Before closing the arbitral proceedings under Article 60.1 or 60.2, the arbitral tribunal shall provide the Parties with appropriate advance notice thereof.

4. The arbitral tribunal, if it considers it necessary, may reopen the arbitral proceedings. The arbitral tribunal shall not, in principle, reopen the arbitral proceedings after the lapse of three weeks from the date of closing.

Article 61 Termination of Arbitral Proceedings

1. The arbitral proceedings shall terminate upon the rendering of an arbitral award, upon the Parties' withdrawal of all the claims before the constitution of the arbitral tribunal, or upon a decision to terminate the arbitral proceedings.

2. The arbitral tribunal shall make a decision to terminate the arbitral proceedings, if:

(1) the arbitral tribunal approves the withdrawal of all the claims under Article 23.3;

(2) the arbitral tribunal finds that it has no jurisdiction under Article 47.2; or

(3) the arbitral tribunal finds that the continuation of the arbitral proceedings has

become unnecessary or impossible.

3. The mandate of the arbitral tribunal terminates upon termination of the arbitral proceedings, subject to Articles 68 through 70.

4. Articles 66.2, 66.4, 66.5, 66.6 and 67 shall apply *mutatis mutandis* to the decision to terminate the arbitral proceedings.

Section 2. Arbitral Award

Article 62 Final Award, Partial Award and Award by Consent

1. The arbitral tribunal shall render an arbitral award on all claims presented in the arbitral proceedings.

2. Notwithstanding Article 62.1, if the arbitral tribunal has closed the arbitral proceedings as to certain claims under Article 60.2, it may render a partial award on such claims.

3. If the Parties agree on a settlement of the dispute during the course of the arbitral proceedings, the arbitral tribunal, upon the request of the Parties, may record the settlement in the form of an arbitral award on agreed terms.

Article 63 Prohibition of Disclosing Dissenting Opinion

Where the arbitral tribunal is composed of three arbitrators, the arbitral tribunal shall state in the arbitral award only its decision under Articles 32.1 and 32.2. No arbitrator shall disclose its dissenting or individual opinion in any manner.

Article 64 Effect of Arbitral Award

An arbitral award shall be final and binding on the Parties.

Article 65 Rules Applicable to Substance of Dispute

1. The arbitral tribunal shall decide the dispute in accordance with such rules of law agreed by the Parties to be applicable to the substance of the dispute.

2. Failing such agreement by the Parties under Article 65.1, the arbitral tribunal shall apply the substantive law of the country or state to which the dispute referred to the arbitral proceedings is most closely connected.

3. Notwithstanding Articles 65.1 and 65.2, the arbitral tribunal shall decide *ex aequo et bono* only if all Parties have expressly requested it to do so.

Article 66 Arbitral Award-Number of Copies and Format

1. The arbitral tribunal shall make a number of hard copies of the arbitral award sufficient to provide one hard copy for each of the Parties and one hard copy for the JCAA.

2. The arbitral award shall state the following:

(1) the full names and street addresses of the Parties (if a Party is a legal entity or other association, the corporate name, street address and the name of the Party's representative);

(2) the name and street address of counsel, if a Party is represented;

(3) the determination on the relief and remedy sought;

(4) the procedural history;

(5) the reasons upon which the arbitral award is based;

(6) the date of the arbitral award; and

(7) the place of arbitration.

3. If the Parties have agreed that no reasons are to be given, or if the arbitral tribunal records a settlement in the form of an arbitral award on agreed terms under Article 62.3, the reasons shall be omitted. The arbitral tribunal, however, shall state the reason for such omission in the arbitral award.

4. The arbitral tribunal shall determine in the arbitral award the total amount of costs and the allocation thereof under Article 80.1. The arbitral tribunal, however, is not required to do so in a partial award.

5. If one Party has to repay an amount to the other Party based on the allocation under Article 66.4, the arbitral tribunal shall order that that Party shall repay such amount to the other Party in the arbitral award.

6. The arbitrator(s) shall sign the arbitral award. If there is more than one arbitrator and an arbitrator fails to sign the arbitral award, the signatures of the majority of the arbitral tribunal shall suffice. The reason for such failure to sign shall be stated in the

arbitral award.

Article 67　Notice of Arbitral Award

1. The JCAA shall send the arbitral award to each Party after the Parties have fully paid to the JCAA the amount due, consisting of the arbitrator(s)' remuneration and expenses, and other reasonable expenses incurred with respect to the arbitral proceedings as required to be paid to the JCAA.

2. The JCAA shall keep one original of the arbitral award.

Article 68　Correction of Arbitral Award

1. The arbitral tribunal, upon the written request of a Party, or on its own motion, may correct any computational, clerical, or any other errors or omissions of a similar nature.

2. A Party, within four weeks from its receipt of the arbitral award, may request the arbitral tribunal to make a correction of the arbitral award.

Article 69　Interpretation of Arbitral Award

A Party, within four weeks from its receipt of the arbitral award, may request in writing the arbitral tribunal to give an interpretation of a specific point or part of the arbitral award.

Article 70　Additional Arbitral Award

A Party, within four weeks from its receipt of the arbitral award, may request in writing the arbitral tribunal to make an additional arbitral award as to claims presented in the arbitral proceedings but omitted from the arbitral award.

Chapter V　Interim Measures by Arbitral Tribunal orby Emergency Arbitrator

Section 1. Interim Measures by Arbitral Tribunal

Article 71　Interim Measures

1. A Party may apply in writing to the arbitral tribunal for the grant of interim

measures against the other Party (“Interim Measures”). Interim Measures are, for example, orders to:

(1) maintain or restore the status quo;

(2) take action that would prevent, or refrain from taking action that is likely to cause, current or imminent harm or prejudice to the arbitral proceedings themselves;

(3) provide a means of preserving assets out of which a subsequent arbitral award may be satisfied; or

(4) preserve evidence that may be relevant and material to the resolution of the dispute.

2. The Party requesting Interim Measures under Article 71.1(1), (2) and (3) shall satisfy the arbitral tribunal that:

(1) harm not adequately reparable by an arbitral award of damages is likely to result if the measure is not ordered, and such harm substantially outweighs the harm that is likely to result to the Party against whom the measure is directed if the measure is granted; and

(2) there is a reasonable possibility that the requesting Party will succeed on the merits of the claim.

3. The arbitral tribunal may order Interim Measures under Article 71.1(4) to the extent it considers appropriate after taking into account the standards under Article 71.2.

4. The arbitral tribunal, before granting Interim Measures, shall give each Party a reasonable opportunity to comment.

5. Articles 66.2, 67, and 68 shall apply *mutatis mutandis* to the Interim Measures.

6. The Parties shall be bound by, and carry out, the Interim Measures ordered by the arbitral tribunal.

Article 72 Provision of Security

The arbitral tribunal may require the Party requesting Interim Measures to provide appropriate security in connection with the Interim Measures.

Article 73　Disclosure

A Party shall disclose to the arbitral tribunal any material change in the circumstances on which the application or the arbitral tribunal's determination on the Interim Measures is based.

Article 74　Modification, Suspension, Termination

The arbitral tribunal, on the written application of either Party, or on its own motion in exceptional circumstances, may modify, suspend or terminate Interim Measures after giving the Parties an opportunity to comment. Article 71.5 shall apply *mutatis mutandis* to such modification, suspension or termination.

Section 2. Interim Measures by Emergency Arbitrator

Article 75　Application for Emergency Measures

1. Before the arbitral tribunal is constituted, or when any arbitrator has ceased to perform his or her duties, a Party may apply in writing to the JCAA for Interim Measures by an emergency arbitrator ("Emergency Measures").

2. The application for Emergency Measures shall set forth the following:

(1) a statement that the Party is applying for Emergency Measures, and the measures sought;

(2) a reference to the arbitration agreement that is invoked;

(3) the Parties' full names (if a Party is a legal entity or other association, the corporate name and the name of the Party's representative), street addresses and other known contact details (i.e. the designated street address including, if a Party is a natural person, such Party's place of employment, telephone number, facsimile number and e-mail address);

(4) the full name, street address and other contact details (i.e. the designated street address, telephone number, facsimile number and e-mail address) of the applicant's counsel if the applicant is represented by counsel;

(5) a summary of the dispute; and

(6) a statement of facts supporting the necessity of granting the Emergency Meas-

ures.

3. A copy of the arbitration agreement under Article 75.2(2) shall be attached to the application for Emergency Measures.

4. A power of attorney shall be attached to the application for Emergency Measures, if the applicant is represented by counsel.

5. The applicant, when it submits an application for Emergency Measures, shall pay the emergency arbitrator's remuneration under Article 102.2, and the administrative fee and the deposit under Article 108.2. If the applicant fails to pay such amounts in full, the JCAA shall consider that no application for Emergency Measures has been made.

6. Articles 16 and 22 shall apply *mutatis mutandis* to the application for Emergency Measures.

7. If the JCAA has received no Request for Arbitration before or at the time of receiving the application for Emergency Measures, the applicant shall submit the Request for Arbitration within ten days from the date of the application.

Article 76 Appointment of Emergency Arbitrator

1. The JCAA shall appoint a sole emergency arbitrator.

2. An emergency arbitrator who is not impartial and independent shall decline to accept an appointment, and an emergency arbitrator shall remain at all times impartial and independent.

3. When the JCAA approaches a person in connection with his or her possible appointment as an emergency arbitrator, he or she shall conduct a reasonable investigation into any circumstances which may, in the eyes of the Parties, give rise to justifiable doubts as to his or her impartiality or independence. If he or she discovers such circumstances, he or she shall decline to accept an appointment or disclose in writing such circumstances to the JCAA.

4. The JCAA shall use reasonable efforts to appoint an emergency arbitrator within two business days from its receipt of the application for Emergency Measures, if:

(a) it confirms that the application for Emergency Measures has been made in conformity with Articles 75.1 through 75.6; and

(b) it considers it appropriate to appoint an emergency arbitrator.

5. On appointment of an emergency arbitrator by the JCAA, Article 30 shall apply *mutatis mutandis*.

6. A Party may challenge the emergency arbitrator under Article 34. The Party shall submit the Request for Challenge to the JCAA within two days from the date of its receipt of the Notice of Appointment or from the date when the Party became aware of any circumstances that give rise to justifiable doubts as to his or her impartiality or independence, whichever comes later.

7. On or after the termination of the mandate of the emergency arbitrator, no Party may challenge the emergency arbitrator, and the pending challenge procedure shall be terminated.

Article 77 Mandate of Emergency Arbitrator

1. The emergency arbitrator may order, modify, suspend or terminate Emergency Measures in accordance with Articles 71 through 74.

2. The emergency arbitrator shall make a procedural schedule for Emergency Measures immediately after his or her appointment.

3. The emergency arbitrator, if he or she considers a hearing necessary in order to make a determination on the Emergency Measures, may hold such hearing for one day only.

4. The emergency arbitrator shall make reasonable efforts to decide on the Emergency Measures within two weeks from his or her appointment.

5. The Parties shall be bound by, and carry out, the Emergency Measures ordered by the emergency arbitrator. The Emergency Measures shall be deemed to be Interim Measures granted by the arbitral tribunal when it is constituted or when a substitute arbitrator is confirmed or appointed by the JCAA. The Emergency Measures shall remain in effect until the arbitral tribunal modifies, suspends or terminates such Emergency Measures under Article 78.2.

6. The Emergency Measures shall no longer be effective, if:

(1) the arbitral tribunal is not constituted or a substitute arbitrator is not confirmed or appointed by the JCAA within three months from the grant of the Emergency Measures;

(2) the arbitral proceedings are terminated under Article 61.1; or

(3) the JCAA receives no request for arbitration within ten days from the date of the application, where the JCAA has not received such request at the time of or before receiving the application for Emergency Measures.

7. The mandate of the emergency arbitrator shall be terminated:

(1) in the case that the JCAA receives no request for arbitration within ten days from the date of the application, where the JCAA has not received such request at the time of or before receiving the application for Emergency Measures;

(2) on the constitution of the Arbitral Tribunal; or

(3) on the confirmation or appointment of the substitute arbitrator by the JCAA.

The JCAA may extend the mandate, if it considers it necessary.

8. The emergency arbitrator shall not be appointed as an arbitrator for the same dispute, unless otherwise agreed in writing by the Parties.

Article 78 Approval, Modification, Suspension and Termination by Arbitral Tribunal

1. No determination on Emergency Measures shall be binding on the arbitral tribunal.

2. The arbitral tribunal may approve, modify, suspend or terminate the Emergency Measures in whole or in part.

Article 79 Application *Mutatis Mutandis*

The other Chapters of the Rules shall apply *mutatis mutandis* to the emergency arbitrator and the Emergency Measures unless they are contrary to the nature thereof.

Chapter Ⅵ Costs

Article 80 Allocation of Costs

1. The costs of the arbitration include the administrative fee, the arbitrator(s)' re-

muneration and expenses, and other reasonable expenses incurred with respect to the arbitral proceedings; and the fees and expenses of the counsels and other experts incurred by the Parties to the extent the arbitral tribunal determines that they are reasonable.

2. The arbitral tribunal may apportion the costs under Article 80.1 between the Parties, taking into account the Parties' conduct throughout the course of the arbitral proceedings, the determination on the merits of the dispute, and any relevant circumstances. If before the constitution of the arbitral tribunal, the claimant withdraws all its claim, the JCAA may apportion such costs (excluding, however, the legal fees and expenses of the counsels and other experts incurred by the Parties).

3. The arbitrators' remuneration and expenses shall be fixed pursuant to the provisions of Part 3 of the Rules, and the administrative fee shall be fixed pursuant to the provisions of Part 4 of the Rules.

Article 81　Joint and Several Liability to the JCAA

All Parties to the arbitration shall be jointly and severally liable for payments that have to be made to the JCAA in respect of the arbitrator(s)' remuneration and expenses, and other reasonable expenses incurred with respect to the arbitral proceedings and that are required to be paid to the JCAA.

Article 82　Payment, Deposit and Accounting

1. The Parties shall pay to the JCAA a sum of money in an amount, in the manner and within the time limit fixed by the JCAA, so as to cover the arbitrator(s)' remuneration and expenses, and other reasonable expenses incurred with respect to the arbitral proceedings.

2. If a Party fails to make payment under Article 82.1, the arbitral tribunal, upon the JCAA's request, shall suspend or terminate the arbitral proceedings unless the other Party pays such unpaid amount instead.

3. If the total sum of money already paid by the Parties to the JCAA exceeds the total sum of the money that is required to be paid as determined by the arbitral tribunal under Article 66.4, the JCAA shall refund the difference to either or both of the Parties on termination of the arbitral proceedings.

Part 2 Expedited Arbitration Procedures

Article 83 Relationships between Part 1 and Part 2

1. Part 2 provides particular rules designed to ensuring proceedings are conducted in an expeditious manner.

2. To the extent that there is conflict between Part 2 and Part 1, Part 2 shall prevail. However, arbitral proceedings falling within the scope of Part 2 shall also be governed by both Part 2 and, to the extent that Part 2 does not make provision for the item in question, Part 1.

Article 84 Scope

1. The provisions of Part 2 shall apply where the amount or economic value of the claimant's claim(s) is not more than JPY 50, 000, 000 (in the case of a foreign currency, the applicable amount shall be converted into Japanese yen at the TTM rate or any other reasonable exchange rate designated by JCAA as of the business day immediately preceding the date of filing of the Request for Arbitration; the same applies hereunder) provided, however, that the provisions of Part 1 shall apply, if:

(a) the Parties have agreed in an arbitration agreement that the number of arbitrators is three; or

(b) a Party notifies the JCAA in writing of the agreement by the Parties not to submit the dispute to expedited arbitration procedures within two weeks from the respondent's receipt of the notice of the Request for Arbitration.

2. Even in the case where the amount or economic value of the claimant's claim (s) exceeds JPY 50, 000, 000, the provisions of Part 2 shall apply if a Party notifies the JCAA in writing of the agreement between the Parties to submit the dispute to expedited arbitration procedures within two weeks from the respondent's receipt of the notice of Request for Arbitration.

3. Even in the case where the provisions of Part 2 apply at the time of the Request for Arbitration, the arbitral proceedings conducted under the provisions of Part 2 shall

be converted to arbitral proceedings under the provisions of Part 1 if a counterclaim or set-off defense is submitted according to Article 85 and the amount or economic value of the submitted claim exceeds JPY 50, 000, 000; provided that the provisions of Part 2 shall still apply if the Parties agree in writing that expedited arbitration procedures shall be conducted.

4. The amount of any interest, rent, damage, penalty, expense, or cost that is incidental to the principal claim shall be excluded when calculating the amount or the economic value of the claim, counterclaim, or set-off defense under Articles 84.1 through 84.3.

5. Where the economic value cannot be calculated, or its calculation is extremely difficult, or where there is a dispute between the Parties concerning such economic value, the economic value under Articles 84.1 through 84.3 shall be deemed to exceed JPY 50, 000, 000.

6. The JCAA shall promptly notify the Parties and the arbitrator on determining that expedited arbitration procedures shall be conducted under the provisions of Part 2.

Article 85　Time Limit for Counterclaim and Set-off Defense

Where the provisions of Part 2 apply at the time of the Request for Arbitration, the respondent may submit counterclaim(s) or set-off defense(s) within two weeks from the respondent's receipt of the notice of the Request for Arbitration.

Article 86　No Amendment to Claim, Counterclaim or Set-Off Defense

Neither the claimant nor the respondent shall amend or supplement its claims, counterclaims or set-off defenses.

Article 87　Appointment of Arbitrator

1. Expedited arbitration procedures shall be conducted by a sole arbitrator.

2. The Parties shall agree upon and appoint an arbitrator and notify the JCAA of such appointment under Article 25.4 within two weeks from their receipt of the notice by the JCAA that the expedited arbitration procedures shall be conducted.

3. If the Parties fail to notify the JCAA within the time limit under Article 87.2, the JCAA shall appoint such arbitrator.

4. Where the JCAA appoints an arbitrator under Article 87.3, and a Party requests that such arbitrator be a person of a different nationality from that of any of the Parties, the JCAA shall respect such request.

5. The appointment of an arbitrator made by Parties shall be effective only after confirmation by the JCAA. The JCAA, after giving the Parties an opportunity to comment, may refuse to confirm the appointment of the arbitrator without giving reasons if the JCAA finds that the appointment is clearly inappropriate.

6. Upon confirming the appointment of the arbitrator, the JCAA shall promptly notify such confirmation to the Parties.

7. If the appointment of an arbitrator is not confirmed by the JCAA, the Parties shall appoint another arbitrator within the period fixed by the JCAA.

Article 88 Document Only Proceedings

1. The arbitral tribunal shall, in principle, conduct the arbitral proceedings based only on documents and other materials.

2. If the arbitral tribunal, after giving the Parties an opportunity to comment, considers hearings are necessary to be held, such hearings shall be held in a reasonable manner for the minimum number of days possible.

Article 89 Time Limit of Arbitral Award

The arbitrator shall make reasonable efforts to render an arbitral award within three months from his or her confirmation or appointment by the JCAA.

Article 90 No Third Party Joinder or Consolidation

Articles 56 and 57 shall not apply to proceedings conducted under the provision of Part 2.

Part 3 Arbitrator's Remuneration

Article 91 Application of the Provisions of Part 3

The provisions of Part 3 shall apply to the arbitrator's remuneration and related matters for arbitration conducted under Part 1 or Part 2 of the Rules.

Article 92　Definitions

1. Under Part 3 of the Rules, the "Amount or Economic Value of Claim" shall mean the sum of the following (or the sum of the following for the each respective arbitration proceedings where two or more arbitral proceedings are consolidated):

(a) the amount or economic value of claim(s) made by the claimant;

(b) the amount or economic value of counterclaim(s) made by the respondent;

(c) the amount or economic value of claim(s) made by or against the third party who has joined in the arbitral proceedings under Article 56;

(d) the deemed amount under Article 94.2;

(e) the amount of interest, damages, or other such amounts accruing or being caused continuously, if any, for a period of one year from the date of submitting the claim; and

(f) the amount or economic value of claim(s) made by the Parties in set-off defense(s).

2. "Arbitration Hours" shall mean the time reasonably required to conduct the arbitral proceedings; provided that, only one-half of the traveling time the arbitrator spends for arbitral proceedings shall be included in the Arbitration Hours.

3. Where the amount of the claim(s) is denominated in a currency other than Japanese Yen, the amount shall be converted into Japanese Yen at the TTM rate or any other reasonable exchange rate designated by JCAA as of the business day immediately preceding the date of submission of the claim.

Article 93　Hourly Charge Basis

1. The amount of an arbitrator's remuneration shall be based on the hourly rate multiplied by the number of the Arbitration Hours.

2. The hourly rate of an arbitrator shall be JPY 50,000 (not including consumption tax).

3. The arbitrator(s) shall provide the JCAA with a monthly report by the 20th of the following month that states the Arbitration Hours under Article 92.2 and a descrip-

tion of the work performed for each day.

Article 94　Upper Limit of Arbitrator's Remuneration

1. The upper limit of a sole arbitrator's remuneration shall be calculated on the basis of the Amount or Economic Value of Claim as follows:

Amount or Economic Value of Claim	Upper limit of Remuneration (not including consumption tax)
Less than JPY 20, 000, 000	JPY 2, 000, 000
JPY 20, 000, 000 or more but less than JPY 100, 000, 000	JPY 2, 000, 000 *plus* 2.5% of any amount in excess of JPY 20, 000, 000
JPY 100, 000, 000 or more but less than JPY 500, 000, 000	JPY 4, 000, 000 *plus* 1.5% of any amount in excess of JPY 100, 000, 000
JPY 500, 000, 000 or more but less than JPY 1, 000, 000, 000	JPY 10, 000, 000 *plus* 0. 4% of any amount in excess of JPY 500, 000, 000
JPY 1, 000, 000, 000 or more but less than JPY 5, 000, 000, 000	JPY 12, 000, 000 *plus* 0. 1% of any amount in excess of JPY 1, 000, 000, 000
JPY 5, 000, 000, 000 or more but less than JPY 10, 000, 000, 000	JPY 16, 000, 000 *plus* 0. 08% of any amount in excess of JPY 5, 000, 000, 000
JPY 10, 000, 000, 000 or more	JPY 20, 000, 000 *plus* 0. 02% of any amount in excess of JPY 10, 000, 000, 000 (JPY 30, 000, 000 is maximum)

2. If the economic value of a claim cannot be calculated or is extremely difficult to calculate, such economic value shall be deemed to be JPY 70, 000, 000.

3. Where the arbitral tribunal is composed of three arbitrators, the upper limit of each arbitrator's remuneration shall be calculated as follows:

(1) presiding arbitrator: 120% of the upper limit of a sole arbitrator's remuneration.

(2) each co-arbitrator: 80% of the upper limit of a sole arbitrator's remuneration; and

Article 95 Reduction of Hourly Rate

1. When the Arbitration Hours exceed 150 hours, the hourly rate shall be reduced by 10% for every 50 hours in excess of the initial 150 hours; provided that the reduction shall not exceed 50% of the original hourly rate.

2. At the time of calculating the number of hours under Article 95.1, the traveling time under Article 92.2 shall not be counted.

Article 96 Reduction or Non-Payment of Arbitrator's Remuneration

1. The remuneration of the following arbitrator(s) shall not be paid:

(1) if the arbitral proceedings have been terminated before constitution of the arbitral tribunal: each member of the tribunal;

(2) if an arbitrator ceases to perform his or her duty because of death, challenge, removal (except for removal by the agreement between the Parties), or resignation: such arbitrator;

2. Notwithstanding Article 97.1(2), where the arbitral tribunal is composed of more than one arbitrator, the JCAA shall determine the remuneration of the arbitrator who ceases to perform his or her duty because of death or illness, taking into account the Arbitration Hours spent, the arbitrator's contribution to the resolution of the dispute and any other relevant circumstances.

Article 97 Parties' Agreement on Change of Arbitrator's Remuneration before Constitution of the Arbitral Tribunal

1. Notwithstanding Articles 93 through 96, the arbitrator's hourly rate, the upper limit of the arbitrator's remuneration, the reduction of hourly rate, or reduction or non-payment of the arbitrator's remuneration may be changed only if all the Parties so agree in writing before constitution of the arbitral tribunal under Article 31.2.

2. The conditions with respect to the arbitrator's hourly rate, the upper limit of the arbitrator's remuneration, the reduction of hourly rate, or reduction or non-payment of arbitrator's remuneration which are applied to the arbitrator appointed by the JCAA under Article 28.6 or 29.6 shall be the same as or more favorable than the conditions agreed by the Parties under Article 97.1, whichever is favorable to the co-arbitrators.

3. If the Parties make an agreement under Article 97.1, the Parties shall notify the JCAA thereof without delay.

Article 98 No-Change of Arbitrator's Remuneration after Constitution of the Arbitral Tribunal

1. No arbitrator shall consult or negotiate with the Parties or the JCAA to change the arbitrator's hourly rate, the upper limit of the arbitrator's remuneration, the reduction of hourly rate, or reduction or non-payment of the arbitrator's remuneration after the constitution of the arbitral tribunal under Article 31.2.

2. The arbitrator's hourly rate, the upper limit of the arbitrator's remuneration, the reduction of hourly rate, and reduction or non-payment of the arbitrator's remuneration under Part 3 of the Rules shall not be changed after constitution of the arbitral tribunal under Article 31.2, even if all the Parties so agree.

Article 99 Change of the Upper-Limit for Arbitrators' Remuneration by Agreement among Arbitrators

1. Notwithstanding Article 94.3, where the arbitral tribunal is composed of three arbitrators and a co-arbitrator performs the scope of the presiding arbitrator's duties under Article 31.3, all three arbitrators may agree to lower the upper limit of the presiding arbitrator's remuneration and change the upper limit of such coarbitrator's remuneration to up to 120% of that of the sole arbitrator's remuneration; provided that the sum of the upper limit of each arbitrator's remuneration shall not exceed 280% of that of the sole arbitrator's remuneration.

2. If the arbitrators make an agreement under Article 99.1, the arbitrators shall notify the JCAA thereof without delay.

Article 100 Payment of Arbitrator's Remuneration

1. The JCAA shall pay to the arbitrator his or her remuneration without delay after the time limit under Articles 68 through 70 has passed, upon the arbitrator's rendering of an arbitral award or making a determination to terminate the arbitral proceedings, or upon termination of arbitral proceedings for any other reason.

2. If an arbitrator ceases to perform his or her duty due to his or her resignation or other reasons, the JCAA shall pay to the arbitrator his or her remuneration without delay after the time limit under Articles 68 through 70 has passed unless such arbitrator's remuneration is not to be paid under Article 96. 1.

Article 101 Arbitrator's Expenses

1. The arbitrator shall be entitled to reimbursement by the JCAA of the following expenses incurred to the extent reasonable and required for the arbitral proceedings:

(1) transportation expenses (business-class airfares and equivalent class fares for other modes of transportation);

(2) cost of post, courier, telephone calls, copies or any other expenses that the JCAA finds reasonable taking into consideration the nature of the case; and

(3) remuneration and expenses of the Tribunal Secretary.

2. If an arbitrator is required to use overnight accommodation, he or she shall be paid JPY 60, 000 as the flat rate of *per diem* allowance which covers hotel charges, meals and other personal living expenses.

3. Articles 97 shall apply *mutatis mutandis* to Article 101. 1 and 101. 2.

4. The Parties shall bear the expenses and *per diem* allowance under Articles 101. 1 through 101. 3, and entrust to the JCAA the necessary work for reimbursement and payment of such expenses and allowance.

5. The JCAA shall reimburse the arbitrator's expenses and pay the *per diem* allowance under Articles 101. 1 through 101. 3 if the arbitrator submits to the JCAA the receipt or any equivalent documentary evidence thereof.

Article 102 Special Rules concerning Emergency Arbitrator's Remuneration

1. Articles 93 through 95 and 99 shall not apply to the emergency arbitrator's remuneration and related matters.

2. The emergency arbitrator's remuneration shall be JPY 1, 200, 000 regardless of the Amount or Economic Value of Claim. Where the proceedings are terminated before the emergency arbitrator makes a determination on the application for Emergency Measures, the emergency arbitrator's remuneration shall be JPY 300, 000.

3. Articles 96 through 98, 100 and 101 shall apply *mutatis mutandis* to the payment of the emergency arbitrator's remuneration and expenses, respectively.

Part 4 Administrative Fee

Article 103 Administrative Fee

1. The administrative fee that the claimant shall pay at the time of submitting a Request for Arbitration shall be the following amount *plus* applicable consumption tax:

Amount or Economic Value of Claim	Amount of Administrative Fee
Less than JPY 20, 000, 000	JPY 500, 000
JPY 20, 000, 000 or more but less than JPY 100, 000, 000	JPY 500, 000 *plus* 1% of any amount in excess of JPY 20, 000, 000
JPY 100, 000, 000 or more but less than JPY 1, 000, 000, 000	JPY 1, 300, 000 *plus* 0. 3% of any amount in excess of JPY 100, 000, 000
JPY 1, 000, 000, 000 or more but less than JPY 5, 000, 000, 000	JPY 4, 000, 000 *plus* 0. 25% of any amount in excess of JPY 1, 000, 000, 000
JPY 5, 000, 000, 000 or more but less than JPY 10, 000, 000, 000	JPY 14, 000, 000 *plus* 0. 1% of any amount in excess of JPY 5, 000, 000, 000
JPY 10, 000, 000, 000 or more	JPY 19, 000, 000 *plus* 0. 05% of any amount In excess of JPY 10, 000, 000, 000 (JPY 25, 000, 000 is maximum)

2. If the economic value of a claim cannot be calculated or is extremely difficult to calculate, such economic value shall be deemed to be JPY 70, 000, 000.

3. Where the claim includes a claim for interest, damages, or other amounts accruing or being caused continuously, the administrative fee shall be calculated based upon the amount of the claim *plus* the amount of interest, damages, or other such amount for a period of one year from the date of submitting the Request for Arbitration.

4. Where the amount of claim(s) is denominated in a currency other than Japanese Yen, the amount shall be converted into Japanese Yen at the TTM rate or any other reasonable exchange rate designated by JCAA as of the business day immediately preceding the date of submission of the Request for Arbitration.

Article 104　Administrative Fee in the Case of Modification of Amount of Claim

1. If, after paying the administrative fee, the claimant increases the amount of the claim or adds another claim, the administrative fee shall be the amount obtained by applying Article 103 to the claim as modified; provided that "the date of submission of the Request for Arbitration" under Article 103.3 shall be read as "the date of increasing the amount of the claim or adding another claim."

2. Article 104.1 shall apply *mutatis mutandis* if the economic value of the claim which has been deemed to be JPY 70,000,000 under Article 103.2 is found to excess JPY 70,000,000.

Article 105　Administrative Fee in the Case of Withdrawal of All Claims

If the claimant, within thirty days after the commencement of the arbitral proceedings and before the arbitral tribunal has been constituted, withdraws all its claims, the JCAA shall refund 90% of the total amount of the administrative fee.

Article 106　Administrative Fee in the Case of Withdrawal of All Claims where Expedited Arbitration Procedures Apply

In the case where the provisions of Part 2 of the Rules shall apply, if the claimant, within ten days after the commencement of the arbitral proceedings and before the arbitral tribunal has been constituted, withdraws all its claims, the JCAA shall refund 90% of the total amount of the administrative fee.

Article 107　Application in the Case of Counterclaim and Third Party Joinder

Articles 103 through 106 shall apply to (a) a counterclaim made by the respondent and (b) a claim made by or against the third party who has joined the arbitration proceedings under Article 56.

Article 108 Special Rules concerning Application for Emergency Measures

1. Articles 103 through 107 shall not apply to an application for Emergency Measures.

2. At the time of submitting an application for Emergency Measures, the applicant shall pay the following administrative fee and deposit to cover a part of the emergency arbitrator's expenses and other reasonable expenses incurred with respect to the proceedings:

Administrative Fee: JPY 200, 000 *plus* applicable consumption tax

Deposit: JPY 100, 000.

3. If the applicant, before the emergency arbitrator has been appointed, withdraws the application for Emergency Measures, the JCAA shall refund 90% of the amount of the administrative fee.

Supplementary Provisions

1. These Rules shall come into effect on January 1, 2019.

2. Any arbitral proceedings commenced before these Rules come into effect shall be governed by the former Rules; provided that subsequent proceedings may, upon agreement of the Parties, be conducted pursuant to these Rules. In the event of such an agreement between the Parties, the arbitral proceedings that already have been conducted pursuant to the former Rules shall remain valid.

附录五：

JCAA 交互仲裁规则

JCAA Interactive Arbitration Rules

(Effective on January 1,2019)

Part 1　Arbitration Procedures

Chapter Ⅰ　General Provisions

Article 1　Purpose

These Interactive Arbitration Rules(the "Rules") provide for the procedures and the other necessary matters relating to arbitration conducted where the parties have agreed to resolve their dispute by arbitration under the Rules.

Article 2　Definitions

1. The term "JCAA" means the Japan Commercial Arbitration Association.

2. The term "Party" or "Parties" means one or more claimants and respondents.

3. The term "in writing" includes hard copy and electronic documents. "Electronic documents" include electronic,magnetic and any other recording media used in information processing by a computer or other electronic device.

4. The term "Commercial Arbitration Rules" means Commercial Arbitration Rules of the JCAA.

5. The term "UNCITRAL Arbitration Rules" means the UNCITRAL Arbitration Rules supplemented by Administrative Rules for UNCITRAL Arbitration of the JCAA.

Article 3　Scope of Application

1. The Rules shall apply where an arbitration agreement provides for arbitration conducted under the Rules.

2. Notwithstanding Rules 3. 1,the Commercial Arbitration Rules or UNCITRAL

Arbitration Rules shall apply where:

(1) before the confirmation or appointment of any arbitrator by the JCAA, all the Parties have agreed in writing to arbitration conducted under the Commercial Arbitration Rules or the UNCITRAL Arbitration Rules and notify the JCAA of such agreement; or

(2) the claimant offers in its request that the arbitration be conducted under the Commercial Arbitration Rules or UNCITRAL Arbitration Rules and the respondent accepts such offer before the confirmation or appointment of any arbitrator by the JCAA.

In these cases, the proceedings conducted under the Rules before such agreement is reached shall remain in effect.

Article 4 Relationship between Part 1 and Part 2 through Part 4

The Parties' agreement that their disputes are resolved by arbitration under the Rules shall include the rules provided for in Part 2 through Part 4.

Article 5 Derogation from the Rules

Where the Rules apply, the Parties, the arbitrators and the JCAA, and their relationships shall be governed by the Rules, and by any agreements varying any of the Rules except for Part 3 and Part 4 of the Rules.

Article 6 Interpretation of the Rules

1. The authentic texts of the Rules are Japanese and English. In the event of any difference or inconsistency between these two versions, the Japanese version shall prevail.

2. In the event of any difference as to the interpretation of the Rules, the interpretation by the JCAA shall prevail; provided that the interpretation of an arbitral tribunal as to the provisions of Part 1 and Part 2 of the Rules shall prevail over that of the JCAA in the arbitration proceedings before such arbitral tribunal.

Article 7 Communication

1. Any notice, submission or transmission under the Rules (collectively, a "Communication") shall be made by courier, registered mail, e-mail, facsimile, or any other

reasonable means, unless otherwise provided.

2. A Communication shall be sent to the street address, habitual residence, or place of business of the recipient (including the street address or habitual residence of the recipient's representative, if the recipient is a legal entity or other association), the e-mail address usually used by the recipient (if the recipient has designated an email address, such e-mail address), facsimile number or any address designated by the recipient (collectively, an "Address for Communication").

3. Delivery of a Communication shall be effective upon receipt.

4. If the intended recipient refuses to receive a Communication, the Communication shall be deemed to have been received on the fourth day after dispatch or on the day of the refusal where such date is verified.

5. If a Party (other than the intended recipient) uses reasonable efforts to ascertain an Address for Communication but no Address for Communication can be identified, a Communication may be sent to the last-known Address for Communication. In this case, the Communication shall be deemed to have been received on the fourth day after dispatch.

6. If a Communication is deemed to have been received under Article 7.5, any subsequent Communication may be made in accordance with Article 7.5.

7. If any Party relocates or makes any change to its Address for Communication, the Party shall promptly designate and notify the new Address for Communication to the JCAA, the arbitrators, and the other Parties.

Article 8　Administrative Body and Secretariat

1. The JCAA shall administer the arbitral proceedings under the Rules.

2. The JCAA, at the request of the arbitral tribunal or either Party, shall make arrangements for interpreting, making a stenographic transcript of hearings, or providing a hearing room.

Article 9　List of Candidates for Arbitrators

The JCAA shall provide a list of candidates for arbitrators to a Party, if so requested, for the sake of convenience in the Party's appointment of an arbitrator. The Parties may appoint as an arbitrator a person who is not on the list.

Article 10 Representation and Assistance

A Party may be represented or assisted by any person of its choice in arbitral proceedings under the Rules.

Article 11 Language

1. Unless the Parties have agreed on the language(s) of the arbitral proceedings, the arbitral tribunal shall promptly determine the language(s) of the arbitral proceedings. The arbitral tribunal, in so determining, shall take into account the language of the contract containing the arbitration agreement, whether interpretation or translation will be required, the cost thereof and any other relevant circumstances.

2. The arbitral tribunal may request a Party to attach to any documentary evidence a translation into the language(s) of the arbitral proceedings.

3. Communications between the JCAA and the Parties or between the JCAA and the arbitrators shall be made in either English or Japanese.

Article 12 Period of Time

1. In calculating a period of time under the Rules, the initial calendar day shall be excluded.

2. Holidays and non-business days occurring during the running of the period of time are included. If the last day of the period falls on a holiday or non-business day at the place of the recipient, the period shall be extended until the next following business day.

3. The Parties, by agreement in writing may change any time limit under the Rules, except for the time limits under Articles 15.2, 18.1, 19.1, 20 and 76.7 and any time limits fixed or changed by the arbitral tribunal under Article 12.4 or by the JCAA under Article 12.5. In the event of such a change, the Parties shall promptly notify the JCAA and the arbitral tribunal thereof.

4. The arbitral tribunal, if it considers it necessary, may change any time limit under the Rules (including a time limit fixed by the arbitral tribunal), except for the time

limits under Articles 43.1 and 61.4, and any time limits fixed or changed by the JCAA under Article 12.5. In the event of such a change, the arbitral tribunal shall promptly notify the JCAA and the Parties thereof.

5. The JCAA, if it considers it necessary, may fix or change any time limit concerning the arbitral proceedings under the Rules.

Article 13　Exclusion of Liability

Neither the arbitrators, nor the JCAA (including its directors, officers, employees and other staff) shall be liable for any act or omission in connection with the arbitral proceedings unless such act or omission is shown to constitute willful misconduct or gross negligence.

Chapter Ⅱ　Commencement of Arbitration

Article 14　Request for Arbitration

1. To request the initiation of arbitral proceedings, the claimant shall submit in writing to the JCAA a request for arbitration (the "Request for Arbitration") setting forth the following:

(1) a request that the dispute be referred to arbitration under the Rules;

(2) a reference to the arbitration agreement that is invoked (including any agreement on the number of arbitrators, the procedure for appointing arbitrators, the place of arbitration, and the language(s) of the arbitral proceedings);

(3) the Parties' full names (if a Party is a legal entity or other association, the corporate name and the name of the Party's representative), street addresses and other known contact details (i. e. the designated street address including, if a Party is a natural person, such Party's place of employment telephone number, facsimile number and e-mail address);

(4) the full name, street address and other contact details (i. e. the designated street address, telephone number, facsimile number and e-mail address) of claimant's counsel, if the claimant is represented by counsel;

(5) the relief and remedy sought;

(6) a summary of the dispute; and

(7) a statement of the factual and legal grounds for the claim(s), and the manner and method of proof.

2. The Request for Arbitration may set forth the following:

(1) the full name, street address and other contact details (i. e. the designated street address, telephone number, facsimile number and e-mail address) of an arbitrator appointed by the claimant, if the Parties have agreed that the number of arbitrators is three;

(2) a statement about the number of arbitrators, the procedure for appointing arbitrators, the place of arbitration, or the language(s) of the arbitral proceedings; or

(3) a statement about the governing law applicable to the substance of the dispute.

3. A copy of the arbitration agreement under Article 14.2 shall be attached to the Request for Arbitration.

4. A power of attorney shall be submitted with the Request for Arbitration, if the claimant is represented by counsel.

5. The claimant, when it submits a Request for Arbitration, shall pay the administrative fee under Part 4 of the Rules. If the claimant fails to pay such administrative fee in full, the JCAA shall consider that no request for arbitration has been made.

6. Arbitral proceedings shall be deemed to have commenced on the date on which the Request for Arbitration has been received by the JCAA.

Article 15 Single Arbitration for Multiple Claims

1. The claimant may submit a single Request for Arbitration containing multiple claims (the “Single Arbitration for Multiple Claims”), if:

(1) all Parties have agreed in writing that all such claims shall be resolved together in a single set of arbitral proceedings;

(2) all claims arise under the same arbitration agreement; or

(3) all claims arise between the same Parties, and

(a) the same or a similar question of fact or law arises from the claims;

(b) the dispute is referred by the arbitration agreement to arbitration under the Rule; and

(c) the arbitral proceedings are capable of being conducted in a single set of proceedings with regard to the place of arbitration, the number of arbitrators, language(s) of the arbitral proceedings, and other issues governed by the arbitration agreement under which the claims arise.

2. An objection to the Single Arbitration for Multiple Claims shall be made in writing within four weeks from the respondent's receipt of the notice of the Request for Arbitration. The arbitral tribunal shall make a determination on such objection under Article 47.

Article 16　Notice of Request for Arbitration

1. The JCAA, on having confirmed that the Request for Arbitration has been made in conformity with Articles 14.1 and 14.3 through 14.5, shall promptly notify the respondent thereof. A copy of the Request for Arbitration shall be attached to such notice.

2. The JCAA, after appointing or confirming each arbitrator, shall promptly transmit a copy of the Request for Arbitration to each arbitrator.

Article 17　Constitution of Arbitral Tribunal and Jurisdictional Objection

The JCAA may proceed to constitute the arbitral tribunal even if the respondent raises an objection about the existence or validity of the Arbitration Agreement, or about a Single Arbitration for Multiple Claims. The arbitral tribunal, after being duly constituted, shall make a determination on any such objection under Article 46.1 or 47.1.

Article 18　Answer

1. The respondent, within four weeks from its receipt of the notice of the Request for Arbitration, shall submit in writing to the JCAA an answer (the "Answer") setting forth the following:

(1) the Parties' full names (if a Party is a legal entity or other association, the cor-

porate name and the name of the Party’s representative), street address and other contact details(i. e. the respondent’s designated street address, telephone number, facsimile number and e-mail address);

(2) the full name, street address and other contact details (i. e. the designated street address, telephone number, facsimile number and e-mail address) of the respondent’s counsel, if the respondent is represented by counsel;

(3) a response to the relief and remedy sought;

(4) a summary of the dispute; and

(5) the admission or denial of the claimant’s statements, a statement of factual and legal grounds, and the manner and method of proof.

2. The Answer may set forth the following:

(1) the name, street address and other contact details (i. e. the designated street address, telephone number, facsimile number and e-mail address) of an arbitrator appointed by the respondent, if the Parties have agreed that the number of arbitrators is three;

(2) a statement about the number of arbitrators, the procedure for appointing arbitrators, the place of arbitration, or the language(s) of the arbitral proceedings; or

(3) a statement about the governing law applicable to the substance of the dispute.

3. A power of attorney shall be submitted, if the respondent is represented by counsel.

4. The JCAA, on having received the Answer, shall promptly transmit a copy thereof to the other Party and each arbitrator.

Article 19 Counterclaim

1. The respondent, within four weeks from its receipt of the notice of the Request for Arbitration, may submit a counterclaim, if:

(1) all Parties have agreed in writing that the counterclaim shall be resolved together with all claims in a single arbitral proceeding;

(2) the claim and the counterclaim arise under the same arbitration agreement; or

(3)(a) the same or a similar question of fact or law arises from the claim and the counterclaim; (b) the dispute is referred by the arbitration agreement to arbitration under the Rules; and (c) the arbitral proceedings are capable of being conducted in a single proceeding with regard to the place of arbitration, the number of arbitrators, language(s) of the arbitration, and other issues governed by the arbitration agreement under which the claims arise.

2. Articles 14, 15.2, 16, 18 and 23 shall apply *mutatis mutandis* to the counterclaim.

Article 20　Set-off Defense

The respondent, within four weeks from its receipt of the notice of the Request for Arbitration, may submit a set-off defense in writing.

Article 21　Amendment to Claim

1. The claimant (or the respondent having submitted a counterclaim) may amend its claim by submitting a request for amendment to the JCAA in writing, if:

(1) all Parties have agreed in writing that the amended claim shall be resolved together with other claims or counterclaims in a single arbitration proceeding;

(2) the original claim and the amended claim arise under the same arbitration agreement; or

(3)(a) the same or a similar question of fact or law arises from the original claim and the amended claim;

(b) the dispute is referred by the arbitration agreement to arbitration under the Rules; and

(c) the arbitral proceedings are capable of being conducted under a single set of proceedings with regard to the place of arbitration, the number of arbitrators, language(s) of the arbitration, and other issues governed by the arbitration agreement under which the claims arise.

2. After the arbitral tribunal is constituted, the claimant (or the respondent having submitted a counterclaim) shall obtain approval of the arbitral tribunal to amend its claim. The arbitral tribunal shall give the other Party an opportunity to comment before

granting approval of an amendment.

3. The arbitral tribunal may deny the amendment under Article 21.2, if it considers it inappropriate in view of a likely substantial delay in conducting the arbitral proceedings, prejudicial to the other Party, or any other circumstances. The arbitral tribunal shall promptly notify the Parties of its decision on approval or denial.

4. Articles 14, 15.2 and 16 shall apply *mutatis mutandis* to the amended claim.

5. Article 18, 19 or 20 shall apply *mutatis mutandis* to an Answer, a counterclaim, or set-off defense in response to the amended claim.

Article 22 Number of Copies to be Submitted

1. The number of hard copies to be submitted under Articles 14.1, 15.2, 18.1 (including, the application *mutatis mutandis* under Articles 19.2, 21.5 and 57.6), 20 and 21.1 shall be the sum of the number of arbitrators (three if not yet determined), and the number of other Parties, plus one. It shall be sufficient for each Party represented by counsel to submit one original power of attorney to the JCAA.

2. Article 22.1 shall not apply to a submission by e-mail, facsimile or any other electronic communication method. A Party, if requested, shall submit the number of hard copies that the JCAA or the arbitral tribunal designates.

Article 23 Withdrawal of Claim

1. Before the constitution of the arbitral tribunal, the claimant may withdraw its claim(s) by submitting a notice to the JCAA in writing (the "Notice of Withdrawal") stating that the claimant withdraws the claim(s). The JCAA shall notify the respondent of the Notice of Withdrawal.

2. After the constitution of the arbitral tribunal, the claimant may withdraw its claim(s) by submitting a Notice of Withdrawal to the arbitral tribunal and obtaining its approval thereof.

3. Upon the request for approval by the claimant under Article 23.2, the arbitral tribunal, after giving the respondent an opportunity to comment, shall approve the withdrawal unless the respondent promptly objects thereto and the arbitral tribunal determines that the respondent has a legitimate interest in resolving the dispute referred to

the arbitral proceedings.

4. The arbitral tribunal shall make a decision to terminate the arbitral proceedings if the arbitral tribunal approves the withdrawal of all the claims under Article 23.3.

Chapter Ⅲ　Arbitrators and Arbitral Tribunal

Article 24　Impartiality and Independence of Arbitrators

1. A person who is not impartial and independent shall decline to accept an appointment as an arbitrator. An arbitrator shall be, and remain at all times, impartial and independent during the arbitral proceedings.

2. When a person is approached in connection with his or her possible appointment as an arbitrator, he or she shall conduct a reasonable investigation into any circumstances which may, in the eyes of the Parties, give rise to justifiable doubts as to his or her impartiality or independence. If he or she finds such circumstances, he or she shall decline to accept the appointment or disclose in writing such circumstances to enable the approaching person to decide whether or not to withdraw its request for appointment.

3. When a person is appointed as an arbitrator, he or she shall promptly submit in writing to the Parties and the JCAA his or her undertaking to disclose any circumstances which may give rise to justifiable doubts as to his or her impartiality or independence, or to declare that there are no such circumstances (the "Declaration of Impartiality and Independence").

4. During the course of the arbitral proceedings, an arbitrator shall have an ongoing duty to make reasonable investigation into any circumstances which may, in the eyes of the Parties, give rise to justifiable doubts as to the arbitrator's impartiality or independence. If the arbitrator finds such circumstances, the arbitrator shall promptly disclose to the Parties and the JCAA in writing such circumstances, unless the arbitrator has already disclosed such circumstances. An advance declaration in relation to such circumstances that may possibly arise in the future does not discharge the arbitrator's ongoing duty of disclosure.

Article 25　Appointment and Confirmation of Arbitrators

1. Arbitrator(s) shall be appointed pursuant to the agreement of the Parties.

2. If the Parties have not made any agreement provided for in Article 25.1, the arbitrator(s) shall be appointed under Articles 26 through 30.

3. The appointment of an arbitrator by a Party or by Parties, or the appointment of the third arbitrator by co-arbitrators shall be effective only after confirmation by the JCAA.

4. On appointment of an arbitrator by a Party, by Parties or by the co-arbitrators, such Party, Parties, or co-arbitrators shall promptly submit in writing to the JCAA for its confirmation under Article 25.3:

(a) a notice of appointment of the arbitrator setting forth the appointed arbitrator's name, street address, contact details (i.e., designated address, telephone number, facsimile number and e-mail address) and occupation;

(b) a document setting forth the arbitrator's acceptance of appointment; and

(c) Declaration of Impartiality and Independence.

5. The JCAA shall promptly transmit a copy of the documents under Article 25.4. to the other Party (or Parties) and the arbitrator(s).

6. The JCAA, after giving a Party or Parties and co-arbitrator(s) that have appointed the arbitrator an opportunity to comment, may refuse to confirm the appointment of an arbitrator without giving reasons if the JCAA finds that the appointment is clearly inappropriate.

7. Upon confirming the appointment of the arbitrator, the JCAA shall promptly notify such confirmation to the Parties and the arbitrator(s).

8. If the appointment of an arbitrator is not confirmed by the JCAA, the Party, the Parties, or the arbitrators that appointed the arbitrator shall appoint another arbitrator within the period fixed by the JCAA.

Article 26　Number of Arbitrators

1. The number of arbitrators is, in principal, one or three.

2. If the Parties fail to notify the JCAA in writing of their agreement on the num-

ber of arbitrators within four weeks from the respondent's receipt of the notice of the Request for Arbitration, such number shall be one.

3. Notwithstanding Article 26. 2, either Party, within four weeks from the respondent's receipt of the notice of the Request for Arbitration, may make a request to the JCAA in writing that such number shall be three. Such request shall be accepted, if the JCAA considers the request appropriate, taking into account the amount in dispute, the complexity of the case and other relevant circumstances.

4. The JCAA shall promptly notify the number of arbitrators to the Parties when it is fixed.

Article 27 Appointment of Arbitrator-Sole Arbitrator

1. If the Parties have agreed that there shall be only one arbitrator, the Parties shall agree on and appoint such arbitrator, and notify the JCAA of such appointment under Article 25. 4 within two weeks from the respondent's receipt of the notice of the Request for Arbitration.

2. If it is determined that there shall be one arbitrator under Article 26. 2, the Parties shall agree on and appoint such arbitrator, and notify the JCAA of such appointment under Article 25. 4 within two weeks from the time limit under Article 26. 2.

3. If the Parties fail to notify the JCAA of such appointment under Article 25. 4 within the time limit under Article 27. 1 or 27. 2, the JCAA shall appoint an arbitrator.

4. In the case where the JCAA appoints an arbitrator under Article 27. 3 and a Party requests that the arbitrator be a person of a different nationality from that of any of the Parties, the JCAA shall respect such request.

Article 28 Appointment of Arbitrators-Three Arbitrators

1. If the Parties have agreed that the number of arbitrators shall be three, each Party shall appoint one co-arbitrator and notify the JCAA of such appointment under Article 25. 4 within three weeks from the respondent's receipt of the notice of the Request for Arbitration.

2. If the JCAA determines that the number of arbitrators shall be three under Article 26. 3, each Party shall appoint one co-arbitrator and notify the JCAA of such ap-

pointment under Article 25.4 within three weeks from the Party's receipt of the notice of the determination by the JCAA under Article 26.3.

3. If either Party fails to notify the JCAA of such appointment under Article 25.4 within the time limit under Article 28.1 or 28.2, the JCAA shall appoint such arbitrator.

4. The two arbitrators appointed under Articles 28.1 through 28.3 shall agree on and appoint the third arbitrator, and notify the JCAA of such appointment under Article 25.4 within three weeks from the two arbitrators' receipt of the notice that the JCAA has confirmed or appointed the two arbitrators.

5. The party-appointed arbitrator may communicate *ex parte* with the Party or the Parties who have appointed the arbitrator to discuss the appointment of the third arbitrator only if all the Parties so agree in writing. Notwithstanding any such agreement of the Parties, where any Party fails to appoint an arbitrator, the other arbitrator appointed by a Party or Parties shall not communicate *ex parte* with the Party or Parties who appointed that arbitrator to discuss the appointment of the third arbitrator.

6. If the two arbitrators fail to notify the JCAA of such appointment of the third arbitrator under Article 25.4 within the time limit under Article 28.4, the JCAA shall appoint such arbitrator.

7. If the JCAA appoints an arbitrator under Article 28.6, Article 27.4 shall apply *mutatis mutandis*.

Article 29 Appointment of Arbitrators-Three Arbitrators in Multi-Party Arbitration

1. If there is more than one claimant or respondent and the number of arbitrators shall be three, the arbitrators shall be appointed under this Article 29.

2. If the Parties have agreed that the number of arbitrators shall be three, the claimant(s) and the respondent(s) shall appoint one co-arbitrator each and notify the JCAA of such appointment under Article 25.4 within three weeks from the receipt by the respondent(s) of the notice of the Request for Arbitration.

3. If the JCAA determines that the number of arbitrators shall be three under Arti-

cle 26.3, the claimant(s) and the respondent(s) shall appoint one co-arbitrator each and notify the JCAA of such appointment under Article 25.4 within three weeks from the Parties' receipt of the notice of the determination by the JCAA under Article 26.3.

4. The two arbitrators appointed by the claimant(s) under Article 29.2 or 29.3 and the respondent(s) shall agree on and appoint the third arbitrator, and notify the JCAA of such appointment under Article 25.4 within three weeks from the two arbitrators' receipt of the notice that the JCAA has confirmed the two arbitrators.

5. Article 28.5 shall apply *mutatis mutandis* where the two arbitrators appoint the third arbitrator under Article 29.4.

6. If the two arbitrators fail to notify the JCAA of such appointment of the third arbitrator under Article 25.4 within the time limit under Article 29.4, the JCAA shall appoint such arbitrator.

7. If the JCAA appoints an arbitrator under Article 29.6, Article 27.4 shall apply *mutatis mutandis*.

8. If either or both of the claimant(s) or the respondent(s), fail to notify the JCAA of such appointment under Article 25.4 within the time limit under Article 29.2 or 29.3, the JCAA shall appoint all three arbitrators. In such case, the JCAA may appoint the arbitrator already appointed by the claimant(s) or the respondent(s) as one of the three arbitrators, if no Party raises an objection.

Article 30　Notice of Appointment of Arbitrator by the JCAA

On appointment of an arbitrator by the JCAA, the JCAA shall promptly transmit to the Parties and the arbitrator(s) the document under Article 25.4(a), together with a copy of the documents under Articles 25.4(b) and 25.4(c).

Article 31　Arbitral Tribunal

1. Arbitration under the Rules shall be conducted by an arbitral tribunal composed of one arbitrator or three arbitrators appointed under Articles 25 through 30, 36 and 57.

2. The arbitral tribunal shall be constituted on the date when all the arbitrators have been confirmed or appointed by the JCAA.

3. If the arbitral tribunal is composed of three arbitrators, the third arbitrator shall

be the presiding arbitrator. Unless otherwise agreed by the three arbitrators, the presiding arbitrator shall serve the following tasks:

(1) presiding over hearings and deliberations;

(2) transmitting documents and communications on behalf of the arbitral tribunal; and

(3) preparing the first drafts of arbitral awards and other documents for the arbitral tribunal.

Article 32 Decision of Arbitral Tribunal

1. If there is more than one arbitrator, decisions of the arbitral tribunal, including the arbitral award, shall be made by majority vote of the arbitrators.

2. If no decision is made by majority vote of the arbitrators, the presiding arbitrator shall make the decision.

3. Procedural matters in arbitral proceedings may be decided by the presiding arbitrator alone, if the other members of the arbitral tribunal or all Parties so agree.

Article 33 Tribunal Secretary

1. No arbitrator shall delegate to a third person tasks that substantially influence the arbitral tribunal's decision including the arbitral award.

2. To the extent compatible with Article 33.1, the sole arbitrator or the presiding arbitrator may appoint a third person to assist such arbitrator in his or her mandate (the "Tribunal Secretary"). Before the appointment of the Tribunal Secretary, the sole or presiding arbitrator shall obtain the Parties' consent in writing after providing the Parties with the information regarding the proposed Tribunal Secretary and the tasks that are proposed to be performed.

3. Article 24 and Article 38.2 shall apply *mutatis mutandis* to the Tribunal Secretary.

4. The remuneration and expenses of the Tribunal Secretary shall be borne by the sole arbitrator or presiding arbitrator who appoints the Tribunal Secretary.

Article 34 Challenge to Arbitrators

1. A Party may challenge an arbitrator if circumstances give rise to justifiable doubts as to the arbitrator's impartiality or independence.

2. A Party may challenge an arbitrator it has appointed, or whose appointment the Party has participated in by way of recommendation or any similar acts, only for reasons which the Party becomes aware of after the appointment has been made.

3. A Party that intends to challenge an arbitrator shall submit in writing to the JCAA a request for challenge (the "Request for Challenge") within two weeks from the date of its receipt of the notice by the JCAA confirming the appointment of the arbitrator (the Notice of Appointment of the arbitrator, if the arbitrator is appointed by the JCAA) or the date when it became aware of any circumstance under Article 34.1, whichever comes later.

4. On receipt of the Request for Challenge, the JCAA shall promptly notify the other Party and the challenged arbitrator, supplying them with a copy thereof.

5. The JCAA shall make a decision on the challenge without giving reasons, after giving the other Party and the challenged arbitrator an opportunity to comment.

Article 35 Removal of Arbitrators

The JCAA, at the written request of either Party or on its own motion, may remove any arbitrator who fails to perform his or her duties or unduly delays in the performance of his or her duties, or is *de jure* or *de facto* unable to perform his or her duties, after giving the Parties and the challenged arbitrator an opportunity to comment.

Article 36 Appointment of Substitute Arbitrator

1. If an arbitrator ceases to perform his or her duties before the termination of the arbitral proceedings because of resignation, challenge, removal or death, the JCAA shall promptly notify the Parties and the remaining arbitrators thereof.

2. If the arbitrator who has ceased to perform his or her duties was appointed by a Party, by Parties or by the remaining arbitrators, such Party, Parties or arbitrators shall appoint a substitute arbitrator and notify the JCAA of such appointment under Article 25.4 within three weeks from their receipt of the notice under Article 36.1, unless oth-

erwise agreed by the Parties. If such Party, Parties or remaining arbitrators fail to do so, the JCAA shall appoint a substitute arbitrator.

3. If the arbitrator who ceases to perform his or her duties was appointed by the JCAA under Article 36.1, the JCAA shall appoint a substitute arbitrator, unless otherwise agreed by the Parties.

Article 37 Vacancy after Closing of Arbitral Proceedings

Notwithstanding Article 36, where an arbitrator ceases to perform his or her duties after the closing of the arbitral proceedings but before an arbitral award is rendered, the arbitral tribunal may render an arbitral award without a substitute arbitrator being appointed, if the JCAA, after giving the remaining arbitrators and the Parties an opportunity to comment, considers it appropriate.

Article 38 Repetition of Arbitral Proceedings by Substitute Arbitrator

If a substitute arbitrator is appointed under Article 36, the arbitral tribunal, after giving the Parties an opportunity to comment, shall decide whether or to what extent arbitral proceedings already conducted should be repeated.

Chapter Ⅳ Arbitral Proceedings

Section 1. Conduct of Arbitral Proceedings

Article 39 Place of Arbitration

1. Unless otherwise agreed by the Parties, the place of arbitration shall be the city of the office of the JCAA to which the claimant submitted the Request for Arbitration under Article 14.1.

2. The arbitral tribunal may conduct the arbitral proceedings at any place it considers appropriate, unless otherwise agreed by the Parties.

Article 40 Conduct of Arbitral Proceedings

1. The arbitral tribunal shall direct and control the arbitral proceedings, including hearings.

2. The arbitral tribunal shall treat the Parties equally. The arbitral tribunal shall

give each Party a sufficient opportunity to state and prove its case and to present a defense against the other Party's case.

3. The arbitral tribunal shall use reasonable efforts to resolve the dispute expeditiously.

4. A Party shall transmit any material submitted in writing in the arbitral proceedings to the arbitrator(s), the other Party and the JCAA; and the arbitral tribunal shall transmit to the JCAA a copy of any Communications in writing to the Parties.

Article 41　Rejection of Party's Untimely Submission of Statement or Evidence

The arbitral tribunal may reject and disregard a Party's submission of statement or evidence if it is made in an untimely manner.

Article 42　Confidentiality

1. Arbitral proceedings shall be held in private, and all records thereof shall be closed to the public.

2. The arbitrators, the JCAA (including its directors, officers, employees, and other staff), the Parties, their counsel and assistants, and other persons involved in the arbitral proceedings shall not disclose facts related to or learned through the arbitral proceedings and shall not express any views as to such facts, except where disclosure is required by law or in court proceedings, or based on any other justifiable grounds.

Article 43　Time Limit of Arbitral Award and Procedural Schedule

1. The arbitral tribunal shall use reasonable efforts to render an arbitral award within seven and a half months from the date when it is constituted.

2. To implement Article 43.1, the arbitral tribunal shall consult with the Parties, and make a schedule of the arbitral proceedings in writing (the "Procedural Schedule") to the extent necessary and feasible as early as practicable. The consultation shall be conducted through preliminary meetings, video conferences, telephone conferences, exchanges of documents or any other appropriate methods determined by the arbitral tribunal. The arbitral tribunal shall send the Procedural Schedule to the Parties and the

JCAA.

3. The arbitral tribunal may amend the Procedural Schedule under Article 43. 2 during the course of the arbitral proceedings after giving the Parties an opportunity to comment.

Article 44 Submission of Written Statements and Evidences

1. Within the time limits under the Rules or the time limits fixed by the arbitral tribunal, each Party shall submit to the arbitral tribunal one or more written statements setting forth such Party's case on the facts and law (the "Written Statements") and evidences.

2. The arbitral tribunal shall acknowledge receipt of the Written Statements and evidence submitted by a Party.

Article 45 Default of a Party

1. If one Party fails to submit the Written Statements including or the Answer within the time limits under the Rules or the time limits fixed by the arbitral tribunal, the arbitral tribunal shall continue the arbitral proceedings without treating such failure in itself as an admission of the other Party's statements.

2. If one Party, without sufficient cause, fails to appear at a hearing or to produce evidence, the arbitral tribunal may continue the arbitral proceedings and make the arbitral award based on the evidences before it.

Article 46 Competence of Arbitral Tribunal to Determine Jurisdiction

1. The arbitral tribunal may make a determination on any objection as to the existence or validity of an arbitration agreement and any other matters regarding its own jurisdiction.

2. The arbitral tribunal shall make a decision to terminate the arbitral proceedings if it finds that it has no jurisdiction.

Article 47 Decision on Separate Proceedings

1. The arbitral tribunal may make a determination on any objection as to a Single Arbitration for Multiple Claims.

2. If the arbitral tribunal finds that the requirements under Article 15.1 are not satisfied, the arbitral tribunal shall make a decision to separate the arbitral proceedings (the "Decision on Separate Proceedings") and notify the Parties thereof. The arbitral tribunal shall not make a Decision on Separate Proceedings if the respondent has not raised an objection within the time limit under Article 15.2.

3. Upon the Decision on Separate Proceedings, the mandate of the arbitral tribunal shall be terminated, and the arbitral proceedings shall be conducted separately as to each separated claim(s). The mandate of the arbitral tribunal, however, shall not be terminated as to:

(a) any claim(s) against which the respondent that has raised no objection within the time limit under Article 15.2; or

(b) any claim(s) for which the respondent has requested continuation of the mandate of the arbitral tribunal within one week from the respondent's receipt of the notice of the Decision on Separate Proceedings.

4. If the arbitral proceedings are to be conducted separately under Article 42.3, calculation of periods of time based on the respondent's receipt of the notice of the Request for Arbitration shall be determined based on the respondent's receipt of the notice of the Decision on Separate Proceedings.

5. Articles 67.2, 67.4, 67.5, 67.6 and 69 through 71 shall apply *mutatis mutandis* to the Decision on Separate Proceedings.

6. Articles 48.1 through 48.5 shall apply *mutatis mutandis*, if:

(a) the counterclaim does not satisfy the requirements under Article 19.1;

(b) (i) the amendment of the claim does not satisfy the requirements under Article 21.1, or (ii) the application for approval of an amendment is denied under Article 21.3; or

(c) (i) the joinder does not satisfy the requirements under Article 57.1, or (ii) the joinder is denied under Article 57.5.

7. Notwithstanding Article 42.6, the mandate of the arbitral tribunal shall not be terminated as to:

(1) any claim(s) pending before the counterclaim or the amendment of the claim

was filed; or

(2) any claim(s) pending before the joinder that was applied for after the constitution of the arbitral tribunal.

Article 48 Arbitral Tribunal's Active Role in Clarifying Parties' Positions and Ascertaining Issues

1. At a stage as early as possible in the arbitral proceedings, the arbitral tribunal shall draft a document containing a summary of each Party's positions on factual and legal grounds of the claim and the defense ("Positions") and the factual and legal issues that the arbitral tribunal tentatively ascertains arising from the Positions ("Issues"). The arbitral tribunal shall present such document to the Parties, and give the Parties an opportunity to comment on the Positions and the Issues within a time limit fixed by the arbitral tribunal.

2. Within the time limit fixed by the arbitral tribunal under Article 48.1, the Parties shall provide their comments in writing on the Positions and the Issues specifying which parts of the Positions and the Issues they agree or disagree with.

3. The arbitral tribunal may revise the Positions and the Issues taking into account the comments provided by the Parties under Article 48.2.

4. The arbitral tribunal may use the revised Positions under Article 48.3 as the Parties' positions set forth in the arbitral award.

5. Notwithstanding Article 48.4, during the further course of the arbitral proceedings, if a Party finds further amendments to be required, the Party may request in writing that the Positions be amended. Unless the arbitral tribunal rejects the request because of delay, the arbitral tribunal may use such amended Positions as the Party's position set forth in the arbitral award.

Article 49 Interim Decision

The arbitral tribunal, if it considers it appropriate, may make an interim decision on a dispute arising during the course of the arbitral proceedings. Articles 67.2 and 68 shall apply *mutatis mutandis* to such decision. The arbitral tribunal may omit the statement of reasons.

Article 50　Decision on Hearings

1. The arbitral tribunal shall decide whether to proceed with holding hearings or whether to proceed based only on documents and other materials; provided that the arbitral tribunal shall hold such hearings, if so requested by a Party at an appropriate stage of the arbitral proceedings.

2. Notwithstanding Article 50. 1, whether or not witness examination should be conducted shall be subject to Articles 56. 3 and 56. 4.

3. Where the hearings are to be held, the arbitral tribunal shall select appropriate means for holding a hearing, including by video conference or other methods.

Article 51　Scheduled Date and Place of Hearings

1. The arbitral tribunal, after giving the Parties an opportunity to comment, shall fix the scheduled date and place of hearings. If a hearing lasts more than one day, the arbitral tribunal shall hold the hearing on consecutive days, to the extent feasible.

2. If the arbitral tribunal has fixed the schedules date and place of a hearing, it shall promptly notify the Parties of the scheduled date and place of the hearing.

3. The arbitral tribunal shall change the scheduled date of a hearing at the joint request of the Parties. The arbitral tribunal may change the scheduled date at the request of one Party, if it finds a compelling reason to do so.

4. Any request under Article 51. 3 shall be made in writing, unless made at a hearing or during an oral consultation under Article 43. 2.

Article 52　Appearance by Parties at Hearings

1. The arbitral tribunal, in principle, shall hold hearings in the presence of all the Parties.

2. The arbitral tribunal may hold a hearing even if any or all of the Parties fail to appear.

Article 53　Waiver of Right to Object

A Party who knows that any of the Rules has not been complied with but fails to promptly object to such non-compliance, shall be deemed to have waived its right to object.

Article 54 Evidence

1. Each Party shall have the burden of proving the facts relied on to support its claims or defenses.

2. The arbitral tribunal, on its own motion, may examine evidence not presented by any Party, when the arbitral tribunal considers it necessary.

3. The arbitral tribunal may examine evidence outside the hearings. The arbitral tribunal, however, shall give the Parties an opportunity to submit statements in writing or orally regarding such evidence.

4. The arbitral tribunal, at the written request of a Party or on its own motion, may order any Party to produce documents in its possession that the arbitral tribunal considers necessary to examine after giving the Party in possession an opportunity to comment, unless the arbitral tribunal finds reasonable grounds for the Party in possession to refuse the production.

Article 55 Expert Appointed by Arbitral Tribunal

1. The arbitral tribunal, after giving the Parties an opportunity to comment, may appoint one or more experts to advise it with respect to any matters to be determined and to report, in writing or orally, the findings of such expert(s) to the arbitral tribunal.

2. If a Party so requests, the arbitral tribunal, after delivery of the report under Article 55.1, shall give the Parties an opportunity to put questions to the expert(s) in a hearing. The arbitral tribunal, if it considers it necessary, may give the Parties an opportunity to submit their own expert reports.

Article 56 Expressing Arbitral Tribunal's Preliminary Views

1. In order to assist the Parties to present their cases effectively and efficiently, prior to the time of the arbitral tribunal's decision as to whether or not witness examination be conducted, the arbitral tribunal shall prepare and give a written summary to the Parties on the following items:

(1) the factual issues that the arbitral tribunal considers important and the arbitral tribunal's preliminary views with respect thereto;

(2) the legal issues that the arbitral tribunal considers important and the arbitral tribunal's preliminary views with respect thereto; and

(3) any other matters that the arbitral tribunal considers important.

2. The arbitral tribunal shall give the Parties an opportunity to comment on the items under Articles 56.1(1) through (3) within a time limit fixed by the arbitral tribunal.

3. The Parties, within the time limit fixed by the arbitral tribunal under Article 56.2, may comment in writing on the items under Articles 56.1(1) through (3) and, on whether or not witness examination should be conducted.

4. Taking into account the Parties' comments under Article 56.3, the arbitral tribunal shall decide whether or not to witness examination will be conducted.

5. The preliminary views expressed by the arbitral tribunal under Article 56.1 shall not be binding upon the arbitral tribunal's subsequent decisions or the arbitral award.

6. The Parties shall not challenge any arbitrator based on the fact that he or she has expressed preliminary views under Article 56.1.

Article 57 Third Party Joinder

1. A third party may join in the arbitral proceedings as a claimant or a Party may request a third party to join in the arbitral proceedings as a respondent, if:

(1) all Parties and the third party have agreed in writing to the joinder; or

(2) all claims are made under the same arbitration agreement; provided, however, that the third party's consent in writing to such joinder is necessary when the third party is requested to join as respondent after the constitution of the arbitral tribunal.

2. If the third party joins the arbitral proceedings before the arbitral tribunal is constituted, the arbitrators shall be appointed under Articles 25 through 27, 29 and 30. If any arbitrators have been appointed under these Rules before the third party joinder, the appointment of such arbitrators shall be no longer effective.

3. Where the arbitrators are appointed under Article 56. 2, calculation of periods of time under Articles 26, 27. 1 and 29. 2 shall be determined based on the date that the respondent against whom the claim is made in the application for joinder receives the notice of the application for joinder.

4. If the third party joins in the arbitral proceedings after the arbitral tribunal is constituted, the arbitral tribunal shall remain the same.

5. Even when the requirement under Article 57. 1 is satisfied, the arbitral tribunal may deny joinder if it finds that such joinder will delay the arbitral proceedings or it finds any other reasonable grounds.

6. Articles 14, 15. 2 and 16. 1 shall apply *mutatis mutandis* to an application for joinder; provided that "the respondent" under Articles 15. 2, 16. 1 and 47. 3 shall be read as "the Party other than the Party that has submitted an application for joinder, and the third party who has been requested to join as respondent."

7. Article 18, 19 or 20 shall apply *mutatis mutandis* to an answer, counterclaim or setoff defense to the claim made in the application for joinder.

Article 58 Consolidation

The arbitral tribunal may, at the written request of a Party and when it finds it necessary, consolidate and hear the pending claim(s) with the other claim(s) (as to which no arbitral tribunal has been constituted), if:

(1) all Parties (including the parties to the other claim(s) to be consolidated) have agreed in writing;

(2) the pending claim(s) and the claim(s) to be consolidated arise under the same arbitration agreement; provided, however, that the written consent to such consolidation by the party to the other claim(s) is necessary when the party has not been a Party to the pending claim(s); or

(3) both the pending claim(s) and the other claim(s) to be consolidated arise between the same Parties, and

(a) the same or a similar question of fact or law arises from the claims;

(b) the dispute is referred by the arbitration agreement to arbitration under the

Rules; and

(c) the arbitral proceedings are capable of being conducted in a single proceeding with regard to the place of arbitration, the number of arbitrators, language(s) of the arbitration, and other issues governed by the arbitration agreements under which the claims arise.

Article 59　Mediation

1. The Parties, at any time during the course of the arbitral proceedings, may agree in writing to refer the dispute to mediation proceedings under the Commercial Mediation Rules of the JCAA (the "CMR"). No arbitrator assigned to the dispute shall be appointed as mediator, except if appointed under Article 60.1.

2. If the Parties enter into an agreement under Article 59.1, the arbitral tribunal, at the request of either Party, shall stay the arbitral proceedings.

3. All offers, admissions, or other statements by the Parties, or recommendations by the mediator, made during the course of the mediation proceedings shall be inadmissible as evidence in the arbitral proceedings unless otherwise agreed by the Parties.

4. If the mediation proceedings are terminated under Article 28.1(1) through 28.1(7) of the CMR, the arbitral tribunal, at the request of either Party, shall resume the arbitral proceedings.

Article 60　Special Rules for the CMR if an Arbitrator serves as Mediator

1. Notwithstanding Article 59.1, the Parties may agree in writing to appoint an arbitrator assigned to the same dispute as a mediator, and refer the dispute to mediation proceedings under the CMR. If the Parties do so, the Parties shall not challenge the arbitrator based on the fact that the arbitrator is serving or has served as a mediator.

2. Notwithstanding Article 22.1 of the CMR, an arbitrator who serves as mediator in regard to the same dispute shall not consult separately with any of the Parties orally or in writing, without the agreement of the Parties in writing. The arbitrator shall disclose to all other Parties, in each instance, the fact that such consultation has taken place, excluding the contents thereof.

3. The Parties shall submit to the JCAA a copy of the agreement under Article 60.

1,when they refer the dispute to mediation proceedings under Article 60.1.

4. The mediator's remuneration under Article 60,the request fee and the administrative fee for the mediation proceedings shall be calculated as follows:

(1) the request fee and the administrative fee for the mediation proceedings are not required to be paid; and

(2) Articles 81 and 82 and the provisions of Part 3 of the Rules shall apply to the arbitrator's remuneration and expenses incurred with respect to conducting the mediation proceedings.

5. The CMR,except Articles 12 through 14,16 and 17,shall apply to the mediation under Article 59.

Article 61 Closing and Reopening of Arbitral Proceedings

1. The arbitral tribunal shall close the arbitral proceedings upon determining that the Parties have been given sufficient opportunity to state and prove their respective claims and present defenses thereto and that the arbitral tribunal is able to render an arbitral award.

2. The arbitral tribunal may close the arbitral proceedings as to certain claims, upon determining that the requirements under Article 61.1 as to such claims have been satisfied.

3. Before closing the arbitral proceedings under Article 61.1 or 61.2,the arbitral tribunal shall provide the Parties with appropriate advance notice thereof.

4. The arbitral tribunal, if it considers it necessary, may reopen the arbitral proceedings. The arbitral tribunal shall not, in principle, reopen the arbitral proceedings after the lapse of three weeks from the date of closing.

Article 62 Termination of Arbitral Proceedings

1. The arbitral proceedings shall terminate upon the rendering of an arbitral award, upon the Parties' withdrawal of all the claims before the constitution of the arbitral tribunal, or upon a decision to terminate the arbitral proceedings.

2. The arbitral tribunal shall make a decision to terminate the arbitral proceedings, if:

(1) the arbitral tribunal approves the withdrawal of all the claims under Article 23.3;

(2) the arbitral tribunal finds that it has no jurisdiction under Article 46.2; or

(3) the arbitral tribunal finds that the continuation of the arbitral proceedings has become unnecessary or impossible.

3. The mandate of the arbitral tribunal terminates upon termination of the arbitral proceedings, subject to Articles 69 through 71.

4. Articles 67.2, 67.4, 67.5, 67.6 and 68 shall apply *mutatis mutandis* to the decision to terminate the arbitral proceedings.

Section 2. Arbitral Award

Article 63　Final Award, Partial Award and Award by Consent

1. The arbitral tribunal shall render an arbitral award on all claims presented in the arbitral proceedings.

2. Notwithstanding Article 63.1, if the arbitral tribunal has closed the arbitral proceedings as to certain claims under Article 61.2, it may render a partial award on such claims.

3. If the Parties agree on a settlement of the dispute during the course of the arbitral proceedings, the arbitral tribunal, upon the request of the Parties, may record the settlement in the form of an arbitral award on agreed terms.

Article 64　Prohibition of Disclosing Dissenting Opinion

Where the arbitral tribunal is composed of three arbitrators, the arbitral tribunal shall state in the arbitral award only its decision under Articles 32.1 and 32.2. No arbitrator shall disclose its dissenting or individual opinion in any manner.

Article 65　Effect of Arbitral Award

An arbitral award shall be final and binding on the Parties.

Article 66　Rules Applicable to Substance of Dispute

1. The arbitral tribunal shall decide the dispute in accordance with such rules of

law agreed by the Parties to be applicable to the substance of the dispute.

2. Failing such agreement by the Parties under Article 66. 1, the arbitral tribunal shall apply the substantive law of the country or state to which the dispute referred to the arbitral proceedings is most closely connected.

3. Notwithstanding Articles 66. 1 and 66. 2, the arbitral tribunal shall decide *ex aequo et bono* only if all Parties have expressly requested it to do so.

Article 67 Arbitral Award-Number of Copies and Format

1. The arbitral tribunal shall make a number of hard copies of the arbitral award sufficient to provide one hard copy for each of the Parties and one hard copy for the JCAA.

2. The arbitral award shall state the following:

(1) the full names and street addresses of the Parties (if a Party is a legal entity or other association, the corporate name, street address and the name of the Party's representative);

(2) the name and street address of counsel, if a Party is represented;

(3) the determination on the relief and remedy sought;

(4) the procedural history;

(5) the reasons upon which the arbitral award is based;

(6) the date of the arbitral award; and

(7) the place of arbitration.

3. If the Parties have agreed that no reasons are to be given, or if the arbitral tribunal records a settlement in the form of an arbitral award on agreed terms under Article 63. 3, the reasons shall be omitted. The arbitral tribunal, however, shall state the reason for such omission in the arbitral award.

4. The arbitral tribunal shall determine in the arbitral award the total amount of costs and the allocation thereof under Article 81. 1. The arbitral tribunal, however, is not required to do so in a partial award.

5. If one Party has to repay an amount to the other Party based on the allocation under Article 67. 4, the arbitral tribunal shall order that that Party shall repay such a-

mount to the other Party in the arbitral award.

6. The arbitrator(s) shall sign the arbitral award. If there is more than one arbitrator and an arbitrator fails to sign the arbitral award, the signatures of the majority of the arbitral tribunal shall suffice. The reason for such failure to sign shall be stated in the arbitral award.

Article 68 Notice of Arbitral Award

1. The JCAA shall send the arbitral award to each Party after the Parties have fully paid to the JCAA the amount due, consisting of the arbitrator(s)' remuneration and expenses, and other reasonable expenses incurred with respect to the arbitral proceedings as required to be paid to the JCAA.

2. The JCAA shall keep one original of the arbitral award.

Article 69 Correction of Arbitral Award

1. The arbitral tribunal, upon the written request of a Party, or on its own motion, may correct any computational, clerical, or any other errors or omissions of a similar nature.

2. A Party, within four weeks from its receipt of the arbitral award, may request the arbitral tribunal to make a correction of the arbitral award.

Article 70 Interpretation of Arbitral Award

A Party, within four weeks from its receipt of the arbitral award, may request in writing the arbitral tribunal to give an interpretation of a specific point or part of the arbitral award.

Article 71 Additional Arbitral Award

A Party, within four weeks from its receipt of the arbitral award, may request in writing the arbitral tribunal to make an additional arbitral award as to claims presented in the arbitral proceedings but omitted from the arbitral award.

Chapter V Interim Measures by Arbitral Tribunal or by Emergency Arbitrator

Section 1. Interim Measures by Arbitral Tribunal

Article 72 Interim Measures

1. A Party may apply in writing to the arbitral tribunal for the grant of interim measures against the other Party("Interim Measures"). Interim Measures are, for example, orders to:

(1) maintain or restore the status quo;

(2) take action that would prevent, or refrain from taking action that is likely to cause, current or imminent harm or prejudice to the arbitral proceedings themselves;

(3) provide a means of preserving assets out of which a subsequent arbitral award may be satisfied; or

(4) preserve evidence that may be relevant and material to the resolution of the dispute.

2. The Party requesting Interim Measures under Article 72.1(1), (2) and (3) shall satisfy the arbitral tribunal that:

(1) harm not adequately reparable by an arbitral award of damages is likely to result if the measure is not ordered, and such harm substantially outweighs the harm that is likely to result to the Party against whom the measure is directed if the measure is granted; and

(2) there is a reasonable possibility that the requesting Party will succeed on the merits of the claim.

3. The arbitral tribunal may order Interim Measures under Article 72.2(4) to the extent it considers appropriate after taking into account the standards under Article 72.2.

4. The arbitral tribunal, before granting Interim Measures, shall give each Party a reasonable opportunity to comment.

5. Articles 67.2, 68, and 69 shall apply *mutatis mutandis* to the Interim Measures.

6. The Parties shall be bound by, and carry out, the Interim Measures ordered by the arbitral tribunal.

Article 73　Provision of Security

The arbitral tribunal may require the Party requesting Interim Measures to provide appropriate security in connection with the Interim Measures.

Article 74　Disclosure

A Party shall disclose to the arbitral tribunal any material change in the circumstances on which the application or the arbitral tribunal's determination on the Interim Measures is based.

Article 75　Modification, Suspension, Termination

The arbitral tribunal, on the written application of either Party, or on its own motion in exceptional circumstances, may modify, suspend or terminate Interim Measures after giving the Parties an opportunity to comment. Article 71.5 shall apply *mutatis mutandis* to such modification, suspension or termination.

Section 2. Interim Measures by Emergency Arbitrator

Article 76　Application for Emergency Measures

1. Before the arbitral tribunal is constituted, or when any arbitrator has ceased to perform his or her duties, a Party may apply in writing to the JCAA for Interim Measures by an emergency arbitrator("Emergency Measures").

2. The application for Emergency Measures shall set forth the following:

(1) a statement that the Party is applying for Emergency Measures, and the measures sought;

(2) a reference to the arbitration agreement that is invoked;

(3) the Parties' full names (if a Party is a legal entity or other association, the corporate name and the name of the Party's representative), street addresses and other known contact details (i. e. the designated street address including, if a Party is a natural person, such Party's place of employment, telephone number, facsimile number and

e-mail address);

(4) the full name, street address and other contact details (i. e. the designated street address, telephone number, facsimile number and e-mail address) of the applicant's counsel if the applicant is represented by counsel;

(5) a summary of the dispute; and

(6) a statement of facts supporting the necessity of granting the Emergency Measures.

3. A copy of the arbitration agreement under Article 76.2(2) shall be attached to the application for Emergency Measures.

4. A power of attorney shall be attached to the application for Emergency Measures, if the applicant is represented by counsel.

5. The applicant, when it submits an application for Emergency Measures, shall pay the emergency arbitrator's remuneration under Article 102.2, and the administrative fee and the deposit under Article 108.2. If the applicant fails to pay such amounts in full, the JCAA shall consider that no application for Emergency Measures has been made.

6. Articles 16 and 22 shall apply *mutatis mutandis* to the application for Emergency Measures.

7. If the JCAA has received no Request for Arbitration before or at the time of receiving the application for Emergency Measures, the applicant shall submit the Request for Arbitration within ten days from the date of the application.

Article 77 Appointment of Emergency Arbitrator

1. The JCAA shall appoint a sole emergency arbitrator.

2. An emergency arbitrator who is not impartial and independent shall decline to accept an appointment, and an emergency arbitrator shall remain at all times impartial and independent.

3. When the JCAA approaches a person in connection with his or her possible appointment as an emergency arbitrator, he or she shall conduct a reasonable investigation into any circumstances which may, in the eyes of the Parties, give rise to justifiable

doubts as to his or her impartiality or independence. If he or she discovers such circumstances, he or she shall decline to accept an appointment or disclose in writing such circumstances to the JCAA.

4. The JCAA shall use reasonable efforts to appoint an emergency arbitrator within two business days from its receipt of the application for Emergency Measures, if:

(a) it confirms that the application for Emergency Measures has been made in conformity with Articles 76.1 through 76.6; and

(b) it considers it appropriate to appoint an emergency arbitrator.

5. On appointment of an emergency arbitrator by the JCAA, Article 30 shall apply *mutatis mutandis*.

6. A Party may challenge the emergency arbitrator under Article 34. The Party shall submit the Request for Challenge to the JCAA within two days from the date of its receipt of the Notice of Appointment or from the date when the Party became aware of any circumstances that give rise to justifiable doubts as to his or her impartiality or independence, whichever comes later.

7. On or after the termination of the mandate of the emergency arbitrator, no Party may challenge the emergency arbitrator, and the pending challenge procedure shall be terminated.

Article 78　Mandate of Emergency Arbitrator

1. The emergency arbitrator may order, modify, suspend or terminate Emergency Measures in accordance with Articles 72 through 75.

2. The emergency arbitrator shall make a procedural schedule for Emergency Measures immediately after his or her appointment.

3. The emergency arbitrator, if he or she considers a hearing necessary in order to make a determination on the Emergency Measures, may hold such hearing for one day only.

4. The emergency arbitrator shall make reasonable efforts to decide on the Emergency Measures within two weeks from his or her appointment.

5. The Parties shall be bound by, and carry out, the Emergency Measures ordered

by the emergency arbitrator. The Emergency Measures shall be deemed to be Interim Measures granted by the arbitral tribunal when it is constituted or when a substitute arbitrator is confirmed or appointed by the JCAA. The Emergency Measures shall remain in effect until the arbitral tribunal modifies, suspends or terminates such Emergency Measures under Article 79.2.

6. The Emergency Measures shall no longer be effective, if:

(1) the arbitral tribunal is not constituted or a substitute arbitrator is not confirmed or appointed by the JCAA within three months from the grant of the Emergency Measures;

(2) the arbitral proceedings are terminated under Article 62.1; or

(3) the JCAA receives no request for arbitration within ten days from the date of the application, where the JCAA has not received such request at the time of or before receiving the application for Emergency Measures.

7. The mandate of the emergency arbitrator shall be terminated:

(1) in the case that the JCAA receives no request for arbitration within ten days from the date of the application, where the JCAA has not received such request at the time of or before receiving the application for Emergency Measures

(2) on the constitution of the Arbitral Tribunal; or

(3) on the confirmation or appointment of the substitute arbitrator by the JCAA.

The JCAA may extend the mandate, if it considers it necessary.

8. The emergency arbitrator shall not be appointed as an arbitrator for the same dispute, unless otherwise agreed in writing by the Parties.

Article 79　Approval, Modification, Suspension and Termination by Arbitral Tribunal

1. No determination on Emergency Measures shall be binding on the arbitral tribunal.

2. The arbitral tribunal may approve, modify, suspend or terminate the Emergency Measures in whole or in part.

Article 80 Application Mutatis Mutandis

The other Chapters of the Rules shall apply *mutatis mutandis* to the emergency arbitrator and the Emergency Measures unless they are contrary to the nature thereof.

Chapter Ⅵ Costs

Article 81 Allocation of Costs

1. The costs of the arbitration include the administrative fee, the arbitrator(s)' remuneration and expenses, and other reasonable expenses incurred with respect to the arbitral proceedings; and the fees and expenses of the counsels and other experts incurred by the Parties to the extent the arbitral tribunal determines that they are reasonable.

2. The arbitral tribunal may apportion the costs under Article 81.1 between the Parties, taking into account the Parties' conduct throughout the course of the arbitral proceedings, the determination on the merits of the dispute, and any relevant circumstances. If before the constitution of the arbitral tribunal, the claimant withdraws all its claim, the JCAA may apportion such costs (excluding, however, the fees and expenses of the counsels and other experts incurred by the Parties).

3. The arbitrators' remuneration and expenses shall be fixed pursuant to the provisions of Part 3 of the Rules, and the administrative fee shall be fixed pursuant to the provisions of Part 4 of the Rules.

Article 82 Joint and Several Liability to the JCAA

All Parties to the arbitration shall be jointly and severally liable for payments that have to be made to the JCAA in respect of the arbitrator(s)' remuneration and expenses, and other reasonable expenses incurred with respect to the arbitral proceedings and that are required to be paid to the JCAA.

Article 83 Payment, Deposit and Accounting

1. The Parties shall pay to the JCAA a sum of money in an amount, in the manner and within the time limit fixed by the JCAA, so as to cover the arbitrator(s)' remuneration and expenses, and other reasonable expenses incurred with respect to the arbitral proceedings.

2. If a Party fails to make payment under Article 83.1, the arbitral tribunal, upon the JCAA's request, shall suspend or terminate the arbitral proceedings unless the other Party pays such unpaid amount instead.

3. If the total sum of money already paid by the Parties to the JCAA exceeds the total sum of the money that is required to be paid as determined by the arbitral tribunal under Article 67.4, the JCAA shall refund the difference to either or both of the Parties on termination of the arbitral proceedings.

Part 2 Expedited Arbitration Procedures

Article 84 Relationships between Part 1 and Part 2

1. Part 2 provides particular rules orientated to ensuring proceedings are conducted in an expeditious manner.

2. To the extent that there is conflict between Part 2 and Part 1, Part 2 shall prevail. However, arbitral proceedings falling within the scope of Part 2 shall also be governed by both Part 2 and, to the extent that Part 2 does not make provision for the item in question, Part 1.

Article 85 Scope

1. The provisions of Part 2 shall apply where the amount or economic value of the claimant's claim(s) is not more than JPY 50,000,000 (in the case of a foreign currency, the applicable amount shall be converted into Japanese yen at the TTM rate or any other reasonable exchange rate designated by JCAA as of the business day immediately preceding the date of filing of the Request for Arbitration; the same applies hereunder) provided, however, that the provisions of Part 1 shall apply, if:

(a) the Parties have agreed in an arbitration agreement that the number of arbitrators is three; or

(b) a Party notifies the JCAA in writing of the agreement by the Parties not to submit the dispute to Expedited Arbitration Rules within two weeks from the respondent's receipt of the notice of the Request for Arbitration.

2. Even in the case where the amount or economic value of the claimant's claim (s) exceeds JPY 50, 000, 000, the provisions of Part 2 shall apply if a Party notifies the JCAA in writing of the agreement between the Parties to submit the dispute to expedited arbitration procedures within two weeks from the respondent's receipt of the notice of Request for Arbitration.

3. Even in the case where the provisions of Part 2 apply at the time of the Request for Arbitration, the arbitral proceedings conducted under the provisions of Part 2 shall be converted to arbitral proceedings under the provisions of Part 1 if a counterclaim or set-off defense is submitted according to Article 86 and the amount or economic value of the submitted claim exceeds JPY 50, 000, 000; provided that the provisions of Part 2 shall still apply if the Parties agree in writing that expedited arbitration procedures shall be conducted.

4. The amount of any interest, rent, damage, penalty, expense, or cost that is incidental to the principal claim shall be excluded when calculating the amount or the economic value of the claim, counterclaim, or set-off defense under Articles 84. 1 through 84. 3.

5. Where the economic value cannot be calculated, or its calculation is extremely difficult, or where there is a dispute between the Parties concerning such economic value, the economic value under Articles 84. 1 through 84. 3 shall be deemed to exceed JPY 50, 000, 000.

6. The JCAA shall promptly notify the Parties and the arbitrator on determining that expedited arbitration procedures shall be conducted under the provisions of Part 2.

Article 86 Time Limit for Counterclaim and Set-off Defense

Where the provisions of Part 2 apply at the time of the Request for Arbitration, the respondent may submit counterclaim(s) or set-off defense(s) within two weeks from the respondent's receipt of the notice of the Request for Arbitration.

Article 87 No Amendment to Claim, Counterclaim or Set-Off Defense

Neither the claimant nor the respondent shall amend or supplement its claims, counterclaims or set-off defenses.

Article 88 Appointment of Arbitrator

1. Expedited arbitration procedures shall be conducted by a sole arbitrator.

2. The Parties shall agree upon and appoint an arbitrator and notify the JCAA of such appointment under Article 25.4 within two weeks from their receipt of the notice by the JCAA that the expedited arbitration procedures shall be conducted.

3. If the Parties fail to notify the JCAA within the time limit under Article 88.2, the JCAA shall appoint such arbitrator.

4. Where the JCAA appoints an arbitrator under Article 88.3, and a Party requests that such arbitrator be a person of a different nationality from that of any of the Parties, the JCAA shall respect such request.

5. The appointment of an arbitrator made by Parties shall be effective only after confirmation by the JCAA. The JCAA, after giving the Parties an opportunity to comment, may refuse to confirm the appointment of the arbitrator without giving reasons if the JCAA finds that the appointment is clearly inappropriate.

6. Upon confirming the appointment of the arbitrator, the JCAA shall promptly notify such confirmation to the Parties.

7. If the appointment of an arbitrator is not confirmed by the JCAA, the Parties shall appoint another arbitrator within the period fixed by the JCAA.

Article 89 Document Only Proceedings

1. The arbitral tribunal shall, in principle, conduct the arbitral proceedings based only on documents and other materials.

2. If the arbitral tribunal, after giving the Parties an opportunity to comment, considers hearings are necessary to beheld, such hearings shall be held in a reasonable manner for the minimum number of days possible.

Article 90 Time Limit of Arbitral Award

The arbitrator shall make reasonable efforts to render an arbitral award within three months from his or her confirmation or appointment by the JCAA.

Article 91　No Third Party Joinder or Consolidation

Articles 57 and 58 shall not apply to proceedings conducted under the provision of Part 2.

Part 3　Arbitrator's Remuneration

Article 92　Application of the Provisions of Part 3

The provisions of Part 3 shall apply to the arbitrator's remuneration and related matters for arbitration conducted under Part 1 or Part 2 of the Rules.

Article 93　Definitions

1. Under Part 3 of the Rules, the "Amount or Economic Value of Claim" shall mean the sum of the following (or the sum of the following for the each respective arbitration proceedings where two or more arbitral proceedings are consolidated):

(a) the amount or economic value of claim(s) made by the claimant;

(b) the amount or economic value of counterclaim(s) made by the respondent;

(c) the amount or economic value of claim(s) made by or against the third party who has joined in the arbitral proceedings under Article 57;

(d) the deemed amount under Article 94.2;

(e) the amount of interest, damages, or other such amounts accruing or being caused continuously, if any, for a period of one year from the date of submitting the claim; and

(f) the amount or economic value of claim(s) made by the Parties in set-off defense(s).

2. Where the amount of the claim(s) is denominated in a currency other than Japanese Yen, the amount shall be converted into Japanese Yen at the TTM rate or any other reasonable exchange rate designated by JCAA as of the business day immediately preceding the date of submission of the claim.

Article 94　Remuneration for Sole Arbitrator

1. The remuneration of sole arbitrator's remuneration shall be as follows:

Amount or Economic Value of Claim	Sole arbitrator's remuneration (not including consumption tax)
Less than JPY 50, 000, 000	JPY 1, 000, 000
JPY 50, 000, 000 or more but less than JPY 100, 000, 000	JPY 2, 000, 000
JPY 100, 000, 000 or more but less than JPY 5, 000, 000, 000	JPY 3, 000, 000
JPY 5, 000, 000, 00 or more but less than JPY 10, 000, 000, 000	JPY 4, 000, 000
JPY 10, 000, 000, 000 or more	JPY 5, 000, 000

2. If the economic value of a claim cannot be calculated or is extremely difficult to calculate, such economic value shall be deemed to be JPY 70, 000, 000.

Article 95 Remuneration for Presiding Arbitrator and Co-Arbitrators

1. The remuneration of a presiding arbitrator and co-arbitrator shall be as follows:

Amount or Economic Value of Claim	Co-arbitrator's remuneration (not including consumption tax)	Presiding arbitrator's remuneration (not including consumption tax)
Less than JPY 50, 000, 000	JPY 700, 000	JPY 1, 200, 000
JPY 50, 000, 000 or more but less than JPY 100, 000, 000	JPY 1, 500, 000	JPY 2, 500, 000
JPY 100, 000, 000 or more but less than JPY 5, 000, 000, 000	JPY 2, 500, 000	JPY 4, 000, 000
JPY 5, 000, 000, 00 or more but less than JPY 10, 000, 000, 000	JPY 3, 500, 000	JPY 5, 000, 000
JPY 10, 000, 000, 000 or more	JPY 4, 000, 000	JPY 6, 000, 000

2. Article 94.2 shall be applied in calculating the amount of a claim under Article 95.1.

Article 96 Reduction or Non-Payment of Arbitrator's Remuneration

1. The arbitrator's remuneration shall not be reduced if the arbitral proceedings are terminated due to the Parties' withdrawal of all the claims, unless Articles 96.2 through 96.5 apply.

2. The remuneration of the following arbitrator(s) shall not be paid:

(1) if the arbitral proceedings have been terminated before constitution of the arbitral tribunal: each member of the tribunal;

(2) if an arbitrator ceases to perform his or her duty because of death, challenge, removal (except for removal by the agreement between the Parties), or resignation: such arbitrator;

3. Notwithstanding Article 96.2(2), where the arbitral tribunal is composed of more than one arbitrator, the JCAA shall determine the remuneration of the arbitrator who ceases to perform his or her duty because of death or illness, taking into account the arbitrator's contribution to the resolution of the dispute and any other relevant circumstances.

4. Where Article 96.2(2) applies, the substituted arbitrator's remuneration shall be the full amount under Article 94.1 or 95.1.

5. Where the arbitral proceedings are terminated due to the non-existence or invalidity of an arbitration agreement, half of the amount of remuneration under Article 94.1 or 95.1 shall be paid to the arbitrator(s) that issues the arbitral award or decides to terminate the arbitral proceedings.

Article 97 Parties' Agreement on Change of Arbitrator's Remuneration before Constitution of the Arbitral Tribunal

1. Notwithstanding Articles 94 through 96, the amount of arbitrator's remuneration and reduction or non-payment of the arbitrator's remuneration under the provisions of Part 3 of the Rules may be changed only if all the Parties so agree in writing before the constitution of the arbitral tribunal under Article 31.2.

2. The conditions with respect to the amount of the arbitrator's remuneration and reduction or non-payment of arbitrator's remuneration which are applied to the arbitra-

tor appointed by the JCAA under Article 28.6 or 29.6 shall be the same as or more favorable than the conditions agreed by the Parties under Article 97.1, whichever is favorable to the co-arbitrators.

3. If the Parties make an agreement under Article 97.1, the Parties shall notify the JCAA thereof without delay.

Article 98 No-Change of Arbitrator's Remuneration after Constitution of the Arbitral Tribunal

1. No arbitrator shall consult or negotiate with the Parties or the JCAA to change the amount of arbitrator's remuneration or reduction or non-payment of the arbitrator's remuneration after constitution of the arbitral tribunal under Article 31.2.

2. The amount of arbitrator's remuneration under the provisions of Part 3 or the Rules, shall not be changed after constitution of the arbitral tribunal under Article 31.2, even if all Parties so agree.

Article 99 Change of Amount of Arbitrators' Remuneration by Agreement among Arbitrators

1. Where the arbitral tribunal is composed of three arbitrators and a co-arbitrator performs the scope of the presiding arbitrator's duties under Article 31.3, all three arbitrators may agree to change the amount of each arbitrator's remuneration; provided that the sum of the changed amount of each arbitrator's remuneration shall not exceed the sum of each arbitrators' remuneration under Article 95.1.

2. If the arbitrators make an agreement under Article 99.1, the arbitrators shall notify the JCAA thereof without delay.

Article 100 Payment of Arbitrator's Remuneration

1. The JCAA shall pay to the arbitrator his or her remuneration without delay after the time limit under Articles 69 through 71 has passed upon the arbitrator's rendering of an arbitral award or making a determination to terminate the arbitral proceedings, or upon termination of arbitral proceedings for any other reason.

2. If an arbitrator ceases to perform his or her duty due to his or her resignation or

other reasons, the JCAA shall pay to the arbitrator his or her remuneration without delay after the time limit under Articles 69 through 71 has passed, unless such arbitrator's remuneration is not to be paid under Article 96. 2.

Article 101 Arbitrator's Expenses

1. The arbitrator shall be entitled to reimbursement by the JCAA of the following expenses incurred to the extent reasonable and required for the arbitral proceedings:

(1) transportation expenses (business-class airfares and equivalent class fares for other modes of transportation); and

(2) cost of post, courier, telephone calls, copies or any other expenses that the JCAA finds reasonable taking into consideration the nature of the case.

2. If an arbitrator is required to use overnight accommodation, he or she shall be paid JPY 60, 000 as the flat rate of *per diem* allowance which covers hotel charges, meals and other personal living expenses.

3. Articles 97 shall apply *mutatis mutandis* to Article 101. 1 and 101. 2.

4. The Parties shall bear the expenses and *per diem* allowance under Articles 101. 1 through 101. 3, and entrust to the JCAA the necessary work for reimbursement and payment of such expenses and allowance.

5. The JCAA shall reimburse the arbitrator's expenses and pay the *per diem* allowance under Articles 101. 1 through 101. 3 if the arbitrator submits to the JCAA the receipt or any equivalent documentary evidence thereof.

Article 102 Special Rules concerning Emergency Arbitrator's Remuneration

1. Articles 94 through 95 and 99 shall not apply to the emergency arbitrator's remuneration and related matters.

2. The emergency arbitrator's remuneration shall be JPY 1, 200, 000 regardless of the Amount or Economic Value of Claim. Where the proceedings are terminated before the emergency arbitrator makes a determination on the application for Emergency Measures, the emergency arbitrator's remuneration shall be JPY 300, 000.

3. Articles 96 through 98, 100 and 101 shall apply *mutatis mutandis* to the payment of the emergency arbitrator's remuneration and expenses, respectively.

Part 4 Administrative Fee

Article 103 Administrative Fee

1. The administrative fee that the claimant shall pay at the time of submitting a Request for Arbitration shall be the following amount *plus* applicable consumption tax:

Amount or Economic Value of Claim	Amount of Administrative Fee
Less than JPY 20, 000, 000	JPY 500, 000
JPY 20, 000, 000 or more but less than JPY 100, 000, 000	JPY 500, 000 *plus* 1% of any amount in excess of JPY 20, 000, 000
JPY 100, 000, 000 or more but less than JPY 1, 000, 000, 000	JPY 1, 300, 000 *plus* 0. 3% of any amount in excess of JPY 100, 000, 000
JPY 1, 000, 000, 000 or more but less than JPY 5, 000, 000, 000	JPY 4, 000, 000 *plus* 0. 25% of any amount in excess of JPY 1, 000, 000, 000
JPY 5, 000, 000, 000 or more but less than JPY 10, 000, 000, 000	JPY 14, 000, 000 *plus* 0. 1% of any amount in excess of JPY 5, 000, 000, 000
JPY 10, 000, 000, 000 or more	JPY 19, 000, 000 *plus* 0. 05% of any amount in excess of JPY 10, 000, 000, 000 (JPY 25, 000, 000 is maximum)

2. If the economic value of a claim cannot be calculated or is extremely difficult to calculate, such economic value shall be deemed to be JPY 70, 000, 000.

3. Where the claim includes a claim for interest, damages, or other amounts accruing or being caused continuously, the administrative fee shall be calculated based upon the amount of the claim *plus* the amount of interest, damages, or other such amount for a period of one year from the date of submitting the Request for Arbitration.

4. Where the amount of claim(s) is denominated in a currency other than Japanese Yen, the amount shall be converted into Japanese Yen at the TTM rate or any other

reasonable exchange rate designated by JCAA as of the business day immediately preceding the date of submission of the Request for Arbitration.

Article 104　Administrative Fee in the Case of Modification of Amount of Claim

1. If, after paying the administrative fee, the claimant increases the amount of the claim or adds another claim, the administrative fee shall be the amount obtained by applying Article 103 to the claim as modified; provided that "the date of submission of the Request for Arbitration" under Article 103.3 shall be read as "the date of increasing the amount of the claim or adding another claim."

2. Article 104.1 shall apply *mutatis mutandis* if the economic value of the claim which has been deemed to be JPY 70,000,000 under Article 103.2 is found to excess JPY 70,000,000.

Article 105　Administrative Fee in the Case of Withdrawal of All Claims

If the claimant, within thirty days after the commencement of the arbitral proceedings and before the arbitral tribunal has been constituted, withdraws all its claims, the JCAA shall refund 90% of the total amount of the administrative fee.

Article 106　Administrative Fee in the Case of Withdrawal of All Claims where Expedited Arbitration Procedures Apply

In the case where the provisions of Part 2 of the Rules shall apply, if the claimant, within ten days after the commencement of the arbitral proceedings and before the arbitral tribunal has been constituted, withdraws all its claims, the JCAA shall refund 90% of the total amount of the administrative fee.

Article 107　Application in the Case of Counterclaim and Third Party Joinder

Articles 103 through 106 shall apply to (a) a counterclaim made by the respondent and (b) a claim made by or against the third party who has joined the arbitration proceedings under Article 56.

Article 108 Special Rules concerning Application for Emergency Measures

1. Articles 103 through 107 shall not apply to an application for Emergency Measures.

2. At the time of submitting an application for Emergency Measures, the applicant shall pay the following administrative fee and deposit to cover a part of the emergency arbitrator's expenses and other reasonable expenses incurred with respect to the proceedings:

Administrative Fee: JPY 200, 000 *plus* applicable consumption tax

Deposit: JPY 100, 000.

3. If the applicant, before the emergency arbitrator has been appointed, withdraws the application for Emergency Measures, the JCAA shall refund 90% of the amount of the administrative fee.

Supplementary Provisions

1. These Rules shall come into effect on January 1, 2019.

2. Any arbitral proceedings commenced before these Rules come into effect shall be governed by the former Rules; provided that subsequent proceedings may, upon agreement of the Parties, be conducted pursuant to these Rules. In the event of such an agreement between the Parties, the arbitral proceedings that already have been conducted pursuant to the former Rules shall remain valid.

附录六:

JCAA 对 UNCITRAL 仲裁的管理规则

JCAA Administrative Rules for UNCITRAL Arbitration

(As Amended and Effective on January 1,2019)

Part 1 Administrative Rules for UNCITRAL Arbitration

Rule 1 Purpose

These "Administrative Rules for UNCITRAL Arbitration" (the "Rules") provide for the procedures and other necessary matters integrated into and supplemental to the UNCITRAL Arbitration Rules relating to arbitration administered by the JCAA where the Parties have agreed to resolve their dispute by arbitration under the UNCITRAL Arbitration Rules. With regard to the provisions of Part 2 and Part 3, if the provisions of these Parts are in conflict with the provisons of the UNCITRAL Arbitrtion Rules, the former provisions are to be applied.

Rule 2 Definitions

1. The term "UNCITRAL Arbitration Rules" means the UNCITRAL Arbitration Rules adopted by the United Nations General Assembly in 1976,2010 or 2013 applied to the arbitration proceedings in accordance with Rule 3.

2. The term "JCAA" means the Japan Commercial Arbitration Association.

3. The term "Party" or "Parties" means one or more claimants and respondents.

4. The term "in writing" includes hard copy and electronic documents. "Electronic documents" include electronic, magnetic and any other recording media used in information processing by a computer or other electronic device.

5. The term "Commercial Arbitration Rules" means the Commercial Arbitration Rules of the JCAA.

6. The term "Interactive Arbitration Rules" means the Interactive Arbitration

Rules of the JCAA.

Rule 3 Application of the UNCITRAL Arbitration Rules 2010

The UNCITRAL Arbitration Rules adopted by the United Nations General Assembly in 2010 shall apply where an arbitration agreement provides for arbitration under the UNCITRAL Arbitration Rules without specifying which version (i. e., the UNCITRAL Arbitration Rules adopted in 1976, 2010 or 2013).

Rule 4 Application of These Rules

1. The JCAA shall, in either of the following cases, provide administrative services for arbitration under the UNCITRAL Arbitration Rules in accordance with Rules 5 through 17 below:

(a) Where the Parties have agreed in advance to have the JCAA provide administrative services for arbitration under the UNCITRAL Arbitration Rules; or

(b) Where the Parties agree in writing to arbitration conducted under the Rules and notify the JCAA of such agreement (i) after the claimant has requested arbitration under the Commercial Arbitration Rules or the Interactive Arbitration Rules but (ii) before the confirmation or appointment of any arbitrator by the JCAA.

In the case of (b) above, the proceedings conducted under the Commercial Arbitration Rules or the Interactive Arbitration Rules before such agreement is reached shall remain in effect.

2. The arbitral proceedings administered under Rule 4. 1 shall be conducted under the Rules and, if not provided in the Rules, the UNCITRAL Arbitration Rules.

Rule 5 The Relationships between Part 1, Part 2 and Part 3

Part 2 and Part 3 of the Rules shall apply as the integral part of Part 1 of the Rules.

Rule 6 Derogation from the Rules

Where the Rules apply, the Parties, the arbitrators and the JCAA, and their relationships shall be governed by the Rules, and by any agreements varying any of the Rules except for Part 2 and Part 3 of the Rules.

Rule 7 Interpretation of the Rules

1. The authentic texts of the Rules shall be English.

2. In the event of any difference as to the interpretation of the Rules, the interpretation of the JCAA shall prevail; provided that the interpretation of an arbitral tribunal as to the provisions of Part 1 of the Rules shall prevail over that of the JCAA in the arbitration proceedings before such arbitral tribunal.

Rule 8 Appointing Authority

Unless otherwise agreed by the Parties, the JCAA shall serve as the appointing authority provided for in the UNCITRAL Arbitration Rules where the Rules apply.

Rule 9 Request for Arbitration

1. To request the initiation of arbitral proceedings under Rule 4.1(a), the claimant shall submit in writing to the JCAA a request for arbitration (the "Request for Arbitration") setting forth the matters provided for in Articles 3.3 and 20.2 of the UNCITRAL Arbitration Rules.

2. Arbitral proceedings shall be deemed to have commenced on the date on which the Request for Arbitration has been received by the JCAA.

3. The JCAA, on having confirmed that the Request for Arbitration has been made in conformity with Articles 3.3 and 20.2 of the UNCITRAL Arbitration Rules and the administrative fee has been paid, shall promptly notify the claimant and the respondent thereof. A copy of the Request for Arbitration shall be attached to such notice to the respondent.

4. Rules 9.1 through 9.3 shall apply mutatis mutandis to a counterclaim made by the respondent.

Rule 10 Withdrawal of Request for Arbitration before the Constitution of the Arbitral Tribunal

Before the constitution of the arbitral tribunal, the claimant may withdraw its claim by submitting a notice to the JCAA in writing (the "Notice of Withdrawal") stating that the claimant withdraws the claim. The JCAA shall notify the respondent of the

Notice of Withdrawal.

Rule 11　Office in Charge of Administrative Services

The JCAA shall notify, together with the notice of Request for Arbitration under Rule 9.3, the Parties of which of its offices is taking charge of the administrative services.

Rule 12　Communications

A Party shall transmit a notice or any material submitted in writing in the arbitral proceedings to the arbitrator(s), the other Party and the JCAA; and the arbitral tribunal shall transmit to the JCAA a copy of a notice or any material in writing in the arbitral proceedings to the Parties.

Rule 13　Service or Assistance to the Parties and the Arbitral Tribunal

The JCAA shall, at the request of the arbitral tribunal or either Party, make arrangements for interpreting, making a stenographic transcript of hearings, or providing a hearing room.

Rule 14　Language to be used in Communications between the JCAA and the Parties or between the JCAA and the Arbitrators

Communications between the JCAA and the Parties or between the JCAA and the arbitrators shall be made in either English or Japanese.

Rule 15　Notice of Arbitral Award

1. The JCAA shall send the arbitral award to each Party after the Parties have fully paid to the JCAA the amount due under Rule 16.

2. The JCAA shall keep one original of the arbitral award.

Rule 16　Fees and Costs

1. The claimant, when it submits a Request for Arbitration, shall pay an administrative fee to the JCAA under Part 3 of the Rules. The respondent shall pay such administrative fee when it submits a counterclaim.

2. Notwithstanding Articles 43.1 and 43.2 of the UNCITRAL Arbitration Rules, the JCAA, if it considers it necessary, may request either or both of the Parties to pay all or part of the fees and costs in advance.

3. If a party fails to pay the fees or costs under Rule 16.1 and 16.2, the arbitral tribunal may suspend or terminate the arbitral proceedings unless the other Party pays such unpaid amount instead.

4. When terminating the arbitral proceedings, the arbitral tribunal shall fix the amounts of the various costs referred to under Article 40 of the UNCITRAL Arbitration Rules and the amount of the administrative fee and the other costs stipulated under the Rules, and apportion these fees and costs between the Parties. Notwithstanding Article 43.5 of the UNCITRAL Arbitration Rules, the JCAA shall render to the Parties an account of these fees and costs paid in advance, and return any unexpended balance to either or both of the Parties.

Rule 17　Other Services

The JCAA may, upon request of the arbitral tribunal or the Parties, provide any services which are not stipulated under the Rules, if the JCAA finds it appropriate.

Part 2　Arbitrator's Remuneration

Rule 18　Application of these Regulations

The provisions of Part 2 shall apply to the arbitrator's remuneration and related matters for arbitration under the UNCITRAL Arbitration Rules administered by the JCAA.

Rule 19　Definitions

"Arbitration Hours" shall mean the time reasonably required to conduct the arbitral proceedings; provided that, only one-half of the traveling time the arbitrator spends for arbitral proceedings shall be included in the Arbitration Hours.

Rule 20 Hourly Charge Basis

1. The amount of an arbitrator's remuneration shall be based on the hourly rate multiplied by the number of the Arbitration Hours. The amount of each arbitrator's remuneration shall be fixed by the JCAA.

2. The JCAA shall determine an hourly rate within the range of USD500 to USD1,500 for each arbitrator taking into account the arbitrator's experience, the complexity of the case and related matters, and in appropriate cases after giving the Parties an opportunity to comment; provided that the hourly rate for the presiding arbitrator shall not be lower than the hourly rate for the other arbitrators.

3. Notwithstanding Rule 20.2, the JCAA may determine any other hourly rate if all of the Parties agree.

4. The arbitrator(s) shall provide the JCAA with a monthly report by the 20th of the following month that states the Arbitration Hours under Rule 19 and a description of the work performed for each day.

Rule 21 Reduction of Arbitrator's Remuneration

1. If an arbitrator ceases to perform his or her duties due to his or her resignation or other reasons during arbitral proceedings, the JCAA, in consideration of the circumstances that led to the ceasing of his or her duties, may decide to reduce the arbitrator's remuneration calculated under Rule 20.

2. When the JCAA decides to reduce the arbitrator's remuneration under Rule 21.1, the JCAA shall consult with the Committee for Reviewing Arbitrator's Remuneration and take into account the Committee's proposal.

3. The JCAA's decision to reduce the arbitrator's remuneration under Rule 21.1 shall be final.

Rule 22 Payment of Arbitrator's Remuneration

1. The JCAA shall pay to the arbitrator his or her remuneration without delay after the time limit under Articles 37 through 39 of the UNCITRAL Arbitration Rules has passed, upon the arbitrator's rendering an arbitral award or making a determination to terminate the arbitral proceedings, or upon termination of arbitral proceedings for any

other reason.

2. Notwithstanding Rule 22.1, with the consent of all the Parties, the JCAA may pay to the arbitrator his or her remuneration before the time limit under Rule 22.1, if the arbitral proceedings are expected to be prolonged.

Rule 23 Arbitrator's Expenses

1. The arbitrator shall be entitled to reimbursement by the JCAA of his or her reasonable hotel and other expenses.

2. The Parties shall bear the above expenses and entrust to the JCAA the necessary work for reimbursement of such expenses. The JCAA shall reimburse the arbitrator's expenses if the arbitrator submits to the JCAA the receipt or any equivalent documentary evidence thereof.

Part 3 Administrative Fee

Rule 24 Administrative Fee

1. The administrative fee that the claimant shall pay at the time of submitting a Request for Arbitration shall be the following amount plus applicable consumption tax:

Amount or Economic Value of Claim	Amount of Administrative Fee
Less than JPY 20, 000, 000	JPY 500, 000
JPY 20, 000, 000 or more but less than JPY 100, 000, 000	JPY 500, 000 *plus* 1% of any amount in excess of JPY 20, 000, 000
JPY 100, 000, 000 or more but less than JPY 1, 000, 000, 000	JPY 1, 300, 000 *plus* 0.3% of any amount in excess of JPY 100, 000, 000
JPY 1, 000, 000, 000 or more but less than JPY 5, 000, 000, 000	JPY 4, 000, 000 *plus* 0.25% of any amount in excess of JPY 1, 000, 000, 000
JPY 5, 000, 000, 000 or more but less than JPY 10, 000, 000, 000	JPY 14, 000, 000 *plus* 0.1% of any amount in excess of JPY 5, 000, 000, 000
JPY 10, 000, 000, 000 or more	JPY 19, 000, 000 *plus* 0.05% of any amount in excess of JPY 10, 000, 000, 000 (JPY 25, 000, 000 is maximum)

2. If the economic value of a claim cannot be calculated or is extremely difficult

to calculate, such economic value shall be deemed to be JPY 70, 000, 000.

3. Where the claim includes a claim for interest, damages, or other amounts accruing or being caused continuously, the administrative fee shall be calculated based upon the amount of the claim plus the amount of interest, damages, or other such amount for a period of one year from the date of submitting the Request for Arbitration.

4. Where the amount of claim(s) is denominated in a currency other than Japanese Yen, the amount shall be converted into Japanese Yen at the TTM rate or any other reasonable exchange rate designated by JCAA as of the business day immediately preceding the date of submission of the Request for Arbitration.

Rule 25 Administrative Fee in the Case of Modification of Amount of Claim

1. If, after paying the administrative fee, the claimant increases the amount of the claim or adds another claim, the administrative fee shall be the amount obtained by applying Rule 24 to the claim as modified; provided that "the date of submission of the Request for Arbitration" under Rule 24.3 shall be read as "the date of increasing the amount of the claim or adding another claim."

2. Rule 25.1 shall apply mutatis mutandis if the economic value of the claim which has been deemed to be JPY 70, 000, 000 under Rule 25.2 is found to excess JPY 70, 000, 000.

Rule 26 Administrative Fee in the Case of Withdrawal of All Claims

If the claimant, within thirty days after the commencement of the arbitral proceedings and before the arbitral tribunal has been constituted, withdraws all its claims, the JCAA shall refund 90% of the total amount of the administrative fee.

Rule 27 Application in the Case of Counterclaim and Third Party Joinder

Rules 24 through 26 shall apply to (a) a counterclaim made by the respondent and (b) a claim made against the third party who has joined the arbitration proceedings.

Supplementary Provisions

1. The Rules shall come into effect on January 1, 2019.

2. Any arbitral proceedings commenced before the Rules come into effect shall be governed by the former Rules; provided that subsequent proceedings may, upon agreement of the Parties, be conducted pursuant to the Rules. In the event of such an agreement between the Parties, the arbitral proceedings that already have been conducted pursuant to the former Rules shall remain valid.

附录七：

JCAA 商事调解规则

JCAA Commercial Mediation Rules

(As Effective on February 1,2020)

Chapter Ⅰ General Provisions

Article 1 Purpose

These Commercial Mediation Rules(the “Rules”) set out the procedures and other necessary matters relating to mediation administered by the JCAA to resolve commercial disputes.

Article 2 Definitions

1. The term “JCAA” means the Japan Commercial Arbitration Association.

2. The term “Party” or “Parties” means one or more applicants and respondents.

3. The term “Mediator” includes more than one media-tor.

4. The term “in writing” includes hard copy and electronic documents. Electronic documents include electronic, magnetic and any other recording media used in information processing by a computer or other electronic device.

5. The term “Mediation Agreement” means an agreement of the Parties to mediation administered by the JCAA.

6. The term “List of Candidates for Mediators” means the list prepared by the JCAA specifically for each mediation by reference to the JCAA's database of candidates of mediators or any other resources.

7. The term “Mediation Commencement Date” means either the date:

(1) the JCAA notifies the parties of the request for mediation under Article 12.5, where there is a prior Mediation Agreement; or

(2) the JCAA notifies the Parties under Article 13.5 that the JCAA acknowledges

receipt of the respondent's written acceptance of the proposal to mediate under Article 13.1, in the absence of a prior Mediation Agreement.

Article 3　Derogation from the Rules

Where the Rules apply, the Rules govern the mediation proceedings and the relationships between the Parties, the mediators and the JCAA. However, the Parties may agree to vary any of the Rules, except for Chapter V of the Rules.

Article 4　Interpretation of the Rules

1. The authentic texts of the Rules are Japanese and English. In the event of any difference or inconsistency between these two versions, the Japanese version shall prevail.

2. In the event of any difference as to the interpretation of the Rules, the interpretation by the JCAA shall pre-vail.

Article 5　Manner of Communication

Any notice, submission or transmission under the Rules shall be sent by courier, registered mail, e-mail, or any other reasonable means, unless otherwise agreed by the Parties.

Article 6　Administrative Body and Secretariat

The JCAA shall administer the mediation proceedings under the Rules.

Article 7　Communication Language with the JCAA

Communications between the JCAA and the Parties, or between the JCAA and the Mediator, shall be in either English or Japanese.

Article 8　List of Candidates for Mediators

If requested, the JCAA shall provide a List of Candidates for Mediators to a Party to assist that Party to appoint a mediator. The Parties may appoint a person who is not on the List of Candidates for Mediator as a Mediator.

Article 9 Representation and Assistance

A Party may be represented or assisted by any person of its choice in mediation proceedings under the Rules.

Article 10 Change or Fix of Time Period

If requested by the Parties or the Mediator, or the JCAA considers it necessary, the JCAA may fix or change any time period concerning the mediation proceedings under the Rules.

Article 11 Exclusion of Liability

Neither the Mediator nor the JCAA (including its directors, officers, employees and other staff) shall be liable for any act or omission in connection with the mediation proceedings unless such act or omission constitutes willful misconduct or gross negligence.

Chapter Ⅱ Commencement of Mediation

Article 12 Commencement of Mediation when Prior Mediation Agreement Exists

1. To commence mediation under a prior Mediation Agreement, the applicant shall submit a request for mediation (the "Request for Mediation") in writing to the JCAA, together with a copy of the Mediation Agreement.

2. The Request for Mediation under Article 12. 1 shall set forth the following:

(1) the Parties' full names (if a Party is a legal entity or other association, the corporate name and the name of the Party's representative), street address and other contact details (including tele-phone number and e-mail address);

(2) the full name, street address and other con-tact details (including telephone number and the e-mail address) of applicant's counsel, if the applicant is represented by counsel;

(3) a summary of the dispute (including the claim(s) if it is identifiable); and

(4) any agreement between the Parties or any applicant's proposal as to the following:

(a) the Mediator's name or the procedures for appointment of the Mediator (including the number of the Mediators);

(b) the process for conducting the mediation proceedings (including whether the Mediator shall suggest to all the Parties its proposals for settlement);

(c) the time limit for concluding the mediation;

(d) the language(s) of the mediation; and

(e) the calculation method for the Mediator's remuneration.

3. If the applicant is represented by counsel, a power of attorney shall be submitted to the JCAA with the Request for Mediation.

4. When the applicant submits a Request for Mediation, it shall pay the JCAA the filing fee. If the applicant fails to pay such filing fee in full within the time limit fixed by the JCAA, the JCAA shall deem that no Request for Mediation has been submitted.

5. After the JCAA has confirmed that the Request for Mediation has been submitted in accordance with Articles 12.2 to 12.4, the JCAA shall promptly notify the Parties thereof. A copy of the Request for Mediation shall be attached to such notice to the respondent, unless it is filed jointly by all the Parties.

Article 13 Commencement of Mediation when No Prior Mediation Agreement Exists

1. Where there is no prior Mediation Agreement, the applicant may still submit a Request for Mediation in writing to the JCAA, which sets forth the following:

(1) The proposal to the respondent that the disputes be referred to mediation under the Rules; and

(2) the matters provided for in Article 12.2.

2. If the applicant is represented by counsel, a power of attorney shall be submitted to the JCAA with the Request for Mediation.

3. When the applicant submits a Request for Mediation, it shall pay the JCAA the filing fee. If the applicant fails to pay such filing fee in full within the time limit fixed by the JCAA, the JCAA shall deem that no Request for Mediation has been submitted.

4. After the JCAA has confirmed that the Request for Mediation has been submit-

ted in accordance with Articles 13.1 to 13.3, the JCAA shall promptly notify the Parties thereof and ask the respondent whether it accepts the proposal to mediate under Article 13.1. A copy of the Request for Mediation shall be attached to such notice to the respondent.

5. If the JCAA receives the respondent's written acceptance of the proposal to mediate under Article 13.1(1), the JCAA shall promptly acknowledge its receipt and transmit such written acceptance to the applicant. The Mediation Agreement is deemed to have been reached between the Parties on the date when the JCAA receives such written acceptance.

6. If the JCAA does not acknowledge receipt of the respondent's written acceptance of the proposal to mediate under Article 13.1(1) within two weeks from the respondent's receipt of the notice of the Request for Mediation under Article 13.4, the JCAA shall promptly notify the applicant that the mediation proceedings shall not commence.

Article 14 Reply

1. Within two weeks from the Mediation Commencement Date, the respondent shall submit in writing to the JCAA a reply responding to the Request for Mediation (the "Reply").

2. If the respondent is represented by counsel, a power of attorney shall be submitted to the JCAA with the Reply.

3. On receipt of the Reply, the JCAA shall promptly transmit a copy thereof to the applicant.

Chapter Ⅲ Mediator

Article 15 Impartiality and Independence of Mediator

1. A person who is not impartial and independent shall decline to accept an appointment as the Mediator. The Mediator shall be, and remain at all times, impartial and independent during the mediation proceedings.

2. When a person is approached in connection with his or her possible appoint-

ment as the Mediator, he or she shall conduct a reasonable investigation into any circumstances which may, in the eyes of the Parties, give rise to justifiable doubts as to his or her impartiality or independence. If he or she finds such circumstances, he or she shall either decline to accept the appointment or may disclose such circumstances in writing to enable the approaching person to decide whether or not to withdraw its request for appointment.

3. When a person is appointed as the Mediator, he or she shall promptly submit in writing to the JCAA his or her undertaking to disclose any circumstances which may give rise to justifiable doubts as to his or her impartiality or independence, or to declare that there are no such circumstances (the "Declaration of Impartiality and Independence"). The Declaration of Impartiality and Independence may be submitted either through the Party which has appointed him or her, or directly to the JCAA.

4. During the course of the mediation proceedings, the Mediator shall have an ongoing duty to make reasonable investigation into any circumstances which may, in the eyes of the Parties, give rise to justifiable doubts as to the mediator's impartiality or independence. If the Mediator finds such circumstances, the Mediator shall promptly disclose to the Parties and the JCAA in writing such circumstances, unless the Mediator has already disclosed such circumstances. An advance declaration in relation to such circum-stances that may possibly arise in the future does not discharge the Mediator's ongoing duty of disclosure.

Article 16　Appointment and Confirmation of Mediator

1. The Mediator shall be appointed pursuant to the agreement of the Parties.

2. If the Parties have not executed any agreement provided for in Article 16.1, the Mediator shall be appointed under Article 17.

3. Where a Party or Parties appoint the Mediator, or the Mediator already appointed by a Party or the Parties (the "Party-Appointed Mediators") appoints anoth-er Mediator, the appointment of such Mediator shall be effective only after confirmation by the JCAA.

4. On appointment of the Mediator by a Party, the Parties or the Party-Appointed

Mediators, such Party, Parties and Party-Appointed Mediators shall promptly sub-mit in writing to the JCAA for its confirmation under Article 16.3:

(1) a notice of appointment of the Mediator set-ting forth the appointed Mediator's name, street address and other contact details (i. e., telephone number and e-mail address) and occupation;

(2) a document setting forth the Mediator's acceptance of appointment; and

(3) Declaration of Impartiality and Independence.

5. The JCAA shall promptly transmit a copy of the documents under Article 16.4 to the Party (or Parties) and the Mediator other than those who submitted those documents.

6. When confirming or appointing the Mediator, the JCAA shall consider the prospective Mediator's background, nationality, place of residence, language skill, expertise, experience as mediator, availability, any circum-stances disclosed by the Mediator under Article 15.2 or 15.3 and any other relevant factors.

7. The JCAA shall refuse to confirm the appointment of the Mediator if the JCAA finds that the appointment is clearly inappropriate, including but not limited to similar circumstances to those provided for in Article 23 (1) of Code of Civil Procedure of Japan1. Prior to such refusal, if the JCAA considers it appropriate, the JCAA may provide a Party, the Parties or the Party-Appointed Mediator that have appointed the Mediator with an opportunity to state their opinions.

8. Upon confirming the appointment of the Mediator, the JCAA shall promptly notify such confirmation to the Parties and the Mediator.

9. If the appointment of the Mediator is not confirmed by the JCAA, the JCAA shall promptly notify thereof to the Party, the Parties or the Party-Appointed Mediators who have appointed the Mediator. Such Party, Parties, or the Party-Appointed Mediators shall, within two weeks from their receipt of such notice, notify the JCAA of the appointment of another Mediator by sub-mitting the documents provided for in Article 16.4.

10. If the Party, the Parties, or the Party-Appointed Mediator fail to notify the JCAA of the appointment of another Mediator within the time limit fixed under Article 16.9, the JCAA shall appoint such Mediator under Articles 17.5 and 17.6.

Article 17　Procedures for Appointment of Mediator

1. If the Parties fail to notify the JCAA of their agreement on the number of Mediators within two weeks from the Mediation Commencement Date, such number shall be one, and the Parties shall jointly appoint a single mediator.

2. Where the Parties agree that the number of the Mediators shall be two but fail to agree on the procedures for appointment of the two Mediators, the Parties shall appoint the two Mediators under the following procedures:

(1) where the number of the Parties is two, each Party shall appoint one Mediator; or

(2) where the number of the Parties is three or more, the applicant(s) and the respondent(s) respectively shall appoint one Mediator. However, if the JCAA considers it appropriate, the JCAA may establish different procedures for appointment of the Mediator after giving the Parties an opportunity to comment.

3. Where the Parties agree that the number of the Mediator shall be three but fail to agree on the procedures of appointment of the three Mediators, the Parties shall appoint the three Mediators under the following procedures:

(1) where the number of the Parties is two, each Party shall appoint one Mediator and the two Party-Appointed Mediators shall agree to appoint the third Mediator; or

(2) where the number of the Parties is three or more, the applicant(s) and the respondent(s) respectively shall appoint one Mediator and the two Party-Appointed Mediators shall agree to appoint the third Mediator. However, if the JCAA considers it appropriate, the JCAA may establish different procedures for appointment of the Mediator after giving the Parties an opportunity to comment.

4. Where the Parties or the Party-Appointed Mediators appoint the Mediator under Articles 17.1 through 17.3, and the Parties fail to notify the JCAA of the appointment of any Mediator by submitting the documents provided for in Article 16.4 within four weeks from the Mediation Commencement Date, the JCAA shall appoint such Mediator.

5. Where the JCAA appoints the Mediator under Article 17.4, the JCAA shall send the Parties the List of Candidates for Mediators. Within one week from receipt of

this List, each Party shall respectively delete the name of any candidates to whom the Party objects, number the remaining candidates in order of preference, and notify in writing the JCAA thereof.

6. Once the JCAA receives the notice from the Parties under Article 17.5 or after the time limit under Article 17.5 expires if the JCAA does not receive the notice from any Party within such time limit, the JCAA shall promptly appoint the Mediator taking into account the order of preference expressed by the Parties and any other relevant circumstances, and notify the Parties of such appointment. A copy of the documents under Articles 16.4(2) and 16.4(3) shall be attached to such notice.

Article 18　Challenge to Mediator

1. A Party may challenge the Mediator if circumstances give rise to justifiable doubts as to the Mediator's impartiality or independence.

2. A Party that intends to challenge the Mediator shall submit in writing to the JCAA a request for challenge (the "Request for Challenge") within two weeks from the date of its receipt of the notice by the JCAA confirming the appointment of the Mediator (the notice of appointment of the Mediator, if the Mediator is appointed by the JCAA) or the date when it became aware of any circumstance under Article 18.1, which-ever comes later.

3. On receipt of the Request for Challenge, the JCAA shall promptly notify the other Party and the Mediator thereof.

4. The JCAA shall send a copy of the Request for Challenge to the other Party and the challenged Mediator and make a decision on the challenge, after giving the other Party and the challenged Mediator an opportunity to comment.

Article 19　Removal of Mediator

1. At the written request of either Party or on its own motion, and after giving the Parties and the challenged Mediator an opportunity to comment, the JCAA may remove any Mediator if:

(1) he or she fails to perform his or her duties;

(2) he or she unduly delays in the performance of his or her duties; or

(3) it has become inappropriate to perform his or her duties.

2. The Parties may agree to remove the Mediator.

3. If the JCAA finds circumstances similar to those pro-vided for in Article 23(1) of Code of Civil Procedure of Japan with regard to a Mediator, the JCAA shall remove the Mediator.

Article 20　Appointment of Substitute Mediator

1. The JCAA shall promptly notify the Parties and the other Mediator if any Mediator ceases to perform his or her duties due to challenge, removal, resignation, or death.

2. If the Mediator who has ceased to perform his or her duties was appointed by a Party, the Parties or the Party-Appointed Mediators, such Party, Parties or Party-Appointed Mediators shall notify the JCAA of the appointment of the substitute Mediator by submitting the document provided for in Article 16.4 within two weeks from their receipt of the notice under Article 20.1. If such Party, Parties or the Party-Appointed Mediators fail to do so, the JCAA shall appoint the substitute Mediator under Articles 17.5 and 17.6.

3. If the Mediator who ceases to perform his or her duties was appointed by the JCAA under Article 20.1, the JCAA shall appoint a substitute mediator under Articles 17.5 and 17.6.

Chapter Ⅳ　Mediation Proceedings

Article 21　Conduct of Mediation Proceedings

1. During the mediation proceedings, the Mediator shall act diligently and fairly, and help the Parties to resolve their disputes among themselves.

2. Upon being confirmed or appointed by the JCAA, the Mediator shall promptly discuss with the Parties the process of conducting the mediation proceedings including the following, and conduct the mediation expeditiously:

(1) the language(s) of the mediation;

(2) the schedule and the manner of exchanging the written statements and docu-

ments;

(3) the date and place of the mediation session;

(4) whether the mediator shall suggest to all the Parties its proposals for settlement and, if so, the timing thereof; and

(5) the time limit for concluding the mediation.

3. Where the Parties agree on the process for conducting the mediation proceedings, the Mediator shall conduct the mediation proceedings based upon such Parties' agreement.

Article 22 Separate Discussion

1. Unless otherwise agreed by the Parties, the Mediator may discuss with a Party separately. However, in such circumstances, the Mediator shall disclose to all the other Parties the fact that such separate discussions have taken place.

2. The Mediator may not disclose any information to the other Parties that the Mediator has obtained in separate discussions with a Party unless the disclosing Party has authorized the disclosure.

Article 23 Confidentiality

1. The mediation proceedings shall be held in private, and all records thereof shall be closed to the public.

2. The Mediator, the Parties, their counsels and assistants, the JCAA's officers and other staff, and other persons involved in the mediation proceedings shall not disclose facts related to or learned through the mediation proceedings. The same shall apply to them after their resignation, retirement, or completion of their duties.

3. Article 23.2 shall not apply where such disclosure is required by law, is necessary to implement, enforce or set aside the settlement agreement, or based on any other justifiable grounds.

4. Notwithstanding Article 23.2, Article 24 shall apply where the Parties present and prove the case in judicial, arbitral or similar proceedings pending between the Parties.

Article 24　Effect of Case Presented in Mediation Proceedings

1. If any Party presents the case, gives testimony or introduces evidence during the mediation proceedings, this does not affect the rights and duties of the Party.

2. Unless otherwise agreed by the Parties, a Party shall not in judicial, arbitral, or similar proceedings pending between the Parties present the case, or give or seek testimony regarding the following:

(1) the fact that the other Party proposed to conduct mediation proceedings or accepted the proposal to mediate, not including the fact that the mediation proceedings are taking place or has taken place;

(2) the fact that the other Party made admissions or any other statements as to specific matters during the mediation proceedings;

(3) any proposals for settlement made by the other Party or the Mediator during the mediation proceedings;

(4) views expressed or suggestions made by the other Party in respect of the proposals for settlement under Article 24.2(3); and

(5) the fact that the other Party indicated its willing-ness to accept a proposal for settlement.

3. Unless otherwise agreed by the Parties, a Party shall not in judicial, arbitral, or similar proceedings pending between the Parties introduce as evidence or make a request for disclosure regarding the following:

(1) a document or any other materials setting forth the matters provided for in Article 24.2; and

(2) a document or any other materials prepared solely for purposes of the mediation proceedings.

4. Articles 24.2 and 24.3 shall not apply where:

(1) the Parties need to state the case, give testimony or introduce evidence under Articles 24.2 and 24.3 for the purpose of implementing, enforcing or setting aside the settlement agreement; or

(2) any law requires the Parties to state the case, give testimony or introduce evidence under Articles 24.2 and 24.3.

5. A Party shall not state in judicial, arbitral, or similar proceedings pending between the Parties that the other Parties waived their right to reject the disclosure, solely on the ground that during the mediation proceedings the other Party presents its case, gives testimony or introduces evidence regarding the matter which the other Parties may otherwise refuse to disclose.

Article 25　Time Limit for Concluding Mediation

1. The Parties may agree on the time limit for concluding the mediation proceedings or, if the time limit is extended, the extended time limit.

2. Where the Parties have not agreed on the time limit under Article 25. 1, such time limit shall be three months from the date when all the Mediators are appointed or confirmed by the JCAA. Such time limit shall remain the same even if a substitute Mediator is appointed due to challenge, removal, resignation, or death unless the Parties agree to extend the time limit.

Article 26　Settlement

1. Where a settlement is reached between the Parties in the course of the mediation proceedings, the Parties shall notify the Mediator thereof and submit a copy of the settlement agreement to the JCAA.

2. Prior to the submission under Article 26. 1, the Mediator shall sign the settlement agreement as a witness upon the request of all Parties.

3. Either Party may request the JCAA to attest that the mediation agreement has resulted from the mediation administered by the JCAA.

Article 27　Arbitral Award Based on Settlement

Where a settlement is reached between the Parties, the Parties may agree in writing to appoint the Mediator as arbitrator and request such arbitrator to record the settlement in the form of an arbitral award.

Article 28　Termination of Mediation Proceedings

1. The mediation proceedings shall be terminated upon any of the following circumstances:

(1) a copy of the settlement agreement in respect of all the disputes subject to mediation is submitted to the JCAA;

(2) the respondent fails to submit the Reply to the JCAA within the time limit under Article 14.1. However, where there is more than one respondent, the mediation proceedings shall be terminated only with regard to the respondent failing to submit the Reply;

(3) all the Mediators are not appointed or confirmed by the JCAA due to a Party's objection under Article 17.5 within three months from the date when the JCAA initially sends the Parties the List of Candidates for Mediator(s);

(4) the time limit for concluding the mediation proceedings under Article 25 has expired;

(5) the Mediator or the JCAA receives a notice of withdrawal by any Party. However, where the number of the Parties is three or more, the mediation proceedings shall be terminated only with regard to the withdrawing Party;

(6) when two weeks have passed from the day following the date on which the Parties or the JCAA receives the decision from the Mediator that there is no likelihood of settlement on the grounds that, among others, any Party appears unwilling to reach settlement or the difference in the Parties' positions does not close. However, the mediation proceedings shall not be terminated if all the Parties request the Mediator to continue the mediation proceedings within this time limit; or

(7) the JCAA notifies the Parties in writing of its decision to terminate the mediation proceedings under Article 35.2 on the ground that a Party has failed to pay the deposit to the JCAA.

2. If the mediation proceedings is terminated under Article 28.1, the JCAA shall promptly notify in writing the Parties and the Mediator thereof.

Article 29　Commencement or Continue of Other Proceedings

Any Party may commence or continue judicial, arbitral or similar proceedings in respect of the disputes subject to mediation unless the Parties have agreed otherwise or unless prohibited by law.

Chapter V Fees and Costs

Article 30 Remuneration of Mediator

1. The amount of each Mediator's remuneration shall be based on the hourly rate of JPY 50,000 (not including consumption tax) multiplied by the number of hours reasonably required to conduct the following tasks during the mediation proceedings (the "Mediation Hours"); except only half of the traveling time the Mediator spends for the mediation proceedings shall be included in the Mediation Hours:

(1) communicating with the Parties and the JCAA;

(2) preparing or drafting notices or any other documents;

(3) reviewing any written statements or documents submitted by the Parties;

(4) conducting research on legal or technical issues;

(5) preparing for the mediation sessions and, to the extent necessary for such preparation, discussing among the Mediators;

(6) attending the mediation sessions; and

(7) any other tasks which are required to conduct the mediation proceedings.

2. Notwithstanding Article 30.1, the remuneration of the Mediator may be calculated by any of the following methods if all the Parties so agree:

(1) fixed-fee;

(2) the hourly rate or the fixed-fee amount shall increase if a settlement is reached between the Parties during the mediation proceedings; or

(3) any other calculation method.

3. The JCAA shall determine the remuneration of the Mediator who ceases to perform his or her duties due to challenge, removal, resignation, or death unless agreed otherwise by all the Parties and such Mediator.

4. The Mediator shall provide the JCAA with a monthly report by the 20th of the following month that states the Mediation Hours and a description of the work performed for each day. The JCAA shall share this report with the Parties if any Party so requests.

Article 31 Payment of Mediator's Remuneration

1. The Parties shall bear the Mediator's remuneration and entrust to the JCAA the necessary work for payment of such remuneration.

2. The JCAA shall pay to the Mediator his or her remuneration promptly following the termination of the mediation proceedings.

Article 32 Mediator's Expenses

1. Unless otherwise agreed by the Parties, the Mediator shall be entitled to reimbursement by the JCAA of the following expenses incurred to the extent reasonable and required for the mediation proceedings:

(1) transportation expenses (business-class airfares and equivalent class fares for other modes of transportation);

(2) cost of post, courier, telephone calls, copies or any other expenses that the JCAA finds reason-able taking into consideration the nature of the case.

2. If the Mediator is required to use overnight accommodation, the Mediator shall be paid JPY 60, 000 per night as the flat rate of per diem allowance which covers hotel charges, meals and other personal living expenses.

3. The Parties shall bear the expenses and per diem allowance under Articles 32. 1 and 32. 2 and entrust to the JCAA the necessary work for reimbursement and payment of such expenses and allowance.

4. The JCAA shall reimburse the Mediator's expenses and pay the per diem allowance under Articles 32. 1 and 32. 2 if the Mediator submits to the JCAA the receipt or any equivalent documentary evidence thereof.

Article 33 Filing Fee

1. The Filing fee that the applicant shall pay at the time of submitting a request for mediation shall be JPY 50, 000 (not including consumption tax).

2. The JCAA shall not refund to the applicant the filing fee once the mediation proceedings commence.

Article 34 Administrative Fee and Reasonable Expenses with Respect to the Mediation Proceedings

1. The administrative fee that the Parties shall pay to the JCAA is 10% of the total amount of the remuneration of the Mediator calculated under Article 30.

2. The Parties shall bear the administrative fee and reasonable expenses incurred with respect to the mediation proceedings.

Article 35 Deposit and Accounting

1. Following the commencement of the mediation proceedings, the JCAA shall request the Parties to make a deposit, in one or more times as the case may be, to cover the Mediator's remuneration and expenses, the administrative fee and reasonable expenses incurred with respect to the mediation (the "Mediation Costs").

2. The JCAA may suspend or terminate the mediation proceedings if any Party fails to make the deposit under Article 35. 1, unless any other Party otherwise makes the deposit of such amount not deposited.

3. Upon termination of the mediation proceedings, if the total amount of deposit paid by the Parties to the JCAA exceeds the total amount of the Mediation Costs, the JCAA shall promptly refund the excess amount to either or both of the Parties.

4. Where any Party withdraw from the mediation proceedings under Article 28. 1 (2) or Article 28. 1 (5) and if the deposit paid by the Parties exceeds the amount of the Mediation Costs already incurred, the JCAA shall promptly refund a part of the excess amount, as the case may be, to such withdrawing Party.

5. Mediation Costs shall be equally apportioned among the Parties unless otherwise agreed by the Parties.

Supplementary Provisions

1. The Rules shall come into effect on February 1, 2020.

2. Any mediation proceedings commenced under the Commercial Mediation Rules or the International Commercial Mediation Rules before the Rules come into effect shall be governed by Commercial Mediation Rules or International Commer-

cial Mediation Rules; provided that subsequent proceedings may, upon agreement of the Parties, be conducted pursuant to the Rules. In the event of such an agreement between the Parties, the mediation proceedings that have already been conducted shall remain valid.

3. The Rules shall apply where the applicant request the commencement of the mediation proceedings based on the agreement that the mediation shall be con-ducted under the International Commercial Mediation Rules after the Rules come into effect.

Mediation Clause

Clause A: Mediation Clause for Contracts

All disputes, controversies or differences arising out of or in connection with this contract shall be first referred to mediation in [city and country] in accordance with the Commercial Mediation Rules of the Japan Commercial Arbitration Association.

Clause B: Mediation Agreement for Existing Disputes

The parties hereby agree to refer the following dis-pute to mediation in [city and country] in accordance with the Commercial Mediation Rules of the Japan Commercial Arbitration Association:

[brief description of the dispute]

Clause C: Mediation followed by Arbitration (Med-Arb)

The parties shall attempt to negotiate in good faith for a solution to all disputes, controversies or differences arising out of or in connection with this contract (hereinafter referred to as "disputes").

If the disputes have not been settled by negotiation within [specify desired number] weeks from the date on which one party requests to other party for such negotiation, the parties shall attempt to settle them by mediation in accordance with the Commercial Mediation Rules of the Japan Commercial Arbitration Association (hereinafter referred to as "JCAA"). The parties shall conduct the mediation in good faith at least [specify desired number] months from the date of filing.

If the disputes have not been settled by the mediation, then they shall be finally settled by arbitration in accordance with the Commercial Arbitration Rules of the JCAA. The place of the arbitration shall be [city and country].

附录八：

JIMC 调解规则

JIMC Mediation Rules

(Effective as of November 20,2018)

Article 1　Application of these Rules

These Mediation Rules(these "Rules") shall apply to mediation administered by the Japan International Mediation Center in Kyoto(the "Center").

Article 2　Modification by Agreement

The parties may at any time agree to modify any provision of these Rules.

Article 3　Commencement of Mediation

1. Any party wishing to commence mediation shall send a written request for mediation(the "Request") to the Center and to the other party to the mediation. The Request shall be sent to the Centre by postal service, facsimile, or e-mail or any other electronic means, together with the filing fee provisioned in Appendix(Fee Schedule for Institutional Mediation. The mediation proceedings shall commence when the Centre acknowledges receipt of the Request and the filing fee.

2. The Request shall include the following information:

(a) the name, address, telephone number, facsimile number and email address(the "Contact Details") of the requesting party;

(b) the Contact Details of the attorney or counsel representing the requesting party, if any;

(c) the Contact Details of the other party to the mediation to the extent of the requesting party's knowledge; and

(d) the agreement to mediate between the parties, if any.

3. Except where there is agreement to mediate between the parties, the Center shall

promptly after its acknowledgement of receipt of the Request and the filing fee, dispatch the notice of the Request to the other party and request them to confirm whether or not they agree to mediate. The Request is deemed to be refused by the other party that does not confirm its agreement within 14 days of the date of such dispatch and the mediation proceedings shall terminate.

4. The Center shall request the parties to the mediation to pay deposits to cover administrative and other expenses after its acknowledgement of the receipt of the filing fee and confirmation of agreement to mediate by the other party under Article 3.3. Upon termination of the proceedings, the Center shall fix the total costs of the mediation and reimburse the parties for any excess payments.

5. If any requested deposit under Article 3.4 is not paid in full, the Center may stay the mediation proceedings. Following the payment of all requested deposits, the Center shall consult with the parties and the mediator (if appointed) about the mediation proceedings.

Article 4　Number and Appointment of Mediators

1. There shall be one mediator unless the parties agree otherwise.

2. The parties may request the Center to provide a list of candidates for mediator.

3. The parties may request the Center to recommend one or more candidates for mediator.

4. Where the parties are unable to agree on a mediator within 20 days from the date of commencement of the mediation, the Center may appoint a mediator after consultation with the parties.

5. The Center shall consider a prospective mediator's attributes including but not limited to nationality, skills, qualifications, and experience.

6. Before appointment, a prospective mediator shall submit to the Center a written declaration of acceptance of appointment including a statement of impartiality and independence and shall disclose to the parties all circumstances concerning impartiality and independence.

7. Calculation, administration, payment, and other matters concerning mediators'

fees and expenses are set out in the Institutional Mediation Regulations of the Center.

Article 5　Conduct of the Mediation

1. In conducting the mediation proceedings, the mediator shall treat the parties fairly and impartially taking into account the circumstances of the case.

2. The mediator may, at any stage of the proceedings, make proposals for settlement of the dispute.

3. The parties shall make every effort to conduct the mediation proceedings in an expeditious manner.

4. The Center will provide general administrative support to facilitate the conduct of the mediation proceedings.

5. The Center may appoint a person to assist the mediator with administering proceedings subject to agreement by the parties. The Center shall disclose to the parties in advance information about such assistant and the parties may object to such appointment. Any such assistant will function at no cost to the parties unless agreed otherwise among the parties and the assistant.

Article 6　Communications Between the Mediator and the Parties

1. The mediator may meet or communicate with the parties jointly or individually.

2. If the mediator meets or communicates with a party individually, the mediator shall inform the other party about such meeting or communication.

3. Where the mediator receives information about the dispute from a party, the substantial content of this information will not be disclosed without the consent of that party.

Article 7　Confidentiality

1. Any information relating to the mediation proceedings shall be kept confidential except where its disclosure is necessary under the applicable law or for the purposes of implementation and enforcement of a settlement agreement.

2. The parties to the mediation, the mediator, and any other persons involved in

the mediation proceedings shall not rely on, introduce as evidence, or give testimony based on in any arbitration, judicial or similar proceedings:

(a) the fact that any party made a Request or wished to participate in mediation proceedings; or

(b) any views expressed or suggestions made by any party in the course of the mediation proceedings in respect of a possible settlement of the dispute; or

(c) any statements or admissions made by any party in the course of the mediation proceedings; or

(d) any proposals made by the mediator; or

(e) the fact that any party indicated its willingness to accept a proposal for settlement made by the mediator; or

(f) the documents prepared solely for the mediation proceedings.

However, if required to do so under applicable law or for purposes of implementation or enforcement of a settlement agreement, the parties may disclose or produce such information or evidence to the extent necessary.

3. The provisions of this Article shall be applicable whether or not the arbitration, judicial or similar proceedings relate to the dispute that is subject of the present or past mediation proceedings.

Article 8 Termination of Mediation Proceedings

The mediation proceedings shall terminate:

(a) by the signing by the parties of a settlement agreement, on the date of the agreement; or

(b) by the declaration of the mediator that further efforts at mediation are no longer justified, on the date of the declaration; or

(c) by the declaration of a party addressed to the other party and the mediator, if appointed, that the mediation proceedings are terminated, on the date of declaration; or

(d) by the refusal by the other party of the Request notified in accordance with Article 3.3, on the date of the refusal.

Article 9 Arbitration by Mediator

Unless the parties agree otherwise, the mediator shall not act as an arbitrator in respect of a dispute that is the subject of the present or past mediation proceedings, or any dispute arising out of or in connection with the same contract or legal relationship or the related contract or legal relationship.

Article 10 Resort to Arbitration or Litigation

Either party may commence any arbitration or judicial proceedings in respect of a dispute that is the subject of mediation proceedings under these Rules where, in its opinion, such proceedings are necessary for preserving its own rights. The commencement of such proceedings shall not be deemed to be an abandonment of an agreement to mediate or a termination of mediation proceedings.

Article 11 Correspondence

1. Correspondence provided for in these Rules may be conducted by e-mail, facsimile, or postal service; provided that the mediator may determine otherwise.

2. All correspondence to the Center shall be in Japanese or English.

Article 12 Limitation of Liability

The mediator, the Center, and directors, officers and employees of the Center shall not be liable to any person for any act or omission in connection with mediation proceedings unless such act or omission is intentional or the result of gross negligence.

Article 13 Fees

Fees are set out in Appendix (Fee Schedule for Institutional Mediation).

Calculation, administration, payment, and other matters concerning mediators' fees and expenses shall be discussed and determined between the parties and the mediator after appointment. The Center shall not be responsible or liable for these arrangements.

Appendix
Japan International Mediation Center in Kyoto
Fee Schedule for Institutional Mediation

Article 1 Filing Fee

The party filing the Request shall make a payment of JPY 50, 000 as the filing fee. The filing fee is not refundable.

Article 2 Administrative Expenses

1. Each party shall pay the administrative expenses of the Center as set out below:

Amount in dispute	Administrative expenses per party
Up to JPY 19, 999, 999	JPY 100, 000
From JPY 20, 000, 000 to JPY 99, 999, 999	JPY 150, 000
From JPY 100, 000, 000 to JPY 199, 999, 999	JPY 250, 000
From JPY 200, 000, 000 to JPY 999, 999, 999	JPY 350, 000
From JPY 1, 000, 000, 000 to JPY 4, 999, 999, 999	JPY 450, 000
Over JPY 5, 000, 000, 000	JPY 500, 000

2. Where the amount in dispute is not stated, the administrative expenses shall be fixed by the Center at its discretion taking into account all circumstances of the case including indicators of the value of the dispute.

3. In exceptional circumstances, the Center may at its discretion fix the administrative expenses in excess of the provisions in Article 2. 1.

CHAPTER 02 >>

第二章 韩国仲裁制度研究

一、韩国仲裁制度概述

中国与韩国经贸往来紧密。中国是韩国最大贸易伙伴、最大出口市场和最大进口来源国，韩国是中国第三大贸易伙伴国。2019 年韩国与中国双边货物进出口额为 2845.3 亿美元。韩国与中国的贸易顺差 626.1 亿美元。截至 2019 年年底，韩国对中国实际投资累计 825.8 亿美元，中国对韩国实际投资累计 78.7 亿美元。韩国是中国第二大外资来源国，中国是韩国第二大投资对象国。中韩两国也都是区域全面经济伙伴关系协定的成员。同时，韩国也将继续加快自身“新南方新北方政策”同“一带一路”倡议的对接和推进步伐。紧密的经贸往来，必然伴随跨境商事纠纷的发生。商事仲裁是解决跨境纠纷的最主要手段，研究及比较韩国仲裁制度，有助于从事中韩贸易的当事人预防纠纷和寻求救济。韩国仲裁实践历史较悠久。1957 年美韩签订《友好通商条约》，可视作韩国现代仲裁制度的起点。该条约第 5 条第 1 款规定，两国公司或国民之间发生纠纷时，具有平等法律地位。该条第 2 款规定，两国当事人之间的纠纷提交仲裁解决的，应认定仲裁协议的有效性；依据仲裁协议作出的仲裁裁决，应当相互承认与执行。1960 年，韩国制定实施《民事诉讼法》，但未规定商事仲裁制度，仅规定了劳动仲裁制度。

此后，随着韩国出口导向型经济逐步发展。尤其是在第一个五年计划以来,韩国对外贸易量急速增长。为解决跨境贸易纠纷,韩国政府和商界开始意识到仲裁制度的重要性,韩国工商部制定了支持仲裁的政策目标作为韩国外贸政策的一部分。1966 年韩国《仲裁法》颁行,标志韩国现代仲裁制度的建立。[1] 韩国 1966 年《仲裁法》以德国《民事诉讼法》第 10 编为蓝本,但内容大为缩减。该法不分章节,仅有 18 个条文。虽然韩国 1966 年《仲裁法》受到欧陆法系仲裁立法的影响较大,但韩国仲裁实务主要以美国仲裁协会、国际商会仲裁院等国际仲裁实践为依照,导致立法与实践脱节。韩国 1966 年《仲裁法》未能有效支撑韩国出口导向型经济发展和跨境纠纷的实际需求。

1973 年,韩国修订《仲裁法》,授权大韩商事仲裁院(Korean Commercial Arbitration Board,KCAB)制定仲裁规则,以填补法律空白,缓解立法脱节的状况。1973 年的《仲裁法》修正案规定,除非当事人另有约定,KCAB 的仲裁规则适用于商事仲裁。

1999 年,韩国采纳《示范法》,制定了 1999 年《仲裁法》,成为东北亚地区第一个采纳《示范法》的司法管辖区。1999 年《仲裁法》标志韩国仲裁制度与国际通行仲裁制度接轨。

2016 年,韩国再次修订《仲裁法》,将 2006 年《示范法》的修订成果纳入韩国仲裁制度之中。此次修订主要涉及以下几个方面:(1)扩大仲裁解决纠纷的范围。此次修订规定仲裁解决纠纷的范围不限于私法纠纷,而涵盖全部财产性纠纷和当事人可和解处分的纠纷。(2)放宽了仲裁协议的书面要件。此次修订吸收《示范法》第 7 条第 6 款的规定,即“在合同中提及载有仲裁条款的任何文件的,只要此种提及可使该仲裁条款成为该合同一部分,即构成书面形式的仲裁协议”。(3)强化法院对临时措施的支持力度,赋予仲裁庭作出采取临时措施的决定的权力,要求法院承认与执行临时措施。(4)强化证据调查方面的法院支持力度。

韩国现行《仲裁法》基本上采纳了《示范法》的内容,但也存在一些不同之处。例如,《示范法》仅调整国际商事仲裁,而韩国《仲裁法》将其内容扩展适用到国内仲裁之中。《示范法》未规定当事人可以申请仲裁庭指定的专家证人回避,但是韩

---

〔1〕 参见姚俊逸、朱建林:《韩国的商事仲裁法律制度》,载中国国际经济贸易仲裁委员会等主办:《仲裁与法律》2003 年第 4 期(第 87 辑),法律出版社 2003 年版,第 147~158 页。

国《仲裁法》赋予当事人申请回避的权利。[1]《示范法》允许法院在仲裁裁决撤销程序中,依当事人申请而决定暂停撤销程序,以便仲裁庭有机会重新仲裁,或消除撤裁事由,但韩国《仲裁法》并未作此规定。在临时措施方面,韩国《仲裁法》规定,只有仲裁地在韩国,韩国法院才支持仲裁庭作出的临时措施。

韩国是《纽约公约》的缔约方。1973 年 2 月 8 日,韩国签署《纽约公约》。90 天后,即 1973 年 5 月 9 日,《纽约公约》正式在韩国生效。韩国对《纽约公约》规定的互惠和商事仲裁裁决作出保留,既不承认非商事仲裁裁决,也不承认与执行非公约缔约方作出的仲裁裁决。

2017 年,韩国实施《仲裁业促进法》。该法旨在改进仲裁制度依赖的“基础设施”,例如,纠纷解决的设施和场所、仲裁从业人员以及仲裁相关法律制度,促进韩国国内以及国际仲裁制度的发展,其目的是最终将韩国建立成为国际仲裁中心(international hub)。该法调整的对象是“仲裁行业”(arbitration industry),而不是仲裁程序本身。仲裁行业包括能够将仲裁案件以及仲裁程序吸引到韩国境内和与纠纷解决有关的设施、服务相关的所有行业。此外,韩国还制定了《国际会议促进法》,采用同样方式,吸引国际会议在韩国境内举办,促进旅游、交通运输等行业的发展。当国际案件当事人选择韩国作为仲裁地或者开庭地时,都可以为韩国境内的仲裁员、律师以及当事人带来可观的收入。仲裁业的发展,也能够促使境外律师事务所在韩国增设办事机构。法律服务行业的发展,又可以促进更多相关服务行业的发展。

韩国司法部依据《仲裁业促进法》授权、管理和促进仲裁行业发展。韩国司法部可以行使的权力包括:制订仲裁发展五年计划(five year master plan)、设立仲裁发展基金、促进仲裁设施建设、开发仲裁人力资源、推广仲裁解决国际争议以及资助仲裁发展。韩国司法部实施五年计划,有权请求相应政府部门以及地方政府的支持和配合,必要时,通过总统令的方式实施计划。[2] 韩国司法部的主要任务是为仲裁业所需要的基础提供保障,即场所设施、国际合作、教育科研等,但无权直接干涉仲裁机构,仲裁机构也不享有《仲裁业促进法》规定的特权。[3] 在仲裁人

---

〔1〕 参见韩国《仲裁法》第 27 条第 3 款。

〔2〕 参见韩国《仲裁业促进法》第 3 条。

〔3〕 参见韩国《仲裁业促进法》第 4 条。

才储备方面,韩国司法部可以委托合适的教育机构培养仲裁专业人才,制定仲裁人才培养方案。[1] 在国际交流合作方面,韩国司法部可以研究和制订促进国际仲裁发展的计划,展开国际间人才、信息和事务方面的合作,与海外仲裁机构合作举办推广活动。[2] 韩国司法部不可以财政资助上述活动。[3]

韩国司法部制订的第一个五年计划(2019～2023年),尝试将韩国打造成东北亚地区的关键仲裁司法管辖区。该计划主要包括4个阶段目标,即强化基础、推广国内仲裁、增强仲裁国际竞争力以及吸引更多的国际仲裁案件。在强化基础阶段,最重要的目标是增加仲裁人才储备和完善仲裁制度。仲裁人才储备主要通过培训和教育的方式完成,如建立仲裁培训中心以及仲裁员认证系统等。完善仲裁法律制度框架,则应通过建立外国仲裁法、仲裁规则和案例数据库,把握仲裁裁决承认与执行的国际趋势,搜集仲裁学术文献以及仲裁行业发展的信息实现。在推广国内仲裁阶段,韩国司法部认识到仲裁尚未被国内当事人完全接受,决定采用政府推广仲裁的方式,如在政府采购合同、大型基础设施建设合同以及政府推荐的标准合同中嵌入仲裁条款。在增强国际竞争力阶段,韩国司法部鼓励KCAB招募更多具有国际背景的人才,提升首尔国际争端解决中心的开庭场所的基础设施。韩国司法部还积极探索新的国际仲裁领域,如投资仲裁、调解等,以提升国际竞争力。在吸引国际案件方面,韩国司法部要求KCAB开设更多的海外分支机构,在潜在用户较多的地区举行仲裁相关活动,包括举办首尔替代性纠纷解决节在内的重大活动等。

研究韩国司法部的第一个仲裁业发展五年计划,不由让人回想起1962年韩国政府的第一个经济发展计划。正是经济发展计划的实施,才促进韩国的经济发展。半个世纪间,韩国从世界上最贫穷的国家,跃居世界第十一大经济体,并且成为被称作世界最大债权人的巴黎俱乐部成员。商业活动的蓬勃发展,不可避免地导致纠纷增加。在出口导向型的经济活动中,国际仲裁成为韩国公司解决因国际贸易、商业和投资产生的跨境纠纷的主要方式。韩国仲裁制度的发展与该国经济高速发展密切相关。韩国仲裁业的观察者相信,韩国仲裁业发展五年规划也能带

---

[1] 参见韩国《仲裁业促进法》第6条。
[2] 参见韩国《仲裁业促进法》第7条。
[3] 参见韩国《仲裁业促进法》第8条。

领韩国仲裁业的发展。

二、韩国仲裁制度

韩国《仲裁法》实施单轨制，不区分国内仲裁和国际仲裁。仲裁地在韩国，统一适用以《示范法》为蓝本的韩国《仲裁法》。

（一）可仲裁性

与大多数司法管辖区类似，韩国《仲裁法》不承认刑事、家事以及行政法事项的可仲裁性。韩国《仲裁法》第1条规定，仲裁法促进私法纠纷得以恰当、公平和迅速地解决。该法第3条规定，仲裁法调整当事人之间的财产纠纷，以及当事人可和解的非财产性纠纷。该条系采用德国《民事诉讼法》第1030条的规定，同时允许仲裁解决财产纠纷和当事人可和解的纠纷，突破了《仲裁法》第1条规定的私法纠纷。多数观点认为，该条规定的仲裁事项远超出《示范法》允许的仲裁范围。当事人可处分的非财产性纠纷，应当涵盖当事人可处分的公法事项，如条约仲裁。尚无法院先例确认管制性经济法律事项，如反垄断法、破产法及知识产权法，可以仲裁。在较早的案件中，韩国法院曾经承认并执行过涉嫌违反《公平交易法》的外国仲裁裁决。

侵权纠纷属于私法事项、财产性纠纷，也属于当事人可处分的纠纷，具有可仲裁性。在"Jungwon Construction Corp 诉 Korea Electric Power Corporation 案"中，韩国最高法院确认了侵权纠纷可以仲裁。[1] 在该案中，法院认定，被申请人以申请人违反之前双方订立的另案合同为由，取消申请人竞标资格，侵犯了申请人的合法权利。申请人权利是否被侵害，取决于双方当事人另案合同履行的结果。由于该合同约定了仲裁协议，因此有关该合同的争议应由仲裁庭而非法院决定。但在"Korea Heavy Industries 诉 Gold Star Cable 案"中，虽然仲裁协议明确排除了侵权事项，[2] 仲裁庭却就侵权纠纷作出裁决，最终导致裁决被法院撤销。

（二）仲裁协议的有效性

1. 书面形式

仲裁协议应当符合书面形式。[3] 当仲裁协议包含在当事人签署的书面文件之中，或者当事人通过交换信件以及数字电文等书面方式记录交换意见，或者在

[1] 91 Da 7774, 21 January 1992 (Supreme Court).

[2] 91 Da 17146, 14 April 1992 (Supreme Court).

[3] 参见韩国《仲裁法》第8条。

仲裁申请书或者答辩书中,一方当事人主张,而另一方当事人未提出反对的,都符合仲裁协议的书面形式。2016 年韩国修订《仲裁法》,采纳了 2006 年《示范法》修订第 7 条的建议。该次修订规定无论仲裁协议是口头、行为或者其他方式订立的,只要仲裁协议能够通过书面形式证明,都属于书面形式。

合同中援引其他文件中的仲裁协议,也构成有效的仲裁协议。在“Livestock Products Marketing Organization 诉 Hwa-Kyoung 案”中,韩国最高法院认为:“我们不仅支持合同中包含的仲裁条款,而且也支持格式合同或一般交易条件中的仲裁条款,只要当事人将其约定为合同的一部分。”在该案中,当事人向社会公开招标竞购牛肉,制作一般交易条款,并在报纸上公告,竞购牛肉方必须接受该一般交易条款。该一般交易条款中包含仲裁协议。同时,还要求所有参加牛肉供应的公司都要注册成为该当事人的供应商。案涉对方当事人注册成为供应商,并在竞标书上表示“接受一般交易条款。竞购书未尽事宜,适用一般交易条款”。双方当事人订立牛肉买卖合同,后来发生争议。仲裁庭作出仲裁裁决之后,败诉方当事人请求法院以不存在仲裁协议为由,撤销仲裁裁决。法院认为,一般交易条款是当事人事先拟定,为反复订立或不同当事人订立合同的目的使用的合同条款。在该案中,条款制定方在注册供应商的过程中,已经提供了条款复印件,并且在报纸上公布,而且双方当事人也接受并认可了该条款,故双方应当受到格式仲裁条款的约束。

在“Keumjung Co. 诉 Gyeong-Deok Seo 案”中,当事人没有使用格式条款,但是援引其他合同中的仲裁条款,同样被认定为有效仲裁条款。[1] 在该案中,双方当事人先订立了联合投资协议,共同开发度假区,其中约定了仲裁条款,即“任何与合同有关的纠纷提交仲裁解决”。随后双方当事人又订立了和解协议,该协议调整了原合同中双方当事人的权利义务,该合同虽不包含仲裁条款,但是约定“本合同中未约当的事项,适用原合同条款”。双方当事人就合同履行发生争议。仲裁裁决作出后,一方当事人请求法院以不存在仲裁协议为由,撤销仲裁裁决。法院认为,裁决标的涉及的是和解协议项下的权利义务。虽然和解协议不包含仲裁协议,但是该协议援引的合同中包含仲裁协议,因此不存在撤销仲裁裁决的事由。

在“Andre et Cie SA 诉 Daewoo Co. 案”中,当事人双方在全国家畜市场协会交

---

〔1〕 99 Da 13577,10 April 2001(Supreme Court).

易巴西大豆。[1] 买卖合同中并未约定仲裁协议,但是交易所的格式合同,即“商品交易和运输一般交易条款”中包含仲裁协议,规定“合同争议由大韩商事仲裁院在首尔仲裁”。法院认为,申请人已经在该交易所进行多笔交易,而该合同是交易所唯一而且是最重要的合同性文本,申请人应当知道格式条款的内容。申请人在交易所买卖货物的,视为接受该交易条款的约束。由于一般交易条款中包含仲裁协议,法院无权撤销仲裁庭作出的裁决。

韩国法院也会否认援引其他合同仲裁协议的效力。在“GS Inter Technology诉Hanmi Film Tech案”中,韩国法院否认了援引仲裁协议的效力。在该案中,被申请人同意向申请人以及第三人出售货物。《排他性销售协议》约定,合同适用美国法,争议由国际商会仲裁院仲裁。1天后,申请人和被申请人又单独订立《出口代理协议》,约定合同未尽事项适用三方《排他性销售协议》。当事人因《出口代理协议》发生争议,申请仲裁庭作出裁决。申请人以不存在仲裁协议为由,向韩国法院申请撤销仲裁裁决。法院经审理认为,《排他性销售协议》一方当事人是美国公司,属于涉外合同,因此约定了美国准据法,并约定由国际商会仲裁院仲裁。但是,《出口代理协议》是韩国公司之间签订的国内合同,具有与《排他性销售协议》不同的性质,因此,不宜混同两类合同中的纠纷解决条款。《排他性销售协议》中的仲裁协议,未经援引并入《出口代理协议》。法院支持申请人的请求,以不存在仲裁协议为由撤销仲裁裁决。

仲裁协议表现为仲裁条款,或者仲裁协议书,都不会影响仲裁协议的效力。仲裁协议具有独立性。主合同不成立、无效、被撤销,都不影响仲裁协议的效力。仲裁协议的效力,应当单独判断。

韩国《仲裁法》并未规定仲裁协议对未签字第三人的效力。韩国法院也未采纳“公司集团理论”(group of companies),要求仲裁协议约束签字方的附属公司,或者采用“刺破公司法人面纱理论”(piercing corporate veil)约束仲裁协议签署方实际控制人的先例。部分学说主张,公司法人面纱背后的第三方,在不进行合同实体业务,并且全资控制协议签署方的情况下,应刺破公司法人面纱,约束面纱背后的实际控制人。在继承、权利让与和继受的情况下,继受人应当受到仲裁协议的约束。韩国《仲裁法》未规定集团仲裁。

---

[1] 99 Da 45543, 12 October 2001 (Supreme Court).

2. 仲裁意思

当事人选择仲裁,必须有明确的通过仲裁解决纠纷、排除法院管辖,并且接受仲裁裁决终局约束的意思。“或裁或审”(optional arbitral clause)没有排除法院管辖的意思,不属于有效的仲裁协议。[1]

在“Republic of Korea 诉 Rotem 案”中,当事人约定“纠纷应当通过诉讼或仲裁解决”。争议发生后,一方当事人申请仲裁,另一方主张不存在仲裁协议。法院认为,该协议并没有排除法院管辖的意思。纠纷发生后,双方当事人也没有达成仲裁协议,不能排除法院对该案件的管辖。[2] 在“Dae Kyoung Civil Engineering and Construction 诉 Samsung C&T 案”中,仲裁协议中包含“裁决作出后,当事人上诉”的表述,但法院仍旧认为仲裁协议有效。法院认为,首先,当事人约定了“纠纷提交大韩商事仲裁院,适用该机构仲裁规则解决。仲裁庭作出的裁决具有终局性,对当事人有约束力”。其次,在仲裁程序中申请人并未提出仲裁协议效力异议。再次,KCAB 启动仲裁程序,要求当事人提交书面仲裁协议,而申请人已经提交仲裁协议。最后,法律规定生效仲裁裁决,可以通过撤销裁决的方式予以救济。当事人所称的“上诉”可能是申请法院救济的含义。以此为由,法院认定该案仲裁协议虽然包含“上诉”的表述,但仍然是有效的仲裁协议。

韩国最高法院后来在一系列案件中,都确定了“或裁或审”“或裁或调”的仲裁协议缺少对双方的约束力。[3] 韩国学界普遍认为,认定“或裁或审”协议的效力,核心不是判断当事人是否存在排除法院管辖的意思,而是要判断当事人是否存在仲裁的意思表示。在“Broadcast Worldwide Net 诉 KEMA 案”中,当事人约定纠纷提交 KCAB 仲裁,但又补充说,对仲裁庭裁决不服的,当事人可以向有管辖权的法院起诉。法院认为,当事人并没有接受仲裁裁决约束的意思,仲裁协议无效。[4]

---

〔1〕 韩国政府订立的政府采购或工程建设标准合同中曾包含大量的“争议解决选择条款”,并引起了大量纠纷,但目前状况已经得到扭转。

〔2〕 2003 Da 318,22 August 2003(Supreme Court).

〔3〕 Korea Rail Network Authority v. Doosan Industrial Development,2004 Da 42166,11 November 2004(Supreme Court); Republic of Korea v. Shinwha Construction Corp.'s Receiver A,2004 Da 25192,28 January 2005(Supreme Court); Shinhwan Environment v. Siheung Tourist Hotel,2004 Da 66513,24 June 2005(Supreme Court).

〔4〕 2002 Gahap 8808,24 October 2002(Seoul District Court).

仲裁协议需要具有仲裁意思,并不需要约定其他内容,尤其不需要明确约定仲裁机构、仲裁地和仲裁协议准据法。在“Hanjin Heavy Industries & Construction Co. v Hanshin Steel Construction 案”中,当事人双方订立建设工程合同。合同中包含仲裁条款,但并未约定仲裁机构以及仲裁地。法院认为,仲裁法规定的仲裁协议是当事人将已经发生或者尚未发生的、与特定法律关系有关的部分或全部纠纷,无论是合同纠纷或是侵权纠纷,均包含提交仲裁解决的意思表示。当事人明确将其争议提交仲裁解决的,就已经符合法律的要求了。当事人是否约定仲裁地、仲裁机构或者仲裁协议准据法,并不影响仲裁协议的效力。当事人应当申请仲裁,而法院无权管辖。在“Duckyang Shipping 诉 Siam Lucky Marine 案”中,釜山地方法院明确表示,当事人是否约定仲裁地,不影响仲裁协议的效力。[1]

在“Jeil Shipping 诉 Construction Industry 案”中,仲裁协议约定了两家仲裁机构,即“韩国商事仲裁协会,首尔、韩国”与“日本船运交易公司,日本”,而且其中一家还写错了名称,但并未导致该仲裁协议无效。申请人主张仲裁协议约定了相互矛盾的两家仲裁机构,导致仲裁协议无效。法院则认为,法律并未要求当事人约定明确的仲裁机构。法律仅仅要求当事人具有明确的仲裁意思,而该案仲裁协议已经满足了这一条件。当事人约定了两家仲裁机构,意味着申请人可以随意选择其中一家申请仲裁。当事人申请仲裁后,被申请人应当配合。在“Guangzhou Shipping 诉 Eagle Shipping 案”中,当事人约定了并不存在的“不列颠商事仲裁委员会”,但仲裁协议也被法院认定为有效。[2]

仲裁协议应当按照当事人的原意进行解释,同时应尽量促成仲裁协议有效。在“Shagang Shipping 诉 IDS 案”中,当事人采用英文缩写约定仲裁协议,“ARB N GIA if Any TB Settled in Hongkong and English Law to Apply”(仲裁或共同海损应当在中国香港特别行政区仲裁,适用英国法)。法院认为,从英文缩写中能够明确察知当事人提交仲裁的意思表示,该仲裁协议属于有效的仲裁协议。

在仲裁程序中,当事人未能及时抗辩仲裁协议,并不必然意味存在有效仲裁协议。在“K&V International 诉 Sunstar Precision 案”中,当事人未订立有效仲裁协议。申请人在越南申请仲裁之后,被申请人也未提出异议。法院认为,当事人之

〔1〕 2012 Ga hap 1422,5 December 2012(Busan District Court).

〔2〕 91 Gahap 45511,1 May 1992(Seoul District Court).

间不存在仲裁协议,未承认和执行越南国际仲裁中心的仲裁裁决。但是韩国学界普遍认为法院过于严苛。在该案中,根据越南国际仲裁中心仲裁规则,当事人通过交换仲裁请求和仲裁答辩书,已经订立了有效的仲裁协议。即便根据《纽约公约》第2条,当事人交换仲裁请求书和答辩书,也构成“互换函电”的书面形式。更重要的是,允许当事人在仲裁裁决承认与执行阶段提出异议,违反了禁反言原则。

3. 仲裁协议准据法

韩国法院适用《纽约公约》第5条的规定,判断仲裁协议的准据法。也就是说,当事人可以选择仲裁协议的准据法。当事人没有选择的,适用仲裁裁决作出地法,即以仲裁地法作为仲裁协议准据法。

韩国法院经历了从适用合同准据法到适用仲裁地法来审查仲裁协议效力的转变过程。在“Dongkuk Steel Group 诉 Yun's Marine 案”中,法院同时适用当事人约定的合同准据法和仲裁地法,判断仲裁协议的效力。当事人订立的租船合同约定,“合同适用日本法”,以及“合同产生的纠纷由日本船运交易所下设的东京海事仲裁委员会仲裁,适用该机构仲裁规则”。韩国法院认为,当事人约定适用日本法作为仲裁协议准据法,应用日本法判断仲裁协议的效力。在“Molax Maritime 诉 Clarkson Asia Pte Ltd. 案”中,当事人同时约定合同的准据法为英国法,仲裁地为伦敦,故法院适用英国法判断仲裁协议的效力。[1] 晚近,韩国法院改为适用仲裁地法作为仲裁协议的准据法。在“Yantai Marine Fisheries 诉 Kang 案”中,当事人没有约定仲裁协议准据法,仅约定了适用中国国际经济贸易仲裁委员会的仲裁规则。韩国最高法院认定,该案仲裁地在中国,判断仲裁协议效力应当适用中国法。

当事人既没有约定准据法,也没有约定仲裁地的,韩国法院可能会采用合同准据法,而不是仲裁地法,判断仲裁协议的成立和效力等问题。在“Shagang Shipping 诉 IDS 案”中,当事人约定“仲裁及共同海损在中国香港特别行政区适用英国法解决”。[2] 韩国法院认为,该仲裁协议的效力应当适用仲裁协议准据法予以判断。当事人选择英国法作为合同准据法,该法也同样应当适用于仲裁协议,作为仲裁协议准据法。

如果当事人没有约定合同准据法,韩国法院适用国际私法关于最密切联系原

---

〔1〕 2008 Na 20361, 15 October 2008 (Seoul District Court).

〔2〕 2005 Na 102982, 10 November 2006 (Seoul High Court).

则的方法确定仲裁协议准据法。在“LSF-KDIC v. Korea Resolution 诉 Collection 案”中,当事人约定了股东协议准据法,但是没有约定承诺书的准据法。[1] 法院认为,仲裁协议适用当事人选择的仲裁协议的准据法,当事人没有选择的,可以适用仲裁地法,前提是当事人通过选择仲裁地默示选择了仲裁协议的准据法。如果当事人没有选择仲裁地,可以适用当事人选择的主合同准据法。如果当事人没有约定主合同准据法,那么应当适用国际私法一般原则确定仲裁协议的准据法。在该案中,当事人约定了股东协议的准据法,此外又另行约定股东应当将销售场地取得的收入转让给公司。该案争议涉及的是转让收入的承诺协议,而不是股东协议。考虑到该协议的履行地位于韩国以及当事人一方是韩国当事人,法院认定与该协议有最密切联系的法律是韩国法,进而适用韩国法决定该协议中包含的仲裁条款的效力。

仲裁协议准据法为外国法的,韩国法院负责查明外国仲裁法的内容。作为大陆法系传统的司法管辖区,韩国法院遵循法官知法的传统(*iura novit curia*)。外国法属于法律,而不是事实,由法官依职权(*ex officio*)查明,而不是由当事人提供。在“Dongkuk Steel Group 诉 Yun's Marine 案”中,首尔高等法院认为,外国法的查明和解释由法官进行。韩国法院应当向准据法所在国的外国法院一样,解释和适用外国法。韩国法院不仅应当查明外国法的文本,还应该参考外国最高法院的先例。在案件审理过程中,法官无法查明,当事人也没有提供外国法的,法官适用一般的法律解释方法以确定外国法的内容,而不必需鉴定人、专家证人、政府机关或者法学院校的帮助。

外国法无法查明的,韩国法院甚至会适用外国习惯法来认定仲裁协议的效力。在“广播许可费”案中,韩国法院依据当事人选择的主合同准据法,即英国法,认定仲裁协议效力,但是发现英国法并不存在先例,也不存在相应成文法,于是采用外国习惯法裁判。外国习惯法没有相关规则的,由韩国法院适用公平和理性原则裁判。[2] 该案当事人约定了意思不甚明确的仲裁协议,仲裁程序适用《UNCITRAL 仲裁规则》。指定机构由香港国际仲裁中心担任。香港国际仲裁中心适用该机构规则管理仲裁。纠纷发生之后,申请人向香港国际仲裁中心申请仲

〔1〕 2012 Na 88930,16 August 2013(Seoul High Court,19th Civil Division).

〔2〕 2010 Ga hap 129441,1 July 2011(Seoul District Court,20th Civil Division).

裁。经适当通知,被申请人未参加仲裁,仲裁庭作出缺席裁决。裁决作出后,被申请人主张仲裁协议无效,称仲裁协议为“或裁或审”条款,仅仅赋予当事人可以(may)申请仲裁程序的权利,但由于被申请人拒绝参加仲裁程序,双方未达成有效仲裁协议。首尔地方法院认为,该仲裁协议应适用当事人约定的主合同准据法,即英国法,判断仲裁协议的效力。法院并不清楚英国法及其习惯法中是否存在相应规则,故依据理性原则(rules of reason)作出裁判。在该案中,当事人约定了仲裁提交仲裁,又约定了适用临时仲裁规则,还约定了仲裁地和仲裁语言,具有明确的仲裁意思。即便认为仲裁协议中缺少约束性的仲裁意思,申请人提起仲裁之后,也应当按照申请人的选择进行仲裁。

(三)仲裁庭管辖权

韩国仲裁法承认仲裁庭自裁原则(conpetence-conpetence),允许仲裁庭决定是否对案件具有管辖权,来处理当事人对其管辖权的异议,包括对仲裁协议成立、效力的认定。[1] 当事人指定仲裁员,或者参与仲裁员指定程序的,并不意味着接受仲裁庭管辖权。当事人对仲裁庭管辖权有异议的,应当及时提出。仲裁程序启动后,当事人最迟应当在提交仲裁答辩书时,提出管辖权异议。在庭审过程中,当事人认为仲裁庭超越裁判权限的,应当立即提出。当事人未能及时提交,但具有正当理由的,仲裁庭可以决定是否受理。

仲裁庭自裁管辖权需要接受司法审查。仲裁庭单独处理管辖权问题,可以作出先行决定(preliminary decision)。任何一方当事人可以在收到决定30日内,申请法院审查该决定。无论仲裁庭承认或否认管辖权,当事人都可以申请法院予以审查。仲裁庭认为自己不具有管辖权,而当事人向法院申请确认,并且法院审查确认仲裁庭有管辖权的,仲裁庭应当继续审理案件。仲裁庭认为审理案件不妥的,可以更换仲裁员。仲裁庭在裁决时一并说明其管辖权的,当事人只能在仲裁裁决承认与执行程序中寻求救济。

当事人违反仲裁协议向法院提起诉讼的,另一方当事人可以在首次开庭的口头答辩之前援引仲裁协议提出管辖权异议。法院应当驳回当事人的起诉,除非仲裁协议无效、不生效或者不可执行。[2] 仲裁程序启动后,当事人可以主张管辖权

---

〔1〕 参见韩国《仲裁法》第17条。

〔2〕 参见韩国《仲裁法》第9条。

异议,但至迟不能晚于提交仲裁答辩书时。法院审查仲裁协议期间,当事人可以启动或继续仲裁程序。当事人违反仲裁协议,向外国法院起诉的。仲裁庭与韩国法院,都无权作出禁诉令。

(四)仲裁庭的组成

1. 指定仲裁员

当事人可以任意约定仲裁员的人数、资质和身份特征。当事人可以选定任何国籍的人作为仲裁员。仲裁员可以不是律师,其不需要在韩国境内获批执业,或者在任何司法管辖区获批执业。KCAB 设置了仲裁员名册,目的是推动仲裁程序更加高效、便捷和专业,并不限制当事人选择名册外的仲裁员。

当事人可以约定仲裁员人数和选任程序。当事人未约定仲裁员人数的,法定由 3 名仲裁员组成仲裁庭。当事人没有约定仲裁机构或者仲裁规则的,由法院或法院指定的仲裁机构指定仲裁员,协助组成仲裁庭。当事人约定仲裁规则的,应当按照仲裁规则的程序指定仲裁员。在"Seung-la Lee 诉 Yeong-Ho Park 案"中,当事人约定由 KCAB 仲裁,故应由该机构指定仲裁员,组成仲裁庭。后来一方当事人抗辩,双方纠纷属于民事纠纷,不适用该机构的商事仲裁规则。但是法院认为,该规则属于当事人选定的规则,而且当事人必须尽早在仲裁程序中提出异议,而不是在裁决作出后向法院主张撤销仲裁裁决。

当事人约定指定仲裁员的程序,但是没有实际履行的,也适用法定指定程序。在"Korea Gas Corporation 诉 KPC 案"中,当事人虽然约定了指定仲裁员的程序,但双方迟迟未能选定仲裁员。[1] KCAB 指定 3 人仲裁庭审理案件,当事人也未及时提出异议。一方当事人事后请求撤销仲裁裁决,法院不予支持。在该案中,双方当事人订立球形阀门买卖合同。仲裁条款约定,"合同争议适用大韩商事仲裁院仲裁规则解决";同时专门规定,"双方当事人各自指定 1 名仲裁员,再由这 2 名仲裁员指定第三名仲裁员","当 2 名仲裁员未能指定第三名仲裁员时,第三名仲裁员由大韩商事仲裁院指定"。争议发生后,该仲裁机构按照机构现行规则,向双方当事人送达仲裁员名单,由当事人按顺序排列。仲裁机构秘书将双方当事人的名单顺序汇总排序,并排除当事人各方排序第一的仲裁员,组成 3 人仲裁庭。该案仲裁庭首次开庭时,当事人及其委托的律师并未提出异议。裁决作出后,当事人

---

[1] 2000 Da 29264, 27 November 2001 (Supreme Court).

向法院申请撤销仲裁裁决,称仲裁庭的组成违反当事人的约定。法院认为,当事人仲裁协议之中明确规定了仲裁员的选任程序。仲裁机构未按照协议约定指定仲裁员,排除了各方当事人直接指定1名仲裁员的程序权利。仲裁机构违反协议约定,指定全部3名仲裁员,具备撤裁的可能性。在该案中,当事人并未约定双方指定仲裁员的时限。仲裁机构虽然没有通知当事人,但当事人及其代理人在知道其享有指定仲裁员权利的情况下,未指定仲裁员,也未提出异议,而且实际参加了组庭后的审理程序,因此实际上默示变更了仲裁协议的内容。仲裁机构按其程序指定仲裁员,并不违反仲裁法。

当事人未约定指定程序的,适用法定组庭程序。适用独任仲裁庭的,经一方当事人催告,另一方当事人在30日内未提出仲裁员人选的,或者双方无法达成一致人选意见的,可以申请法院或者由法院指定的仲裁机构,指定独任仲裁员。在3人仲裁庭中,当事人各自指定1名仲裁员,由当事人指定的仲裁员,选定首席仲裁员。首席仲裁员无法选出时,该首席仲裁员由法院或法院指定的仲裁机构指定。〔1〕 当事人约定仲裁庭组成程序,但是授权行使指定权的自然人或法人拒绝行使指定权的,由法院或法院指定的仲裁机构指定仲裁员。

法院指定仲裁员的,不应审查实体争议,除非该争议不属于仲裁协议的范围。法院应当考虑案件程序情况,指定合适的仲裁员。在“Sungwon Corporation 诉 Hanwha General Insurance 案”中,最高法院确认法院依当事人请求指定仲裁员时,不应进行多余的实体审查。〔2〕 在该案中,申请人进行光州地铁一号线施工,与被申请人订立工程保险合同。合同中的仲裁条款约定,当事人之间的争议,由当事人共同选择有执照的第三人仲裁。申请人遭遇保险事故之后,双方当事人发生争议,并且无法就仲裁员的选任达成一致。申请人向法院申请指定仲裁员。地方法院先审查了仲裁协议的效力,发现案件涉及的工程机械并未包含在仲裁协议的范围之内,保险事故也未涵盖在合同之中,甚至发现案件已经超过诉讼时效,但是最高法院认为地方法院不应审查仲裁实体问题,尤其不应审查纠纷是否属于保险事

---

〔1〕 韩国《仲裁法》第12条。韩国原仲裁法严格遵循《示范法》第11条,规定法院行使指定职能,法院不能将指定仲裁员的权力委托给仲裁机构行使。法院行使指定权,有利于临时仲裁程序的推进,但问题是,在国际案件中,法院指定仲裁员涉及域外送达,可能适用《海牙送达公约》,严重影响了仲裁程序效率。2016年修法时,改变了法院指定仲裁员的做法,由法院指定的仲裁机构指定仲裁员。

〔2〕 2009 Ma 1395,14 October 2009(Supreme Court).

件以及是否超过诉讼时效。只要纠纷属于仲裁协议授权仲裁的范围,法院只能依申请直接指定仲裁员,而不是审查纠纷涉及的实体问题。

法院指定仲裁员的决定,不可上诉。法院拒绝指定仲裁员的决定,是否可以上诉,法律并未清晰指明。但在"Sungwon Corporation 诉 Hanwha General Insurance 案"中,法院确定,在法院裁定不指定仲裁员的情况下,当事人可以上诉。从文义上看,法律并未赋予当事人就不指定仲裁员裁定上诉的权利。从立法目的上看,法律不允许就指定仲裁员的决定上诉,是考虑到仲裁程序的快速推进,避免法院程序对仲裁程序的干扰。但是,当法院拒绝指定仲裁员时,仲裁程序无法开始,允许当事人上诉,也不会影响仲裁程序继续进行。因此,应当允许当事人就不予指定仲裁员的决定上诉。

2. 仲裁员回避

仲裁员必须符合公正性(impartiality)以及独立性(independence)的要求,并且应当具备当事人约定的资质和特征。仲裁员有义务披露影响其不偏袒性即独立性的事实,而且该义务是强制性的,当事人不能约定放弃。在"Sewoo Technical Industrial 诉 2002 World Cup Soccer Organizing Committee 案"中,韩国最高法院认定仲裁员的不偏袒和独立性是强制性规定,不能由当事人明示或者默示排除适用。[1] 该案涉及 2002 年韩日世界杯的广告纠纷,双方当事人约定将纠纷提交 KCAB 仲裁。纠纷发生之后,该仲裁机构指定的仲裁员与一方当事人的律师,就职于同一家律师事务所。当事人向法院请求撤销仲裁裁决。地方法院认为,仲裁员并未披露其是当事人代理人所在律师事务所的合伙人,导致其公正以及独立性受到影响,但是仲裁机构秘书处在指定仲裁员时,已经向申请人告知这一事实。申请人本来可以在仲裁程序中申请仲裁员回避,回避申请即便被拒绝,当事人还可以请求法院审查回避决定,但是当事人并未申请回避。在承认与执行程序中,当事人不应再援引该理由,寻求撤销仲裁裁决。但是最高法院认为,仲裁员的独立性和公正性要求属于强制性规定,不能约定放弃,也不能默示排除,但是该条款也不是绝对的。只有在仲裁员出现韩国《民事诉讼法》关于法官回避的情形而未回避时,才构成事后申请撤销仲裁裁决的理由。此外,当事人未及时行使申请回避权利的,不应援引回避事由作为撤销仲裁裁决的理由。在该案中,被申请人并

---

[1] 2004 Da 47901, 29 April 2005 (Supreme Court).

未指定案涉律师事务所代理案件,而是指定该名律师本人作为代理人。该律师事实上已经从律师事务所离职,进入被申请人公司的法务岗位工作。该律师以被申请人员工的身份代理案件,并不构成民事诉讼法规定的法官回避事由。而且申请人实际上也从仲裁机构秘书处获知了相关信息,但未申请回避,因此丧失以此为由申请撤销仲裁裁决的权利。

仲裁员不符合条件的,当事人可以申请更换仲裁员。当事人申请自己指定的仲裁员回避,只能依据指定仲裁员之后发生的事实。当事人可以约定申请仲裁员回避的程序。当事人没有约定的,仲裁庭可以依职权决定,或者当事人申请回避。当事人应当在获得组庭通知的15日之内,或者获悉回避事由之后,向仲裁庭提交回避申请。仲裁庭拒绝当事人回避申请的,可以在收到不予回避决定的30日内,向法院申请审查不予回避决定。法院审查回避的,仲裁庭可以继续审理案件,并作出仲裁裁决。如果法院最终确认回避申请的,仲裁庭作出的裁决自动无效。法院作出的审查决定,无论是否同意回避申请,都不能通过上诉救济。

KCAB还指定了仲裁员伦理规则(Code of Ethics of Arbitrators)。[1] 任何准备担任该机构管理仲裁案件的仲裁员,都必须接受该伦理规定的约束,并在仲裁程序中始终遵守该伦理规定。当事人也可以单独约定适用该伦理规则。KCAB适用该伦理规则,决定仲裁员的回避,但是法院并不会依据该伦理规则撤销仲裁裁决。根据该伦理规则的规定,备选仲裁员必须与当事人、代理人、主要证人以及其他仲裁员不存在利益冲突,并且具备审理案件必要的经验和能力,有充分的时间和精力参加案件审理。仲裁员不应联系当事人、代理人以及仲裁院秘书处,寻求被指定的机会。仲裁员应当主动披露影响其独立性和公正性的事由。这些事由包括:(1)仲裁员作为一方当事人的经理、董事、监事或者其他能够影响当事人的角色;(2)仲裁员与当事人或者案件结果存在利益关系;(3)仲裁员正在代理或为当事人或其附属机构提供咨询;(4)仲裁员经常性地代理或为当事人或

〔1〕《韩国商事仲裁院国际仲裁规则》(以下简称《国际仲裁规则》)也规定,仲裁员应当始终保持公正性和独立性。该规则第10条规定,接受当事人选定或指定的仲裁员应在按照秘书处规定的样式制作的同意函以及有关公正性和独立性的声明书上签字,并将此同意函及声明书提交秘书处。接受选定或指定的仲裁员应向秘书处披露可能引起对其公正性或独立性产生合理怀疑的事由,且在仲裁程序进行过程中,如果发生可能引起该等怀疑的新事由,仲裁员也应立即以书面形式向当事人和秘书处进行披露。秘书处对与仲裁员的指定、更换、免职相关的所有事项所作的决定均为终局性的,不可申诉。

其附属机构提供咨询；(5)仲裁员是代理仲裁案件律师事务所的律师；(6)仲裁员所在律师事务所与当事人或其附属机构存在重大商业联系；(7)仲裁员与其他仲裁员或当事人的律师在3年之内组成过仲裁庭审理案件；(8)仲裁员与当事人或其附属机构在3年之内存在专业性雇佣关系。在案件审理过程中，仲裁员必须采用公平和平等的方式对待双方当事人，不得考虑案件实体以外的其他因素。

仲裁员在接受指定之前，必须披露任何从当事人角度看可能会影响其独立性和公正性的事实。仲裁员违反披露义务，并不构成仲裁员回避的理由，但是可能作为仲裁机构决定其回避的考虑因素。仲裁员应当在"独立性和公正性声明表"中，向仲裁院秘书处作出如下声明：(1)任何现在或以前与当事人、代理人、其他仲裁员、主要证人存在的财务或商务关系。存续中的任何财务或商务关系，必须完全披露，而以前存在的细微关系，可以不披露。(2)仲裁员与当事人、代理人、其他仲裁员或主要证人之间的专业关系或社会关系及其存续情况。(3)之前获取的关于案件纠纷的信息。(4)任何可能影响仲裁员履职的因素，包括现存的业务活动，无论是否与仲裁相关，都应披露。仲裁员应当对应披露事项进行合理调查。仲裁员不确定事项应否披露的，应当披露该事项。披露声明应当向仲裁院秘书处、其他仲裁员、各方当事人及其代理人，以书面形式进行通知。仲裁员被指定之后，指定之前向当事人披露的事项，必须交送给仲裁院秘书处和其他仲裁员。仲裁员披露信息涉及机密信息或隐私的，可以尝试取得权利人的同意。未取得权利同意的，仲裁员不应获得指定。已经指定的，应当退出程序。根据仲裁员披露的信息，如果双方当事人都主张仲裁员回避的，仲裁员有义务回避。仅一方当事人申请回避的，适用仲裁员回避程序处理。

仲裁员不得在审理过程中发表有损其独立性和公正性的言论，也不得作出有损其公正性和独立性的行为。仲裁员不得单方面接触当事人。在庭审过程中，一方当事人经适当通知未出庭的，仲裁员可以与另一方当事人接触和沟通的，不在此限。在庭审过程中，经一方当事人明确同意，仲裁员与另一方当事人单方沟通的，也不在此限。仲裁员在接受指定之前，可以向一方当事人询问双方当事人、代理人及证人的身份、争议性质以及仲裁程序可能涉及的审理期限，也可以应当事人及其代理人的请求，就仲裁员独立性、公正性的有关事项以及仲裁员接受指定的恰当性事项进行沟通，但不能讨论案件的实体问题。当事人一方指定的仲裁员为指定第三名仲裁员时,也可以与当事人就前述事项进行沟通。一旦发生仲裁员与当事人单方沟通的情况,仲裁员必须立即通知另外一方当事人、其他仲裁员以及仲裁院秘书处,告知其沟通的内容,或者将书面通知交送他方。仲裁员在案件审理过程中,应当避免与当事人及其代理人发生重要的业务或者社会交往。

仲裁员不得与当事人就费用问题进行私下沟通。仲裁员接受指定之后,不得再与当事人另行约定额外的仲裁员报酬,仲裁院秘书处同意的除外。仲裁员不得在仲裁程序中要求提高仲裁员的报酬,特殊情况除外。

在案件审理过程中,仲裁员负有尽心审理案件的义务。仲裁员投入的精力和时间,应当符合当事人的合理期待。仲裁员应当充分了解案件事实、双方当事人各自的观点和争议,以便充分了解案件情况。仲裁员应当避免支出与案件争议标的额不匹配的开销。仲裁员应当保障当事人享有平等的程序地位,享有同等的提交证据和陈述案件的机会,以不偏袒的方式对待双方当事人。仲裁员不应强迫双方当事人和解、调解或接受其他替代性纠纷解决方式。仲裁员不应以任何方式介入当事人的和解谈判,不应担任调解员的角色,除非双方当事人明确约定。如果双方当事人同意仲裁员担任调解员的,仲裁员应当向当事人披露,调解失败后其可能无法继续担任仲裁员的情况。

此外,仲裁员负担保密义务。仲裁员不应披露其仲裁程序中获知的任何信息,包括仲裁庭的讨论、仲裁裁决的内容,除非当事人明确解除其保密义务。仲裁员与当事人之间存在信义义务(trust),不应以任何方式为自己或为他人利益,使用仲裁程序中获知的信息。仲裁员可以委托第三人协助处理事务,但必须告知当事人,而且该第三人应负担与仲裁员相同的保密义务。仲裁员不应以任何方式介入仲裁裁决的承认与执行程序。

(五)仲裁程序

依据韩国《仲裁法》的规定,仲裁程序自当事人收到仲裁请求之日开始。[1]仲裁请求应当包含对当事人身份的说明、争议标的以及仲裁协议的基本情况。在仲裁程序启动之后,当事人开始指定仲裁员,组成仲裁庭。组庭之后,当事人再按照仲裁庭的指示交换仲裁申请书和答辩书。

在不违反法律强制规定的前提下,当事人可以自由约定仲裁程序事项。当事

[1] 参见韩国《仲裁法》第22条。

人没有约定的，仲裁庭可以决定仲裁程序的进行。仲裁庭享有的权利包括决定仲裁管辖权，发出临时措施，决定仲裁地和仲裁语言，决定证据的可采性、相关性和证明力，决定是否开庭审理案件，指定鉴定专家以及决定是否请求法院提供审查证据方面的协助。

仲裁庭的法定义务为平等对待双方当事人，并且给予当事人充分陈述观点的机会。例如，在开庭或者任何会议举行之前，仲裁庭都必须给予当事人适当的通知和充分的准备时间。任何一方当事人向仲裁庭提交的材料，仲裁庭都必须毫不延迟地转交给另一方当事人。仲裁庭采纳专家鉴定人提交的意见，必须将意见交送给双方当事人。

仲裁庭审理案件，应当适用当事人选择的主合同准据法。[1] 该规定并未指明准据法（rule of laws）必须是国内法或者国家制定的法律。通说认为，准据法也可以是商人法（lex mercatoria）或者民间编撰的法律重述，如国际统一私法协会编撰的《国际商事合同通则》。当事人未约定主合同准据法的，韩国《仲裁法》第 29 条要求仲裁庭适用与主合同有最密切联系的法律。此外，韩国《仲裁法》允许当事人授权仲裁庭根据公平和善意原则作出友好仲裁（*ex aequo et bono*）。在实践中尚未出现当事人请求仲裁庭友好仲裁的案例。

在律师代理方面，韩国法律并未限制代理人必须是韩国律师。KCAB 国内仲裁规则规定，律师以外的其他自然人，能够“恰当”代理案件的，都可以担任仲裁案件的代理人。国际仲裁规则则完全放弃了代理人的要求。在“lncheon International Airport Corporation 诉 Halla Engineering and Construction 案”中，首尔高等法院认为，仲裁代理人不是韩国执业律师，并不影响仲裁程序的效力。[2]

韩国仲裁法并未作出任何有关仲裁保密性的规定。韩国最高法院也没有作出相关先例。但是，仲裁程序不是自动保密的，除非当事人另有约定。当事人可以约定保密协议，或者选择规定保密条款的仲裁规则。《仲裁法》缺少保密性规定并不影响实践中几乎全部仲裁程序都保密进行。《国际仲裁规则》规定，

---

〔1〕 韩国《仲裁法》第 29 条规定，仲裁庭应当适用当事人选择的法律，解决纠纷。当事人选择合同适用的法律或者法律制度的，只包括实体法，不包括程序法。当事人没有选择准据法的，仲裁庭应当适用与争议标的有最密切联系的法律。仲裁庭经当事人明确选择和同意，可以适用友好仲裁。仲裁庭应当根据当事人的合同裁判案件，并考虑交易适用的商事惯例。

〔2〕 2002 Na 6878，2 July 2002（Seoul High Court）.

仲裁程序和文件都是保密的。仲裁秘书、仲裁庭、当事人及其代理人以及任何参加程序的人,皆不得披露其在仲裁程序中获知的任何信息,除非当事人同意、法律另有规定或者司法程序必须要求公开。《国际仲裁规则》第57条规定,秘书处可在将当事人的名称、姓名、地名、日期以及其他与当事人或案件有关的具体信息删除后将裁决书予以公开,但是当事人可以在秘书处规定的期限内表示反对。

韩国《仲裁法》并未明文规定仲裁案件的合并审理(consolidation)。《国际仲裁规则》第23条规定了仲裁请求的合并。[1] 根据该条规定,仲裁庭可以依申请合并审理若干单独并且未审结的仲裁请求,前提是这些仲裁请求都适用该仲裁机构规则,具有相同当事人,并且各仲裁案件尚未组成仲裁庭。该仲裁规则第22条规定了多份合同仲裁,允许多份合同项下产生的争议,可以通过一次仲裁予以解决,[2] 前提是多份合同都约定适用该仲裁规则,包含相互匹配的仲裁协议以及都产生于同一交易。

当事人在仲裁程序中达成和解的,仲裁庭应当中止仲裁程序。经双方当事人请求,仲裁庭可以将和解协议载入裁决书,制作和解裁决书。以调解内容制作的和解裁决书,必须符合裁决书的形式要件,同时声明其属于裁决书。和解调解书具有与普通裁决书相同的法律效力。[3] 当事人未请求的,在各方当事人向仲裁庭或仲裁机构秘书处出具达成和解的书面确认时,仲裁庭的职责履行完毕,仲裁程序终结。此时,当事人仍应缴纳未付的仲裁费用。[4]

仲裁裁决作出后,仲裁程序终止。仲裁庭也可以作出终止程序的决定。申请人撤回仲裁申请的,仲裁庭可以决定终止仲裁程序,但是被申请人提出反对,并且

---

〔1〕《国际仲裁规则》第23条规定,仲裁庭可依一方当事人的请求,将按照本规则正在进行的相同当事人之间的另一个仲裁案件与本案合并。但在该另一个仲裁案件中至少1名仲裁员已被选定的情况下,不得合并。在决定是否依第1款对仲裁进行合并时,仲裁庭必须给予各当事人陈述意见的合理的机会,且仲裁庭还应考虑仲裁协议、争议的性质以及其他相关情况。

〔2〕《国际仲裁规则》第22条规定,当秘书处认为所有合同均包含约定适用本规则进行仲裁的仲裁协议且仲裁协议相同,且多个请求均发生于同一项交易或一系列连续发生的交易项下时,秘书处可允许在一份仲裁申请书中提出多份合同项下的仲裁请求。若秘书处认为各项仲裁请求应分别在不同程序中提出,则当事人应分别提交申请书,但这并不影响当事人之后根据第23条的规定请求合并仲裁的权利。

〔3〕参见韩国《仲裁法》第31条。

〔4〕参见《国际仲裁规则》第39条。

对纠纷解决结果具有合理利益的,仲裁庭可以继续审理案件。当事人双方同意终止仲裁程序的,仲裁庭应当终止仲裁程序。仲裁庭认为,继续审理不可能或者不必要的,也可以决定终止仲裁程序。[1]

(六)临时措施

2016年韩国修订《仲裁法》,扩大了仲裁庭作出临时措施的权力。在仲裁裁决作出之前,为保持现状或恢复现状,防止仲裁程序受到现有或潜在风险的干扰,防止仲裁裁决执行标的财产受到损害,保全仲裁程序需要的证据,仲裁庭可以作出临时措施。临时措施对当事人具有约束力。需要强制执行的,且仲裁地在韩国的,仲裁庭可以申请韩国法院强制执行。

当事人也可以直接向法院申请临时措施。根据韩国《仲裁法》第10条的规定,依当事人申请,韩国法院可以作出临时措施。该条并未规定法院可以作出哪些临时措施。通常认为,法院可以作出证据和财产保全相关的临时措施。法院保全措施并不受仲裁地的限制。韩国法院也可以根据外国仲裁程序当事人的申请作出保全措施。国际仲裁程序中,即使尚未确定仲裁地,韩国法院也可以作出保全措施。

韩国《仲裁法》并未规定紧急仲裁员(emergency arbitrator)制度。2016年,《国际仲裁规则》附件三,规定了紧急仲裁员制度。当事人可在申请仲裁时,或在申请仲裁之后仲裁庭组成之前,以书面形式向秘书处申请紧急仲裁员作出紧急保全或临时措施。紧急措施申请书中应包含以下内容:(1)在申请人可知晓的范围内,申请人及被申请人的姓名或名称、地址、包含国家区号和地区号的电话号码及传真号码、电子邮箱地址;(2)在申请人可知晓的范围内代理人的姓名或名称、地址、包含国家区号和地区号的电话号码及传真号码、电子邮箱地址;(3)争议概要;(4)所申请的紧急措施的内容;(5)所依据的仲裁协议;(6)可证明紧急措施必要性的具体事实。

收到当事人申请后,该仲裁机构秘书处指定1名紧急仲裁员。紧急仲裁员应始终保持公正性和独立性。存在足以引起对其公正性和独立性产生合理怀疑事由的,不得被指定为紧急仲裁员。[2] 紧急仲裁员应在其被指定后2个工作日内制

---

〔1〕 参见韩国《仲裁法》第33条。

〔2〕 紧急仲裁员的回避,适用《国际仲裁规则》附件三第2条的规定。

作紧急措施程序日程表,在接受指定之后的15日内,必须作出决定。紧急仲裁员享有与仲裁庭相同的临时措施决定权,并可变更、中止或解除保全措施。在仲裁庭组成之后,可以变更、中止或撤销紧急仲裁员作出的临时措施。在此之前,紧急仲裁员作出的临时措施对当事人具有约束力。

当事人申请作出或执行临时措施的,法院或仲裁庭有权要求当事人提供担保。仲裁庭作出临时措施时,已经要求临时措施申请人提供担保的,法院执行临时措施若涉及第三人利益,也可以要求申请人继续提供担保。

(七)证据

在取证方面,法律并未赋予仲裁庭请求开示证据或者强制证人出庭的权力。仲裁庭只能请求法院依据韩国《民事诉讼法》第344条的规定强制当事人或第三人开示证据,或根据第311条的规定对拒绝出庭的证人处以罚款。法院也可以根据《民事诉讼法》第312条的规定拘传拒绝出庭的证人,但极少适用。2016年韩国《仲裁法》修订后,创新地授权仲裁庭请求法院审查证据或者合作审查证据。仲裁庭不仅可以请求法院协助取证,还可以请求法院审查证据。仲裁庭或当事人经主审法官同意,可以参加法院审查证据的程序。在合作审查证据程序中,法院行使强制性权力,要求证人或第三人出庭或者提交证据。

韩国法律并未作出任何证据开示的规定。国内仲裁程序中,当事人对于证据开示制度较陌生。在国际仲裁程序中,证据开示则较普遍。仲裁庭常常按照国际律师协会取证规则开示证据。当事人也会约定出示文件(documents production)的范围。当事人对于雷德芬表格(redfern schedule)也较熟悉。

在韩国仲裁实践中,当事人在诉答阶段会向仲裁庭提交证人证言。当事人也倾向指定各自的专家鉴定人出具鉴定意见,但证人和专家鉴定人都可以出庭接受交叉询问。仲裁庭可以指定专家向仲裁庭解释专业问题,当事人另有约定的除外。[1] 当事人也可以挑战专家人选,适用与仲裁员回避相同的标准。仲裁庭有权要求当事人向专家提供必要的信息、物品或进入场所的机会。

(八)仲裁裁决

根据韩国《仲裁法》,仲裁庭作出仲裁裁决应采用书面形式,并由全体仲裁员

---

〔1〕 参见韩国《仲裁法》第28条。

签名。[1] 如果存在必要情况，仲裁庭无法全体签署的，仲裁裁决书可以由多数仲裁员签署，但必须记载未全体签署裁决书的事实和理由。在"Korea Heavy Industries 诉 GoldStar Cable 案"中，法院认定，在3人仲裁庭的1名仲裁员无法参加庭审的情况下，由2名仲裁员作出裁决违反法定程序，裁决应被撤销。双方当事人订立合同转让工厂场地和设备，交易完成后不到1年，原厂房发生爆炸，造成设备、产品和人员的损失。申请人向KCAB提起仲裁。该机构指定3人仲裁庭审理案件。在案件审理过程中，1名仲裁员因胃癌住院，随后去世，无法继续参加案件审理。在该名仲裁员最后参加的开庭过程中，当事人同意另外2名仲裁员继续审理案件，但没有证据表明当事人同意剩余2名仲裁员可以作出裁决。2名仲裁员作出的仲裁裁决违反法定及约定程序，应当被撤销。该案判决受到了强烈批评。首先，当事人并未主张仲裁庭违反法定程序。其次，《仲裁法》规定裁决由多数仲裁员意见作出。在该案中2位仲裁员一致作出仲裁裁决，并未违反《仲裁法》。由于该案是在1999年之前判决的，难以确定今后韩国法院是否还会沿用这一裁判思路。

仲裁裁决书应当说明裁判理由，但是当事人约定不说明理由，或者裁决基于当事人和解作出的，可以不说明理由。在实践中，仲裁庭说理不充分的，当事人可能会主张仲裁庭未经当事人同意擅自适用友好仲裁（*ex aequo et bono*），并以此为由撤销仲裁裁决。在"Trocellen GmbH 诉 Youngbo Chemical 案"中，韩国法院认为，仲裁庭有说理的义务，但并不要求仲裁庭必须详尽、清晰地说明每一项权利和义务的由来。只要仲裁庭陈述的理由足以让人了解其裁判思路，就符合法律规定。该案涉及专利许可协议违约损害赔偿，仲裁庭说明损害事实以及损害数量，并在此基础上计算损害赔偿额度，符合民法损害赔偿的要求，并不构成友好仲裁。[2]

韩国《仲裁法》并未规定仲裁裁决作出的时限。韩国商事仲裁协会规定，在最后一次开庭结束，或者当事人最后以此提交书面答辩之后的45日之内，仲裁庭必须作出仲裁裁决，但仲裁员可以申请延期。仲裁裁决还应当载明作出仲裁裁决的日期，以便于计算撤销仲裁裁决等具有法律异议的程序期限。裁决还应当记载作出仲裁裁决的地点，确认仲裁裁决的籍属，以便于仲裁裁决的承认与执行。

---

〔1〕 参见韩国《仲裁法》第32条。

〔2〕 2011 Na 47611, 3 April 2012 (Seoul High Court, 19th Civil Division).

韩国《仲裁法》并未明确限制仲裁裁决的内容，但是仲裁庭作出裁决必须考虑裁决的执行，不得违反公共政策。例如，韩国法上，除产品责任法外不承认惩罚性赔偿。仲裁庭在合同或侵权案件中作出惩罚性赔偿的，裁决无法执行。仲裁裁决应当具有明确性，以便于仲裁裁决的执行。例如，明确指出哪些财产需要转让、具体的损害赔偿数额以及当事人需要履行的具体债务。

仲裁庭应当决定仲裁费用的分担。当事人请求被申请人支付利息、法律费用的，仲裁庭应当作出裁判。除非当事人另有约定，否则仲裁庭可以根据案情裁量决定由债务人支付利息。[1] 仲裁庭应当在当事人双方之间分配法律费用的负担。通常而言，仲裁应适用败诉方承担费用规则，但并不排除仲裁庭行使裁量权。在“Trocellen GmbH 诉 Youngbo Chemical 案”中，韩国法院曾主张律师费用不应由仲裁庭分配给败诉方承担，但遭到了强烈批评。事实上，韩国民事诉讼法明确允许律师费可以由败诉方承担。KCAB 随后修订其仲裁规则，赋予仲裁庭分配律师费的权力。该机构《国内仲裁规则》第 56 条以及《国际仲裁规则》第 53 条规定，律师费用属于法律费用，仲裁庭有权裁定分配。

仲裁裁决作出后，仲裁庭应当将裁决交送各方当事人。仲裁庭也可以应当事人的请求，将仲裁裁决的正式副本交送有管辖权的法院予以备案。[2] 在仲裁裁决作出后的 15 日之内，仲裁庭可依据职权对裁决书作出补正、解释或补充。在收到仲裁裁决的30 日内，当事人可以请求仲裁庭补正、解释或者作出补充裁决，以改正仲裁裁决中的计算、文字等错误，或者就仲裁裁决特定部分或者特定问题作出解释，或者对于当事人已经提出但是未在裁决书中处理的请求，作出补充裁决。当事人申请仲裁庭作出补正、补充或者解释裁决的，应当通知另一方当事人。仲裁庭应当在收到补正和解释裁决书的请求之后的30 日内，决定补正或解释裁决。当事人申请作出补充裁决的，仲裁庭应当在60 日内作出。仲裁庭作出的补正、解释或补充裁决存在瑕疵的，仲裁庭也可以继续作出补充、解释和补充。

(九)撤销仲裁裁决

1. 撤销裁决的管辖权

韩国仲裁制度严格遵循《纽约公约》和《示范法》。根据《纽约公约》第 5 条第

---

〔1〕 参见韩国《仲裁法》第 34 条。

〔2〕 参见韩国《仲裁法》第 32 条第 4 款。

1 款戊项,“裁决地所在国”法院以及“裁决所依据法律之国家”法院可以撤销仲裁裁决。但是韩国《仲裁法》第 2 条仅规定,仲裁地在韩国的适用韩国《仲裁法》。在实践中,韩国法院也仅以仲裁地是否在韩国作为本国法院撤销仲裁裁决的管辖权基础。

在“Donghae Pulp 诉 Majestic Woodchips 案”中,双方当事人订立了长期的纸浆供应合同。[1] 该合同约定适用韩国法,争议适用国际商会仲裁院仲裁与调解规则予以解决。争议发生之后,申请人向国际商会仲裁院申请仲裁,该机构指定某香港特别行政区居民尼尔·开普兰(Neil Kaplan)作为独任仲裁员,并决定新加坡为仲裁地。随后,仲裁员又在审理范围书中声明自己有权变更仲裁地,并将仲裁地从新加坡变为中国香港特别行政区。仲裁员审理案件并作出裁判,认定韩国当事人违反合同约定,应承担违约责任。该韩国当事人向韩国法院申请撤销仲裁裁决。韩国法院认为,《纽约公约》第 5 条第 1 款戊项规定仲裁地或仲裁程序准据法所属国法院有撤销仲裁裁决的权力,而该案的仲裁地为中国香港特别行政区。当事人仅约定合同准据法,并未约定仲裁程序准据法,故不存在程序准据法所属国。无论如何,韩国法院在该案中都缺少撤销仲裁裁决的司法权力。

在国内地域和级别管辖权方面,韩国《仲裁法》赋予当事人选择司法监督法院的权利。[2] 当事人可以选择撤销仲裁裁决的法院,当事人没有选择的,仲裁地法院享有裁决撤销管辖权。

2. 撤销裁决的程序

自当事人收到仲裁裁决之日起 3 个月内,可以向法院申请撤销仲裁裁决。仲裁裁决符合韩国《仲裁法》第 36 条规定情形的,法院应当撤销仲裁裁决。该条完全采用了《示范法》的相应规定。撤裁事由包括:(1)仲裁协议当事人订立仲裁协议时,缺少行为能力;(2)仲裁协议无效,申请人未能获得指定仲裁员的充分通知,未能获得仲裁程序的充分通知,或者未能陈述案件的;(3)超越仲裁协议或当事人请求的事项范围;(4)仲裁庭组成或仲裁程序违反仲裁协议或仲裁法的。法院也

---

〔1〕 2001 Da 77840,26 February 2003(Supreme Court).

〔2〕 韩国《仲裁法》第 7 条规定了法院支持和审查仲裁的管辖权。在指定仲裁员、决定仲裁员回避、中止和更换仲裁员和专家鉴定人、决定仲裁协议效力以及承认和执行临时措施方面,赋予当事人选择管辖法院的权利。当事人没有选择的,由仲裁地法院管辖。当事人也可以自由约定仲裁地。如果仲裁地不能确定的,由被申请人住所地或营业地法院管辖。被申请人实际住所地法院管辖。如果被申请人实际住所地无法确定的,由被申请人最后为人所知的住所或营业地法院行使管辖权。在法院协助取证方面,由调查取证实施地法院管辖。

可以依职权审查仲裁裁决是否涉及不可通过仲裁解决的纠纷,或者仲裁裁决违反社会公共利益。这些法定事由是确定的,法院不得增加,但是尚无先例表明,当事人是否可以增加或减少撤裁事由。受理仲裁裁决撤销的法院为地方法院(district court)。当事人可以就法院撤销仲裁裁决的裁定上诉至上诉法院,再诉至最高法院。

3. 裁决撤销的法律后果

在“Hyundai Mipo Dockyards 诉 Hanjin Shipping 案”中,法院认为,仲裁裁决被撤销之后仲裁协议失效,当事人不得再依据同一仲裁协议申请仲裁。在该案中,当事人双方订立船舶修理合同。船舶修理方违反合同约定,未能修复船舶,导致船舶漏水,船舶装载的货物受损。船舶所有人依据修船合同中的仲裁协议,向KCAB 申请仲裁。仲裁庭裁决超出仲裁协议的范围,导致裁决被法院撤销。随后,当事人一方向法院提起诉讼,另一方援引仲裁协议主张管辖权异议。法院审查认为,裁决作出后,仲裁协议使命完成,失去效力。仲裁裁决撤销,并不会导致仲裁协议“复活”。仲裁协议失效后,当事人只能向法院起诉,除非当事人另行订立仲裁协议。当事人一方申请恢复仲裁,另一方无异议继续参加仲裁的,也可以视为默示订立了新的仲裁协议。

该判决并未得到学界多数意见的赞同。通说认为,仲裁裁决被撤销并不必然意味着仲裁协议失效,而应当区分裁决撤销的理由,区别仲裁协议是否失效。如果撤裁理由涉及无效仲裁协议、不可仲裁事项或者违反公共秩序的事项,则仲裁协议无效。但如果撤裁事由涉及仲裁程序或仲裁庭组成存在重大瑕疵,仲裁协议并不因裁决撤销而失效。在“Hyundai Mipo Dockyards 案”中,仲裁庭超越仲裁协议授权的范围裁决,不应导致仲裁协议失效。

韩国《仲裁法》未采纳《示范法》第 34 条第 4 款的规定,也就是说,韩国法院无权“在一段时间内暂时停止进行撤销程序,以便仲裁庭有机会重新进行仲裁,或采取认为能够消除撤裁理由的其他行动”。部分学者认为,韩国法院与仲裁庭之间缺少联系和合理途径,不能也不应当将案件发回仲裁庭重新审理。

三、韩国仲裁裁决的承认与执行

依据韩国《仲裁法》的规定,仲裁裁决作出后不会自动发生执行效力。当事人申请承认与执行仲裁裁决的,必须取得法院的承认裁定。[1] 仲裁裁决只有经过法

---

〔1〕 参见韩国《仲裁法》第 37 条第 2 款。

院承认之后，才发生既判力（*res judicata*）。韩国法院承认与执行仲裁裁决的标准，也与《纽约公约》和《示范法》的规定相同。

（一）承认与执行依据

韩国是《纽约公约》缔约方，并作出互惠保留和商事保留。根据韩国《宪法》的规定，《纽约公约》的条款可以直接适用，而不需要像德国那样单独制定执行立法。《纽约公约》缔约方作出的仲裁裁决，直接依据公约规定承认与执行。非《纽约公约》缔约方作出的仲裁裁决，只能根据《民事诉讼法》和《民事执行法》，适用承认与执行外国判决的规定。截至目前，韩国尚未出现依据《民事诉讼法》承认外国仲裁裁决的案例。有学者呼吁取消"互惠保留"，但并未被立法者采纳。需要注意的是，"互惠保留"要求裁决作出方为《纽约公约》缔约方，而非当事人所在国或地区。在"Mantovani 诉 Hanyang Kongyoung 案"中，首尔高等法院认定互惠保留的标准是裁决作出地，而当事人国籍国是否为公约的缔约方，并不影响互惠保留的认定。

《纽约公约》调整的仲裁裁决包括外国裁决和非国内裁决两类。如果仲裁裁决在韩国作出，则视为国内仲裁裁决。如果裁决在韩国作出，但是依据的是其他国家的程序法，或者该仲裁程序与韩国没有任何联系，则该裁决视为非国内裁决，可以按照《纽约公约》予以承认与执行。如果仲裁地在韩国境外，则裁决为外国裁决，同样适用《纽约公约》。

《纽约公约》缔约方以外的国家或地区作出的仲裁裁决，适用韩国《民事诉讼法》第 217 条的规定。如果该国家或地区与韩国不存在互惠关系，或者仲裁裁决不属于生效仲裁裁决，以及承认与执行该仲裁裁决违反韩国公共秩序的，不予执行该仲裁裁决。

（二）承认与执行程序

按照韩国《仲裁法》第 7 条的规定，申请承认与执行国内以及外国仲裁裁决的，应当向有管辖权的法院提出。这些法院包括：(1) 当事人在仲裁协议中约定的法院；(2) 仲裁地法院；(3) 被申请人财产所在地法院；(4) 被申请人住所地或营业地法院。如果裁决书由外文写成，当事人还应当提交韩文译本。

韩国 2016 年《仲裁法》大大简化了承认与执行外国仲裁裁决的形式要件。《纽约公约》第 4 条要求，申请承认与执行外国仲裁裁决的当事人必须提供"原裁决之正本或其正式副本"以及"仲裁协议之原本或其正式副本"，所有文件都应由"公设或宣誓之翻译员，翻译成为被请求承认与执行国的官方语言，并由外交或领事人员认证之”。现在,当事人仅需要提交仲裁裁决正式副本或简单副本,取消了认证及证明的需要,而且不再需要提交仲裁协议原件或正式认证的副本。外文仲裁裁决书,应当翻译为韩文,但不必进行认证。

法院受理当事人申请之后,应当确定诉答日期或者审查日期,给予当事人参与程序的权利,并将通知书送达当事人。经审查,法院通过执行裁定(*exequatur* decision),决定是否承认与执行仲裁裁决。法院未举行口头听证的,应当以书面形式向当事人说明裁定理由。该执行判决虽称为“执行”裁定,但也适用于仅承认而不执行仲裁裁决的情况。在“Mann + Hummel 案”中,仲裁庭作出确认判决,确认被申请人单方解除合同无效。申请人请求韩国法院承认该仲裁裁决,但被申请人抗辩,韩国《仲裁法》仅规定了裁决执行制度,而未规定裁决承认制度。韩国《民事诉讼法》和《民事执行法》也只规定了外国判决的执行制度,而未规定外国判决承认制度。被申请人据此主张不予承认该外国仲裁裁决。法院认为,在裁决存在可执行内容时,应当作出执行判决,但并不意味着单纯承认仲裁裁决不应得到保护。执行裁定同样可以用来承认那些无执行内容的仲裁裁决。2016 年韩国修订《仲裁法》时,曾有人主张国内及外国仲裁裁决应当获得自动承认,但并未得到立法者的采纳。根据 2016 年《仲裁法》第 37 条的规定,仲裁裁决依申请得到承认,除存在有限法定事由外,仲裁裁决应当得到承认与执行。

(三)拒绝承认与执行的理由

韩国 2016 年《仲裁法》第 37 条规定,无论是国内仲裁裁决,还是外国仲裁裁决,都是用同样的标准审查承认与执行的。只有符合该条明确列举的有限事由的情况下,才能被拒绝承认与执行。

1. 仲裁协议无效

在实践中,多数申请拒绝承认与执行仲裁裁决的理由都与仲裁协议有关。仲裁协议是仲裁庭管辖权以及仲裁裁决的基础。仲裁协议无效的,仲裁庭缺乏裁判权限。韩国法院在承认与执行阶段审查仲裁协议,适用与管辖权异议阶段相同的标准。依据无效仲裁裁决作出的裁决,应当被撤销。

2. 未获适当通知

《纽约公约》第 5 条第 1 款乙项规定,当事人未获关于指派公断员或公断程序之适当通知,或因他故,未能申辩的,构成撤销仲裁裁决的理由。当事人的申辩权是法律必须保障的程序正义,并且构成公共秩序的组成部分,应当适用被请求承认与执行国法律的标准审查。根据韩国法律的理解,该条款并不适用于当事人申辩权受到损害的所有情景。只有在申辩权受到严重损害,且达到常人无法接受的程度时,才构成撤销仲裁裁决的理由。

在"GKN International Trading 诉 Kukje Sangsa 案"中,申请人及仲裁庭将仲裁通知送达被申请在伦敦登记的公司地址,并且该公司地址与合同约定地址一致。[1] 由于韩国总公司将其伦敦子公司代表处负责人召回本国,该地址无人办公,导致其未能收到仲裁通知,错过了伦敦国际仲裁院的仲裁程序。独任仲裁员多次向该地址发送通知,但都未获得答复。该仲裁员经缺席审理,最终作出裁决。韩国法院认为,被申请人缺席仲裁程序,未能行使其申辩权,应自己承担不利后果,不构成撤销仲裁裁决的理由。在"Henan Pingmian Textile Group 诉 IBIG Plus 案"中,法院使用同样标准,否认存在未获适当通知的情形,驳回当事人撤销裁决的请求。[2]

3. 未能申辩

申辩以及陈述案件是当事人的基本权利,也是案件获得公正审理的基本前提。当事人未获申辩,导致程序出现重大瑕疵,法院可以依申请撤销仲裁裁决。

在"Seaman Shipping Corporation 诉 Dong-Express 案"中,仲裁庭作出部分裁决之前,仅仅给被申请人提供10天的答辩时间,终局裁决作出后,申请人以此为由申请撤销仲裁裁决。在该案中,被申请人拒绝支付运费,申请人根据船运合同中的仲裁条款在伦敦提起临时仲裁,要求被申请人支付运费、附加费、利息以及赔偿不履行债务导致的损害,并请求仲裁庭作出部分裁决,请求被申请人支付24万美元。仲裁庭根据原告的证据和主张认定,案件事实较清晰,法律适用结果较明确,但仅给被申请人10天的答辩时间,并在2天之后开庭审理案件。被申请人向仲裁庭提交一份备忘录,称仲裁庭未经充分审理,未能确定合同是否有效成立,不应作出部分裁决,但是并未提交相应证据。开庭时,双方当事人都缺席。仲裁庭作出具有终局性的部分裁决,称除非仲裁庭收到新的证据。终局裁决将只对部分裁决中未包含的请求作出裁决。终局裁决作出后,被申请人向法院请求撤销仲裁裁决,理由是部分裁决的答辩期过短,导致其未能陈述案件。韩国法院认为,仲裁庭虽然

---

〔1〕 89 Daka 20252,10 April 1990(Supreme Court).

〔2〕 2014 Gahab 53410,16 January 2015(Seoul District Court,46th Civil Division).

给被申请人部分裁决的答辩期较短,但是被申请人除提出异议外,并未进行答辩,甚至未参加开庭,更没有提交支持其主张的证据。被申请人还主张,仲裁庭在其提出异议的情况下,未考虑该异议,也未在部分裁决书以及终局裁决中作出回应以及解释,单边地作出对申请人有利的裁决,违反公共秩序,构成撤销仲裁裁决的理由。法院认为,部分裁决并不是对申请人的偏袒,因为终局裁决作出前,被申请人一直有机会继续答辩并提交新证据。被申请人没有提交证据,并不是因为没有提交证据的机会,因此不能认为仲裁庭偏袒申请人。

在“Turner Broadcasting 案”和“Dongkuk Steel 案”中,韩国法院认为当事人未获律师代理,并不构成撤销仲裁裁决的理由。[1] 在“Turner Broadcasting System Asia Pacific 诉 CSTV 案”中,当事人申请撤销仲裁裁决,称对方当事人中止履行合同并申请法院扣押财产和冻结银行账户之后,其缺少重组的经费以支持仲裁程序,导致其未能聘用仲裁代理人,该公司总经理也无法赴中国香港特别行政区开庭。法院则认为,《纽约公约》第 5 条规定的“未能申辩”并不适用所有“没有申辩”的情形,这一条的目的是保护当事人申辩的权利不受侵害。在该案中,当事人未能申辩,并不是其申辩权受到侵害的结果,而是其自身原因导致的。

在“Dongkuk Steel 诉 Yun's Marine 案”中,当事人受到 TOMAC 的仲裁通知,委托一名日本律师代理案件,但是该律师在第一次开庭之前辞职了。[2] 当事人只好委派一名经理赴日本选择新的代理人,但是该经理一直未能取得日本签证。该仲裁机构多次向日本出入境管理部门提出申请,但该经理一直未取得签证。仲裁机构请求当事人更换赴日人选,当事人称该经理为唯一了解争议的员工,没有派出任何员工或者指定代理人参加程序。仲裁裁决作出后,该方当事人申请撤销仲裁裁决。法院认为,《纽约公约》保护当事人的申辩权,并且申辩权是程序正义的核心,涉及公共秩序,应当按照韩国法律解释申辩权。在该案中,当事人受到仲裁通知,本可选择其他律师或者工作人员前往,其程序权利并未被侵害。

4. 超越裁判权限

仲裁庭应当在仲裁协议约定的范围内作出裁决,超出提交仲裁事项范围作出

---

〔1〕 Turner Broadcasting System Asia Pacific v. CSTV, 2013 Gahap 1407, 5 July 2013 (Seoul District Court, 46th Civil Division); Dongkuk Steel v. Yun's Marine, 2011 Gahap 8532, 26 October 2011 (Busan District Court).

〔2〕 2011 Gahap 8532, 26 October 2011 (Busan District Court).

的裁决，经当事人申请，可以被撤销。

在"Hankook Tire 诉 Fahad Mehr Company 案"中，当事人在某类轮胎特许经销合同中约定了仲裁协议，但该仲裁协议的效力不应扩张到其他轮胎销售产生的争议之上。[1] 韩国轮胎公司与伊朗公司订立 Orban 品牌的轮胎特许经营协议，并约定争议提交 KCAB 仲裁。该伊朗公司同时也进口韩国轮胎公司的 Aurora 牌轮胎，而且销量要高于 Orban 牌轮胎。然而，双方当事人并未就 Aurora 牌轮胎订立特许经营协议。韩国轮胎公司随后尝试将 Aurora 牌轮胎的特许经营权授予案外人伊朗某公司，但是受到伊朗公司的抵制。韩国公司为能够继续向其他伊朗公司供应 Aurora 牌轮胎，承诺向该伊朗公司支付30 万美元作为补偿，双方订立备忘录，而该备忘录不包含任何仲裁协议。韩国公司未支付该笔补偿金，伊朗公司提起仲裁，并取得了仲裁裁决。在承认与执行程序中，法院认为，为特定品牌订立的特许经营协议中的仲裁协议，不应涵盖另一品牌轮胎的争议。仲裁庭的裁决超越授权范围，应当被撤销。

在"Ciech SA 诉 Cho Young Trading Corporation 案"中，韩国法院认定当事人后续订立的合同中的仲裁条款涵盖当事人之前订立的合同。在该案中，一家波兰公司与韩国公司订立货物销售合同。该合同中不包含仲裁条款。合同履行过程中，双方当事人发生争议。韩国公司声称货物不符合约定，并没有支付价款。争议发生之后，双方当事人在波兰会面，双方同意放弃之前合同履行过程中的权利和争议，重新订立补充供货合同。该合同中包含仲裁协议，协议约定"因本合同产生的争议，提交苏黎世商会仲裁院仲裁"。法院认为，补充合同的标的涉及的是当事人原先未履行完毕的合同，因此原合同争议由仲裁协议所覆盖，驳回原告的起诉。

在"Nexon 诉 Hudson 案"中，当事人解除著作权许可合同后，合同中约定的仲裁协议不包含后续发生的著作权侵权纠纷。[2] 原告与被告之间订立游戏著作权许可合同，由原告线下游戏 Bomberman 的著作权人许可被告线上游戏开发商开发线上游戏，并授权其在亚洲地区运营。著作权许可合同中约定了仲裁协议，即"当事人之间的纠纷，提交日本国际调节协会仲裁，使用该协会仲裁规则"。该合同约

〔1〕 86 Gahap 6660, 23 July 1987 (Seoul District Court).

〔2〕 2005 Ga hap 65093, 17 January 2007 (Seoul District Court).

定2年授权许可期,许可期结束之后,线上游戏开发商继续适用该游戏授权。线下游戏的著作权人主张其著作权受到侵害,向韩国法院提起诉讼。被告称,当事人之间存在仲裁协议,并提出管辖权异议。韩国法院认为:首先,著作权侵权并不属于著作权许可合同的内容;其次,即便著作权侵权被著作权许可合同涵盖,著作权合同已经届期不再适用。法院受理该著作权侵权纠纷,驳回了被告的管辖权异议。

5. 公共政策

许多当事人主张仲裁裁决违反公共政策(public order),[1]但只有极少数裁决因违反公共秩序而被撤销。仲裁员认定事实或者适用法律不当,并不构成公共秩序的违反。法院适用公共秩序保留不仅需要考虑国内和国际经济交往的稳定性,必须对公共秩序采用限制性解释。[2]《纽约公约》规定的公共秩序,并不严格等于韩国《民法典》规定的公序良俗。“公共政策”应当理解为国际公共政策,即本国法律秩序中的基本法律原则、根本基础以及即便考虑到国际因素也不应妥协的理念和价值。[3]

违反韩国法律的强制性规定,并必然不意味违反公共秩序保留。在“S. E. Hong 诉 Seoul Heroes Corp. 案”中,申请人运营一家韩国棒球俱乐部,被申请人某美国公民向其支付约200万美元,购买棒球俱乐部40%的股权。申请人向KCAB申请仲裁,要求确认被申请人不是棒球俱乐部的股东。被申请提出反请求,请求申请人向其转让约定的股份。仲裁庭裁决申请人向被申请人转让约定的股份。申请人以违反公共政策为由,向法院申请撤销仲裁裁决。申请人称其转让裁决所涉股权,必须向公司购买库藏股(Treasury Shares),也就是公司回购相应股份,违反韩国《商法》禁止公司回购股票的规定。此外,向被申请人转让股份,因为被申请人并未通知相关行政部门,将违反韩国《外商投资法》而受到罚款。直接转让股份给被申请人,将导致规避该条规定。

---

〔1〕 受大陆法系传统影响,韩国采用“公共秩序”(public order)指称《纽约公约》规定的“公共政策”(public policy)一词。也有学者采用日语中的公序良俗,指称公共秩序保留。

〔2〕 “Korea Telecom M. Com Employee Stock Ownership Association 诉 Gohap 公司案”,2004 Da 2649,27 May 2005(Supreme Court)。

〔3〕 Hyundai Heavy Industries Co. v. International Petroleum Investment Company International,2009 Gahap 136849,9 July 2010(Seoul District Court).

韩国法院认为,在该案中并不存在违反公共秩序的情形。就转让库藏股而言,首先,仲裁裁决并未规定股权转让的方式,并未要求申请人必须转让库藏股。其次,即便允许申请人转让库藏股,导致违反《商法》的禁止性规定,但也不会违反公共秩序。公司回购自己的股份,会减少公司资本,危害公司、股东以及债权人的利益,而且还会违反股东平等原则,甚至可能导致经理人对公司的实际控制,因此《商法》禁止公司回购股票。但是,在公司收购库藏股不会损害公司资本的情况下,没有否定其效力的必要性。在该案中,被申请人已经向申请人支付了足额等价的价款,不存在法律禁止的情况。

就《外商投资法》而言,也不存在违反公共秩序的情况。被申请人是韩美双重国籍,属于《外商投资法》所称的外国投资者。外国投资者收购韩国公司,应当提前向相关部门备案。在该案中,被申请人尚未取得股份,仍有机会完成备案。被申请人违反规定,应当接受罚款,也不构成违反公共秩序。

外国仲裁裁决无法在韩国合法实施的,也不构成公共秩序的违反。在"Merck Sante Co. ,Ltd. 诉 Whanin Pharma Co. ,Ltd 案"中,被申请人主张许可申请人生产某种药物,但是被申请人并不具备韩国法规定的生产药物的资质。[1] 法院并不认为裁决违反了韩国公共秩序。在其他类似案件中,韩国法院认为外国 30 年诉讼时效与韩国诉讼时效规定相左,但是并不构成对公共秩序的违反。[2] 仲裁机构指定与一方当事人具有相同国籍的仲裁员,同样也不违反公共秩序。[3]

此外,裁决违反韩国最高法院先例的,也不必然构成公共秩序保留。在"Korea International Cooperation Agency 诉 Hi-Net Trading Co. 案"中,仲裁裁决明显违反韩国最高法院就类似事实作出的裁判。[4] 韩国最高法院认为,"仲裁裁决对法律的不同解释,作出与本院先例不同的裁判结果,并不构成公共秩序的违反"。

韩国司法实践中,认可欺诈作为撤销仲裁裁决的理由,但将其适用范围限缩至极小的范围。在"A 诉 B('White Dove and Sawa Case')案"中,[5] 销售代理合

〔1〕 2004 Gahap 3145,21 October 2005(Seoul District Court).

〔2〕 "Adviso N. V. 诉 Korea Overseas Construction Corp. 案",93 Da 53054,24 February 1995。

〔3〕 Henan Pingmian Textile Group v. BIG Plus,2014 Gahab 53410,16 January 2015(Seoul District Court,46th Civil Division).

〔4〕 2007 Da 73918,24 June 2010(Supreme Court).

〔5〕 2013 Ga hap 236,4 June 2013(Daegu District Court).

同的当事人发生纠纷。依照合同约定,代理人有权取得其销售货物金额3%的佣金。争议发生后,代理人向KCAB提起仲裁。仲裁庭根据双方当事人提交的证据作出裁决。裁决作出后,委托人认为代理人向仲裁庭提交的证据系伪造的。法院认为,伪造证据即仲裁程序中的欺诈,可以作为违反公共秩序的撤裁理由,但是该案并不存在伪造证据的事实,驳回委托人撤销仲裁裁决的申请。在“Singaporean Company 诉 Korean Pilot B 案”中,申请人主张被申请人通过伪证和提供虚假证明的方式,误导仲裁庭作出裁决,但是法院认为虚假证据的主张涉及仲裁实体问题,承认该案裁决并不会导致不能容忍的结果,据此驳回了申请人的请求。

在“Majestic Woodchips, Inc. 诉 Donghae Pulp 案”中,韩国法院明确了程序欺诈构成公共秩序保留的3项要件:(1)被申请人必须清楚地证明申请人在仲裁程序中从事可处罚的欺诈行为;(2)被申请人在仲裁程序中不知晓申请人的欺诈行为,不存在过错;(3)被申请人的欺诈行为直接影响裁决结果。

(四)裁决撤销的救济

法院作出承认或拒绝承认与执行仲裁裁决的裁定之后,当事人可以再向上一级法院提起上诉。[1] 韩国受理仲裁司法审查的案件是基层法院,因此受理上诉的法院为地方高等法院。当事人上诉的,不停止仲裁裁决的执行。被执行人提供担保的,上诉法院可以决定暂停执行仲裁裁决。高等法院作出上诉裁定后,当事人可以向最高法院上诉。[2] 但只有在上诉裁定违反宪法、法律或法规的情况下,最高法院才受理案件。

四、韩国投资仲裁制度与实践

韩国奉行积极的双边投资条约政策。当韩国还是发展中国家时,它就顺应发达国家的要求,积极进行双边投资条约谈判。韩国早期的双边投资条约,倾向承诺对投资者友好的条款,以吸引外国投资。韩国的政策制定者普遍对双边投资条约仲裁持积极友好态度,他们相信投资者与国家间的仲裁制度可以促进更多的外国资本流入。随着经济的发展,韩国转变为双重国际投资大国,既是吸引外资的国家,又是对外投资的主要国家。受到新自由主义的影响,韩国在20世纪90年代

---

〔1〕 参见韩国《仲裁法》第37条第6款以及韩国《民事诉讼法》第444条第1款。

〔2〕 参见韩国《民事诉讼法》第442条。

末推出了自由贸易协定路线图，以增加进入外国市场的机会，吸引更多的投资。与此同时，韩国政府努力提高现存以及新订立的双边投资条约的保护水平，增设及修订了自由贸易协定中的投资章节。例如，韩国的决策者决定在双边投资条约中放弃“用尽当地救济”条款，加强投资者直接诉诸投资仲裁的空间，但这也被认为存在潜在的风险。晚近，韩国公众对《韩美自由贸易协定》表现出较强烈的反对情绪，影响了韩国原来对投资仲裁的坚定支持态度。无论如何，韩国仍然将国际投资仲裁作为保护韩国海外投资的主要机制。

投资仲裁方面，1968 年韩国签署《华盛顿公约》。自 1975 年与荷兰签订双边投资条约以来，韩国一直坚持以仲裁作为解决投资争端的主要方式。自 2004 年起，韩国开始采用自由贸易协定。除韩国—欧盟自由贸易协定外，韩国缔结的 14 项自由贸易协定，都包含了国际投资仲裁条款。

韩国为订立双边投资和贸易协定最多的国家之一。截至 2020 年 7 月，韩国共签署了 91 项双边投资协定，其中 86 项已经生效。同期，韩国共参加了 16 项生效的自由贸易协定。[1]

在投资仲裁裁决执行方面，韩国最高法院适用相对豁免理论，判断其他国家豁免问题。如果其他国家从事“私法行为”，不得主张主权豁免。其他国家在韩国境内履行的劳动合同纠纷，属于“私法行为”，韩国法院可以受理。就投资仲裁裁决的执行而言，韩国尚无相关实践，但多数意见认为主权豁免不属于韩国《仲裁法》规定不予执行理由。

韩国参加的第一起投资仲裁案件是 1984 年的“Colt Industries 案”。[2] 该案不是投资条约仲裁，而是国防合同仲裁，由 Colt 工业公司提供技术许可，由韩国负责制造武器。案件提交到国际投资争端解决中心，通过调解结案，案卷材料并未公开。该案是韩国投资仲裁的历史性注脚，并未对韩国后来的投资争议解决政策未产生任何实际影响。此后 30 年间，韩国未发生任何投资仲裁案件。

近年来，韩国发生了一系列投资仲裁案件。在 1997 年亚洲金融危机之后，韩

---

〔1〕 这些自由贸易协定包括智利(2004 年)、新加坡(2006 年)、欧盟(2006 年)、东盟(2007 年)、印度(2010 年)、秘鲁(2011 年)、美国(2012 年)、土耳其(2013 年)、澳大利亚(2014 年)、哥伦比亚(2016 年)。

〔2〕 Colt Industries Operating Corp. v. Republic of Korea, ICSID Case No. ARB/84/2 (21 February 1984).

国向外国投资者出售或重组银行,产生了投资纠纷。2012 年美国私募基金 Lone Star 通过其在比利时和卢森堡的子公司收购韩国第五大银行,即韩国外换银行(Korea Exchange Bank,现为韩亚银行)。根据韩国法律的规定,外国投资者无法取得韩国银行的控股权,除非该银行陷入财务困境。当时有报道称,该银行已经脱离财务困境,但韩国政府仍然认定该银行需要外部救助,同意将其出售给 Lone Star 基金。交易完成之后,韩国政府启动对交易的调查,并将案件诉至最高法院。最高法院虽然认为交易合法,但同时请求调查 Lone Star 基金涉嫌操纵股票价格。在此期间,Lone Star 基金寻求出售股权,并以极低的价格转让给第三方,但是韩国政府拒绝给予审批,导致该私募基金损失高达 47 亿美元。Lone Star 基金还认为,韩国政府对其在韩国投资的不动产征税,违反双边投资协定免税的规定。韩国政府则认为,Lone Star 基金在比利时的公司只是投资工具,不属于投资协定规定的投资者。Lone Star 基金随后在国际投资争端解决中心,依据韩国和比利时及卢森堡缔结的双边投资协定,向韩国政府提出了损害赔偿请求。[1] 至今,案件仍然未决。

2015 年,阿联酋公司在荷兰成立的分支机构,在国际投资争端解决中心提起针对韩国政府的投资仲裁。[2] 案件涉及投资者出售韩国现代石油银行股份的资本利得税。韩国最高法院认为,投资者不享有韩国和荷兰避免双重征税的优惠,因为投资者不属于条约规定的荷兰实体。该实体完全受控于位于阿布扎比的国际油气投资公司。[3] 2016 年,仲裁庭中止了仲裁程序。

2015 年,根据韩国和伊朗双边投资协定,伊朗 Dayyani 公司向韩国政府发出仲裁通知,声称韩国政府在该公司收购破产的大宇电子公司时,涉及非法征收以及违反公平公正待遇。[4] 2010 年,韩国国有资产管理公司经招投标处置破产的韩国大宇电子公司。伊朗 Entekhab 公司决定通过其在新加坡的 D&A 公司,竞标收购大宇电子公司。伊朗 Entekhab 公司向韩国支付了 4900 万美元的合同预付款。2011 年,大宇公司债权人中止股权转让合同,声称伊朗公司提供的资金根本不足以重整大宇公司。伊朗公司随后在韩国法院提起诉讼,韩国法院确认合同解

---

[1] LSF-KEB Holdings SCA & Others v. Republic of Korea, ICSID Case No. ARB/12/37.

[2] Hanocal Holding B. V. & IPIC lnt'l B. V. v. Republic of Korea, ICSID Case No. ARB/15/17.

[3] 2013 Du 21373, 23 July 2015 (Supreme Court).

[4] Mohammad Reza Dayyani and others v. Republic of Korea (PCA Case No. 2015 - 38).

除有效。此后,伊朗公司启动国际投资仲裁程序。由于伊朗不是《华盛顿公约》的缔约方,因此伊朗投资者按照双边投资协定,直接提起临时仲裁,要求韩国政府返还其预付的投资款及利息。2018 年,仲裁庭作出裁决,由韩国政府向伊朗公司支付 5300 万美元。韩国政府随后向仲裁地法院,即英国上诉法院上诉,主张由第三国公司支付的合同预付款不属于投资协定规定的"投资"。2019 年 12 月,该法院裁定驳回韩国政府的管辖异议,认为韩国和伊朗双边投资协定中的投资,涵盖了由第三人代为持有的股份。

2018 年,美国 Elliot 基金提起临时仲裁,声称韩国政府违反了《韩美自由贸易协定》第 11.5 条规定的公平公正待遇以及第 11.3 条规定的国民待遇条款,要求韩国政府赔偿 6.7 亿美元。[1] 同年,迅达控股有限公司(Schindler Holding AG)提起临时仲裁,声称韩国政府违反《韩欧自由贸易协定》,通过重整现代电梯公司,剥夺了该公司的股权权益。这两起案件皆在审理过程中。[2]

韩国投资者诉外国政府的第一例仲裁案件是"韩国安城公司诉中国案"。[3] 2006 年韩国安城公司与江苏省射阳港口产业园区管委会签订关于高尔夫球场及豪华附属设施开发的投资协议。项目动工建设不久,房地产开发政策发生变化,园区管委会无法按照约定价格向安城公司提供土地,要求其公开竞买。一期工程竣工后,园区管委会未及时提供二期用地。安城公司于 2011 年 10 月将项目低价转让给了一家中国公司。2014 年安城公司根据《中韩双边投资保护协定》(以下简称中韩 BIT)向 ICSID 申请仲裁。2016 年中方代理人根据《ICSID 仲裁规则》第 41(5)条,在首次开庭审理前提出了初步反对意见,认为安城公司申请仲裁的时间超过了中韩 BIT 第 9(7)条规定的 3 年仲裁时效,且中韩 BIT 中的最惠国待遇条款不适用仲裁时效,其仲裁请求显然不具法律价值。安城公司代理人答辩称,其在知道损害后的两年半时间内向中方政府提交了意向通知,并未超过仲裁时效,即使超过,其有权援引中韩 BIT 最惠国待遇条款,适用较长的仲裁时效。仲裁庭认为,中韩 BIT 第 3 条的字面文义已经清晰地表明最惠国待遇不能延伸适用至缔约一方与缔约另一方投资者的投资仲裁事项,特别是不能适用中韩 BIT 第 9(7)条的

[1] Elliott Associates L. P. v. Republic of Korea(PCA Case No. 2018 – 51).

[2] Schindler Holding AG v. Republic of Korea(PCA Case No. 2019 – 44).

[3] Ansung Housing Co. v. the People's Republic of China, ICSID Case No. ARB/14/25.

仲裁时效,文义解释已经足够清晰,故驳回了韩国投资者的请求。

2015年,韩国三星工程公司提出了针对阿曼政府的投资仲裁。在该起案件中,三星公司在阿曼国有企业石油精炼和油气工业公司的招标中胜出,但未获项目合同。案件由国际投资争端解决中心受理。[1] 目前案件尚在审理过程之中。

五、韩国主要仲裁机构

KCAB是韩国唯一的仲裁机构。1966年3月22日,韩国《仲裁法》施行不久之后,韩国工商会议设立国际商事仲裁委员会,作为其内设机构。国际商事仲裁委员会制定仲裁规则并得到韩国最高法院批准之后,正式开始管理仲裁案件。由于仲裁业务的专业性以及受案数量的增长,国际商事仲裁委员会随后脱离工商会议,登记成为独立的公益性社团法人。该机构的费用由政府支援金、仲裁案件收费以及韩国贸易协会补助金构成。1980年,该机构修改章程,将名称改为大韩商事仲裁院(KCAB)。2018年,KCAB成立了国际仲裁部(KCAB International),主要负责跨境商事仲裁。

KCAB分别制定了国内仲裁规则和国际仲裁规则。国际仲裁规则制定于2007年,分别于2011年和2016年两次进行修订。该机构管理仲裁程序的特色是轻管理(light touch),更类似香港国际仲裁中心,而不是国际商会仲裁院或者新加坡国际仲裁中心。

在受案规模方面,1996年该机构受理的案件首次超过100件。2019年该机构受理案件443件,达到历史新高,其中国内案件373件,国际案件70件。受案标的额约为87,500万美元,案均标的额为190万美元。在涉案争议领域方面,该机构受理较多的案件是建设工程类、信息技术类和国际贸易类案件。该机构管理的案件平均耗时224天,其中,国内案件平均耗时约198天,国际案件约360天。在当事人的区域和国别构成方面,2019年该机构受理案件的当事人中,约50%来自亚洲,16%来自北美,15%来自欧洲。外国当事人来源地是美国、越南、中国和日本。标的额最大的外国当事人来自美国和越南。在仲裁员构成方面,被指定或选定最多的仲裁员来自韩国(32%)、美国(14.7%)、英国(9%)和中国(7%)。适用最多的法律是韩国法(66%)。仲裁语言最多的是英语(70%)、韩语(16%)和中文(6%)。

---

[1] Samsung Engineering Co. ,Ltd. v. Sultanau of Oman,ICSID Case No. ARB/15/30.

当事人选择该机构解决纠纷需要支付3笔费用,即案件登记费、案件管理费和仲裁院的报酬和费用。申请人申请仲裁或提出反请求时,应当一次性支付110万韩元(约1000元人民币)。争议标的高于2亿韩元的,不需要缴纳案件登记费。申请人经催告2次,仍不缴纳案件登记费的,仲裁机构终止案件受理。案件管理费则按照争议标的予以收取。[1] 争议标的额为外币的,以立案当日韩国银行公布的汇率为准予以计算。缴费后,申请人撤回仲裁申请的,秘书处可以酌情退回部分仲裁费。

仲裁员费用由秘书处在受理案件时,按照争议标的额预先估算和收取。秘书处在考虑争议的性质和争议的金额,尤其是仲裁员进行仲裁所需花费的时间等后,在"仲裁员报酬表"的最低额与最高额之间决定当事人预缴的仲裁员报酬。结案后,预缴费用有剩余的,由秘书处返还,但不计利息。秘书处可以在程序任何阶段,包括仲裁裁决作出后,调整仲裁员费用。3人仲裁庭中,首席仲裁员收取40%的费用,边裁各收取30%的费用。以争议标的为1000万元人民币为例,案件管理费约为22万元人民币,仲裁员费用约为29万元人民币,总计约为52万元人民币。

此外,支付给律师、专家、口译员、证人的费用等在仲裁程序中应由当事人承担的必要费用,应由各当事人按照裁决中确定的分摊比例进行分摊。除当事人另行协商一致外,仲裁庭应根据该案件的各项情况决定由当事人对仲裁程序中所发生的必要费用的分摊比例。在实践中,包括管理费在内的仲裁费用原则上由败诉方承担。仲裁庭也可在考虑案件的情况后酌情决定由各当事人以适当比例分担仲裁费用。仲裁庭应在作出裁决时对仲裁费用的承担作出决定。仲裁庭作出临时裁决,中间裁决或部分裁决时,可延至最终裁决之时对仲裁费用的承担作出决定。

韩国不限制外国仲裁机构在境内办理仲裁案件。与此同时,韩国极力推广首尔作为国际仲裁的开庭地点。2014年,韩国建成首尔国际争端解决中心(Seoul IDRC)。该中心的主要功能是提供国际仲裁开庭、谈判和会议场所。该机构已经与国际律师协会、香港国际仲裁中心、国际商会仲裁院、美国仲裁协会等国际领先的仲裁机构签订合作协议,以便于东北亚地区当事人和仲裁庭的开庭。

---

[1] 参见KCAB国际仲裁部网站,载http://www.kcabinternational.or.kr。

六、中国当事人参与韩国仲裁的建议

(一)我国当事人在韩国仲裁的情况

根据KCAB的年度报告以及韩国法院司法监督的判决可以发现,我国当事人已经广泛地参与到韩国仲裁程序之中。

我国是KCAB涉外案件中主要的当事人来源国。无论是仲裁案件,还是仲裁员,韩国国际仲裁案件都具有较多的中国元素。2016~2019年,我国当事人和仲裁员参与KCAB管理的案件如表2-1所示。

表2-1 2016~2019年我国当事人和仲裁员参与KCAB管理案件情况

项目	2016年	2017年	2018年	2019年①
当事人(案件数)	12(第一位)	15(第三位)	9(第二位)	9.6%(第三位)
仲裁员(人数)	21(第四位)	29(第四位)	29(第四位)	7.4%(第四位)

①大韩商事仲裁院未公布数量,仅公布百分比。

韩国法院公布的仲裁司法审查案件也较多地涉及我国当事人。在“Yantai Marine Fisheries诉Kang案”中,当事人约定在中国仲裁。[1] 韩国最高法院将该类仅约定仲裁地而未约定仲裁机构的仲裁协议解释为选择中国国际经济贸易仲裁委员会仲裁。案涉仲裁协议约定,“任何因本合同发生或者与本合同有关的纠纷,应当通过友好谈判解决。当事人无法达成和解协议的,纠纷提交仲裁解决。仲裁地为中国,仲裁裁决具有终局性”。韩国最高法院认为,中韩两国都是《纽约公约》的缔约方,应当按照《纽约公约》审查仲裁裁决的承认与执行。《纽约公约》要求仲裁协议具有书面形式,并具有仲裁意思表示,而不要求仲裁地、仲裁机构或者规定仲裁协议准据法。1997年,申请人向中国国际经济仲裁委员会申请仲裁时,该仲裁机构是中国唯一的受理涉外案件的仲裁机构。该机构受理案件之后,被申请人也没有及时提出管辖权异议,而是按照仲裁规则选定仲裁员、提交答辩书并提出反请求。中国《仲裁法》规定,仲裁协议必须选定仲裁机构,当事人未选定仲裁机构也不能达成补充协议的,仲裁协议无效,但是法院不认为仲裁协议根据《纽约公约》第2条无效,或者根据第5条裁决作出地的法律无效,驳回撤销仲裁裁决的申请。韩国法院的做法体现出其对仲裁程序的尊重,友好解释和适用了《纽约公

〔1〕 2000 Da 35795,8 December 2000(Supreme Court).

约》,同时也表现出对我国仲裁制度特点具有较高的熟悉程度。

在“Zibo Fuxing Ceramic Pigment & Glaze Co. 诉 Coson 案”中,韩国法院承认与执行了中国国际经济贸易仲裁委员会的仲裁裁决,尽管仲裁通知由中文而非韩文写成。[1] 中国公司和韩国公司订立原材料买卖合同。卖方负有按期交货义务,买方用信用证支付价款。买卖合同中包含的仲裁协议约定,“纠纷提交中国国际经济贸易仲裁委员会仲裁”。仲裁裁决作出后,被申请人以未获适当通知为由,请求法院撤销仲裁裁决。被申请人称,其收到指定仲裁员的通知、仲裁员名册等材料都是中文而不是韩文的,导致其无法行使程序权利,其获得公平审理的权利受到侵害。韩国法院认为,《纽约公约》规定的适当通知,旨在保障当事人的程序权利,但并非所有违反适当通知的瑕疵都必然导致仲裁裁决被撤销。只有那些严重违反程序规则导致不可接受的,才构成撤销仲裁裁决的理由。在该案中,被申请人收到仲裁通知之后,指定了仲裁员,作出了实体答辩,甚至在庭审结束之后还提交了补充证据,实在难以得出其权利受侵害的结论。

在该案中,当事人还提出公共秩序保留的撤裁主张。在仲裁程序开始前,申请人曾经向被申请人提出约 3 万美元的和解请求,但是被申请人拒绝该请求。仲裁庭最后的裁决结果为 30 万美元,是和解金额的 10 倍。因此,被申请人主张裁决显失公平,违反公共利益。法院认为,当事人提出的赔偿请求并不代表其实际损失。在仲裁程序中,申请人提出 90 万美元的仲裁请求,但仲裁庭仅支持了 30 万美元。合同标的约为 200 万美元,仲裁庭裁决被申请人承担 30 万美元的损害赔偿,并非不合比例,故驳回了撤销仲裁裁决的请求。

在“Guangzhou Shipping 诉 Eagle Shipping 案”中,中外当事人之间约定由不存在的“不列颠商事仲裁委员会”(British Commercial arbitration board)进行仲裁,并未影响仲裁协议的效力。[2] 当事人订立航次租船合同,其中仲裁协议约定,“合同有关争议应当在伦敦解决,适用不列颠商事仲裁委员仲裁规则”。当事人之间发生纠纷之后,尝试协商但未能达成一致。申请人请求指定 1 名仲裁员裁决纠纷,被申请人同意仲裁,但要求双方各指定 1 名仲裁员。申请人指定仲裁员之后,多次催告被申请人,但被申请人皆未指定仲裁员。根据英国仲裁法,被申请人 7

---

[1] 2012 Ga hap 202020,29 March 2013(Suwon District Court).

[2] 91 Gahap 45511,1 May 1992(Seoul District Court).

日内未能指定仲裁员的,申请人指定的仲裁员可以独任审理。被申请人拒绝参加仲裁程序,不认可独任仲裁员的选任。随后,申请人告知被申请人可以继续指定仲裁员,被申请人依旧拒绝指定仲裁员。独任仲裁员审理案件,最终作出裁决。被申请人请求法院撤销仲裁裁决,主张当事人约定的仲裁机构不存在。韩国法院认为,仲裁机构并不是仲裁协议的必要条件,而且当事人对“仲裁委员会”(arbitration board)一词用小写,并不是指向特定仲裁机构,因此也不存在错误的问题。

在“Henan Pingmian Textile Group 诉 IBIG Plus 案”中,韩国法院并未以仲裁员国籍与对方当事人相同,而撤销仲裁裁决。[1] 中国公司与韩国公司订立棉花采购合同。合同规定,纠纷由国际棉花协会仲裁。争议发生后,棉花协会技术上诉委员会组成5人仲裁庭,其中一名为中国国籍。仲裁庭最终作出不利于韩国当事人的裁决。该当事人请求撤销仲裁裁决,但韩国法院认为,不能仅仅因为仲裁员的国籍就否认其公正裁判。仲裁庭作出多数裁决,没有任何证据表明一名仲裁员的国籍影响了仲裁裁决的正当性。

(二)对于我国当事人在参与韩国仲裁的建议

1. 是否选择韩国作为仲裁地

韩国施行《示范法》为基础的仲裁制度,同时韩国也是《纽约公约》缔约方。选择韩国作为仲裁地,并不会遭遇过于陌生的仲裁制度。韩国《仲裁法》与《示范法》的差异很小,大部分差异都是为了更支持仲裁。例如,可仲裁的纠纷范围大于《示范法》规定的商事纠纷,《示范法》仅适用国际商事仲裁,而韩国规定国内仲裁也适用《示范法》。唯一需要注意的是,《示范法》第34条规定,“向法院申请撤销裁决时,如果适当而且一方当事人也提出请求,法院可以在其确定的一段时间内暂时停止进行撤销程序,以便仲裁庭有机会重新进行仲裁程序或采取仲裁庭认为能够消除撤销裁决理由的其他行动”,但是韩国《仲裁法》并不允许法院暂停撤销程序。仲裁裁决给予程序瑕疵撤销的,当事人可以依据仲裁协议重新仲裁。

韩国法院仅对仲裁地在韩国的仲裁程序提供取证和保全的协助。如果仲裁程序涉及韩国境内的财产或证据保全,应当尽量选择韩国作为仲裁地。韩国法并不禁止外国仲裁机构在韩国管理国际仲裁案件,中国仲裁机构也可以管理韩国作为仲裁地的仲裁。当然,中国律师也可以在韩国仲裁程序中出庭。

---

〔1〕 2014 Gahab 53410, 16 January 2015 (Seoul District Court, 46th Civil Division).

当事人选择韩国作为仲裁地，可以根据韩国《仲裁法》第 36 条、第 37 条和第 38 条申请在韩国执行仲裁裁决。韩国执行涉外仲裁裁决的审查标准与《纽约公约》第 5 条和《示范法》第 36 条一致，仅审查仲裁协议效力、适当通知、正当程序以及仲裁庭组成的程序事项。此外，韩国法院还会依职权审查纠纷的可仲裁性和仲裁裁决是否违反韩国的社会道德和社会基本秩序。由于韩国采用国内、涉外以及外国仲裁裁决三轨合一的统一仲裁裁决司法审查标准，因此，涉韩争议当事人是否选择韩国或第三国仲裁，都不会影响裁决承认与执行的审查标准。

2. 是否选择韩国仲裁机构

如选用韩国仲裁机构，可选择 KCAB，并使用其适用的标准仲裁条款："凡因本合同所引起的或与本合同有关的任何争议、纠纷、分歧或索赔，均应提交大韩商事仲裁院进行仲裁。仲裁员人数为……名（一名或三名）仲裁地应为……（城市/国家）仲裁程序应按照（选择语言）来进行。"争议已经发生的情况下，当事人可约定如下："以下签字各方，同意将本纠纷提交大韩商事仲裁院进行仲裁。［简单描述已出现或可能引起的争议，纠纷，分歧或索赔］仲裁员人数为……名（一名或三名）仲裁地应为……（城市/国家）仲裁程序应按照（选择语言）来进行。"

KCAB 有 34 名中国内地（大陆）仲裁员、8 名中国香港特别行政区仲裁员以及 4 名中国台湾地区仲裁员可供选择，为中方当事人提供了充分的选择空间。与此同时，该机构仲裁规则并未限制当事人选择名册外的仲裁员。

从费用的角度来看，KCAB 的收费略低。以中国国际经济贸易仲裁委员会受非情况作为比对，分别以 500 万元、1000 万元和 1 亿元人民币的标的额作为样本，使用两家仲裁机构的仲裁费快算工具，可以发现当中国国际经济贸易仲裁委员会收费较 KCAB，分别高出 3 万元、4 万元和 20 万元人民币。KCAB 虽然收费略低，但考虑到选择韩国仲裁机构而产生的聘请代理人、翻译、差旅以及后续司法审查的成本，笔者仍然建议当事人选择我国领域内的仲裁机构仲裁。

3. 在韩国承认与执行外国仲裁裁决

韩国是《纽约公约》缔约方，当事人可以依据该公约向韩国法院申请我国或其他公约缔约方作出的仲裁裁决。韩国加入《纽约公约》时，作出互惠保留和商事保留，即仅承认与执行在《纽约公约》缔约方作出的商事仲裁裁决。在《纽约公约》第 5 条第 1 款的适用方面，韩国法院采用国际通行标准，便利仲裁裁决在韩国的承认与执行。在《纽约公约》第5条第2款方面,韩国《仲裁法》规定的可仲裁性与国际通行商事仲裁标准并无实质差异,而且韩国法院极少适用公共秩序保留,同样也便利公约项下裁决在韩国的承认与执行。

对于《纽约公约》缔约方之外的国家和地区作出的仲裁裁决,当事人可以援引韩国《民事诉讼法》第217条以及《民事强制执行法》第26条、第27条,依据互惠原则,申请承认与执行仲裁裁决。如果仲裁裁决不具有终局性,仲裁庭不具有管辖权,通知送达不合法,或者仲裁裁决违反公共秩序,尤其是缺少互惠关系的,韩国法院可以拒绝承认与执行非《纽约公约》缔约方作出的仲裁裁决。

七、结语

伴随韩国外向型经济的发展,韩国仲裁制度不断完善,仲裁行业不断发展,不仅服务该国工业部门参与并融入全球经济,还尝试借助其东北亚地区枢纽及其靠近世界主要的经济体的区位优势,致力成为东北亚地区的国际仲裁中心。韩国具备国际通行的国内和国际仲裁制度,属于《纽约公约》缔约方,同时也是亚洲最早采用《示范法》的国家之一。韩国司法系统支持国际仲裁的发展,友好地支持仲裁,确认仲裁协议效力,积极协助仲裁保全措施,审慎审查承认与执行外国仲裁裁决。韩国主要仲裁机构也能够提供符合国际当事人需求的服务,及时修订仲裁规则,创新仲裁服务。韩国《仲裁业促进法》实施以来,韩国司法行政管理部门也为韩国国际仲裁提供了长期规划和政府财政支持。韩国仲裁制度的发展,为中韩贸易的当事人提供了新选择。

附录：

韩国《仲裁法》(英文版)

Arbitration Act[1]

Chapter Ⅰ　General Provisions

Article 1　(Purpose)

The purpose of this Act is to ensure the appropriate, fair and prompt settlement of disputes in private law by arbitration.

Article 2　(Scope of Application)

(1) This Act shall apply to cases where the place of arbitration under Article 21 is in the Republic of Korea: Provided, That Articles 9 and 10 shall apply even in cases where the place of arbitration is not yet determined or is not in the Republic of Korea, and Articles 37 and 39 shall apply even in cases where the place of arbitration is not in the Republic of Korea.

(2) This Act shall not affect any other Act by virtue of which certain disputes may not be referred to arbitration or may be referred to arbitration only according to provisions, other than those of this Act, nor those treaties which come into operation in the Republic of Korea.

Article 3　(Definitions)

The definitions of terms used in this Act shall be as follows:

1. "Arbitration" means a procedure to settle a dispute over property rights or disputes based on nonproperty rights that the parties can resolve through a reconciliation, not by a judgment of a court, but by an award of an arbitrator;

2. "Arbitration agreement" means an agreement between the parties to settle by

---

〔1〕 韩国《仲裁法》英文版由韩国政府官方英文法律数据库提供，载 https://elaw.klri.re.kr。

arbitration all or some disputes which have already arisen or might arise in the future in respect of defined legal relationships, whether contractual or not; and,

3. "Arbitral tribunal" means a sole arbitrator or a panel of arbitrators who conduct the arbitral proceedings and make an award.

Article 4 (Notice of Written Communication)

(1) Unless otherwise agreed by the parties, a written communication shall be delivered to the addressee in question personally.

(2) If a notice cannot be personally delivered as provided under paragraph (1), the written communication shall be deemed to have been notified to the addressee when it is duly delivered to the addressee's domicile, place of business or mailing address.

(3) In applying paragraph (2), if the addressee's domicile, place of business or mailing address cannot be found even after making a reasonable inquiry, a written communication shall be deemed to have been notified to the addressee when it is sent to his or her last-known domicile, place of business or mailing address by registered mail or any other postal service which provides a record of the delivery.

(4) The provisions of paragraphs (1) through (3) do not apply to communications in court proceedings.

Article 5 (Waiver of Right to Object)

A party who knows that any provision of this Act from which the parties may derogate or any agreement between the parties concerning the arbitral proceedings has not been complied with and yet proceeds with the arbitration without stating his or her objection to such non-compliance without delay or, if a time-limit is provided therefor, within such period of time, shall be deemed to have waived his or her right to object.

Article 6 (Court Intervention)

In matters governed by this Act, no court shall intervene except where so provided in this Act.

Article 7 (Competent Court)

(1) A district court or branch court (hereafter referred to as "court") designated in

the arbitration agreement shall have jurisdiction over matters prescribed in any of the following subparagraphs; failing such designation, the competent court of the place of arbitration shall have jurisdiction; if the place of arbitration has not yet been determined, the competent court of respondent's domicile or place of business shall have jurisdiction; if respondent's domicile or place of business is unknown, the competent court of the respondent's place of abode shall have jurisdiction; and, even if the respondent's place of abode is not known, the competent court of the respondent's last-known domicile or place of business shall have jurisdiction:

1. Appointment of arbitrators and designation of an arbitral institution under Article 12(3) and(4);

2. Court's decision on a request for challenging an arbitrator under Article 14(3);

3. Court's decision on a request for terminating the mandate of an arbitrator under Article 15(2);

4. Court's examination on the authority of the arbitral tribunal at the request under Article 17(6);

4 – 2. Recognition of an interim measure or a decision rendered by a court on an application for recognition or execution of an interim measure under Article 18 – 7 and an order to provide an asset as security;

5. Court's decision on a request for challenging an expert under Article 27(3).

(2) The investigation of evidence under Article 28 shall be governed by the competent court having jurisdiction over an area where such investigation is performed.

(3) The court designated by arbitration agreement shall have jurisdiction over the matters prescribed in any of the following subparagraphs, and the court having jurisdiction over the place of arbitration shall do so, if not designated by arbitration agreement:

1. Retention of the original copy of an arbitral award under Article 32(4);

2. Action for setting aside an arbitral award to court under Article 36(1).

(4) An application for the recognition and execution of an arbitral award under Articles 37 through 39 shall be governed by a court falling under any of the following subparagraphs:

1. Court designated by arbitration agreement;

2. Court which has jurisdiction over the place of arbitration;

3. Court which has jurisdiction over the place where a respondent's property is located;

4. Court which has jurisdiction over a respondent's domicile or place of business, his or her place of abode if none of those can be found, or his or her last-known domicile or place of business if his or her place of abode cannot be found.

Article 8 (Form of Arbitration Agreement)

(1) Arbitration agreement may be in the form of a separate agreement or in the form of an arbitration clause in a contract.

(2) Arbitration agreement shall be in writing.

(3) In any of the following cases, a written arbitration agreement shall be deemed made:

1. Where terms and conditions of an arbitration agreement have been recorded, regardless of whether such agreement was made orally, by conduct, or by any other means;

2. Where parties' intentions communicated by telegram, telex, facsimile, electronic mail, or any other means of communication contain an arbitration agreement: Provided, That the cases where terms and conditions of such arbitration agreement are not verifiable shall be excluded herefrom;

3. Where either party asserts that an application or a written answer exchanged between the parties contains an arbitration agreement, and the other party does not deny such assertion.

(4) Where a contract cites a document containing an arbitration clause, an arbitration agreement shall be deemed to exist: Provided, That this shall apply only where such arbitration clause constitutes part of the contract.

Article 9 (Arbitration Agreement and Substantive Claim before Court)

(1) A Court before which an action is brought in a matter which is the subject of an arbitration agreement shall dismiss the action when the defendant raises as a defense

the existence of an arbitration agreement: Provided, That this shall not apply in cases where it finds that such arbitration agreement is null and void, inoperative or incapable of being performed.

(2) The defendant shall raise a defense under paragraph(1) by not later than when submitting his or her first statement on the substance of the dispute.

(3) Where an action referred to in paragraph(1) has been brought, arbitral proceedings may nevertheless be commenced or continued, and an award may be made, while the issue is pending before the court.

Article 10　(Arbitration Agreement and Interim Measures by Court)

A party to arbitration agreement may request, before the commencement of or during arbitral proceedings, from a court an interim measure of protection and for a court to grant such measure.

Article 11　(Number of Arbitrators)

(1) The parties are free to determine the number of arbitrators by agreement.

(2) Failing such agreement under paragraph(1), the number of arbitrators shall be three.

Article 12　(Appointment of Arbitrators)

(1) No person shall be precluded by reason of his or her nationality from acting as an arbitrator, unless otherwise agreed by the parties.

(2) The parties are free to agree on a procedure of appointing arbitrators.

(3) Failing such agreement under paragraph(2), arbitrators shall be appointed according to one of the following subparagraphs:

1. In an arbitration with a sole arbitrator: If the parties fail to reach an agreement on the appointment of an arbitrator within thirty days of receipt of a request to do so from the other party, the arbitrator shall be appointed, upon request of a party, by the court or arbitration institution designated by the court; or,

2. In an arbitration with three arbitrators: Each party shall appoint one arbitrator, and the two arbitrators thus appointed shall appoint the third arbitrator by mutual agree-

ment. If a party fails to appoint the arbitrator within thirty days of receipt of a request to do so from the other party, or if the two arbitrators fail to appoint the third arbitrator within thirty days of their appointment, the appointment shall be made, upon request of a party, by the court or arbitration institution designated by the court.

(4) In any of the following cases, arbitrators shall be appointed by a court or the arbitration institution designated by a court upon a request from the parties, if an agreement has been made by the parties under paragraph(2):

1. A party fails to appoint an arbitrator pursuant to the agreed procedure;

2. The parties, or two arbitrators, fail to appoint an arbitrator pursuant to the agreed procedure; or,

3. An institution or any other party, entrusted to appoint an arbitrator, fails to do so.

(5) No protest may be made against a decision by a court or by the arbitration institution designated by a court under paragraph(3) or(4).

Article 13 (Grounds for Challenge)

(1) When a person is approached in connection with his or her possible appointment as an arbitrator or has been appointed as such, he or she shall without delay disclose any circumstances likely to give rise to justifiable doubts as to his or her impartiality or independence to the parties.

(2) Any arbitrator may be challenged only if any circumstances referred to in paragraph(1) exist, or if he or she does not possess qualifications as agreed to by the parties: Provided, That a party may challenge an arbitrator appointed by him or her, or in whose appointment he or she has participated, only for reasons of which he or she becomes aware after the appointment has been made.

Article 14 (Procedures for Challenge)

(1) The parties are free to agree on a procedure for challenging an arbitrator.

(2) Failing such agreement under paragraph(1), a party who intends to challenge an arbitrator shall, within fifteen days after becoming aware of the constitution of the arbitral tribunal, or after becoming aware of any circumstance under Article 13(2),

send a written statement of the reason for the challenge to the arbitral tribunal. In such cases, unless the challenged arbitrator withdraws from office or the other party agrees to the challenge, the arbitral tribunal shall decide on the challenge.

(3) If a challenge under the procedure of paragraph (1) or (2) is not successful, the challenging party may request, within thirty days after having received notice of the decision rejecting the challenge, the court to decide on the challenge. In such cases, the arbitral tribunal may, even if such request is pending in court, continue arbitral proceedings or make an award.

(4) A decision on the challenge by paragraph (3) entrusted to the court shall be subject to no appeal.

Article 15 (Termination of Mandate of Arbitrator Due to His or Her Failure to Act)

(1) If an arbitrator becomes de jure or de facto unable to perform his or her functions or for other reasons fails to act without undue delay, his or her mandate terminates if he or she withdraws from his or her office or if the parties agree on the termination.

(2) If a controversy remains concerning the termination of the mandate of the arbitrator under paragraph (1), any party may request the court to decide on the termination of the mandate.

(3) A decision on the termination of the mandate under paragraph (2) entrusted to the court shall be subject to no appeal.

Article 16 (Appointment of Substitute Arbitrator)

Where the mandate of an arbitrator terminates, a substitute arbitrator shall be appointed according to the procedures that were applicable to the appointment of the arbitrator being replaced.

Article 17 (Ruling of Arbitral Tribunal on Its Jurisdiction)

(1) The arbitral tribunal may rule on its own jurisdiction, including any objections with respect to the existence or validity of the arbitration agreement. For that purpose, an arbitration clause which forms part of a contract shall be treated as an agreement in-

dependent of the other clauses of the contract.

(2) A plea concerning the arbitral tribunal's jurisdiction shall be raised not later than the submission of the statement of defense. In such cases, a party shall not be precluded from raising such a plea by the fact that he or she has appointed, or participated in the appointment of, an arbitrator.

(3) A plea that the arbitral tribunal is exceeding the scope of its authority shall be raised as soon as the matter alleged to be beyond the scope of its authority is raised during the arbitral proceedings.

(4) The arbitral tribunal may, in either case of paragraphs (2) and (3), admit a later plea if it considers the delay justified.

(5) The arbitral tribunal may rule a plea referred to in paragraph (2) or (3) either as a preliminary question or in an arbitral award on the merits.

(6) If the arbitral tribunal makes a decision on its jurisdiction as a preliminary question under paragraph (5), the party who objects to the decision may file a petition with a court to examine the jurisdiction of the arbitral tribunal, within thirty days after the party is notified of the decision.

(7) While a request under paragraph (6) is pending, the arbitral tribunal may continue the arbitral proceedings or make an arbitral award.

(8) No appeal shall be filed against the review of the authority which is conducted by a court following a request therefor under paragraph (6).

(9) If the court makes a decision that an arbitral tribunal has jurisdiction to make an award, upon receipt of a petition under paragraph (6), the arbitral tribunal shall continue the arbitral proceeding; but the arbitrators shall cease to have jurisdiction, if they are unable to, or do not want to, continue the arbitral proceeding, and arbitrators shall be appointed again under Article 16.

Article 18 (Interim Measures)

(1) Unless otherwise agreed by the parties, the arbitral tribunal may, at the request of a party, grant interim measures as considered necessary.

(2) An interim measure under paragraph (1) is any temporary measure, by which,

at any time prior to the issuance of the award by which the dispute is finally decided, the arbitral tribunal orders a party to perform any of the following subparagraphs:

1. Maintain or restore the status quo pending determination of the dispute;

2. Take action that would prevent current or imminent harm or prejudice to the arbitral proceeding itself, or prohibiting action that may cause such harm or prejudice;

3. Provide a means of preserving assets subject to the execution of an arbitral award; or,

4. Preserve evidence that may be relevant and material to the resolution of the dispute.

Article 18 – 2 (Conditions for Granting Interim Measures)

(1) The party requesting an interim measure under Article 18(2)1 through 3 shall satisfy all of conditions in the following subparagraphs:

1. If the applicant fails to have the interim measure taken, the applicant will possibly sustain damage that cannot be redressed by an arbitral award for compensating for damage, and such damage will considerably exceed the damage that the other party is expected to sustain as a consequence of the interim measure;

2. There is a reasonable possibility that the requesting party will succeed on the merits of the claim: Provided, That the determination on this possibility shall not affect the discretion of the arbitral tribunal in making any subsequent determination.

(2) With regard to a request for an interim measure under Article 18(2)4, the requirements in paragraph(1) shall apply only to the extent the arbitral tribunal considers appropriate.

Article 18 – 3 (Modification, Suspension, Termination of Interim Measures)

The arbitral tribunal may modify, suspend or terminate an interim measure it has already granted, upon application of any party or, in exceptional circumstances and upon prior notice to the parties, on the arbitral tribunal's own initiative. In such case, the arbitral tribunal shall examine the parties before the modifying, suspending or terminating the interim measure.

Article 18 –4 (Provision of Security)

The arbitral tribunal may require the party requesting an interim measure to provide appropriate security.

Article 18 –5 (Disclosure)

The arbitral tribunal may require any party to promptly disclose any material change in the circumstances of the interim measure or on the basis of which the measure was requested.

Article 18 –6 (Costs and Damages)

(1) The party requesting an interim measure shall be liable to pay or compensate for the costs and damages caused by the interim measure to the other party if the arbitral tribunal later determines that, in the circumstances, the interim measure was unjustified.

(2) The arbitral tribunal may issue an order, in the form of the compensation for damage under paragraph (1) at any time during the arbitral proceeding.

Article 18 –7 (Recognition and Enforcement of Interim Measures)

(1) The party who wishes to obtain recognition of an interim measure issued by an arbitral tribunal may file a petition with a court to seek a decision to approve the measure, and the party who intends to seek compulsory execution on the basis of the interim measure may file a petition with a court to seek a decision that authorizes the execution.

(2) The party who is seeking or has obtained recognition or enforcement of an interim measure shall promptly inform the court of any termination, suspension or modification of that interim measure.

(3) The court where recognition or enforcement of an interim measure is sought may, if it considers it necessary, order the requesting party to provide appropriate security if the arbitral tribunal has yet to make such an order with respect to the interim measure or where such a decision is necessary to protect the rights of third parties.

(4) The provisions concerning preservative measures in the Civil Execution Act shall apply mutatis mutandis to the execution of interim measures.

Article 18 – 8　(Grounds for Refusing Recognition or Enforcement)

(1) Recognition or enforcement of an interim measure may be refused only if it falls under one of the following subparagraphs:

1. At the request of the party against whom the interim measure is invoked if the court is satisfied that:

(a) The other party to the interim measure proves any of the following facts:

(b) Where an asset has not been provided as security for the interim measure according to an order issued by the court or the arbitral tribunal;

(c) Where the interim measure has been terminated or suspended by the arbitral tribunal.

2. Where the court, ex officio, finds that either of the following grounds exists:

(a) Where the court has no authority to execute the interim measure: Provided, That the foregoing shall not apply where the court makes a decision to alter the interim measure to the necessary extent, without altering the substance of the interim measure, in order to execute the interim measure;

(b) Where any of the grounds set forth in Article 36(2)2(a) or (b) exists.

(2) No court shall examine the substance of an interim measure when it makes a decision on a petition filed to seek the recognition or execution of the interim measure under Article 18 – 7.

(3) The judgment of a court based on any of the grounds referred to in paragraph (1) shall be valid only for the decision on the recognition and execution of the relevant interim measure.

Article 19　(Equal Treatment of Parties)

The parties shall be treated equally in the arbitral proceedings and each party shall be given a full opportunity to present his or her case.

Article 20　(Arbitral Proceedings)

(1) Except those contrary to the mandatory provisions of this Act, the parties are free to agree on the arbitral proceedings.

(2) Failing such agreement referred to in paragraph (1), the arbitral tribunal may,

subject to the provisions of this Act, conduct the arbitration in such manner as it considers appropriate. In such cases, the power conferred upon the arbitral tribunal includes the power to determine the admissibility, relevance and weight of any evidence.

Article 21 (**Place of Arbitration**)

(1) The place of arbitration shall be decided freely by agreement of the parties.

(2) Failing such agreement referred to in paragraph (1), the place of arbitration shall be determined by the arbitral tribunal having regard to all circumstances of the case, including the convenience of the parties.

(3) Notwithstanding the provisions of paragraphs (1) and (2), the arbitral tribunal may meet at any place it considers appropriate for consultation among its members, for examinations of witnesses, experts or the parties, or for inspection of goods, other property or documents: Provided, That the foregoing shall not apply where the parties agree otherwise.

Article 22 (**Commencement of Arbitral Proceedings**)

(1) Unless otherwise agreed by the parties, the arbitral proceedings in respect of a particular dispute shall commence on the date when a request for arbitration for that dispute is received by the respondent.

(2) In the request referred to in paragraph (1), the parties, the subject-matter of the dispute and the contents of the arbitration agreement shall be contained.

Article 23 (**Language**)

(1) The language or languages to be used in the arbitral proceedings shall be decided freely by the agreement of the parties. Failing such agreement, the arbitral tribunal shall determine such language or languages, and otherwise the Korean language shall be used.

(2) The language or languages referred to in paragraph (1), unless otherwise specified therein, shall apply to any written statement by a party, any oral hearing and any award, decision or other communication by the arbitral tribunal.

(3) The arbitral tribunal may, if considered necessary, order a party to submit any

documentary evidence accompanied by a translation into the language or languages referred to in paragraph(1).

Article 24　(Statement of Claim and Defense)

(1) Within the period of time agreed by the parties or determined by the arbitral tribunal, the claimant shall communicate the statement of the facts supporting his or her claim, and the respondent shall state his or her defense in respect of these particulars.

(2) The parties may submit with their statements of claim or defense they consider to be relevant or may indicate a reference to evidence they will submit.

(3) Unless otherwise agreed by the parties, either party may amend or supplement his or her claim or defense during the course of the arbitral proceedings: Provided, That this shall not apply where the arbitral tribunal considers that such amendment or supplement might cause a considerable delay in the proceedings.

Article 25　(Hearings)

(1) Subject to any contrary agreement by the parties, the arbitral tribunal shall decide whether to hold oral hearings or whether the proceedings shall be only conducted on the basis of documents: Provided, That unless the parties have agreed that no oral hearings shall be held, the arbitral tribunal shall hold oral hearings at an appropriate stage of the proceedings, if so requested by a party.

(2) The arbitral tribunal shall provide the parties sufficient advance notice of any oral hearing or evidence taking meetings before any oral hearing and evidence-taking occurs.

(3) All statements, documents or other materials submitted to the arbitral tribunal by one party shall be provided to the other party, without delay.

(4) Any expert report or evidentiary document on which the arbitral tribunal may rely in making its decision shall be provided to the parties.

Article 26　(Default of a Party)

(1) If the claimant fails to submit his or her statement of claim in accordance with Article 24(1), the arbitral tribunal shall terminate the arbitral proceedings.

(2) If the respondent fails to submit his or her statement of defense in accordance

with Article 24(1), the arbitral tribunal shall continue the proceedings without treating such failure as an admission of the claimant's allegations.

(3) If any party fails to appear at a hearing or to produce documentary evidence within a fixed period of time, the arbitral tribunal may continue the proceedings and make the award on the evidence submitted before it.

(4) The provisions of paragraphs (1) through (3) shall not apply if otherwise agreed by the parties or if the arbitral tribunal considers that any sufficient ground exists.

Article 27 (Expert)

(1) Unless otherwise agreed by the parties, the arbitral tribunal may appoint one or more experts to report to it on specific issues. For this purpose, the arbitral tribunal may require a party to provide the expert any relevant information or to produce, or to provide access to, any relevant documents, goods or other property for his or her inspection.

(2) Unless otherwise agreed by the parties, if a party so requests or if the arbitral tribunal considers it necessary, the arbitral tribunal may require the expert to participate in the oral hearing to answer questions asked by the parties.

(3) The provisions of Articles 13 and 14 shall apply mutatis mutandis to the challenging of the expert appointed by the arbitral tribunal.

Article 28 (Court Assistance in Taking Evidence)

(1) The arbitral tribunal may, ex officio or upon the request of a party, request a court to take evidence or request for the court's assistance in taking evidence.

(2) When an arbitral tribunal requests a court to take evidence, the arbitral tribunal may specify, in writing, the matters to be recorded in the evidence examination reports and other particulars required in the evidence-taking.

(3) When a court takes evidence according to paragraph (2), the arbitrator or parties may participate in taking evidence with the permission of the presiding judge.

(4) In the case of paragraph 2, the court shall, without delay after taking evidence, send to the arbitral tribunal the records on taking evidence such as a certified

copy of reports on the examination of witnesses or a certified copy of reports on the examination of evidence.

(5) When the arbitral tribunal requests a court to cooperate in taking evidence, the court may order such persons as a witness or document holder to appear before the arbitral tribunal or order them to submit necessary documents to the arbitral tribunal.

(6) The arbitral tribunal shall pay expenses incurred in taking evidence to the court.

Article 29　(Rules Applicable to Substance of Dispute)

(1) The arbitral tribunal shall decide the dispute in accordance with such rules chosen by the parties. Any designation of the law or legal system of a given State shall be construed, unless otherwise expressed, as referring to the substantive law of that State and not to its conflict of laws.

(2) Failing the designation referred to in paragraph (1), the arbitral tribunal shall apply the law of the State which it considers having the closest connection with the subject-matter of the dispute.

(3) The arbitral tribunal shall decide *ex aequo et bono* or as amiable compositeur only if the parties have expressly authorized it to do so.

(4) The arbitral tribunal shall decide in accordance with the terms of the contract and shall take into account the usages of the trade applicable to the transaction.

Article 30　(Decision-making by Arbitral Tribunal)

Unless otherwise agreed by the parties, any decision of the arbitral tribunal consisting of at least three arbitrators, shall be made by the resolution of a majority of all its members: Provided, That, arbitral procedure may be solely decided by the presiding arbitrator, if so agreed by the parties or if so authorized by all members of the arbitral tribunal.

Article 31　(Settlement)

(1) If, during the arbitral proceedings, the parties settle the dispute, the arbitral tribunal shall terminate such proceedings. In such cases, if requested by the parties, the arbitral tribunal may, record the settlement in the form of an arbitral award on agreed

terms.

(2) All arbitral award on agreed terms under paragraph (1) shall be made in accordance with Article 32 and shall state that it is an award.

(3) The arbitral award on agreed terms shall have the same effect as any other award on the merits of the case.

Article 32 (Form and Contents of Arbitral Award)

(1) Each arbitral award shall be made in writing and shall be signed by all arbitrators: Provided, That, if some of the arbitrators, whose number does not constitute a majority of the arbitral tribunal consisting of not less than three arbitrators, other arbitrators shall state the reasons therefor and sign on it.

(2) The award shall state the reasons upon which it is based: Provided, That it shall not apply if the parties have agreed or the award is an arbitral award on agreed terms under Article 31.

(3) The award shall state its date and the place of arbitration. The award shall be deemed to have been made on that date and at that place.

(4) The authentic copy of the arbitral award made and signed in accordance with the provision in paragraphs (1) through (3) shall be delivered to each party in accordance with the provision in Article 4 (1) through (3): Provided, That the arbitral tribunal may deliver the original copy of the arbitral award to the competent court, along with a document certifying such delivery, upon the request of the parties, so as to deposit it with the court.

Article 33 (Termination of Proceedings)

(1) The arbitral proceedings shall be terminated by the final award or by a decision of the arbitral tribunal in accordance with paragraph (2).

(2) The arbitral tribunal shall make a decision for the termination of the arbitral proceedings when it falls under any of the following subparagraphs:

1. The claimant withdraws his or her claim: Provided, That it shall be excepted, if the respondent objects thereto and the arbitral tribunal recognizes a legitimate interest on his or her part in obtaining a final settlement of the dispute;

2. The parties agree on the termination of the proceedings; or,

3. The arbitral tribunal finds that the continuation of the proceedings has become unnecessary or impossible.

(3) The mandate of the arbitral tribunal shall terminate with the termination of the arbitral proceedings, subject to the provisions of Article 34.

Article 34　(Correction or Interpretation of Award or Additional Award)

(1) Within thirty days of receipt of the authentic copy of the arbitral award, unless another period of time has been agreed upon by the parties, a party may request a correction, interpretation or additional award from the arbitral tribunal under any of the following:

1. To correct any errors in computation, any clerical or typographical errors or any errors of similar nature;

2. To give an interpretation of a part or specific point of the award, if so agreed by the parties; or,

3. To make an additional award as to claims presented in the arbitral proceedings but omitted from the award: Provided, That this shall not apply if agreement between the parties exists.

(2) When making any request in accordance with paragraph (1), a party shall give notice to the other party to that effect.

(3) The arbitral tribunal shall decide on the issue within thirty days of the receipt of the request under paragraph (1) 1 or 2 and within sixty days of the receipt of the request under paragraph (1) 3 respectively.

In such cases, the interpretation under paragraph (1) 2 shall form part of the award.

(4) The arbitral tribunal may, ex officio, make a correction under paragraph (1) 1 within thirty days of the date of the award.

(5) The arbitral tribunal may extend, if necessary, any period of time as referred to in paragraph (3).

(6) The provisions of Article 32 shall apply mutatis mutandis to the form of a

correction or interpretation of the award or to an additional award.

Article 34 – 2 (Allocation of Arbitration Costs)

Unless otherwise agreed by the parties, the arbitral tribunal may determine the allocation of costs of arbitration incurred in the arbitral proceedings, considering all circumstances of the relevant arbitration case.

Article 34 – 3 (Past Due Interest)

Unless otherwise agreed by the parties, the arbitral tribunal may order either party to pay past due interest, if it finds it appropriate in making an arbitral award, considering all circumstances of the relevant arbitration case.

Article 35 (Effect of Arbitral Award)

An arbitral award shall have the same effect on the parties as the final and conclusive judgment of the court: Provided, That it shall not apply where the recognition and enforcement has been denied under Article 38.

Article 36 (Action for Setting Aside Award)

(1) Recourse to a court against an arbitral award may be made only by an action for setting aside the arbitral award.

(2) An arbitration award may be set aside by the court only if it falls under one of the following subparagraphs:

1. The party seeking the setting aside of the award furnishes proof that it falls under one of the following items:

(a) A party to the arbitration agreement was under some incapacity under the law applicable to him or her, or the said agreement is not valid under the law to which the parties have subjected it, or failing any indication thereon, under the law of the Republic of Korea;

(b) The party making the action for setting aside was not given proper notice of the appointment of the arbitrator or arbitrators or of the arbitral proceedings or was otherwise unable to present his or her case;

(c) The arbitral award deals with a dispute not falling within the terms of the submission to arbitration, or contains decisions on matters beyond the scope of the submission to arbitration:

Provided, That if the decisions on matters submitted to arbitration can be separated from those not so submitted, only that part of the award which contains decisions on matters not submitted to arbitration may be set aside; or,

(d) The composition of the arbitral tribunal or the arbitral procedure was not in accordance with the agreement of the parties, which was not in conflict with a mandatory provision of this Act, or, failing such agreement, was not in accordance with this Act.

2. The court finds on its own initiative that the arbitral award falls under one of the following items:

(a) The subject-matter of the dispute is not capable of settlement by arbitration under the law of the Republic of Korea; or,

(b) The award is in conflict with the good morals and other forms of social order of the Republic of Korea.

(3) An action for setting aside the arbitral award shall be made within three months from the date on which the party making such application had received the authentic copy of the arbitral award or, if a request had been made under Article 34, had received the authentic copy of a correction or interpretation or an additional award.

(4) An action for setting aside the arbitral award may not be made after a recognition or enforcement decision for the award rendered by a court of the Republic of Korea becomes final and conclusive.

Article 37　(Recognition or Enforcement of Arbitral Award)

(1) An arbitral award shall be recognized unless a ground to deny recognition under Article 38 or 39 exists: Provided, That, upon the request of the parties, a court may make a decision to recognize the arbitral award.

(2) An arbitral award may be enforced only by a court's decision to enforce it upon the request of the parties.

(3) The party requesting the recognition or enforcement of an arbitral award shall

submit an authentic copy or a plain copy of the arbitral award: Provided, That if the arbitral award is made in a foreign language, it shall be accompanied by a translation in Korean.

(4) In the case of a request under the proviso to paragraph (1) or paragraph (2), the court sets a pleading date or examination date, when both parties can participate, and notifies it to the parties.

(5) A decision rendered under the proviso to paragraph (1) or paragraph (2) shall state its reasons: Provided, That if no oral arguments occurred, then a summary of the reasons may be stated.

(6) Either party may file an immediate complaint against the decision rendered under the proviso to paragraph (1) or paragraph (2).

(7) An immediate complaint under paragraph (6) does not have effect to suspend the enforcement: Provided, That if the appellate court (this refers to court of first instance, if the trial record remains at the court of first instance) may order the provision of security until a decision on the immediate appeal is reached or may order that security not be provided and suspend the enforcement of the court of first instance or suspend all or part of the enforcement proceedings, or may order the provision of security and the continuation of the enforcement.

(8) No protest may be made against a decision rendered under the proviso to paragraph (7).

Article 38 (Domestic Arbitral Awards)

An arbitral award rendered in the Republic of Korea shall be recognized or enforced, unless any of the following grounds exists:

1. A party to an arbitral award furnishes facts that it falls under one of the following items:

(a) The fact that it falls under one of the items under Article 36(2)1; or,

(b) The fact that if falls under one of the following.

2. Where the case falls under Article 36(2)2.

Article 39 (Foreign Awards)

(1) Recognition and enforcement of foreign arbitral awards subject to the Convention on the Recognition and Enforcement of Foreign Arbitral Awards shall be governed by the Convention.

(2) Recognition and enforcement of foreign arbitral awards that are not subject to the Convention on the Recognition and Enforcement of Foreign Arbitral Award shall apply mutatis mutandis to Article 217 of the Civil Procedure Act and Articles 26(1) and 27 of the Civil Execution Act.

Article 40 (Assistance to Commercial Arbitration Institution)

In order to ensure the impartial and rapid settlement of domestic or international commercial disputes and to establish the international transaction order pursuant to this Act, the Government may fully or partially subsidize an incorporated association designated by the Minister of Trade, Industry and Energy as one that conducts commercial arbitration for necessary expenses.

Article 41 (Enactment and Approval of Arbitration Rules)

If an incorporated association designated as a commercial arbitration institution under Article 40 enacts or amends its arbitration rules, it shall obtain approval by the Chief Justice of the Supreme Court.

Addenda

(1) (Enforcement Date) This Act shall enter into force on the date of its promulgation.

(2) (Transitional Measures concerning Arbitration Cases in Process) Cases for which arbitral proceedings are in progress before this Act enters into force shall be governed by the former provisions.

(3) (Transitional Measures Arising out of Designation of Commercial Arbitration Institution) The "Korean Commercial Arbitration Board, Incorporated Association" as at the time this Act enters into force, shall be deemed to have been designated as an incorporated association conducting commercial arbitration under the amended provisions

of Article 40, and its commercial arbitration rules shall be deemed to have been approved by the Chief Justice of the Supreme Court under the amended provisions of Article 41.

Addenda < Act No. 6465, Apr. 7, 2001 >

(1) (Enforcement Date) This Act shall enter into force on July 1, 2001.

(2) through (4) Omitted.

Addenda < Act No. 6626, Jan. 26, 2002 >

Article 1 (Enforcement Date)

This Act shall enter into force on July 1, 2002.

Articles 2 through 4 Omitted.

Addenda < Act No. 10207, Mar. 31, 2010 >

This Act shall enter into force on the date of its promulgation.

Addenda < Act No. 11690, Mar. 23, 2013 >

Article 1 (Enforcement Date)

(1) This Act shall enter into force on the date of its promulgation.

(2) Omitted.

Articles 2 through 7 Omitted.

Addenda < Act No. 14176, May 29, 2016 >

Article 1 (Enforcement Date)

This Act shall enter into force six months after the date of its promulgation.

Article 2 (Transitional Measures concerning Cases Pending in Arbitral Proceedings)

The form of arbitration agreement, appointment of arbitrators, recourse against an arbitral tribunal's ruling on its jurisdiction, interim measures and request to assist in taking evidence in arbitral proceedings being conducted at the time this Act enters into force shall be subject to previous provisions despite the amended provisions in Articles 7, 8, 12, 17, 18, 18, 18 - 2 through 18 - 8, and 28.

CHAPTER 03 >>

第三章

瑞典仲裁制度研究

瑞典位于斯堪的纳维亚半岛,西邻挪威,东北与芬兰接壤,西南濒临斯卡格拉克海峡和卡特加特海峡,东边为波罗的海与波的尼亚湾。瑞典的总面积约为 45 万平方公里,是北欧最大的国家。因受地理气候条件的限制,瑞典的农业在国内生产总值中占比较小,但是工业发达。瑞典的航空业、核工业、汽车制造业、电讯业、医药制造业等均处于世界领先水平。

欧盟统计局的数据显示,在 2013 ~ 2018 年,中国和瑞典的双边贸易额整体呈增长趋势,占瑞典贸易总额的比重也有明显提升。2018 年,中瑞双边贸易额达到 167.4 亿美元,创下历史新高。机电产品、运输设备和化工产品是瑞典向中国出口的三大产品。2018 年,这 3 类产品的出口额分别占瑞典向中国出口总额的 27.2% 、24.1% 和 21.7% 。瑞典从中国进口的产品主要为机电产品,纺织品及原料,家具、玩具、杂项制品。2018 年,这 3 类产品的进口额分别为 33.3 亿美元、12.9 亿美元和12.6亿美元,分别占瑞典从中国进口总额的 36.9% 、14.3% 和 13.9% 。

在瑞典境内,存在若干外资企业可享受优惠待遇的区域:拉普兰德、诺尔兰、韦姆兰为一类地区;达拉纳为二类地区。瑞典针对一类和二类地区内的外资企业给予补贴和贷款。在一类地区,中小企业的投资补贴可达投资总额的 40% ,其他企业的投资补贴可达投资总额的 35% ,贷款可达投资总额的 30% ;在二类地区,企业的投资补贴可达投资总额的20%,贷款可达投资总额的30%。正是在此种利好政策的推动下,我国向瑞典的海外投资额不断攀升。荣鼎集团和贝克·麦肯齐律师事务所的统计数据显示,2018年上半年,在中国向所有欧洲国家的海外投资中,瑞典所占份额最大。瑞典投资者也对中国市场表现出了浓厚兴趣。2018年1月,在中国驻瑞典大使馆与瑞典当地的投资机构联合主办的中国投资研讨会上,许多与会的瑞典企业表达了向中国市场进军的强烈意愿。

20世纪70年代,瑞典是首批与我国签署工业与科学技术双边合作协定的国家之一。由此可见,我国与瑞典的友好合作关系源远流长。随着"一带一路"倡议的提出,我国与瑞典的联系更加密切。2018年5月30日,由瑞典席勒研究所、瑞典中国商会共同主办,中国驻瑞典大使馆、中国文化中心、中瑞合作促进会协办的"一带一路"研讨会在瑞典斯德哥尔摩成功举行。瑞典政府、智库、商界的近百名代表出席了活动。这次会议表明在"一带一路"倡议下,我国与瑞典的经贸往来正迈入新的阶段。

"一带一路"倡议无疑为中瑞两国关系的进一步发展注入了新活力。可以预见的是,随着两国间的合作往来日益频繁,更多的涉外纠纷也会随之而来。因此,了解瑞典的仲裁法律制度对于"走出去"的我国当事人来说是十分必要的。

一、瑞典仲裁制度发展的历史沿革

苏美尔位于今伊拉克东南部幼发拉底河和底格里斯河下游。它是最早的文明中心之一。早在公元前2100年左右,苏美尔的统治者、乌尔第三王朝的开国君主乌尔纳姆就制定了一部内容庞杂的法典。在争议解决方面,该法典规定,所有争议必须首先提交公共仲裁,仲裁员需推动当事人达成和解协议;如果当事人不能自行和解,仲裁员可以提出备选方案;如果仲裁员无法推动当事人达成和解协议,该争议便需要提交至一般法庭予以解决。[1] 由此可见,仲裁的历史是十分悠久的。

仲裁在欧洲的出现可以追溯到公元前800年至公元前700年的古希腊时代。荷马史诗《奥德赛》提到,埃里费勒的丈夫和儿子发誓遵从她就争议作出的裁决。

---

〔1〕 参见[瑞典]费恩·迈德森:《瑞典商事仲裁:1999年〈瑞典仲裁法〉(1999:116)和〈斯德哥尔摩商会仲裁院规则〉评述》,李虎、顾华宁译,法律出版社2008年版,第6页。

根据公元前5世纪的希腊历史学家希罗多德的描述,米底王国[1]的迪奥塞斯因其作为仲裁员时取得的巨大成就而被推选为君主,他是第一位坚持要求当事人提交书面诉辩的仲裁员。

公元前4世纪,雅典公民和盟国国民间的商事争议开始统归雅典法院审理。例如,雅典和法塞利斯当时签订条约,约定雅典公民与法塞利斯公民之间的合同争议必须提交雅典法院审理,非雅典法院所作的裁判均属无效。雅典希望以此种方式促进法律的统一,刺激贸易发展。然而,副作用是雅典法院受理的案件数量激增。为了解决这一困局,雅典要求当事人必须在将争议提交法院之前进行仲裁。

雅典的仲裁分为私人仲裁和公共仲裁。雅典的私人仲裁已经具备了现代仲裁的雏形。拟将争议提交私人仲裁的当事人必须订立仲裁协议。当事人通过仲裁协议控制整个仲裁过程。如果仲裁庭仅有1名仲裁员,则由当事人共同选定;如果仲裁庭有3名仲裁员,则当事人各选定1名仲裁员,再由当事人选定的仲裁员共同选定第三名仲裁员。当事人需宣誓遵从仲裁裁决,仲裁员需宣誓公正裁决争议。私人仲裁裁决是终局性的,具有约束力,能够产生“一事不再理”的效果。当事人不得就相同的争议事项提起诉讼,除非有证据显示仲裁员有犯罪行为。公共仲裁是由国家指定1名仲裁员(公共仲裁员)来裁决争议。公共仲裁员的候选人必须是雅典公民或者享受养老金的士兵。在公共仲裁中,当事人无法影响仲裁员的选任,但是当事人可以向公共法院对裁决提出上诉。上诉审理程序由治安法官主持。

公元前5世纪,古罗马颁行了著名的《十二铜表法》。为了制定该法,罗马曾派遣代表团前往希腊进行考察。因此,《十二铜表法》承继了古希腊法的部分内容,其中包括仲裁制度。比如,该法第二表“审判”规定,审理之日,如遇承审员、仲裁员或诉讼当事人患重病,或者审判涉及外国人,则应延期审讯;第七表“房屋及土地”规定,当疆界发生争执时,由长官委任仲裁员3人解决之;第九表“公法”规定,经长官委任的承审员或仲裁员在执行职务中收受贿赂的,处死刑;第十二表“后五表之补充”规定,凡以不诚实的方法取得物之占有的,由长官委任仲裁员3

[1] 米底王国是一个古伊朗王国,大约存在于公元前678年至公元前549年,其领土面积最大时,西起小亚细亚以东,东至波斯湾北部。

人处理之,如占有人败诉,应返还所得孳息的双倍等。

公元529年颁行的《查士丁尼法典》是罗马法的另一著作。该法典同样提到了仲裁。《查士丁尼法典》规定,仲裁程序的进行和仲裁裁决的执行均基于当事人的仲裁协议;仲裁协议应包含关于拟提交仲裁的争议、仲裁庭的组成、仲裁地、裁决时限等事项的约定;如果案件涉及不同的事项,当事人必须协商确定这些事项是分别裁决还是一并裁决。

到了12世纪,商法在全球行商的犹太商人之间发展起来。这些古代的商法在特别法庭得以适用。特别法庭废弃了原始的刑讯逼供的方法,采用更加文明的审判程序来处理商人之间的纠纷。15世纪后期,由于特别法庭的管辖权受到诸多限制,特别法庭体系逐渐解体。商事案件被交由具有一般管辖权的法院审理。然而,法院的诉讼程序并不能满足商人在快速解决争议方面的需求。这促使很多商人转而求助私人仲裁。在这一背景下,仲裁在整个欧洲范围内逐渐流行起来。

12世纪中叶至13世纪中叶,莱茵河流域的贸易格外活跃,并扩及波罗的海地区。在这一时期,瑞典城市维斯比成为波罗的海重要的贸易基地。14世纪,在借鉴吕贝克[1]城市法的基础上,维斯比城市法规定,当事人可以在合同中约定,如有争议发生,可由其信任的人进行裁决。这为仲裁制度在瑞典的兴起埋下了伏笔。

瑞典1734年《执行法典》第4章第5条规定,如果当事人将争议提交给信任的人加以解决,并允诺接受其裁决,则裁决具有可执行性。该法典的颁行标志瑞典在仲裁制度构建方面迈出了重要的一步,但是它仅涉及裁决的执行问题,与仲裁有关的其他事项在当时的瑞典法中仍处于立法空白的状态。

1826年,瑞典法律委员会提议制定《司法程序法典》。法律委员会指出,社会上当时盛行的争议解决方式是由当事人选择其信任的第三人担任当事人之间的调停人或仲裁员。1884年,法律委员会提出了旨在重组瑞典司法体系的《原则报告》。瑞典国王委托法律委员会依据《原则报告》的精神,筹备仲裁立法的提案。法律委员会于1885年呈交的提案最终发展成为1887年的《仲裁法》。该法是瑞典最早的仲裁立法文件。

---

[1] 吕贝克市位于德国北部石勒苏益格—荷尔斯泰因州,曾是欧洲最富有和最强大的城市之一,也曾是汉萨城市联盟的中心。

1918年,瑞典出现了要求修改1887年《仲裁法》的呼声,因为根据该法的规定,当事人可以轻易地阻碍仲裁程序的进行,仲裁的实际价值受到了很大程度的减损。1919年,瑞典议会的立法委员会对1887年《仲裁法》作出了修订。1927年,新成立的立法委员会认为,当时实行的《仲裁法》依然无法很好地满足现实需要,所以拟对1887年《仲裁法》进行一次更大规模的修订。1929年,一部新的《仲裁法》诞生了。1929年《仲裁法》开启了瑞典现代仲裁制度的新篇章,具有重要的历史意义。

在1958年《纽约公约》开始施行后,仲裁国际化的趋势日益明显。自20世纪70年代以来,越来越多的外国当事人在仲裁协议中将瑞典约定为仲裁地。瑞典希望能够扩大这种趋势,从而在国际仲裁舞台上占据优势地位。在此背景下,瑞典决定修订1929年《仲裁法》,以使本国的仲裁制度能够更好地适应仲裁国际化需求。

在瑞典国内,有专家提出,《仲裁法》的修订应当参照1985年《示范法》进行,因为该法在推动各国国内仲裁法的统一方面已经取得了令人瞩目的效果并积累了良好声誉。瑞典立法委员会认为,尽管《示范法》的借鉴意义不容忽视,但是不宜将其直接植入瑞典国内法之中,因为它的某些内容是与瑞典的法律传统和理念不相符的。在对《示范法》加以扬弃的基础上,瑞典于1999年开始实施新版的《仲裁法》。

2018年11月21日,瑞典通过了最新版本的《仲裁法》,目的是进一步提高仲裁程序的效率,彰显仲裁的特点和魅力,维护瑞典的仲裁大国地位。最新版本的《仲裁法》已经于2019年3月1日正式生效。2018年《仲裁法》依然采纳了《示范法》的部分内容,同时兼顾了本国法的特色。它在管辖权异议的宣告程序和申请时限、仲裁庭的任命、合并仲裁、仲裁程序的终止、撤销裁决的事由、提出程序异议的时效、最高法院裁量权等方面对旧法进行了修改。2018年《仲裁法》充分尊重当事人的意思自治,其规定更加准确、精简和灵活。它的出现便利了当事人通过仲裁方式解决争议,也为仲裁员快速、公正地处理纠纷提供了制度保障和指引。

二、瑞典仲裁法律制度综述

2018年瑞典《仲裁法》第46条规定,只要仲裁程序在瑞典进行,无论争议是否含有国际连接点,该法均可得以适用。这里所说的国际连接点的范围十分广泛。比如,争议当事人为外国人、争议当事人的住所或营业地位于瑞典境外、争议涉及瑞典境外的业务或交易等均属于含有国际连接点的情形。由此可见,2018 年《仲裁法》整体上既适用于国内仲裁,也适用于国际仲裁。下文将对 2018 年《仲裁法》的主要内容加以梳理和介绍。

(一)争议的可仲裁性

争议的可仲裁性是法律关于何种争议可以通过仲裁解决的强行性规定。[1] 在争议的可仲裁性问题上,各国法律的规定不尽相同。可仲裁性是个十分重要的问题,因为它关系仲裁协议的有效性、仲裁管辖权的确定、仲裁裁决的承认和执行、仲裁裁决的撤销等。可仲裁性包括客观可仲裁性(objective arbitrability)和主观可仲裁性(subjective arbitrability)。[2] 前者涉及争议标的的性质,而后者涉及争议的主体。瑞典 2018 年《仲裁法》未提及主观可仲裁性,所以下文仅就该法所规定的客观可仲裁性加以阐述。

在判断一项争议是否具有客观可仲裁性时,各国采用的标准不尽相同,大致可以分为 3 类。第一类是根据当事人是否享有自由处分的权利来认定争议是否具有客观可仲裁性。采用此类标准的国家包括法国、意大利、西班牙、荷兰、比利时等。第二类是根据当事人能否以和解方式解决争议来认定争议是否具有客观可仲裁性。采用此类标准的国家包括奥地利、澳大利亚等。第三类是根据争议是否涉及经济利益或具有财产性质来认定争议是否具有客观可仲裁性。采用此类标准的国家包括德国、瑞士等。

瑞典 2018 年《仲裁法》第 1 条规定:"当事人可通过协议,将与其可达成和解事项相关的争议提交给一名或数名仲裁员解决。"由此可见,该法采用的是前述第二类标准。《仲裁法》第 1 条的规定意味着只有在当事人有权决定争议处理方式的情况下,争议才能够被提交仲裁予以解决。换言之,具有客观可仲裁性的争议必须是根据法律规定可以在法院之外解决的争议。该规定的逻辑起点为仲裁是基于当事人的契约自由而产生的争议解决方式。如果当事人可以就某一争议事项达成和解,那么当事人同样有权将该争议交由第三方裁定。

《仲裁法》并未就当事人可以达成和解的争议的范围作出具体规定。这意味

---

〔1〕 参见于喜富:《论争议可仲裁性司法审查之启动程序》,载《法学评论》2016 年第 3 期。

〔2〕 参见[比利时]伯纳德·哈诺蒂奥(Bernard Hanotiau)、奥利维尔·卡帕拉斯(Olivier Caparasse):《〈纽约公约〉第 5 条下的可仲裁性、正当程序以及公共政策——以法国与比利时为视角》(上),傅攀峰译,载广州仲裁委员会主办:《仲裁研究》第 34 辑,法律出版社 2013 年版,第 59 页。

着裁判者和当事人需要借助其他法律来确定争议是否具有客观可仲裁性。但事实上,瑞典法律对于法院受理争议的性质没有提出任何要求。因此,在某些案件中,很难确定所涉争议是否属于根据法律规定可以在法院之外解决的争议。即使将合同法、消费者法或其他法律中的强行性实体法适用于案件,也并不必然导致争议被排除在仲裁范围之外。如果此类案件的当事人有权在争议发生后放弃其权利,则争议仍可被视为可在法院外和解。这类争议依然具有客观可仲裁性。

(二)仲裁协议

仲裁协议是双方当事人将他们之间即将发生或已经发生的关于某一确定法律关系的契约性或非契约性争议交付仲裁的意思表示的一致。[1] 在瑞典,仲裁协议可以单独订立,也可以作为仲裁条款出现在当事人就销售、建筑、租赁等事项订立的协议中。[2] 在后一种情况下,即当仲裁协议以仲裁条款的形式呈现时,仲裁条款的效力并不会受到主合同效力的影响。这体现了仲裁条款独立原则。[3]

仲裁条款独立原则起源于英国 1942 年的“Heyman v. Darwins Ltd. 案”。但是,该案所确立的仲裁条款独立原则是附条件的,即如果合同自始无效,那么该合同中的仲裁条款也是无效的。在美国 1967 年的“Prima Paint v. Flood & Conklin Manufacturing Co. 案”中,仲裁条款独立原则的适用范围得以扩张。该案的法官认为,仲裁条款的效力可独立于自始无效的欺诈合同。

《示范法》第 16 条第 1 款规定,构成合同一部分的仲裁条款应被视为独立于合同其他条款的一项协议,仲裁庭作出的关于合同无效的决定,不应在法律上导致仲裁条款无效。随着《示范法》被包括美国、新加坡、加拿大、澳大利亚、俄罗斯在内的许多国家所接受,仲裁条款独立原则已经在世界范围内传播开来。

仲裁条款独立原则还被纳入了许多国际仲裁机构的仲裁规则中,比如,《国际商会仲裁院仲裁规则》第 8 条第 4 款、《伦敦国际仲裁院仲裁规则》第 14 条第 1 款、《美国仲裁协会仲裁规则》第 15 条第 2 款、《俄罗斯联邦工商会国际商事仲裁院仲裁规则》第 1 条第 3 款、《新加坡国际仲裁中心仲裁规则》第 25 条第 1 款等。

---

〔1〕 参见李浩培编著:《国际民事程序法概论》,法律出版社 1996 年版,第 203 页。

〔2〕 参见[瑞典]费恩·迈德森:《瑞典商事仲裁:1999 年〈瑞典仲裁法〉(1999:116)和〈斯德哥尔摩商会仲裁院规则〉评述》,李虎、顾华宁译,法律出版社 2008 年版,第 41 ~42 页。

〔3〕 参见赵秀文:《论仲裁条款独立原则》,载《法学研究》1999 年第 4 期。

由此可见，在仲裁条款的独立性方面，瑞典仲裁制度是与现代仲裁制度的主流观点相契合的。

许多国家现行的仲裁法要求仲裁协议应以书面形式订立。比如，《瑞士联邦国际私法》第 178 条第 1 款规定，以书面形式，包括电报、电传、传真或其他可构成书面证明的通信方式订立的仲裁协议方为有效。与仲裁相关的国际法规则在仲裁协议的形式要件方面也有同样的要求。比如，《纽约公约》第 2 条第 1 款和第 2 款规定，当事人以书面协定承允彼此间所发生或可能发生之一切争议，如关涉可以仲裁解决事项之确定法律关系，无论是否具有契约性质，应提交仲裁时，各缔约国应承认此项协定；《示范法》备选案文一第 7 条第 1 款和第 2 款规定，仲裁协议，是指当事人同意将他们之间一项确定的契约性或非契约性的法律关系中已经发生或可能发生的一切争议或某些争议交付仲裁的协议，仲裁协议应为书面形式。瑞典 2018 年《仲裁法》未提及仲裁协议的形式要件。因此，从理论上讲，仲裁协议是否为书面，并不会影响其效力。但是，在实践中，非书面的仲裁协议十分罕见，因为当事人很难证明非书面仲裁协议的存在和具体内容。

在通常情况下，仲裁协议应为双方当事人以明示方式所达成之合意。但是，在瑞典，当事人默示的同意同样可能导致仲裁协议的订立。根据瑞典的合同法理论，当事人通常没有义务对其他当事人发出的要约作出答复，所以当事人通常不会因其被动性（passivity）而受到协议的约束，但是如果当事人应当意识到其他当事人相信他们之间存在某项协议，该当事人便有义务在不过分迟延的情况下通知其他当事人并不存在此种协议，否则该当事人便会受到该协议的约束。[1] 前述理论的价值在于更好地保护当事人的信赖利益。它在一定程度上丰富了当事人达成仲裁协议的情形。

在瑞典，一项有效的仲裁协议应当具备以下条件：(1) 当事人必须具有订立协议的权利能力和行为能力；(2) 不存在欺诈、胁迫、误解等导致协议效力瑕疵的情

---

〔1〕 在瑞典的“State of Ukraine v. Norsk Hydro 案”中，数方当事人在一次会议上表示同意签署一项协议，并且除两方外的其他当事人当场签署了该协议。之后，该协议被寄送给未签字的其中一方当事人。该当事人在签字后，又将该协议寄送给未签字的最后一方当事人。最后一方当事人最终并未签署该协议。法院认为，未签字的当事人在决定最终不签署该协议时，有义务通知其他当事人。在该案中，未签字的当事人在收到协议 3 个月后确实向其他当事人发出了通知，所以该协议对其并不产生约束力。

形;(3)协议必须包含争议的事项,既可以是已经发生的争议,也可以是将来可能发生的争议;(4)协议必须表明当事人将争议提交仲裁员解决的意图;(5)协议中拟提交仲裁的争议必须具有可仲裁性。如果一项仲裁含有涉外因素,那么便有必要确定判断仲裁协议有效性的准据法。对于当事人的权利能力和行为能力的判断,应依据当事人的属人法。对于其他事项的判断,则应依据当事人约定的法律;如果当事人未约定仲裁协议应适用的法律,则应适用仲裁程序发生地或应发生地国家的法律。

仲裁协议是触发仲裁的终极依据。[1] 一项有效的仲裁协议赋予了仲裁员对当事人之间争议作出裁决的权力,同时也起到了阻止当事人就同一争议向法院起诉的效果。在双方当事人订立仲裁协议之后,如果一方当事人将协议规定应当仲裁的事项提交法院解决,另一方当事人可以向法院申请中止诉讼程序。提出中止诉讼程序的异议是被告的权利,但是在被告一方不提出异议的情况下,法院不能主动中止诉讼程序。

需要注意的是,在某些情况下,作为仲裁协议一方当事人的被告会丧失向法院提出中止诉讼程序请求的权利。具体有两种情况:第一,被告在仲裁程序中有不合作的行为。比如,当被告无故拒绝参加仲裁程序,致使程序难以推进时,原告有权向法院起诉。第二,被告在此前的诉讼中已默示放弃提出异议的权利。比如,原告之前就某争议向法院起诉,被告未以双方订有仲裁协议为由提出异议;如果原告撤诉后,又就同一争议再次起诉,则被告不得在第二次诉讼中请求法院中止诉讼程序。

一项有效的仲裁协议的效力并不会一直存续下去。根据瑞典的法律,在下列情况下,仲裁协议会失效。[2] 第一,双方当事人达成和解。当双方当事人已经就协议规定应提交仲裁的争议达成和解时,仲裁协议即告失效。第二,协议指定的仲裁员无法履职。如果当事人在仲裁协议中已经指定一名仲裁员,但该仲裁员死亡、辞职或者丧失资格,则仲裁协议随之失效。第三,法院已经作出判决。如果一方当事人将本应通过仲裁解决的争议起诉至法院,法院已经对该争议作出了判

---

〔1〕 参见李昌超:《仲裁协议合意不当及其救济》,载《社会科学家》2018 年第 1 期。

〔2〕 参见沈达明、冯大同编著:《瑞典的法律与仲裁》,对外经济贸易大学出版社 2015 年版,第 110~111 页。

决,则仲裁协议失效。第四,裁决期限届满。如果仲裁协议为仲裁裁决的作出设定了期限,但是仲裁庭未能在该期限内作出裁决,仲裁协议将会失效。第五,仲裁庭已经作出裁决。如果当事人根据仲裁协议将某争议提交仲裁后,仲裁庭对该争议作出了裁决,则仲裁协议失效。

(三)仲裁员的选任

瑞典2018年《仲裁法》第21条规定,当事人可以自行决定仲裁员的人数和选定仲裁员的方式。该条款体现了对当事人意思自治的尊重。意思自治原则既是仲裁制度的灵魂,也是仲裁制度生命力的源泉。[1] 该原则可以追溯至古罗马法,但古罗马法仅是孕育了意思自治的精神却未将意思自治抽象为私法原则。在资产阶级革命胜利之后,私法自治的理念得到了广泛的传播。意思自治原则在仲裁制度中的最终确立应归功于商品经济的飞速发展以及政治国家与市民社会二元结构的分立。[2] 当事人有权自行决定仲裁庭的组成是该原则在现代仲裁制度中的重要体现之一。

仲裁庭的组成一般适用"非平衡性规则",即仲裁庭通常由1名或3名仲裁员组成。[3] 对于仲裁庭能否由偶数名仲裁员组成,国际上存在两种相对立的立法例:一种是法律禁止偶数名仲裁员组成仲裁庭。采取这种立法例的国家包括法国、意大利、埃及、中国等。这种立法例有利于保证仲裁程序的顺利进行以及仲裁庭及时就当事人之间的争议作出裁决。另一种是法律允许偶数名仲裁员组成仲裁庭。采取这种立法例的国家的法律规定,当事人可以自由决定仲裁员的人数,而不受奇偶数的限制。[4] 这种立法例更加注重对当事人意思自治的尊重。瑞典2018年《仲裁法》第21条仅提到当事人可以自行决定仲裁员的人数,但未对仲裁员的人数施加额外的限制。由此可见,瑞典采取的是后一种立法例,即当事人有权选定偶数名仲裁员组成仲裁庭。

根据《仲裁法》第13条的规定,除非当事人另行约定,仲裁员应为3人。在拟

---

〔1〕 参见刘俊、吕群蓉:《论仲裁庭组成与仲裁之价值》,载《仲裁研究》2006年第4期。

〔2〕 参见刘俊、吕群蓉:《论仲裁庭组成与仲裁之价值》,载《仲裁研究》2006年第4期。

〔3〕 参见乔欣:《比较商事仲裁》,法律出版社2004年版,第50页。

〔4〕 采取此种立法例的国家的法律通常还规定了当由偶数名仲裁员组成的仲裁庭无法形成多数意见时的补救措施。比如,在英国,如果当事人选定的偶数名仲裁员就仲裁的程序或实体事项无法形成多数意见时,当事人应在已选定的仲裁员之外另行委任一名公断人,仲裁裁决应当依据该公断人的意见作出。

定该条款时,立法委员会曾考虑过是否需要规定独任仲裁员的情形。在由独任仲裁员审理案件的情况下,仲裁程序往往进展得更加顺畅,仲裁费用也更低廉。在多数情况下,这对于当事人来说是十分有利的。然而,立法委员会也考虑到在复杂、疑难案件中,由独任仲裁员审查大量的证据,厘清案件的来龙去脉,最终作出公正的裁决是非常困难的,由多名仲裁员共同协作来完成这些工作更合理。考虑到《仲裁法》第13条应当有利于各种类型的争议都能得到公正的裁决,并且这仅是一个在当事人无特别约定时补充适用的非强制性条款,所以立法委员会最终决定将该条款中的仲裁员人数设定为3人。

关于仲裁员的选定方式,根据《仲裁法》第12条和第13条的规定,当事人可以自行约定仲裁员的选定方式;如果当事人未作此种约定,且仲裁员为3人,则当事人应各自选定1名仲裁员,再由当事人选定的仲裁员选定第三名仲裁员。许多其他国家的法律有相似的规定。比如,罗马尼亚《民事诉讼法》第556条第2款规定,如果当事人未能就仲裁员的人数达成合意,他们之间的争议应由3名仲裁员审理,申请人和被申请人各指定1名仲裁员,再由这2名仲裁员共同指定1名首席仲裁员。此种规定能够得到不同国家的采纳,原因在于它不仅体现了对当事人意思自治的尊重,而且作为意思自治补充的默认的仲裁员的选定方式能够保证双方当事人的利益在仲裁中得到兼顾。

为了保证仲裁员的选任能够顺利进行,《仲裁法》还作出了一些补充性规定。比如,该法第14条规定,如果双方各需选定1名仲裁员,一方当事人已经在仲裁申请书中通知另一方当事人其选定的仲裁员,则另一方当事人必须在收到通知后的30日内,将其选定的仲裁员书面告知对方;如果另一方当事人未在规定时限内选定仲裁员,经对方当事人申请,瑞典地区法院应代为选定1名仲裁员。《仲裁法》第15条还规定,如果应由其他仲裁员选定另一名仲裁员,而他们未能在前一名仲裁员被选定后的30日内作出该决定,则经一方当事人申请,瑞典地区法院应代为选定仲裁员;如果应由当事人和仲裁员之外的其他人选定1名仲裁员,而该人未能在收到委托后的30日内作出该决定,则经一方当事人申请,瑞典地区法院应代为选定仲裁员;如果应由双方当事人共同选定1名仲裁员,而他们在协商开始后的30日内未能达成合意,则经一方当事人申请,瑞典地区法院应代为选定仲裁员。如今,仲裁的民间性和自治性得到了普遍的认可,国家仅在必要限度内对仲裁施加干预。[1] 上述规定体现了这一理念。在通常情况下，当事人以自治的方式完成仲裁员的选任。只有在仲裁员的选任进展不畅导致仲裁程序受阻时，法院才会参与其中。

(四)对仲裁员的质疑

仲裁的好坏取决于仲裁员的优劣。对于仲裁员应当具备什么资质，不同学者持有不同的见解。比如，德扎雷(Yves Dezalay)和盖斯(Bryant G. Garth)认为，仲裁员应具备裁判能力强、中立性和专业化的特征；[2] 摩希斯(Margaret L. Moses)认为，特定行业的知识和经验、法律背景、学历、语言熟练程度、业界名声等均与仲裁员的资格密切相关；[3] 席尔(Stephen W. Schill)认为，仲裁员应当具备适用实体法和程序法处理具体争议的能力，应熟悉商事交易活动，并能够有效推进仲裁程序；[4] 邓瑞平将仲裁员资质的一般要求概括为行为能力、道德品质、专业素质和语言能力。[5] 有些与仲裁相关的规范直接规定了仲裁员的资质要求。比如，《关于解决国家与他国国民间投资争端公约》第 14 条第 1 款规定，受指派的仲裁员必须具备良好的道德品质，并且在法律、商务、工业或金融方面具有公认的资格；美国仲裁协会发布的《商事仲裁员指南》将正直、合理裁判、专业知识扎实等列为仲裁员应具备的特征。

瑞典 2018 年《仲裁法》第 7 条规定，任何就其行为和财产享有充分法定能力的个人均可担任仲裁员。该条款设定了仲裁员的一般能力条件。它将未成年人、患有精神疾病的人、业已破产的人排除在了仲裁员的人选范围之外。《仲裁法》第 7 条中的要求是绝对性的，其适用不受仲裁事项或当事人身份的影响。需要注意的是，该要求仅是法定的最低要求，当事人完全可以自行决定仲裁员应具备的其他资格条件。从理论上讲，当事人有权对仲裁员提出其认为有必要的任何资格条

---

〔1〕 参见杨树明、冯佳：《市民社会视野下的仲裁制度》(下)，载《仲裁研究》2006 年第 1 期。

〔2〕 See Karen S. Walch, *Dealing in Virtue: International Commercial Arbitration and the Construction of a Transnational Legal Order*, Ohio State Journal on Dispute Resolution 12, p. 828 (1998).

〔3〕 See Margaret L. Moses, *The Principles and Practice of International Commercial Arbitration*, Cambridge University Press, 2008, p. 117 – 118.

〔4〕 See Stephen W. Schill, *Crafting the International Economic Order: The Public Function of Investment Treaty Arbitration and Its Significance for the Role of the Arbitrator*, Leiden Journal of International Law 23, p. 421 – 423 (2010).

〔5〕 参见邓瑞平主编：《国际商事仲裁法学》，法律出版社 2010 年版，第 228 ~ 231 页。

件,但在实践中,为了确保仲裁庭能够顺利组成,当事人提出的条件应具备严格意义上的必要性。在通常情况下,当事人会要求仲裁员应掌握特定领域的专业知识、通晓特定的语言等。如果仲裁员不符合当事人的要求,当事人便可对仲裁员提出质疑。

仲裁员的公正性与独立性是两个相近的概念。公正性要求仲裁员对每一方当事人没有偏袒并且对案件保持无偏见的思想状态;而独立性则是强调仲裁员不存在或者未保持事实上或法律上的外部依赖关系。对于两者之间的关系,学者所持观点有所不同。瓦迪(Tibor Vardy)等学者认为,公正性与独立性虽有交叉但并不重合。[1] 交叉体现在仲裁员可以既独立又公正;不重合体现在独立的仲裁员有可能非公正地对待各方当事人,反过来讲,非独立的仲裁员仍有可能公正行事。考驰(Christopher Koch)等学者主张,公正性和独立性并无实质性差别,法律没有必要同时规定仲裁员的公正性和独立性,因为公正性经扩大解释便可涵盖独立性,反之亦然。[2] 世界各国在仲裁员的公正性和独立性问题上主要有3种立法模式:第一种模式是法律明确要求仲裁员同时具备公正性和独立性;[3] 第二种模式是法律仅规定仲裁员的公正性或者独立性;第三种模式是法律并未直接规定仲裁员的公正性和独立性,但是这方面的要求在撤销、拒绝承认和执行仲裁裁决的事由中得以体现。[4]

瑞典2018年《仲裁法》第8条规定,仲裁员应当公正和独立。由此可见,该法采取了前述第一种立法模式。事实上,瑞典1999年《仲裁法》第8条仅规定了仲裁员的公正性,但是该条款所列举的仲裁员公正性存在瑕疵的情形在其他许多国家被视为仲裁员缺乏独立性的表现。为了避免在公正性和独立性的问题上产生不必要的分歧和争论,2018年《仲裁法》索性将公正性和独立性均列入其中。2018年《仲裁法》第8条还规定了仲裁员缺乏公正性和独立性的4种具体情形:(1)仲裁员或与其有密切关系的人是争议的一方当事人,或者争议的处理结果能够对仲

---

〔1〕 Tibor Vardy, *International Commercial Arbitration*, Minnesota, West Group, p. 131 - 132(2003).

〔2〕 Christopher Koch, *Standards and Procedures for Disqualifying Arbitrators*, Journal of International Arbitration 20, p. 332(2003).

〔3〕 例如,西班牙2003年《仲裁法》第17条、日本2003年《仲裁法》第18条、丹麦2005年《仲裁法》第15条、马来西亚2005年《仲裁法》第11条等。

〔4〕 参见张圣翠、张心泉:《我国仲裁员独立性和公正性及其保障制度的完善》,载《法学》2009年第7期。

裁员的利益造成影响;(2)仲裁员或与其有密切关系的人是作为争议一方当事人的公司或其他组织的负责人,或者仲裁员是一方当事人的代表,而争议的处理结果能够对该方当事人的利益造成影响;(3)仲裁员曾作为专家或以其他身份参与过争议的解决,或者曾在争议的解决中协助过一方当事人;(4)仲裁员违法收受或索取费用。为了便于形成对仲裁员公正性和独立性的有效监督,《仲裁法》第9条规定了仲裁员的披露义务。仲裁员应在被选择担任仲裁员时,立即向当事人和其他仲裁员披露《仲裁法》第8条所规定的可能影响其公正性和独立性的情形。即使仲裁员在接受选任时不知道存在此类情形,其也应在后续程序中,在获知存在此类情形后立即予以披露。

根据《仲裁法》第10条的规定,当事人可以在得知存在《仲裁法》第8条所规定的可能影响仲裁员公正性和独立性的情形后的15日内对仲裁员提出质疑。如果未在该期限内提出质疑,当事人便会丧失提出质疑的权利。《仲裁法》第10条规定了在仲裁裁决作出前当事人提出异议的情形。如果当事人在仲裁裁决作出后才获知第8条规定的情形,其可以根据《仲裁法》第34条的规定申请撤销该裁决。

《仲裁法》第10条还规定,当事人对仲裁员提出的质疑应由仲裁员审理认定,除非当事人决定由其他人予以审理。由此可见,在通常情况下,审理此类质疑的主体是仲裁员。这里所说的仲裁员是指组成仲裁庭的所有仲裁员,包括了被质疑的仲裁员。如果案件是由独任仲裁员来审理的,那么该独任仲裁员将审理当事人对其自己提出的质疑。如果当事人认为由被质疑的仲裁员来审理当事人对自己提出的质疑可能有失公允,当事人可以将该质疑提交给其他人进行审理。

仲裁员或当事人指定的其他人在对当事人提出的质疑进行审理后,会作出支持或者不支持的决定。如果当事人的质疑获得支持,那么该决定是不可上诉的。但是,如果当事人的质疑未获得支持,当事人可以在收到该决定后的30日内,向地区法院申请免除被质疑的仲裁员职务。《仲裁法》第44条规定,要求免除仲裁员职务的申请应由一方当事人住所地的地区法院或者仲裁地的地区法院受理。斯德哥尔摩地区法院也可以受理此类申请。受理申请的法院应当听取被质疑的仲裁员的意见。如有可能,法院在作出裁定前,应当给予对方当事人发表意见的机会。在地区法院作出裁定前,被质疑的仲裁员可以继续参与仲裁。《仲裁法》第11条还规定,当事人可以约定由仲裁机构对前述质疑作出终局认定。这意味着,倘若当事人有此种约定,那么在当事人提出的质疑未获仲裁员支持的情况下,当事人可以将该质疑提交仲裁机构进行复查,由仲裁机构而非地区法院作出终局认定。

(五)仲裁程序

瑞典2018年《仲裁法》第21条规定,在处理争议时,仲裁员应根据当事人的决定行事,只要不存在如此行事的障碍。该条款体现出在仲裁程序的设定方面,瑞典《仲裁法》对当事人意思自治的尊重。事实上,当事人选择仲裁程序的自治权已经在许多国际法规则、国内法规则和仲裁机构的仲裁规则中得以体现。在国际法规则方面,《示范法》第19条第1款规定:“在不违背本法规定的情况下,当事人各方可以自由地就仲裁庭进行仲裁所应遵循的程序达成协议。”在国内法规则方面,德国、俄罗斯、奥地利、比利时、日本、阿根廷等国的仲裁法均允许当事人合意确定仲裁程序。在仲裁规则方面,许多现有规则均肯定了当事人有权自主选择适用于仲裁程序的仲裁规则,比如,《美国仲裁协会仲裁规则》第1条第1款、《JCAA商事仲裁规则》第2条、《伦敦国际仲裁院仲裁规则》序言、《国际商会仲裁院仲裁规则》第15条第1款等。[1] 在实践中,当事人可以自行设计仲裁程序,也可以参照某仲裁机构的仲裁规则来确定仲裁程序,还可以参照某国的国内法来确定仲裁程序。

尽管《仲裁法》未写明在当事人未约定仲裁程序时,仲裁庭应当如何处理,但在实践中,如果发生这种情况,仲裁庭通常会代为确定仲裁程序,以弥补当事人意思自治的缺失,从而确保仲裁的顺利进行。此种做法已经在罗马尼亚《民事诉讼法》第1114条第2款、瑞士《联邦国际私法》第182条第2款等其他国家的国内法

〔1〕 在仲裁机构的仲裁规则得以适用的情况下,当事人能否通过合意对该仲裁规则加以修改取决于该仲裁规则的具体规定。某些仲裁机构的仲裁规则肯定了当事人协议变更的权利。比如,《UNCITRAL仲裁规则》第1条第1款规定:“凡各方当事人同意,一项确定的法律关系不论是合同性还是非合同性的,彼此之间与此有关的争议应根据《联合国国际贸易法委员会仲裁规则》提交仲裁的,此类争议均应按照本规则进行解决,但须服从各方当事人可能协议对本规则作出的修改。”相似的规定还出现在《新加坡国际仲裁中心仲裁规则》第16条、《美国仲裁协会仲裁规则》第1条、《米兰仲裁院仲裁规则》第34条等。然而,某些仲裁机构的仲裁规则对当事人协议变更的权利施加了限制。比如,《国际商会仲裁院仲裁规则》第15条第1款规定,仲裁庭审理案件的程序适用本规则,本规则没有规定的,适用当事人约定的程序。由此可见,仅在《国际商会仲裁院仲裁规则》未规定的程序性事项上,当事人可以协商确定;此外,当事人不得作出与该规则相反的约定。相似的规定还出现在《荷兰仲裁协会仲裁规则》第3条、《德国仲裁协会仲裁规则》第1条、《韩国商事仲裁院仲裁规则》第7条等。

中得以确认。仲裁地是仲裁庭在决定仲裁程序时首要的考虑因素。如果当事人约定了仲裁地,仲裁庭在多数情况下会选择适用仲裁地国的程序法。即使当事人未约定仲裁地,仲裁庭也可以先行代为确定仲裁地,进而确定仲裁程序。仲裁庭亦可根据实际需要,选择适用仲裁地国程序法之外的规则。但是,无论如何,仲裁庭应保证其所选择的仲裁程序有助于仲裁员公正、实际、快捷地处理当事人之间的争议。

《仲裁法》第 24 条规定,仲裁员应给予双方当事人在必要限度内书面或口头陈述案件的机会;如果双方当事人未作出相反约定,仲裁员在就争议作出裁决前应进行开庭审理。该条款意味着,无论当事人或仲裁庭选择何种仲裁程序,仲裁庭均应确保当事人的意见被聆听。这要求仲裁庭给予当事人充分的机会就与案件结果相关的事实表达自己的观点、展开辩论以及呈递证据。与《仲裁法》第 24 条相似的规定还出现在德国《民事诉讼法典》第 1042 条、罗马尼亚《民事诉讼法》第 1114 条第 3 款等其他国家的国内法中。

不同国家出于对正当程序的重视在各自的法律中为仲裁程序的选择划定了边界。在英国法中有一句古老的格言:“正义不仅要实现,而且要以人们看得见的方式实现。”[1]裁判结果是否正确往往难以用某种外在的客观标准来衡量,但是重视程序本身以保证裁判结果能够得到接受是具有独立价值的。[2] 现代社会的价值多元化使我们很难在实质层面上实现价值统一,可是我们在程序层面上是能够达成一致的。[3] 正当程序植根于古老的自然法思想中。自然正义理念下“任何人不应当成为自己案件的法官”和“当事人有陈述和被倾听的权利”这两项基本原则成为正当程序的核心组成部分。[4] 它们均旨在保证正义能够以看得见的方式予以实现。在实践中,违反正当程序的裁决很可能会被仲裁地法院以程序不当为由撤销。因此,《仲裁法》第 24 条保护当事人的被聆听权不仅有利于维护当事人的程序性利益,而且有利于保证裁决结果最终能够起到定分止争的效果。

---

〔1〕 徐亚文:《程序正义论》,山东人民出版社 2004 年版,第 9 页。

〔2〕 参见[日]谷口安平:《程序的正义与诉讼》(增补本),王亚新、刘荣军译,中国政法大学出版社 2002 年版,第 5 页。

〔3〕 参见夏锦文、刘立明:《程序正义之“看得见”与“感受到”》,载《学海》2020 年第 3 期。

〔4〕 参见王珺:《论仲裁中的正当法律程序——兼评我国〈仲裁法〉的完善》,载《理论月刊》2008 年第 4 期。

(六)临时措施

仲裁中的临时措施,是指在仲裁程序开始前或者进行过程中,法院或仲裁庭根据一方当事人的申请,针对另一方当事人的财产、持有的证据或正在从事的行为所采取的临时性强制措施。[1] 临时措施旨在防止当事人利用其所处的优势地位转移或销毁证据或财产,致使仲裁裁决无法作出,或是即便作出也难以得到执行。[2]

许多国家的仲裁法已经将临时措施制度纳入其中。比如,瑞士《联邦国际私法》第183条、罗马尼亚《民事诉讼法》第1116条均规定,除非当事人另有约定,仲裁庭可以根据当事人的请求采取临时措施。该制度同样出现在许多仲裁机构的仲裁规则之中。比如,《国际商会仲裁院仲裁规则》第23条规定,除非当事人另有约定,在案卷移交仲裁庭后,经当事人申请,仲裁庭可以裁令实施其认为适当的临时措施;《美国仲裁协会仲裁规则》第22条规定,经任何一方当事人请求,仲裁庭在认为有必要时可对争议标的采取任何临时措施;《澳大利亚国际商事仲裁中心规则》第28条规定,除非双方当事人书面达成其他协议,仲裁庭有权采取临时措施,被申请方有义务配合执行临时措施,仲裁庭有权在任何时候依据任何一方的申请更改、中止或终止临时措施,在特殊情况下,仲裁庭有权自主更改、中止或终止临时措施。

瑞典2018年《仲裁法》第25条规定,除非当事人另有约定,经一方当事人申请,仲裁员可以决定在仲裁程序中对另一方当事人采取必要的临时措施。需要注意的是,仲裁庭只能依当事人的请求采取临时措施而无权自发采取临时措施。在实践中,仲裁庭通常在下列条件均得以满足的情况下,才会裁令采取临时措施:(1)有初步证据显示仲裁庭享有管辖权;(2)有初步证据显示如果仲裁庭不采取临时措施,请求方的利益将会受损,而且临时措施对被请求方利益可能造成的损害小于在无临时措施情况下请求方利益所遭受的损害;(3)请求方有赢得案件的合理可能;(4)请求方提供了适当担保。

在瑞典,法院和仲裁庭均有权裁令采取临时措施。在实践中,如果仲裁庭尚

---

[1] 参见鲍冠艺、黄伟:《论仲裁庭下达临时措施的执行——兼析〈示范法〉临时措施执行规则》,载《仲裁研究》2008年第4期。

[2] 参见李晶:《国际商事仲裁中临时措施在中国的新发展——以民诉法修改和仲裁规则修订为视角》,载《西北大学学报(哲学社会科学版)》2014年第6期。

未组成,当事人只能向法院提出临时措施的申请;如果仲裁庭已经组成,当事人可以选择向仲裁庭或者法院提出临时措施的申请。需要注意的是,法院具备强制执行的权力,而仲裁庭则不具备此种权力。这意味着在被请求方未自愿执行临时措施的情况下,仲裁庭只能提请法院予以协助,而不得自行采取执行措施。

(七)证据

证据为正义之基础。[1] 仲裁中的证据,是指在仲裁程序中依据法律认定案件事实所需的一切客观材料。[2] 证据对于当事人维护自身的合法权益和仲裁庭查明案件事实具有十分重要的意义。整个仲裁活动涉及两类判断,即事实判断与法律判断。事实判断须以证据作为依据,而法律判断则以事实判断作为前提。[3] 各方当事人参与仲裁程序的目标是要说服仲裁员认定对己方有利的事实。整个仲裁程序的推进直至仲裁裁决的作出实际上是仲裁员对当事人依据特定规则呈交的证据进行判断进而得出结论的过程。

瑞典2018年《仲裁法》第25条第1款规定,当事人应提交证据,仲裁员可指定专家,除非当事人一致反对。该条款的前半句"当事人应提交证据"表明,各方当事人应承担对支撑己方诉求或抗辩的事实加以证明的责任。这体现了证据法中"谁主张谁举证"的基本原则。该条款的后半句涉及专家参与仲裁的问题。专家是协助裁判者对某些涉及专业知识的证据形成科学认知,从而作出公正裁判的一类主体。[4] 美国《联邦证据规则》第702条规定,专家,是指凭借其知识、技能、经验、训练或教育,在科学、技术或者其他专业知识方面帮助事实裁判者理解证据或者确定争议事实的人。在诉讼领域,英美法系中的"专家证人"和大陆法系中的"鉴定人"都是具有"专家"属性的法官辅助人。[5] 作为仲裁裁判者的仲裁员同样不可能熟悉各个领域的专业知识。因此,专家参与仲裁能够有效填补仲裁员的知识"盲区",提升裁决结果的公正性。根据《仲裁法》第25条第1款的规定,尽管当

---

[1] 参见何家弘主编:《新编证据法学》,法律出版社2000年版,第16页。

[2] 参见张斌生:《仲裁法新论》,厦门大学出版社2004年版,第251页。

[3] 参见汪祖兴:《完善我国仲裁证据制度若干问题思考——以民事诉讼证据制度为参照》,载陈光中、江伟主编:《诉讼法论丛》2005年第10卷,法律出版社2005年版,第464页。

[4] 参见张慧霞、王娅菲:《英美法专家证人制度对中国的借鉴意义》,载《人民论坛》2012年第23期。

[5] 参见范铭超、陆佩华:《商事仲裁中构建专家证人制度的若干关键问题》,载《求索》2007年第1期。

事人负有举证责任,但是仲裁庭可在其认为必要时自行邀请专家提供专业意见。仲裁庭的这种权力仍要受到当事人意思自治的限制。当事人有时会因为专家的参与增加了仲裁成本、造成案外人介入非公开的程序或者质疑专家在争议解决中的作用而提出异议。如果双方当事人明确表示反对,则仲裁庭不得指定专家。

《仲裁法》第25条第2款规定,如果当事人提交的证据明显与案件无关,或者考虑到证据提交的时间对该证据的拒绝是合理的,仲裁员可以拒绝接受当事人提交的证据。由此可见,仲裁庭通常会在两种情况下拒绝接受当事人的证据。第一种情况是证据缺乏必要的关联性。关联性在整个证据法体系中占据核心地位,大量的证据规则均是围绕关联性而设计的。[1] 证据的关联性涉及两个方面:实质性和证明价值。实质性关注的是当事人所主张的案件事实是否具备影响裁判结果的品质,如果某案件事实对裁判结果不会产生影响,那么能够证明该事实存在与否的证据便不具有关联性;证明价值关注的是有某证据时,某案件事实的存在与否是不是比没有该证据时更有可能或者更无可能,如果某证据不能影响其欲证明的案件事实存在与否的可能性,那么该证据便不具有关联性。[2] 关联性直接决定了证据可采性。它为裁判者过滤和筛选当事人提交的证据提供了重要依据。第二种情况是当事人未按时提交证据。仲裁员有权指令当事人在给定时限内提交证据。如果当事人未在该时限内提交证据,仲裁员可以拒绝接受迟到的证据。这与瑞典《司法程序法典》第42章所规定的民事诉讼中的证据规则相似。在某些情况下,仲裁员可以选择接受当事人超期提交的证据,比如,当事人有合理理由表明其无法在给定时限内提交证据、当事人针对对方当事人提出的新主张补充提交证据等。

仲裁庭的取证并不总是顺利的。当事人、证人、专家或其他案外人不愿配合致使仲裁庭取证困难的情况时有发生。《仲裁法》第25条第3款规定,仲裁员不可设定有条件的罚款或者采取其他强制性措施,以取得所需证据。这表明,仲裁庭本身并没有采取强制措施取证的权力。当仲裁庭取证遇阻时,法院的协助显得尤为重要。《仲裁法》第26条就法院协助取证的问题作出了规定。该条款规定,

---

〔1〕 参见陈岚、杜厚扬:《刑事证据关联性之司法审查》,载《山东社会科学》2020年第5期。

〔2〕 参见李德恩、石浩旭:《证据关联性:一个利益衡量的命题》,载《山西师大学报(社会科学版)》2012年第1期。

如果一方当事人希望由证人或专家经宣誓后作证,或者希望当事人作出诚实声明后接受调查,该当事人可在取得仲裁员同意后,向地区法院提交申请;如果一方当事人希望能令案件当事人或案外人提交书面证据或实物证据,该当事人亦可在取得仲裁员同意后,向地区法院提交申请;如果仲裁员考虑到案件所涉证据的情况,认为当事人请求的措施是合理的,仲裁员应当同意该申请。由此可见,法院协助取证的前提是当事人提出申请,并且需要经过仲裁庭的同意。

(八)仲裁庭的管辖权

仲裁庭自裁管辖权原则,又称管辖权原则,是指仲裁庭有权对自己的管辖权作出裁判,并且不受法院相关诉讼程序的影响。[1] 该原则有利于保障仲裁的效率和自治性。[2] 自裁管辖权原则发端于德国。1955 年,德国高等法院认定,仲裁员对作为其权限基础的仲裁协议的范围有作出最终决定的权力。此后,该原则在欧洲大陆逐步得到接受。1961 年《欧洲国际商事仲裁公约》第 5 条第 3 款规定,仲裁庭有权决定仲裁协议是否存在并有权对自己的管辖权作出决定。1966 年《欧洲统一仲裁法》也采纳了自裁管辖权原则。

1965 年《关于解决国家与他国国民间投资争端公约》第 41 条规定,仲裁庭应是其本身权限的决定者;争端一方提出的反对意见,认为该争端不属于中心的管辖范围,或因其他原因不属于仲裁庭的权限范围,仲裁庭应加以考虑,并决定是否将其作为先决问题处理,或与该争端一并处理。该公约是第一个采纳仲裁庭自裁管辖权原则的世界性公约。随后,1976 年《UNCITRAL 仲裁规则》第 21 条第 1 款规定,仲裁庭应有权就对其管辖权所提出的异议,包括对仲裁条款或单独的仲裁协议的存在和效力所提出的任何异议,进行裁决。1985 年《示范法》也有相似规定。该法第 16 条第 1 款规定,仲裁庭可以对自己的管辖权,包括对仲裁协议的存在或效力的任何异议作出裁定。

在上述规范的推动下,仲裁庭自裁管辖权原则如今已经被许多国家的仲裁法和仲裁机构的仲裁规则所采纳。从目前情况来看,在国内法层面上,该原则已经被写入英国、法国、德国、比利时、荷兰、保加利亚、埃及、西班牙、印度、新加坡等国

---

〔1〕 参见王瀚、李广辉:《论仲裁庭自裁管辖权原则》,载《中国法学》2004 年第 2 期。

〔2〕 参见高田甜:《论国际商事仲裁之自裁管辖权原则》,载《世界贸易组织动态与研究》2008 年第 5 期。

的国内法中;在仲裁规则层面上,该原则已经出现在《国际商会仲裁院仲裁规则》《伦敦国际仲裁院仲裁规则》《新加坡国际仲裁中心仲裁规则》《美国仲裁协会仲裁规则》等仲裁规则之中。[1]

瑞典1999年《仲裁法》第2条规定,仲裁员可以就自己审理争议的管辖权作出决定,但这并不妨碍法院应当事人的申请就管辖权问题作出裁定,仲裁员可以在法院未作出裁定前继续进行仲裁程序。该条款是仲裁庭自裁管辖权原则在瑞典《仲裁法》中的体现。在实践中,当事人既可以在仲裁程序开始前,也可以在仲裁程序开始后,向法院提出审查仲裁庭管辖权的申请。法院有权认定的事项包括当事人是否受到仲裁协议的约束,以及仲裁协议是否适用特定争议。法院作出的裁定是终局性的,对仲裁员具有约束力。值得注意的是,1999年《仲裁法》第2条并未明确在仲裁程序开始后,当事人是否必须先向仲裁庭提出管辖权异议,还是可以自行选择向仲裁庭或者法院提出此种异议。许多当事人选择绕过仲裁庭,直接将管辖权异议提交法院解决,由法院作出终局裁定。这实际上相当于架空了仲裁庭所享有的就自身管辖权进行自裁的权力。

在《仲裁法》的修订过程中,上述条款被加以修改。2018年《仲裁法》第2条规定,仲裁员可以就自己审理争议的管辖权作出决定;如果仲裁员认定自身享有管辖权,对此决定持有异议的当事人可以在收到决定后30日内向上诉法院申请复查;仲裁员可以在法院未作出裁定前继续进行仲裁程序。由此可见,2018年《仲裁法》将仲裁庭设定为对其是否享有管辖权作出认定的第一主体。只有在仲裁庭作出肯定性认定,而当事人不服的情况下,法院才有机会对仲裁庭是否享有管辖权进行复查。此外,2018年《仲裁法》还设定了30天的当事人向法院提出管辖权复查申请的时限。这有利于敦促当事人及时行使权利,使管辖权争议能够尽早得以解决,从而保证仲裁稳定有序进行。

(九)适用的法律

意思自治原则在国际商事仲裁中的重要体现之一是,当事人有权自行选择解决争议的实体法。当事人合意选择的法律已经成为仲裁庭审理国际商事案件首

---

〔1〕 参见王瀚、李广辉:《论仲裁庭自裁管辖权原则》,载《中国法学》2004年第2期。

选的法律依据。[1] 这一点在许多仲裁规范中已经有所体现。比如,《示范法》第28条第1款规定,仲裁庭应按照当事各方选定的适用于争议实体的法律规则对争议作出决定;《国际商会仲裁院仲裁规则》第17条第1款规定,当事人应自由约定由仲裁庭适用于争议实体的法律规则;《UNCITRAL仲裁规则》第35条第1款规定,仲裁庭应适用各方当事人指定适用于实体争议的法律规则等。

瑞典2018年《仲裁法》第21条规定,仲裁员应根据当事人的决定行事。该条款实际上已经隐含了当事人有权为仲裁庭审理争议选择实体法的意思。当事人可以通过两种方式选择适用争议的实体法:一种是当事人选择某个国家的冲突法规则,由仲裁庭根据此冲突法规则确定争议应适用的实体法;另一种是当事人直接选择某个国家的实体法。根据《仲裁法》第27(a)条的规定,如果当事人仅约定适用某国的法律,则该约定应被理解为当事人选择了该国的实体法而不包括该国的冲突法规则。

在当事人既未选择冲突法规则,也未选择实体法的情况下,仲裁庭应依据什么法对案件作出裁决?从目前情况来看,国际上主要有4种立法例:第一种是仲裁庭依据仲裁地的冲突法规则确定准据法;[2]第二种是仲裁庭适用其认为适当的冲突法规则确定准据法;[3]第三种是仲裁庭依据最密切联系原则确定准据法;[4]第四种是仲裁庭适用其认为适当的法律。[5]《仲裁法》第27(a)条第2款规定,如果当事人未选择适用于争议的冲突法规则和实体法,则仲裁庭应自行决定应适用的法律。由此可见,瑞典《仲裁法》采纳了前述第四种立法例。

---

[1] 参见乔生:《论当事人意思自治原则在国际商事仲裁领域的地位与发展趋势》,载《山东社会科学》2003年第5期。

[2] 在1975年之前,国际商会的仲裁员便是通过适用仲裁地的冲突法规则确定实体问题的准据法。国际法学会1957年的一个决议明确提到,争议实体问题准据法的确定必须依据仲裁庭所在地的冲突法规则。参见宋连斌:《比照适用抑或特别规定:从国际商事仲裁的法律适用谈起》,载《武汉大学学报(哲学社会科学版)》2004年第6期。

[3] 例如,《欧洲国际商事仲裁公约》第7条第1款规定,当事人可通过协议自行决定仲裁员就争议所适用的实体法,如果当事人没有决定应适用的法律,仲裁员可按照其认为可适用的冲突规则的规定,适用某种准据法;《示范法》第28条第2款规定,当事人没有指定任何适用法律的,仲裁庭应当适用其认为适用的法律冲突规范所确定的法律。

[4] 例如,瑞士《联邦国际私法》第187条第1款规定,仲裁庭应依据当事人选择的法律裁决案件,若当事人未作此种选择,则应依据与案件有最密切联系的法律裁决案件。

[5] 例如,《国际商会仲裁院仲裁规则》第17条第1款规定,当事人应自由约定由仲裁庭适用于争议实体的法律规则;在无此约定时,仲裁庭应适用其认为适当的法律规则。

《仲裁法》第27(a)条第3款规定,当且仅当获得当事人的授权时,仲裁员可以根据公平善意原则(*ex aequo et bono*)裁决案件。“*Aequo*”(英文为“equity”)有公平、衡平之意;“*bono*”(英文为“good faith”)有善意之意。[1] 该条款体现了对“友好仲裁”的认可。友好仲裁,是指仲裁庭经争议当事人授权,不按照严格的法律规范,而是依据公平善意的标准进行仲裁并作出对争议当事人有约束力的裁决的仲裁方式。[2] 公平善意原则本是民法中的概念。在普通法国家,有普通法和衡平法之分。以公平和正义为原则的衡平法能够起到对普通法填补弥缺和救偏补弊的作用。[3] 大陆法国家通过设置诚信、善意、公序良俗等一般原则,来填补法律缺漏、解决法规之间的冲突以及突破法律规定的束缚,从而实现真正的公平正义。[4] 事实上,普通法中的衡平法与大陆法中的诚信善意原则在性质和内容上并无本质差别。[5] 公平善意原则在国际法层面上也得到了认可。比如,《国际法院规约》第38条第2款规定,法院有经当事国同意,本着“公允及善良”原则裁判案件之权。

1961年《欧洲国际商事仲裁公约》首次在国际商事仲裁中引入了友好仲裁。自20世纪80年代起,友好仲裁在世界范围内流行起来。[6] 例如,《关于解决国家与他国国民间投资争端公约》第42条第3款规定,在双方同意的情况下,仲裁庭有按照公允及善良原则对争端作出裁决的权力;《UNCITRAL仲裁规则》第35条第2款规定,在各方当事人明确授权的情况下,仲裁庭可按照公平合理的原则作出裁决;《国际商会仲裁院仲裁规则》第17条第3款规定,在当事人同意授权的情况下,仲裁庭有权公平善意地作出决定。

如今,友好仲裁已经在国际商事仲裁中占据了一席之地,主要原因有两个:一是当事人意思自治原则是国际商事仲裁的支柱,仲裁庭在当事人授权之下进行的友好仲裁正是该原则的又一体现;二是在国际商事仲裁中,灵活的法律适用有助于国际纠纷的解决,此种灵活性能够弥补现有法律规则的漏洞,解决法律之间的

---

〔1〕 参见陈力、田曼莉:《友好仲裁初论》,载《当代法学》2004年第2期。

〔2〕 参见于文娟、刘惠荣:《试论国际商事仲裁中的友好仲裁制度》,载《仲裁研究》2007年第2期。

〔3〕 参见张文彬:《论私法对国际法的影响》,法律出版社2001年版,第18页。

〔4〕 参见陈力、田曼莉:《友好仲裁初论》,载《当代法学》2004年第2期。

〔5〕 参见何孝元:《诚实信用原则与衡平法》,台北,三民书局1977年版,第19页。

〔6〕 参见陈力、田曼莉:《友好仲裁初论》,载《当代法学》2004年第2期。

冲突以及纠正严格适用法律所可能带来的不公。在1985年《示范法》的起草过程中,起草者高度肯定了友好仲裁的积极意义。他们认为,友好仲裁有助于削弱仲裁地在国际商事仲裁中的重要性,并且其适用前提是当事人的明示授权,所以不存在误导弱势一方当事人的风险。

然而,不可否认的是,公平善意的概念是十分抽象和模糊的,其适用往往依赖仲裁员的主观判断,所以仲裁庭在友好仲裁中宽泛的自由裁量权难免引人疑虑。实际上,在国际商事仲裁实践中,仲裁庭的自由裁量权通常受到以下限制:第一,友好仲裁必须以当事人的明示授权为前提;第二,友好仲裁不得违反有关国家的强行性法规和公共秩序;第三,友好仲裁不得背离合同条款并应考虑可适用的商业惯例。

(十)仲裁裁决的作出

瑞典2018年《仲裁法》第27条第1款规定,提交给仲裁员仲裁的争议事项均应在裁决书中得到裁决,如果仲裁员未对争议事项进行裁决即终止仲裁程序,也应以裁决书形式作出决定。该条款有两层含义:第一,仲裁庭不得漏裁;第二,仲裁程序的终结必须以仲裁裁决的作出为标志。该条第2款还规定,如果当事人达成和解协议,仲裁员可以经当事人申请,在仲裁裁决中确认该协议。需要注意的是,仲裁庭在仲裁裁决中对当事人之间的和解协议加以确认的前提是当事人共同提出申请。此种要求是为了保证双方当事人对协议内容的知悉和认可。然而,这并不意味着,只要当事人提出前述申请,仲裁庭就必须对和解协议加以确认。当和解协议违背公共政策、损害第三方利益、违反法律中的强行性规定、涉及不可仲裁的事项或者缺乏可执行性时,仲裁庭有权拒绝确认当事人达成的和解协议。

《仲裁法》第28条规定,如果一方当事人撤回救济请求,仲裁员应对该部分争议不予审理,除非另一方当事人要求仲裁员就该救济请求作出裁定。该条款体现了"不告不理"的原则。"不告不理"是一项重要的诉讼法原则。它要求在刑事案件中,只有当公诉人或自诉人提起诉讼后,在民事案件和行政案件中,只有当原告提起诉讼后,法院才能受理案件,进行审理并作出裁判。法院的审理范围限于当事人提出诉讼请求的范围。换言之,法院不能审理当事人诉讼请求范围之外的问题。"不告不理"原则的理论基础在于控诉职能与审判职能的分离。法院不能既是控诉机关又是审判机关,因为自控自审无法保证案件处理结果的客观公正性。虽然"不告不理"原则起源于诉讼领域,但是它在仲裁领域也已有所体现。比如,

《纽约公约》第5条第1款规定,如果仲裁裁决涉及仲裁协议未提到的或者未包括在仲裁协议规定之内的争议,或者裁决含有对仲裁协议范围以外事项的裁定,则法院有权拒绝承认和执行该裁决。需要注意的是,按照《仲裁法》第28条的规定,即使申请人撤回救济请求,在被申请人的要求下,仲裁庭仍然可以对撤回的请求作出裁决。此种规定是为了保护被申请人的合法利益。比如,如果被申请人希望仲裁庭作出裁决以防止申请人反复就同一争议提出请求,则仲裁庭出于保护被申请人合法利益的考虑,可以继续作出裁决。

《仲裁法》第29条规定,除非双方当事人反对,仲裁庭可以就部分争议,或是就对于争议解决具有重要意义的特定事项作出单独裁决。该条款中的“单独裁决”包括两种:一种是仲裁庭就部分争议所作的“部分裁决”;另一种是仲裁庭就对于争议解决具有重要意义的特定事项所作的“临时裁决”。部分裁决,是指终局性地处理了当事人在仲裁中的部分而非全部主张,将剩余部分的主张留待后续仲裁程序解决的仲裁裁决。[1] 许多国家的国内法赋予了仲裁庭作出部分裁决的权力,比如,英格兰《仲裁法》第47条、德国《民事诉讼法典》第301条、我国《仲裁法》第55条、印度《仲裁与调解法》第31条第6款等。[2] 仲裁庭的这项权力也得到了许多仲裁规则的认可。比如,《国际商会仲裁院仲裁规则》第2条第3款规定,本规则下的裁决包括中期、部分和最终裁决;《伦敦国际仲裁院仲裁规则》第26条第7款规定,仲裁庭可以在不同时间就不同事项分别作出裁决,此类裁决具有与仲裁庭作出的任何其他裁决相同的法律地位和效力。临时裁决不同于部分裁决。部分裁决终局性地处理了当事人的主张,对当事人具有法律约束力,是可以被承认和执行的;而临时裁决仅是处理了与当事人主张相关的重要事项(如准据法),而非主张本身。

《仲裁法》第30条第1款规定,如果某仲裁员无正当理由未参加仲裁庭对于某争议事项的认定,其行为不应妨碍其他仲裁员就该事项作出决定。该条款旨在防止仲裁员受当事人指使或者按其自己的意志,企图以拒绝参加合议的方式阻碍仲裁庭作出决定。根据《仲裁法》第17条的规定,如果某仲裁员延误程序,经一方

---

〔1〕 参见[美]加里·B.博恩:《国际仲裁:法律与实践》,白麟等译,商务印书馆2015年版,第380页。

〔2〕 参见[美]加里·B.博恩:《国际仲裁:法律与实践》,白麟等译,商务印书馆2015年版,第380页。

当事人申请,地区法院应免除该仲裁员的职务,另行指定仲裁员。由此可见,当仲裁员以消极怠工方式阻碍仲裁庭作出决定时,当事人可以请求地区法院撤换该仲裁员;即便当事人未向地区法院提出此种请求或者地区法院尚未作出替换决定,该仲裁员的行为也不足以致使仲裁程序中止。《仲裁法》第 30 条第 1 款不仅适用于仲裁庭就仲裁裁决的作出进行合议的情形,还适用于仲裁庭就仲裁过程中的某些重要事项进行合议的情形,比如,就当事人对仲裁员提出的质疑是否成立所进行的合议。需要注意的是,《仲裁法》第 30 条第 1 款适用的前提是某仲裁员被给予了参与合议的机会,但是其无故未参加合议。在某仲裁员未被给予参与合议的机会或者该仲裁员有合理的缺席理由的情况下,如果其他仲裁员忽略了该仲裁员的意见而径直作出决定,则当事人可以向地区法院提出异议。

《仲裁法》第 30 条第 2 款规定,除非当事人另行约定,参与审理争议的多数仲裁员的意见应为仲裁庭的意见,若不能达成多数意见,则以首席仲裁员的意见为仲裁庭的意见。这表明,仲裁庭在合议作出决定时依据的是少数服从多数的原则。相似的规定还出现在其他国家的仲裁法中。根据瑞典《仲裁法》的规定,当事人有权选择偶数名仲裁员组成仲裁庭,所以在实践中,确有可能发生仲裁庭无法形成多数意见的情形。即便仲裁庭由奇数名仲裁员组成,当有仲裁员弃权时,仍会发生仲裁庭无法形成多数意见的情形。《仲裁法》第 30 条第 2 款的规定正是为了应对前述情形,以保证仲裁庭能够顺利形成决议。

《仲裁法》第 31 条规定,仲裁裁决应由仲裁员签署;经多数仲裁员签署的裁决有效,只要裁决注明未能由全部仲裁员签署的理由;当事人可以决定由首席仲裁员单独签署仲裁裁决。在通常情况下,仲裁裁决应由组成仲裁庭的全体仲裁员签署方为有效。但是,如果出现部分仲裁员无正当理由不参与合议、死亡、因病不便签署等情形,仲裁裁决可仅由多数仲裁员签署,但需要写明具体原因。在双方当事人协商同意的情况下,仲裁裁决可以仅由首席仲裁员签署。在国际商事仲裁中,仲裁员经常居住在不同的国家,故要求所有仲裁员都在仲裁裁决上签字是一件费时、费力的工作。因此,为了提升仲裁的效率,《仲裁法》允许当事人合意决定裁决仅由首席仲裁员签字即可。

在仲裁裁决作出后,仲裁庭如若发现裁决存在错误或者疏漏,应当及时予以纠正。根据《仲裁法》第 32 条的规定,如果仲裁员发现,因仲裁员或他人的打印错误、计算错误或类似错误而导致裁决存在明显的不准确之处,或者因仲裁员的疏忽未就裁决本应处理的事项作出认定,仲裁员可以在仲裁裁决作出之日起 30 日内,决定更正、解释或补充裁决。当事人如果发现前述情形,可以在收到裁决之日起30 日内向仲裁庭提出更正、解释或补充裁决的申请。仲裁庭应当在收到当事人申请之日起30 日内作出更正、解释裁决的决定,或者在收到当事人申请之日起60 日内作出补充裁决。

(十一)仲裁裁决的无效和撤销

仲裁具有的自治性、灵活性、效率性是当事人选择以仲裁方式解决他们之间争议的重要原因。但是,仲裁并非以牺牲公正性为代价来换取上述优势。仲裁当事人被赋予了充分的程序性救济权利。根据瑞典 2018 年《仲裁法》的规定,当事人可以在两种情况下对仲裁裁决提出异议:一种是因违反法律强行性规定而请求认定裁决无效;另一种是因存在程序性瑕疵而请求撤销裁决。

《仲裁法》第 33 条规定,仲裁裁决因下列事由无效:(1)仲裁裁决包含仲裁庭对依据《仲裁法》不具有可仲裁性的事项作出的裁定;(2)仲裁裁决的内容或者其作出方式与瑞典法律的基本原则明显不符;(3)仲裁裁决未满足《仲裁法》规定的书面形式要求和仲裁员签字的要求。根据《仲裁法》第 43 条的规定,当事人应向仲裁地的上诉法院提起无效之诉,如果仲裁裁决未载明仲裁地,当事人可以向斯维亚上诉法院提起无效之诉;上诉法院对此作出的判决是不可上诉的。

《仲裁法》第 34 条涉及仲裁裁决的撤销问题。对于仲裁裁决撤销制度的合理性,学者持不同观点。[1] 反对者主张,该制度应当予以废除,因为它使仲裁遭受到不必要的双重干预。各国法院在承认和执行仲裁裁决时会对裁决进行司法审查,拒绝承认和执行仲裁裁决的事由与撤销仲裁裁决的事由是相似的。[2] 支持者则认为,该制度具有独立价值,因为它为双方当事人提供了采取主动救济的途径。如果该制度被废除,对裁决存疑的胜诉方将无法在裁决被承认和执行之前获得必要救济。一旦胜诉方提起裁决的执行程序,这便意味着其认同了裁决的结果。对于败诉方来说,法院不予承认和执行仲裁裁决仅是其在胜诉方申请执行裁决之后所能获得的一种被动救济。倘若仲裁裁决的撤销制度被废除,败诉方将丧失主动

〔1〕 参见张圣翠:《论我国仲裁裁决撤销制度的完善》,载《上海财经大学学报》2012 年第 1 期。
〔2〕 参见赵健:《国际商事仲裁的司法监督》,法律出版社 2000 年版,第 240 页。

出击的机会。[1] 从目前情况来看,仲裁裁决撤销制度的价值得到了许多国家的普遍认可。

《仲裁法》第 34 条规定的撤销仲裁裁决的事由包括:(1)仲裁裁决处理的事项不在当事人之间有效的仲裁协议的范围之内;(2)仲裁庭在当事人约定的裁决时限届满后才作出裁决,或者仲裁庭有其他超越权限的行为;(3)仲裁员的选任违反了当事人的约定或是违反了《仲裁法》的规定;(4)仲裁员不符合《仲裁法》规定的仲裁员的一般能力条件,或者缺乏公正性或独立性;(5)因其他不可归咎于一方当事人的过错而产生的程序瑕疵,并且该瑕疵可能影响争议的处理结果。《仲裁法》第 34 条规定,当事人必须在收到仲裁裁决之日起 3 个月内,向法院提出撤销裁决的申请。与前述当事人提起无效之诉的情形相似,根据《仲裁法》第 43 条的规定,当事人应向仲裁地的上诉法院申请撤销仲裁裁决,如果仲裁裁决未载明仲裁地,当事人可以向斯维亚上诉法院申请撤销仲裁裁决;上诉法院对此作出的判决是不可上诉的。

一旦仲裁裁决被宣告无效或者被撤销,当事人和仲裁庭此前所做的工作便会付诸东流。为了尽可能避免由此造成的时间和资源的浪费,《仲裁法》规定,法院在审理无效之诉和撤销仲裁裁决的申请时,可以中止审理程序,以便给仲裁庭机会采取措施消除导致仲裁裁决无效或被撤销的事由。按照《仲裁法》第 35 条的规定,法院在以下两种情况中,可以中止程序:(1)法院认为当事人提出的仲裁裁决无效或者应被撤销的主张将会得到支持,并且一方当事人向法院提出中止程序的请求;(2)双方当事人均向法院提出中止程序的请求。

三、瑞典仲裁机构

斯德哥尔摩商会仲裁院是瑞典最重要的仲裁机构,也是全球知名的仲裁机构之一。本部分将着重介绍该机构及其仲裁规则和收费标准。

(一)斯德哥尔摩商会仲裁院简介

斯德哥尔摩商会仲裁院(The Arbitration Institute of the Stockholm Chamber of Commerce)成立于 1917 年。它隶属于斯德哥尔摩商会,但在行使争议解决职能时它又独立于商会。起初,该机构只受理国内仲裁业务。20 世纪 70 年代初,斯德哥

[1] 参见谢新胜:《国际商事仲裁裁决撤销制度"废弃论"之批判》,载《法商研究》2010 年第 5 期。

尔摩商会仲裁院开始走上了国际化道路。如今,它已经成为最受全球当事人青睐的仲裁机构之一。每年,多达40个国家或地区的当事人会选择使用斯德哥尔摩商会仲裁院提供的服务。近年间,斯德哥尔摩商会仲裁院的国内与国际案件的受理量均呈增长趋势,其中国际案件的数量已经接近50%。据统计,在2019年,斯德哥尔摩商会仲裁院共受理175件仲裁案件,其中88件为国际商事纠纷,剩余的87件为仅涉及瑞典当事人的纠纷。

理事会是斯德哥尔摩商会仲裁院的组成机构之一。理事会由1名主席、2~3名副主席以及最多12名其他成员组成。他们来自瑞典国内外,并且均为国际商事争议解决领域声望卓著和专业水平高超的专家。理事会的成员由斯德哥尔摩商会的理事会选任,成员的任期为3年。若无特殊情况,成员到期后可以连任1届。斯德哥尔摩商会的理事会有权撤换仲裁院理事会的成员。如果某成员在任职期间辞职或被撤换,商会的理事会应指定一名新成员接替其剩余任期的工作。

理事会的职能是依据《斯德哥尔摩商会仲裁院仲裁规则》针对下列事项作出决定:仲裁院对当事人之间的争议是否享有管辖权、确定仲裁员的人选特别是首席仲裁员的人选、对仲裁员资格的异议作出认定、决定当事人应当预付的仲裁费用、决定是否允许仲裁庭延期作出裁决等。理事会应当根据多数意见作出决定。实际上,2名理事的意见即可构成多数意见。在无法形成多数意见时,理事会的主席拥有决定权。当遇到紧急情况时,理事会的主席或副主席有权代表理事会作出决定。理事会的下属委员会可以接受委托,代表理事会作出决定。理事会的决定是终局性的。

秘书处是斯德哥尔摩商会仲裁院的另一重要组成部分。秘书处由秘书长领导。它下设3个分部,每个分部设有1名法律顾问和1名办案秘书。由于斯德哥尔摩商会仲裁院每年会受理大量的国际商事仲裁案件,所以秘书处的工作人员往往精通多种语言。在实践中,秘书处经常使用英语、瑞典语、俄语、西班牙语、德语等语言来进行案件的管理。除日常的案件管理工作外,秘书处的工作职责还包括:(1)出版简报,每半年一期,每期一个主题;(2)出版题为《斯德哥尔摩仲裁》的系列图书,每年一册,涉及仲裁的理论和实践问题;(3)发布年终报告,对每年的业务情况加以总结和分析;(4)举办青年律师仲裁联谊会;(5)与斯德哥尔摩大学联合举办国际仲裁硕士班等。在理事会授权的情况下,秘书处可以代表理事会作出以下决定:确定预付费用、延长仲裁时限、因当事人未缴纳注册费而撤销案件、解除仲裁员的任命、确定仲裁费等。

(二)《斯德哥尔摩商会仲裁院仲裁规则》简介

斯德哥尔摩商会仲裁院最新版本的仲裁规则自 2017 年 1 月 1 日起生效。该规则的主要内容如下。

1. 保密性

仲裁的保密性是否得到有效的维护直接关系一个仲裁机构,乃至一个国家的仲裁信誉。[1] 仲裁的保密性源于仲裁的私人属性。[2] 当事人选择以仲裁而非诉讼方式解决争议常见的原因之一便是,他们希望与其商业经营活动有关的敏感信息不会在纠纷解决过程中被无关人士知晓。关于保密性,《斯德哥尔摩商会仲裁院仲裁规则》第 3 条规定,除非当事人另有约定,仲裁院、仲裁庭和仲裁庭行政秘书均应保守仲裁和裁决的秘密。

2. 仲裁请求

当事人向斯德哥尔摩商会仲裁院提交的仲裁申请书应包括以下内容:(1)当事人及其法律顾问的名称、地址、电话号码和电子邮箱;(2)争议要点;(3)申请人索赔要求的初步说明,包括所涉请求金钱价值的估算;(4)据以解决争议的仲裁协议或仲裁条款的副本或说明;(5)关于仲裁员人数和仲裁地的意见;(6)若申请人意图指定仲裁员,还应载明申请人选定的仲裁员的姓名、地址、电话号码和电子邮箱。

在提交仲裁申请的同时,申请人应当向斯德哥尔摩商会仲裁院的秘书处支付注册费。费用金额依据提交仲裁申请之日有效的费用表予以确定。如果申请人在提交仲裁申请时未缴纳应当支付的注册费,秘书处应为申请人设定缴纳注册费的期限。倘若申请人在期限届满前仍未缴纳注册费,秘书处应当撤销申请人提出的仲裁申请。

3. 被申请人的答复

斯德哥尔摩商会仲裁院秘书处需要将仲裁申请书及其所附文件的副本发送给被申请人,并为被申请人设定提交答复的时限。被申请人的答复应当包括如下

[1] 参见张玉卿:《国际商事仲裁保密义务的探索与思考》,载《国际法研究》2016 年第 4 期。

[2] 参见杨良宜、莫世杰:《论仲裁的机密性》(上),载《仲裁研究》2004 年第 2 期。

内容:(1)对仲裁协议的存在、有效性或可适用性的异议;(2)对仲裁申请中的索赔要求表示接受或予以拒绝;(3)对反请求的初步说明,包括对其金钱价值的估算;(4)关于仲裁员人数和仲裁地的意见;(5)若被申请人意图指定仲裁员,还应载明被申请人选定的仲裁员的姓名、地址、电话号码和电子邮箱。秘书处应将被申请人提交的答复发送给申请人,并可根据案件的具体情况给予申请人就答复提交意见的机会。被申请人不予答复并不会妨碍仲裁程序的进行。

4. 仲裁庭的组成

当事人可以约定仲裁员的人数。如果当事人未能就仲裁员的人数达成合意,斯德哥尔摩商会仲裁院的理事会应根据案件的复杂性、争议金额或其他相关情况,决定仲裁庭应当由 1 名或 3 名仲裁员组成。

当事人可以约定仲裁员的选任程序。如果当事人未能就此达成合意,则仲裁庭应按照《斯德哥尔摩商会仲裁院仲裁规则》设定的程序组成:(1)如果仲裁庭由独任仲裁员组成,当事人应在 10 日内共同指定 1 名独任仲裁员,如果当事人未能在该时限内作出指定,理事会应代为指定仲裁员;(2)如果仲裁庭由 1 名以上仲裁员组成,各方当事人应指定同等人数的仲裁员,并由理事会指定首席仲裁员,如果一方当事人未能在规定时限内指定仲裁员,理事会应代为指定;(3)如果双方当事人的国籍不同,独任仲裁员或者首席仲裁员的国籍应当不同于双方当事人的国籍,除非双方当事人另有约定或者理事会认为指定与当事人同国籍的仲裁员更恰当;(4)在指定仲裁员时,理事会应当考虑争议的性质、适用的法律、仲裁地、仲裁语言等因素。

审理案件的仲裁员必须是独立公正的。在接受指定前,仲裁员应当披露可能对其独立公正性产生不利影响的任何情形。一旦接受指定,仲裁员应当向秘书处提交经其签字的《独立公正、时间保证和接受指定的声明书》。秘书处应将该声明书的副本发送给当事人以及其他仲裁员。如果在仲裁程序开始后出现可能对其独立公正性产生不利影响的任何情形,仲裁员应当立即书面通知当事人和其他仲裁员。

如果存在足以对仲裁员的独立公正性产生合理怀疑的情形或者该仲裁员并不具备双方当事人所约定的资格,一方当事人可以对该仲裁员提出异议。一方当事人只能基于其在仲裁员接受指定后所知的理由,对其所指定的仲裁员或者其所参与指定的仲裁员提出异议。当事人对仲裁员的异议应当在其得知产生异议的情形之日起15日内以书面形式向秘书处提出,并说明异议理由。当事人若未在规定时限内提出异议,则被视为放弃提出异议的权利。秘书处应当将当事人提出的异议通知对方当事人和仲裁员,并给予他们提交意见的机会。如果对方当事人对异议表示同意,则受质疑的仲裁员应当辞职。在其他情况下,理事会应当对异议是否成立作出最终决定。

5. 仲裁庭行政秘书

在仲裁程序中的任何时候,仲裁庭均可向斯德哥尔摩商会仲裁院提议指定一名行政秘书。该指定应当经当事人确认同意。行政秘书的具体职责应当由仲裁庭在征询当事人意见后予以确定,但在任何情况下,仲裁庭不得授予行政秘书决策权。行政秘书必须在仲裁程序的每个阶段保持独立公正。

在接受指定前,行政秘书的候选人需要签署《时间保证和公正独立声明书》,披露可能对其独立公正性产生不利影响的任何情形。当事人可以比照对仲裁员提出异议的程序对行政秘书提出异议。如果理事会认为异议成立,撤换了行政秘书,仲裁庭可以另行指定其他行政秘书。行政秘书的撤换不得妨碍仲裁程序的进行。行政秘书的费用应从仲裁员费用中予以支取。

6. 仲裁地

当事人可以合意选择仲裁地。在当事人未能就此达成约定的情况下,理事会应代为决定仲裁地。在与当事人协商后,仲裁庭可以在其认为适当的任何地点开庭审理、召开会议、对案件进行合议。即便庭审、会议或合议在仲裁地以外的地点进行,仲裁仍应被视为在仲裁地发生。无论是当事人选择了仲裁地还是理事会代为决定了仲裁地,仲裁裁决均应被视为在仲裁地作出。

7. 仲裁语言

当事人可以合意选择仲裁语言。在当事人未能就此达成约定的情况下,仲裁庭应代为决定仲裁语言。在作出该决定时,仲裁庭应当充分考虑所有相关情形,并应给予当事人提交意见的机会。即使当事人选择了仲裁语言或是仲裁庭代为决定了仲裁语言,仲裁庭仍可以接收以非仲裁语言写成的文件,但是仲裁庭有权要求当事人同时提交该文件的仲裁语言的翻译件。

8. 适用的法律

仲裁庭应当根据当事人约定的法律裁决案件。如果当事人未能就案件应适用的法律达成约定,仲裁庭应当适用其认为最适当的法律。当事人约定的特定国家的法律,是指该国的实体法,而不包括其冲突法规则。在当事人明示授权的情况下,仲裁庭可以根据公允善良的原则或以友好调和人的身份对争议作出裁决。

9. 证据

当事人举证责任的分配基本上遵循的是“谁主张谁举证”的原则。但是,仲裁庭可以应一方当事人的请求,或在特殊情况下自行决定,要求对方当事人提供可能与案件有关并且可能影响案件处理结果的任何文件或其他证据。

在庭审前,仲裁庭可以要求当事人确定其意欲传唤的证人或专家,并具体说明证人或专家的证言所要证明的事项。证人或专家应当参加庭审、接受询问。但是如果当事人另有约定或者证人或专家确实无法到庭,证人或专家的证言可以用已签署的声明书的形式提交至仲裁庭。

经与当事人协商,仲裁庭可以指定一名或数名专家,就仲裁庭关心的特定问题向仲裁庭出具书面报告。在收到专家报告后,仲裁庭应将报告的副本发送给当事人,并给予当事人就报告提交书面意见的机会。应一方当事人的请求,仲裁庭应当给予当事人机会,在庭审时对仲裁庭指定的专家进行询问。

10. 临时措施

应一方当事人的请求,仲裁庭可以准予其认为适当的临时措施。仲裁庭有权要求申请临时措施的当事人为该措施提供适当担保。如果当事人在案件移交仲裁庭前请求采取临时措施,则应按照《斯德哥尔摩商会仲裁院仲裁规则》中关于紧急仲裁员的规定处理。

在案件移交仲裁庭前,一方当事人可以申请指定紧急仲裁员。指定紧急仲裁员的申请应包括:(1)当事人及其法律顾问的名称、地址、电话号码和电子邮箱;(2)争议要点;(3)所寻求的临时措施及理由;(4)据以解决争议的仲裁协议或仲裁条款的副本或说明;(5)已支付应急程序费用〔1〕的证明。理事会应在收到申请后24小时内作出指定。除非当事人另有约定,被指定的紧急仲裁员不得在此后与争议相关的仲裁案件中担任仲裁员。紧急仲裁员一经指定,秘书处应立即将临时措施的申请移交给紧急仲裁员。紧急仲裁员应在收到申请之日起5日内作出决定。理事会根据紧急仲裁员的合理请求或当其认为有必要时可延长该时限。紧

〔1〕 应急程序费用包括:(1)16,000欧元的紧急仲裁员费用;(2)4000欧元的申请费;(3)当事人产生的其他合理费用。

急仲裁员必须以书面形式作出临时措施决定。该决定应写明日期和理由,并由紧急仲裁员签字。

11. 简易程序

一方当事人可以向仲裁庭申请以简易程序对一个或多个事实或法律问题作出认定,而不必执行完整的程序步骤。简易程序通常适用于以下情形:(1)对案件结果有重要影响的事实或法律辩解明显不能得到支持;(2)即使对方当事人所主张的事实是真实的,仲裁庭也不可能依据案件适用的法律,作出对其有利的裁决;(3)出于其他原因,对案件结果有重大影响的事实或法律问题更适合通过简易程序来解决。

当事人在向仲裁庭提交的申请中应具体说明申请所依据的事由和其所建议的简易程序的形式,并证明根据案件的情况其所建议的程序是高效且适当的。仲裁庭应给予另一方当事人提交意见的机会。在听取另一方当事人的意见后,仲裁庭可以驳回当事人的申请、接受当事人建议的程序或者采取其认为适当的简易程序的形式。无论仲裁庭最终决定采取何种简易程序的形式,仲裁庭均应保证该程序能够给予各方当事人平等、合理地陈述案件的机会,并有利于高效、快捷地解决争议。

12. 仲裁裁决

仲裁裁决应当在案件移交给仲裁庭之日起 6 个月内作出,但理事会基于仲裁庭的合理请求或当其认为有必要时可延长该时限。仲裁裁决应以书面形式作出,除非当事人另有约定,仲裁庭应在裁决中说明裁判理由。仲裁裁决还应载明裁决日期和仲裁地。

当仲裁庭由 1 名以上仲裁员组成时,仲裁裁决应当根据多数仲裁员的意见作出,如果不能形成多数意见,应根据首席仲裁员的意见作出。在通常情况下,仲裁裁决应由全体仲裁员签字。但是,由多数仲裁员签署的仲裁裁决,或者在不能形成多数意见时由首席仲裁员签署的仲裁裁决仍是有效的,只要裁决载明其他仲裁员未签字的原因。

仲裁庭有权针对独立的事项或者争议事项的一部分作出部分裁决。如果当事人在仲裁裁决作出前达成和解,应双方当事人的请求,仲裁庭可以基于当事人之间的和解协议作出和解裁决。

在作出裁决后,仲裁庭应毫不迟延地将裁决文本送达各方当事人和斯德哥尔摩商会仲裁院。仲裁裁决是终局性的。这意味着裁决一经作出便对当事人具有法律约束力。当事人同意根据《斯德哥尔摩商会仲裁院仲裁规则》进行仲裁的行为表明,当事人承诺将毫不迟延地履行仲裁庭作出的裁决。

在收到裁决后的30日内,一方当事人在通知另一方当事人后,可以请求仲裁庭就裁决中的书写、打印或计算错误进行更正,或者就裁决中的具体事项或特定部分提供解释。仲裁庭应给予另一方当事人就该请求发表评论的机会。如果仲裁庭认为该请求是正当的,仲裁庭应在收到该请求后的30日内对仲裁裁决作出更正或解释。仲裁庭也可以在裁决作出之日起30日内自行对裁决中的书写、打印或计算错误予以更正。

在收到裁决后的30日内,一方当事人在通知另一方当事人后,可以请求仲裁庭就案件中业已提出但裁决并未涉及的请求作出附加裁决。仲裁庭应给予另一方当事人就该请求发表评论的机会。如果仲裁庭认为该请求是正当的,仲裁庭应在收到该请求后的60日内作出附加裁决。在其认为有必要时,理事会可以延长该时限。

(三)斯德哥尔摩商会仲裁院的收费

仲裁费包括仲裁庭费用、管理费、仲裁庭和仲裁院的实际开支。在作出仲裁裁决前,仲裁庭应要求理事会确定仲裁费。理事会需要根据仲裁程序的进展情况、仲裁庭的工作量等因素决定仲裁费的数额。仲裁庭应在仲裁裁决中写明理事会确定的仲裁费数额,并具体列明仲裁院和仲裁庭每位成员的费用情况。除非当事人另有约定,应一方当事人的请求,仲裁庭应根据案件的结果、各方当事人对仲裁程序的进行所作的贡献以及其他相关情况,确定当事人应承担的仲裁费比例。当事人就仲裁费向仲裁院和仲裁员承担连带责任。

在仲裁过程中,双方当事人均会产生一定的费用,例如,参加开庭审理的费用、聘请律师的费用、聘请翻译人员的费用、传唤证人的费用、邀请专家的费用等。除非当事人另有约定,仲裁庭应一方当事人的请求可以根据案件的结果、各方当事人对仲裁程序的进行所作的贡献以及其他相关情况,在仲裁裁决中裁定由一方当事人承担对方当事人所花费的合理费用。

仲裁费需要预付。当事人可以约定各自应承担的预付费用。倘若当事人未能就此达成合意,在通常情况下,预付费用由当事人平均分担。如果当事人在仲裁中提交了反请求,理事会可以决定各方当事人支付与其请求数额相对应的预付费用。

如果一方当事人未支付应缴纳的费用,秘书处应给予另一方当事人机会,使其能在特定时限内代为支付该项费用。如果所需费用未能得到支付,理事会应全部或部分撤销案件。在一方当事人代对方当事人支付相关费用后,仲裁庭可以应该方当事人的请求作出部分裁决,责令对方当事人补偿该费用。理事会可以决定当事人以银行保函或其他形式为预付费用提供担保。

经一方当事人申请,仲裁庭可以要求申请人或反请求申请人以仲裁庭认为适当的方式为仲裁费提供担保。在决定当事人是否需要为仲裁费提供担保时,仲裁庭应考虑以下因素:(1)对请求或反请求成功与否的预判;(2)申请人或反请求申请人履行对其不利的费用承担裁决的能力及可供执行上述裁决的财产的可获得性;(3)要求一方当事人提供担保的恰当性等。如果一方当事人未履行仲裁庭提出的担保要求,仲裁庭可以中止审理或驳回当事人的部分或全部仲裁请求。

《斯德哥尔摩商会仲裁院仲裁规则》第7条规定,在提交仲裁申请的同时,申请人应当支付注册费;如果申请人未及时缴纳应支付的注册费,秘书处应为申请人设定缴费的期限;如果申请人最终未能在该期限内缴纳注册费,秘书处应撤销仲裁申请。现行的注册费标准为3000欧元。无论争议的处理结果如何,注册费一经缴纳,概不退还。

理事会应根据表3-1,并基于案件争议金额确定首席仲裁员或独任仲裁员的费用。合作仲裁员的费用应为首席仲裁员费用的60%。在与仲裁庭商议后,理事会也可以采纳其他的百分比。这里所说的“争议金额”,是指本请求金额和反请求金额的总和。当争议金额不能确定时,理事会应在考虑所有相关情况的基础上确定仲裁庭费用。

表3-1　首席仲裁员或独任仲裁员的费用

单位:欧元

争议金额	最低费用	最高费用
0~25,000	4000	12,000
25,001~50,000	4000+超过25,000部分的2%	12,000+超过25,000部分的14%

续表

争议金额	最低费用	最高费用
50,001～100,000	4500＋超过50,000部分的5%	15,500＋超过50,000部分的5%
100,001～500,000	7000＋超过100,000部分的2%	18,000＋超过100,000部分的4%
500,001～1,000,000	15,000＋超过500,000部分的1%	34,000＋超过500,000部分的3%
1,000,001～2,000,000	20,000＋超过1,000,000部分的0.8%	49,000＋超过1,000,000部分的2.3%
2,000,001～5,000,000	28,000＋超过2,000,000部分的0.4%	72,000＋超过2,000,000部分的1.4%
5,000,001～10,000,000	40,000＋超过5,000,000部分的0.2%	114,000＋超过5,000,000部分的0.5%
10,000,001～50,000,000	50,000＋超过10,000,000部分的0.05%	139,000＋超过10,000,000部分的0.2%
50,000,001～75,000,000	70,000＋超过50,000,000部分的0.05%	219,000＋超过50,000,000部分的0.12%
75,000,001～100,000,000	82,500＋超过75,000,000部分的0.03%	249,000＋超过75,000,000部分的0.05%
超过100,000,000	由理事会决定	由理事会决定

管理费应根据表3－2来加以确定。表3－2中的争议金额,是指本请求金额和反请求金额的总和。当争议金额不能确定时,理事会应在考虑所有相关情况的基础上确定管理费。

表 3-2 管理费费用标准

单位:欧元

争议金额	管理费
0 ~ 25,000	3000
25,001 ~ 50,000	3000 + 超过 25,000 部分的 4.8%
50,001 ~ 100,000	4200 + 超过 50,000 部分的 2.6%
100,001 ~ 500,000	5500 + 超过 100,000 部分的 2.1%
500,001 ~ 1,000,000	13,900 + 超过 500,000 部分的 0.9%
1,000,001 ~ 2,000,000	18,400 + 超过 1,000,000 部分的 0.5%
2,000,001 ~ 5,000,000	23,400 + 超过 2,000,000 部分的 0.35%
5,000,001 ~ 10,000,000	33,900 + 超过 5,000,000 部分的 0.14%
10,000,001 ~ 50,000,000	40,900 + 超过 10,000,000 部分的 0.05%
50,000,001 ~ 75,000,000	60,900 + 超过 50,000,000 部分的 0.03%
超过 75,000,000	68,400 + 超过 75,000,000 部分的 0.02%
—	最高为 70,000

四、瑞典法院对仲裁裁决的承认与执行

国际商事交易的双方当事人合意选择以仲裁方式解决他们之间的争议是出于对国际商事仲裁程序价值的肯定以及对仲裁裁决能在他国获得承认与执行的期许。[1] 仲裁裁决的承认与执行意味着仲裁当事人权益的最终兑现。[2] 仲裁是建立在双方当事人自愿的基础上,所以当事人理应遵从仲裁的结果。然而,在实践中,败诉方"耍赖"的情形屡见不鲜。此时,胜诉方便有权寻求司法救济,即向有管辖权的法院提出承认与执行仲裁裁决的申请。仲裁裁决的承认与执行旨在以国家强制力为后盾保障仲裁裁决的效力。承认与执行是两个既有联系又有区别的概念。承认,是指法院允许仲裁裁决所确认的当事人的权利和义务在其境内产生可予执行的法律效力。它是执行的前提。执行,是指法院在承认仲裁裁决效力

〔1〕 参见杜新丽:《跨国破产与国际商事仲裁的冲突与弥合》,载《比较法研究》2012 年第 1 期。

〔2〕 参见肖蓓:《〈纽约公约〉背景下我国对外国仲裁裁决承认及执行的实证研究》,载《现代法学》2016 年第 3 期。

的基础上,依照法律规定的执行程序对裁决予以强制实施。

根据瑞典2018年《仲裁法》第54条的规定,如果被申请人能够证明存在下列情形之一,则外国仲裁裁决不得在瑞典被承认和执行:(1)根据适用的法律,仲裁协议的当事人缺乏订立协议的能力或未经适当的代理,或者根据当事人约定适用于仲裁协议的法律,或在当事人未约定时,根据仲裁裁决作出国的法律,仲裁协议无效;(2)被申请人未得到选任仲裁员或进行仲裁程序的适当通知,或者因其他原因未能陈述案件;(3)仲裁裁决处理了仲裁协议范围之外的争议,或者包含对仲裁协议范围之外的事项作出的裁定,如果针对仲裁庭权限内事项的裁定和针对权限外事项的裁定是可以分开的,则针对权限内事项的裁定部分可以得到承认和执行;(4)仲裁庭的组成或仲裁程序与当事人的约定不符,或者在当事人无约定时,与仲裁地所在国的法律不符;(5)仲裁裁决尚未对当事人产生约束力,或者裁决已经被作出该裁决的国家的有权机关或依据其法律作出该裁决的国家的有权机关予以撤销或暂缓执行。

《仲裁法》第55条规定,若能认定存在下列情形之一,瑞典法院应拒绝承认和执行外国仲裁裁决:(1)仲裁裁决含有对依据瑞典法律不可由仲裁员裁决事项的裁定;(2)对该仲裁裁决的承认和执行将明显违反瑞典法律的基本原则。前一种情形涉及对争议可仲裁性的判断。按照瑞典《仲裁法》第1条的规定,凡是当事人可以通过和解解决的争议均具有可仲裁性。后一种情形涉及对裁决的承认和执行是否有违瑞典公共政策的判断。如今,国际立法和国内立法均已普遍认可,仲裁裁决承认和执行地国的法院有权以裁决违反本国的公共政策为由拒绝承认和执行。[1] 在国际商事仲裁的司法审查中,公共政策是仲裁裁决承认和执行地国保护其基本道德准则和利益的重要防线。公共政策是一个国家的重大利益、根本观念、法律基本原则的统称,但其具体的内涵和外延却难以界定。这是因为各国所遵循的经济、法律、道德、政治和宗教的基本信念和原则有很大不同,并且一国在不同历史时期在上述领域所奉行的基本信念和原则也是有差异的。[2] 简言之,公

---

〔1〕 比如,在国际法层面,《纽约公约》第5条第2款规定,被请求承认和执行地所在国的主管机关如果查明承认或执行裁决将违反该国公共政策,可以拒不承认和执行;在国内法层面,我国《民事诉讼法》第274条第2款规定,人民法院认定执行该裁决违背社会公共利益的,裁定不予执行。

〔2〕 参见刘建红:《国际商事仲裁裁决司法审查中公共秩序的适用》,载《人民司法》2005年第4期。

共政策因其明显的地域性和时间性而带有不可避免的不确定性和模糊性。[1] 这使公共政策变成了一把“双刃剑”。一方面，它是法院对仲裁裁决实行司法审查的有力武器；另一方面，如果法官的自由裁量权过大，它便会动摇仲裁的权威性和稳定性。从各国的仲裁实践来看，为了维护国际商事仲裁的良性发展，当前普遍的趋势是法院在承认和执行外国仲裁裁决时对公共政策从窄解释、从严适用。

根据《仲裁法》第 56 条的规定，当事人应向斯维亚的上诉法院申请承认和执行外国仲裁裁决。在提出申请时，申请人必须附上仲裁裁决的正本或经认证的副本。除非上诉法院另有决定，申请人还应当提交经认证的仲裁裁决的瑞典语译本。《仲裁法》第 57 条指出，除非另一方当事人被给予机会就前述申请发表意见，否则上诉法院不得准许裁决的执行申请。按照瑞典程序法的基本理念，公权机关在行使权力时，只有在权利可能受到影响的当事人得到机会提交其对所涉事项的观点后，才能作出决定。《仲裁法》第 57 条便是该理念的一种体现。

被申请人有权以双方并未订立仲裁协议为由对申请人的申请提出异议。此时，申请人必须向上诉法院提交仲裁协议的正本或经认证的副本。除非上诉法院另有决定，申请人还应当提交经认证的仲裁协议的瑞典语译本。如果被申请人声称其已经向裁决作出地国的有权机关或依据其法律作出裁决的国家的有权机关提交了撤销仲裁裁决的申请或中止执行的提议，则上诉法院可以延期作出决定，并可以依申请人的请求，要求被申请人提供合理的担保。倘若被申请人未能提供此种担保，上诉法院有权继续作出决定。

1958 年《纽约公约》是外国仲裁裁决承认和执行领域最重要的国际立法。它被称为仲裁裁决跨境执行的基石。[2] 《纽约公约》自问世以来，极大地促进了合法有效的仲裁裁决得到普遍的承认和执行。截至目前，全球共有 166 个国家或地区加入了该公约。[3] “互惠保留”和“商事保留”是《纽约公约》缔约方可以作出的两类保留。

《纽约公约》的互惠保留分为 3 种：(1)缔约方仅承认和执行在另一缔约方领

---

〔1〕 参见韩健：《现代国际商事仲裁法的理论与实践》，法律出版社 2000 年版，第 444 页。

〔2〕 参见张莉：《〈纽约公约〉六十年　为国际贸易和投资保驾护航》，载《中国对外贸易》2018 年第 11 期。

〔3〕 《纽约公约》的缔约方名单，载 https://uncitral.un.org/en/texts/arbitration/conventions/foreign_arbitral_awards/status2，最后访问时间：2020 年 12 月 16 日。

土内作出的仲裁裁决;(2)对于在非缔约方领土内作出的仲裁裁决,缔约方仅以互惠的方式对裁决予以承认和执行;(3)兼采前述两项,即缔约方承认和执行在另一缔约方领土内作出的仲裁裁决,并且以互惠方式承认和执行在非缔约方领土内作出的仲裁裁决。[1] 提出第一种互惠保留的缔约方占多数,包括美国、英国、法国、中国等。提出第二种互惠保留的缔约方包括白俄罗斯、立陶宛等。提出第三种互惠保留的缔约方包括罗马尼亚、古巴、越南等。

《纽约公约》第1条第1款规定:“因自然人或法人间之争议而产生,且在申请承认及执行地所在国以外之国家领土内作成的仲裁裁决,其承认及执行适用本公约。被申请承认及执行地所在国认为非内国裁决者,也适用本公约。”互惠保留旨在限缩该条款规定的公约的适用范围。3种互惠保留所产生的限缩效果有所不同。第一种互惠保留将所有在非缔约方领土内作出的仲裁裁决以及在被请求国领土内作出但该国不认为是本国裁决的仲裁裁决排除在公约的适用范围之外。第二种互惠保留并未将所有在非缔约方领土内作出的仲裁裁决排除在公约的适用范围之外,而是允许缔约方以互惠方式承认和执行在非缔约方领土内作出的仲裁裁决。第三种互惠保留是将在被请求国领土内作出但该国不认为是本国裁决的仲裁裁决排除在公约的适用范围之外,并且允许缔约国以互惠方式承认和执行在非缔约方领土内作出的仲裁裁决。

《纽约公约》的商事保留,是指缔约方仅承认和执行针对契约性和非契约性商事法律关系引发的争议而作出的仲裁裁决。所谓的“契约性和非契约性商事法律关系”,是指由于合同、侵权或者有关法律规定而产生的经济上的权利义务关系,例如,货物买卖、财产租赁、工程承包、加工承揽、技术转让、合资经营、合作经营、勘探开发自然资源、保险、代理、信贷、运输、产品责任、环境污染、海上事故、所有权争议等。[2] 作出商事保留的国家包括希腊、匈牙利、印度、伊朗、波兰、韩国、美国等。

瑞典于1972年成为《纽约公约》的缔约方,并且未作出互惠保留和商事保留。这表明瑞典对于《纽约公约》内容的接受是全面和彻底的。瑞典于1929年公布,

---

〔1〕 参见黄亚英:《外国仲裁裁决论析——基于〈纽约公约〉及中国实践的视角》,载《现代法学》2007年第1期。

〔2〕 参见杜新丽:《论外国仲裁裁决在我国的承认与执行——兼论〈纽约公约〉在中国的适用》,载《比较法研究》2005年第4期。

并于1976年修订了《外国仲裁协议和裁决法》。起初,《纽约公约》的内容体现在该法之中。此后,瑞典修订了1929年《仲裁法》,并于1999年开始实施新版的《仲裁法》。《纽约公约》的内容被纳入了1999年《仲裁法》之中。2018年《仲裁法》保留了1999年《仲裁法》中那些源于《纽约公约》的规定。

例如,《纽约公约》第5条规定了法院拒绝承认和执行外国仲裁裁决的两类事由:一类是应由被申请人证明的事由;另一类是应由受理裁决承认和执行请求的法院依职权查明的事由。前一类事由规定在《纽约公约》第5条第1款中,具体包括:(1)仲裁协议的当事人依据对其适用的法律处于某种无行为能力的情形,或依据当事人约定的准据法协议无效,或未约定准据法时,依据裁决地所在国法律协议无效;(2)作为裁决执行对象的当事人没有被给予指定仲裁员或者进行仲裁程序的适当通知,或者由于其他情况而不能对案件提出申辩;(3)裁决涉及仲裁协议未提到的,或者未包括在仲裁协议规定之内的争议,或者裁决含有对仲裁协议范围以外事项的裁定,但如果仲裁协议范围以内的事项可以与仲裁协议范围以外的事项分开,则裁决中关于提交仲裁事项的部分决定可以承认和执行;(4)仲裁庭的组成或仲裁程序与当事人之间的协议不符,或当事人之间没有协议时,同仲裁地所在国法律不符;(5)裁决对当事人尚无拘束力,或裁决已经由作出裁决的国家或据其法律作出裁决的国家的有权机关撤销或者停止执行。后一类事由规定在《纽约公约》第5条第2款中,具体包括:(1)依据被请求承认和执行地所在国的法律,争议事项不能以仲裁予以解决;(2)承认或执行裁决违反被请求承认和执行地所在国的公共政策。实际上,瑞典2018年《仲裁法》第54条和第55条的规定与《纽约公约》第5条的规定并无实质差别,前者仅是后者在瑞典国内法层面的重述。

五、中国当事人参与瑞典仲裁的建议

近年来,中瑞两国关系保持健康稳定的发展。然而,随着两国的经贸合作更加频繁和深入,更多的涉外纠纷也会随之而来。如何能在纠纷解决中尽可能地维护自身利益成为我国当事人在"走出去"过程中必须予以关注和思考的问题。

(一)选择适当的纠纷解决方式

尽管商事仲裁的快速发展是有目共睹的,但是诉讼依然在商事纠纷解决领域扮演重要角色。瑞典于1942年便颁布了《诉讼法典》。该法典同时包含了民事程序法和刑事程序法的内容,相当于其他国家的刑事诉讼法、民事诉讼法、检察官法、法官法、法院组织法、检察院组织法等国内法的集合体。[1] 瑞典《诉讼法典》中与民事程序法相关的规定为当事人在瑞典以诉讼方式解决他们之间的商事纠纷提供了重要的规范指引。

根据《诉讼法典》的规定,在瑞典,普通民商事案件的管辖法院是被告居住地的法院。公司、企业、合作社、协会、基金会或者其他机构以其管理机构所在地为居住地。当上述机构的管理机构无固定场所或者无管理机构时,以其经营场所所在地为居住地。若被告在瑞典境内但居住地不明,可由其正在逗留地的法院管辖。若被告是瑞典公民且正逗留在瑞典境外或者下落不明,可由被告在瑞典境内的最后居住地或逗留地的法院管辖。

法院对争议事项的决断应以判决的形式作出,对其他事项的决断应以裁定的形式作出。法院不得对诉讼外的其他事项作出判决,也不得超出当事人的诉求范围作出判决。若当事人在诉讼过程中达成和解,应双方当事人的请求,法院应作出与当事人的和解协议相符的判决。判决必须以书面形式作出并需要阐明下列内容:(1)宣布判决的法院、时间和地点;(2)当事人及其诉讼代理人的信息;(3)最终的裁判结果;(4)当事人的请求与异议及相关证据;(5)判决理由,包括对已得到证明事项的综述。

除诉讼外,当事人还可以考虑利用替代性纠纷解决机制(Alternative Dispute Resolution)来解决他们之间的商事纠纷。替代性纠纷解决机制是各种非诉讼纠纷解决程序和机制的总称。[2] 仲裁便是替代性纠纷解决机制的代表之一。实际上,在瑞典,作为另一种替代性纠纷解决机制,调解的作用也是不容忽视的。自 2014 年 1 月 1 日起实施的《斯德哥尔摩商会仲裁院调解规则》为当事人通过调解方式定分止争提供了良好的规范指引。

调解是一种注重私密性的纠纷解决方式。《斯德哥尔摩商会仲裁院调解规则》第 3 条规定,除非当事人另有约定,当事人、调解员和斯德哥尔摩商会仲裁院均不得对外透露调解本身及其结果,也不得披露或在其他场合使用调解过程中获知的信息。

双方当事人共同提出调解请求是斯德哥尔摩商会仲裁院开启调解程序的前

---

〔1〕 参见刘为军:《瑞典诉讼法典》,中国法制出版社 2008 年版,第 1 页。

〔2〕 参见陈艳恩:《浅议替代性纠纷解决机制(ADR)》,载《学术论坛》2010 年第 7 期。

提。如果仅有一方当事人向仲裁院提出调解请求,仲裁院应将该请求移交给另一方当事人,询问其是否同意参加调解。调解请求通常应包含以下内容:(1)当事人及其代理人的名称和详细联系方式;(2)当事人之间争议的简要描述;(3)同意调解的声明。

如果当事人共同提议某人担任调解员,则斯德哥尔摩商会仲裁院应指定该人担任调解员。如果当事人未就调解员的人数和人选达成合意,斯德哥尔摩商会仲裁院应代为指定1名调解员。在代为指定调解员之前,斯德哥尔摩商会仲裁院应征询双方当事人的意见。在当事人约定由多名调解员进行调解的情况下,各方当事人应指定同等数量的调解员。倘若当事人约定由1人以上的奇数名调解员进行调解,斯德哥尔摩商会仲裁院应指定1名调解员作为主席。无论是当事人选定的调解员还是斯德哥尔摩商会仲裁院代为选定的调解员,都必须是公正和独立的。除非当事人另有约定,调解员不得在此后就当前争议进行的仲裁中担任仲裁员。

调解员应确保调解以不过分迟延的方式进行。调解员负责和双方当事人协商,以确定时间表,并决定与调解程序有关的细节。在整个调解活动中,各方当事人应被给予充分的机会陈述案情和表达观点。除非当事人另有约定,调解员有权与一方当事人私下接触,以促成争议的解决。

在下列情况下,调解应当终止:(1)当事人之间达成和解协议;(2)调解员向双方当事人宣布调解已不可能促成争议的解决;(3)一方当事人以书面形式请求调解员终止调解程序。在当事人达成和解协议的情况下,经调解员同意,双方当事人可以指定调解员担任仲裁员,并要求其以仲裁裁决的形式确认他们之间的和解协议。

诉讼、调解和仲裁这3种争议解决方式各具优点。诉讼有更加完备的纠错机制,并且法院比仲裁庭享有更加广泛的权限。调解的费用比国际商事仲裁的费用要低廉许多,而且调解更温和,它是在当事人互谅互让的基调下进行的,有助于当事人在解决纠纷的同时维持良好关系。国际商事仲裁之所以能够得到当事人的青睐,原因在于:第一,从效率角度来看,当事人可以通过仲裁在较短时间内解决纠纷;第二,从灵活性角度来看,当事人可以协商确定仲裁地、仲裁员、仲裁程序、案件适用的法律等;第三,从专业性角度来看,仲裁员多为具备商业领域专业知识并且熟悉相关法律规范的权威人士;第四,从保密性角度来看,仲裁案件是非公开审理的。因此,我国当事人应综合考虑争议的复杂程度、争议解决的紧迫性、自身的经济条件、与对方当事人关系的亲密度等因素,以选择适当的争议解决方式。

(二)充分利用意思自治

意思自治意味着一个人能够在与自己切身相关的事务上自由地作出决定,充分表达其真实的想法。[1] 作为私法自治的核心和灵魂,意思自治既是经济自由在法律上的必然要求,也是社会基本伦理在法律上的投映,它对现代私法制度的构筑和完善发挥了重要作用。[2] 意思自治一向被视为国际商事仲裁赖以存在的基石和生命力的源泉。[3] 瑞典 2018 年《仲裁法》所透露出的意思自治的理念成为该法先进性和时代性的重要标志。在该法中,意思自治主要体现在以下方面。

(1)仲裁协议。当事人可以在仲裁条款或者独立的仲裁协议中约定将他们之间即将发生或者业已发生的关于某一确定法律关系的契约性或非契约性争议提交仲裁。当事人之间的此种约定是触发仲裁的终极依据。[4]

(2)仲裁庭的组成。当事人有权自行约定仲裁员的人数和仲裁员的选任方式。当事人还可以对仲裁员的资质提出具体要求。如果仲裁员不符合当事人的要求,当事人有权对仲裁员提出质疑。

(3)仲裁程序。当事人有权协商确定仲裁程序。当事人可以自行设计仲裁程序,也可以参照某仲裁机构的仲裁规则来确定仲裁程序,还可以参照某国的国内法来确定仲裁程序。只有在当事人未就仲裁程序达成合意的情况下,仲裁庭才能代为决定仲裁程序。

(4)适用的法律。仲裁庭应依据当事人选择的实体法裁决案件。只有在当事人未作此种选择的情况下,法院才能依据其认为适当的法律作出裁决。此外,当事人还可以授权仲裁庭依据公平善意原则进行友好仲裁。

(5)仲裁裁决的作出。仲裁庭应依照当事人合意选择的程序作出裁决。如果仲裁庭未能达成合意,参与审理争议的多数仲裁员的意见应为仲裁庭的意见,当不能形成多数意见时,以首席仲裁员的意见为仲裁庭的意见。

为了最大限度地维护自身利益,我国当事人应积极利用瑞典《仲裁法》赋予的

---

〔1〕 参见董连和:《论我国仲裁制度中的意思自治原则》,载《清华大学学报(哲学社会科学版)》2006 年第 3 期。

〔2〕 参见丁丽柏、王琤:《论国际商事仲裁制度中的意思自治原则》,载《重庆大学学报(社会科学版)》2006 年第 1 期。

〔3〕 参见谭兵主编:《中国仲裁制度研究》,法律出版社 1995 年版,第 59 页。

〔4〕 参见李昌超:《仲裁协议合意不当及其救济》,载《社会科学家》2018 年第 1 期。

自主权。比如,在仲裁庭的组成方面,我国当事人可以根据案件的具体情况以及自身的现实需求,对仲裁员的任职资格提出特殊要求;在仲裁程序方面,我国当事人应尽量选择熟悉的、便于参与仲裁的、足以保障程序性利益的程序规则;在适用法律方面,我国当事人应尽量选择熟悉的、能够据以预测裁决结果的、足以维护实体利益的法律作为仲裁庭作出裁决的依据。

需要注意的是,瑞典《仲裁法》在充分尊重当事人意思自治的同时,也为当事人行使自主权设置了边界。比如,《仲裁法》允许当事人合意决定将他们之间的争议交付仲裁,可是该法对于何种争议具有可仲裁性作出了限定;《仲裁法》允许当事人协商确定仲裁程序,可是该法要求当事人选择的程序必须能够保证双方当事人的意见得到聆听;《仲裁法》允许当事人就仲裁员的选任达成合意,可是该法要求当事人选择的仲裁员必须是就其行为和财产享有充分法定能力的个人。

总而言之,我国当事人应注意瑞典《仲裁法》中的强行性规定对当事人意思自治的限制,在此界限内充分利用自身享有的自主权,积极表达己方意见,尽力争取对己方有利的条件,以便有效维护自身的合法权益。

(三)善于运用程序性救济措施

瑞典《仲裁法》赋予了当事人一系列的程序性权利,为一方当事人对抗对方当事人或者仲裁庭的不当行为提供了有力武器。可供当事人利用的程序性救济措施主要包括对仲裁员提出质疑、采取临时措施、对仲裁庭管辖权提出异议、提出仲裁裁决无效之诉、申请撤销仲裁裁决、申请承认和执行仲裁裁决等。

如果仲裁员不具备当事人要求的资质,或者当事人有合理理由怀疑仲裁员的公正性或独立性,当事人有权对仲裁员提出质疑。此项程序性权利有效保证了仲裁的公正。

在具体案件中,有的当事人会采取销毁证据或者转移、隐匿资产之类的策略。《仲裁法》所规定的临时措施为当事人在上述情形发生时有效维护自身利益提供了有力保障。

仲裁庭对当事人之间的争议享有管辖权是仲裁程序得以进行的前提和基础,也是仲裁裁决得到承认和执行的必要条件。[1] 当事人有权就仲裁庭的管辖权提

---

〔1〕 参见莫莉:《国内法院对国际商事仲裁管辖权司法审查的谦抑性》,载《理论界》2018 年第 5 期。

出异议。这成为当事人重要的抗辩手段之一。

当事人可以在仲裁裁决出现程序性瑕疵时申请撤销仲裁裁决,也可以在仲裁裁决出现无效事由时申请法院判定裁决无效。这是《仲裁法》赋予当事人的重要的救济性权利。

当被申请人未自觉、及时履行仲裁裁决时,申请人可以向瑞典的斯维亚上诉法院申请承认和执行仲裁裁决。此项规定保证了仲裁的权威性和当事人的实体正义最终能够得以实现。

总而言之,我国当事人有必要了解瑞典《仲裁法》赋予当事人的上述程序性救济措施。当发现对方当事人或仲裁庭存在不当行为时,我国当事人应积极运用这些救济措施,维护自身的合法权益。

附录一：

瑞典2018年《仲裁法》

The Arbitration Agreement

Section 1

Disputes concerning matters in respect of which the parties may reach a settlement may, by agreement, be referred to one or several arbitrators for resolution. Such an agreement may relate to future disputes pertaining to a legal relationship specified in the agreement. The dispute may concern the existence of a particular fact.

In addition to interpreting agreements, the filling of gaps in contracts can also be referred to arbitrators.

Arbitrators may rule on the civil law effects of competition law as between the parties.

Section 2

The arbitrators may rule on their own jurisdiction to decide the dispute.

If the arbitrators have rendered a decision finding that they have jurisdiction to adjudicate the dispute, any party that disagrees with the decision may request the Court of Appeal to review the decision. Such a request shall be brought within thirty days from when the party was notified of the decision. The arbitrators may continue the arbitration pending the court's determination.

The provisions of Sections 34 and 36 apply in an action to challenge an arbitration award that includes a decision on jurisdiction.

Section 3

If the validity of an arbitration agreement which constitutes part of another agreement must be determined in conjunction with a determination of the jurisdiction of the arbitrators, the arbitration agreement shall be deemed to constitute a separate agreement.

Section 4

A court may not, over an objection of a party, rule on an issue which, pursuant to an arbitration agreement, shall be decided by arbitrators.

A party must invoke an arbitration agreement on the first occasion the party pleads its case on the merits in court. Invoking an arbitration agreement on a later occasion shall have no effect unless the party had a legal excuse and invoked the arbitration agreement as soon as the excuse ceased to exist. The invocation of an arbitration agreement shall be considered notwithstanding that the party who invoked the agreement has allowed an issue which is covered by the arbitration agreement to be determined by the Swedish Enforcement Authority in a case concerning expedited collection procedures.

During the pendency of a dispute before arbitrators or prior thereto, a court may, irrespective of the arbitration agreement, issue such decisions in respect of security measures as the court has jurisdiction to issue.

Section 4 a

A court may not, over the objections of a party, try the issue of the arbitrators' jurisdiction in a certain arbitration in a way other than as provided for in Section 2, if the request is brought after the commencement of the arbitration.

The first paragraph shall not apply to a dispute between a consumer and a business entity, if the consumer maintains that an arbitration agreement is invoked against him or her contrary to Section 6.

Section 5

A party shall forfeit its right to invoke the arbitration agreement as a bar to court proceedings if the party:

1. has opposed a request for arbitration;

2. fails to appoint an arbitrator in due time; or

3. fails, within due time, to provide its share of the requested security for compensation to the arbitrators.

Section 6

If a dispute between a business entity and a consumer concerns goods, services, or any other products supplied principally for private use, an arbitration agreement may not be invoked where such was entered into prior to the dispute. However, such agreements shall apply with respect to rental or lease relationships where, through the agreement, a regional rent tribunal or a regional tenancies tribunal is appointed as an arbitral tribunal and the provisions of Chapter 8, Section 28 or Chapter 12, Section 66 of the Land Code do not prescribe otherwise.

The first paragraph shall not apply where the dispute concerns an agreement between an insurer and a policy-holder concerning insurance based on a collective agreement or group agreement and handled by representatives of the group. Nor shall the first paragraph apply where Sweden's international obligations provide to the contrary.

The Arbitrators

Section 7

Any person who possesses full legal capacity in regard to his or her actions and property may act as an arbitrator.

Section 8

An arbitrator shall be impartial and independent.

If a party so requests, an arbitrator shall be released from appointment if there exists any circumstance that may diminish confidence in the arbitrator's impartiality or independence. Such a circumstance shall always be deemed to exist:

1. if the arbitrator or a person closely associated with the arbitrator is a party, or otherwise may expect noteworthy benefit or detriment as a result of the outcome of the dispute;

2. if the arbitrator or a person closely associated with the arbitrator is the director of a company or any other association which is a party, or otherwise represents a party or any other person who may expect noteworthy benefit or detriment as a result of the outcome of the dispute;

3. if the arbitrator, in the capacity of expert or otherwise, has taken a position in the dispute, or has assisted a party in the preparation or conduct of its case in the dispute; or

4. if the arbitrator has received or demanded compensation in violation of Section 39, second paragraph.

Section 9

A person who is asked to accept an appointment as arbitrator shall immediately disclose all circumstances which, pursuant to Sections 7 or 8, might be considered to prevent the person from serving as arbitrator. An arbitrator shall inform the parties and the other arbitrators of such circumstances as soon as all arbitrators have been appointed and thereafter in the course of the arbitral proceedings as soon as the arbitrator has learned of any new circumstance.

Section 10

A challenge of an arbitrator on account of a circumstance set forth in Section 8 shall be presented within fifteen days from the date on which the party became aware both of the appointment of the arbitrator and of the existence of the circumstance. The challenge shall be adjudicated by the arbitrators, unless the parties have decided that it shall be determined by another party.

If the challenge is successful, the decision shall not be subject to appeal.

A party who is dissatisfied with a decision denying a challenge or dismissing a challenge as untimely may file an application with the District Court that the arbitrator be released from appointment. The application must be submitted within thirty days from the date on which the party was notified of the decision. The arbitrators may continue the arbitral proceedings pending the determination of the District Court.

Section 11

The parties may agree that a challenge as referred to in Section 10, first paragraph, shall be conclusively determined by an arbitration institution.

Section 12

The parties may determine the number of arbitrators and the manner in which they shall be appointed.

Sections 13 – 16 shall apply unless the parties have agreed otherwise.

If the parties have so agreed, and any of the parties so requests, the District Court shall appoint arbitrators also in situations other than those stated in Sections 14 – 17.

Section 13

There shall be three arbitrators. Each party appoints one arbitrator, and the arbitrators so appointed appoint the third.

Section 14

If each party is required to appoint an arbitrator and one party has notified the opposing party of its choice of arbitrator in a request for arbitration pursuant to Section 19, the opposing party must, within thirty days of receipt of the notice, notify the first party in writing of its choice of arbitrator. A party who has notified the opposing party of its choice of arbitrator in this manner may not revoke the choice without the consent of the opposing party.

If the opposing party fails to appoint an arbitrator within the specified time, the District Court shall appoint an arbitrator upon the request of the first party.

If arbitration has been requested against several parties and these parties are unable to jointly appoint an arbitrator, the District Court shall, upon the request of a respondent party within the time specified in the first paragraph, appoint arbitrators on behalf of all parties, and simultaneously also release any arbitrator already appointed.

Section 15

If an arbitrator shall be appointed by other arbitrators, but they fail to do so within thirty days from the date on which the last arbitrator was appointed, the District Court shall appoint the arbitrator upon the request of a party.

If an arbitrator shall be appointed by someone other than a party or arbitrators, but this is not done within thirty days of the date when the party desiring the appointment of an arbitrator requested that the person responsible for the appointment make such appointment, the District Court shall, upon the request of a party, appoint the arbitrator. The same shall apply if an arbitrator shall be appointed by the parties jointly, but they have failed to agree within thirty days from the date on which the question was raised through receipt by one party of notice from the opposing party.

Section 16

If an arbitrator resigns or is released due to circumstances which were known at the time of appointment, the District Court shall, upon the request of a party, appoint a new arbitrator. If the arbitrator was appointed by a party, the District Court shall appoint the person suggested by that party, unless there are special reasons speaking against it.

If an arbitrator cannot complete the assignment due to circumstances which arise after his or her appointment, the person who originally was required to make the appointment shall instead appoint a new arbitrator. Section 14, first and second paragraphs, and Section 15 shall apply to such an appointment. The time-limit of thirty days for the appointment of a new arbitrator applies also to the party who requested the arbitration, and is calculated in respect to all parties from the date on which the person who shall appoint the arbitrator became aware thereof.

Section 17

If an arbitrator has delayed the proceedings, the District Court shall, upon the request of a party, release the arbitrator and appoint another arbitrator. The parties may decide that such a request shall, instead, be conclusively determined by an arbitration institution.

Section 18

If a party has requested that the District Court appoint an arbitrator pursuant to Section 12, third paragraph, or Sections 14 – 17, the Court may reject the request only if it is manifestly obvious that the arbitration is not legally permissible.

The Proceedings

Section 19

Unless otherwise agreed by the parties, the arbitral proceedings are initiated when a party receives a request for arbitration in accordance with the second paragraph hereof.

A request for arbitration must be in writing and include:

1. an express and unconditional request for arbitration;

2. a statement of the issue which is covered by the arbitration agreement and which is to be resolved by the arbitrators; and

3. a statement of the party's choice of arbitrator if the party is required to appoint an arbitrator.

Section 20

If there is more than one arbitrator, one of them shall be appointed chairman. Unless the parties or the arbitrators have decided otherwise, the chairman shall be the arbitrator appointed by the other arbitrators or by the District Court.

Section 21

The arbitrators shall handle the dispute in an impartial, practical, and speedy manner. They shall act in accordance with the decisions of the parties, unless they are impeded from doing so.

Section 22

The parties determine which location in Sweden shall be the seat of arbitration. If the parties have not done so, the arbitrators shall determine the seat of arbitration.

The arbitrators may hold hearings and other meetings elsewhere in Sweden or abroad, unless otherwise agreed by the parties.

Section 23

Within the period of time determined by the arbitrators, the claimant shall state its claims in respect of the issue stated in the request for arbitration, as well as the circumstances invoked by the claimant in support thereof. Thereafter, within the period of time determined by the arbitrators, the respondent shall state its position in relation to the claims, and the circumstances invoked by the respondent in support thereof.

The claimant may submit new claims, and the respondent may submit its own claims, provided that the claims fall within the scope of the arbitration agreement and, taking into consideration the time at which they are submitted or other circumstances, the arbitrators do not consider it inappropriate to adjudicate such claims. Subject to the same conditions, during the proceedings, each party may amend or supplement previously presented claims and may invoke new circumstances in support of its case.

The first and second paragraphs hereof shall not apply if the parties have decided otherwise.

Section 23 a

An arbitration may be consolidated with another arbitration, if the parties agree to such consolidation, if it benefits the administration of the arbitration, and if the same arbitrators have been appointed in both cases. The arbitrations may be separated, if there are reasons for it.

Section 24

The arbitrators shall afford the parties, to the extent necessary, an opportunity to present their respective cases in writing or orally. If a party so requests, and provided that the parties have not otherwise agreed, an oral hearing shall be held prior to the determination of an issue referred to the arbitrators for resolution.

A party shall be given an opportunity to review all documents and all other materials pertaining to the dispute which are supplied to the arbitrators by the opposing party or another person.

If one of the parties, without valid cause, fails to appear at a hearing or otherwise fails to comply with an order of the arbitrators, such failure shall not prevent a continuation of the proceedings and a resolution of the dispute on the basis of the existing materials.

Section 25

The parties shall supply the evidence. However, the arbitrators may appoint experts, unless both parties are opposed thereto.

The arbitrators may refuse to admit evidence presented if it is manifestly irrelevant to the dispute or if such refusal is justified having regard to the time at which the evidence is invoked.

The arbitrators may not administer oaths or truth affirmations. Nor may they impose conditional fines or otherwise use compulsory measures in order to obtain requested evidence.

Unless the parties have agreed otherwise, the arbitrators may, at the request of a party, decide that, during the proceedings, the opposing party must undertake a certain interim measure to secure the claim which is to be adjudicated by the arbitrators. The arbitrators may prescribe that the party requesting the interim measure must provide reasonable security for the damage which may be incurred by the opposing party as a result of the interim measure.

Section 26

If a party wishes a witness or an expert to testify under oath, or a party to be examined under truth affirmation, the party may, after obtaining the consent of the arbitrators, submit an application to such effect to the District Court. The aforementioned shall apply if a party wishes that a party or other person be ordered to produce as evidence a document or an object. If the arbitrators consider that the measure is justified having regard to the evidence in the case, they shall approve the request. If the measure may lawfully be taken, the District Court shall grant the application.

The provisions of the Code of Judicial Procedure shall apply with respect to a measure as referred to in the first paragraph. The arbitrators shall be summoned to hear the testimony of a witness, an expert, or a party, and be afforded the opportunity to ask questions. The absence of an arbitrator from the giving of testimony shall not prevent the hearing from taking place.

The Award

Section 27

The issues referred to the arbitrators shall be decided in an award. If the arbitrators terminate the arbitral proceedings without deciding such issues, this shall also be done through an award, except for cases referred to in the third paragraph.

If the parties enter into a settlement agreement, the arbitrators may, at the request of the parties, confirm the settlement in an award.

Other determinations, which are not decided in an award, are designated as decisions. The dismissal of an arbitration is also designated as a decision. The provisions of this Act that concern arbitral awards also apply to such decisions, to the extent applicable.

The assignment of the arbitrators shall be deemed complete when they have delivered a final award, unless otherwise provided in Sections 32 or 35.

Section 27 a

The dispute shall be determined with application of the law or rules agreed to by the parties. Unless otherwise agreed by the parties, a reference to the application of a certain state's law shall be deemed to include that state's substantive law and not its rules of private international law.

If the parties have not come to an agreement in accordance with the first paragraph, the arbitrators shall determine the applicable law.

The arbitrators may base the award on ex aequo et bono considerations only if the parties have authorized them to do so.

Section 28

If a party withdraws a claim, the arbitrators shall dismiss that part of the dispute, unless the opposing party requests that the arbitrators rule on the claim.

Section 29

A part of the dispute, or a certain issue which is of significance to the resolution of the dispute, may be decided through a separate award, unless opposed by both parties. However, a claim invoked as a defence by way of set off shall be adjudicated in the same award as the main claim.

If a party has admitted a claim, in whole or in part, a separate award may be rendered in respect of that which has been admitted.

Section 30

If an arbitrator fails, without valid cause, to participate in the determination of an issue by the arbitral tribunal, such failure will not prevent the other arbitrators from ruling on the matter.

Unless the parties have decided otherwise, the opinion agreed upon by the majority of the arbitrators participating in the determination shall prevail. If no majority is attained for any opinion, the opinion of the chairman shall prevail.

Section 31

An award shall be made in writing and be signed by the arbitrators. It suffices that the award is signed by a majority of the arbitrators, provided that the reason why all of the arbitrators have not signed the award is noted therein. The parties may decide that the chairman of the arbitral tribunal alone shall sign the award.

The award shall state the seat of the arbitration and the date when the award is made.

The award shall be delivered or sent to the parties immediately.

Section 32

If the arbitrators find that an award contains any obvious inaccuracy as a consequence of a typographical, computational, or other similar mistake by the arbitrators or any another person, or if the arbitrators by oversight have failed to decide an issue which should have been dealt with in the award, they may, within thirty days of the date of the announcement of the award, decide to correct or supplement the award. They may also correct or supplement an award, or interpret the decision in an award, if any of the parties so requests within thirty days of receipt of the award by that party.

If, upon the request of any of the parties, the arbitrators decide to correct an award or interpret the decision in an award, such shall take place within thirty days from the date of receipt by the arbitrators of the party's request. If the arbitrators decide to supplement the award, such shall take place within sixty days.

Before any decision is made pursuant to this Section, the parties should be afforded an opportunity to express their views with respect to the measure.

Invalidity of Awards and Setting Aside Awards

Section 33

An award is invalid:

1. if it includes determination of an issue which, in accordance with Swedish law, may not be decided by arbitrators;

2. if the award, or the manner in which the award arose, is clearly incompatible with the basic principles of the Swedish legal system; or

3. if the award does not fulfil the requirements with regard to the written form and signature in accordance with Section 31, first paragraph.

The invalidity may apply to a certain part of the award.

Section 34

An award that may not be challenged under Section 36 shall, following an application, be wholly or partially set aside upon the request of a party:

1. if it is not covered by a valid arbitration agreement between the parties;

2. if the arbitrators have made the award after the expiration of the time limit set by the parties;

3. if the arbitrators have exceeded their mandate, in a manner that probably influenced the outcome;

4. if the arbitration, according to Section 47, should not have taken place in Sweden;

5. if an arbitrator was appointed in a manner that violates the parties' agreement or this Act;

6. if an arbitrator was unauthorized to adjudicate the dispute due to any circumstance set forth in Sections 7 or 8; or

7. if, without fault of the party, there otherwise occurred an irregularity in the course of the proceedings which probably influenced the outcome of the case.

A party shall not be entitled to rely upon a circumstance which, through participation in the proceedings without objection, or in any other manner, the party may be deemed to have waived. A party shall not be regarded as having accepted the arbitrators' jurisdiction to determine the issue referred to arbitration solely by having appointed an arbitrator. It follows from Sections 10 and 11 that a party may lose the right under sub-section 6, first paragraph, to rely upon a circumstance as set forth in Section 8.

An action must be brought within two months from the date upon which the party received the award or, if correction, supplementation, or interpretation has taken place pursuant to Section 32, within a period of two months from the date when the party received the award in its final wording. Following the expiration of the time limit, a party may not invoke a new ground of objection in support of its claim.

Section 35

A court may stay proceedings concerning the invalidity or setting aside of an award for a certain period of time in order to provide the arbitrators with an opportunity to resume the arbitral proceedings or to take some other measure which, in the opinion of the arbitrators, will eliminate the ground for the invalidity or setting aside:

1. provided the court holds that the claim in the case shall be accepted and either of the parties requests a stay; or

2. both parties request a stay.

If the arbitrators make a new award, a party may, within the period of time determined by the court and without issuing a writ of summons, challenge the award insofar as it was based upon the resumed arbitral proceedings or an amendment to the first award.

Section 36

An award whereby the arbitrators concluded the proceedings without ruling on the issues submitted to them for resolution may be amended, in whole or in part, upon the application of a party. An action must be brought within two months from the date upon which the party received the award or, if correction, supplementation, or interpretation has taken place in accordance with Section 32, within a period of two months from the date upon which the party received the award in its final wording. The award shall contain clear instructions as to what must be done by a party who wants to challenge the award.

An action in accordance with the first paragraph that only concerns an issue referred to in Section 42 is permissible if, in the award, the arbitrators have considered themselves to lack jurisdiction to adjudicate the dispute. If the award concerns another matter, a party who desires to challenge the award may do so in accordance with the provisions of Section 34.

Costs of Arbitration

Section 37

The parties shall be jointly and severally liable to pay reasonable compensation to the arbitrators for work and expenses. However, if the arbitrators have stated in the award that they lack jurisdiction to determine the dispute, the party that did not request arbitration shall be liable to make payment only insofar as required due to special circumstances.

In a final award, the arbitrators may order the parties to pay compensation to them, together with interest from the date occurring one month following the date of the announcement of the award. The compensation shall be stated separately for each arbitrator.

Section 38

The arbitrators may request security for the compensation. They may fix separate security for individual claims. If a party fails to provide its share of the requested security within the period specified by the arbitrators, the opposing party may provide the entire security. If the requested security is not provided, the arbitrators may terminate the proceedings, in whole or in part.

During the proceedings, the arbitrators may decide to realize security in order to cover expenses. Following the determination of the arbitrators' compensation in a final award and if the award in that respect has become enforceable, the arbitrators may realize their payment from the security, in the event the parties fail to fulfil their payment obligations in accordance with the award. The right to security also includes income from the property.

Section 39

The provisions of Sections 37 and 38 shall apply unless otherwise jointly decided by the parties in a manner that is binding upon the arbitrators.

An agreement regarding compensation to the arbitrators that is not entered into jointly by the parties is void. If one of the parties has provided the entire security, such party may, however, solely consent to the realisation of the security by the arbitrators in order to cover the compensation for work expended.

Section 40

The arbitrators may not withhold the award pending the payment of compensation.

Section 41

A party or an arbitrator may file an application with the District Court concerning amendment of the award as regards the payment of compensation to the arbitrators. Such application must be filed within two months from the date upon which the party received the award and, in the case of an arbitrator, within the same period from the announcement of the award. If correction, supplementation, or interpretation has taken place in accordance with Section 32, the application must be filed by a party within two months from the date upon which the party received the award in its final wording and, in the case of an arbitrator, within the same period from the date when the award was announced in its final wording. The award shall contain clear instructions as to what must be done by a party who wants to challenge the award in this respect. The procedure will be administered in accordance with the Court Matters Act(1996:242).

A decision pursuant to which the compensation to an arbitrator is reduced shall also apply to the party who did not bring the action.

Section 42

Unless otherwise agreed by the parties, the arbitrators may, upon the request of a party, order the opposing party to pay compensation for the party's costs and determine the manner in which the compensation to the arbitrators shall be finally allocated between the parties. The arbitrators' order may also include interest, if a party has so requested.

Forum and Limitation Periods etc.

Section 43

An action pursuant to Sections 2, second paragraph, or 33, 34, and 36 shall be considered by the Court of Appeal within the jurisdiction of which the arbitration had its seat. If the seat of arbitration is not determined, or not stated in the award, the action may be brought in the Svea Court of Appeal.

The determination of the Court of Appeal may not be appealed. However, the Court of Appeal may grant leave to appeal its determination if it is of importance as a matter of precedent that the appeal be considered by the Supreme Court. For the Supreme Court to review the Court of Appeal's determination, leave of appeal by the Supreme Court is required. This does not apply, however, to the appeal of a decision by which the Court of Appeal has dismissed an appeal of a determination made by the Court of Appeal.

An application pursuant to Section 41 shall be considered by the District Court at the seat of arbitration. If the seat of arbitration is not stated in the award, the action may be brought before the Stockholm District Court.

Section 44

Applications to appoint or release an arbitrator shall be considered by the District Court at the place where one of the parties is domiciled or by the District Court at the seat of arbitration. The application may also be considered by the Stockholm District Court. If possible, the opposing party shall be afforded the opportunity to express its opinion upon the application before it is granted. If the application concerns the removal of an arbitrator, the arbitrator should also be heard.

Applications concerning the taking of evidence in accordance with Section 26 shall be considered by the District Court determined by the arbitrators. In the absence of such decision, the application shall be considered by the Stockholm District Court.

If the District Court has granted an application to appoint or release an arbitrator, such decision may not be appealed. Neither may a determination of the District Court in accordance with Section 10, third paragraph, otherwise be appealed.

Section 45

If, according to law or by agreement, an action by a party must be brought within a certain period, but the action is covered by an arbitration agreement, the party must request arbitration in accordance with Section 19 within the stated period.

If arbitration has been requested in due time but the arbitral proceedings are terminated without a legal determination of the issue which was submitted to the arbitrators, and this is not due to the negligence of the party, the action shall be deemed to have been initiated in due time if a party requests arbitration or initiates court proceedings within thirty days of receipt of the award, or if the award has been set aside or declared invalid or an action against the award in accordance with Section 36 has been dismissed, from the time that this decision becomes final.

Section 45 a

In cases brought under Section 2, second paragraph, or 33, 34 or 36, the Court of Appeal may, upon the request of a party, accept oral evidence in English without interpretation into Swedish.

The first paragraph applies also to the procedure in the Supreme Court.

International Matters

Section 46

This Act shall apply to arbitral proceedings seated in Sweden even if the dispute has an international connection.

Section 47

Arbitral proceedings in accordance with this Act may be commenced in Sweden, if the arbitration agreement provides that the arbitration shall have its seat in Sweden, or if the arbitrators or an arbitration institution pursuant to the agreement have determined that the proceedings shall be seated in Sweden, or if the opposing party otherwise consents thereto.

Arbitral proceedings in accordance with this Act may also be commenced in Sweden against a party which is domiciled in Sweden or is otherwise subject to the jurisdiction of the Swedish courts with regard to the matter in dispute, unless the arbitration agreement provides that the proceedings shall be seated abroad.

In other cases, arbitral proceedings in accordance with this Act may not take place in Sweden.

Section 48

If an arbitration agreement has an international connection, the agreement shall be governed by the law agreed upon by the parties. If the parties have not reached such an agreement, the arbitration agreement shall be governed by the law of the country where, in accordance with the parties' agreement, the arbitration had or shall have its seat.

The first paragraph shall not apply to the issue of whether a party was authorized to enter into an arbitration agreement or was duly represented.

Section 49

If foreign law is applicable to the arbitration agreement, Section 4 shall apply to issues which are covered by the agreement, except when:

1. in accordance with the applicable law, the agreement is invalid, inoperative, or incapable of being performed; or

2. in accordance with Swedish law, the dispute may not be determined by arbitrators.

The jurisdiction of a court to issue such decisions regarding security measures as the court is entitled to issue in accordance with law, notwithstanding the arbitration agreement, is set forth in Section 4, third paragraph.

Section 50

The provisions of Sections 26 and 44 regarding the taking of evidence during the arbitral proceedings in Sweden shall also apply in arbitral proceedings seated abroad, if the proceedings are based upon an arbitration agreement and, pursuant to Swedish law, the issues referred to the arbitrators may be resolved through arbitration.

Section 51

If none of the parties is domiciled or has its place of business in Sweden, such parties may in a commercial relationship through an express written agreement exclude or limit the application of the grounds for setting aside an award as are set forth in Section 34.

An award which is subject to such an agreement shall be recognized and enforced in Sweden in accordance with the rules applicable to a foreign award.

Recognition and Enforcement of Foreign Awards, etc.

Section 52

An award rendered abroad shall be deemed to be a foreign award.

In conjunction with the application of this Act, an award shall be deemed to have been rendered in the country where the arbitration had its seat.

Section 53

Unless otherwise stated in Sections 54 – 60, a foreign award which is based on an arbitration agreement shall be recognized and enforced in Sweden.

Section 54

A foreign award shall not be recognized and enforced in Sweden if the party against whom the award is invoked proves:

1. that the parties to the arbitration agreement, pursuant to the law applicable to them, lacked capacity to enter into the agreement or were not properly represented, or that the arbitration agreement was not valid under the law to which the parties have subjected it or, failing any indication thereon, under the law of the country where the award was made;

2. that the party against whom the award is invoked was not given proper notice of the appointment of the arbitrator or of the arbitration proceedings, or was otherwise unable to present its case;

3. that the award deals with a dispute not contemplated by, or not falling within, the terms of the submission to arbitration, or contains decisions on matters which are beyond the scope of the arbitration agreement, provided that, if the decision on a matter which falls within the mandate can be separated from those which fall outside the mandate, that part of the award which contains decisions on matters falling within the mandate may be recognized and enforced;

4. that the composition of the arbitral tribunal, or the arbitral procedure, was not in accordance with the agreement of the parties or, failing such agreement, was not in accordance with the law of the country where the arbitration was seated; or

5. that the award has not yet become binding on the parties, or has been set aside or suspended by a competent authority of the country in which, or under the law of which, the award was made.

Section 55

Recognition and enforcement of a foreign award shall also be refused if a court finds:

1. that the award includes determination of an issue which, in accordance with Swedish law, may not be decided by arbitrators; or

2. that it would be clearly incompatible with the basic principles of the Swedish

legal system to recognize and enforce the award.

Section 56

An application for the enforcement of a foreign award shall be lodged with the Svea Court of Appeal.

The original award or a certified copy of the award must be appended to the application. Unless the Court of Appeal decides otherwise, a certified translation into the Swedish language of the entire award must also be submitted.

Section 57

An application for enforcement shall not be granted unless the opposing party has been afforded an opportunity to express its opinion upon the application.

Section 58

If the opposing party objects that an arbitration agreement was not entered into, the applicant must submit the arbitration agreement in an original or a certified copy and, unless otherwise decided by the Court of Appeal, must submit a certified translation into the Swedish language, or in some other manner prove that an arbitration agreement was entered into.

If the opposing party objects that a petition has been lodged to set aside the award or a motion for a stay of execution has been submitted to the competent authority as referred to in Section 54, sub-section 5, the Court of Appeal may postpone its decision and, upon the request of the applicant, order the opposing party to provide reasonable security in default of which enforcement might otherwise be ordered.

Section 59

If the Court of Appeal grants the application, the award shall be enforced as a final judgment of a Swedish court, unless otherwise determined by the Supreme Court following an appeal of the Court of Appeal's decision.

Section 60

If a security measure has been granted in accordance with Chapter 15 of the Code of Judicial Procedure, in conjunction with the application of Section 7 of the same Chapter, a request for arbitration abroad which might result in an award which is recognized and may be enforced in Sweden shall be equated with the commencement of an action.

If an application for the enforcement of a foreign award has been lodged, the Court of Appeal shall examine a request for a security measure or a request to set aside such decision.

附录二：

《斯德哥尔摩商会仲裁院仲裁规则》

斯德哥尔摩商会仲裁院

第一条 关于仲裁院

斯德哥尔摩商会仲裁院(以下简称仲裁院)是一家根据“仲裁院规则”,即《斯德哥尔摩商会仲裁院仲裁规则》(以下简称仲裁规则)和《斯德哥尔摩商会快速仲裁规则》(以下简称快速仲裁规则),以及当事人约定的其他程序或规则,负责为争议解决提供管理的机构。仲裁院由理事会和秘书处组成。

总 则

第二条 仲裁参与方的行为准则

(1)在整个仲裁程序中,仲裁院、仲裁庭和当事人均应以高效、快捷的方式行事。

(2)凡本规则没有明确规定的事项,仲裁院、仲裁庭及当事人均应当按照本规则的精神行事,并应当尽一切合理的努力确保裁决具有法律上的强制执行效力。

第三条 保密

除非当事人另有约定,仲裁院、仲裁庭和仲裁庭行政秘书均应保守仲裁和裁决秘密。

第四条 时限

理事会可应一方当事人的请求或自行决定延长仲裁院规定的当事人遵守特定指令的时限。

第五条 通知

(1)秘书处或理事会的任何通知或其他通信均应当送达收件人最后为人所知的地址。

(2)任何通知或其他通信均应当以特快专递或挂号信、电子邮件或任何其他能记录通信发送情况的方式送达。

(3)依据所使用的通信方式,根据第(2)款所发送的通知或通信应视为在其惯常所能收到的日期已被收件人收到。

(4)本条同样适用于所有由仲裁庭所发出的通信。

程序的开始

第六条　仲裁申请

仲裁申请书应包括:

(1)当事人及其法律顾问的名称、地址、电话号码和电子信箱;

(2)争议要点;

(3)申请人索赔要求的初步说明,包括所涉请求金钱价值的估算;

(4)据以解决争议的仲裁协议或仲裁条款的副本或说明;

(5)如果请求根据多个仲裁协议提出,应注明据以提出每个请求的仲裁协议;

(6)有关仲裁员人数和仲裁地的意见;以及

(7)如果适用,申请人指定的仲裁员的姓名、地址、电话号码以及电子信箱。

第七条　注册费

(1)提交仲裁申请的同时,申请人应当支付注册费。费用金额依据提交仲裁申请之日现行有效的费用表确定。

(2)如果申请人在提交仲裁申请时未缴纳应当支付的注册费,秘书处将限定申请人应当缴纳注册费的期限。如果注册费未能在限定期限内缴纳,秘书处应当撤销仲裁申请。

第八条　仲裁开始

仲裁应视为于仲裁院收到仲裁申请之日开始。

第九条　答复

(1)秘书处应当将仲裁申请书及其所附文件的副本发送被申请人,并规定被申请人应向仲裁院提交答复的时限。答复应当包括:

(i)对仲裁协议的存在、有效性或可适用性的异议;被申请人未就此提出异议并不排除其在提交答辩书之前的任何时间或在答辩书中提出此类异议。

(ii)对仲裁申请中的索赔要求接受或予以拒绝。

(iii)对反请求或抵销请求的初步说明,包括对其金钱价值的估算。

(iv)对仲裁员人数和仲裁地的意见。

(v)如果适用,被申请人指定的仲裁员的姓名、地址、电话号码和电子信箱。

(2)秘书处将答复发送申请人,并可根据案件的具体情况给予申请人就答复提交意见的机会。

(3)被申请人不予答复并不妨碍仲裁程序的进行。

第十条　详细说明

(1)理事会可要求一方当事人就其向仲裁院提交的书面文件提交详细说明。

(2)如果申请人未遵守该要求,理事会可决定撤销案件。

(3)如果被申请人未遵守该要求就其反请求或抵销请求提交详细说明,理事会可决定撤销反请求或抵销请求。

(4)被申请人未能遵守提交详细说明的要求并不妨碍仲裁程序的进行。

第十一条　理事会决定

根据本规则,理事会就以下事项作出决定:

(1)根据第十二条第(1)款仲裁院是否对争议显然缺乏管辖权;

(2)根据第十三条是否准许追加当事人;

(3)根据第十四条依据多份合同提起的请求是否继续在一个案件中仲裁;

(4)根据第十五条是否合并仲裁;

(5)根据第十六条决定仲裁员人数;

(6)根据第十七条指定仲裁员;

(7)根据第十九条决定对仲裁员提起的异议;

(8)根据第二十五条决定仲裁地;以及

(9)根据第五十一条确定预付费用。

第十二条　撤案

若出现以下情况,理事会应全部或部分地撤销案件:

(1)仲裁院对争议显然缺乏管辖权;或者

(2)第五十一条规定的预付费用未予支付。

第十三条 追加当事人

(1)仲裁案件的一方当事人可以申请理事会将一方或多方案外人追加为仲裁案件当事人。

(2)追加申请应尽早提出。除非理事会另有决定,在答复后提交的追加申请将不予考虑。第六条和第七条规定应根据实际情况适用于追加申请。

(3)针对案外人的仲裁应视为在仲裁院收到追加申请之日开始。

(4)秘书处应确定案外人针对追加申请提交答复的期限。第九条规定应根据实际情况适用于对追加申请的答复。

(5)只要根据第十二条第(1)款的规定,仲裁院并非对包括被申请追加的案外人在内的当事人之间的争议显然缺乏管辖权,理事会可决定追加一方或多方案外人为仲裁案件当事人。

(6)如果请求是依据多份仲裁协议提出的,理事会在决定是否追加当事人时应征询当事人意见,并参考第十四条第(3)款第(i)至(iv)项。

(7)无论如何,如果理事会决定追加当事人,则任何有关仲裁庭对被追加当事人的管辖权决定均应由仲裁庭作出。

(8)如果理事会决定追加当事人,而被追加的案外人对已指定的仲裁员持有异议,除非包括被追加案外人在内的所有当事人一致同意以不同的程序指定仲裁庭成员,理事会可以解除对仲裁员的指定,并重新指定仲裁庭全部成员。

第十四条 多份合同的仲裁

(1)当事人可以在一个仲裁案件中提出因多份合同引起或与多份合同有关的请求。

(2)如果一方当事人对是否能在一个仲裁案件中解决对其提出的所有请求提出异议,只要依据第十二条第(i)款仲裁院并非对该争议明显缺乏管辖权,这些请求可继续在一个仲裁案件中进行审理。

(3)在决定是否所有请求可继续在一个仲裁案件中进行审理时,理事会应征询当事人意见,并考虑以下因素:

(i)据以提出请求的仲裁协议是否相容;

(ii)索赔要求是否基于同一交易或一系列交易;

(iii)程序的高效和快捷;以及

(iv)其他相关情况。

(4)无论如何,如果理事会决定所有请求可以在一个仲裁案件中进行审理,则任何有关仲裁庭对这些请求的管辖权决定均由仲裁庭作出。

第十五条　合并仲裁

(1)经一方当事人申请,如果出现以下情况,理事会可以决定将一个新开始的仲裁案件与一个在审的仲裁案件合并:

(i)当事人同意合并;

(ii)所有仲裁请求依据同一个仲裁协议提出;或

(iii)仲裁请求依据多份仲裁协议提出,索赔要求产生于同一交易或同一系列交易,且理事会认为所涉仲裁协议相容。

(2)在决定是否合并时,理事会应征询当事人和仲裁庭的意见,并应考虑以下因素:

(i)在审仲裁案件进展的阶段;

(ii)程序的高效和快捷;以及

(iii)其他相关情况。

(3)如果决定合并仲裁,理事会可以解除对原仲裁员的指定。

仲裁庭的组成

第十六条　仲裁员人数

(1)当事人可以约定仲裁员人数。

(2)如果当事人未约定仲裁员人数,理事会应根据案件的复杂性、争议金额或其他相关情形决定仲裁庭应当由 1 名或 3 名仲裁员组成。

第十七条　仲裁员的指定

(1)当事人可以约定仲裁庭的指定程序。

(2)当事人没有约定仲裁庭的指定程序,或未能在约定期限内指定仲裁员,或未约定期限时,仲裁庭的指定则应当在理事会规定的时限内根据第(3)至(7)款进行。

(3)如果仲裁庭由 1 名独任仲裁员组成,当事人应当在 10 日内共同指定 1 名独任仲裁员。如果当事人未能在该时限内作出指定,理事会应当指定仲裁员。

(4)如果仲裁庭由1名以上仲裁员组成,每一方当事人应指定同等人数的仲裁员,并由理事会指定首席仲裁员。如果一方当事人未能在规定时限内指定仲裁员,理事会应当予以指定。

(5)如果申请人或被申请人为多方,且仲裁庭由1名以上的仲裁员组成,申请人各方、被申请人各方均应各自共同指定同等人数的仲裁员。如果一方未能共同指定,则整个仲裁庭可以由理事会予以指定。

(6)如果当事人双方具有不同国籍,除非双方当事人另有约定或者理事会认为合适,独任仲裁员或者仲裁庭首席仲裁员的国籍应当不同于双方当事人的国籍。

(7)在指定仲裁员时,理事会应当考虑争议的性质和情形、适用法律、仲裁地和仲裁语言以及当事人的国籍。

第十八条　独立、公正和时间保证

(1)仲裁员必须独立公正。

(2)在被指定前,潜在仲裁员应当披露可能对其独立公正性产生合理怀疑的任何情形。

(3)如果被指定,仲裁员应当向秘书处提交已经签署的独立公正以及时间保证和接受指定的声明书,披露可能对其独立公正性产生合理怀疑的任何情形。秘书处应将该声明书副本发送当事人及其他仲裁员。

(4)如果在仲裁程序中出现可能对其独立公正性产生合理怀疑的任何情形,仲裁员应当立即书面通知当事人和其他仲裁员。

第十九条　对仲裁员的异议

(1)如果存在对仲裁员独立公正性产生合理怀疑的情形或者该仲裁员并不具备双方当事人所约定的资格,当事人一方可对该仲裁员提出异议。

(2)当事人一方只能基于在仲裁员得以指定后所知道的理由对其所指定的仲裁员或者其所参与指定的仲裁员提出异议。

(3)当事人一方对仲裁员的异议应当在其得知产生异议的情形之日起15日内书面向秘书处提出,并说明异议的理由。未在规定时限内提出异议则构成当事人弃权,即放弃提出异议的权利。

(4)秘书处应当将有关异议通知当事人和仲裁员,并给予当事人和仲裁员提交意见的机会。

(5)如果另一方当事人对异议表示同意,该仲裁员应当辞职。在其他情况下,理事会应当就异议作出最终决定。

第二十条　解除指定

(1)如果出现下列情况,理事会应当解除对仲裁员的指定:

(i)理事会接受该仲裁员的辞职;

(ii)根据第十九条对该仲裁员的异议得到支持;或者

(iii)该仲裁员由于其他原因不能或没有履行仲裁员的职责。

(2)在理事会解除对仲裁员的指定前,秘书处可给予当事人及仲裁员提交意见的机会。

第二十一条　仲裁员的替换

(1)如果仲裁员根据第二十条规定被解除指定,或者仲裁员死亡,理事会应当指定新的仲裁员。如果被解除指定的仲裁员是由一方当事人所指定的,除非理事会认为其他方式更适当,该方当事人应当指定新的仲裁员。

(2)如果仲裁庭由 3 名或者多名仲裁员组成,理事会可以决定其他仲裁员应当继续进行仲裁程序。在理事会作决定前,应当给予当事人和仲裁员提交意见的机会。在作决定时,理事会应当考虑仲裁程序所进展的阶段以及其他相关情形。

(3)如果仲裁员被替换,新组成的仲裁庭应当决定是否以及在多大范围内重复先前程序。

由仲裁庭进行的程序

第二十二条　案件移交仲裁庭

如果仲裁庭已经指定,预付费用业已支付,秘书处应当将案件移交仲裁庭。

第二十三条　仲裁庭进行仲裁程序

(1)在遵守本规则规定以及当事人约定的前提下,仲裁庭可以其认为适当的方式进行仲裁程序。

(2)在任何情况下,仲裁庭均应当公正、高效而快捷地进行仲裁程序,给予各方当事人平等、合理的机会陈述案件。

第二十四条　仲裁庭行政秘书

(1)仲裁庭在仲裁程序中的任何时间均可向仲裁院提议指定1名特定人选作为行政秘书。该指定应经当事人确认同意。

(2)仲裁庭应就行政秘书的职责征询当事人意见,并不可授予行政秘书任何决策权。

(3)行政秘书必须独立公正。仲裁庭应确保行政秘书在仲裁程序的每个阶段均保持独立公正。

(4)在被指定前,潜在的行政秘书应签署时间保证和公正独立声明书,披露可能对其独立公正性产生合理怀疑的任何情形。

(5)当事人可以依据第十九条规定的程序申请撤换行政秘书。第十九条的规定应根据实际情况适用于当事人对行政秘书提出的异议。如果理事会撤换了行政秘书,仲裁庭可根据本条规定提议另行指定其他行政秘书。除非仲裁庭另有决定,申请撤换行政秘书不妨碍仲裁程序的继续进行。

(6)任何应向行政秘书支付的费用均应从仲裁员费用中予以支付。

第二十五条　仲裁地

(1)除非当事人已有约定,理事会应当决定仲裁地。

(2)仲裁庭经与当事人协商后,可以在其认为合适的任何地点进行开庭审理。仲裁庭可以在其认为合适的任何地点召开会议,对案件进行合议。即使庭审、会议或合议在仲裁地以外的地点进行,仲裁应当视为在仲裁地发生。

(3)裁决应当视为在仲裁地作出。

第二十六条　语言

(1)除非当事人已有约定,仲裁庭应当决定仲裁语言。在作决定时,仲裁庭应当充分考虑到所有相关情形,并给予当事人提交意见的机会。

(2)仲裁庭可以要求任何非以仲裁语言所提交的文件均应当附具仲裁所使用语言的翻译件。

第二十七条　适用法律

(1)仲裁庭应当根据当事人约定的法律或法律规则裁决案件。如果没有约定,仲裁庭应当适用其认为最合适的法律或法律规则。

(2) 当事人所约定的特定国家的法律均视为该国的实体法,而并非其冲突法规则。

(3) 只有经当事人明示授权,仲裁庭才能以公允善良的原则或以友好调和人的身份裁决争议。

第二十八条 案件管理会议和时间表

(1) 案件移交仲裁庭后,仲裁庭应及时与当事人召开案件管理会议,以组织、安排和确定仲裁案件进行的程序。

(2) 案件管理会议可以见面会的形式进行,也可以其他方式进行。

(3) 根据案件情况,仲裁庭和当事人应尽力寻求采用有利于提高仲裁高效和快捷的程序安排。

(4) 在案件管理会议期间或结束后,仲裁庭应立即确定包括裁决作出日期在内的仲裁案件进行的时间表。

(5) 在征询当事人意见后,仲裁庭可以再次召开案件管理会议,如认为适当,可签发修订后的时间表。仲裁庭应向当事人及秘书处发送案件时间表及其后续修订副本。

第二十九条 书面文件

(1) 申请人应当在仲裁庭规定的时限内提交索赔书。除非先前业已提供,索赔书应当包括:

(i) 具体的索赔要求;

(ii) 申请人所依据的事实和法律;以及

(iii) 申请人所依据的证据。

(2) 被申请人应当在仲裁庭规定的时限内提交答辩书。除非先前业已提供,答辩书应当包括:

(i) 对仲裁协议的存在、效力或可适用性的异议;

(ii) 被申请人接受或反对以及在何种范围内接受或反对申请人索赔要求的说明;

(iii) 被申请人所依据的事实与法律;

(iv) 反请求或者抵销请求及其所依据的事由;以及

(v) 被申请人所依据的证据。

(3)仲裁庭可以指令当事人进一步提交额外的书面文件。

第三十条 修改

在仲裁程序根据第四十条规定终结之前的任何时候,当事人一方均可以对其请求、反请求、答辩或者抵销请求进行修改或者予以补充,只要已经修改或补充之后的案件仍受仲裁协议所约束,除非仲裁庭在考虑修改或补充过于迟延、对他方当事人造成的损害或者其他相关情形后认为准许这种修改或者补充并不适当。

第三十一条 证据

(1)仲裁庭有权决定证据的可采性、关联性、实质性和证明力。

(2)仲裁庭可以要求当事人确定其意欲依赖的书证,具体说明该证据意欲证明的事项。

(3)仲裁庭可以应一方当事人的要求,或在特殊情况下自行决定,指令当事人一方提供可能与案件有关并影响其结果的任何文件或其他证据。

第三十二条 庭审

(1)如果一方当事人提出申请,或者仲裁庭认为适当,案件应当开庭审理。

(2)仲裁庭经商当事人后应决定庭审的日期、时间和地点,并合理地通知当事人。

(3)除非当事人另有约定,庭审不公开进行。

第三十三条 证人

(1)庭审前,仲裁庭可以指令当事人确定其意欲传唤的证人或专家,并具体说明证言所意欲证明的事项。

(2)证人或者当事人指定专家的证言可以已经签署的声明书的形式提交。

(3)除非当事人另有约定,基于当事人寻求对其证言的依赖,证人或专家应当参加庭审,接受盘问。

第三十四条 仲裁庭指定的专家

(1)经商当事人,仲裁庭可以指定一个或多个专家,就仲裁庭确定的特定问题向仲裁庭出具书面报告。

(2)在收到仲裁庭指定专家出具的报告后,仲裁庭应将报告副本发送当事人,并给予当事人就报告提交书面意见的机会。

(3)应一方当事人的请求,仲裁庭应当给予当事人机会,在庭审时对仲裁庭指定的专家进行盘问。

第三十五条　缺席

(1)如果申请人无正当理由而未能根据第二十九条的规定提交索赔书,只要被申请人没有提出反请求,仲裁庭应当裁定终止程序。

(2)如果一方当事人无正当理由而未能根据第二十九条的规定提交答辩书或其他书面陈述,或者没有出席庭审,或者自己没有利用机会陈述案件,仲裁庭可以继续进行仲裁程序,作出裁决。

(3)如果一方当事人无正当理由而未能遵守本规则的任何规定或本规则下的任何要求,或者仲裁庭所作出的任何程序指令,仲裁庭可以就此作出其认为适当的推论。

第三十六条　弃权

如果一方当事人在仲裁程序进行期间未能毫不迟延地就任何不符合仲裁协议、本规则或仲裁程序应予适用的其他规则等提出异议,则应当视为其业已放弃就此等不符提出异议的权利。

第三十七条　临时措施

(1)仲裁庭应一方当事人的请求,可以准予其认为适当的临时措施。

(2)仲裁庭可以指令由申请临时措施的当事人为该措施提供适当的担保。

(3)临时措施应当以指令或者裁决的形式做出。

(4)仲裁开始前或案件移交仲裁庭前请求采取临时措施的相关规定。

(5)一方当事人向司法机关申请临时措施并不与仲裁协议或者本规则相抵触。

第三十八条　仲裁费担保

(1)在特殊情况下,并经一方当事人申请,仲裁庭可以指令申请人或反请求申请人以仲裁庭认为适当的方式为仲裁费提供担保。

(2)在决定是否指令为仲裁费提供担保时,仲裁庭应考虑以下因素:

(i)请求、反请求及答辩成功的预判;

(ii)申请人或反请求申请人履行对其不利的费用承担裁决的能力及可供执行上述裁决的财产的可获得性;

(iii)根据案件的所有情况,指令一方当事人提供担保是否适当;以及

(iv)其他相关情形。

(3)如果一方当事人未履行提供担保的指令,仲裁庭可以中止审理或驳回其部分或全部仲裁请求。

(4)中止审理或驳回一方当事人请求的决定应以指令或裁决的形式作出。

第三十九条　简易程序

(1)一方当事人可以申请仲裁庭以简易程序的方式就一个或多个事实或法律问题作出决定,而不必执行仲裁案件所采取的每一项程序步骤。

(2)简易程序申请可涉及管辖权、可采性或实体问题,例如,可包括下述主张:

(i)有关对案件结果有重要影响的事实或法律辩解明显不能得到支持;

(ii)即使假定另一方当事人所主张的事实是真实的,根据所适用的法律,也不能作出对其有利的裁决;或者

(iii)对案件结果有重大影响的事实或法律问题由于其他原因而适合通过简易程序解决。

(3)申请应具体说明所依据的事由和所建议的简易程序的形式,并证明根据案件的所有情况,这种程序是高效且适当的。

(4)在给予另一方当事人提交意见的机会后,仲裁庭应作出指令,驳回申请或以其认为适当的形式确定简易程序。

(5)在决定是否准予简易程序申请时,仲裁庭应考虑所有相关情况,包括在何种范围内简易程序更有利于高效和快捷地解决争议。

(6)如果准予简易程序申请,仲裁庭应考虑案件相关因素,并根据第二十三条第(2)款规定给予各方当事人平等、合理的机会陈述案件,以高效和快捷的方式就所涉问题发出指令或作出裁决。

第四十条　程序终结

如果仲裁庭认为,当事人业已获得合理的机会陈述案件,仲裁庭应当宣布仲裁程序终结。在特殊情况下,仲裁庭在作出最终裁决前,可以自行决定或者应一方当事人的申请,重启仲裁程序。

裁决和决定

第四十一条　裁决和决定

(1)当仲裁庭由1名以上仲裁员组成时,裁决或者决定应当根据多数仲裁员的意见作出,或者在不能形成多数意见时,根据首席仲裁员的意见作出。

(2)仲裁庭可以决定由首席仲裁员单独作出程序指令。

第四十二条　裁决的作出

(1)仲裁庭的裁决应当以书面形式作出。除非当事人另有约定,仲裁庭应当说明裁决的理由。

(2)裁决应当载名裁决日期以及根据第二十五条所确定的仲裁地。

(3)裁决应当由仲裁员予以签署。即使1名仲裁员未予签署,由多数仲裁员签署,或不能形成多数时由首席仲裁员签署的裁决仍为有效,只要在裁决中说明未予签署的原因。

(4)仲裁庭应当毫不迟延地将裁决文本送达各方当事人和仲裁院。

(5)如果仲裁员无正当理由未参加仲裁庭就某一事项的合议,该行为并不妨碍其他仲裁员作出决定。

第四十三条　最终裁决时限

最终裁决应当在不迟于案件根据第二十二条规定移交仲裁庭之日起6个月内作出。理事会基于仲裁庭合理的请求或者认为另有必要,可以延长该时限。

第四十四条　部分裁决

仲裁庭可以就一独立事项或者争议事项的一部分作出部分裁决。

第四十五条　和解或其他终止仲裁的事由

(1)如果当事人在最终裁决作出前达成和解,应双方当事人的请求,仲裁庭可以基于和解协议作出和解裁决。

(2)如果仲裁程序在最终裁决作出前由于其他原因而终止,仲裁庭应当基于程序终止作出裁决。

第四十六条　裁决的效力

裁决是终局的,一经作出即对当事人具有约束力。同意根据本规则进行仲裁,当事人即承诺毫不迟延地履行裁决。

第四十七条　裁决的更正与解释

(1)收到裁决后30日内,一方当事人经通知另一方当事人,可以请求仲裁庭就裁决中的书写、打印或计算错误进行更正,或者就裁决的具体事项或特定部分提供解释。在给予另一方当事人就请求进行评论的机会后,如果仲裁庭认为请求正当,应当在收到该请求后30日内作出更正或提供解释。

(2)仲裁庭可以在裁决作出之日起30日内自行对上述第(1)款所列各类错误予以更正。

(3)对裁决的更正或者解释应为书面的,并应当符合第四十二条的要求。

第四十八条　附加裁决

收到裁决后30日内,一方当事人经通知另一方当事人,可以请求仲裁庭就仲裁案件中业已提出但裁决中未予决定的请求作出附加裁决。在给予另一方当事人就请求进行评论的机会后,如果仲裁庭认为请求正当,应当在收到该请求后60日内作出附加裁决。如认为必要,理事会可以延长该60日的时限。

仲　裁　费

第四十九条　仲裁费

(1)仲裁费包括:

(i)仲裁庭费用;

(ii)管理费;以及

(iii)仲裁庭和仲裁院的实际开支。

(2)在作出最终裁决前,仲裁庭应要求理事会最终确定仲裁费。理事会应当根据第八条所规定的仲裁程序开始之日现行有效的费用表最终确定仲裁费。

(3)最终确定仲裁费时,理事会应考虑仲裁庭高效快捷处理案件的程度、争议的复杂性及其他有关情况。

(4)如果仲裁程序根据第四十五条在最终裁决作出前终止,理事会应当根据仲裁程序进展的阶段、仲裁庭的工作量以及其他相关情形最后确定仲裁费。

(5)仲裁庭应当在最终裁决中载明理事会最后确定的仲裁费,并具体列明仲裁院和仲裁庭每位成员的仲裁费和实际开支。

(6)除非当事人另有约定,应一方当事人的请求,仲裁庭应当根据案件结果、各方当事人对仲裁程序的高效快捷进行所作出的贡献和其他相关情形确定当事人所应承担的仲裁费比例。

(7)当事人就仲裁费向仲裁院和仲裁员承担连带责任。

第五十条　当事人费用

除非当事人另有约定,应一方当事人的请求,仲裁庭可以根据案件结果、各方当事人对仲裁程序的高效快捷进行所作出的贡献及其他相关情形在最终裁决中裁定由一方当事人承担对方当事人所花费的包括律师代理费在内的合理费用。

第五十一条　预付费用

(1)理事会应当确定当事人所应支付的预付费用数额。

(2)预付费用应当相当于根据第四十九条第(1)款所估算的仲裁费。

(3)除非确定了各自的预付费,预付费用由当事人双方各半承担。如果提交了反请求和抵销请求,理事会可以确定每一方当事人应当支付与其请求相对应的预付费。如果根据第十三条追加了仲裁案件当事人,理事会可以在考虑案件的情况后,根据其认为适当的比例决定各方当事人分担的预付费。

(4)应仲裁庭的要求或如认为另有必要,理事会在仲裁程序中可以指令当事人支付额外的预付费用。

(5)如果一方当事人未能支付所要求的费用,秘书处应当给予另一方当事人机会以在特定时限内支付该项费用。如果所要求的费用未予支付,理事会应当全部或部分撤销案件。如果另一方当事人支付了所要求的费用,仲裁庭可以应该方当事人的请求作出部分裁决,要求对方补偿该费用。

(6)理事会可以在仲裁程序的任何阶段或在裁决作出后支取预付费用以偿付仲裁费。

(7)理事会可以决定部分预付费用以银行保函或其他形式的担保提供。

附　则

第五十二条　责任免除

无论是仲裁院、仲裁员、仲裁庭行政秘书,还是仲裁庭指定的专家,均不就与仲裁相关的行为或疏忽向当事人承担责任,除非该行为或疏忽构成故意不当或重大过失。

CHAPTER 04 >>

第四章

保加利亚仲裁制度研究

保加利亚共和国[1]（以下简称保加利亚）与我国长期保持友好合作关系，同我国在多领域开展了深层次合作，越来越多的中国企业和商人到保加利亚投资和经商，中保两国企业和商人间的民商事往来因此日益频繁。不可避免的是，大量涉及中保两方的商事纠纷随之而来。为了确保中保两国间经贸投资的健康有序发展，有必要对经贸投资合作过程中的争端解决机制进行深入研究。

一、保加利亚仲裁制度的研究背景

之所以要对保加利亚的仲裁制度进行深入研究，是由保加利亚自身的国际贸易投资地位及其与中国的多领域深层次合作所决定的。

（一）保加利亚的国际贸易投资地位

保加利亚位于欧洲东南部巴尔干半岛东，北部与罗马尼亚隔多瑙河相望，西部与塞尔维亚、北马其顿相邻，南部与希腊、土耳其接壤，东部邻接黑海。国土面积 11.1 万平方公里，总人口 700 多万人，保加利亚语为官方语言，土耳其语为主要少数民族语言，首都设在索菲亚。该国处在欧洲和中东之间的重要战略

〔1〕 参见《保加利亚国家概况》，载中华人民共和国外交部官网，https://www.fmprc.gov.cn/web/gjhdq_676201/gj_676203/oz_678770/1206_678916/1206x0_678918/，最后访问日期：2020 年 5 月 26 日。

位置,为欧盟国家、俄罗斯、近东和北非提供了便捷沟通渠道。保加利亚是交通枢纽:从西欧和中欧到近东和中东的国际公路,从波罗的海到爱琴海和亚得里亚海的道路穿由保加利亚形成泛欧洲运输走廊的主要部分;通过柏林—布拉格—布达佩斯—索菲亚—塞萨罗尼基和伊斯坦布尔走廊,保加利亚成为跨欧洲网络的一部分;黑海为通过布尔加斯和瓦尔纳主要海湾的运输和装卸业务提供了极大的发展可能性;通过多瑙河,保加利亚得以连接莱茵河—美因河—多瑙河运河和西欧的内陆水路网。

保加利亚是工业和农业国家,具有对国际交流开放的市场经济、中等发展的私营部门和少数战略国有公司。保加利亚拥有适应市场的劳动力资源,且劳动力成本水平是欧洲最有竞争力的国家之一。在一系列被认定为“新兴”的国家中,保加利亚位列“世界最理想的制造设施选址目的地”第三名。保加利亚的官方货币是保加利亚列弗,交易支付也可使用欧元和美元,实施联系汇率制,列弗与欧元挂钩,这保证了保加利亚宏观经济的稳定性。根据保加利亚国家银行提供的数据,外国对保加利亚的直接投资占保加利亚 GDP 的 2.2%,一半的投资集中在首都索菲亚,主要的外国投资者为欧洲国家(奥地利、荷兰、英国、卢森堡、德国),主要投资领域有 4 个:金融、商业、工业、建筑和房地产。

1989 年前,保加利亚 90% 国民收入依靠进出口贸易,外贸伙伴主要是原经济互助委员会[1]国家。1989 年后,逐步向市场经济过渡,发展包括私有制在内的多种所有制经济,优先发展农业、轻工业、旅游和服务业;2004 年年底,大部分国有资产完成私有化;2001~2008 年,经济年增长率保持在 5% 以上;2009 年,经济受国际金融危机和欧洲主权债务危机冲击有所衰退;2010 年起经济逐步企稳回升;2018 年国内生产总值 631 亿美元,同比增长 3.1%;2019 年国内生产总值 681.6 亿美元,同比增长 3.4%。

2019 年保加利亚的对外贸易总额达 631.6 亿欧元,同比增长 3.9%。其中,出口 298.6 亿欧元、同比增长 4.2%,主要出口机械及运输装备、工业制成品、食品、

---

〔1〕 经济互助委员会(俄语:Совéт экономи́ческой взаимопóмощи,简称:СЭВ;英语:The Council for Mutual Economic Assistance,简称:Comecon),简称为经互会,是由苏联组织建立的一个由社会主义国家组成的政治经济合作组织。经互会是一个相当于欧洲经济共同体的社会主义阵营的经济共同体,总部设在莫斯科,是继承莫洛托夫计划后的经济合作计划。参见靳文翰等主编:《世界历史词典》,上海辞书出版社 1985 年版,第 459 页。1991 年 6 月 28 日,该组织在布达佩斯正式宣布解散。

化工产品,主要出口目的地国有德国、意大利、罗马尼亚、土耳其、希腊、法国;进口333.0亿欧元、同比增长3.6%,主要进口机电产品、金属矿石、化工材料、燃料、食品,主要进口来源国有德国、俄罗斯、意大利、罗马尼亚、土耳其、西班牙。

在外国资本方面,保加利亚于1991年5月17日颁布实施《外国投资法》,并于1992年修订后重新公布。该法允许外商在保加利亚合资或独资经营,但军事等特定部门和领域除外。外企利润率为40%,如外资股超过49%和价值10万美元以上者,可按30%的优惠率计征。外国投资者可以将投资所得的外汇利润、利息、红利和其他外汇收入汇出保境。1996年4月,保加利亚宣布了一些吸引外资的新举措:对私有股份超过66%的外资和合资企业,在税收方面给予为期5年的优惠,利润税前3年免征,后2年减免50%,条件是这些企业必须将利润的50%进行再投资;向外资开放部分能源、原材料等重点企业和30%的电信业。2018年,外国对保加利亚直接投资17.4亿欧元,同比减少24.6%。

(二)中国与保加利亚的多领域深层次合作

保加利亚是连接欧亚大陆的桥梁,同时也是进入欧洲大市场的门户。当前,保加利亚经济保持低速增长,投资环境不断优化,国际评级机构对其评级稳步提高,良好评价使保加利亚成为众多外资瞩目的投资目的地国。保加利亚与我国长期保持友好合作关系。近年来,在"一带一路"倡议、中国与中东欧国家"16+1"合作平台以及双边地方经贸合作平台的共同推动下,在中保两国领导人的关心和双方的共同努力下,中保经贸关系稳步发展,双边贸易加速增长,投资热度不断升温,合作层面日趋多元。[1]

中国与保加利亚于1949年10月4日建交,两国外交部之间建有磋商机制。2014年1月,两国建立全面友好合作伙伴关系。2019年7月3日,国家主席习近平在人民大会堂同保加利亚总统鲁门·拉德夫举行会谈,两国元首一致决定,将中保关系提升为战略伙伴关系。[2]

我国在经贸、农业、科技、文化、教育等领域与保加利亚开展了深层次的交流与合作。1952年中保两国政府签订了两国首个贸易协定,1985年成立了两国政府

---

〔1〕 参见中华人民共和国驻保加利亚大使馆官网,载 http://www.chinaembassy.bg/chn/zbgxs/sgbx/t6761.htm,最后访问日期:2020年5月30日。

〔2〕 参见《习近平同保加利亚总统拉德夫举行会谈》,载新京报网,http://www.bjnews.com.cn/news/2019/07/03/598782.html。

间经济、贸易及科技合作委员会。1955 年,两国签署了第一个政府间科技合作协议,后又成立了政府科技合作委员会。两国科技合作涉及农业、生态、畜牧、环保、机械制造、新材料、能源等领域。1952 年,中保两国政府在索菲亚签订了第一个文化合作协定,1987 年,两国领导人在北京签署了新的中保科学和文化合作协定,并在此基础上定期商签文化合作执行计划。2004 年,中保两国签署农业合作协议,保加利亚是中国—中东欧国家农业合作牵头国,2019 年,两国农业贸易额 8280.2 万美元、同比增长54.2% 。2009 年,双方签署了《中华人民共和国商务部和保加利亚共和国经济能源旅游部关于经济合作的谅解备忘录》。2018 年 7 月,双方签署了《中华人民共和国商务部和保加利亚共和国经济部关于中小企业合作谅解备忘录》。2020 年 1 月,中保政府间经济联委会第 17 次会议在北京举行。

近年,两国经贸合作稳步提升。据中方统计,2019 年中保双边贸易额 27.2 亿美元、同比增长 5.1% ,其中,中方出口 15.6 亿美元、同比增长 7.9% ,主要出口电脑、空调、通信设备等;进口 11.6 亿美元、同比增长 1.5% ,主要进口有色金属、金属矿砂等。截至 2019 年年底,中方在保加利亚完成工程承包营业额 10.8 亿美元,对保直接投资 1.7 亿美元,保加利亚在华直接投资 7980 万美元。中国企业在保加利亚投资主要集中在以下五大领域:一是汽车制造,如销售情况良好的长城汽车项目;二是工程承包,如浙大网新烟气脱硫项目等;三是农业合作,如天津农垦在保农业项目等;四是通信领域,如华为、中兴在保加利亚项目;五是可再生能源项目,如伊赫迪曼光伏项目等。

二、保加利亚仲裁法律制度综述

在商事仲裁方面,保加利亚的相关法律制度比较完善,尤其是其国际商事仲裁制度比较成熟,于 1988 年制定了专门的保加利亚《国际商事仲裁法》,该法先后历经 6 次修订,当前有效的是 2017 年版本。[1] 本部分将对 2017 年保加利亚《国际商事仲裁法》所构架的仲裁制度进行综合阐释。2017 年保加利亚《国际商事仲裁法》共 8 章,内容分别是“总则”(General Provisions)、“仲裁协议”(Arbitration Agreement)、“仲裁庭的组成”(Arbitral Tribunal Composition)、“仲裁庭的管辖权”

---

〔1〕 该法由1988 年8 月5 日保加利亚第60 号国家公报公布,1993 年11 月2 日保加利亚第93 号国家公报修订,1998 年 5 月 26 日保加利亚第 59 号国家公报修订,2001 年 4 月 17 日保加利亚第 38 号国家公报修订,2002 年 4 月 29 日保加利亚第 46 号国家公报修订,2007 年 7 月 2 日保加利亚第 59 号国家公报修订,2017 年 1 月 24 日第 8 号国家公报修订。

(Jurisdiction of the Arbitral Tribunal)、"仲裁程序"(Arbitration Proceedings)、"裁决的作出和程序的终止"(Rendering an Award and Conclusion of Proceedings)、"裁决的撤销、承认和执行"(Setting Aside, Recognition and Enforcement of the Award)、"行政处罚责任"(Liability to Administrative Sanctions)。

(一)适用范围

2017年保加利亚《国际商事仲裁法》第一章总则对该法的适用范围进行了系统规定。

该法第1条规定,该法适用于仲裁地点在保加利亚境内的国际商事仲裁。该等国际商事仲裁受理的争议是,当事人的地点或居所在不同国家,或者至少一方当事人是外商在保加利亚投资的企业或合伙组织的,有关对外经济关系的契约性或非契约性争议。根据该法第3条的规定,国家或国家机关可以作为国际商事仲裁的一方当事人。根据第5条的规定,对于一方当事人违反该法任何条款或者仲裁协议任何规定的情形,如果另一方当事人知道但仍选择继续仲裁而不提反对意见,那么该方当事人不得再援引上述违反情形提出任何主张。

(二)仲裁协议

2017年保加利亚《国际商事仲裁法》第二章对仲裁协议进行了规定。

该法第7条规定:(1)仲裁协议是当事人之间将可能发生或已经发生的有关确定的契约性或非契约性法律关系的所有争议或某些争议提交仲裁的协议。它可以是合同中的一个仲裁条款,或者是一个单独的仲裁协议。(2)仲裁协议应当是书面的。当事人签署的文件或者通过信件、电传、电报或其他通信方式所载的协议即为书面。(3)如果被申请人以书面形式或者书面陈述接受仲裁庭对争议进行审理,或者被申请人以书面答复、提交证据、提出反诉或者出席庭审等方式参加仲裁程序而不对仲裁庭的管辖权提出异议的,视为存在有效的仲裁协议。关于仲裁协议的效力,该法第8条第1款:"当事人达成仲裁协议,一方向法院起诉未声明有仲裁协议,法院受理后,如果另一方在首次开庭时援引该仲裁协议,则法院应当终止诉讼程序。如果法院认为仲裁协议是无效、失效或者不能实行的,诉讼程序不应终止。"

(三)仲裁庭的组成

2017年保加利亚《国际商事仲裁法》第三章对仲裁庭的组成进行了规定。

关于仲裁员的人数与来源,该法第11条规定:"仲裁庭可由一名或数名仲裁员组成。仲裁员人数由当事人确定;当事人没有确定仲裁员人数的,应有三名仲裁员。非保加利亚公民也可以作为仲裁员。仲裁员应当是具有完全民事行为能力的适龄公民,该公民没有因一般性故意犯罪(intentional crime of general character)被定罪,受过高等教育,拥有8年以上的专业经验,并具有较高的道德素质。”关于组成仲裁庭的程序,该法第12条第1款规定,由双方当事人自行约定。没有约定的,根据该法第12条第2款的规定,按照以下程序组成仲裁庭:(1)如果仲裁庭由3名仲裁员组成,各方当事人应指定1名仲裁员,2名仲裁员应指定第三名仲裁员;(2)如果一方当事人在收到另一方当事人请求后30日内未指定其仲裁员或者如果2位仲裁员在其被指定后30日内未能就第三名仲裁员达成协议,则保加利亚商工会主席(the President of the Bulgarian Chamber of Commerce and Industry)应根据一方当事人的请求指定该仲裁员;(3)如果仲裁庭由1名独任仲裁员组成而当事人不能就该仲裁员达成协议,根据一方当事人的请求其应由保加利亚商工会主席指定。保加利亚商工会主席在指定仲裁员时,应合理注意仲裁协议对仲裁员资格提出的要求以及所有可能确保指定独立和公正仲裁员的情况;保加利亚商工会主席指定仲裁员的决定是终局的。

该法第13条至第18条对仲裁员的回避问题作了详细规定。根据该法第13条的规定,仲裁员的指定人员以及被指定的仲裁员本人应当披露可能会对仲裁员的公正性或独立性产生合理疑问的所有情况。对于仲裁员的回避事由,该法第14条规定,仲裁员仅在存在对其公正性或独立性产生合理疑问的情况或者不具备当事人约定的必要资格时,方可被要求回避;各方当事人对于其指定或参加指定的仲裁员,仅可基于指定后得知的原因而对其提出回避。关于回避的程序,该法第15条第1款规定,由双方当事人自行约定;没有约定的,该法第15条第2款规定,回避仅可在当事人得知仲裁庭组成后或者得知构成回避理由的情况后不迟于15日内提出。关于请求回避的形式,该法第15条第3款规定,回避应以书面请求提出,并说明回避理由。对于回避请求的处理,该法第15条第4款规定,除非仲裁员自行回避或者另外一方当事人同意回避,仲裁庭应就回避作出决定。回避请求被驳回的,根据该法第16条的规定,提出回避的一方当事人可以在被告知驳回回避后的30日内,请求索菲亚市法院(the Sofia City Court)就回避问题作出决定,此时仲裁庭应中止仲裁程序;索菲亚市法院对回避问题所作出的决定是终局的,不得以任何监督方式进行复审。仲裁员回避的,其委任终止,并应按照指定该仲裁员的规则重新指定另外一名新的仲裁员。[1]

(四)仲裁庭的管辖权

2017年保加利亚《国际商事仲裁法》第四章就仲裁庭的管辖权异议进行了规定。

当事人可以仲裁协议不存在或者无效为由对仲裁庭的管辖权提出异议,该法第19条第1款规定,针对该项异议的决定,由仲裁庭作出。关于仲裁协议的无效,该法奉行"仲裁条款独立原则",其第19条第2款规定,合同中的仲裁条款独立于合同的其他条款,合同的无效并不能使其中的仲裁条款也归于无效。关于管辖权异议的提出,该法第20条规定:"(1)仲裁庭无管辖权的抗辩最迟应于对仲裁申请书进行答辩时提出;抗辩也可由已指定或参加指定仲裁员的一方当事人提出。(2)如果提交仲裁事项超出仲裁庭的管辖范围,无管辖权的抗辩应立即提出。(3)如果有正当理由,仲裁庭可以允许延迟提出无管辖权的抗辩。"

此外,仲裁庭还有权命令采取强制措施。该法第21条规定,除非当事人另有协议,仲裁庭可以根据一方当事人的请求,命令另外一方当事人采取适当的临时措施保全临时措施申请人的权利。在命令采取这些措施时,仲裁庭可以裁决临时措施申请人提供相应担保。

(五)仲裁程序的进行

2017年保加利亚《国际商事仲裁法》第五章就仲裁程序的开展进行了规定。

在仲裁程序中,当事人应被平等对待,仲裁庭应给予各方当事人充分的机会辩护其权利。[2] 当事人可以协议确定仲裁庭审理争议所遵循的程序;没有协议的,仲裁庭可以其认为适当的方式进行仲裁。[3] 当事人得自由协议审理争议的地点;没有协议的,仲裁庭在考虑案件情况和方便当事人的情况下决定该地点。[4] 当事人应自由协议仲裁程序中使用的语言;没有协议的,仲裁庭应决定所使用的语言;仲裁庭可以命令任何书面证据附具当事人协议的或者仲裁庭决定的语言的译本。[5] 当事人可以协议不通过开庭而依书面证据和观点解决争议。仲裁庭认

[1] 参见2017年保加利亚《国际商事仲裁法》第17条和第18条。
[2] 参见2017年保加利亚《国际商事仲裁法》第22条。
[3] 参见2017年保加利亚《国际商事仲裁法》第24条。
[4] 参见2017年保加利亚《国际商事仲裁法》第25条。
[5] 参见2017年保加利亚《国际商事仲裁法》第26条。

为,为正确决定案件有必要开庭的,可以命令当事人参加开庭。[1] 当事人应被及时通知仲裁庭进行的仲裁开庭、现场检验、验证证据或者管理货物或其他财产;书面证据和陈述以及专家报告应及时送达当事人。[2] 被申请人未就仲裁申请书提出答辩的,仲裁庭应审理争议,不答辩不表示承认索赔请求。[3] 即使当事人一方或双方不出席开庭,仲裁庭仍应继续进行程序并根据现有证据作出裁决。[4]

(六)仲裁裁决的作出和仲裁程序的终止

2017 年保加利亚《国际商事仲裁法》第六章就仲裁裁决的作出和仲裁程序的终止进行了规定。

关于仲裁庭进行裁决时所适用的法律,该法第 38 条规定:“(1)仲裁庭应按照当事人选择的法律裁决争议;除非另有协议,法律选择是指实体法规则而不是冲突法规则。(2)如果当事人没有选择所适用的法律,仲裁庭应适用它认为适当的冲突法规则去确定准据法。(3)在所有情况下仲裁庭应适用合同条款并考虑贸易惯例。”关于仲裁裁决的作出,该法第 39 条规定,仲裁员不止 1 位的,裁决应依多数意见决定,当事人另有协议的除外,不同意裁决的仲裁员应提出书面不同意见;如果不能达成多数意见,裁决由首席仲裁员作出。仲裁庭所作出的仲裁裁决是终局的。如果双方当事人在仲裁过程中达成和解协议,根据该法第 40 条的规定,仲裁程序终止,当事人可以请求仲裁庭按照和解协议的内容制作仲裁裁决,该裁决在实体上具有跟普通仲裁裁决同等的效力。关于仲裁裁决的内容与签署,该法第 41 条规定,仲裁裁决应说明所依据的理由,除非当事人另有协议或者裁决按照协议的内容作出;仲裁裁决应由仲裁员签署,仲裁程序中有不止 1 位仲裁员的,多数仲裁员的签署即为充分,但是已签署的仲裁员应说明其他仲裁员没有签署的原因;仲裁员签署的裁决应当送达当事人。

(七)仲裁裁决的撤销

2017 年保加利亚《国际商事仲裁法》第七章就仲裁裁决的撤销问题进行了规定。

该法第 47 条至第 49 条对撤销仲裁裁决的事由和程序进行了规定。该法第

---

[1] 参见 2017 年保加利亚《国际商事仲裁法》第 30 条。
[2] 参见 2017 年保加利亚《国际商事仲裁法》第 31 条。
[3] 参见 2017 年保加利亚《国际商事仲裁法》第 34 条。
[4] 参见 2017 年保加利亚《国际商事仲裁法》第 35 条。

47 条规定:“(1)如果请求撤销的一方当事人证明有下列情形之一的,保加利亚最高上诉法院(Supreme Court of Cassation)可以撤销仲裁裁决:①当事人在订立仲裁协议时无行为能力;②没有仲裁协议或者仲裁协议根据当事人选择的法律为无效,或者无此选择的根据本法为无效;③提出申请的当事人没被给予指定仲裁员或者仲裁程序的正式通知,或者因无法控制的原因不能参加仲裁程序;④裁决处理了未被仲裁协议约定的争议或者处理的问题超出争议标的的范围;⑤仲裁庭的组成或者仲裁程序违反当事人之间的约定(但是该约定与本法的强制性规定相冲突的除外),或者当事人之间无此约定的,仲裁庭的组成或者仲裁程序违反了本法的规定。(2)针对不具有可仲裁性的争议所作出的仲裁裁决无效。”需要注意的是,如果仲裁裁决违反了保加利亚的公共政策,该等情形并不能够成为撤销一项仲裁裁决的事由。该法第 48 条规定:“(1)撤销仲裁裁决的请求可以在申请人收到裁决书之日起 3 个月内提起;对裁决提出过更正、解释或补充请求的,该期限自仲裁庭就该请求作出决定之日起生效。(2)中止执行仲裁裁决(Stay of execution of an arbitration award)作为撤销仲裁裁决程序中的临时救济措施(provisional remedy),只有在申请人提供了相应担保的情况下,保加利亚最高上诉法院才会予以批准。”该法第 49 条规定:“如果法院根据本法第 47 条第 1 款第①项和第②项事由[1]撤销了一项仲裁裁决,那么,利害关系人可就相关争议向有管辖权的法院提起诉讼;如果法院根据本法第 47 条第 1 款第③④⑤项事由[2]撤销了一项仲裁裁决,法院应将案件退回仲裁院重新审理。在重新审理程序中,任何一方当事人均可请求指定新的仲裁员。”

(八)仲裁裁决的承认和执行

2017 年保加利亚《国际商事仲裁法》第七章还就仲裁裁决的承认与执行进行了规定。该部分内容详见下文“四、保加利亚法院对国际商事仲裁裁决的承认与执行”,此处不再赘述。

---

[1] ①当事人在订立仲裁协议时无行为能力;②没有仲裁协议或者仲裁协议根据当事人选择的法律为无效,或者无此选择的根据本法为无效。

[2] ③提出申请的当事人没被给予指定仲裁员或者仲裁程序的正式通知,或者因无法控制的原因不能参加仲裁程序;④裁决处理了未被仲裁协议约定的争议或者处理的问题超出争议标的的范围;⑤仲裁庭的组成或者仲裁程序违反当事人之间的约定(但是该约定与本法的强制性规定相冲突的除外),或者当事人之间无此约定的,仲裁庭的组成或者仲裁程序违反了本法的规定。

三、保加利亚的主要常设仲裁机构:保加利亚工商会仲裁院

推动仲裁程序的顺利进行,吸引国际经贸投资争议当事人选择在保加利亚通过仲裁方式解决争议,均需要具备良好条件的常设仲裁机构作为保障。实际上,保加利亚目前已有良好条件的常设仲裁机构,其中,最典型的便是保加利亚工商会(Bulgarian Chamber of Commerce and Industry,BCCI)仲裁院。

(一)BCCI 仲裁院概况

BCCI 成立于 1895 年,是保加利亚历史最长、规模最大、会员最多的独立商会组织,BCCI 在保加利亚 28 个大区设有分会,现有 4.7 万名会员。BCCI 是国际商会、欧盟商会、巴尔干地区商会等众多国际商务组织的成员单位,并与美国、土耳其、马其顿、瑞士等 15 个国家分别建立了联合商会。其宗旨是支持、促进、代表及保护其会员从事的商业活动,推动保加利亚企业与欧盟及世界其他国家的经济合作。BCCI 在保工商界会员最多、影响最大。〔1〕

BCCI 仲裁院(the Court of Arbitration at the Bulgarian Chamber of Commerce and Industry)的前身是早在 120 多年前就已在 BCCI 下设立的调解院。〔2〕 BCCI 调解院审理解决法人之间的民事纠纷,其中,双方当事人至少应有一方位于保加利亚境外。〔3〕 从 1989 年开始,BCCI 仲裁院亦开始为住所地位于保加利亚境内的自然人及/或法人提供仲裁服务。现在,BCCI 仲裁院的管辖权涉及有关经济关系的契约性或非契约性争议,无论当事人是否位于保加利亚境内。1989 年 1 月 17 日,BCCI 执行局采用了由 BCCI 仲裁院进行协助的仲裁规则和仲裁税费。BCCI 仲裁院的仲裁规则现行版本为在 1993 年 7 月 1 日生效文本基础上经过 6 次修订的 2021 年《BCCI 仲裁院规则》。2021 年《BCCI 仲裁院规则》在总结多年仲裁实践的基础上,对仲裁程序的各个阶段均规定得相当详细,该版本规则自 2021 年 1 月 1 日起正式生效。

BCCI 仲裁院由主席团、仲裁员以及秘书处组成。主席团包括主席、副主席和成员,任期 5 年。主席在国内外代表仲裁院、召开主席团会议、就仲裁院的活动作出报

---

〔1〕 参见中国国际贸易促进委员会官网,载 http://www.ccpit.org/Contents/Channel_3554/2014/0715/415478/content_415478.htm,最后访问日期:2020 年 7 月 28 日。

〔2〕 1897 年 BCCI 调解院在索菲亚成立。

〔3〕 根据 1972 年《莫斯科公约》和在各方制定的仲裁协议自愿原则的基础上,其在经互会成员中针对对外贸易企业的管辖权是义不容辞的。

告并且执行主席团的决定。仲裁员由主席团任免,任期5年。处理国内争议案件的仲裁员名录与处理涉外争议案件的仲裁员名录分开。非保加利亚公民亦可担任仲裁员。处理争议的仲裁员应签署独立公正性声明,并将声明送至当事人。BCCI仲裁院的秘书处人员需为法律专业毕业、英语流利且可以用俄语进行交流,负责管理案卷,为仲裁院发出各种通信并依规则开展相应程序。

截至目前,BCCI仲裁院已经处理了世界范围内40多个国家的自然人、法人之间的数起仲裁案件。据统计,在过去的10年中,BCCI仲裁院已经解决了293个国际仲裁案件和2385个国内仲裁案件,其中60%的仲裁案件在其首次递交仲裁庭后6~9个月内得以解决。[1]

(二)BCCI仲裁院的地位和管辖权

关于BCCI仲裁院的地位,2019年《BCCI仲裁院章程》(Statute of the Court of Arbitration at the BCCI)[2]和2021年《BCCI仲裁院规则》(Rules of the Court of Arbitration at the BCCI)[3]都有明确规定。2019年《BCCI仲裁院章程》第1条规定:"(1)保加利亚工商会应设立仲裁院。(2)仲裁院应设立于索菲亚市。(3)仲裁院是独立于保加利亚工商会的司法机构。"2021年《BCCI仲裁院规则》第1条第1款亦规定:"BCCI仲裁院是独立于工商会的一个司法机构。"由此可知,BCCI仲

---

〔1〕 资料来源:载BCCI官网,https://www.bcci.bg/facts-cn.html,最后访问日期:2020年7月28日。

〔2〕 该规则经BCCI管理委员会于1990年3月27日召开会议通过,1990年4月1日起生效;由该管理委员会于1993年3月31日进行第一次补充和修订,于1994年6月22日进行第二次补充和修订,于1998年11月27日和1999年3月11日召开会议进行补充;由BCCI执行委员会于2002年1月29日进行补充和修订,于2004年11月16日进行补充,于2008年12月9日进行补充,于2014年11月28日进行修订,于2016年11月29日进行修订和补充,于2019年10月22日进行修订和补充,该版本自2019年12月1日起生效至今。

〔3〕 该规则是BCCI管理层董事会根据1993年3月31日第一次会议记录而采用的,于1993年7月1日起开始生效。BCCI执行委员会根据2002年1月29日第47/3-2002号决议对该规则进行了修改,修订版规则于2002年2月1日起开始生效。2008年1月15日由保加利亚执行委员会的第95/1-2008号决议对该规则进行了再次修改,修订规则于2008年2月1日起开始生效。2011年11月15日由保加利亚执行委员会的第67/21-2011号决议对该规则进行了第三次修改,修订版规则于2012年1月1日起开始生效。2016年11月29日由保加利亚执行委员会的第72/27-2016号决议对该规则进行了第四次修改,修订版规则于2017年1月1日起开始生效。2019年10月22日由保加利亚执行委员会的第9/20-2019号决议对该规则进行了第五次修改,修订版规则于2019年12月1日起开始生效。2020年12月17日由保加利亚执行委员会的第35/20-2020号决议对该规则进行了第六次修改,修订版规则于2021年1月1日起开始生效。

裁院是独立于BCCI的司法机构。

关于BCCI仲裁院的管辖权范围,2019年《BCCI仲裁院章程》和2021年《BCCI仲裁院规则》亦有明确规定。2019年《BCCI仲裁院章程》第2条第1款规定:“仲裁院应解决财产纠纷以及因解释合同或对合同进行补充说明产生的纠纷,或在合同双方履行合同过程中出现新情况时因合同适用问题产生的纠纷,但有关当事人须向仲裁院提交有关上述纠纷的仲裁协议,仲裁院方予以受理。”2021年《BCCI仲裁院规则》第1条第2款规定:“仲裁院须解决有关填补合同空白或合同适用新情况的民事纠纷和争议,不论一方或双方当事人所在地或居住地是否在保加利亚共和国或国外。”由此可知,BCCI仲裁院的管辖权范围限于以下纠纷:财产纠纷以及因解释合同或对合同进行补充说明产生的纠纷,或在合同双方履行合同过程中出现新情况时因合同适用问题产生的纠纷,无论一方或双方当事人所在地或居住地是否在保加利亚境内或境外。需要注意的是,不动产所有权纠纷以及劳动关系争议不属于BCCI仲裁院的管辖范围。[1]

2021年《BCCI仲裁院规则》第2条规定:“(1)仲裁院应根据第1条第2款的规定处理争议,前提是相关争议已经根据仲裁协议提交仲裁院解决。(2)仲裁协议应采用书面形式。如果仲裁协议被包含在双方往来函件及其他书面通信方式中,或者被包含在双方缔结的书面合同中时,仲裁协议应被视为是书面形式的。(3)当申请人向仲裁院提交仲裁申请书,而被申请人以书面形式或者以声明的方式,同意将争议提交仲裁院审理,或者参与仲裁院的审理程序而不质疑仲裁院的管辖权时,仲裁协议也应被视为是书面形式的。”由此可知,BCCI对以上纠纷的解决前提是,双方将纠纷依据仲裁协议或者国际条约提交给仲裁院。仲裁协议在形式上必须是书面的;只要仲裁协议包含在双方的书面通信方式中,仲裁协议就将被认定为是书面形式的。此外,2021年《BCCI仲裁院规则》第2条第4款还规定,除当事人另有约定外,当事人对2021年《BCCI仲裁院规则》的选择适用,视为其接受BCCI仲裁院的管辖。

对于BCCI仲裁院管辖权的初步审查,2021年《BCCI仲裁院规则》第7条进行了明确规定:“(1)原告在起诉书中没有提及仲裁协议或者未能提交仲裁协议时,仲裁院秘书处应在15日之内,国际争议则是在30日之内,请原告提交此类协

〔1〕 参见BCCI官网,载https://www.bcci.bg/facts-cn.html,最后访问日期:2020年7月28日。

议,或者请原告以书面形式声明其希望在没有此类仲裁协议的情形下进行仲裁并把起诉书副本送达被告。(2)如果在规定时限内,原告未提交证实BCCI仲裁院管辖权的协议,或者未以书面形式声明其请求送达起诉书副本给被告,以及当提交的仲裁协议涉及不可仲裁争议时,起诉书应当按照仲裁院院长的裁决退还给原告。(3)如果在规定时限内,原告提交证实BCCI仲裁院管辖权的仲裁协议,仲裁院秘书处应当向原告发送一份支付仲裁费用和确定的费用押金的通知。(4)如果在规定时限内,原告未根据第1款的规定提交仲裁协议,但以书面形式声明其希望把起诉书副本送达被告,仲裁院秘书处应通知原告支付相应费率的最低仲裁费用。如果被告书面答复同意根据第2条第3款审理案件,原告有义务根据费率支付仲裁费用全款。"

对于BCCI仲裁院管辖权的异议,2021年《BCCI仲裁院规则》第26条规定:"(1)仲裁庭应决定仲裁院的管辖权,包括当根据缺席或仲裁协议无效等情形对仲裁院的管辖权提出异议时。(2)合同中包含的仲裁协议应当独立于其他规定。合同无效并不意味着仲裁协议无效。(3)对仲裁庭管辖权的异议,可以由当事人在其对起诉书的最新回复中提出,也可以由仲裁员指定的当事人提出。(4)在仲裁庭审理期间当事人提出仲裁院管辖权外的问题时,应当立即对仲裁院的管辖权提出异议。(5)对于仲裁院管辖权的异议必须在答辩期内提出,如果被告有正当理由未能及时对仲裁院的管辖权提出异议,仲裁庭也可以同意该等管辖权异议。(6)仲裁庭应当在对争议进行实质审理之前宣布对仲裁院管辖权异议的裁决或决定,除非对管辖权纠纷的处理需要根据相关争议的实质内容进行判断。(7)如果仲裁庭驳回对仲裁院管辖权所提出的异议,即使被告拒绝参与庭审,仲裁程序也应当继续进行。"由此可知,BCCI仲裁院必须在其管辖范围内进行仲裁。对于仲裁院缺少管辖权的异议必须在答辩期内提出,除非对提出异议的延迟有正当理由。BCCI仲裁院通过裁决或者决定审理仲裁院缺少司法管辖权的异议。

(三)BCCI仲裁院的结构及运转

2019年《BCCI仲裁院章程》第3条至第11条对BCCI仲裁院的结构及运转进行了详细规定。

对于BCCI仲裁院的基本结构,2019年《BCCI仲裁院章程》第3条规定,仲裁院应当由一个主席团、多名仲裁员和一个秘书处组成;同时仲裁院应当设立一个仲裁团,由全部仲裁员组成。

根据2019年《BCCI仲裁院章程》第4条的规定,仲裁院主席团应包括1名主席、2名副主席和4名主席团委员,全部由BCCI管理委员会选举产生,任期为5年,该管理委员会有权在上述任期内对主席团成员进行更换。主席团拥有如下职能:对仲裁员进行招录和除名;执行仲裁团的裁决;决定仲裁院的有关活动;明确仲裁团应解决的事项,使其与仲裁院的正常运作相协调;决定为BCCI仲裁院颁发优秀证书等。BCCI执行委员会可委派成员在主席团会议中进行审议表决。主席团召开会议期间应做好会议记录,记录内容应包括通过的决定等,该决定应由仲裁院主席及秘书进行签署,并且(如有必要)应将该决策通知仲裁员及BCCI执行委员会。

根据2019年《BCCI仲裁院章程》第5条的规定,仲裁院主席同时在国内与国外代表仲裁院。主席应负责召开仲裁院主席团会议(the sessions of the Presidency of the Court)与仲裁团会议(the arbitral college),主席应向仲裁团及BCCI仲裁院执行委员会报告仲裁院的活动、执行主席团的决策并且履行仲裁院规范中规定的职责。当主席的职权受到限制或授权副主席履行主席的职权时,副主席应负责履行主席的职权。BCCI管理委员会有权选举1名仲裁院名誉主席。

关于仲裁院仲裁员的聘请和除名,2019年《BCCI仲裁院章程》第6条进行了详细规定。该条规定:(1)仲裁院仲裁员的聘请和除名由仲裁院主席团以投票方式进行,仲裁院主席团在其任期内可随时聘请新的仲裁员。(2)当仲裁员出现下列情形之一时,该仲裁员将被仲裁院主席团除名:仲裁员死亡;仲裁员年满75周岁;仲裁员长期无法履行职责;仲裁员严重违反《BCCI仲裁院章程》《BCCI仲裁院规则》《仲裁员行为准则》。仲裁院主席团在作出仲裁员除名决定之前,应当通知该仲裁员并听取其意见。(3)仲裁双方当事人住所地或永久居住地均为保加利亚的国内案件(domestic cases),与至少有一方仲裁当事人住所地或永久居住地在国外的国际案件(international cases),仲裁员的选用规定有所不同:对于国内案件,如果一方当事人为主要由外商参与经营的公司,非保加利亚公民的人员也可以作为仲裁员;当事人为保加利亚公司的,无论是国内或国际案件,均须由规定的仲裁员进行裁决,当事人为外国公司的,可由推荐的仲裁员进行裁决。(4)仲裁院主席团应拟定区域仲裁员名单(Regional List of Arbitrators)。根据BCCI系统内各地区商会的提议,各地区最多可有3名来自该地区的律师可以书面形式宣布加入区域仲裁员名单。区域仲裁员候选人应当满足对仲裁员的一般要求。(5)仲裁员候选人应为无故意犯罪记录的、具有完全民事行为能力的适龄公民,须是具有10年以上法律从业经验的法学专业毕业生,须精通国内外财产经济关系以及相关法律。仲裁员名单应当载明仲裁员姓名、出生年份、职业、学位或职务、专业领域以及住所。(6)仲裁员在履行职责时应保持独立与公正,不得担任任何一方当事人的代理人。仲裁员对仲裁庭的审议意见以及在履行其职责过程中所接触的全部信息负有保密义务。(7)被提名为仲裁员或仲裁庭首席仲裁员的人员应向秘书处提交一份书面声明,说明其能够进行独立公正的裁决的全部理由;仲裁员在被任命后同样有义务提交该声明;该声明的副本将送交当事人。(8)所有利害关系人应当能够查询仲裁员名单;处理国际纠纷的仲裁员名单还应发送给保加利亚外交机构、领事机构和驻外商务代表机构。

BCCI仲裁院的仲裁员在身份方面受到一定的限制和约束。2019年《BCCI仲裁院章程》第7条规定,被列入BCCI仲裁院仲裁员名册的仲裁员,不得在由BCCI仲裁院管辖的争议案件中担任法律顾问和律师,也不得对此类案件发表任何意见;在律师事务所任职的仲裁员,如果当事人将其案件委托给该律师事务所,那么该仲裁员不得参与对该案的审理。被列入BCCI仲裁院仲裁员名册的仲裁员,不得同时担任保加利亚境内其他机构仲裁庭的仲裁员。如果仲裁员在任期内接受成为其他具有管辖权的机构仲裁庭的仲裁员,该仲裁员须在被纳入该名单之日起15日内以书面形式通知BCCI仲裁院主席,并且自该日起无权受理新提交给BCCI仲裁院的案件。BCCI仲裁院主席团在上述期限届满后有权将该仲裁员除名,但该仲裁员有权完成已经通过任命或选举方式交由其审理的案件。与此同时,仲裁院的仲裁员不得为下列人员:国会议员、部长、副部长、国家机构负责人、宪法法院法官或任何法律规定禁止担任仲裁员的人员。

2019年《BCCI仲裁院章程》第9条对仲裁院秘书处的组成、任命、资历、职责等问题进行了详细规定。根据该条规定,仲裁院秘书处应包括秘书等职员,均由BCCI主席任命并由仲裁院主席批准。仲裁院秘书须具有法学专业本科及以上学历;国际案件的仲裁院秘书应具有良好的英语书面及口头表达能力,通晓任一其他欧洲国家语言则更佳。仲裁院秘书应组织整理案件资料、保存仲裁院的来往函件,并履行仲裁院主席及BCCI主席签发的规则与条例中规定的有关秘书处和文件档案室工作的职责。仲裁院秘书处人员应被纳入BCCI的人员名单。

2019 年《BCCI 仲裁院章程》第 10 条、第 11 条还对仲裁院的财务和费用等问题进行了规定。该章程第 10 条规定,因向仲裁院申请对纠纷进行仲裁所支付的全部款项应储存于 BCCI 的银行账户中;仲裁院的费用开销应由 BCCI 承担。该章程第 11 条规定,仲裁院规约、争议解决规范、仲裁费用及仲裁员收费应由 BCCI 管理委员会确定和修改。

(四)BCCI 仲裁院的仲裁制度

1. BCCI 仲裁院的仲裁程序

针对仲裁程序,BCCI 仲裁院分别规定了普通仲裁程序和简易仲裁程序两种审理仲裁案件的程序。

(1)BCCI 仲裁院的普通仲裁程序

2021 年《BCCI 仲裁院规则》[1]对普通仲裁程序进行了详细规定。根据该规则第 1 条第 2 款的规定,BCCI 仲裁院的普通仲裁程序适用于财产纠纷以及因解释合同或对合同进行补充说明产生的纠纷,或在合同双方履行合同过程中出现新情况时因合同适用问题产生的纠纷,无论一方或双方当事人所在地或居住地是否在保加利亚境内或境外。

关于普通仲裁程序所适用的程序规则,2021 年《BCCI 仲裁院规则》第 3 条规定,除非当事人另有约定,他们同意将争议提交 BCCI 仲裁院便意味着他们接受《BCCI 仲裁院规则》;仲裁院应当适用当事人所约定的仲裁程序规则,除非约定的仲裁程序规则违背了所适用的仲裁法律的强制性规定或《BCCI 仲裁院规则》的基本原则;对于不适用《国际商事仲裁法》《BCCI 仲裁院规则》,或当事人协议约定的仲裁程序规则的问题,仲裁员应按照其合理的自由裁量权予以处置,根据所涉争议问题的性质开展仲裁程序,确保各方当事人在任何情况下都享有平等的辩护

---

〔1〕 该规则是 BCCI 管理层董事会根据 1993 年 3 月 31 日第一次会议记录而采用的,于 1993 年 7 月 1 日起开始生效。BCCI 执行委员会根据 2002 年 1 月 29 日第 47/3 – 2002 号决议对该规则进行了修改,修订版规则于 2002 年 2 月 1 日起开始生效。2008 年 1 月 15 日由保加利亚执行委员会的第 95/1 – 2008 号决议对该规则进行了再次修改,修订规则于 2008 年 2 月 1 日起开始生效。2011 年 11 月 15 日由保加利亚执行委员会的第 67/21 – 2011 号决议对该规则进行了第三次修改,修订版规则于 2012 年 1 月 1 日起开始生效。2016 年 11 月 29 日由保加利亚执行委员会的第 72/27 – 2016 号决议对该规则进行了第四次修改,修订版规则于 2017 年 1 月 1 日起开始生效。2019 年 10 月 22 日由保加利亚执行委员会的第 9/20 – 2019 号决议对该规则进行了第五次修改,修订版规则于 2019 年 12 月 1 日起开始生效。2020 年 12 月 17 日由保加利亚执行委员会的第 35/20 – 2020 号决议对该规则进行了第六次修改,修订版规则于 2021 年 1 月 1 日起开始生效。

机会。

仲裁程序应当从仲裁申请人向仲裁院提交仲裁申请书开始。[1] 仲裁申请书应当包含：当事双方的身份信息，当事双方的地址、电话、传真和电子邮箱地址，标的额，请求所依据的事实，寻求的救济和索赔金额，仲裁员姓名或者请求仲裁院主席委任仲裁员，仲裁申请书所附文件清单，申请人签字等。[2] 若仲裁申请书不符合2021年《BCCI仲裁院规则》第5条的规定，仲裁院秘书处应给予仲裁申请人于一定期限内补正不足之处。这一期限，国际争议不得超过30日，国内争议不得超过15日，自仲裁申请人收到补正通知之日起算。在不足之处补正之前，不得进行任何仲裁程序。如果仲裁申请人在上述期限届满后30日内没有补正不足之处，那么仲裁申请书应当按照仲裁院院长的裁决退还给仲裁申请人。[3] 提交仲裁申请书并支付仲裁费用及费用押金后，仲裁院秘书处应通知被申请人，并送达仲裁申请书副本及所有附加的文件，并附有仲裁员名单。同时，秘书处应告知被申请人，自收到仲裁申请书之日起30日内，其可以提交答复，并附相应的证据支持。当争议各方所在地或住所都在本国时，答复期限应为15日。在被申请人请求时，上述期限可以由仲裁院院长决定延长。被申请人应在同一期限内告知选定的仲裁员名单或由仲裁院院长任命为仲裁员。[4]

关于仲裁庭的组成，2021年《BCCI仲裁院规则》第13条至第15条作了详细规定。该规则第13条第1款规定，BCCI仲裁院应当通过仲裁庭审理解决提交的争议，仲裁庭可由1名仲裁员或3名仲裁员组成。前者是独任仲裁员，后者是仲裁合议庭。关于独任仲裁员，该规则第15条规定，经双方当事人同意，可以由双方当事人从仲裁员名册中指定独任仲裁员审理和解决纠纷；如果双方当事人不能就独任仲裁员的选择达成一致，那么独任仲裁员应由仲裁院院长指定。关于仲裁合议庭的组成，该规则第14条进行了如下规定：①当仲裁庭由3名仲裁员组成时，每一方当事人应各指定1名仲裁员，2名被指定的仲裁员应自通知其任命之日起7日内从仲裁员名单（the list of arbitrators）中选出首席仲裁员（当仲裁员之一为外国公民时，期限为30日）。②如果一方当事人是外国人士或主要由外资参与的本地公

〔1〕 参见2021年《BCCI仲裁院规则》第4条。
〔2〕 参见2021年《BCCI仲裁院规则》第5条。
〔3〕 参见2021年《BCCI仲裁院规则》第8条。
〔4〕 参见2021年《BCCI仲裁院规则》第9条。

司,该方当事人可以在国际案件仲裁员名单(the list of arbitrators for international cases)之外指定1名外国公民担任仲裁员,且首席仲裁员亦可由国家案件仲裁员名单之外的人士担任。③如果一方当事人的住所或永久居所(domicile or permanent address)位于保加利亚商会体系内各地区商会的住所所在地,且仲裁协议已约定在该地区商会的住所所在地审理案件,则该方当事人可以从该地区仲裁员名单(the Regional List of Arbitrators)中选择1名仲裁员。④被当事人指定的或者被选择为首席仲裁员的人士,如不在BCCI仲裁员名单中,在接受成为仲裁员时,应当填写两份书面声明:一份明确声明他们熟悉并且会遵守《BCCI仲裁院规则》,另一份明确声明他们熟悉并接受代表BCCI仲裁院行事的仲裁员的报酬价格。⑤如果仲裁申请人或被申请人未能指定仲裁员或仲裁员未能在第①项规定的期限内选出仲裁庭的首席仲裁员,则仲裁院院长(the President of the Court of Arbitration)应当从仲裁院仲裁员名册(the list of arbitrators of the Court)中指定仲裁员或首席仲裁员。⑥如果有多位仲裁申请人或被申请人,须由多位仲裁申请人或被申请人共同指定1名仲裁员。如果多位仲裁申请人或被申请人不能就仲裁员人选达成一致,则仲裁员应由仲裁院院长(the President of the Court of Arbitration)指定;如果只有部分仲裁申请人或被申请人指定了1名共同仲裁员,则秘书处应将该仲裁员的信息通知其他仲裁申请人或被申请人,如果其他仲裁申请人或被申请人在15日内(外国人则为30日内)没有提出异议,则仲裁院院长应任命该共同仲裁员为该方多位当事人的仲裁员。⑦在第⑤项和第⑥项下,仲裁院院长对仲裁员的指定是终局的。[1]

被选择或指定的仲裁员(包括首席仲裁员)应披露可能会对其公正性和独立性产生影响的所有情况,并将该等情况向仲裁院秘书处提交声明,同时辞职。各方当事人均有权质疑仲裁员(包括首席仲裁员)的公正性,特别是有证据证明他们个人会直接或间接地从仲裁结果中获得利益时。当事人在对仲裁员提出质疑时,

---

〔1〕 在当事人无法对仲裁员的指定达成一致时,2017年保加利亚《国际商事仲裁法》中规定,仲裁庭组成的决定主体为BCCI主席(the President of the Bulgarian Chamber of Commerce and Industry);2021年《BCCI仲裁院规则》则规定,由BCCI仲裁院院长(the President of the Court of Arbitration at the Bulgarian Chamber of Commerce and Industry)决定。这种不一致实际是临时仲裁和机构仲裁的区别:在当事人无法对仲裁员的指定达成一致时,如果是在由BCCI仲裁院开展的机构仲裁程序中,仲裁庭组成的决定主体为BCCI仲裁院院长;如果是在临时仲裁程序中,仲裁庭组成的决定主体为BCCI主席。

应当以书面形式向仲裁庭提出质疑请求并声明原因,在时间上不得晚于其取得仲裁庭组成信息后或知悉质疑理由后 7 日。当对方当事人接受对仲裁员的质疑时,应当按照《BCCI 仲裁院规则》的规定选择或者指定新的仲裁员或首席仲裁员。如果新选择或指定的仲裁员接受原来选定的首席仲裁员,那么应当签署选择协议,否则应当遵照《BCCI 仲裁院规则》第 14 条第 1 款的规定选择新的首席仲裁员。当对方当事人不接受对仲裁员的质疑时,由仲裁庭进行裁决。[1]

关于仲裁地点,《BCCI 仲裁院规则》第 21 条规定,仲裁庭应在索非亚开庭,必要时,仲裁庭也可以经当事人请求或自行在另一个审判地点举行。关于仲裁语言,《BCCI 仲裁院规则》第 23 条规定,仲裁庭须以保加利亚语审理程序,但如果一方当事人住所地在国外,当事人可以同意使用另一种语言。仲裁庭组成之前应当就语言达成一致,且应为没有掌握保加利亚语的当事人指定口译员,无论仲裁结果如何,口译员的费用应当由当事人承担。

仲裁庭应当将开庭的日期、时间和地点通知双方当事人,以给予双方当事人充足的准备期限来参与庭审;各方当事人的准备期限不得少于 30 日,如若双方当事人的所在地或住所地均在保加利亚,则准备期限不得超过 15 日;经双方当事人同意,准备期限可以缩短。[2] 仲裁庭的开庭审理程序当事人可以亲自参与,也可以由正式授权的代理人参与;仲裁的审理应当不对外公开,但非相关人员可以经仲裁庭的许可和当事人的同意参加庭审;经当事人同意,可以不传唤当事人出庭参与审理程序,并仅根据当事人提交的书面证据和书面意见裁决争议;BCCI 仲裁院的所有程序都是非公开的,与案件相关的所有文件只能提交给当事人及其代理人;应一方当事人的请求并征得另一方当事人的同意,仲裁庭可以在该方当事人提出有充分根据的请求后,通过视频会议(videoconference)的形式开庭审理案件,但前提是现有的技术手段允许采用该种视频会议形式;仲裁庭根据具体情况,在听取当事人的意见后,可以决定在仲裁庭选定的电子平台(electronic platform)上,通过视频会议的形式,远程开展全部或部分的开庭审理程序。[3] 正式通知仲裁开庭的日期、时间和地点后,一方当事人缺席的,不得作为仲裁审理程序延期的理由;只

[1] 参见 2021 年《BCCI 仲裁院规则》第 17 条和第 18 条。

[2] 参见 2021 年《BCCI 仲裁院规则》第 22 条。

[3] 参见 2021 年《BCCI 仲裁院规则》第 24 条。

有当缺席的一方当事人由于可以接受的理由提出延期请求,并且在提出延期请求时提交了证据,仲裁审理程序方可延期;各方当事人均可要求在其缺席的情况下开展仲裁审理程序;如果仲裁庭根据该规则第24条第6款的规定决定在其选定的电子平台上,通过视频会议的形式远程开展全部或部分开庭审理程序,而该案的一方当事人通知仲裁庭其不具备在线参与仲裁审理程序的技术设施,那么BCCI仲裁院应当协助该方当事人在线参与仲裁审理程序;如果该方当事人仍无正当理由拒绝通过视频会议在线参与仲裁审理程序,则仲裁庭不得以此为由拒绝根据该规则第24条第6款规定的方式开展仲裁审理程序。[1] 仲裁审理程序开始时,仲裁庭应当向双方当事人提议和解;在作出仲裁裁决以前,仲裁庭可以在仲裁的任何阶段建议当事人和解;如果双方当事人达成和解,须将和解内容纳入仲裁庭开庭记录且由双方当事人和仲裁员签字,当事人有权请求在仲裁裁决中复制和解内容。[2] 在仲裁程序中,如若出现以下两种情形之一,仲裁程序中止:其一,双方当事人共同要求时;其二,争议由另外的法院或另外的仲裁庭审理时。当上述中止事由消失时,经当事人请求,中止的仲裁程序应当重新开始。[3]

仲裁庭在审理争议时应当适用双方当事人所选择的法律。除非另有约定,双方当事人所选择的法律仅是指实体法而不包括冲突法。当双方当事人没有选择法律或者所选择的法律无法适用时,仲裁庭适用根据适当的法律冲突规则所确定的实体法;如果当事人的所在地或住所在同一个国家,那么该国家的法律冲突规则应当被视为“适当的法律冲突规则”。如果相关争议有国际条约进行调整,那么应当适用该国际条约处理该争议。[4]

仲裁庭在对所有与纠纷有关的问题进行了充分审理与查明后,应当宣布仲裁审理程序终结并且作出仲裁裁决。仲裁裁决结果应当根据多数投票表决制度作出,该过程可以通过电话会议或其他科技手段进行;如果多数投票未能得出裁决结果,那么仲裁裁决就应交由仲裁院院长制定。仲裁裁决书应由主审该案的仲裁员(the arbitrator reporting the case)起草,并由首席仲裁员和仲裁庭成员签字。经仲裁员签署的仲裁裁决书及其理由应一式3份,双方当事人各执1份,仲裁庭执1

---

〔1〕 参见2021年《BCCI仲裁院规则》第25条。
〔2〕 参见2021年《BCCI仲裁院规则》第27条。
〔3〕 参见2021年《BCCI仲裁院规则》第34条。
〔4〕 参见2021年《BCCI仲裁院规则》第36条。

份。如果其中1名仲裁员不能或拒绝在仲裁裁决书上签字,那么首席仲裁员应在仲裁裁决书上说明该事实并签字。持反对意见的仲裁员有义务签署仲裁裁决,并应在签署裁决后7日内递交一份附在裁决上的书面反对意见;如果超过了提出反对意见的期限,那么该仲裁员被视为已经放弃提出反对意见。如果纠纷是由独任仲裁员解决,那么其应在裁决上签名。[1] 若审理仲裁案件的仲裁员并非BCCI仲裁院的成员,那么仲裁院院长应委派由3名成员组成的仲裁委员会核实仲裁程序是否符合国际商事仲裁以及仲裁院的法律法规;仲裁委员会应于3日内将提案书面报告通过秘书处呈递仲裁院;仲裁院应于3日内根据委员会和秘书处口头意见对报告提出建议并更正报告中明显的不足之处;有瑕疵的提案只有经修改后才能记录在仲裁裁决中。[2] 仲裁裁决应为案件的最终结果并对各方具有约束力。

(2)BCCI仲裁院的简易仲裁程序

除普遍适用的普通仲裁程序外,BCCI仲裁院还设立了简易仲裁程序审理国内民商事纠纷。[3] 针对简易仲裁程序的开展,BCCI仲裁院专门制定了《仲裁案件简易程序规则》[4]对此进行明确规定,该规则先后历经多次修订,当前有效版本为2017年版。

根据2017年《BCCI仲裁院仲裁案件简易程序规则》第1条第2款的规定,在以下两种情况下,BCCI仲裁院可以适用简易仲裁程序审理国内民商事纠纷:①当事人在仲裁协议中明确约定适用简易仲裁程序审理相关争议时;②仲裁申请人在仲裁申请书中明确申请且被告同意适用简易仲裁程序审理案件时。

2017年《BCCI仲裁院仲裁案件简易程序规则》第2条至第5条对简易仲裁程序中仲裁庭的组成、仲裁员的替换和回避等问题进行了明确规定。根据该规则,简易仲裁程序下的仲裁庭应由1名独任仲裁员构成。[5] 如果仲裁协议当事人未作其他约定,那么仲裁申请人有权指定5名仲裁员加入愿意开庭审理案件的仲裁

---

〔1〕 参见2021年《BCCI仲裁院规则》第38条。

〔2〕 参见2021年《BCCI仲裁院规则》第37条。

〔3〕 参见2017年《BCCI仲裁院仲裁案件简易程序规则》第1条第1款。

〔4〕 该规则由BCCI执行委员会根据2004年12月21日第3/29-2004号决议通过,并自2005年1月1日起开始生效;该规则基于BCCI执行委员会2011年11月15日第67/21-2011号决议进行修订,该修订版本自2011年11月15日起开始生效;该规则基于BCCI执行委员会2016年11月29日第72/27-2016号决议进行修订,该修订版本自2017年1月1日起生效。

〔5〕 参见2017年《BCCI仲裁院仲裁案件简易程序规则》第2条。

员列表,这些仲裁员名单应以单独附录形式附在申请人的仲裁申请书内且通知被告,被告在规定时限内具有相同的指定仲裁员的权利;如果仲裁申请人和被申请人同时指定了1名相同的仲裁员,那么该仲裁员应被视为开庭审理案件的仲裁员,与此同时,仲裁院院长应指定1名替代仲裁员(substitute arbitrator);如果仲裁申请人和被申请人同时指定了不止1名相同的仲裁员,那么仲裁院院长应从中指定1名仲裁员作为开庭审理该案的独任仲裁员,并从中指定1名替代仲裁员;[1]如果仲裁申请人和被申请人指定的仲裁员没有重合,或者仲裁申请人或被申请人没有按照规定行使其指定仲裁员的权利,那么仲裁院院长应指定1名仲裁员担任独任仲裁员,同时指定1名替代仲裁员;仲裁员及其替代人应在收到其任命通知书后3日内表明自己是否愿意参与简易仲裁程序:如若该仲裁员及/或其替代人愿意参与简易仲裁程序,那么他们必须签署一份公正性和独立性声明,并明确表示他们具有充分的时间根据简易程序规则处理案件;如果该仲裁员及/或其替代人不愿参与简易仲裁程序,那么仲裁院院长应指定1名新的仲裁员和/或替代仲裁员,此时应当优先选择双方当事人同时指定的仲裁员。[2] 被任命审理简易仲裁程序的仲裁员,如若存在《BCCI仲裁院规则》第17条第2款规定的情形,该仲裁员应当在当事人获得仲裁员或替代仲裁员委任信息或回避理由信息通知之日起3日内提出回避申请。[3]

仲裁当事人应当按照2017年《BCCI仲裁院仲裁案件简易程序规则》第6条至第12条的规定提交仲裁申请书、应诉书、反请求等案件相关文件,并在案件相关文件中陈述相关案件事实及己方意见。仲裁院在收到案件相关文件之后,应当以书面形式,通过附带回执的挂号信,用快递、传真送达,如果对方当事人同意,也可用电子邮件及其他通知方式送达。告知案件开庭时间的传票应在庭审前7日内

[1] 在当事人无法对独任仲裁员的指定达成一致时,2017年保加利亚《国际商事仲裁法》中规定,独任仲裁员的决定主体为BCCI主席(the President of the Bulgarian Chamber of Commerce and Industry);2021年《BCCI仲裁院规则》则规定,由BCCI仲裁院院长(the President of the Court of Arbitration at the Bulgarian Chamber of Commerce and Industry)决定。这种不一致实际是临时仲裁和机构仲裁的区别:在当事人无法对独任仲裁员的指定达成一致时,如果是在由BCCI仲裁院开展的机构仲裁程序中,独任仲裁员的决定主体为BCCI仲裁院院长;如果是在临时仲裁程序中,独任仲裁员的决定主体为BCCI主席。

[2] 参见2017年《BCCI仲裁院仲裁案件简易程序规则》第3~4条。

[3] 参见2017年《BCCI仲裁院仲裁案件简易程序规则》第5条。

送达相关各方。[1]

在反请求的最后答复期限届满后，基于双方当事人的陈述及其所提出的请求和证据，对初步开庭有裁定权的仲裁庭应决定案件的审理方式和审理日期；仲裁庭原则上仅基于双方当事人所提供的证据，通过给予相关各方提交书面意见和副本的机会，审理并裁决案件；如果仲裁庭决定开庭审理案件，则应当在作出初步裁定后的15日内确定开庭审理的日期；基于裁定权，仲裁庭容许交互询问证人并指定鉴定证人，如果证人未在规定日期出庭也不妨碍仲裁庭作出裁决；从事实和法律的角度查明争议后，在作出仲裁裁决之前，仲裁庭应给予双方当事人分别不晚于5日和3日的提交书面意见和副本的期限。[2] 仲裁庭应当在提交书面意见和副本期限届满后的10日内，对案件作出仲裁裁决；若在上述期限内，当事人未提交作出仲裁裁决所依据的材料，则仲裁庭应当终止审理。[3]

2. BCCI仲裁院的仲裁收费标准

对于仲裁费用，2019年《BCCI仲裁院仲裁收费标准》(Tariff of arbitration fees and costs in cases considered by AC at BCCI – 2019)[4]分别以"仲裁受理费及仲裁处理费""仲裁受理费收费费率""仲裁费的减免和部分返还""反诉仲裁受理费及费用抵消申请""仲裁处理费""案件证据收集费用""附加费用""当事人支付仲裁费、受理费等费用的责任""当事人支付临时程序费用的责任"9个条款进行了详细规定。

当事人向BCCI仲裁院申请仲裁，应当缴纳仲裁受理费和仲裁处理费。其中，"仲裁受理费"，是指用于支付仲裁员报酬及维护仲裁院正常运转的必要费用；"仲裁处理费"，是指为处理个案支付的费用，如传唤通知费、送达费、翻译费、速记费、

---

〔1〕 参见2017年《BCCI仲裁院仲裁案件简易程序规则》第13～14条。

〔2〕 参见2017年《BCCI仲裁院仲裁案件简易程序规则》第15条。

〔3〕 参见2017年《BCCI仲裁院仲裁案件简易程序规则》第16条。

〔4〕 该价格表由BCCI执行委员会根据2002年1月29日的第47/3－2002号决议采纳，并先后进行了5次修订：根据BCCI执行委员会2004年1月13日的决议进行修订；根据BCCI执行委员会2007年8月24日第85/20－2007号决议进行修订，该版本自2007年9月1日起生效；根据BCCI执行委员会2011年11月15日第67/21－2011号决议进行修订，该版本自2012年1月1日起生效；根据BCCI执行委员会2011年11月15日第34/17－2015号决议进行修订，该版本自2015年9月1日起生效；根据BCCI执行委员会2019年10月22日第9/20－2019号决议进行修订，该版本自2019年12月1日起生效。参见BCCI官网，载https://www.bcci.bg/facts-cn.html，最后访问日期：2020年7月28日。

证明费等。[1]

BCCI仲裁院应根据仲裁申请金额收取仲裁受理费,收费标准如表4－1所示。

表4－1 BCCI仲裁院仲裁受理费收费标准

单位:列弗

仲裁申请金额	仲裁受理费
≤1000	400
1001～10,000	400＋超过1000部分的4%
10,001～100,000	760＋超过10,000部分的3.8%
100,001～500,000	4180＋超过100,000部分的3.2%
500,001～1,000,000	16,980＋超过500,000部分的2%
＞1,000,000	26,980＋超过1,000,000部分的1%

仲裁申请人应当提前向BCCI仲裁院交付仲裁受理费,在通过银行汇款方式进行支付时,以账款记入BCCI银行账户日期确定为付款日期。仲裁当事人如若增加仲裁申请金额,应当支付额外费用,该费用应为已付仲裁受理费与根据增加后的申请金额应支付的费用的差额。如果若干项仲裁申请合并进行,且仲裁申请总额低于50,000列弗,那么仲裁受理费按如下标准予以增加:如3～5项仲裁申请合并进行,那么仲裁受理费应按上表规定的标准再乘以1.2;如5～10项仲裁申请合并进行,那么仲裁受理费应按上表规定的标准再乘以1.5;如超过10项仲裁申请合并进行,那么仲裁受理费应按表4－1规定的标准再乘以2。[2] 如果被申请人在仲裁程序中提出反诉,那么反诉申请的仲裁受理费根据主诉收费标准进行收取。[3]

除仲裁受理费外,仲裁申请人还应当提前向BCCI仲裁院交付仲裁处理费,具体金额由仲裁院院长决定。仲裁庭在作出仲裁裁决或终止仲裁程序时,应对仲裁处理费用明细进行说明;仲裁庭应指示BCCI退还仲裁申请人已交仲裁处理费中

〔1〕 参见2019年《BCCI仲裁院仲裁收费标准》第1条(仲裁受理费及仲裁处理费)。
〔2〕 参见2019年《BCCI仲裁院仲裁收费标准》第2条(仲裁受理费收费费率)。
〔3〕 参见2019年《BCCI仲裁院仲裁收费标准》第4条(反诉仲裁受理费及费用抵销申请)。

未使用的部分;如果仲裁程序中的实际支出超出仲裁申请人已预交的仲裁处理费,仲裁庭将要求仲裁申请人对该超出部分进行补交。如果未组成仲裁庭,则应由仲裁院院长对仲裁处理费用进行具体说明。[1]

如果仲裁申请人或被申请人要求聘请专家参与仲裁并提出意见,提出该要求的一方当事人应提前支付聘请专家人员所产生的旅费和日常支出费用,以及进行现场视察的费用。费用金额应由仲裁庭决定。如果仲裁当事人需要证人进行作证,证人费用应由提出该要求的一方当事人承担。[2]

如果仲裁当事人要求仲裁庭在 BCCI 仲裁院以外的地方进行调解,当事人应提前支付由此产生的额外费用,费用由各方当事人均摊。仲裁庭应在仲裁程序终止后对该项费用进行解释并安排该款项多退少补:如有未使用的款项则退还当事人;如实际支出超出预付费用则向当事人收取该差额。如果仲裁当事人委任仲裁员参与仲裁庭审理,进行委任的当事人应预付该仲裁员到仲裁院所在地索菲亚市的相关差旅费和停留费用,无论诉讼结果如何。[3]

除非当事人另有约定,否则与仲裁案件相关的仲裁费、定金以及收集证据费用应由败诉方承担;当出现不完全赔付时,这些费用应按照比例由胜诉方(索赔方)和败诉方共同承担。如果索赔方提供证据表明需支付证人费用,则由仲裁庭对该项费用进行裁决,但其金额不得超过法律规定的标准。如果仲裁程序终止,那么被申请人应同时有权获得费用补偿。裁决获益的一方可以要求仲裁庭对其参与案件所产生的正常费用进行裁决,这些费用应在仲裁庭上提供相应的证据。[4]

在以下几种特定情形下,仲裁费用可以被减免或进行部分退款:(1)如果争议由独任仲裁员审理,那么仲裁受理费应为表 4 - 1 计算数额的 70%。(2)案件终止时分别依据以下标准对仲裁申请人进行退款:案件在仲裁庭启动仲裁程序前终止的,应退还已付仲裁受理费和处理费的 75%;案件在仲裁庭启动仲裁程序后终止的,应退还已付仲裁受理费的 50%;在庭审期间及当事人作出裁决的期限内要求

---

〔1〕 参见 2019 年《BCCI 仲裁院仲裁收费标准》第 5 条(仲裁处理费)。

〔2〕 参见 2019 年《BCCI 仲裁院仲裁收费标准》第 6 条(案件证据收集费用)。

〔3〕 参见 2019 年《BCCI 仲裁院仲裁收费标准》第 7 条(附加费用)。

〔4〕 参见 2019 年《BCCI 仲裁院仲裁收费标准》第 8 条(当事人应支付仲裁费、受理费等费用的责任规定)。

终止仲裁程序的,应退还已付仲裁受理费的25%。(3)如果按照最低标准缴纳仲裁受理费,或者申请人撤销索赔主张或未主动要求赔偿时,甚至在仲裁庭已针对案件的全部结果作出初步裁决后,均不得适用以上两项规定。由仲裁庭提出退还部分仲裁费用,仲裁庭未组成时由仲裁院院长提出。[1]

(五)BCCI仲裁院的调解程序

和解是解决私法纠纷最理想的方式。BCCI为便于纠纷的庭外和解,特制定《BCCI仲裁院调解规则》,[2]就调解的适用范围、调解程序的开始、调解员、调解程序、调解程序的结束及调解费用等问题作出了明确规定,以便通过调解路径解决当事人之间的民商事纠纷。

关于调解程序的适用范围,《BCCI仲裁院调解规则》规定,BCCI仲裁院的调解方式可被用来处理全部可进行和解的国内私法纠纷和国际私法纠纷;即便上述私法纠纷正在进行诉讼或正在进行仲裁,未决诉讼程序或未决仲裁程序也不会阻却调解程序的启动与进行。[3]

关于调解程序的开始,《BCCI仲裁院调解规则》规定,经争议双方当事人协定或经任何一方当事人提出申请,即可开始调解程序。当事人应向BCCI仲裁院秘书处申请开始进行调解程序,所有文件一式3份,当事人应在提交的申请材料中简要说明争议标的并列明各自所持观点。调解将在当事人按规定支付调解费用后开始进行。由一方当事人提交调解申请的,仲裁院秘书处须立即将该申请的副本发送给对方当事人,对方当事人应在接到该通知起15日内说明其是否同意参与调解;对方当事人拒绝参与调解或未作出答复的,不得开始调解程序,如因该原因无法进行调解,秘书处应通知申请人上述情况并将调解费的50%退还申请人。对方当事人同意进行调解的,应将其决定以书面形式通知秘书处,秘书处应开始调解程序并将申请人的陈述书副本立即发送给同意调解的对方当事人。调解程序开始后,仲裁院院长应确定应由各方当事人支付的用于调解的案件处理费用,各方当事人应平摊费用并在规定时间内进行支付;如果一方当事人未能支付该费

---

〔1〕 参见2019年《BCCI仲裁院仲裁收费标准》第3条(仲裁费的减免和部分返还)。

〔2〕 该规则由BCCI执行委员会依据1999年5月12日第22/5-99号会议记录及1998年12月16日BCCI管理委员会根据《BCCI规约》第22条第1款第8项作出的决策通过,自1999年7月5日起生效。参见BCCI官网,载https://www.bcci.bg/facts-cn.html,最后访问日期:2020年7月28日。

〔3〕 参见《BCCI仲裁院调解规则》第1条(适用范围)。

用但仍愿意参与调解的，对方当事人还应支付该案件的另一半调解费；调解费未能全额支付的，仲裁院将终止调解程序并且应及时通知各方当事人。[1]

关于主持调解程序的仲裁员，《BCCI 仲裁院调解规则》规定，除非各方当事人已约定调解员，否则应由仲裁院院长根据争议的性质与调解员的资格水平任命一位中立调解员；秘书处应分别通知调解员与各方当事人并指定当事人证实自己观点的期限或提交证据的期限。调解员接受委托后应向秘书处与调解程序的各方当事人分别提交一份书面声明，说明其在调解过程中坚持独立与公正原则并承诺对调解过程中向其披露的全部事实与情况进行保密。调解员不得为与该争议有关的仲裁程序中的仲裁员或任意一方当事人在该案中的代表或律师，争议双方另有约定的除外。除非各方当事人达成一致意见，否则不得传唤调解员作为与调解标的相同争议的诉讼程序或仲裁程序中的证人。如果调解员死亡、拒绝接受任命或未能履行其职责的，应由仲裁院院长根据争议的性质与调解员的资格水平重新任命一位中立调解员；秘书处应分别通知更换后的调解员与各方当事人。[2]

关于调解程序的进行，《BCCI 仲裁院调解规则》规定，为明确争议的具体情况并对任何一方当事人可能作出的让步进行讨论从而友好地解决争议，调解员应首先分别与纠纷当事人单独会面，然后再邀请各方当事人进行共同协商，寻找调解办法，BCCI 将免费为调解员和各方当事人提供会面场所。调解员应根据争议事实、适用法律以及公平原则提出调解建议。当事人应亲自参加或正式授权代表参加调解程序；当事人可由律师陪同参加调解；第三方在取得当事人同意后可与调解员一同出席调解会议。如果调解成功，各方当事人与调解员应在所达成的和解协议上签字，同时应将和解协议的一份副本附于调解文件中。如果各方当事人就提交给 BCCI 仲裁院的未决案件达成和解，当事人可要求根据约定条款将其签署的和解协议确定为仲裁裁决。当事人保证不将下述内容在诉讼程序或仲裁程序中作为证据使用：(1)对方当事人在调解过程中提出的意见或建议；(2)调解员的建议；(3)一方当事人同意接受调解员的调解建议的意思表示。[3]

关于调解程序的结束，《BCCI 仲裁院调解规则》规定，在发生下列情况时，调

---

[1] 参见《BCCI 仲裁院调解规则》第 2 条(调解程序的开始)。

[2] 参见《BCCI 仲裁院调解规则》第 3 条(调解员)。

[3] 参见《BCCI 仲裁院调解规则》第 4 条(调解程序)。

解程序结束:(1)签署和解协议,即调解成功,各方当事人与调解员在达成和解协议上签字,同时应将和解协议的一份副本附于调解文件中;(2)一方或多方当事人向调解员发出其拒绝进行调解的书面通知;(3)调解员出具一份议定书,说明调解失败。[1]

关于调解程序的结束,《BCCI 仲裁院调解规则》规定的调解程序费用包括:(1)调解手续费;(2)调解员的任务支出(如有);(3)调解员费用。调解费用应由当事人平均分担,和解协议中另有约定的除外。除调解手续费、调解员的任务支出和调解员费用外,各方当事人应自行承担各自因调解所产生的其他费用。调解员的费用由 BCCI 仲裁院院长根据争议性质与调解员用时予以确定,在此过程中,仲裁院院长还可参考当事人的意见。[2]

四、保加利亚法院对国际商事仲裁裁决的承认与执行

仲裁裁决的承认与执行是决定国际商事仲裁是否成功的关键环节,是仲裁制度的核心问题。[3] 当事人将争议提交仲裁庭进行仲裁,是为了能够通过仲裁这种高效简便的非讼方式迅速解决他们之间的争议,而争议的解决不能仅依靠由仲裁庭所作出的一纸裁决,关键在于该一纸裁决能否得到承认和执行。[4] 保加利亚法院对于国际商事仲裁裁决的承认与执行,主要是依据 1958 年《纽约公约》(The New York Convention for Recognition and Enforcement of Foreign Arbitration Awards of 1958)、1961 年《欧洲国际商事仲裁公约》(The European Convention for International Commercial Arbitration)和 2017 年保加利亚《国际商事仲裁法》(Law on International Commercial Arbitration-amendments 2017)进行的。

(一)1958 年《纽约公约》

1958 年 6 月 10 日在纽约召开的联合国国际商业仲裁会议上签署的《纽约公约》是当今国际社会各国相互间承认与执行外国仲裁裁决的最有效法律文件,保加利亚于 1961 年批准加入了该公约。自此,1958 年《纽约公约》成为保加利亚法院承认与执行外国仲裁裁决的主要依据之一。

---

[1] 参见《BCCI 仲裁院调解规则》第 5 条(调解程序的结束)。

[2] 参见《BCCI 仲裁院调解规则》第 6 条(调解费用)。

[3] 当仲裁地法(lex arbitri)允许当事人放弃向国内法院提起上诉的救济时,仲裁裁决的承认与执行可能是国内法院对仲裁裁决进行审查与监督的唯一一次机会。

[4] 参见宋航:《国际商事仲裁裁决的承认与执行》,法律出版社 2000 年版,第 24 页。

1958 年《纽约公约》第 5 条以否定的方式，即规定法院可以拒绝承认或执行一项国际商事仲裁裁决的具体事由的方式，对承认与执行外国仲裁裁决的条件作了具体规定。该条规定："一、裁决唯有于受裁决援用之一造向声请承认及执行地之主管机关提具证据证明有下列情形之一时，始得依该造之请求，拒予承认及执行：（甲）第二条所称协定之当事人依对其适用之法律有某种无行为能力情形者，或该项协定依当事人作为协定准据之法律系属无效，或未指明以何法律为准时，依裁决地所在国法律系属无效者；（乙）受裁决援用之一造未接获关于指派仲裁员或仲裁程序之适当通知，或因他故，致未能申辩者；（丙）裁决所处理之争议非为交付仲裁之标的或不在其条款之列，或裁决载有关于交付仲裁范围以外事项之决定者，但交付仲裁事项之决定可与未交付仲裁之事项划分时，裁决中关于交付仲裁事项之决定部分得予承认及执行；（丁）仲裁机关之组成或仲裁程序与各造间之协议不符，或无协议而与仲裁地所在国法律不符者；（戊）裁决对各造尚无拘束力，或业经裁决地所在国或裁决所依据法律之国家之主管机关撤销或停止执行者。二、倘声请承认及执行地所在国之主管机关认定有下列情形之一，亦得拒不承认及执行仲裁裁决：（甲）依该国法律，争议事项系不能以仲裁解决者；（乙）承认或执行裁决有违该国公共政策者。"

上述事由可以被分为两大类：一类为须由被申请执行人提出且证明方可由被请求法院"被动审查"的事由，这类事由均为程序性问题，被请求法院仅对相关仲裁裁决进行程序性审查，而不进行实体性审查；另一类为不须由被申请执行人提出且证明即可由被请求法院依职权"主动审查"的事由，这类事由均为实体性问题，被请求法院对相关仲裁裁决进行的是实体性审查。其中，容易引起争议的是第二类事由，即"不可仲裁事由"和"公共政策事由"。这两类事由密不可分，从广义层面看，不可仲裁事由实际上是内容确定、性质明确、可以独立存在的公共政策事由。[1] 关于争议事项的可仲裁性，保加利亚法律的规定是比较狭窄的，根据 2017 年保加利亚《国际商事仲裁法》第 1 条第 2 款的规定，仅限于"当事人的地点或居所在不同国家或者至少一方当事人是外商在保加利亚投资的企业或合伙组织的有关对外经济关系的契约性或非契约性争议"可提交保加利亚国际商事仲裁

〔1〕 参见杜新丽：《论外国仲裁裁决在我国的承认与执行——兼论〈纽约公约〉在中国的适用》，载《比较法研究》2005 年第 4 期。

解决。[1] 关于公共政策,国际社会目前尚未能明确其具体内涵,但在承认与执行国际商事仲裁裁决的司法实践中,各国法院对公共政策的适用非常谨慎,一般都根据国际公共政策的观念将违反公共政策局限为违反了有关国家根本性的法律秩序观念的情形。[2]

(二)1961 年《欧洲国际商事仲裁公约》

在 1958 年《纽约公约》签订以后,为排除阻碍欧洲各国自然人或法人相互间在国际商事仲裁活动中的困难,从而推动欧洲贸易的发展,在联合国欧洲经济委员会的主持召集下,《欧洲国际商事仲裁公约》于 1961 年 4 月 21 日在日内瓦签订,该条约自 1964 年 1 月 7 日起生效。保加利亚于 1964 年批准加入了该公约。[3]

1961 年《欧洲国际商事仲裁公约》对于外国仲裁裁决的承认与执行,是在其第 9 条(仲裁裁决的撤销)进行规定的。该条规定:“(一)一缔约国撤销按本公约作出的仲裁裁决,只有在下列情况下,才构成另一缔约国拒绝承认和执行裁决的理由。即裁决是由在该国或按该国法律作出裁决的国家撤销的,并且具有下述理由之一:①仲裁协议的当事人,按对其适用的法律规定,是无能力人;或者按当事人所依据的法律,协议是无效的,如协议中未规定此项法律,依裁决地国家的法律规定,这项协议无效;②请求撤销裁决的当事人,没有得到关于仲裁员任命或仲裁程序的正式通知,或者有其他理由未能出席仲裁;③裁决涉及到仲裁申请中没有提及的或不属于仲裁申请项目的一种争议,或者裁决中包含了超出仲裁申请范围的裁决事项,如果仲裁申请范围内的裁决事项可以同仲裁申请范围外的裁决事项分开,则申请范围内的裁决事项可以不予撤销;④仲裁机构的组成和仲裁程序不是按照当事人的协议办理的,或者如无此项协议,不是按照本公约第四条的规定办理的。(二)缔约国同时是 1958 年 6 月 10 日《关于承认和执行

---

[1] 2017 年保加利亚《国际商事仲裁法》第 1 条规定:“1. 本法适用于根据仲裁协议,仲裁地点在保加利亚境内的国际商事仲裁。2. 国际商事仲裁受理争议当事人的地点或居所在不同国家或者至少一方当事人是外商在保加利亚投资的企业或合伙组织的有关对外经济关系的契约性或非契约性争议。”

[2] 参见朱伟东:《尼日利亚〈仲裁与调解法〉述评》,载王文英主编:《仲裁与法律》第 97 辑,法律出版社 2005 年版,第 66 ~ 67 页。

[3] 参见 BCCI 官网,载 https://www.bcci.bg/ratification-en.html,最后访问日期:2020 年 7 月 28 日。

外国仲裁裁决的纽约公约》的参加国时,在缔约国的关系中,本条第一款对《纽约公约》第 5 条第 1 款第(5)项,仅在按本条第一款规定撤销裁决的情况下,予以限制。”

由此可见,作为仅在欧洲范围内适用的国际商事仲裁公约,1961 年《欧洲国际商事仲裁公约》对于外国仲裁裁决的承认与执行标准,与 1958 年《纽约公约》相比要宽松得多。

(三)2017 年保加利亚《国际商事仲裁法》

除批准加入 1958 年《纽约公约》和 1961 年《欧洲国际商事仲裁公约》外,2017 年保加利亚《国际商事仲裁法》第 51 条亦对国际商事仲裁裁决的承认和执行问题进行了规定。

2017 年保加利亚《国际商事仲裁法》第 51 条规定,(1)债务人住所地(domicile)或者法定住所所在地(legal seat)的地方法院应当根据利害关系人的请求,针对生效的仲裁裁决签发执行令(issue a writ of execution);执行请求书应当附有仲裁裁决书副本和该仲裁裁决书已送达被申请执行人的证据。(2)在承认和执行外国仲裁裁决时,应当根据保加利亚已加入的国际条约[1]进行。(3)除非保加利亚已加入的国际条约另有规定,承认和执行外国仲裁裁决的请求应提交索菲亚市法院(the Sofia City Court);相关程序应当根据保加利亚《国际私法法典》(International Private Law Code)第 118 条至第 120 条进行,但债务人基于债务清偿(liquidation of the debt)提出异议的除外。根据该条规定,第 1 款用以执行保加利亚所作出的涉外仲裁裁决,第 2 款至第 3 款用以承认和执行外国仲裁裁决,后者的规定与保加利亚已加入的 1958 年《纽约公约》和 1961 年《欧洲国际商事仲裁公约》相一致。

五、中国当事人参与保加利亚仲裁的建议

与其他争议解决方式相比,仲裁因其快捷、经济、灵活、便于执行等特点,在国际民商事争议的解决中日益受到当事人的青睐。考虑到保加利亚仲裁法律制度的实际情况以及中保之间经贸投资往来的现实,通过仲裁方式解决中保当事人之间的经贸投资争议不失为较可行的路径之一,中国当事人不必过于排斥在保加利亚进行仲裁。当然,考虑到保加利亚仲裁制度与中国仲裁制度之间的差异,中国

---

〔1〕 即 1958 年《纽约公约》和 1961 年《欧洲国际商事仲裁公约》。

当事人在参与保加利亚仲裁时需特别注意保加利亚仲裁制度与中国仲裁制度之间的不同。

(一)中国当事人不必过于排斥在保加利亚进行仲裁

在解决中保当事人之间的经贸投资争议时,中国当事人不必过于排斥在保加利亚进行仲裁,这主要是基于对保加利亚现行仲裁法律制度的以下3点考量。

1. 保加利亚具有仲裁友好型法律制度

作为一种民间争议解决方式,仲裁的启动完全取决于当事人的意思自治。当事人通过仲裁解决争议的意愿能否得到尊重和实现在很大程度上取决于仲裁地的法律制度,如果仲裁地的法律制度对仲裁不友好,当事人的仲裁意愿就很有可能会落空,或在仲裁程序中受到干预。1988年,保加利亚为吸引外资、扩大国际贸易、增强投资者和商人在该地区开展投资、贸易的信心,颁行了保加利亚《国际商事仲裁法》,该法经多次修订,现行版本为2008年保加利亚《仲裁与调解法》,该法的很多内容与《示范法》、《UNCITRAL 仲裁规则》、《UNCITRAL 调解规则》以及1958年《纽约公约》的内容一致。因此,保加利亚具有仲裁友好型法律制度,在中保当事人之间发生国际民商事争议时,从法律依据角度上看,中国当事人可以放心地选择在保加利亚进行仲裁,该等仲裁基于保加利亚的仲裁友好型法律制度,将会顺利地进行下去。

2. 保加利亚设有条件良好的常设仲裁机构

常设仲裁机构与临时仲裁相比,有固定的机构、有各类仲裁行政人员、有自己的仲裁规则和仲裁员名册。如果当事人选择在常设仲裁机构进行仲裁,那么就可以避免很多日后可能出现的各类麻烦,如仲裁员的选择、仲裁规则的适用等。另外,当事人选择具备良好条件的常设仲裁机构,此类仲裁机构的仲裁行政人员在仲裁知识、语言等方面的能力较强,能够有效进行沟通和交流,仲裁设施相对完善,能够提供进行仲裁所必需的一些辅助设备,如同声传译、复印打印服务、视频会议等,有利于仲裁程序的顺利进行。[1] 因此,中国当事人选择在保加利亚通过仲裁方式解决与保加利亚当事人之间的争议时,需要有具备良好条件的常设仲裁机构作为保障。实际上,保加利亚目前存在具备良好条件的常设仲裁机构,即BCCI仲裁院,该仲裁院设有一套完善的仲裁制度规则体系,其设立目的在于鼓励

---

〔1〕 参见朱伟东:《在非洲选择仲裁应注意的一些问题》,载《中国投资》2016年第20期。

在保加利亚从事国际投资和贸易的当事人能够在保加利亚本地解决争议,在解决中保当事人之间的民商事争议中发挥重要作用。

3. 保加利亚是1958年《纽约公约》的缔约方

如果一项仲裁裁决需要到国外申请承认与执行,相关国家是否为1958年《纽约公约》的缔约方就具有重要意义。1958年《纽约公约》为外国仲裁裁决的承认与执行规定了十分有利的条件,根据该公约的规定,拒绝承认与执行一项外国仲裁裁决的理由十分明确且有限,如果外国仲裁裁决不具有该公约所规定的拒绝承认与执行的事由,那么作为1958年《纽约公约》缔约方的被申请承认与执行国必须承认与执行该项外国仲裁裁决。由于1958年《纽约公约》的存在,外国仲裁裁决的承认和执行与外国法院判决的承认和执行相比,其优越性十分明显。这也是目前在国际民商事争议的解决中,诸多当事人青睐选择通过仲裁解决争议的一个重要原因。对于国际民商事争议,如果一国仲裁机构所作出的仲裁裁决或一国法院所作出的判决不能在另一国得到承认与执行,就会浪费当事人的时间、金钱和精力,因为不能得到承认与执行的仲裁裁决或法院判决如同一张废纸。中国和保加利亚都是1958年《纽约公约》的缔约方,这使中保当事人之间所产生的仲裁裁决在保加利亚的承认与执行变得非常方便和高效。

(二)中国当事人在参与保加利亚仲裁时需注意的事项

尽管在解决中保当事人之间的经贸投资争议时,中国当事人不必过于排斥在保加利亚进行仲裁,但是考虑到保加利亚仲裁制度与中国仲裁制度之间的差异,中国当事人在参与保加利亚仲裁时需特别注意其仲裁制度与中国仲裁制度之间的不同,主要有以下几点。

1. 保加利亚仲裁制度中特殊的仲裁当事人

根据2017年保加利亚《国际商事仲裁法》第3条的规定,在保加利亚仲裁中,国家或国家机关可以作为国际商事仲裁的一方当事人。而根据我国2017年《仲裁法》第2条的规定,只有平等主体的公民、法人和其他组织之间发生的合同纠纷和其他财产权益纠纷,可以仲裁,即仲裁当事人限于平等主体的公民、法人和其他组织。

2. 保加利亚仲裁制度中特殊的仲裁庭组成程序

关于仲裁庭的组成,2017年保加利亚《国际商事仲裁法》第12条第2款规定,当事人若无特殊约定,则按照以下程序组成仲裁庭:如果仲裁庭由3名仲裁员组成,各方当事人应指定1名仲裁员,2名仲裁员应指定第三名仲裁员;如果一方当事人在收到另一方当事人请求后30日内未指定其仲裁员或者如果2名仲裁员在其被指定后30日内未能就第三名仲裁员达成协议,则保加利亚工商会主席应根据一方当事人的请求指定该仲裁员;如果仲裁庭由1名独任仲裁员组成而当事人不能就该仲裁员达成协议,根据一方当事人的请求其应由保加利亚工商会主席予以指定。而我国2017年《仲裁法》第31条至第32条规定,当事人约定由3名仲裁员组成仲裁庭的,应当各自选定或者各自委托仲裁委员会主任指定1名仲裁员,第三名仲裁员由当事人共同选定或者共同委托仲裁委员会主任指定;第三名仲裁员是首席仲裁员。当事人约定由1名仲裁员成立仲裁庭的,应当由当事人共同选定或者共同委托仲裁委员会主任指定仲裁员。当事人没有在仲裁规则规定的期限内约定仲裁庭的组成方式或者选定仲裁员的,由仲裁委员会主任指定。由此可以看出,对于首席仲裁员的指定,保加利亚与中国有较大差异,保加利亚是由双方当事人所指定的2名仲裁员指定首席仲裁员,若该2名仲裁员未能在规定期限内指定首席仲裁员,则由保加利亚工商会主席根据一方当事人的请求指定首席仲裁员;而中国的实际是,由双方当事人共同选定或者共同委托仲裁委员会主任指定首席仲裁员。

3.保加利亚仲裁制度中特殊的仲裁审理方式:视频会议形式

2021年《BCCI仲裁院规则》引入了一种特殊的仲裁审理方式——视频会议形式(video conference)。2021年《BCCI仲裁院规则》第24条第5款规定:“应一方当事人的请求并征得另一方当事人的同意,仲裁庭可以在该方当事人提出有充分根据的请求后,通过视频会议的形式开庭审理案件,但条件是现有的技术手段允许采用该种视频会议形式。”该条第6款进一步规定:“仲裁庭根据具体情况,在听取当事人的意见后,可以决定在仲裁庭选定的电子平台(electronic platform)上,通过视频会议的形式,远程开展全部或部分开庭审理程序。”2021年《BCCI仲裁院规则》第25条第2款还规定:“如果仲裁庭根据本规则第24条第6款决定在其选定的电子平台上,通过视频会议的形式远程开展全部或部分开庭审理程序,而该案的一方当事人通知仲裁庭其不具备在线参与仲裁审理程序的技术设施,那么保加利亚工商会仲裁院应当协助该方当事人在线参与仲裁审理程序;如果该方当事人仍无正当理由拒绝通过视频会议在线参与仲裁审理程序,则仲裁庭不得以此为由拒绝根据本规则第24条第6款规定的方式开展仲裁审理程序。”中国当事人在参与 BCCI 仲裁院的仲裁程序时，应当特别注意视频会议形式这种特殊的仲裁审理方式，提前做好相关的技术支持，以防止在这种仲裁审理程序中处于被动地位。

附录一:

2017 年保加利亚《国际商事仲裁法》(英文版)

Law on International Commercial Arbitration-Amendments 2017

[Published in the State Gazette(SG) No. 60 of 05.08.1988, amended in SG No. 93 of 02.11.1993, amended in SG No. 59 of 26.05.1998, amended in SG No. 38 of 17.04.2001, amended in SG No. 46 of 29.04.2002, amended in SG No. 59 of 20.07.2007, in effect from 01.03.2008, amended and supplemented in SG No. 8 of 24.01.2017]

Chapter Ⅰ General Provisions

Art. 1

(1) (Amended-SG No. 93 of 1993) This Law shall apply to international commercial arbitration, based on arbitration agreements when the place of the arbitration proceedings is on the territory of the Republic of Bulgaria.

(2) (Amended-SG No. 93 of 1993) International commercial arbitration shall resolve civil property disputes resulting from international trade relations as well as disputes for filling gaps in contracts or their adaptation to newly established facts when the domicile or seat of at least one of the parties is not in the Republic of Bulgaria.

Art. 2

(Amended-SG No. 93 of 1993, abrogated-SG No. 38 of 2001).

Art. 3

Parties to international commercial arbitration may also be a state or a state agency.

Art. 4

An Arbitral Tribunal may either be a permanent institution or established to resolve a particular dispute.

Art. 5

A party which knows that any provision of, or requirement under, these Rules has not been complied with and yet proceeds with the arbitration without promptly stating its objection to such non-compliance, shall be deemed to have waived its right to object.

Art. 6

Proceedings of a state court related to arbitration proceedings shall be admissible only in the cases provided for by this Law.

Chapter Ⅱ　Arbitration Agreement

Art. 7

(1) An arbitration agreement shall mean consent of the parties to submit to arbitration the resolution of all or certain disputes which may arise or have arisen between them in connection with a specific contractual or non-contractual legal relation. This may be an arbitration clause in a contract or a separate agreement.

(2) The arbitration agreement shall be in writing. An agreement shall be deemed of being in writing if contained in a document signed by the parties or in the exchange of letters, telex messages, telegrams or other means of communication.

(3) (Supplemented-SG No. 8 of 2017) An arbitration agreement shall be deemed to exist also when the respondent in writing or by a statement, recorded in the minutes of the arbitration hearing, accepts the dispute to be heard by an Arbitral Tribunal or when the respondent participates in arbitration proceedings by filing a written reply, presenting evidence, submitting a counter claim or attending the arbitration hearing, without challenging the jurisdiction of the Arbitral Tribunal.

Art. 8

(1)(Amended-SG No. 59 of 2007) The state court, before which a statement of claim is submitted in a dispute which is subject of an arbitration agreement, shall terminate the proceedings if a party states its reliance on that agreement within the term for written reply to the statement of claim. However, if the court finds that the arbitration agreement is null and void, inoperable or cannot be executed, the court proceedings shall not be terminated.

(2) Arbitration proceedings may be commenced, continued and an award may be issued regardless of a pending case on the same dispute before any domestic or foreign court.

Art. 9

Each of the parties to an arbitration agreement may request from a court to order a provisional remedy of the claim or perpetuation of the evidence before or during the arbitration proceedings.

Art. 10

The provisions of art. 8, para(1) and art. 9 shall also apply when the arbitration agreement provides for arbitration in another country.

Chapter Ⅲ Arbitral Tribunal Composition

Art. 11

(1) An Arbitral Tribunal may consist of one or more arbitrators whose number shall be determined by the parties. When their number is not determined by the parties, the arbitrators shall be three.

(2)(Amended in SG No. 93 of 1993) An arbitrator may also be a person who is not a citizen of the Republic of Bulgaria.

(3)(New-SG No. 8 of 2017) An arbitrator may be a capable citizen of age, who has not been convicted for intentional crime of general character, has higher education, at least 8 years of professional experience, and possesses high moral qualities.

Art. 12

(1) The parties may agree on the procedure for composition of the Arbitral Tribunal.

(2) Failing such agreement on the procedure:

if the tribunal is of three arbitrators, each of the parties shall appoint one arbitrator and the two shall appoint the third arbitrator;

if a party fails to appoint an arbitrator within 30 days from the receipt of the request of the other party to do so, or if the two arbitrators fail to reach agreement on the third arbitrator within 30 days from their appointment, the President of the Bulgarian Chamber of Commerce and Industry, on request of one of the parties, shall appoint the third arbitrator;

if the Arbitral Tribunal is of a sole arbitrator and the parties fail to agree on his/her appointment, the latter shall be appointed on the request of one of the parties by the same body under the above item.

(3) When the President of the Bulgarian Chamber of Commerce and Industry is to appoint an arbitrator he shall have due regard of his/her qualification as provided for by the agreement between the parties as well as of all circumstances likely to secure the appointment of an independent and impartial arbitrator.

(4) The decision of the President of the Bulgarian Chamber of Commerce and Industry under para 2 and para 3 above shall be final.

Art. 13

When a person is nominated for arbitrator, he/she shall disclose all circumstances which may give rise to reasonable doubts of his/her impartiality or independence. The arbitrator shall have this obligation after his/her appointment as well.

Art. 14

(1) An arbitrator may be challenged only if circumstances giving rise to reasonable doubts concerning his/her impartiality or independence exist or if he/she does not have the necessary qualification as agreed on by the parties.

(2) A party may challenge an arbitrator appointed by it or in whose appointment

it participated only for reasons which the said party has become aware of after the appointment.

Art. 15

(1) The parties shall be free to agree on the procedure for challenge. They shall not exclude the application of art. 16.

(2) Failing such agreement, a challenge of an arbitrator may be made not later than 15 days after the party has become aware of the composition of the Arbitral Tribunal or after the party has become aware of the circumstances substantiating the challenge.

(3) The request for a challenge shall be made in writing to the Arbitral Tribunal, pointing out the grounds for it.

(4) The Arbitral Tribunal shall decide on the challenge, unless the concerned arbitrator withdraws from office or the other party agrees on the challenge.

Art. 16

(1) (Amended-SG No. 59 of 1998, amended-SG No. 38 of 2001, amended-SG No. 59 of 2007) If the Arbitral Tribunal rejects the challenge, the party which made it may within a seven-day term from being notified of the rejection request from the Sofia City Court to decide on it.

The Sofia City Court shall rule on the complaint in accordance with Chapter 21 "Appeal against Rulings" of the Civil Procedure Code and its decision shall be final.

(2) The Arbitral Tribunal may proceed with the hearing of the case and render an award on it in spite of the challenge and the complaint under para(1).

Art. 17

(1) When an arbitrator is unable to perform his/her duty or fails to act without justifiable reasons, his/her mandate shall terminate.

(2) (Amended-SG No. 59 of 1998) If in the cases of the above para(1) the arbitrator does not withdraw from office or the parties cannot agree on the termination of his/her mandate, each of the parties may request from the Sofia City Court to decide

on the termination of the mandate. The decision of the Court shall be final.

Art. 18

When the mandate of an arbitrator is terminated, another arbitrator shall be appointed following the procedure for appointment of the arbitrator, whose mandate has terminated.

Chapter Ⅳ　Jurisdiction of the Arbitral Tribunal

Art. 19

(1) An Arbitral Tribunal shall rule on its own jurisdiction even when the jurisdiction has been challenged on the grounds of nonexistence or invalidity of the respective arbitration agreement.

(2) An arbitration agreement, included in a contract, shall be independent of its other provisions. The voidance of a contract shall not mean ipso facto invalidity of the arbitration agreement contained therein.

Art. 20

(1) The challenge of jurisdiction of the Arbitral Tribunal shall be made with the reply to the statement of claim at the latest.

It may be made also by the party which appointed or participated in the appointment of an arbitrator.

(2) If an issue exceeding the scope of jurisdiction of the Arbitral Tribunal is raised, the challenge of jurisdiction shall be made immediately.

(3) The Arbitral Tribunal may admit a challenge of jurisdiction even when made at a later date if there is a justifiable reason for the delay.

(4) The Arbitral Tribunal shall decide on the challenge under the above para (3) by a ruling or by the award on the case.

Art. 21

Unless otherwise agreed on by the parties, the Arbitral Tribunal may on a request of one of them order the other party to tale appropriate measure for securing the rights of the petitioner. If such measures are admitted the Arbitral Tribunal may determine a guaranty which the petitioner shall produce.

Chapter V Arbitration Proceedings

Art. 22

The parties in arbitration proceedings shall be equal. The Arbitral Tribunal shall give each of them the opportunity of defending its rights.

Art. 23

Unless otherwise agreed on by the parties, arbitration proceedings shall commence on the day of receipt of the request for arbitration by the respondent.

Art. 24

The parties may agree on the procedure to be followed by the Arbitral Tribunal in hearing of the case. Failing such agreement, the Arbitral Tribunal shall be free to conduct the proceedings in a way it considers appropriate. In both cases the Arbitral Tribunal shall provide each party an equal opportunity of defending its rights.

Art. 25

The parties may agree on the place of arbitration. Failing such agreement, the place of arbitration shall be determined by the Arbitral Tribunal, taking into consideration the circumstances related to the case and the convenience of the parties.

Art. 26

The parties may agree on the language or languages to be used during the arbitration proceedings. Failing such agreement, the language or languages shall be determined by the Arbitral Tribunal.

The latter may order each piece of written evidence to be accompanied by a translation into the language or languages agreed on by the parties or determined by the Arbitral Tribunal.

Art. 27

(1) The statement of claim shall indicate the names and addresses of the parties, the facts supporting the claim, the relief or remedy sought and the amount claimed, while the written reply of the respondent shall set out his/her position on them.

(2) The statement of claim and the reply to it shall be submitted within a term agreed on by the parties or fixed by the Arbitral Tribunal.

(3) Along with the statement of claim and the reply the parties shall submit their written evidence and indicate other pieces of evidence to be submitted later.

Art. 28

The respondent may submit a counter claim along with the reply to the statement of claim at the latest.

Art. 29

Unless otherwise agreed on by the parties, each party may during the arbitration proceedings correct or supplement its claim or objection. The Arbitral Tribunal may not admit the correction if the Tribunal considers that it may create excessive difficulties for the other party.

Art. 30

The parties may agree on the case to be resolved only on the basis of the written evidence and opinions, without being summoned to the hearings. The Arbitral Tribunal may order a hearing with the participation of the parties if found necessary for the adequate resolution of the case.

Art. 31

(1) The parties shall in due time be notified of the arbitration hearing or of the actions of the Arbitral Tribunal concerning inspections and verification of documents, goods and chattels.

(2) (New-SG No. 8 of 2017) Each party shall be provided with the opportunity to check the proceedings remotely, including through the website of the court of arbitration.

(3)(Former para 2. -SG No. 8 of 2017) Written evidence and statements, including reports of the experts shall be made available to the parties in due time.

Art. 32

(1) When the seat, domicile, habitual residence or address of the recipient cannot be found after a diligent inquiry, the notification shall be deemed delivered if sent to the latest known seat, domicile, habitual residence or address of the recipient by registered mail or by any other means which certifies the attempt for it to be delivered.

(2) The notification shall be deemed delivered also when the recipient refuses or fails to contact the post office to receive it, if the post office certifies this fact.

Art. 33

The Arbitral Tribunal shall terminate the proceedings if the claimant fails to submit the statement of claim within the term, agreed on by the parties or set by the Tribunal. This provision, however, shall not apply if the failure is due to an justifiable reason.

Art. 34

The Arbitral Tribunal shall hear the case also if the respondent fails to submit a reply to the statement of claim. The absence of a reply shall not be treated as acceptance of the claim.

Art. 35

The Arbitral Tribunal shall continue with the proceedings and render its award on the basis of the evidence even if one or both parties fail to attend the hearing.

Art. 36

(1) The Arbitral Tribunal may appoint one or more experts to give their opinions for clarification of some issues requiring specific knowledge. The Tribunal may order the parties to submit to the experts the necessary information or to provide access for them for inspection of documents, goods and chattels, when necessary for drawing their reports.

(2) On request of any of the parties or on its own initiative the Arbitral Tribunal may order the expert, after submission of his/her report, to take part in the hearing and give clarifications. On requests of the parties other experts may also be appointed to report on the issue under dispute.

Art. 37

The Arbitral Tribunal or the interested party with the approval of the Tribunal may request from the competent state court to collect certain evidence necessary for the case. The state court shall be bound to fulfill the request according to the provisions of the Civil Procedure Code.

Chapter Ⅵ　Rendering an Award and Conclusion of Proceedings

Art. 38

(1) The Arbitral Tribunal shall resolve the dispute applying the law chosen by the parties. Unless otherwise agreed on, the choice of law shall concern substantive law and not rules of conflict of laws.

(2) If the parties have not designated the applicable law, the Arbitral Tribunal shall apply the law indicated by the rules of conflict of laws which the Tribunal considers applicable.

(3) In any event the Arbitral Tribunal shall apply the provisions of the contract, taking into account the trade usages as well.

(4) The arbitral award shall be final and put an end to the dispute.

Art. 39

(1) When the arbitrators are more than one, unless otherwise agreed on by the parties, the award shall be made by a majority vote.

An arbitrator who disagrees with the award shall state his/her dissenting opinion in writing.

(2) If a majority decision cannot be reached, the award shall be made by the presiding arbitrator.

Art. 40

If the parties reach a settlement the proceedings shall conclude. They may request from the Arbitral Tribunal to reproduce the settlement in an award by consent. Such an award shall have the force of an award on the merits of the case.

Art. 41

(1) The award shall be reasoned, unless otherwise agreed on by the parties or issued under s settlement on agreed terms. It shall indicate the date and place of the arbitration proceedings.

(2) The award shall be signed by the sole arbitrator or the arbitrators. In case of arbitration proceedings with more than one arbitrator, the signatures of the majority of the members of the Arbitral Tribunal shall suffice, provided those who signed the award have indicated the reason for the missing signature.

(3) (Amended-SG No. 93 of 1993) The award, signed by the arbitrators shall be served on the parties. It shall be deemed made known when served on one of them. Once served, the award shall enter into force, become binding on the parties and liable to forced execution.

Art. 42

The Arbitral Tribunal shall conclude the case by a ruling when:

the claimant withdraws his/her claim, unless the respondent objects to that and the Arbitral Tribunal establishes that the respondent has a legitimate interest in the rendering of an award;

the parties agree on termination of the proceedings;

the Arbitral Tribunal establishes the existence of an obstacle for hearing the case on its merits.

Art. 43

(1) On the request of any of the parties or on its own initiative the Arbitral Tribunal may correct the award regarding the calculation, spelling or any other obvious factual error. The other party shall be informed about the requested correction either by

the requesting party or by the Arbitral Tribunal, if acting on its own initiative.

(2) Each party, after informing the other one, may request the Arbitral Tribunal for interpretation of the award.

(3) The request for correction or interpretation shall be made within 60 days from the date of receipt of the award, unless the parties agreed on another term for it. When the Arbitral Tribunal is acting on its own initiative, it shall make the correction within 60 days from the date of rendering the award.

(4) Regarding the correction and the interpretation of the award, the Arbitral Tribunal shall hear the parties or give them the possibility of submitting their written opinions within a term prescribed by the Tribunal. The latter shall decide on the correction or the interpretation within 30 days from the date of the request. The decision on these issues shall be made in compliance with art. 39 and art. 41 above.

The correction and the interpretation shall become a part of the award.

Art. 44

On a request of the parties, the Arbitral Tribunal may render an additional award on claims omitted in the award. The party which requests the additional award shall inform the other party about the request made by it within 30 days from the date of receipt of the award. When the request is grounded, the Arbitral Tribunal shall render an additional award within 60 days in compliance with the provisions of art. 43, para (4) above.

Art. 45

The Arbitral Tribunal may extend the term related to the correction, interpretation and addition to the award.

Art. 46

The powers of the Arbitral Tribunal shall end with the conclusion of the arbitration proceedings, except in the cases related to art. 43 and art. 44 above.

(New-SG No. 8 of 2017) Any court of arbitration shall keep records, containing the files of the closed cases for a period of 10 years from completion of the proceedings. After the expiry of this term, only the awards and the reasons thereof shall be kept, as well as the concluded settlements.

Chapter Ⅶ Setting Aside, Recognition and Enforcement of the Award

Art. 47

(1) (Amended-SG No. 93 of 1993, amended and supplemented-SG No. 38 of 2001, amended-SG No. 46 of 2002, amended-SG No. 8 of 2017) The arbitration award may be set aside by the Supreme Court of Cassation if the party requesting the setting aside proves any of the following grounds:

the party has been incapable at the conclusion of the arbitration agreement;

no arbitration agreement has been concluded or it has been null and void according to the law chosen by the parties and failing such a choice-according to this Law;

(Repealed-SG No. 8 of 2017);

the party has not been duly notified of the appointment of an arbitrator or of the arbitration proceeding or has been unable to take part in the proceeding; owing to causes beyond its control;

the award has resolved a dispute not provided for in the arbitration agreement or contains a ruling outside the subject of the dispute;

the composition of the Arbitral Tribunal or of the arbitration procedure has not been in compliance with the agreement between the parties, unless the said agreement has been in conflict with the mandatory provisions of this Law or failing such agreement-when the provisions of this Law have not been applied.

(2) (New-SG No. 8 of 2017) The arbitration awards issued for disputes the subject of which has been unarbitrable shall be null and void.

Art. 48

(1) A request for setting aside may be made within 3 months from the day on which the requesting party received the award. When a request for correction, interpretation or addition to the award has been made, the term shall be effective from the day

when the Arbitral Tribunal decides on that request.

(2)(Amended-SG No. 59 of 1998, SG No. 38 of 2001, SG No. 46 of 2002) Stay of execution of an arbitration award as a provisional remedy to actions under art. 47 shall be admitted only by the Supreme Court of Cassation against a guaranty of the amount equal to the interest from setting aside of the arbitration award.

(3)(New-SG No. 93 of 1993, repealed-SG No. 38 of 2001, new-SG No. 46 of 2002, amended-SG No. 59 of 2007) The amount of the state charge for hearing claims under art. 47 of this Law shall be determined in compliance with the provisions of art. 71 of the Civil Procedure Code.

Art. 49

(Repealed-SG No. 93 of 1992, new-SG No. 38 of 2001, amended-SG No. 8 of 2017) If the state court by a decision in force sets aside an arbitration award on some of the grounds of art. 47, para 1, items 1 and 2, the interested party may bring an action on the dispute before the competent state court and when the arbitral award has been set aside on some of the grounds of art. 47, para 1, items 4, 5 and 6, the state court shall return the case to the Court of Arbitration for a new hearing. Each of the parties may request the case to be heard by other arbitrators.

Art. 50

(Abrogated-SG No. 93 of 1993).

Art. 51

(1) (Amended-SG No. 93 of 1993, amended-SG No. 8 of 2017) The District Court in the region of which the domicile or legal seat of the debtor party is, on a request of the interested party shall issue a writ of execution based on the arbitration award in force. A copy of the arbitration award and evidence of the award being served on the debtor party of the execution shall be attached to the request.

(2) The international treaties, to which the Republic of Bulgaria has been a party, shall apply for recognition and enforcement of foreign arbitration awards.

(3)(New-SG No. 38 of 2001, amended-SG No. 59 of 2007) The request for recognition and enforcement of a foreign arbitration award shall be made before the Sofia City Court, unless otherwise provided for in an international treaty to which the Republic of Bulgaria has been a party. For proceeding on the request respectively arts. 118 – 120 of the International Private Law Code shall apply, with the exception of the right of the debtor party to raise an objection based on liquidation of the debt.

Chapter Ⅷ Liability To Administrative Sanctions (New-SG No. 8 of 2017)

Art. 52

(1) (New-SG No. 8 of 2017) The Minister of Justice shall exercise control over the observance of this law by the courts of arbitration and the arbitrators through the Inspectorate with the Minister of Justice pursuant to the Judiciary System Act.

(2) The control shall be exercised by means of inspection assigned with order of the Minister of Justice officially or in connection with a signal or complaint raised by an interested party. The order of the Minister of Justice shall specify the court of arbitration, respectively the arbitrators, which are subject to control, the inspectors to which the control has been assigned, time frame for carrying out the inspection, and the period that shall be covered by the inspection, as well as other circumstances.

(3) The President of the court of arbitration shall provide free access to the office premises and to the official records of the court for conducting of the inspection assigned by the Minister of Justice.

(4) A protocol shall be drawn up on the inspection findings.

(5) The Minister of Justice may issue mandatory instructions to the court of arbitration and the arbitrators with a specified term to remedy the established violations of the provisions of this Law.

Art. 53

(1) (New-SG No. 8 of 2017) An arbitrator who renders an award for a dispute in which one of the parties is a consumer within the meaning of § 13, item 1 of the Additional Provisions to the Consumer Protection Act, shall be sanctioned by a fine of

BGN 500 to 2500. A pecuniary sanction of BGN 5000 shall be imposed on a legal entity which commits the violation under the first sentence.

(2) In case of a second violation the fine or the pecuniary sanction shall be in triple size.

(3) An arbitrator or a legal entity which does not comply with the mandatory instructions under art. 52, para 5, shall be sanctioned by a fine or pecuniary sanction of BGN 2500.

Art. 54

(1) (New-SG No. 8 of 2017) The act establishing the presence of an administrative violation under art. 53 shall be drawn up by the inspectors under art. 52, para 2, and the penal decree shall be issued by the Minister of Justice.

(2) The acts for establishment of the presence of violations shall be drawn up and the penal decrees shall be issued, appealed and enforced under the conditions and in pursuance of the procedure of the Administrative Violations and Sanctions Act.

附录二：

2021 年《BCCI 仲裁院规则》(英文版)

Rules of the Court of Arbitration at the BCCI - 2021

[These Rules were adopted by the Management Board of the Bulgarian Chamber of Commerce and Industry under a Resolution recorded in Minutes No. 1 of 31.03.1993 and came into force on 1 July 1993, abrogating all effective Rules existing up to that time. These Rules were amended by a Resolution of the Executive Council of the BCCI under No. 47/3 -2002 of 29.01.2002 coming into force on February 1, 2002, as well as subsequent amendments with Resolution No. 95/1 -2008 of the Executive Council of the BCCI from 15.01.2008, as well as subsequent amendments with Resolutions of the Executive Council of the BCCI No. 95/1 -2008 of 15.01.2008 that became effective as of 01.02.2008 and amendments with Resolution No. 67/21 -2011 of 15.11.2011 of the Executive Council of the BCCI from 15.11.2011, effective as of 01.01.2012. Only the respective texts adopted by resolution of the Executive Council of the BCCI No. 72/27 -2016 of 29.11.2016 are indicated as “amended, supplemented” and “new” and they became effective as of 01.01.2017. These Rules were amended and supplemented by Decision 1 under Item 1.3 of Minutes No. 9/20 -2019 of 22.10.2019 of the Executive Council of the BCCI effective as of 01.12.2019., amended and supplemented by Decision 1 under Item 1.1 of Minutes №35/20 -2020 of 17.12.2020 of the Executive Council of the BCCI, effective as of 01.01.2021.]

Ⅰ. General Provisions

Art. 1. Court of Arbitration

(1) The Court of Arbitration at the Bulgarian Chamber of Commerce and Industry is a jurisdiction institution, independent from the Chamber. The organisation of the Court of Administration and the status of the arbitrators shall be governed by the Statute of the Court of Arbitration.

(2) The Court of Arbitration shall resolve civil disputes as well as disputes related to filling gaps in contracts or their adaptation to newly arisen circumstances, irrespective of whether the seat or domicile of one or both parties is in the Republic of Bulgaria or abroad.

Art. 2. Grounds of Jurisdiction of the Court of Arbitration

(1) (Amendment effective as of 01.01.2017) The Court of Arbitration shall proceed on disputes under Art. 1, Paragraph (2) provided the disputes have been submitted to it by virtue of an arbitration agreement.

(2) (Amendment effective as of 01.01.2017) The arbitration agreement shall be in writing. The agreement shall be deemed of being in writing also when contained in letters and other written means of communication, exchanged between the parties or contained in general conditions, referred to in a written contract concluded by the parties.

(3) An arbitration agreement shall be considered to be in writing also when a claimant files a statement of claim before the Court of Arbitration and the respondent, either in writing or by means of a statement, recorded into the minutes of the arbitration hearing, agrees the dispute to be heard by the Court of Arbitration or performs an act before the Court, directed towards hearing the dispute on its merits without challenging the jurisdiction of the Court of Arbitration.

(4) (New, effective as of 01.01.2017) Unless if in the arbitration agreement concluded after this paragraph has come into force the parties have not otherwise agreed, the agreement about the applicability of the Rules of the AC at the BCCI shall mean

that the parties have accepted the jurisdiction of the AC at the BCCI as well.

Art. 3. Applicable Procedural Rules

(1) Unless the parties agree otherwise, their consent to submit the dispute to the Court of Arbitration at the Bulgarian Chamber of Commerce and Industry shall mean that they accept these Rules.

(2) The Court of Arbitration shall apply the rules related to the proceedings on the case as agreed on by the parties, except when they contradict any mandatory provisions of the applicable law on arbitration or the principles of these Rules.

(3) Regarding issues not governed by the Law on International Commercial Arbitration, by these Rules or by an agreement of the parties, the arbitrators shall proceed in accordance with their reasonable discretion, guided by the nature of the arbitration and the issue at dispute, ensuring in any event equal opportunity for defense to each party.

(4) In cases based on an arbitration agreement, those provisions of the Rules shall apply which were in force at the time of commencement of the arbitration proceedings, except when both parties request application of the rules in force at the time of conclusion of the arbitration agreement or those which became effective after the commencement of the arbitration proceedings.

(5) Unless a party immediately objects in writing or during an arbitration hearing against a violation of a procedural rule under para (1) or (2) above, it shall be deemed that this party has waived its right of claiming the violation.

Ⅱ. Statement of Claim and Reply to the Statement of Claim

Art. 4. Submission of the Statement of Claim

(1) Arbitration proceedings shall commence with the submission of a Statement of Claim to the Court of Arbitration.

(2) The Statement of Claim shall be considered filed on the day when it was registered by the Secretariat of the Court of Arbitration and if sent by mail-on the date recorded on the stamp of the post office at the location of mailing.

(3)(New, effective as of 01.01.2017) Receiving of a case transferred by another arbitration or state court terminated as a result of an agreement between the parties governing the jurisdiction of the Court of Arbitration at the BCCI shall not commence an arbitration proceeding. In such events the Secretariat shall notify the Claimant about the received documentation and shall send to the Claimant the Rules of the AC at the BCCI with the instruction that the case shall be filed if the requirements of the preceding paragraph shall be satisfied.

Art. 5. Contents of the Statement of Claim

(1) A statement of claim shall contain:

the full names, unified identification codes (UIC)/Personal IDs of the parties;

the addresses of the parties, telephone, telefax and e-mail address;

the value of the claim;

a statement of facts on which the claim is based;

the remedy sought and the amount claimed;

the name of the arbitrator or a request that the arbitrator be appointed by the President of the Court of Arbitration;

a list of documents, attached to the statement of claim;

the signature of the claimant.

(2) The claimant shall indicate in the statement of claim all pieces of evidence and submit the written evidence, related to the facts on which the claim is based.

(3) The following documents shall be attached to the statement of claim:

the arbitration agreement, when the jurisdiction of the Court of Arbitration at the Bulgarian Chamber of Commerce and Industry (BCCI) is not based on any international treaty;

actual status certificates of the claimant and the respondent;

a receipt for payment of the arbitration charge and a deposit for expenses copies of the statement of claim and of the documents corresponding to the number of respondents.

(4) If possible, the parties shall enclose the text of the statement of claim and the

accompanying documents on electronic carrier.

Art. 6. Value of the Claim. Assessment of the Arbitration Charge

(1) The value of the claim shall be determined:

for money claims-by the amount at issue;

concerning claims for surrender of immovable property – 1/4 of the tax assessment, and in the case that there is non-of their market price. For movable property-over their real value;

concerning claims for declaratory relief or transformation of legal relations-by the value of the contract at the time of submission of the statement of claim, and concerning lease contracts of indefinite term-by the rent for one year;

concerning claims for periodic payments for a definite term-by the sum total of all payments, and for payments for an indefinite period of time-by the sum total of the payments for three years.

(2) The value of the claim shall be indicated by the claimant in the statement of claim. When the statement of claim contains several claims the value of each claim shall be indicated separately.

(3) In case of submission of a request for set-off by a respondent, the latter shall indicate the value in accordance with the provisions of para(1) and para(2) above.

(4) In case a claimant has failed or wrongly indicated the value of the claim or when the value cannot be determined exactly, the President of the Court of Arbitration at the Bulgarian Chamber of Commerce and Industry, on his own initiative or on a request of the respondent, shall determine the value of the claim on the basis of the available data.

(5) If during the proceedings on the case it is revealed that the value of the claim has not been determined in accordance with the provisions of the preceding paragraphs, the Arbitral Tribunal shall finally determine the value of the claim.

(6) The above provisions shall also apply when the value of a request for set-off is determined.

(7) The claimant shall pay arbitration charge on the basis of the sum total of all

claims, while the respondent shall pay arbitration charge on the basis of the values of the submitted counter-claims and requests for set-off.

Art. 7. Preliminary Assessment of the Jurisdiction of the Court

(1) When a claimant in his/her statement of claim does not refer to an arbitration agreement or has failed to submit it, the Secretariat of the Court shall invite him/her within 15 days and in international disputes within 30 days to submit such an agreement or to declare in writing that he/she would like, irrespective of the absence of such an arbitration agreement, a copy of the statement of claim to be served upon the respondent.

(2) If within the prescribed time limit the claimant fails to submit an agreement substantiating the jurisdiction of the Court of Arbitration at BCCI or to declare in writing his/her request for serving a copy of the statement of claim upon the respondent, as well as when the submitted arbitration agreement refers to an unarbitrable dispute, the statement of claim shall be returned to the claimant on a ruling of the President of the Court of Arbitration.

(3) When within the prescribed time limit the claimant submits an arbitration agreement substantiating the jurisdiction of the Court of Arbitration at BCCI, the Secretariat of the Court shall send to the claimant a notice for payment of the arbitration charge due and the deposit for expenses determined.

(4) If within the time limits, under para (1), the claimant fails to submit an arbitration agreement but declares in writing his/her wish that a copy of the statement of claim be served upon the respondent, the Secretariat shall notify the claimant to pay the minimum arbitration charge of the respective tariff. If the respondent, by his written reply, agrees the case to be heard pursuant to Art. 2 (3), the claimant shall be obliged to pay the arbitration charge up to the full amount according to the tariff.

Art. 8. Correction of Shortcomings in the Statement of Claim

(1) Should the statement of claim fall short of the provisions of art. 5, para (1) or the attachments under art. 5, para (3), items 3 and 4 have not been submitted, the Secretariat of the Court shall give the claimant a time limit for correction of the shortcom-

ings. This time limit shall not be longer than 30 days in international disputes and 15 days respectively in domestic disputes, effective from the date of receipt of the notice. No court proceedings shall be undertaken until the correction of the shortcomings.

(2) If the claimant contests the view of the Secretariat concerning the regularity of the statement of claim, the issue shall be decided by the President of the Court of Arbitration.

(3) If the claimant does not correct the shortcomings within thirty days after the time limit under para. (1) has elapsed, the statement of claim shall be returned to the claimant as per a ruling by the President of the Court of Arbitration.

Art. 9. Reply to the Statement of Claim

(1) After filing the statement of claim and payment of the arbitration charge and the deposit for expenses, the Secretariat of the Court shall notify the respondent and serve on a copy of the statement of claim with all the attached documents, accompanied by the list of arbitrators.

(2) At the same time the Secretariat shall inform the respondent that within 30 days from the date of receipt of the statement of claim he/she can submit a reply, supported by respective evidence. When a dispute is between parties whose seats or domiciles are in this country, the time limit for reply shall be 15 days. Upon a request of the respondent the above time limits can be extended by the President of the Court of Arbitration.

(3) The respondent shall advise the name of the selected arbitrator within the same time limit or leave to the President of the Court of Arbitration to appoint the arbitrator.

(4) The respondent may submit a counter claim or a request for set-off if the dispute concerning his/her receivable is within the jurisdiction of the Court of Arbitration. The counter claim shall be submitted no later than the end of the first open hearing of the case and shall be subject to the provisions of Art. 5. The request for the set-off can be submitted at a later date as well.

(5) The absence of a reply to the statement of claim shall not be deemed to mean

acceptance of the claim.

Ⅲ. Papers, Notices, Serving of Documents

Art. 10. Submission of Documents on the Case

(1) All documents shall be submitted with copies corresponding to the number of parties and one additional copy for the Court of Arbitration. If possible, the party shall provide all documents on the case on electronic carrier.

(2) The documents referred to in para(1), except the written evidence /para(3) of art. 29/ shall be submitted in the language in which the contract was concluded or in the language which the parties used in their correspondence between each other or in the Bulgarian language. The translation of these papers shall be done on the order of the Secretary for the account of the party submitting the papers.

(3) In case papers are submitted in a language, the translation from which is connected with difficulties, the Secretary of the Court may order the respective party to submit the said papers translated into English, French, German, Russian, Italian or Spanish. If the party fails to submit a translation within the prescribed time limit no further proceedings shall be undertaken.

Art. 11. Sending and Serving of Documents

(1) The Secretariat of the Court shall send to the parties all relevant papers, notices and summonses to the addresses indicated by them, or to the addresses of their duly authorized representatives.

(2) (Amended, effective as of 01. 12. 2019) The Statement of Claim, the Reply to the Statement of Claim, the Arbitral Award and the Rulings shall be sent to the parties through licensed postal operators, which shall certify the serving of or the attempt thereto by a document, that shall be attached to the file of the case.

(3) All above mentioned documents can be served personally on the party or on its representative against a document of receipt.

(4) (Amended, effective as of 01. 12. 2019) Parties shall indicate an electronic address in the Statement of Claim or in the Reply to the Statement of Claim at which

the documents mentioned in the preceding paragraph are to be sent.

In the event of omission, a party may indicate an electronic address at a later moment.

At the request of a party, the Secretariat shall submit an electronic address at which to send the documents mentioned in Sentence 1 free of charge.

Sending of documents via electronic means shall be certified by a Secretariat employee who shall put a date, sign and attach a copy of the electronic notice to the file of the case. Parties and expert witnesses may communicate to the AC any of their opinions, pleadings, conclusions and others under the above mentioned conditions.

Art. 12. Receipt of Papers, Summonses and Notices

(1) When the seat, domicile, habitual place of residence or the postal address of the recipient party cannot be traced after a diligent inquiry the papers, notices or summonses shall be deemed received if sent to its latest known seat, domicile, habitual place of residence or postal address by registered mail or by any other means which can certify the attempt for delivery.

(2) The document, referred to in para (1) shall be deemed delivered also when the addressee has refused to receive it or failed to contact the post office to receive it, if the respective post office authorities certify that.

(3) The time limits for procedural acts of the parties shall commence from the date on which the addressee received the notice. If the last day of the term falls on a holiday, the time limit shall expire on the first weekday after the holiday.

Ⅳ. Arbitral Tribunal

Art. 13. Composition of the Arbitral Tribunal

(1) The Court of Arbitration shall hear and resolve the disputes referred to it through an Arbitral Tribunal, which can be composed of a sole arbitrator or of three arbitrators.

(2) The President of the Court of Arbitration may propose to the parties to agree the case to be heard and resolved by a sole arbitrator, selected by consent, or leave to

the President of the Court of Arbitration to appoint him/her.

Art. 14. Panel of Arbitrators

(1) When the Arbitral Tribunal is composed of three arbitrators, each of the parties shall appoint one arbitrator and the two appointed arbitrators on their part shall elect the presiding arbitrator from the list of arbitrators within 7 days from the date of notice advising of their appointment. The time limit shall be 30 days when one of the arbitrators is a foreign citizen.

(2) (Amended, effective as of 01.01.2017) In disputes where one party is a foreign person or a local company with prevailing foreign participation, such party may appoint a foreign citizen for arbitrator who is not included in the list of arbitrators for international cases. Under the same conditions the presiding arbitrator may be elected who also may not be included in the list of arbitrators for international cases.

(3) (New, effective as of 01.12.2019) A party may select an arbitrator from the Regional List of Arbitrators if its domicile or permanent address are located in the district where is the domicile of the respective Regional Chamber within the unified system of the Bulgarian Chambers of Commerce and the place of hearing of the case has been agreed upon in the arbitration agreement to be the place of the domicile of the respective Regional Chamber.

(4) (Former Paragraph 3, effective as of 01.12.2019, amendments effective as of 01.12.2019) The persons, named by the parties or elected for presiding arbitrators, who are not included in the list of the Court of Arbitration at the BCCI, when accepting to be arbitrators shall fill in a written statement under the provisions of Art. 6, paragraph 7 of the Statute of the Court of Arbitration as well as another written statement, explicitly declaring that they are acquainted with and shall abide by the Rules of the Court of Arbitration at the BCCI as well as a statement that they are acquainted with and accept the Tariff of remunerations of arbitrators acting on behalf of the Court of Arbitration at the BCCI.

(5) (Former Paragraph 4, effective as of 01.12.2019) If a claimant or a respondent fails to appoint an arbitrator or the arbitrators fail to elect the presiding arbitrators

within the time limits under Paragraph 1, the President of the Court of Arbitration shall appoint such arbitrator or presiding arbitrator from the list of arbitrators of the Court.

(6)(Former Paragraph 5, effective as of 01.12.2019) If the claimants or the respondents are several they shall appoint an arbitrator by mutual consent. If no agreement can be reached by the claimants or the respondents, the arbitrator shall be appointed by the President of the Court of Arbitration. When only part of the claimants or the respondents have appointed a common arbitrator, the Secretariat shall notify the inactive claimants or respondents about the appointed arbitrator. If they do not submit objections within a 15 – day time limit(30 – day time limit respectively), the President of the Court of Arbitration shall appoint the arbitrator selected by the party.

(7)(Former Paragraph 6, amendments effective as of 01.12.2019) The decision of the President of the Court of Arbitration under paragraphs 5 and 6 above shall be final.

Art. 15. A Sole Arbitrator

By virtue of an agreement of the parties thereto the dispute may be heard and resolved by a sole arbitrator, appointed by both parties from the list of arbitrators. If the parties are unable to reach agreement on the choice of an arbitrator, the arbitrator shall be appointed by the President of the Court of Arbitration.

Art. 16. Replacement of an Arbitrator

(1) An arbitrator who does not accept his/her appointment or is prevented to do his/her duty for over 60 days shall notify the Secretariat in writing within 7 days from the date of notice advising of his/her appointment. The Secretariat shall inform the respective party immediately requiring the appointment of a new arbitrator. The same shall apply to an arbitrator for whom grounds for incompatibility under art. 7, para 4 of the Statute of the Court of Arbitration at BCCI have arisen.

(2) The presiding arbitrator of the Arbitral Tribunal shall be replaced, following the procedure for his/her election. The replacement of an arbitrator after election of the presiding arbitrator shall not bring about replacement of the latter.

(3) If necessary, the Arbitral Tribunal, after consultation with the parties, may review the issues already dealt with during the hearings preceding the replacement in the cases referred to in paragraphs (1) and (2) above.

Art. 17. Challenge of Arbitrators

(1) When a person is nominated for arbitrator, he/she shall point out all circumstances which may give rise to reasonable doubts concerning his/her impartiality or independence, submitting a signed statement to this effect to the Secretariat of the Court.

(2) Each party shall have the right of challenging an arbitrator, including the presiding arbitrator, if it has doubts about their impartiality and especially if there is data that they personally, directly or indirectly, have an interest in the outcome of the case.

(3) An arbitrator or a presiding arbitrator of the Arbitral Tribunal shall be obliged to resign under the provisions of para (1) above.

Art. 18. Procedure for Challenge

(1) Challenge of an arbitrator shall not be made later than 7 days after the challenging party has obtained information about the composition of the Arbitral Tribunal or after the party has obtained information of circumstances providing grounds for the challenge. No challenge shall be made after the case is declared clarified in terms of factual and legal matters and after the Arbitral Tribunal has proceeded to render the final act of the case.

(2) The request for challenge shall be made in writing to the Arbitral Tribunal, stating the reasons thereof.

(3) If the arbitrator does not resign and the opponent party objects to the challenge, the Arbitral Tribunal shall decide on the challenge per se.

(4) When the opponent party approves of the challenge or the challenge has been granted, the new arbitrator or the presiding arbitrator of the Arbitral Tribunal shall be appointed or elected in compliance with the provisions of these Rules. If the newly appointed arbitrator approves of the already elected presiding arbitrator he/she shall sign the protocol for the election, otherwise a new presiding arbitrator shall be elected following the provisions concerning the terms and procedure of election, provided for in

art. 14, para(1).

Art. 19. Challenge of Experts and Interpreters

A challenge of an expert or an interpreter can be made on the grounds provided for in art. 17, para(2). The Arbitral Tribunal shall render the final ruling on the challenge.

V. Hearing the Case

Art. 20. Preparation for the Hearing

(1) The Arbitral Tribunal shall supervise the preparation for the hearing of the case and shall take measures for clarification of the circumstances concerning the case and its supplementation with evidence in order to ensure its efficient, inexpensive and correct resolution. For this purpose the case may be heard at a preliminary session without summoning the parties. However, the Arbitral Tribunal shall inform the parties about the measures adopted and the terms for their realization.

(2) The sole arbitrator or the presiding arbitrator of the Arbitral Tribunal shall inform the parties about the measures adopted and shall give specific instructions to the Secretary of the Court for preparation of the case. The former shall fix the date for the hearing and summoning of the parties, witnesses, experts and interpreters.

Art. 21. Place of the Hearing

(1) The sessions of the Court shall take place in Sofia.

(2) When necessary the Arbitral Tribunal may, on a request of the parties or on its own initiative, hold the hearings at another venue as well.

Art. 22. Summoning to Hearings

(1) Summonses, stating the date, time and place of the hearing shall be served on the parties. Summonses and notices shall be sent forward in such a manner that each party should have at its disposal at least 30 days to prepare for and to take part in the hearing of the case. When the seats or domiciles of the parties to the dispute are in this country, the time limit for preparation shall not be longer than 15 days.

(2) By consent of the parties a shorter period for preparation may be fixed.

(3) By consent of the parties summoning to hearings may be done by electronic means to an e-mail address specified on the case, under the provisions of art. 11, para (4).

Art. 23. Language of the Hearing

The hearing of the case shall be conducted in the Bulgarian language but if one of the parties has seat or domicile abroad, the parties may agree on the use of another language. The agreement on the language shall be reached before the composition of the Arbitral Tribunal. The latter shall appoint an interpreter for the party having no command of Bulgarian. The fee of the interpreter shall be for the account of that party, irrespective of the outcome of the case.

Art. 24. Hearing the Case

(1) The case shall be heard in a session in which the parties may participate in person or through a duly authorized representatives.

(2) The hearing on the case shall be closed to the public. Persons not involved in the proceedings may attend with the permission of the Arbitral Tribunal and by consent of the parties.

(3) (Amendment, effective as of 01. 12. 2019) By consent of the parties the case may be heard and resolved without summoning them at a hearing only on the basis of documentary evidence and written opinions, submitted by them. The case shall be heard without summoning the parties if the respondent in her/his reply to the statement of claim has recognized it. The Arbitral Tribunal, however, may summon the parties to a hearing, if the Arbitral Tribunal finds that the case needs additional clarification.

(4) (Revoked, effective as of 01. 12. 2019).

(4) (Former Paragraph 5, effective as of 01. 12. 2019) All proceedings of the AC at the BCCI are confidential. Any documents pertaining to a proceeding shall be presented only to a party, his/her legal representative or his/her procedural representative.

(5) (New, effective as of 01. 12. 2019) At a party's request and with the consent

of the other party, the Arbitral Tribunal may hold an open hearing by a videoconference upon the party's submission of a well grounded request and good reasons for such a request and provided that the available technical means allow such videoconference.

(6) (New, effective as of 01.01.2021) The Arbitral Tribunal, given the circumstances, may at its discretion and upon hearing of the parties, on the basis of a well-grounded ruling, hold an open hearing entirely or partially from a distance by a videoconference by an electronic platform selected by the Arbitral Tribunal. The Arbitral Tribunal may not apply Art. 30, Paragraph 4, Sentence 2. In this event, the Arbitral Tribunal shall adopt rules regarding questioning and interrogation from a distance, which rules shall guarantee the establishment of the interrogated person's identity and exclude the usage of auxiliary materials or the interference of a third party during the interrogation thus far unrevealed before the Arbitral Tribunal.

The same rules shall apply in the event of hearing of an Expert from a distance.

Art. 25. Non-attendance of a Party

(1) (Supplemented, effective as of 01.01.2017) The non-attendance of a party, duly notified of the date, time and place of the arbitration hearing, shall not be a reason for adjournment of the case. The hearing may be adjourned only if the absent party has asked for its postponement, due to acceptable reasons for which it has submitted evidence together with the request for adjournment.

(2) (New, effective as of 01.01.2021) If upon receiving of the Ruling of the Arbitral Tribunal under Art. 24, Paragraph 6, a party to the arbitration case notifies the Arbitral Tribunal, that this party does not have the technical facilities for online participation, this party shall be assisted by the AC at the BCCI for such participation. In the event if such party nevertheless refuses to participate at a hearing by videoconference for no good reason, this refusal of the party shall not serve as grounds for not holding of the arbitration hearing in the manner provided for in Art. 24, Paragraph 6.

(3) (Former Paragraph 2, effective as of 01.01.2021) Each party may ask that the case be heard in its absence.

Art. 26. Challenge of Jurisdiction of the Court

(1) The Arbitral Tribunal shall decide on the jurisdiction of the Court of Arbitration including when the jurisdiction has been challenged on the grounds of absence or invalidity of the arbitration agreement.

(2) An arbitration agreement, incorporated in a contract, shall be independent of its other provisions. The nullity of a contract shall not mean ipso facto the invalidity of the arbitration agreement therein.

(3) The challenge of the jurisdiction of the Court of Arbitration shall be made with the reply to the statement of claim at the latest. It may also be made by the party which has appointed or taken part in the appointment of an arbitrator.

(4) When an issue outside the jurisdiction of the Court of Arbitration is put forward during the proceedings, the challenge of jurisdiction shall be made immediately.

(5) The Arbitral Tribunal may grant a challenge of jurisdiction even when made later if there is a justifiable reason for such delay.

(6) The Arbitral Tribunal shall render a ruling on the challenge of jurisdiction before discussing the case on its merits, except if the resolution of the dispute on the jurisdiction is substantiated by the solution of the dispute on the merits of the case.

(7) If the Arbitral Tribunal rejects the challenge of jurisdiction, the arbitration proceedings shall continue, notwithstanding the refusal of the respondent or his abstention from participation in the hearing of the case.

Art. 27. Settlement

(1) Upon opening the hearing the Arbitral Tribunal shall make a proposition to the parties to settle.

(2) The Arbitral Tribunal may propose a settlement at any stage of the proceedings before rendering its award.

(3) If the parties reach a settlement before the Arbitral Tribunal, this settlement shall be recorded in the minutes of the hearing and shall be signed by both parties and the arbitrator or arbitrators.

(4) The parties shall be entitled to request the settlement to be reproduced in an a-

ward under agreed upon terms and conditions.

Art. 28. Imposition of Remedies

Unless the parties have agreed otherwise, the claimant may request the Court of Arbitration to impose on the respondent to provide adequate remedies for securing his/her claimed rights. The applicant shall indicate a particular measure or measures which shall not affect rights of third parties. If the request is granted the Arbitral Tribunal may set that a guaranty be submitted by the applicant.

Art. 29. Evidence

(1) Each party shall prove the circumstances on which its claims or objections are based.

(2) With respect to the circumstances of the case, the Arbitral Tribunal may accept proven the facts concerning which a party has created obstacles for collection of the evidence admitted by the Arbitral Tribunal.

(3) A party shall be free to submit written evidence in original or in a copy certified by it. The Arbitral Tribunal shall have the right to request a translation of these pieces of evidence into another language when it is necessary for the case. The written evidence submitted by one of the parties shall be served on the other party in due time. Correspondence between the parties via e-mail may be used by them as evidence. In the event of a dispute between the parties regarding the authenticity of the messages sent or the fact of their delivery to the addressee, the parties may use other reliable evidence, including statements by internet providers employees.

(4) Examination of the evidence shall be carried out as determined by the Arbitral Tribunal. The latter may assign the examination to one of the arbitrators. The parties shall be duly notified of any inspections of goods and other objects, as well as of in situ inspections.

(5) The arbitrators shall evaluate the evidence according to their free conviction.

Art. 30. Collection of Evidence

(1) The Arbitral Tribunal may ask the parties to submit additional evidence; may

appoint experts or request from organizations or physical persons to submit certificates or any other documents in their possession when necessary for assessing the truth of the case. The parties shall be duly notified about any pieces of evidence collected ex officio and shall be given adequate time for presentation of their opinions and for submission of counter evidence.

(2) The Arbitral Tribunal may order the parties to furnish the necessary information to the experts or to provide access for the review of documents, inspection of goods or other objects, when necessary for the presentation of their opinions. The Arbitral Tribunal may, upon a request of any of the parties or on its own initiative, order the experts after the submission of their opinions to attend the hearing in order to give clarifications. If requested by the parties, additional experts may be appointed as well to give their opinions on the issue under dispute. The interested party shall submit and enclose in due order, all evidence used to form expert opinions, unless both parties agree otherwise.

(3) The Arbitral Tribunal may delegate to one of its members to collect evidence abroad, while the party requesting the evidence shall advance the expenses thereof.

(4) (Supplemented, effective as of 01. 12. 2019) Witnesses may be interrogated if brought in by the party which has listed them and pointed to the circumstances which these witnesses are expected to prove. Witnesses may be interrogated via videoconference, if the party that has named such witnesses within a reasonable time limit prior to holding of the hearing submits to the Arbitral Tribunal a well-grounded request and acceptable reasons for such a request, and provided that the available technical facilities allow such videoconference and the interrogation is held at the domicile/registered address of Regional Chamber of Commerce within the unified system of the Bulgarian Chambers of Commerce.

(5) The Arbitral Tribunal may set a final date for presenting and submitting evidence. Such time limit may be extended or renewed when there are cogent reasons. The party referring to such reasons shall have to present relevant proof thereof.

Art. 31. Assistance from the State Court

The Arbitral Tribunal or an interested party, with the approval of the Tribunal, may request from any state court in this country or abroad to collect particular pieces of evidence necessary for the case.

Art. 32. Amendment of Claims

(1) Each party may amend or supplement his/her claim or objection at any point during an arbitral proceeding, unless otherwise agreed. The Arbitral Tribunal may not admit the requested amendments, if it finds that the other party may be faced with particular difficulties because of the amendment. The same rules shall apply to amendments to counter claims as well.

(2) In the event a party shall die or the legal entity shall cease to exist, the proceedings under the case shall be continued on behalf of the successor, if there is one.

(3) An amendment to a claim through replacement of a party shall only be admitted if there is consent by both parties, as well as by the person or entity, stepping in as a party to the proceedings.

Art. 33. Third Party Participation

Participation (voluntary or invoked by a party) of a third party to the proceedings may be admitted only with the consent of the parties, and in the case of being invoked by a party-with the consent of the third party. The same shall app[y for submission of counter claims against a third party. The participation of a third party shall be admissible up to the expiry of the time limit for reply to the statement of claim. The consent of the said third party to participate shall have to be made in writing.

Art. 34. Postponement and Suspension of Proceedings

(1) Suspension of proceedings shall occur:

by both parties' common request;

when a case is being heard by another court or another court of arbitration, and the decision in that proceeding will be of relevance for rendering of a rightful decision in the arbitral proceeding;

by virtue of the Law.

(2) A suspended proceeding shall be renewed by a request of a party when the grounds for suspension no longer exist. In cases under (a) the proceeding shall be terminated if within six months of the suspension, neither party has requested its renewal.

Art. 35. Minutes

(1) Shorthand minutes shall be recorded during the hearing by a stenographer-secretary, appointed by the Arbitral Tribunal. The minutes shall be signed by the arbitrator or the presiding arbitrator as well as by the stenographer-secretary.

(2) Upon the request of a party, the Arbitral Tribunal may rule the minutes to be amended or supplemented in case of errors and/or omissions.

(3) The parties shall be sent copies of the minutes, authenticated by the Secretariat of the Court of Arbitration.

(4) (New, effective as of 01.01.2021) In the event of a hearing held entirely or partially by videoconference, an access to the video-file of the thus held hearing shall be ensured to the parties.

Art. 36. Applicable Law

(1) The Arbitral Tribunal shall apply the law chosen by the parties. Unless otherwise agreed upon, the choice of the law shall refer to the substantive law and not to the rules of conflict of laws.

(2) When the choice of law is inadmissible or when the parties have not chosen such law, the Arbitral Tribunal shall apply the law as determined by the rules of conflict of laws which the Tribunal considers applicable. When the seats or domiciles of the parties are in the same country, the rules of conflict of laws of that country shall determine the applicable law. If the disputed relationship is governed by an international convention, the latter shall be applied.

(3) In any event the Arbitral Tribunal shall apply the provisions of the contract and shall take into account the trade usages.

(4) When resolving the dispute the Arbitral Tribunal shall apply the obligatory decisions of the Arbitral College under art. 8, para 2 of the Statute of the Court of Arbi-

tration at BCCI. These decisions shall be published on BCCI's website.

Ⅵ. Conclusion of Proceedings

Art. 37. Awards

(1) The Arbitration proceedings shall be concluded by rendering of an award when no procedural obstacles prevent the resolution of the dispute on its merits.

(2) An award shall be rendered not only when a claim has been accepted but also in case of waiver of the claim. When the circumstances related to the dispute demand so a preliminary a or a partial award may be rendered.

(3) An award made under the provisions of art. 27, para(4), which duly reflects the settlement reached by the parties, shall have the force of an ordinary award.

(4) When the arbitrators in the arbitration cases are persons not included the lists of arbitrators of the Court of Arbitration at BCCI, the President of the Court shall appoint a committee of three arbitrators to check whether the rendered act by which the arbitration proceedings were concluded corresponds to the formal provisions of the Law on International Commercial Arbitration (LICA) and to the Rules of the Court of Arbitration. The committee shall report in writing within three days from handing in the act to the Secretariat by the Arbitral Tribunal. The Arbitral Tribunal shall be bound to take into account the recommendations and to put right the indicated formal shortcomings of the act within three days from the lodging by the committee of the said recommendations with the Secretariat. Such an act shall not be recorded in the book for awards and rulings before correction of the shortcomings.

Art. 38. Rendering Awards

(1) After the Arbitral Tribunal has found that all issues related to the dispute have been adequately clarified, it shall declare the proceedings closed and shall start making the award.

(2) The award shall be made by a majority vote of the Arbitral Tribunal following a discussion. The discussion may be held by means of a conference call or other technical means. If a majority vote cannot be reached the award shall be made by the presid-

ing arbitrator.

(3) The award shall state the reasons on which it is grounded unless it reproduces a settlement reached by the parties to the dispute.

(4) (Supplemented, effective as of 01. 01. 2017) The award shall be drafted by the arbitrator reporting the case and shall be signed by the presiding arbitrator and the members of the Arbitral Tribunal. The award and the reasons thereto shall be signed in one copy for each party and one copy for the Court of Arbitration. If one of the arbitrators is unable or refuses to sign the award, the presiding arbitrator shall certify this fact by his/her own signature on the award, stating the reasons thereof.

(5) The dissenting arbitrator shall be obliged to sign the award immediately, marking his/her position with the initials "d. o." Within seven days from the signing the said arbitrator shall submit in writing his/her dissenting opinion, which shall be attached to the award. After the expiry of the time limit for submission of the dissenting opinion it shall be considered that the arbitrator has given up his/her dissenting opinion and the expiry of the time limit shall be certified in such case by the presiding arbitrator of the Arbitral Tribunal.

(6) When the dispute is to be resolved by a sole arbitrator the award shall be made and signed by the latter.

(7) The Arbitral Tribunal shall resume the hearing on the case on the request of any of the parties if for reasons beyond its control the party was unable to attend the hearing nor was able to inform the Arbitral Tribunal about such inability, or if the party was unable to introduce relevant circumstances or pieces of evidence of which it was unaware by the end of the hearing. The request for resumption shall be taken into account provided it was filed by the expiry of the time limit set by the Arbitral Tribunal for submission of the written pleadings on the case.

(8) The Arbitral Tribunal may resume the hearing on the case on its initiative if by the time of rendering of the award it has established that a clarification of circumstances or additional evidence important for the correct resolution of the case is needed.

Art. 39. Contents of the Award

The award shall contain the following data:

the name of the Court of Arbitration;

date and place of rendering the award;

the names of the arbitrators;

the names of the parties and of the other persons taking part in the arbitration proceedings;

the subject matter of the dispute and brief account of the facts related to the dispute;

the award proper(resolution formula);

reasons of the award;

the signatures of the arbitrators.

Art. 40. Recording of Awards

(1)(Supplemented, effective as of 01.01.2017) After an award has been signed in accordance with the provisions of Art,38 above, it shall be submitted to the Secretariat of the Court of Arbitration by the presiding arbitrator of the Arbitral Tribunal or by the sole arbitrator respectively. He/she shall submit the text of the award on an electronic carrier at an electronic address as instructed by the Secretariat, in a generally accepted form as well as a header of the essentials of the award with notification of the applicable legal texts and supporting text. The award shall be scanned and entered into the electronic program of the Court of Arbitration by the technical secretary in the presence of the arbitrator who submitted the award. The submission of the award and its entry in the electronic program shall be recorded into the Book of Awards of the Court of Arbitration.

(2) An award shall be drafted and submitted within 30 days following the expiry of the time limit set by the Arbitral Tribunal for submission of the written pleadings, and in the cases under Art. 38, Paragraph(5) – at the time of submission of the dissenting opinion, respectively of certifying the absence of such an opinion by the presiding arbitrator following the expiry of the seven day time limit according to the same Para-

graph.

(3) The time limit for rendering of an award on cases with high complexity from factual and legal standpoint shall be two months. The use of the extended term shall be decided by the Arbitral Tribunal which shall notify the parties thereof at the end of the hearing.

(4) The President of the Court of Arbitration, if necessary, may extend the time limit referred to in the previous Paragraph.

(5) The arbitral award shall be final and put an end to the dispute.

Art. 41. Delivery of Award

(1) (Amended, effective as of 01.01.2017) The award shall be delivered to the parties to the case.

(2) If the parties have not agreed upon the language in which the award is to be made, the party whose seat is abroad may be sent also a translation of the award for its own account, if requested.

(3) (Amended, effective as of 01.01.2017) Translations shall be certified by the Secretary of the Court of Arbitration bearing his/her signature and the seal of the Court of Arbitration.

(4) If the translation would require a certain time, the Secretary of the Court of Arbitration shall inform the foreign party by sending it excerpts from the award.

(5) (Amended, effective as of 01.01.2017) A certified copy of the award shall be sent to each party with the instruction that such party could receive a copy of the award from the Secretariat of the Court of Arbitration either in person or through a duly authorized representative or at an address stated by the party or by means of serving for such party's account.

(6) (Amended, effective as of 01.01.2017) A party which personally or through its procedural representative has received the award, may receive once more only a copy of the award each page of the operative part of which shall bear the sign "not liable for forced execution".

(7) (Amended, effective as of 01.02.2019) A copy of the award signed by the

Arbitral Tribunal may be issued once again at the request of a party after it has presented a certificate from the Court, competent to issue a writ of execution, that no writ of execution has been issued on the basis of such an award. A declaration that no writ of execution has been issued during the period following the date of the certificate under the preceding sentence shall be attached to such request.

Art. 42. Corrections and Interpretation of the Award

(1) The Arbitral Tribunal, upon request of any of the parties or on its own initiative, may correct the award regarding calculations, spelling or any other obvious errors.

(2) Each of the parties may ask the Arbitral Tribunal for an interpretation of the award. No interpretation shall be requested once the award has been executed.

(3) Concerning the corrections and interpretation of the award, the Arbitral Tribunal shall hear the parties or shall give them the possibility to submit their written opinions within a time limit prescribed by the Tribunal. The latter shall rule on the requested corrections or interpretation within 30 days from the date of the request. The decision of these issues shall be ruled upon in accordance with the provisions of art. 38 and art. 40 of these Rules.

(4) The corrections and the interpretation shall become integral parts of the award.

Art. 43. Additional Awards

A party may request an additional award if the Arbitral Tribunal has not ruled on its entire claim. An application to this effect may be filed with a copy for the opposing party within 30 days from the receipt of the award. When the request is grounded, the Arbitral Tribunal shall render an additional award in compliance with the provisions of art. 42, para(3).

Art. 44. Execution of Awards

(Revoked, effective as of 01.01.2017).

Art. 44. Termination of Proceedings by Rulings

(Previously Art. 45, effective as of 01.01.2017)

(1) When no award can be rendered the arbitration proceedings shall be terminated by a ruling for which the provisions of Art. 38, Paragraph (5) and Art. 40 shall apply.

(2) A ruling for termination of proceedings shall be made:

1. If the claimant withdraws his/her claim, unless the respondent objects to that and the Court of Arbitration establishes that the respondent has a legitimate interest in the rendering of an award;

2. By common consent of the parties in case of a settlement according to Art. 27, Paragraph (3) as well as in the cases that fall under Art. 34, Paragraph (2) of these Rules;

3. In case of absence of prerequisites, necessary for hearing and solving the disputes on its merits, as well as when because of lack of action on the part of the claimant no proceedings were possible for more than 6 months.

(3) When the Arbitral Tribunal has not been composed in compliance with the established practice, the ruling for termination of the proceedings shall be made by the President of the Court of Arbitration.

Art. 45.

(Revoked, effective as of 01.01.2017).

Art. 45. Safekeeping of Files and Awards

(Previously Art. 46, effective as of 01.01.2017) The Secretariat of the Court of Arbitration shall keep files of terminated cases for a period of 10 years from rendering the awards and rulings on these cases. Following the expiry of this time limit the files shall be destroyed, with the exception of awards and the reasons thereof as well as the concluded settlements which shall be kept for good.

Art. 46. Arbitration Practice

(New, effective as of 01.01.2017) The President of the Court of Arbitration may allow the publication of arbitration awards in information electronic programs with regard to which awards the 3 – month time limit under Art. 48, Paragraph 1 LICA has expired. Such publication shall not include the names of the parties and of such data that could hamper their interests. The President of the Court of Arbitration may also exclude from publication other data whose announcement he/she might find inappropriate.

Ⅶ. Charges, Expenses

Art. 47. Arbitration Charges and Expenses

(1)(Amended, effective as of 01.01.2017) The Tariff of arbitration charges and expenses on cases heard by the Court of Arbitration at the BCCI is an integral part of these Rules. Remunerations of arbitrators, set in a separate Tariff, shall be included in the arbitration charge.

(2) The Secretary of the Court of Arbitration or the Arbitral Tribunal may order the party requesting collection of evidence to pay a deposit for expenses related to such collection of necessary evidence.

(3) No action shall be undertaken if an expense deposit has not been paid.

(4) The Arbitral Tribunal shall determine the remuneration for the interpreters, secretary-stenographer and experts, as well as their travel and other allowances.

(5)(Amended, effective as of 01.01.2017) The Secretariat of the Court of Arbitration shall provide to each arbitrator the acting Tariff of remunerations of arbitrators on international and domestic disputes to be heard by the Court of Arbitration at the BCCI.

CHAPTER 05 >>

第五章

孟加拉国仲裁制度研究

孟加拉人民共和国（People's Republic of Bangladesh，Bangladesh，以下简称孟加拉国），南亚国家，位于南亚次大陆东北部的恒河和布拉马普特拉河冲积而成的三角洲上，国土面积约14.4万平方公里，东、西、北三面与印度毗邻，东南与缅甸接壤，南临孟加拉湾，区位优势明显。首都达卡（Dhaka）是全国政治、经济和文化中心，分为达卡、吉大港等7个行政区。

孟加拉国是南亚地区乃至全球最具经济发展活力的国家之一。孟加拉国土地肥沃，主要的矿产资源有天然气和煤。孟加拉国是世界第二大成衣出口国，服装加工业是其支柱产业。2013～2014财年，孟加拉国国内生产总值增长为6.1%，人均GDP约合1080美元。此后，孟加拉国的GDP平均增速保持在6%以上，在2018年更是实现了7.86%的经济增长。2017～2018财年年末，孟加拉国外汇储备达到329.43亿美元，在南亚各国中仅次于印度。截至2019年，孟加拉国GDP突破3000亿美元，经济总体良好并处于高速增长之中。

近年来，孟加拉国政局和社会秩序稳定。新一届内阁于2014年1月12日宣誓就职，人民联盟（Awami League）领导人谢赫·哈希娜（Sheikh Hasina）担任总理。2018年年底，哈希娜连任总理。为实现“金色孟加拉梦想”，孟加拉国政府推出了一系列经济社会发展规划，大力发展基础设施、能源电力、交通、通信、化工、纺织服装等产业,努力实施工业化战略。通过创建经济区、高科技园区、出口加工区等方式积极鼓励和吸引国内私营企业和外商投资,政府计划到2030年新建100个经济区,相关经济区建设正在积极推进。

孟加拉国政府重视并积极参加区域合作。中孟两国自1975年建交以来,双边关系健康发展,经贸合作规模不断扩大。孟加拉国一直积极推动“孟中印缅经济走廊”建设,其政府认为,该合作有望推动孟加拉国成为区域经贸交流合作枢纽。孟加拉国新一届政府上台后,重视加强对华合作和交流,在建设中国工业园区等问题上达成一系列共识。2016年,国家主席习近平成功访问孟加拉国,两国关系提升为战略合作伙伴关系,并在经贸领域达成了丰硕成果,推动双边经贸合作迈上新的台阶。自2006年以来,中国一直是孟加拉国最大进口来源国和第一大贸易伙伴。2018年双边贸易总额达到187.4亿美元,同比增长16.8%。作为“一带一路”倡议和“孟中印缅经济走廊”沿线重要国家,孟加拉国成为中资企业投资合作的“热土”,双边经贸往来更加密切,中资企业对孟加拉国经济区、建材、金融服务、纺织服装、电力、路桥等领域的投资热情持续升温。孟加拉国拥有丰富的廉价劳动力资源和人口红利,但同时劳动力整体素质不高、基础设施落后、能源资源不足、工业化程度不高、营商环境不佳以及脆弱的生态环境等是中资企业在孟加拉国投资合作所面临的不利因素。中资企业应当积极应对、慎重决策。总之,孟加拉国是一个充满商机的新兴市场,在孟加拉国开展经贸合作机遇与挑战并存。

随着孟加拉国经济的全面蓬勃发展,国际商事交流频繁,国际投资贸易日见增多,随之而来的是大量国际商事纠纷和投资争议。为了促进商事投资争议解决,孟加拉国以《示范法》为蓝本,结合本国国情,制定颁布了2001年孟加拉国《仲裁法》,完善早期仲裁制度立法的不足,大大减少了司法对仲裁的干预,平衡了司法权力与仲裁自治之间的关系。2011年,孟加拉国政府批准设立了第一个国际仲裁机构,并通过制定和修改仲裁规则以及调解规则等方式为来自不同国家的当事人提供更加优质的服务。近年来,孟加拉国不断鼓励当事人采取替代性纠纷解决方式(Alternative Dispute Resolution,ADR),如协商、和解、调解或者仲裁等来解决商事纠纷,积极促进这些纠纷解决机制的广泛适用,并尤其重视和支持仲裁在争议解决方面发挥作用。

一、孟加拉国仲裁制度的历史沿革

孟加拉国仲裁法律体系比较特殊。在孟加拉国独立之前,由于其属于巴基斯坦的一部分,仲裁适用巴基斯坦于1940年颁布的《仲裁法案》。在孟加拉国独立后的早期,孟加拉国并没有重新制定仲裁法律,其仍然适用1940年《仲裁法案》来管辖仲裁。随着孟加拉国的经济发展和对外交流日益增多,1940年《仲裁法案》的弊端越来越明显,该法在规范仲裁程序的同时也为仲裁程序设定了许多障碍,例如,国家法院要对仲裁程序进行非常广泛的司法监督,这使仲裁受到了极大限制。最关键的是,仲裁的当事人在执行外国仲裁裁决方面面临很多问题,因为1940年《仲裁法案》并没有明确规定此类仲裁裁决的执行问题。1940年《仲裁法案》已经不适应孟加拉国仲裁发展的需求。为了弥补1940年《仲裁法案》的缺陷,在引入《示范法》的基础上,孟加拉国制定并颁布了2001年孟加拉国《仲裁法》,这部法律是孟加拉国现行有效的仲裁法,也是孟加拉国第一部真正意义上的仲裁法,该法充分体现了对当事人意思自治的尊重和对仲裁的支持。对两部法律进行梳理和介绍将有助于了解孟加拉国仲裁立法的发展历程。

(一)1940年《仲裁法案》

1940年《仲裁法案》本是由巴基斯坦颁布的,孟加拉国在独立后并未马上进行本国仲裁法的制定,而是在很长一段时期里继续沿用该法案来规范本国的仲裁活动。一般而言,凡属民事性质的可裁判事项,都可以提交仲裁,但该规则也有某些例外,例如,婚姻纠纷不允许提交仲裁,因为这类纠纷不仅涉及事实或法律问题,而且涉及公益性问题。

1940年《仲裁法案》共7章49条,主要内容介绍如下。

1. 仲裁的类型

颇具特点的是,1940年《仲裁法案》规定了3种仲裁类型,分别是无法院介入的独立仲裁、无未决诉讼时由法院介入的仲裁以及诉讼中的仲裁,在实践中第一类仲裁的案件最常见且数量也最多。

(1)无法院介入的独立仲裁

此类型仲裁以当事人之间达成的仲裁协议为基础。根据1940年《仲裁法案》的规定,仲裁协议必须是书面的。通常而言,有声望的商业机构的规则也会规定,成为协会成员的人必须接受协会规则创建或者认可的仲裁机制,这也构成了1940年《仲裁法案》中的"仲裁协议"。一旦订立仲裁协议,将未来的争议提交仲裁,就不必在争议实际发生时获得所有当事方提交仲裁的新同意。

1940年《仲裁法案》规定了仲裁协议的默示条款,这些条款允许当事人另有约定,否则仲裁协议应默认适用以下规则:默认适用独任仲裁;仲裁庭人数应为奇数并设有首席仲裁员;仲裁员作出裁决的期限为自接受任命后或者在仲裁协议当事人书面通知请求履行职责后4个月内,或者在法院许可的延长期限内;如果仲裁员未在规定期限内作出裁决,首席仲裁员应代替仲裁员审理;首席仲裁员应当在进行审理后两个月内或者在法院许可延长的期限内作出裁决;仲裁的当事人和一切以他们名义提出请求的人应当依照现行有效的任何法律的规定,出庭作证接受询问,向仲裁庭提交有关材料文件,并按仲裁庭要求行事;裁决是终局的,并对当事人和以当事人名义提出请求的人具有约束力;仲裁庭有权决定仲裁相关费用承担方式、支付方和支付方式等,并且可以对所付费用核定税款,可以裁决当事人与其律师之间费用的承担方式。[1] 可见,对于仲裁的一般事项,1940年《仲裁法》均允许当事人有其他约定,从仲裁庭的人数到首席仲裁员的指定、裁决期限、出庭作证、仲裁费用,甚至是裁决有效性的约束范围,当事人都有发挥意思自治的空间。

在指定仲裁员方面,法院拥有最终决定权。在特定情况下,法院有权直接指定仲裁员或者首席仲裁员,而不须经当事人申请,包括:出现争议后全体当事人不能同意仲裁协议中的指定时;任何被指定的仲裁员或者首席仲裁员拖延履职、拒绝履职或者无法履职,仲裁协议未约定缺额无须补充,且当事人或者其他仲裁员不补充缺额时;当事人或者仲裁员应当指定首席仲裁员而不指定时。对当事人来说,如果指定仲裁员有困难,他们不能直接请求法院帮助指定,而是需要先书面通知其他当事人或仲裁员,请他们同意指定或补充缺额,如仍未能指定,该方当事人才可向法院提出申请,法院在听取其他当事人的意见后,可以视情况指定1名或若干名仲裁员或者首席仲裁员。[2] 当事人在指定仲裁员方面受限较多,寻求法院帮助指定的程序较烦琐。

1940年《仲裁法案》默认当事人不可自行合意撤销仲裁员,除非事先在仲裁协议中有此约定,否则任何撤销都须经法院同意。[3] 当事人可以请求法院撤销不能迅速合理地开始或者进行仲裁审理和裁决的仲裁员或者首席仲裁员,而对行为失当者,法院撤销其职务不须经当事人申请。[4] 应当事人请求,在仲裁审理前,若首

---

〔1〕 Art 3, Arbitration Act 1940.

〔2〕 Art 8, Arbitration Act 1940.

〔3〕 Art 5, Arbitration Act 1940.

〔4〕 Art 11, Arbitration Act 1940.

席仲裁员或者部分仲裁员被撤职,则法院可指定他人替代;在仲裁审理开始后,若首席仲裁员、独任仲裁员或者所有仲裁员被撤职,法院可指定1名独任仲裁员来替代,或者判令终止涉及已提交争议的仲裁协议的效力。[1] 此外,对于需要由每方当事人各指定1名仲裁员的情况,在一方已指定而另一方未能按期指定时,则已被一方指定的仲裁员可以担任独任仲裁员,但是法院可以撤销该独任仲裁员,并且根据充分理由延长未指定一方的指定期限或者作出它认为适当的其他命令。[2] 1940年《仲裁法案》也没有当事人对仲裁员提起异议的相关规定,如果当事人对仲裁员有异议,原则上只能向法院提出申请。以上法律规定极大限制了当事人的意思自治,使法院能够充分干预仲裁,甚至可以据此直接决定终止仲裁程序,几乎没有留给当事人自行救济的空间。

在1940年《仲裁法案》之下,法院对仲裁的干预还体现对仲裁庭权力强力约束上。除非仲裁协议中另有约定,仲裁庭可以将任何法律问题作成特别案件报送法院,或者以特别案件的形式将全部或者部分陈述裁决报送法院,听取法院意见。[3] 对裁决书中由于笔误或者漏字而造成的差错、裁决书的形式或者任何不影响决定的其他错误,法院可以直接自行修改,或者命令仲裁庭修改。[4] 法院可以将仲裁裁决发回重审,发回重审的法定理由包括:遗漏仲裁事项;超裁,并且如将未提交事项与已提交事项分开会影响对已提交部分的决定;裁决非常不明确以致无法执行;从裁决表面来看,明显存在有关合法性的质疑。如果发回重审,法院应当确定提交新裁决的期限,该期限可随后由法院以命令方式加以延长。如果仲裁员或者首席仲裁员未在规定期限内对按上述发回重审的裁决予以重新考虑并向法院报送决定,则被发回重审的裁决应归为无效。[5] 无论是案件申报制度还是裁决的修正和发回重审,一些可由仲裁庭自行处理的事项也尽数收归法院,法院事实上形成了对仲裁实体与程序的全面监督管理,并在很大程度上影响裁决生效时间。

1940年《仲裁法案》还强调了法院发布临时措施的权力,法院可以在提交仲裁

---

[1] Art 12, Arbitration Act 1940.

[2] Art 9(2), Arbitration Act 1940.

[3] Art 13, Arbitration Act 1940.

[4] Art 15, Arbitration Act 1940.

[5] Art 16, Arbitration Act 1940.

的任何时候,在其认为必要的情况下发布临时命令。任何受临时命令约束的人可以提出理由对抗临时命令,法院在听审当事人后可作出其认为必要并且公正的其他命令。[1] 仲裁庭无权自行发布临时命令,也无权请求法院发布临时命令。

仲裁裁决的最终效力是由法院发布的判令所决定的。如果裁决被发回重审而失效或被撤销,法院可以通过判令方式废除裁决,并且判令终止涉及提交争议部分的仲裁协议的效力。[2] 如法院认为没有理由将裁决或者任何已提交仲裁的事项发回重审,也没有理由撤销裁决时,则在撤销裁决的申请期届满后,或者在撤销裁决的申请被拒绝后,法院应当根据裁决作出宣告判决,并在宣告判决后作出判令,以赋予仲裁裁决效力。对该项判令不得上诉,但如果判令超出裁决范围或者未依照裁决作出者不在此限。[3] 根据以上规定,裁决生效的条件非常严苛,裁决须在法定撤销裁决申请期届满后方具有法定效力,如果没有人申请撤销仲裁裁决,就无疑增加了裁决效力待定的时间。并且,法院作出的宣告判决必须严格依照裁决范围,一旦法院判决不慎作出超出裁决范围或者未依照裁决,还要经过上诉程序再行确认,该程序冗长且易被滥用。

(2)无未决诉讼时由法院介入的仲裁

在1940年《仲裁法案》的语境下,仲裁协议并不能排他地赋予仲裁庭对争议的管辖权,当事人可以选择将仲裁协议约定的争议提交至有管辖权的法院。

如果任何人在对有关仲裁协议标的的任何部分提起诉讼之前已经签订了仲裁协议,并且如果可适用该仲裁协议的争议产生时,他们或者其中任何人均可以转而接受对协议事项有管辖权的法院管辖。有关申请应以书面形式提出,并且编号作为讼案登记。如果由全体当事人提出申请,则有利害关系或者声称有利害关系的当事人作为原告,其余为被告;在其他情形下,申请人为原告,其余当事人为被告。

在接到此类申请后,法院应当向申请人以外的协议全体当事人发出通知,要求他们在通知所规定的时间内说明协议不应当提交法院的理由。如果没有说明充分的理由,法院应当判令协议提交法院,并且判令当事人通过协议或者其他方式指定的仲裁员进行审理,如果当事人未能协议指定仲裁员,则判令由法院指定

---

〔1〕 Art 18, Arbitration Act 1940.

〔2〕 Art 19, Arbitration Act 1940.

〔3〕 Art 17, Arbitration Act 1940.

的仲裁员进行审理。之后,仲裁应当按照所适用的其他条款进行并受其约束。[1]

与独立仲裁相比,无未决诉讼时由法院介入的仲裁并不是将仲裁转化为诉讼,而是直接将仲裁事项置于法院的完全管辖之下,从规定来看,二者最大的区别在于对仲裁员的指定上。在无未决诉讼时由法院介入的仲裁中,当事人在指定仲裁员方面的自主权受到了更大限制,因为法院可以直接忽略当事人协议指定的方式而命令以其他方式指定仲裁员,如果法院直接为当事人指定仲裁员,也并未违反 1940 年《仲裁法案》的规定。

(3)诉讼中的仲裁

如果诉讼中的争议处于未决状态,则当事人可以申请将争议提交仲裁。根据 1940 年《仲裁法案》的规定,在任何诉讼案件中,如果全体有利害关系的当事人同意将诉讼中他们之间的任何争议提交仲裁,则他们可以在判决宣告之前的任何时候以书面形式向法院申请作出争议提交仲裁审理的判令,将争议的管辖权转移给仲裁庭。[2] 在复杂案件中,如果案件的各项争议可以拆分,则争议所涉及的部分当事人可以自行达成将部分争议提交仲裁的申请,该申请的通过不影响其他争议在诉讼中的解决,那些未加入申请的当事人之间的诉讼案件应当继续进行,如同未提出过申请一样。根据提交仲裁审理的事项所作的裁决仅对加入上述申请的当事人具有约束力。[3] 这一规定灵活化了争议解决的方式,允许当事人自由选择,对那些需要快速处理或者较简单的争议,可以转化为仲裁方式解决,以便降低解纷成本,这也体现了多元化纠纷解决机制的联动作用。

如果诉讼中的未决争议被提交仲裁,仲裁员应当按照当事人约定的方式指定。[4] 法院应当通过判令将争议事项提交仲裁员,并在判令中规定其认为作出裁决的合理期限。如果争议事项已提交仲裁,则法院不得在诉讼中处理同一争议,但 1940 年《仲裁法案》另有规定的除外。[5] 可适用于其他类型仲裁的规定均应适用于诉讼中的仲裁,但是,法院根据有关规定需要补充仲裁员缺额或者指定仲裁员或首席仲裁员时,可以不补充缺额或者指定,而是判令废止仲裁,继续进行诉

---

[1] Art 20, Arbitration Act 1940.

[2] Art 21, Arbitration Act 1940.

[3] Art 24, Arbitration Act 1940.

[4] Art 22, Arbitration Act 1940.

[5] Art 23, Arbitration Act 1940.

讼。此外,如果裁决无效或者被撤销,仲裁因此被法院判令废止,则法院应当继续在诉讼中审理有关争议并作出判决。[1]

这一类型的仲裁为当事人解决纠纷提供了更多选择,但在仲裁方面,当事人的权利非常受限。实际上,此类仲裁也很容易再次被诉讼所取代。当事人通常都会面临指定仲裁员的困难,根据1940年《仲裁法案》的规定,这种情况均应由法院来进行指定,但是法院此时有权拒绝指定并直接判令废止仲裁,使争议回归诉讼。因此这种类型的仲裁在实践中可能很难顺利进行。

2. 一般规定

1940年《仲裁法案》将一般规定置于3种仲裁类型之后,规定了与仲裁有关的一般事项,并进一步规范仲裁。

每个仲裁都对应了有管辖权的法院,但是简易法院只可管辖在其管辖的诉讼中提出的仲裁。[2] 在多个法院可能有管辖权的情况下,首个接受仲裁事项申请的法院获得管辖权,并排他地处理该仲裁中的任何问题。[3] 有管辖权的法院有权决定仲裁协议的效力、合法性或者存在等事项,更关键的是,有权全面审查仲裁裁决,[4]包括审查仲裁庭关于案件是非曲直的决定。为便于法院审查该裁决可能引发的任何法律问题,裁决应推理充分、理由充足,否则将被法院发回重审。如果仲裁庭无法在规定期限内提交符合要求的裁决,则被发回重审的裁决应当归于无效。[5] 该规定的出发点在于督促仲裁员积极履职,以便裁决公正,但也提高了仲裁员于重审期内拖延致使裁决无效的风险。

在撤销裁决方面,法定理由有三:一是仲裁员或者首席仲裁员的行为失当或者对审理程序处理失当;二是裁决是于法院作出废止仲裁判令后作出的,或者是在仲裁协议被认定不存在或者无效后作出的;三是裁决系不适当地作成或者因其他原因而失效。[6] 1940年《仲裁法案》所规定裁决可被撤销的理由并不明确具体,尤其是仲裁员的失当行为如何判定以及何谓“不适当地作出裁决”,均没有可

---

〔1〕 Art 25, Arbitration Act 1940.

〔2〕 Art 40(1), Arbitration Act 1940.

〔3〕 Art 31, Arbitration Act 1940.

〔4〕 Art 31(1), Arbitration Act 1940.

〔5〕 Art 26, Arbitration Act 1940.

〔6〕 Art 30, Arbitration Act 1940.

参考的标准,需要法院根据个案具体裁量,不确定性较大。

1940年《仲裁法案》还规定了仲裁与诉讼的关系。如果仲裁协议的任何当事人就仲裁协议约定的任何事项提起诉讼程序,则该诉讼的任何当事人可以在诉讼中提交书面陈述或者采取任何其他措施之前向受理该案的司法机关申请中止诉讼程序;如果该司法机关认为不按仲裁协议的规定将争议提交仲裁是没有充分理由,并且申请人在诉讼开始时以及后来一直愿意并准备做有关仲裁的事项,则该司法机关可以作出判令以中止诉讼程序。[1] 因此,仅以有关仲裁标的已开始诉讼程序为由不能使仲裁审理或者裁决失效,当事人要求中止诉讼程序还需证明己方为仲裁进行了适当准备。但是,如果有关仲裁全部标的的诉讼程序系在仲裁协议的全体当事人之间开展的,并且已经向仲裁员或者首席仲裁员发出有关通知,则未决仲裁程序应当失效,除非有关司法机关已发出中止诉讼程序令。[2]

3. 上诉

对依照1940年《仲裁法案》的规定作出的判令(其他命令不在内),当事人可以向依法有权审理的法院提出上诉。可被上诉的判令包括:废止仲裁的判令;有关以特别案件陈述裁决的判令;修改或改正裁决的判令;允许或拒绝提交仲裁协议的判令;有仲裁协议时中止或拒绝中止诉讼程序的判令;撤销或拒绝撤销裁决的判令。[3] 对判令进行的上诉有异议不得再次上诉,但是前述规定不影响最高法院的权利。

从结构上看,1940年《仲裁法案》首先规定了3种类型的仲裁,将一般规定置于其后,这种模式与采用仲裁程序的进行顺序来制定规范不同,虽然更加突出了3种仲裁的差别,但是对其他同类规定的合并不够集中,很容易产生逻辑混乱。从内容上看,1940年《仲裁法案》没有关于外国仲裁裁决的承认与执行的规定,仅规定对于通过其他途径获得的仲裁裁决,在有关各方当事人同意的情况下,受诉法院可将其作为诉讼的和解或者调解来考虑,[4]因此外国仲裁裁决依照该法案来承认和执行存在很大困难。此外,仲裁的其他程序性问题并没有体现在法案的内容中,而是均交由法院全权决定,因此仅靠该法案很难为当事人进行仲裁提供明确

---

〔1〕 Art 34, Arbitration Act 1940.

〔2〕 Art 35, Arbitration Act 1940.

〔3〕 Art 39, Arbitration Act 1940.

〔4〕 Art 47, Arbitration Act 1940.

指引。

总体而言,由于当时的仲裁受到法院的直接管理,仲裁主要由法院开展,仲裁庭的权力非常有限,因此 1940 年《仲裁法案》更侧重仲裁庭与法院之间在争议解决方面的权力分配,而不是强调当事人的意思自治,对法院权力的规定也相应较多。法院对仲裁的干预贯穿仲裁全过程。即便是在无法院介入的独立仲裁中,法院司法权对仲裁的干预程度也非常大,法院的自由裁量权几乎不受限制,在这种立法模式下,当事人的意思自治几乎没有用武之地,仲裁庭的权力也被大大稀释,因此该法案的局限性非常明显,以其来规范和引导国际商事仲裁是不可能的,并不利于仲裁的国际化发展。

(二)2001 年孟加拉国《仲裁法》

意识到 1940 年《仲裁法案》的弊端,为了促进本国仲裁发展,并和国际接轨,孟加拉国引入《示范法》,并结合自身国情,制定颁布了 2001 年孟加拉国《仲裁法》。此举大大改变了 1940 年《仲裁法案》管辖之下的仲裁发展格局。

2001 年孟加拉国《仲裁法》完全摒弃了 1940 年《仲裁法案》的立法模式,进行了大量改进和完善,将仲裁由法院主导的模式改变为当事人主导模式,充分尊重当事人意思自治的权利,赋予仲裁庭较大的权限,减少司法机关对仲裁的干预,同时,增强了仲裁制度的国际性,制定适用于国际商事仲裁的规则,不断强化仲裁的商事纠纷解决功能。与 1940 年《仲裁法案》相比,2001 年孟加拉国《仲裁法》主要有以下两个特点。

1. 对仲裁的“双轨制”规范

2001 年孟加拉国《仲裁法》取消了 1940 年《仲裁法案》对仲裁进行的 3 种分类。可以说,1940 年《仲裁法案》对仲裁的分类是以诉讼程序与仲裁程序之间的衔接和转换作为标准,并不存在现代意义上完全独立的仲裁,也没有对国际商事仲裁与非国际商事仲裁,对国内仲裁和外国仲裁进行区分,完全没有将具有涉外性的仲裁或者外国仲裁考虑在内。2001 年孟加拉国《仲裁法》采纳了仲裁立法“双轨制”,即采用二分法,以是否具有涉外因素为标准区分国际商事仲裁与非国际商事仲裁的概念,以仲裁地是否位于孟加拉国境内作为标准区分国内仲裁和国外仲裁,对不同的仲裁进行有区别的规制,以对实践中不同类型的仲裁加以规范。

这一制度总体的设计思路是,减少法院对仲裁的司法干预,尤其是减少国内法院对在本国境内进行的国际商事仲裁案件的干预,同时保证在一定条件下国内法院对国内仲裁案件的控制与司法监督。抛弃以往仲裁立法将仲裁作为诉讼附属品的规制方式,当事人无论进行何种仲裁,都能保持独立性,不受法院的干预,这一改变顺应了国际仲裁立法的主流趋势,有利于构建适用于不同仲裁案件的规则体系,无疑是一大进步。

随着法院权力被大大限制,相应地,仲裁庭的权力得以扩张。一个最有说服力的例子就是2001年孟加拉国《仲裁法》赋予了仲裁庭采取临时措施的权力,在发布的临时命令类型方面,以法院可发布的临时命令类型为限。[1] 同时,法院采取临时措施的权力,主要是用来保护在仲裁庭成立之前,当事人的有关权利不受侵害,而在仲裁庭组成以后,仲裁庭成为采取临时措施的直接主体,只在特殊的情况下,法院才会采取临时措施。实际上,2001年孟加拉国《仲裁法》的这一规定明确了法院与仲裁庭拥有同性质职权时,二者的职权行使规则。可以看出,法院在采取临时措施方面的权力行使已经从主导变为辅助,即仲裁庭处于行使同类职权的优先地位,虽然其职权范围受到其他法律的限制,也不可能超越孟加拉国法院的权限。

2. 明显的国际性

2001年孟加拉国《仲裁法》大量借鉴国际社会的先进仲裁立法经验,体现了明显的国际性。在制定过程中,2001年孟加拉国《仲裁法》改变了孟加拉国独立之前仲裁立法对英国法的强烈依赖性,大量吸收了国际社会的仲裁立法经验,吸纳了《示范法》的众多内容,同时结合自身情形作了部分修改和调整。这种立法方式有利于缩小孟加拉国与其他采纳《示范法》国家在仲裁立法之间的差距,促进国内仲裁立法的国际化,有利于吸引国际仲裁案件当事人赴孟加拉国解决争议。

1985年由UNCITRAL主持制定的《示范法》,对包括孟加拉国在内的诸多国家仲裁立法实践产生了深刻影响。UNCITRAL建议各国从统一仲裁程序法的愿望和国际商事仲裁实践的特点出发,对该法予以适当考虑,以实现协调和统一世界各国调整国际商事仲裁的法律的宗旨。

考虑国内仲裁业发展的现实需要,21世纪初,孟加拉国《仲裁法》的制定主要通过吸纳《示范法》的相关内容对原有仲裁法进行了改造。基于2001年孟加拉国《仲裁法》对"国际商事仲裁"和"非国际商事仲裁"的区分,《示范法》的内容被广

[1] Art 21, Arbitration Act 2001.

泛纳入国际仲裁领域,以减少因地方制度屏障产生的仲裁法律差异,提高了孟加拉国仲裁的吸引力。在具体采纳方式上,不同于新加坡《仲裁法》和新西兰《仲裁法》的做法,2001 年孟加拉国《仲裁法》中并没有提及《示范法》本身,而是直接将《示范法》的内容写入其仲裁法,结构上也基本按照《示范法》的条文顺序予以排列,对一些细节进行了改变。

第一,关于“国际商事仲裁”的定义。2001 年孟加拉国《仲裁法》对“国际商事仲裁”的定义主要是以当事人的国籍作为标准。《示范法》定义所采用的标准有当事人的营业地点标准、仲裁地标准、与仲裁标的最密切联系地标准以及标的多重联系标准。因此,2001 年孟加拉国《仲裁法》项下的“国际商事仲裁”范围实际上要比《示范法》定义之下的范围小很多,并且以当事人国籍作为标准的方式,很容易使当事人通过改变连结点,如其营业地点等方式,改变仲裁的类型。

第二,当事人可选择的仲裁员人数。《示范法》和 2001 年孟加拉国《仲裁法》均允许当事人自由决定仲裁员数量。[1] 但是,2001 年孟加拉国《仲裁法》还规定,如果当事人指定的仲裁员人数为偶数,则须由这些仲裁员共同指定一名额外的仲裁员作为首席仲裁员。[2] 如此一来,仲裁员的人数就不可能再保持偶数,因此,除非当事人有特别约定,不能选择偶数名仲裁员。

第三,对仲裁庭管辖权异议。《示范法》规定,对当事人提出的对仲裁庭的管辖权异议,仲裁庭可以将其作为一个初步问题予以裁定,也可以在实体问题中裁定,如果仲裁庭将其作为一个初步问题并裁决其有管辖权,则当事人可以在收到该裁决后请求法院作出决定,但是,在等待这种决定作出的同时,仲裁庭可以继续进行仲裁或者作出裁决。这一规定能够提高仲裁的效率,为谨慎起见,2001 年孟加拉国《仲裁法》采纳此项规定的同时,还严格限定了法院的审查权限,对当事人可请求法院决定该事项的理由进行了明确规定。

第四,仲裁争议实体问题的法律适用。在实体问题的法律适用方面,《示范法》第 28 条第 2 款规定,如果各方当事人没有选择,则由仲裁庭适用其认为可适用的法律冲突规范所确定的法律。2001 年孟加拉国《仲裁法》规定,如果各方当事人没有选择,仲裁庭应当适用其认为适当的法律规则。两个规则大不相同。在

---

〔1〕 Art 11(1), Arbitration Act 2001.

〔2〕 Art 11(3), Arbitration Act 2001.

《示范法》项下，仲裁员选择实体问题准据法的方式被限定为通过冲突规则指引。如果对“法律规则”作广义解释，2001 年孟加拉国《仲裁法》则赋予了仲裁员更大的自由裁量权，因为法律规则可以解释为包括冲突规则、实体法，甚至包括国际公约等在内的任何法律规则。

第五，裁决的撤销。对于应由法院行使职权审查的裁决可撤销事由，2001 年孟加拉国《仲裁法》还规定了“裁决与孟加拉国现行法律有抵触”以及“仲裁裁决系受到欺诈、腐败的引导或影响”这两个事由，这是《示范法》没有涉及的。

自 2001 年孟加拉国《仲裁法》颁布以来，孟加拉国的仲裁制度仍在努力解决一些重要问题，如临时措施和外国仲裁裁决的顺利执行等，但与该法出台前相比，仲裁的司法环境已经得到了相当大的改善。

二、孟加拉国仲裁法律制度综述

为了促进仲裁法律制度的发展，尤其是为了与国际商事仲裁进行有机衔接，孟加拉国于 2001 年颁布了《仲裁法》（2001 年第 1 号法案），旨在规范国际商事仲裁、承认和执行外国仲裁裁决以及其他涉及仲裁的事项。

总体而言，2001 年孟加拉国《仲裁法》参照了《示范法》的基本结构和内容。

（一）适用范围

2001 年孟加拉国《仲裁法》对仲裁事项采用了“双轨制”的规范方式。在适用范围上，以仲裁地作为区分标准，其中，仲裁地位于孟加拉国境内的仲裁将适用 2001 年孟加拉国《仲裁法》的全部规定，而对于仲裁地位于孟加拉国境外的仲裁，如有需要，则应当适用 2001 年孟加拉国《仲裁法》关于承认和执行外国仲裁裁决的有关规定和关于特定国家的规定。值得注意的是，2001 年孟加拉国《仲裁法》同时对国际商事仲裁进行了定义，但该定义却并未采用“仲裁地”标准，对仲裁的国际性定义，主要以当事人的住所地作为标准，要求至少一方当事人的住所地应当位于孟加拉国境外，或者该当事人就是外国的政府。

2001 年孟加拉国《仲裁法》还对其溯及力进行了规定。凡是在孟加拉国境内因仲裁协议所涉及事项而引发争议的，无论该仲裁协议签订于该法生效之前还是生效之后，其仲裁程序规则均应当适用该法的有关规定，根据这一规定，是否适用 2001 年孟加拉国《仲裁法》并不以仲裁协议签订的时间作为标准，2001 年，孟加拉国《仲裁法》适用于所有该法生效后尚未解决的争议。此外，如果当事人根据 2001 年孟加拉国《仲裁法》之外的任何法律规定，或者是根据 2001 年孟加拉国《仲裁法》生效之前的任何法律,向法院提起就有关仲裁协议的任何申请时,则接到申请的法院应当对仲裁程序享有管辖权;同时,所有与仲裁协议和仲裁程序有关的申请也只能向该法院提出。[1]

(二)可仲裁性

标的的可仲裁性,即可仲裁的范围,涉及确定何种类型的争议可以通过仲裁解决,何种类型的争议应当被排除在可仲裁范围外而专属于法院管辖范围的问题。

2001 年孟加拉国《仲裁法》没有对一般仲裁的概念加以规定,只是特别提到了“国际商事仲裁”。根据规定,国际商事仲裁,是指由孟加拉国现行法律规定的、一切契约性或非契约性的商事法律关系所引起的争议的仲裁,并且至少有一方当事人是孟加拉国以外任何国家的国民或者惯常居住于该国的居民,或者是在孟加拉国以外的任何国家注册成立的法人团体,或者是主要管理决策机构位于孟加拉国以外任何国家的公司、协会或个人团体,或者是外国政府。[2] 从这一定义可以看出,就争议的性质而言,引起争议的契约性或非契约性商事法律关系必须首先符合孟加拉国现行法律的规定,这可以理解为具有可仲裁性的争议必须是那些未被孟加拉国现行法律所明确排除的争议,也就是说,仲裁解决争议的范围不得超越孟加拉国的法律规定,必须符合其一般公共政策。但 2001 年孟加拉国《仲裁法》本身并未对争议的范围进行详细列举,不可仲裁的事项规定于其他法律中,即任何其他规定了某些争议不得提交仲裁解决的现行法律,其效力均不受2001 年孟加拉国《仲裁法》的减损,[3] 这些争议必须由法院进行管辖。对一般仲裁来说,也应当符合这个一般原则。

提交仲裁的争议必须是未决争议,已决事项不具有可仲裁性。如果已经开始了仲裁之外的其他法律程序,则当事人应当及时主张仲裁协议的存在,以便开始仲裁程序,否则有关争议会通过其他法律程序予以解决,争议将不再具有可仲裁性。根据 2001 年孟加拉国《仲裁法》的规定,凡仲裁协议的任何一方当事人或者该方当事人的债权人,就任何同意提交仲裁的事项,对另一方当事人或该方当事

[1] Art 53, Arbitration Act 2001.

[2] Art 2(c), Arbitration Act 2001.

[3] Art 3(c), Arbitration Act 2001.

人的债权人提起其他任何法律程序,该法律程序涉及的任何一方均可在提交书面陈述前的任何时间,向该法律程序待决的法院申请将该事项提交仲裁。如果法院认为存在仲裁协议,则应当令各方将争议提交仲裁并中止诉讼程序,除非法院认定仲裁协议无效、无法履行或者争议不能通过仲裁裁决。如果有关诉讼已经被提起,但是争议仍处于待决状态,则仲裁庭可以开始或者继续进行仲裁程序,并作出裁决。[1] 在提起诉讼程序后,如果存在仲裁协议,一般而言,当事人应当在提交书面陈述前的任何时间及时向法院申请将争议提交仲裁,由法院对仲裁协议存在与否进行审查,并作出相应处理。法院对仲裁协议存在与否的审查仅限于程序性事项,具体而言包括仲裁协议无效、无法履行或者争议不能仲裁 3 种,一旦认定仲裁协议有效存在,则法院不得进行审理,而即便有任何其他现行法律的规定,法院有管辖权的例外情况应当以 2001 年孟加拉国《仲裁法》的规定为先。[2] 只要争议未被法院判决,则即便诉讼程序已经开始,为了高效解决争议,仲裁庭可以开始或者继续进行仲裁程序直至作出裁决,同时等待法院对争议是否可提交仲裁的审查结果。

(三)具体制度

1. 仲裁协议

合法有效的仲裁协议是开启仲裁程序的依据。对仲裁协议的要求方面,2001 年孟加拉国《仲裁法》并没有强制要求仲裁协议应当包含具体内容,而只是规定了仲裁协议的形式要求。仲裁协议既可以采取合同中的仲裁条款形式,也可以采用单独的协议形式,具体由当事人自由协商选择,只要仲裁协议能够清晰表达当事人希望通过仲裁来解决他们之间争议的合意即可。仲裁条款具有可分离性,构成其他协议组成部分的仲裁条款应当视为独立于合同其他条款的一项协议,[3] 这是为了实现作出裁决以确定仲裁庭管辖权之目的。

仲裁协议应当是书面的,2001 年孟加拉国《仲裁法》还对视为具有书面性的情形进行了明确规定,具体而言有三:一是仲裁协议载于各方当事人签字的文件中;二是仲裁协议存在于当事人的往来书信、电传、传真或者提供协议记录等其他电

---

[1] Art 10, Arbitration Act 2001.

[2] Art 7, Arbitration Act 2001.

[3] Art 18, Arbitration Act 2001.

信方式中;三是在申诉书和答辩书的交换中,一方当事人声称有仲裁协议而他方当事人不加以否认。此外,当事人在合同中参照援引载有仲裁条款的一项文件也将构成仲裁协议,只要该合同是书面的且这种参照援引足以使该仲裁条款构成合同的一部分,则也视为当事人之前签订了书面的仲裁协议。也就是说,除满足有效合同的一般要件外,在形式方面,仲裁协议的书面性是其具有效力的最核心要求。

2. 仲裁庭

(1)仲裁员的选任

仲裁庭的组成人数由各方当事人自由决定,如果人数不能确定,则默认为3名仲裁员。2001年孟加拉国《仲裁法》原则上要求仲裁员的人数只能是奇数,除非各方当事人另有约定,如果指定的仲裁员人数为偶数,则须由这些仲裁员共同指定1名额外的仲裁员,并由该仲裁员担任首席仲裁员。

各方当事人有权自由约定指定仲裁员的程序。2001年孟加拉国《仲裁法》不限定仲裁员的国籍,[1]当事人可以自由选择任何国籍的适当人选作为仲裁员。当事人自由指定仲裁员的期限为自一方当事人受到另一方当事人仲裁请求后的30日内,若在此期限内当事人未就仲裁达成一致,则应当依照2001年孟加拉国《仲裁法》规定的程序来指定。在独任仲裁员的仲裁中,如果一方当事人在收到另一方当事人的仲裁请求后的30日内未能就仲裁员的选任达成一致,则应当根据另一方当事人的请求,在非国际商事仲裁案件中由地区法官指定仲裁员,在国际商事仲裁中由高等法庭指定仲裁员。[2] 如果是有3名仲裁员的国际商事仲裁案件,应当由当事人各自指定1名仲裁员,2名被指定的仲裁员应指定第三名仲裁员作为首席仲裁员。[3] 但是,孟加拉国的2001年《仲裁法》并没有规定在指定3名仲裁员的非国际商事仲裁中出现困难时的指定规则,[4]目前尚无判例涉及孟加拉国法院对前述情形的处理方式。

---

[1] Art 12(b), Arbitration Act 2001.

[2] 经查阅对比孟加拉国官方发布的2001年孟加拉国《仲裁法》孟加拉语版本和英文译本,已核实英文译本缺失了关于“国际商事仲裁中,当事人不能指定独任仲裁员时,由高等法庭指定”的规定,特此提请读者注意此处应以孟加拉语版本为准。

[3] Art 12(3)(a), Arbitration Act 2001.

[4] 经查阅核实,2001年孟加拉国《仲裁法》孟加拉语版本与英文译本均无对此种情形的规定。

如果依照前述程序，一方当事人未能在收到另一方的仲裁请求后30天内指定仲裁员，或者被指定的仲裁员未能在其被指定后的30天内就第三名仲裁员达成一致意见时，则应在一方当事人提出申请后进行指定，在非国际商事仲裁案件中，应当由地区法官裁决，在国际商事仲裁案件中，应当由首席大法官或由首席大法官指定的最高法院的任何其他法官裁决。其中，应由2名仲裁员所指定的第三名仲裁员作为首席仲裁员。[1] 当事人需要指定多名仲裁员时，有关的程序只要类比适用前述程序即可。若根据前述法院裁决程序，所指定的仲裁员不止1名，则地区法院法官或首席法官，抑或是首席法官指定的任何其他最高法院的法官应当视具体情况，从上述仲裁员中指定1人担任首席仲裁员。[2] 在这种情况下，法院只决定首席仲裁员的人选，其他程序仍由当事人或者已经被指定的仲裁员自行完成。

如果根据各方当事人约定的任命程序，一方当事人未按照该程序的要求行事，或者各方当事人或者仲裁员未能就适用同一程序达成合意，或者任何人或任何第三方未能履行根据该程序分配给其的任何职能，除非关于指定程序的协议约定了其他可采取的必要措施以确保一方当事人可以申请的任命，则在非国际商事仲裁案件中，应当由地区法院法官与其他仲裁员一同指定首席仲裁员，在国际商事仲裁案件中，应当由首席大法官或者由首席大法官指定的任何其他最高法院的法官，以及首席大法官或由首席大法官指定的最高法院的法官，与其他仲裁员共同指定首席仲裁员。[3] 此规定可以视为兜底条款，鼓励当事人积极行使意思自治，发挥自主权，自行约定适当的指定程序以及补救措施，法院仅在必要时进行协助，并且只强调法院在指定首席仲裁员方面的协助，如果已经有指定的仲裁员，则由法院和其他仲裁员一起指定首席仲裁员。

由法院指定仲裁员，应当自收到当事人申请后的60日内处理完毕。[4] 首席大法官或由首席大法官指定的最高法院法官或地区法院法官，于不同情况下指定仲裁员时，应当充分考虑各方当事人在协议中对仲裁员资格的任何要求，这些考虑应当足以确保指定独立且公正的仲裁员。在国际商事仲裁案件中，指定独任仲裁员或第三名仲裁员的，在各方当事人国籍不同时，视具体情况，可以由首席法官

〔1〕 Art 12(4), Arbitration Act 2001.
〔2〕 Art 12(6), Arbitration Act 2001.
〔3〕 Art 12(7), Arbitration Act 2001.
〔4〕 Art 12(8), Arbitration Act 2001.

或首席法官指定的最高法院法官指定1名与各方当事人国籍不同的人作为仲裁员。视具体情况,首席大法官或地区法院法官可以作出其认为适当的安排,以处理有关仲裁员指定的事宜。[1] 也就是说,2001年孟加拉国《仲裁法》所没有规定的事项,都可以由法院根据实际情况作出安排,在不违背该法规定的前提下,由首席大法官或者地区法院法官行使自由裁量权,这些规定充分体现了法院对指定仲裁员的协助。

从以上规定可知,2001年孟加拉国《仲裁法》对仲裁员指定程序的规定冗长且繁杂,个别规定存在语义不明和逻辑混乱的情况,缺乏可指导性。建议当事人首选自行约定指定仲裁员的程序,以免因程序的繁杂而耽误争议的解决。

(2)对仲裁员的异议程序

根据2001年孟加拉国《仲裁法》,仲裁员有披露义务。若某人被指定为仲裁员,其应当立即披露可能对其的公正性和独立性有影响的事由。一名仲裁员,应当在其被指定后的任何时间,以及整个仲裁程序中,毫不迟疑地向各方当事人披露可能对其公正性和独立性有影响的事由,除非该事由已提前被当事人得知。仅当存在对其公正性和独立性的合理怀疑时,或者其不具备各方当事人约定的资格时,仲裁员可被提起异议。

如果当事人认为仲裁员存在影响其公正性和独立性的事由时,可以对该仲裁员的任命提出异议,该权利不受时间的限制。一方当事人可以对己方指定的或者由己方参与指定的仲裁员提起异议,只要当事人发现仲裁员被指定后出现了上述事由。[2]

各方当事人有权自由约定提起仲裁员异议的程序,若当事人无法达成仲裁员异议程序的合意,欲提起仲裁员异议的当事人可以在得知异议事由后的30日内,向仲裁庭提交包含异议事由的书面陈述,仲裁庭应当在收到该书面申请后30日内对异议作出决定,除非在当事人依照前述程序提起对仲裁员的异议后,仲裁员主动辞职或者各方当事人合意通过了该异议。如果任何一方当事人对仲裁庭对其异议申请作出的决定存在异议,可以在得知该决定后的30日内向高等法庭上诉,高等法庭应当自接到上诉之日起90日内就相关事项作出最终决定。如果根据

---

[1] Art 12(9)(10)(11), Arbitration Act 2001.

[2] Art 13, Arbitration Act 2001.

各方当事人约定的程序，或者根据2001年孟加拉国《仲裁法》规定的程序，或者就异议决定提起的上诉程序最终未能通过对某一仲裁员的异议，则仲裁庭应当继续进行仲裁程序直至作出裁决。[1] 但是，在有仲裁庭成员被提起异议后，在对该仲裁员进行异议审核的期间，仲裁庭是否应当继续仲裁，2001年孟加拉国《仲裁法》并没有进行规定。

(3)仲裁员任命的终止

根据2001年孟加拉国《仲裁法》的规定，当出现下列情形时，仲裁员的任命应当终止：仲裁员辞职；仲裁员死亡；所有当事人同意终止仲裁员的任命；仲裁员在事实上或法律上不能履行其职责；由于其他原因过分延迟地行事，仲裁员辞职或者各方当事人可就终止该仲裁员任命达成协议。[2] 若任何出现前述事由的仲裁员未能辞职，并且各方当事人未能就解除其任命达成合意，则法院有权依照当事人的申请终止该仲裁员的任命。任何一方当事人如果认为某一仲裁员的任命应当终止，其可以根据下述规定向法院提交终止该仲裁员任命的申请，其中，非国际商事仲裁案件应当提交至地区法院的法官，在国际商事仲裁案件中应当提交至首席大法官或者提交至由首席大法官指定的最高法院的法官。[3] 若各方当事人就终止仲裁员的任命达成了合意，则该事项应由各方当事人约定的人来执行，[4] 也就是说，如果当事人协议终止某一仲裁员的任命，则根据2001年孟加拉国《仲裁法》的规定，他们还应当同时约定一个执行该事项的人来处理终止仲裁员任命的有关事宜。至于具体可以约定哪些人，2001年孟加拉国《仲裁法》并未规定。值得注意的是，如果根据前述规定，仲裁员辞职或者各方当事人就终止仲裁员的任命达成合意，也并不意味承认存在仲裁员迟延行事的情况。[5]

(4)替代仲裁员的指定

在仲裁员任命终止时，应当根据有关指定仲裁员的各项规定指定替代仲裁员。在指定替代的仲裁员之后，首先由当事人自由约定是否继续进行仲裁程序。如果各方当事人无法就这一事项达成合意，则替代仲裁员有权自由裁量，在仲裁

[1] Art 14, Arbitration Act 2001.
[2] Art 15(1), Arbitration Act 2001.
[3] Art 15(2), Arbitration Act 2001.
[4] Art 15(3), Arbitration Act 2001.
[5] Art 15(4), Arbitration Act 2001.

员任命终止后,仲裁庭是否继续进行仲裁程序。除非各方当事人另有约定,任何仲裁庭在某一仲裁员被替换前所作的命令或者裁决,不应当仅仅因为该仲裁员任命的终止而无效。[1] 换言之,只要任命终止的仲裁员所作出的命令或者裁决是出于争议解决的考虑,则该命令或者裁决应当对后续的仲裁继续有效,当事人受其约束。

(5)仲裁庭的管辖权

2001 年孟加拉国《仲裁法》用一整节的内容对仲裁庭的管辖权进行了明确规定。首先,仲裁庭具有自裁管辖权,即仲裁庭有权决定其自身的管辖权。在仲裁庭自裁管辖权的效力方面,除非各方当事人另有约定,仲裁庭可以就 5 类事项决定其自身的管辖权,包括是否存在有效的仲裁协议、仲裁庭的组成是否正当合法、仲裁协议是否违反公共政策、仲裁协议是否能够有效履行以及提交仲裁的争议是否为仲裁协议约定的事项。[2]

仲裁庭的管辖权直接源自当事人自由合意达成的仲裁协议或者仲裁条款的授权。对于仲裁条款来说,从结构上来看,其属于主合同的一部分,为作出裁决以确定仲裁庭管辖权之目的,构成其他协议组成部分的仲裁条款应当视为独立于合同其他条款的一项协议。[3] 2001 年孟加拉国《仲裁法》明确了仲裁条款的可分离性,其效力不因主合同的无效而受到任何影响,仲裁庭可以据此获得对争议的管辖权。

(6)对仲裁庭管辖权的异议

根据 2001 年孟加拉国《仲裁法》的规定,当事人可以针对仲裁庭管辖权提起两类异议:一是管辖权异议;二是对仲裁庭超越其权力范围的抗辩。各方当事人提出异议或者抗辩的权利是平等的,任何一方当事人都不因其指定或者参与指定仲裁员的事实而被排除提起管辖权异议的权利。[4]

如果当事人对仲裁庭的管辖权存在异议,则其有权提出管辖权异议,这一权利原则上受到严格的时间限制,即对仲裁庭的管辖权异议不得在提交答辩状后提出。而有关仲裁庭超越其权力范围的抗辩,则应当于仲裁程序过程中在超越权限

---

[1] Art 16, Arbitration Act 2001.

[2] Art 17, Arbitration Act 2001.

[3] Art 18, Arbitration Act 2001.

[4] Art 19(5), Arbitration Act 2001.

范围的事由出现后立即提出。[1] 当然,前述程序规定的时间限制,其目的在于要求当事人不得过分迟延地行使权利,防止仲裁程序被恶意拖延,但是2001年孟加拉国《仲裁法》赋予了仲裁庭自由裁量权,允许仲裁庭根据实际情况灵活适用规则。如果仲裁庭认为推迟提出异议或抗辩存在正当理由,可以准许当事人推迟提出抗辩。[2] 仲裁庭应当对当事人提出的仲裁庭管辖权异议以及仲裁庭超越权力范围的抗辩作出决定,若仲裁庭认为抗辩不成立,则仲裁程序应当继续进行直至作出裁决。[3]

高等法庭有决定仲裁庭管辖权的权力。根据2001年孟加拉国《仲裁法》的规定,在一些特定情形下,高等法庭[4]有权决定仲裁的管辖权,但是高等法庭的这一权力同样受到严格限制,以避免司法权对仲裁的过多干预。首先,从有决定权的主体来看,有权决定仲裁庭管辖权的主体只能是最高法院的高等法庭,而其他任何级别的地方法院都没有这种权力,最高法院也不得将该权力授权给其他级别的法院。其次,从权力启动方式来看,该决定权行使的前提是有仲裁协议的当事人提出了申请,也就是说,高等法庭不得主动行使权力来决定某一仲裁庭的管辖权事项,并且高等法院在就与仲裁庭管辖权有关的事项进行决定前,必须要通知各方当事人。最后,可决定仲裁庭管辖权事项的范围实际上非常有限,高等法庭在决定行使权力前要进行非常慎重的考虑。高等法庭行使决定权所考虑的因素包括:对该事项的决定将大幅节约成本;当事人的申请是立即提出的;有充分的理由表明该事项应当由高等法庭决定。也就是说,高等法庭将考虑申请由其来决定某一事项的高效性、紧迫性以及合理性,但是程度问题仍由高等法庭自由裁量。

在当事人向最高法院提出申请后,除非各方当事人另有约定,任何提交至最高法院的事项待决时,仲裁庭可以继续进行仲裁程序和作出裁决。[5]

3. 仲裁程序

2001年孟加拉国《仲裁法》按照仲裁程序的进行方式作出了相应规定。

---

[1] Art 19(1)(2), Arbitration Act 2001.

[2] Art 19(3), Arbitration Act 2001.

[3] Art 19(4), Arbitration Act 2001.

[4] 孟加拉国最高法院是该国最高级别的法院,其他法院和法庭均从属于它。最高法院分为上诉法庭和高等法庭。首席大法官及法官若干人均由总统任命。首席大法官和一部分指定的法官审理上诉法庭的案件,其他法官审理高等法庭的案件。与仲裁有关的事项由高等法庭处理。

[5] Art 20(4), Arbitration Act 2001.

(1)临时措施

在2001年孟加拉国《仲裁法》中,法院和仲裁庭都是有权发布临时措施的合法主体,都应全方位保护当事人的合法权益。

虽然法院无权审理应当提交仲裁的争议,但在仲裁程序开始前或者仲裁程序进行期间,或者是根据2001年孟加拉国《仲裁法》在执行仲裁裁决前,一方当事人可以申请,在国际商事仲裁中由高等法庭,在其他情况下由法院,就特定事项发布命令。[1] 法院或高等法庭在仲裁中发布命令的效力与诉讼等同。[2] 在对根据前述规定提出的申请作出命令之前,法院或者高等法庭应当向另一方当事人送达通知,除非法院或高等法庭确信命令无法即时通过且发布临时措施的目的受到阻碍。[3] 如果法院或高等法庭认为,仲裁庭无权作出上述临时命令,或者仲裁庭未能通过前述命令,则法院或高等法庭有权视具体情况,根据有关规定通过相应的命令。[4] 如果当事人向仲裁庭提出发布临时命令的申请未被通过,则其还有机会向法院进行申请,这变相说明了实际上法院掌握了最终发布临时命令的权力。但是,如果仲裁庭和法院或高等法庭就同一事宜通过命令,则仲裁庭命令效力优先,法院命令自动失效,[5]并且法院将不会再启动和仲裁庭重复的措施。

根据2001年孟加拉国《仲裁法》的规定,仲裁庭也有权发布临时措施。仲裁庭有权发布临时措施的范围不得超越高等法庭或者法院发布临时措施的权限范围。除非各方当事人另有约定,仲裁庭可以根据一方当事人的申请,考虑保护争议标的的必要性,命令当事人采取临时措施以确保此目的,仲裁庭的该类决定不可上诉。为采取临时措施的目的,仲裁庭可以要求一方当事人提供适当担保。仲裁庭发布任何命令都必须通知各方当事人,除非所发布的临时措施因遭到反对而失败。[6] 根据一方当事人的申请,仲裁庭发布的相关临时措施命令可以由法院来

---

〔1〕 包括为未成年人或有精神障碍者指定监护人代其进行仲裁程序;保管、临时拘押或出售争议标的财产;限制任何一方转让财产,或对有关财产的转让发出禁令,以确保仲裁裁决的最终执行;授权任何人对任何争议标的财产进行检取、保存、检查、拍照、收集样本、检查和获取相关证据,以及为此目的进入任何一方所占有的土地或建筑物的权力;发布临时禁令;任命涉讼财产管理人;以及采取法院或高等法庭认为合理或适当的任何其他临时保护措施。Art 7A(1), Arbitration Act 2001.

〔2〕 Art 7A(2), Arbitration Act 2001.

〔3〕 Art 7A(3), Arbitration Act 2001.

〔4〕 Art 7A(4), Arbitration Act 2001.

〔5〕 Art 7A(5), Arbitration Act 2001.

〔6〕 Art 7A(6), Arbitration Act 2001.

执行，也就是说，有些命令可以直接由仲裁庭发布并执行，确有法院协助需要时，由当事人向仲裁庭提出申请。根据前述规定申请法院执行临时措施命令，不得违反法院管辖权或与仲裁协议或撤销仲裁协议有关的规定。

(2)非仲裁纠纷解决方式

2001 年孟加拉国《仲裁法》积极响应孟加拉国鼓励以多元化纠纷解决方式来处理商事争议的倡议和政策。无论是仲裁庭还是各方当事人，都可以主动采取仲裁以外的方式来化解纠纷。仲裁庭采取仲裁以外的任何方式来促进纠纷解决并不会构成对仲裁协议的违反。在各方当事人同意的前提下，仲裁庭可以在仲裁程序的任何阶段进行调解、调停或其他任何促进纠纷解决的程序。[1] 仲裁庭以仲裁以外的方式来解决纠纷，必须要事先征得各方当事人的同意，充分尊重当事人的意思自治。

在仲裁进行过程中，如果各方当事人自行达成和解，则仲裁庭可以在当事人的请求下，以仲裁裁决书的形式记录该和解。[2] 根据和解条件作出的裁决，应当依照 2001 年孟加拉国《仲裁法》有关仲裁裁决的规定作出，并应当特别说明它是一项裁决，因此根据和解条件作出的裁决应当与根据案情作出的其他裁决具有同等的法律地位和效力。[3] 这一规定体现了对非仲裁纠纷解决方式的支持，即便仲裁程序已经开启，但这并不排除以仲裁之外的其他方式解决争议的可能，只要符合法律规定，能够有效化解矛盾和修复商事关系，仲裁庭和当事人都应当尽己所能以各种更平和的方式处理争议。该规定也提示了当事人，即便仲裁程序已经开始，仍可使用仲裁之外的方式来解决争议，如有可能，当事人可以抓住一切能够和解的机会来温和地解决矛盾，并且不须担心和解的效力问题，因为可以请求仲裁庭以裁决书的形式记录和解的结果，这使原本柔性的和解结果转变为一项具有可执行力的仲裁裁决。

(3)仲裁程序的开展

公正、独立地处理任何提交仲裁的争议是仲裁庭的基本职责，在仲裁进行的任何阶段，仲裁庭都应当秉持这一公正独立的原则来行事。2001 年孟加拉国《仲

〔1〕 Art 22(1), Arbitration Act 2001.
〔2〕 Art 22(2), Arbitration Act 2001.
〔3〕 Art 22(3)(4), Arbitration Act 2001.

裁法》规定了仲裁庭履行其基本职责的方式。首先,仲裁庭应当公平、公正地对待各方当事人,平等地维护各方当事人的权利;仲裁庭应当给予各方当事人公平且合理的机会,令其以口头或者书面或者二者并行的方式陈述己方案情;应当给予各方当事人公平且合理的机会,各方当事人有权查看提交至仲裁庭的所有文件和其他相关材料。[1] 其次,仲裁庭应当保证争议解决的高效性,应当尽快解决当事人提交的争议。[2] 最后,仲裁庭开展仲裁程序,应当公平且独立地行使其在决定程序和证据方面以及其他方面的职权。[3]

仲裁庭不受《民事诉讼法》[4]和《证据法》[5]的约束。仲裁庭在处理2001年孟加拉国《仲裁法》项下的争议时,无义务遵守《民事诉讼法》和《证据法》的规定。[6] 由于2001年孟加拉国《仲裁法》的颁布时间要晚于《民事诉讼法》和《证据法》,同时,也为了使当事人充分发挥意思自治的能动性,令仲裁庭尽量少受成文法在程序方面的干预,以便根据不同争议情况对仲裁程序进行灵活调整,《仲裁法》规定:必要时由仲裁庭行使自由裁量权,从而提高争议解决的效率,及时修复被破坏的商事关系,这一规定赋予了仲裁庭极大的自由,也体现了孟加拉国对仲裁的大力支持。但是,该规定并不妨碍仲裁员在进行仲裁程序时仍以《民事诉讼法》或者《证据法》的有关内容作为参考或者考虑因素,只是仲裁庭不受到两部法律的必然约束而已。

(4)程序规则的确定

根据2001年孟加拉国《仲裁法》的规定,各方当事人可以通过合意来确定程序规则,如有此种合意,则仲裁庭应当首先依照当事人合意的或者事先商定的程序来仲裁。[7] 如果各方当事人没有就仲裁程序规则达成合意,则仲裁庭应当在2001年孟加拉国《仲裁法》的限制下决定适用于开展仲裁的程序和证据规则。[8]

---

[1] Art 23(1), Arbitration Act 2001.

[2] Art 23(2), Arbitration Act 2001.

[3] Art 23(3), Arbitration Act 2001.

[4] 《民事诉讼法》,是指1908年《民事诉讼法》(1908年第5号法案)。Art 2(e), Arbitration Act 2001.

[5] 《证据法》,是指1872年《证据法》(1872年第1号法案)。Art 2(1), Arbitration Act 2001.

[6] Art 24, Arbitration Act 2001.

[7] Art 25(1), Arbitration Act 2001.

[8] Art 25(2), Arbitration Act 2001.

在不损害当事人根据仲裁协议获得的权利，或者仲裁庭有关权力的情况下，其他程序规则和证据规则包括：有关全部或者部分规定期限和开庭地点的规则；仲裁适用的语言以及要求提供翻译副本；书面申诉书、答辩状副本，提交时间和可修改范围；可以被披露的文件或材料；向各方当事人进行的质询，对任何证据进行宣誓和确认，提供其他有关的材料；仲裁庭确认事实和适用法律的权力；要求提交或陈述口头或书面证据。如无特别约定，仲裁庭有权决定针对以上事项发布命令的时限，并决定对命令期限进行延长。

仲裁地点的确定也以当事人意思自治为原则，首先由各方当事人自由决定，如果当事人未能达成合意，则由仲裁庭遵循便利当事人的原则予以决定，要照顾到案件的具体情况，尤其要为各方当事人的便利考虑。[1] 值得注意的是，虽然以当事人意思自治和便利当事人原则为前提，但除非各方当事人另有约定，仲裁庭仍可以在其认为适当的任何地点开庭。[2] 当然，这种开庭地点的选择并不是肆意的，而是出于高效率、低成本解决争议的考虑，比如，是为了更便于在各方当事人之间进行磋商，听取证人、专家或者各方当事人的意见，或者出于检查货物、其他财产或者获取文件的需要等。

(5)仲裁程序的开始

除非各方当事人另有约定，仲裁程序应当在下列情形下开始：仲裁协议规定的任何争议产生；仲裁协议的任何一方当事人接到了另一方当事人要求其将争议提交仲裁，或者就争议提交仲裁达成合意的通知；或者接到了另一方当事人要求其任命或参与任命仲裁庭，或者就此类任命达成合意，或者同意处理争议的仲裁庭的任命的通知。[3] 应当注意的是，两条规定的对应关系，首先争议要产生，其次是任何一方当事人接到了仲裁通知，二者缺一不可。因为仲裁程序的开始是仲裁的起点，更是计算仲裁各个期限的重要起点，但这一规定设计了几种标准，具体适用哪个，当事人最好提前约定清楚。

(6)程序合并与同时审理

为妥善处理日益复杂的商事争议，2001 年孟加拉国《仲裁法》规定，各方当事

[1] Art 26(1)(2), Arbitration Act 2001.

[2] Art 26(3), Arbitration Act 2001.

[3] Art 27, Arbitration Act 2001.

人可以就不同仲裁程序的合并和不同仲裁案件同时进行审理进行自由约定。[1]此规定有助于提高效率,也能够使仲裁庭更加全面地掌握案件全局,有助于公平裁决。该权利专属于当事人,除非当事人同意将此种权利授予仲裁庭,否则仲裁庭绝无权力命令程序合并或者同时举行庭审。[2] 但是,在确保公正和独立性的前提下,如果仲裁庭注意到正在处理的案件与其他仲裁案件有合并程序或者同时审理的可能,2001 年孟加拉国《仲裁法》也不限制仲裁庭向当事人提议合并程序或者同时审理,只是最终决定权仍归于当事人。

(7)开庭

除非各方当事人另有约定,仲裁庭应当决定是否进行口头审理,以便提出证据或进行口头辩论,或者是否应以文件或其他材料为基础进行仲裁程序。除非当事人协议约定不开庭,否则仲裁庭应当根据任何一方当事人的申请或者主动在进行仲裁程序的适当阶段开庭。任何开庭或任何仲裁庭为了检查货物、其他财产或文件而举行的任何会议,均应当合理地提前通知各方当事人。一方当事人提供给仲裁庭的一切陈述书、文件或其他资料均应当送交他方当事人,任何仲裁庭可能据以作出决定的专家报告或证据性文件均应当送交各方当事人。[3] 可见,2001年孟加拉国《仲裁法》倾向仲裁的开庭审理,同时强调有关通知和文件的送达,确保当事人的知情权。

(8)证据事项

①专家证人

仲裁庭有指定专家、法律顾问或专业评估人的权力,除非各方当事人约定排除。仲裁庭可以指定专家或法律顾问就具体问题向其提交报告;指定专业评估人帮助确认技术性问题;根据案件情况,要求一方当事人向专家、法律顾问或专业评估人提供任何有关的资料,或出示或让其接触任何有关的文件、货物或其他财产,以供检验。[4] 仲裁庭指定专家和专业人士参与仲裁,有助于认清案件事实、合理解决争议,从而保障裁决的公正性。

除非各方当事人另有约定,若一方当事人有要求或者仲裁庭认为有必要,专

---

〔1〕 Art 28(1), Arbitration Act 2001.

〔2〕 Art 28(2), Arbitration Act 2001.

〔3〕 Art 30, Arbitration Act 2001.

〔4〕 Art 32(1), Arbitration Act 2001.

家、法律顾问或专业评估人在提出其书面或口头报告后，应当参加开庭，使各方当事人有机会向其提出问题并派出其他专家证人就争论点作证；视具体情况，专家、法律顾问或专业评估人应当根据一方当事人的申请，向该当事人提供其进行报告所依据的所有有关文件、货物或其他财产；各方当事人应被给予合理的机会，对专家、法律顾问或专业评估人向仲裁庭提交的报告、信息、意见或建议发表自己的观点。[1] 如果仲裁庭指定了专家或者有关专业人士，则当事人有权对其结论和证言进行质证和辩论，有权知晓相关的文件报告，并有权陈述自己的观点。

②证人的传唤

在2001年孟加拉国《仲裁法》项下，仲裁庭没有传唤权，因此传唤证人完全属于法院为仲裁提供的司法协助，如果当事人要求传唤证人，可以向仲裁庭提出，由法院执行，或者在仲裁庭的允许之下直接向法院提出。

仲裁庭或者经仲裁庭允许的一方当事人，可以向法院申请传唤任何人以供检查或者要求其提交有关材料，或者出庭作证，由法院根据具体情况发布相应的传唤命令。[2] 仲裁庭要求被传唤者回答提问或向其提交文件材料，均要以诉讼中的强制传唤规则为限。[3] 如果在仲裁程序进行期间，被传唤者未能依传票出席仲裁庭审，或者有任何其他缺席情况或不当行为，如拒绝传唤或者藐视仲裁庭等，由于在法庭审理的诉讼中，他们会因同样的行为而受到处罚，因此应当由法院根据其在仲裁庭审中的行为进行处罚。[4]

由于仲裁庭本身没有传唤证人的权力，因此仲裁中证人的传唤必须通过法院司法权力的协助来实现，因此证人可被传唤的情形也以诉讼中证人传唤规则为限。同样地，在仲裁程序中，如果证人拒绝配合，如存在被传唤而无故缺席或者拒绝传唤等违反法律的情况，也由法院施以处罚，仲裁庭无此权限。

③证据

当事人可以自行约定证据的形式。如无特别约定，提交给仲裁庭的证据可以是口头的、书面的或是以宣誓的形式，仲裁庭也可以在获得证人同意的情况下令

---

〔1〕 Art 32(2), Arbitration Act 2001.

〔2〕 Art 33(1), Arbitration Act 2001.

〔3〕 Art 33(2), Arbitration Act 2001.

〔4〕 Art 33(3), Arbitration Act 2001.

其就证言宣誓。[1]

(9)当事人缺席

2001年孟加拉国《仲裁法》规定,为仲裁程序适当和快速进行之必要,各方当事人可以自由约定仲裁庭在当事人缺席时的权力。[2]

当事人缺席对申请人和被申请人的后果不同。如果申请人未能提交其申请书,仲裁庭应当终止仲裁程序;如果被申请人未能提交答辩状,仲裁庭应当继续进行仲裁程序,但不得将此情形视为被申请人对申请人指控的承认。[3] 如果仲裁庭认为申请人提出诉求产生了不适当和不必要的迟延,且这种迟延构成或者可能构成将无法公平合理解决争议的实质性危险,造成或可能造成对被申请人的严重偏见,仲裁庭可能会作出驳回仲裁请求的裁决。[4]

如有可能,若当事人无充分的理由经合理通知而未出席仲裁庭审,仲裁庭可以进行缺席审理。当书面审理无法进行时,经合理通知,若一方当事人提交了书面证据或书面材料,仲裁庭可以在该当事人缺席的情况下继续进行庭审,也可以视具体情况,在该一方当事人未提交书面证据或者书面材料时,根据其之前提交过的证据作出裁决。[5] 若一方当事人无充分理由而不遵守仲裁庭的任何命令或指示,仲裁庭可以在其认为适当时刻命令其遵守该命令或指示。[6] 若申请人不遵守仲裁庭关于提供费用担保的命令,仲裁庭可以裁决驳回其仲裁请求。[7] 若一方当事人未能遵守第35条规定项下的任何条款中未提及的任何其他类型的命令,仲裁庭可以作出未遵守命令一方当事人无权依据属命令标的之任何主张或材料的指示;或者根据情况,从不合规行为中作出不利推论;或者根据以适当方式向其提供的材料作出裁决;或者作出其认为适当的命令,以支付因不遵守规定而产生的仲裁费用。[8]

该规定的目的在于如遇当事人缺席的情况,最大限度地保障仲裁程序能够顺

〔1〕 Art 34, Arbitration Act 2001.
〔2〕 Art 35(1), Arbitration Act 2001.
〔3〕 Art 35(2), Arbitration Act 2001.
〔4〕 Art 35(3), Arbitration Act 2001.
〔5〕 Art 35(4), Arbitration Act 2001.
〔6〕 Art 35(5), Arbitration Act 2001.
〔7〕 Art 35(6), Arbitration Act 2001.
〔8〕 Art 35(7), Arbitration Act 2001.

利进行,防止当事人以缺席方式恶意拖延仲裁程序。

(10)仲裁程序的终止

仲裁程序的终止有两种情况:一是依照仲裁程序作出终局裁决;二是仲裁庭发出命令予以终结。根据2001年孟加拉国《仲裁法》的规定,仲裁庭在下列情况下应发出终止仲裁程序的命令:申请人撤回申请,除非被申请人对撤回申请表示反对并且仲裁庭认定彻底解决争议对被申请人来说具有正当利益;各方当事人同意终止仲裁程序;仲裁庭认定仲裁程序因任何其他理由无必要或不可能继续进行。仲裁庭的任命应当随着仲裁程序的终止而结束,但应当服从改正或解释裁决的有关规定。[1]

4. 仲裁裁决

(1)适用于实体争议的法律

适用于实体争议的法律是仲裁庭审理案件是非曲直的依据。仲裁庭应当根据各方当事人指定的适用于实体争议的法律规则对争议作出裁决;除非另有说明,否则各方当事人对某一国家的法律或法律制度所作的任何指定,须解释为直接援引该国的实体法。[2] 也就是说,如无特别约定,一国的冲突规则不适用于实体争议解决。

若各方当事人指定适用的法律,仲裁庭应当适用其认为适当的法律规则,并考虑围绕争议的所有情况。为伸张正义,仲裁庭均应当按照合同的条款作出决定,并应考虑可能适用于该事项的交易习惯。[3] 2001年孟加拉国《仲裁法》对实体争议法律适用的规定非常宽松,在尊重当事人意思自治的前提下,仲裁庭可以选择其认为适当的法律规则甚至是交易习惯来审理案件,这有助于形成更加合理的争议解决方案。

(2)仲裁庭的决策

除非各方当事人另有约定,在有1名以上仲裁员的仲裁程序中,仲裁庭的任何决定均应由其多数成员作出。但是,如果经各方当事人或者仲裁庭所有成员授权,仲裁的程序性问题可由首席仲裁员决定。[4] 根据2001年孟加拉国《仲裁法》

---

[1] Art 41, Arbitration Act 2001.

[2] Art 36(1), Arbitration Act 2001.

[3] Art 36(2), Arbitration Act 2001.

[4] Art 37, Arbitration Act 2001.

的规定,在当事人未进行其他约定的情况下,仲裁庭的决策方式主要有两种:第一,无论仲裁员的人数是奇数还是偶数,只要仲裁员人数在 1 人以上,则仲裁庭的任何决定都由其多数成员作出;第二,如果得到各方当事人的授权,或者得到仲裁庭所有成员的授权,仲裁的程序性事项可以由首席仲裁员单独决定。除独任仲裁外,在任何情况下,仲裁庭的决策方式都应当遵循多数原则,首席仲裁员即便得到授权,也仅限于对程序性事项作出决定,对实体事项的决定仍要由仲裁庭的多数成员作出。

(3)仲裁裁决的形式和内容

裁决应当满足一定的形式和内容要求。在形式方面,仲裁裁决应当以书面形式作出,且应当由仲裁员签字。[1] 在有 1 名以上仲裁员的仲裁程序中,由仲裁庭全体成员的多数签字即可,但要对任何省去的签字说明理由。[2] 在内容方面,仲裁庭无须在仲裁裁决中说明任何理由,只要各方当事人同意其无须说明任何理由,或者仲裁裁决是按和解的条件所作出的。[3] 仲裁裁决应写明日期以及仲裁地点,裁决应当视为在该地点作出。[4] 仲裁裁决作出后,仲裁员签署的裁决书副本应当交付各方当事人。[5]

除非各方当事人另有约定,作出责令给付任何款项的仲裁裁决时,仲裁庭可以就全部或部分款项,在争议行为发生之日至裁决作出之日的整个或部分期间内的合理利息,一并进行裁定。[6]

除非各方当事人另有约定,裁决书应当包含对仲裁费用的裁决。仲裁庭应当具体说明费用获得方、费用支付方,确定该应支出费用的总额或确定总额的方式,以及费用的支付方式等。[7]

---

〔1〕 Art 38(1), Arbitration Act 2001.

〔2〕 Art 38(2), Arbitration Act 2001.

〔3〕 Art 38(3), Arbitration Act 2001.

〔4〕 Art 38(4), Arbitration Act 2001.

〔5〕 Art 38(5), Arbitration Act 2001.

〔6〕 Art 38(6), Arbitration Act 2001. 该条项下所指的“银行利率”,是指孟加拉国银行的实时利率。

〔7〕 Art 38(7), Arbitration Act 2001. 该条项下所指的“仲裁费用”,包括与仲裁员和证人有关的合理费用和开支、法律费用和开支、监督仲裁的机构的任何管理费用以及与仲裁程序和仲裁裁决有关的任何其他费用。

(4)裁决的改正和解释等事项

在裁决作出后,仲裁庭可以依据当事人的申请改正和解释裁决。

除非各方当事人已就另一期限达成合意,自收到仲裁裁决书后的14日内,一方当事人在通知另一方后可以要求仲裁庭纠正裁决中发生的任何计算错误,以及任何文书或印刷错误或任何其他类似性质的错误。[1] 如果仲裁庭认为当事人提出的请求是合理的,则应当自收到请求后的14日内,视具体情形对裁决进行更正或给予解释。如果当事人一致同意,仲裁员更正或解释的期限可以长于14日。[2]

如果仲裁庭发现裁决书有上述错误,则其有权自行纠正,该自行纠正期间同为14日。[3]

除非各方当事人另有约定,一方当事人可以自收到裁决书后14日内,在通知他方当事人后,请求仲裁庭就已在仲裁程序中提出但在裁决书中遗漏的申诉事项作出追加裁决。[4] 如果仲裁庭认为前述请求是合理的,则应当自收到该请求之日起60天内作出追加裁决。[5] 仲裁裁决的更正、修改或解释,或者追加的裁决都应当满足2001年孟加拉国《仲裁法》有关裁决内容和形式的要求,构成裁决的一部分,[6]并且是终局的且具有约束力的。

(5)对裁决的追诉

仲裁庭根据仲裁协议作出的仲裁裁决是终局的,对各方当事人以及通过或依据仲裁裁决提出主张的任何人具有约束力。但是,这并不影响任何人依法对仲裁裁决提出质疑的权利。对裁决进行追诉是对仲裁进行司法监督的重要内容,而申请撤销仲裁裁决是2001年孟加拉国《仲裁法》规定的唯一裁决追诉方式,有关内容将在"孟加拉国仲裁的司法监督"一节进行详细分析。

(6)裁决的承认与执行

裁决的承认与执行是仲裁制度中的重要部分,决定了当事人权利的实现。其中也涉及了司法审查,法院在其中充分发挥监督职能,因此,详细阐释也将在"孟

---

[1] Art 40(1)(a), Arbitration Act 2001.
[2] Art 40(1)(b), Arbitration Act 2001.
[3] Art 40(3), Arbitration Act 2001.
[4] Art 40(5), Arbitration Act 2001.
[5] Art 40(6), Arbitration Act 2001.
[6] Art 40(4), Arbitration Act 2001.

加拉国仲裁的司法监督”一节进行。

除上述规定外,2001 年孟加拉国《仲裁法》还规定了费用押金[1]、仲裁员薪酬争议[2]、破产[3]等事项,涵盖内容全面广泛,能够为仲裁活动的开展提供充分指引。

三、孟加拉国主要仲裁机构

孟加拉国际仲裁中心(Bangladesh International Arbitration Centre,BIAC)是孟加拉国第一个国际仲裁机构,由孟加拉国三大商会共同创办,于 2011 年 4 月获得政府授权开始运营。2012 年 4 月,BIAC 颁布了其第一版仲裁规则,并制定了仲裁准则,这些规则和准则结合了孟加拉国内以及国际仲裁的一些主要发展情况。

成立后,BIAC 迅速发展,成为荷兰海牙国际商事仲裁理事会(International Council for Commercial Arbitration,ICCA)的成员之一,与多个非诉讼争议解决机构签署了合作协议,不断致力培养争议解决人才,并通过举办一系列拓展项目、研讨会、讲习班和对话,努力提高人们对仲裁和调解的认识。2019 年,BIAC 修改了其仲裁规则,以持续提供良好服务。

(一)BIAC 的仲裁规则

自成立至今,BIAC 共制定和颁布了两部仲裁规则,一部是《2011 年 BIAC 仲裁规则》(以下简称《2011 年规则》),另一部是 2019 年修订并颁布的《2019 年 BIAC 仲裁规则》(以下简称《2019 年规则》)。值得注意的是,与很多国际性仲裁机构允许当事人自由选择各个版本仲裁规则的方式有所不同,在《2019 年规则》颁布并生效后,《2011 年规则》随即废止。在一般情况下,当事人只能选择在其提交仲裁请求之日生效的规则的版本来适用于仲裁,除非当事人之间有特别约定。[4] 因此,对于那些于《2019 年规则》生效后提交至 BIAC 的仲裁案件,在当事人之间没有特别约定的情况下,应当适用现行有效的《2019 年规则》。同时,与新规则一同发布的还有《BIAC 仲裁员行为准则》(以下简称《行为准则》),用以规范和约束仲裁员的行为。

与《2011 年规则》相比,《2019 年规则》的改动并不大。在结构安排方面,两部仲裁规则基本上没有差别,《2019 年规则》增加了 BIAC 对仲裁规则的最终解释权,明

---

[1] Art 49, Arbitration Act 2001.

[2] Art 50, Arbitration Act 2001.

[3] Art 51, Arbitration Act 2001.

[4] Art 1(2), BIAC Arbitration Rules 2019.

确仲裁规则的任何条款均由 BIAC 负责最终解释,并且 BIAC 可以随时修订或者修改仲裁规则,不须另行通知。[1] 这一规定一方面突破了规则的既定性,扩大了 BIAC 的权限,间接强化了 BIAC 对仲裁案件的管理权,也有助于 BIAC 及时根据实际情况来调整其仲裁规则,以适应不断变化的争议解决现实;另一方面对于当事人来说,这一规定可能带来了不可预测的风险。在具体规则内容上,《2019 年规则》对一些规则的描述进行了改动,使规则表述更趋于规范化的同时,还体现出两方面的趋势:一是充分提高 BIAC 对仲裁的参与度,与《2011 年规则》相比,赋予了 BIAC 直接协助仲裁的权力,大大扩张了机构的管理权;二是进一步提高仲裁的效率,为避免仲裁程序的无故拖延,如取消了对某些仲裁期限的延长规则,在《2019 年规则》之下,无论是 BIAC 还是 BIAC 的仲裁委员会,都没有权力顺延期限。

下面将主要以《2019 年规则》为参考,结合《BIAC 仲裁委员会章程》《行为准则》等文件对 BIAC 的仲裁规则进行简要介绍。

1. BIAC 的仲裁委员会和秘书长

根据《2019 年规则》的定义,“仲裁委员会”,是指 BIAC 根据《BIAC 仲裁委员会章程》成立的仲裁委员会。BIAC 的仲裁委员会是 BIAC 中的一个特别部门,该部门在 BIAC 的仲裁规则中频繁出现,在协助仲裁程序推进方面发挥至关重要的作用。秘书长是 BIAC 的常设职位,用以管理 BIAC 各项日常事务。因此,在正式介绍 BIAC 仲裁规则的内容之前,首先应对 BIAC 的仲裁委员会和秘书长进行必要介绍。

BIAC 专门颁布了《BIAC 仲裁委员会章程》一并规范与仲裁委员会和秘书长相关的各类事项。

(1) 仲裁委员会

BIAC 的仲裁委员会应当由 BIAC 理事会所任命的 15 名普通成员组成,[2] 每届任期为 6 年,理事会可决定任何成员再获委任 6 年,[3] 并决定成员填补等事项。[4]

仲裁委员会在 BIAC 拥有特定的权限和职责。仲裁委员会有权作出其认为适

---

[1] Art 31, BIAC Arbitration Rules 2019.

[2] Art 1.1, Constitution of the BIAC Arbitration Committee.

[3] Art 1.2, Constitution of the BIAC Arbitration Committee.

[4] Art 1.3, Constitution of the BIAC Arbitration Committee.

当履行其职能的任何事情,特别是:①履行 BIAC 仲裁规则赋予的职能;②对 BIAC 规则及其相关成本表进行持续审查;③酌情就采用新的一般规则或特别规则向理事会提出建议;④全面推进 BIAC 和国际仲裁的发展目标。[1]

在履行《BIAC 仲裁委员会章程》所规定的职责时,仲裁委员会成员应当始终独立于 BIAC 的理事会行事。仲裁委员会在《BIAC 仲裁委员会章程》和 BIAC 仲裁规则下的职能应当由仲裁委员会会长以其名义履行,如果会长缺席,则由仲裁委员会副会长来履行。为履行与仲裁委员会职责有关的具体任务,会长可以设立仲裁委员会特设小组委员会,由会长任命的任何成员来担任特设小组的组长。[2] 此外,《BIAC 仲裁委员会章程》还规定了仲裁委员会成员应当回避的情形,即与按照 BIAC 仲裁规则进行的仲裁有关的仲裁委员会成员不得参与或者影响仲裁委员会有关该仲裁的任何决定。[3]

仲裁委员会需要召开两种会议:一种是根据 BIAC 仲裁规则的要求而召开的会议,这类会议用于决定仲裁程序的有关事项;另一种是定期召开的会议,该会议应当至少每 6 个月召开一次。会议应由会长担任会议主席并主持,如果会长缺席,则由副会长主持,会议的法定人数为 5 人,会议主席有权投决定票。[4]

指定仲裁员是 BIAC 仲裁委员会在协助仲裁程序方面发挥的最主要职能。所有以仲裁委员会名义任命的仲裁员,均应当由会长任命,如果会长缺席,则由副会长代表会长任命。仲裁委员会的所有普通成员都有资格被任命为仲裁员,但前提是他们没有在指定的仲裁庭或者仲裁委员会履行与此类仲裁有关的任何其他职能。[5]

(2)秘书长

根据《2019 年规则》的定义,“秘书长”,是指 BIAC 的首席执行官,[6] 秘书长要依据《BIAC 仲裁委员会章程》来任命。BIAC 的理事会应当任命 1 名秘书长执行 BIAC 的日常运营任务,并履行 BIAC 仲裁规则中可能产生的职责。秘书长任

---

[1] Art 3.1, Constitution of the BIAC Arbitration Committee.

[2] Art 3.2 - 3.4, Constitution of the BIAC Arbitration Committee.

[3] Art 3.5, Constitution of the BIAC Arbitration Committee.

[4] Art 4, Costitution of BIAC Arbitration Committee.

[5] Art 5, Costitution of BIAC Arbitration Committee.

[6] Art 2(12), BIAC Arbitration Rules 2019.

期3年,可由理事会酌情决定连任。[1] 秘书长应当根据 BIAC 仲裁规则执行 BIAC 的日常运作和行政职能。[2]

2. 仲裁规则的主要内容

《2019 年规则》分为引言、仲裁的启动、仲裁庭、仲裁程序、裁决、费用、快速程序和其他规定8个部分,共31条,并为当事人提供了"调解—仲裁条款"和"仲裁条款"两种示范条款以供参考。

(1)定义

与《2011 年规则》相比,《2019 年规则》增加了几个特定词语的定义。"仲裁员名册",是指根据仲裁委员会批准的标准所评定的仲裁员名单。[3] 该定义与通常的理解有所不同,BIAC 作为仲裁机构,有其聘任的机构仲裁员,但这些仲裁员并不自然构成规则定义下的"仲裁员名册",此处的"仲裁员名册"是经过 BIAC 的仲裁委员会根据个案情况和当事人的要求进行选拔后所确认的那些可作为候选仲裁员的人员名单。

"所在地"(seat),是指进行仲裁的管辖地;[4]"地点"(place),是指进行仲裁程序的地点。[5]《2019 年规则》对"所在地"和"地点"分别进行了定义,明确区分了二者,"所在地"是一个法律层面的概念,具有抽象意义,而"地点"则是一个单纯的地理概念。两个概念往往容易混淆,对二者的不同定义既符合国际商事仲裁的一般实践,也体现了 BIAC 积极宣传和开展国际商事仲裁业务的发展目标。

"国际商事仲裁",是指至少一方当事人是孟加拉国以外任何国家的国民或者惯常居民的个人,或者是在孟加拉国以外的任何国家注册成立的法人团体,或者是在孟加拉国或外国政府以外的任何国家行使中央管理和控制权的公司、协会或个人团体。[6]《2019 年规则》对"国际商事仲裁"的定义与 2001 年孟加拉国《仲裁法》所下定义保持一致,以当事人的国籍作为标准,确定了区分仲裁性质的标准。减少当事人通过约定仲裁所在地来人为改变仲裁性质的情况。

---

[1] Art 2, Constitution of the BIAC Arbitration Committee.

[2] Art 6, Constitution of the BIAC Arbitration Committee.

[3] Art 2(8), BIAC Arbitration Rules 2019.

[4] Art 2(13), BIAC Arbitration Rules 2019.

[5] Art 2(14), BIAC Arbitration Rules 2019.

[6] Art 2(15), BIAC Arbitration Rules 2019.

(2)仲裁的启动

根据《2019年规则》,向BIAC提起仲裁的一方(申请人)应当向另一方(被申请人)提交一份仲裁申请书副本。仲裁程序应当视为自BIAC收到申请人的仲裁申请书之日起开始,秘书长应当将仲裁请求通知被申请人。[1]《2019年规则》改变了《2011年规则》之下的仲裁启动方式,由申请人直接对BIAC发出仲裁申请,并将申请的副本发送给被申请人,仲裁程序的启动时间自BIAC接到仲裁申请书时起算,以便更准确地确定程序开启时间。

《2019年规则》为当事人撰写仲裁申请书提供了非常详细的指引。仲裁申请书应当包括以下内容:将争议提交仲裁的请求;争议各方及其代表的名称、地址、通信方式;提及因合同或与之相关的合同而产生的争议;对所依据的仲裁协议的引用;关于索赔一般性质的简要说明;仲裁协议中未规定的仲裁员优先人数;关于仲裁地点的意见;关于适用于争议案情的法律的任何评论;对仲裁语言的任何意见;有关指定仲裁员的任何安排;支付必要注册费。[2] 如果当事人无法在仲裁申请中就指定仲裁员提出建议,则可以在申请中写明由BIAC来指定,以此提高仲裁的效率,这在《2011年规则》中并没有提及。

被申请人应当在收到BIAC的仲裁请求后30天内或者在BIAC可能指定的期限内,向BIAC和申请人发送对仲裁请求的回复。在此期间,被申请人可以访问BIAC进行预评估,以了解仲裁流程或者其他任何问题。[3]《2019年规则》为当事人提供更加全面的仲裁服务,对于被申请人来说,在接收仲裁的信息和应对仲裁申请方面通常处于较被动的地位,通过访问BIAC,被申请人可以及时了解仲裁程序的进展情况以及己方需要进行的必要准备等。

被申请人的答复应当包括:对仲裁请求、索赔的救济以及索赔数额(如申请书提及)的简要答复;与任何反申请有关的简短陈述,并指明所要求的救济,以及在可能的情况下,反申请的索赔数额;除当事人另有约定外,有关指定仲裁员的安排;支付任何反诉所需的登记费。[4]

如果被申请人未能根据前述规则对仲裁申请书进行回复,则BIAC应当根据

〔1〕 Art 3(1)(2),BIAC Arbitration Rules 2019.

〔2〕 Art 3(3),BIAC Arbitration Rules 2019.

〔3〕 Art 4(1),BIAC Arbitration Rules 2019.

〔4〕 Art 4(2),BIAC Arbitration Rules 2019.

这些规则进行处理。[1] 在《2011 年规则》中,如果仲裁请求中包含了有关仲裁员人数或者提名的事项,则秘书长可以酌情延长被申请人的答辩时限。[2]《2019 年规则》删除了这一规定,无论仲裁请求中包含了哪些事项,也无论被申请人是否在回应时有所顾虑,被申请人进行答辩的时间均被限定为 30 日内,该期限为固定期限,不可进行任何延长。此举的目的在于提高仲裁效率,防止仲裁程序被当事人恶意拖延。如果被申请人确实在提名仲裁员方面难以抉择,则其可以授权由BIAC 来处理。

如果被申请人要提出反请求,则应当与答辩状一同提交。反请求应当包括对引起反请求的争议性质和情况的说明,以及请求的救济和索赔金额。[3] 与对被申请人就仲裁请求进行答辩的时限相同,申请人回应反请求的期限最长也为 30 天,[4] 且在任何情况下均不可延长该期限。

为便于信息的传递和接收,任何一方当事人或者仲裁员向 BIAC 发出的所有通知和通信均应由 BIAC 的秘书长负责处理。《2019 年规则》要求各方当事人或者仲裁庭发送的通知或者其他通信必须以书面形式,并且规定了传送的方式,以便接收和保留相关记录。此外,《2019 年规则》所指的"期间",应当自收到通知或者其他通信之日起计算。如果该期限的最后一天是收件人住所或者营业地的法定假日或者非工作日,则该期限应当延长至下一个工作日。在计算期间时,应当将法定假日或者非工作日计算在内。[5]

(3) 仲裁庭

仲裁庭的组成人数首先由当事人自由协商决定。在没有当事人其他约定的情况下,仲裁庭的人数只有两种情况,在一般情况下由 1 名仲裁员独任仲裁,在特定情况下由仲裁委员会决定 3 名仲裁员组成仲裁庭。[6]

对于双方当事人的仲裁模式,仲裁协议约定 3 名仲裁员的,由双方当事人各指定 1 名仲裁员,再由双方指定的仲裁员指定第三名仲裁员担任首席仲裁员。

---

〔1〕 Art 4(3),BIAC Arbitration Rules 2019.

〔2〕 Art 4(3),BIAC Arbitration Rules 2011.

〔3〕 Art 4(4),BIAC Arbitration Rules 2019.

〔4〕 Art 4(5),BIAC Arbitration Rules 2019.

〔5〕 Art 5,BIAC Arbitration Rules 2019.

〔6〕 Art 6,BIAC Arbitration Rules 2019.

《2019 年规则》增加了双方可以请求 BIAC 协助选择和任命仲裁员的规定,为当事人提供了更多便利。[1] 仲裁委员会任命仲裁员,应当通过秘书长向当事双方提供一份名单,名单应包括机构仲裁员名单或者仲裁员提名名单中至少 3 名候选人的姓名、地址、国籍以及资格和经验的说明。在收到名单后 10 日内,当事人可以删除其反对的任何提名,并将名单交回秘书长;仲裁委员会收到当事人发回的名单后,应当从名单中指定仲裁员;如果由于任何原因不能按照前述规定的程序予以任命,仲裁委员会应当从机构仲裁员名单以及仲裁员提名名单中任命,但已经被当事人删除的人员除外。[2]

仲裁协议约定独任仲裁员的,当事人自收到一方当事人请求之日起 30 日内未约定仲裁员的,则由仲裁委员会指定,或者由 BIAC 依据当事人的请求指定。[3] 可以看出,虽然 BIAC 与仲裁委员会都可能行使指定仲裁员的职能,但与 BIAC 相比,仲裁委员会的权限更大,BIAC 只能依据当事人的请求协助对仲裁员进行指定或者任命,不得主动为当事人指定仲裁员,而仲裁委员会则有权在当事人或者仲裁员无法指定时直接指定相应的仲裁员。

在指定仲裁员时,仲裁委员会或者 BIAC 应当考虑争议的性质,以便将具有适当专业、商业经验、语言、能力和国籍的人员列入名单。仲裁委员会或者 BIAC 应当在考虑下列因素后尽快任命仲裁员:当事人协议要求仲裁员具备的任何资格;能够确保任命 1 名独立和公正的仲裁员的因素;仲裁员是否能迅速有效地裁定争议;在国际商事仲裁中指定独任仲裁员或者首席仲裁员时,考虑指定 1 名国籍不同于任何一方当事人国籍的仲裁员。当然,国籍本身不构成不可担任仲裁员的理由,除非双方当事人另有约定,任何国籍的人均可被任命为仲裁员。在指定 1 人作为仲裁员或首席仲裁员之前,仲裁委员会或 BIAC 应从该人员处获得一份书面声明,承诺其能够独立公正且迅速有效地裁定案件,且其具备必要的资格来决定争议。仲裁员应当尽快向当事各方和秘书长披露在仲裁过程中可能发生的对其公正性或独立性产生合理怀疑的任何情况。无论是否列名于仲裁员名录,被任命的仲裁员都必须书面同意遵守《2019 年规则》以及《行为准则》。

---

〔1〕 Art 7(2),BIAC Arbitration Rules 2019.

〔2〕 Art 7(4),BIAC Arbitration Rules 2019.

〔3〕 Art 7(3),BIAC Arbitration Rules 2019.

对于多方当事人模式的仲裁，如果指定 3 名仲裁员，所有申请人应当共同指定 1 名仲裁员，所有被申请人应共同指定 1 名仲裁员，再由 2 名仲裁员指定第三名仲裁员作为首席仲裁员。如果在提交仲裁申请之日起 28 日内或者在双方约定的期限内未能共同提名，则由 BIAC 根据各方的要求或者由仲裁委员会任命所有仲裁员，并指定其中 1 人担任首席仲裁员。如果需要指定独任仲裁员，则所有当事人应当共同指定独任仲裁员，如果在提交仲裁请求后 30 日内或者各方商定的期限内未能达成协议，则由仲裁委员会指定该仲裁员。[1]

当存在对其独立性或公正性产生合理怀疑的情况，或者仲裁员不具备当事人在仲裁协议中约定的资格条件时，当事人有权对仲裁员或者首席仲裁员的指定提出异议。如果一方当事人要对其自身指定的仲裁员提出异议，则异议理由必须是当事人在指定该仲裁员后才为其所知。[2] 拟对仲裁员提出异议的一方应在收到仲裁员任命通知或知晓可提起异议的任何理由后 14 日内，向 BIAC、仲裁庭、被质疑的仲裁员和仲裁各方发出书面通知，说明提出异议的原因。当一方当事人对仲裁员提出异议时，另一方当事人可以同意异议。被异议的仲裁员可以回避，但这种情况并不意味着接受质疑理由的有效性。如果一方当事人同意或被异议的仲裁员辞职，应按照前述规则指定 1 名替代仲裁员。自收到异议通知之日起 7 日内，对方当事人不同意或者仲裁员不自愿回避的，仲裁委员会应当对异议作出裁决。如果被质疑的仲裁员愿意，仲裁委员会或者 BIAC 可以向被质疑的仲裁员提供书面答复的机会。异议不成的，仲裁庭继续进行仲裁程序并作出裁决。如果异议成功，应根据规则指定 1 名替代仲裁员。仲裁委员会或者 BIAC 对异议申请的决定应视为最终决定并具有约束力。[3]

仲裁员的任期应在下列情况下终止：仲裁员主动离职或者各方同意终止任期；仲裁员死亡；仲裁员无法履行其职责或因其他原因未能及时采取行动。如果仲裁员的任期终止，则应按照其前任被任命的相同方式任命替代仲裁员。如果仲裁员被替换，以前举行的任何程序只有在仲裁庭认为必要时才可重复进行。就独任仲裁员而言，只有在新仲裁员认为必要的情况下，才可重复进行程序。仲裁庭

---

〔1〕 Art 8, BIAC Arbitration Act 2019.

〔2〕 Art 9, BIAC Arbitration Act 2019.

〔3〕 Art 10, BIAC Arbitration Act 2019.

在更换仲裁员前作出的任何命令,不得仅因仲裁庭组成发生变化而无效。[1]

《2019年规则》要求,当事人在仲裁庭组成之后的一定期限内互相传送申请书和答辩状以及相关材料的互相传送,包含的内容除指定仲裁员不含在内外,其余与申请仲裁时的文书提交要求并无出入。[2] 如果当事人认为此阶段文书传送的期间过长,原则上可以约定将该期限缩短。申请人和被申请人未能在规定时间内提交文书的后果不同,对于申请人来说,其不在规定时限内提交申请书则视为撤回仲裁请求,对于被申请人来说,其不在规定时限内提交答辩状,则不会影响仲裁的进行。与《2011年规则》仅规定仲裁庭有权在必要时延长仲裁裁决期限相比,《2019年规则》明确了裁决期限的上限为388天,而快速程序则最长为3个月,进一步提高了仲裁的效率。

(4)仲裁程序

仲裁庭应当尽早线下亲自或者通过电话会议召开预备会议,无论如何不得迟于仲裁庭组成后的21日。预备会议能够通过与双方讨论程序,确定开庭时间、开庭地点、提交证人证言和专家报告的时间以及仲裁庭认为适当或者仲裁规则所要求或者准许的任何其他事项,以促进仲裁程序的有效进行。

仲裁庭应当决定审理方式,所有审理均应保密。当事人没有充分理由不出席的,仲裁庭可以继续进行仲裁,并可以根据提交的材料和证据作出裁决。仲裁庭可以在开庭前,向双方当事人提交一份它认为与案件有关、对仲裁结果有重要影响和初步裁决可能适用的问题清单。仲裁庭应当自双方当事人提交书面答辩状之日起30日内开庭,并自首次开庭之日起180日内审结案件。

当事人通过证人作证的,应当在仲裁庭确定的时间内,通知仲裁庭和对方当事人下列事项:打算出庭作证的证人的姓名和地址,以及证人作证的主题和语言。仲裁庭应当为在听证会上所作口头陈述进行翻译,如果仲裁庭根据案件情况认为有必要,或者各方当事人已同意,并已在开庭前至少14日将该协议通知仲裁庭。[3]

除非双方另有约定,证据形式由仲裁庭决定;仲裁庭可以令证人宣誓,但必须

---

[1] Art 11, BIAC Arbitration Act 2019.

[2] Art 12, BIAC Arbitration Act 2019.

[3] Art 13, BIAC Arbitration Act 2019.

征得证人的同意。当事各方应自行承担举证责任，在遵守仲裁庭指示的情况下，提出相关和可靠的证据以及口头和书面论据，以支持其主张。仲裁庭应当确定证据的可采性、相关性和证据效力，不受适用于法庭的正式证据规则的约束。[1] 从证据规则来看，仲裁不必受到诉讼中证据规则的约束，证据的形式要求可以由当事人自行约定，有关证据的定性则可由仲裁庭自由裁量。

仲裁庭可以随时要求任何一方当事人提交其拟传唤的证人的身份、证人证言的事项及其有关问题的简短摘要。仲裁庭也可以要求交换证人证言和专家报告。仲裁庭有权允许、限制或者拒绝证人出庭，无论是事实证人还是专家证人。证人提供口头证据的，可以在仲裁庭的监督下，接受当事人或者当事人代表的询问，也可以由仲裁庭要求证人宣誓作证。仲裁庭可以在庭审的任何阶段询问证人。证人证言可以书面形式提出，可以是经过签字确认的陈述，也可以是经正式宣誓的宣誓书，仲裁庭可以命令将这些陈述或者宣誓书作为主要证据。证人、鉴定人经当事人或者仲裁庭请求，仍不到庭作证的，经仲裁庭同意，仲裁庭或者当事人可以向仲裁庭申请协助取证。[2]

仲裁庭有权依照规则指定专家协助仲裁。仲裁庭可以指定 1 名或者多名独立的专家，就仲裁庭确定的具体问题向仲裁庭报告，并与当事人充分沟通。专家与当事人可以互相提供任何相关信息或者有关文件、货物或其他财产，以供对方查阅。除仲裁庭另有决定外，专家取证应当遵循《2019 年规则》有关证据的规定。仲裁庭根据《2019 年规则》委任的任何专家的费用及开支，须从各方提前缴付的保证金中予以支付，并构成仲裁费用的一部分。[3]

当事人可以书面约定仲裁所在地，如无此类协议，则仲裁所在地应当为达卡（Dhaka）。仲裁庭可以自行决定在任何方便的地点举行听证、会议和审议。尽管在其他地方举行了听证会或者会议，仲裁应当视为在仲裁所在地进行的仲裁，任何裁决都应当视为在仲裁所在地作出的裁决。[4]

除仲裁庭另有要求外，当事人不得在其他当事人不在场的情况下与仲裁庭组成人员联系。如果仲裁协议没有规定仲裁程序中使用的语言，仲裁的官方语言应

〔1〕 Art 14, BIAC Arbitration Act 2019.

〔2〕 Art 15, BIAC Arbitration Act 2019.

〔3〕 Art 16, BIAC Arbitration Act 2019.

〔4〕 Art 17, BIAC Arbitration Act 2019.

为英语。仲裁庭可以命令,任何书面证据应当附有当事人约定的或者仲裁庭确定的语言的译文。

此外,依照《2019 年规则》,仲裁庭有自裁管辖权[1]并能够发布临时措施。[2]

(5)作出裁决

在解决实体争议的实体法方面,仲裁庭应首先适用双方当事人指定的适用于争议实质的法律规则,否则,仲裁庭应适用其认为适当的法律。在《2019 年规则》之下,仲裁庭应当进行友好仲裁,即可依据法律和法律原则或是基于公平和善意原则进行仲裁,但是只有在双方当事人明确授权的情况下仲裁庭才可以这样做。在任何情况下,仲裁庭应根据合同条款(如有)作出裁决,并应考虑适用于该交易的所有贸易惯例。[3]

根据《2019 年规则》,除特殊情况外,裁决的作出期限为口头审理结束后 60 日内。裁决应当采用书面形式,由仲裁庭组成人员签名,在有 1 名以上仲裁员的仲裁程序中,只要说明遗漏签字的原因,仲裁庭全体成员过半数的签字即为充分。决策方式为多数票裁决(独任仲裁员除外),若不能达成一致意见,由首席仲裁员独任仲裁庭予以裁决。如果任何仲裁员被给予合理的机会仍不配合作出裁决,其余仲裁员应在其缺席的情况下继续进行。裁决书应说明其依据的理由,除非双方同意不提供任何理由,或裁决是一个记录了协议条款的裁决。仲裁庭应说明仲裁的日期和地点,裁决应视为在该地点作出。

此外,裁决还有其他形式。比如,仲裁庭在仲裁过程中的任何时候,应一方或双方当事人的请求,仲裁庭可以就其可能作出最终裁决的任何事项作出临时裁决。达成和解的,当事人可以请求仲裁庭作出裁决,记载和解结果。双方向 BIAC 确认已达成和解,且双方不要求作出裁决,仲裁程序应在支付任何未付的仲裁费用后视为结束。裁决是终局的,对各方当事人均有约束力,仲裁各方应立即、毫不拖延地执行裁决。[4]

在收到裁决后 14 日内,一方当事人经通知另一方当事人,可以请求仲裁庭更正裁决书中不影响裁决结果的错误;当事人一方当事人可以通知对方当事人,请

〔1〕 Art 21, BIAC Arbitration Act 2019.

〔2〕 Art 22, BIAC Arbitration Act 2019.

〔3〕 Art 23, BIAC Arbitration Act 2019.

〔4〕 Art 24, BIAC Arbitration Act 2019.

求仲裁庭对裁决书的具体内容作出解释。仲裁庭认为,应在收到请求后 14 日内作出更正或者作出解释,该解释应构成裁决的一部分。仲裁庭可以自裁决之日起 14 日内,自行更正上述错误。当事人可以在收到裁决书之日起 30 日内,请求仲裁庭对仲裁程序中提出但未作裁决的请求作出补充裁决,仲裁庭认为正当的,应当自收到请求之日起 14 日内作出补充裁决。必要时,仲裁庭可以延长补正、解释或者追加裁决的期限。[1]

(6)快速仲裁程序

《2019 年规则》规定了快速仲裁程序,以便高效解决简单的仲裁案件。如果争议总金额(包括请求、反请求和抗辩)不超过 5000 万塔卡(或者相当于 5000 万塔卡),则任何一方均可在预备会议前以书面形式要求 BIAC 将仲裁视为快速仲裁。有关这方面的任何决定应由 BIAC 作出,并应在预备会议之前通知仲裁庭和双方当事人。

如果决定将仲裁视为快速仲裁,BIAC 应当相应缩短仲裁规则规定的期限,仲裁裁决应在仲裁庭成立之日起 3 个月内作出,除非在特殊情况下仲裁庭延长了时间。

有关快速程序的所有细节,包括提交意见的日期、口头听证、通信方式等,以及双方可能提出的任何疑问,即程序顺序问题,应在预备会议上一并决定。预备会议应在仲裁庭组成之日起 10 日内举行。如果不能就任何问题达成协商一致意见或任何一方当事人不遵守程序令,应由仲裁庭(如为独任仲裁员)和首席仲裁员(如为 3 人仲裁庭)作出裁决。[2]

(7)保密性

《2019 年规则》规定了严格的保密规则,但也有保密性的例外。双方当事人和仲裁庭应始终将与诉讼程序和裁决有关的所有事项视为机密。未经事先书面同意,任何一方或任何仲裁员不得未经各方同意,向第三方披露任何此类事项,但以下情况除外:有权为任何目的对法院的裁决提出异议;根据有管辖权的法院发出的命令或传票(出庭命令);为了追求或执行合法的权利或要求;遵守任何州的法律规定对披露方具有约束力;遵守任何监管机构或其他机构的要求;或者根据审

---

〔1〕 Art 25, BIAC Arbitration Act 2019.

〔2〕 Art 28, BIAC Arbitration Act 2019.

裁处应一方申请并向其他各方发出适当通知而作出的命令。

《2019 年规则》定义的“与仲裁程序有关的事项”,是指仲裁程序的存在,仲裁程序中的答辩状、证据和其他材料,以及另一方当事人在仲裁程序中出示的所有其他文件或仲裁程序产生的裁决,但不包括任何其他属于公共领域的事项。

(二)《行为准则》

为规范仲裁员管理,提高仲裁服务质量,与《2019 年规则》一同颁布的还有《行为准则》。《行为准则》为仲裁庭和 BIAC 管理的仲裁员名册以及根据 BIAC 仲裁规则进行仲裁的仲裁员提供了指导原则。它规定了保护使用 BIAC 仲裁服务的当事人利益的标准,以及增强了对 BIAC 仲裁服务作为中立、公正、高效、快速和独立的替代性纠纷解决方法的信心的标准。

1. 一般原则

《行为准则》确立了一般原则,要求仲裁员承认并尊重当事人的意思自治原则,明确仲裁过程依赖当事人达成自愿协议解决争议的能力。仲裁员有义务鼓励当事人自主选择并承担责任,不得影响当事人作出关于仲裁事项的决定,包括不得建议任何一方就争议的任何问题采取任何具体的做法,也不得就此类事项发表任何意见。必要时,仲裁员可以在仲裁期间通知当事人有咨询顾问或专家的选择。[1]

仲裁员应当以独立、中立和公正的方式行事,应披露可能影响独立性、中立性或公正性或可能被视为偏见迹象的任何利益或关系。[2] 仲裁员的独立性、中立性和公正性是仲裁过程的核心。与仲裁有利害关系的仲裁员,如被指定,应主动回避。当当事人对仲裁员的公正性、独立性和中立性有信心时,仲裁过程的质量就会提高。

仲裁员有义务自行调查并披露存在的利益冲突。在收到任命提名时,准仲裁员应就其任命可能影响其公正性和独立性的利益冲突,包括密切的个人或商业关系,进行合理调查。如果未事先向各方披露并征得各方同意,在接受任命后,直至仲裁程序结束,仲裁员不得建立与仲裁有关的财务、商业、专业、家庭或社会关系,

〔1〕 Art 1(a),BIAC Arbitrator's Code of Conduct.

〔2〕 Art 1(b),BIAC Arbitrator's Code of Conduct.

或获取可能影响或可能合理造成利益冲突、偏袒或偏见的财务或个人利益。[1]

仲裁员应具备仲裁所需的资格、经验,应使当事人对仲裁员仲裁争议的能力感到满意。仲裁员在与当事人沟通时,应当如实反映其资格、经验、培训、技能和能力。仲裁员不得就任何仲裁的结果作出任何保证。[2]

仲裁员应对仲裁过程保密。仲裁员在仲裁过程中,甚至在仲裁终止后,都应当保密。仲裁期间获得的任何信息,包括口头和书面交流,不得在仲裁之外、仲裁期间或仲裁终止后披露,除非双方书面授权披露,或者披露是依照有关规则的保密性例外进行的。仲裁员与当事各方具有信托关系,不得在任何时候利用在诉讼过程中获得的机密信息为自己或他人谋取个人利益,或对另一人的利益产生不利影响。[3]

仲裁员应以符合 BIAC 仲裁规则和尽职调查的方式,公正地进行仲裁,不得以不适合仲裁员的方式进行任何活动或行为。仲裁员应维护仲裁程序的完整性和公正性,确保参与仲裁的各方都得到公平的通知,并充分了解仲裁程序,在与各方沟通时,避免任何不当行为或出现不适当的现象。[4]

2. 仲裁员与当事人的沟通

在与当事人进行沟通时,仲裁员也要遵循一定的行为准则。

在接受任命之前,仲裁员只能询问争议的一般性质、当事人的姓名和详细情况以及诉讼所需的预期时间。在收到指定仲裁员的通知之前,仲裁员不得与任何一方当事人或其律师进行协商。除非双方另有约定,仲裁员与双方之间的所有通信和通信应保密,不得复制给争议双方和 BIAC 以外的任何人。[5]

3. 仲裁员在仲裁过程中的行为

仲裁员应随时向 BIAC 通报仲裁情况。仲裁员应确保,在仲裁开始前,双方已理解并同意将管辖仲裁的条款和条件,包括与对仲裁员和双方保密义务有关的条款和条件。仲裁程序一经开始,仲裁员应熟悉所提出的一切事实和论据,以及与

---

〔1〕 Art 1(c), BIAC Arbitrator's Code of Conduct.

〔2〕 Art 1(d), BIAC Arbitrator's Code of Conduct.

〔3〕 Art 1(e), BIAC Arbitrator's Code of Conduct.

〔4〕 Art 1(f), BIAC Arbitrator's Code of Conduct.

〔5〕 Art 2, BIAC Arbitrator's Code of Conduct.

仲裁程序有关的所有讨论,以便其能正确理解争议并协助当事人达成和解。[1]

4. 费用

仲裁员的任何收费都应当依照 BIAC 的费用附录进行。仲裁员不得根据仲裁结果或和解金额与任何一方订立费用协议。[2]

5. 仲裁员违反行为准则的后果

仲裁员不遵守《行为准则》的后果可能会使其被排除在仲裁员名录之外。如果不遵守《行为准则》,在仲裁员被给予解释机会后,可以将其从仲裁程序中除名或取消其资格,并从仲裁员名册中除名。BIAC 的董事会对此事项的任何决定均为最终决定,具有约束力。[3]

BIAC 作为孟加拉国成立的第一个国际性仲裁机构,虽然其成立的时间不久,但其通过完善仲裁规则、规范仲裁员行为等方式不断提高服务质量,吸引着外国当事人选择其管理仲裁程序、协助商事争议的解决。

四、孟加拉国仲裁的司法监督

仲裁裁决自签发之日起即具有终局性,对各方当事人以及通过或者依据仲裁裁决提出主张的任何人均具有约束力。有效的仲裁裁决具有可执行性。仲裁裁决的执行是当事人权利得以实现的重要保障,是一国法院对仲裁制度给予支持的集中表现,是仲裁法律制度的重要组成部分,更是仲裁法律制度得以存续和发展的最终保证。仲裁裁决关乎当事人的利益分配,因此,各国都对仲裁裁决效力认定和执行进行规范,制定相应的仲裁裁决撤销规则与仲裁裁决的执行规则,并发挥法院司法监督的职能来审查仲裁裁决,为当事人的权利救济提供最后一重保险。

(一)仲裁裁决的撤销

根据 2001 年孟加拉国《仲裁法》,仲裁庭根据仲裁协议作出的仲裁裁决是终局的,但是仲裁裁决的终局性并不影响任何人依法对其提出质疑的权利。[4] 该法第 8 章规定了对仲裁裁决进行追诉的程序和事由。

---

[1] Art 3, BIAC Arbitrator's Code of Conduct.

[2] Art 4, BIAC Arbitrator's Code of Conduct.

[3] Art 5, BIAC Arbitrator's Code of Conduct.

[4] Art 39(2), Arbitration Act 2001.

1. 撤销仲裁裁决的申请程序

在撤销仲裁裁决方面,2001 年孟加拉国《仲裁法》以仲裁是否具有涉外性和仲裁地作为标准,区分了有权管辖撤销不同性质仲裁裁决事宜的法院。首先,根据涉外性标准判断,如果仲裁是非国际商事仲裁,则一方当事人应当在其接到仲裁裁决后的 60 日内提出申请,由法院依照相关规定来审查。其次,如果仲裁具有涉外性,即为国际商事仲裁,应再以仲裁地作为标准,对那些在孟加拉国境内进行的国际商事仲裁,当事人要申请撤销仲裁裁决,应当在接到仲裁裁决后 60 日内向高等法庭提出申请。[1]

当事人申请撤销仲裁裁决的权利具有时效性。无论属于何种类型的仲裁,在 2001 年孟加拉国《仲裁法》项下,当事人有权对裁决提出质疑的期限都是相同的,即从当事人实际接到仲裁裁决的当天起算,满 60 日后则视为当事人对仲裁裁决没有异议,超过此期间不得再提出撤销裁决的申请。在审查撤销仲裁裁决的申请时,不同类型的仲裁裁决的审查主体不同。根据 2001 年孟加拉国《仲裁法》的定义,“法院”,是指地区法院,包括由孟加拉国政府通过公报通知方式所设立的、履行地区法院在该法项下职能的特别法庭。[2] 如果仲裁为非国际商事仲裁,则撤销裁决的申请应当交由地区法院或者特别法庭来审查。“高等法庭”,是指孟加拉国最高法院的高等法庭。[3] 对于那些仲裁地为孟加拉国境内的国际商事仲裁,对其裁决的撤销申请则专属于最高法院的高等法庭管辖,其他任何法院或者法庭都没有权力进行审查。

2. 撤销仲裁裁决的事由

为提高仲裁活动的自治性,鼓励与仲裁有关的事宜都尽快在仲裁程序中得以解决,现代仲裁立法在撤销仲裁裁决方面多采用对撤销裁决事由的穷尽式列举,以这些有限的法定事由来防止仲裁裁决被法院肆意撤销,孟加拉国的仲裁法律制度在撤销仲裁裁决的事由方面也采用了这种模式。当事人申请撤销仲裁裁决的事由必须属于 2001 年孟加拉国《仲裁法》所列举的事由范围,否则申请将不能通过。

---

〔1〕 Art 42, Arbitration Act 2001.

〔2〕 Art 2(b), Arbitration Act 2001.

〔3〕 Art 2(q), Arbitration Act 2001.

与《示范法》的分类相同,撤销仲裁裁决的事由有两类:一是应当由当事人提出并自行举证证明足以使仲裁裁决被撤销的法定事由;二是可以由法院主动发挥司法职能来认定的撤销仲裁裁决法定事由。

(1)当事人主动申请所依据的事由

对第一类事由,法院不得主动依职权审查,只能由当事人申请提出,并且当事人需要提供充分的证据来支持其申请。根据2001年孟加拉国《仲裁法》的规定,当事人可主张的事由包括:①仲裁协议的一方当事人欠缺行为能力;②根据各方当事人所同意遵守的法律,仲裁协议是无效的;③提出申请的一方当事人未得到有关指定仲裁员或仲裁程序的适当通知,或者该方当事人因其他理由未能陈述其案情;④裁决处理了不属于提交仲裁的条款所考虑的或不是其范围以内的争议,或者裁决虽然载有关于提交仲裁事项之外的决定,但是对提交仲裁的事项与未提交仲裁的事项所作的决定是可分的,则仅可撤销包含对未提交仲裁的事项作出决定的那一部分裁决;⑤仲裁庭的组成或者仲裁程序与各方当事人的协议不一致,除非此种协议与各方当事人不能背离本法的规定相抵触,或者各方当事人没有此种协议,将与本法的规定不相符。[1]

除以上5种事由外,当事人以其他事由申请撤销仲裁裁决都将被驳回。这5种事由与《示范法》规定的当事人申请撤销事由基本一致,只是关于第二类事由,2001年孟加拉国《仲裁法》并没有明确在当事方没有合意遵守的法律时,判定仲裁协议是否有效应当以什么法律作为依据。

(2)法院依职权审查的事由

对第二类事由,法院可以直接以其为依据撤销仲裁裁决,而不需要以当事人提出申请为前提条件。《示范法》的第二类事由只有可仲裁性与公共政策两个,而2001年孟加拉国《仲裁法》则规定了4个事由。根据2001年孟加拉国《仲裁法》,法院或者高等法院有权撤销仲裁裁决,只要存在以下情况:①根据仲裁时孟加拉国有效的法律,争议的标的不能通过仲裁解决;②该裁决与孟加拉国现行有效的法律相抵触;③仲裁裁决违反了孟加拉国的公共政策;④仲裁裁决受到欺诈、腐败的引导或影响。其中,事由②和事由④是《示范法》中没有规定的。

事由①是关于争议的可仲裁性。2001年孟加拉国《仲裁法》明确了认定争议

---

〔1〕 Art 43(1)(a), Arbitration Act 2001.

可仲裁性的时间标准，即以仲裁进行当时作为节点，如果争议依照当时孟加拉国的法律不具有可仲裁性，则裁决应当被撤销。虽然一般而言，争议的可仲裁性发生变动的可能性并不大，但明确时间标准的方式使规定更加严谨也更具有可预测性。

事由②是关于裁决的合法性。实际上，事由②对审查非国际商事仲裁更合理也更易操作。但是对于国际商事仲裁来说，根据这一事由进行审查可能会引发质疑。在国际商事仲裁实践中，裁决作出所依据的实体法可能是多种多样的，既可能是一国的国内法，也可能是国际条约，甚至是国际贸易惯例和交易习惯等，这种现象已经充分说明用以决定争议的法律不再囿于仲裁地的法律这一种选择，转而向更多元化的实体法渊源寻找最佳方案，这也就增加了作出裁决依据的实体法与仲裁地法律存在冲突甚至是相抵触的可能。因此，对于仲裁地虽位于孟加拉国境内，但却并未适用孟加拉国法律来决定案件是非曲直的那些国际商事仲裁来说，在事由②的规定下，其仲裁裁决的效力将面临非常大的不确定性，尤其是对于何种冲突属于与孟加拉国法律相抵触这样的程度性问题，完全依赖法院的自由裁量权，并将最终取决于孟加拉国司法对国际商事仲裁的态度。事由②加强了孟加拉国司法对仲裁，尤其是对其国内仲裁活动的管辖和规制，而从国际商事仲裁的视角看来，该规定实际上是将公共政策的概念扩张并渗透到具体的法律规则层面，这有可能会影响国际商事仲裁当事人选择孟加拉国作为仲裁地。

事由③是关于公共政策问题。2001 年孟加拉国《仲裁法》没有赋予公共政策定义，也没有明确规定公共政策的范围，在实践中，由司法机关自由裁量。

事由④是关于裁决的正当性。如果仲裁裁决的作出受到欺诈、腐败的引导或者影响，则该仲裁裁决应当被撤销。与事由②类似，事由④也更适合用于审查非国际商事仲裁。在国际商事仲裁里，仲裁地只是一个法律概念而非地理概念，这一点也被 2001 年孟加拉国《仲裁法》特别说明。在实践中，仲裁地未必会与仲裁实际开展的地点相重合，但是一国法律对案件的管辖和对案件情况的了解却往往受到非常大的地域限制。如果国际商事仲裁的当事人选择了孟加拉国作为仲裁地，而仲裁实际上在孟加拉国之外的地点进行，那么对于孟加拉国的法院来说，要查明裁决的作出是否受到了欺诈、腐败的引导或者影响几乎是不可能的事情，即便有可能查明，也需要进行长时间的调查。因此，对国际商事仲裁进行这种审查并不现实。

3. 对撤销裁决决定的上诉

根据2001年孟加拉国《仲裁法》的规定,如果被申请撤销的是非国际商事仲裁的裁决,在法院作出撤销或者不予撤销的决定后,如果当事人有异议,还可以对法院的这一决定提起上诉。[1] 对撤销裁决决定的上诉规定仅适用于孟加拉国的国内仲裁,对国际商事仲裁来说,高等法庭撤销或不予撤销裁决的决定为最终决定,不可上诉。

总之,2001年孟加拉国《仲裁法》的仲裁裁决撤销规定在参考《示范法》的基础上融合了本国特色,在程序方面体现出对非国际商事仲裁和国际仲裁的双轨制管理,但是在撤销事由方面又对二者进行了一体式规定,通过分析可知,并非所有事由都适合用来审查国际商事仲裁,而这种模式本身也可能催生与国际商事仲裁通行实践的矛盾,不利于仲裁的国际化发展。

(二)仲裁裁决的执行

2001年孟加拉国《仲裁法》在仲裁裁决的执行方面对仲裁采用了另一种分类来进行规范,即以仲裁地为标准,将仲裁分为国内仲裁和外国仲裁,对两类仲裁裁决的执行分别进行了不同规定。

1. 对国内仲裁裁决的执行

国内仲裁,是指仲裁地位于孟加拉国境内的仲裁,而无论仲裁是否具有涉外因素。

如果当事人有权提出的撤销仲裁裁决申请的期限已经届满但未提出撤销申请,或者当事人提出的此种申请被取消或者被拒绝,则应当参照《民事诉讼法》有关法院执行民事判决的规定来执行该仲裁裁决。[2] 此处的“法院”,是指有关仲裁裁决已经在其地方管辖范围内作出并签署的法院。2001年孟加拉国《仲裁法》没有直接规定这类裁决的执行程序,该类裁决的执行受到《民事诉讼法》的指引,该法项下的《民事诉讼法》是指1908年《民事诉讼法》。[3] 因此,法院准予承认和执行的仲裁裁决在这个意义上应当视同法院作出的判决书。

此外,如果国内仲裁的当事人认为,仲裁裁决符合2001年孟加拉国《仲裁法》

---

[1] Art 48(a), Arbitration Act 2001.
[2] Art 44, Arbitration Act 2001.
[3] Art 2(e), Arbitration Act 2001.

规定的执行条件，但是法院不予执行，则当事人可以对法院的这一命令提起上诉。[1]

2. 对外国仲裁裁决的承认与执行

凡仲裁地位于孟加拉国境外的仲裁均属外国仲裁，但是不包括在某一特定国家领土内作出的裁决。孟加拉国政府可以为了本国仲裁法的目的，通过在官方公报发布通知的方式来宣布某一国家为特定国家。[2] 对外国仲裁裁决进行承认和执行的程序相对复杂。

(1)申请的提出

根据2001年孟加拉国《仲裁法》的规定，如果外国仲裁裁决不存在被拒绝承认和执行的事由，则任何具有强制执行力的外国裁决均应当被视为对该裁决的所有相对人具有约束力。当一项外国仲裁裁决被孟加拉国承认有效后，无论裁决是否进入执行阶段，任何裁决的相对人都可以在孟加拉国境内进行的辩护、抵销或其他任何法律程序中援引这一裁决。如果外国仲裁裁决的任何一方当事人提出申请，则可由法院参照1980年《民事诉讼法》中执行法院判决的有关规定执行该外国仲裁裁决。[3] 值得注意的是，此处的法院仅是指为了承认和执行外国仲裁裁决的目的，在达卡行使管辖权的地区法院，其他行政区的地区法院均不具有这一权限。也就是说，外国裁决的当事人申请对裁决进行承认和执行，只能将申请提交至孟加拉国首都达卡的地区法院。

如果当事人申请对外国仲裁裁决进行执行，则申请应当附有的材料包括：①以裁决作出地国法律要求的方式，经正式认证的仲裁裁决书正本或者其副本；②仲裁协议的正本或者经正式认证的仲裁协议副本；③能够证明该裁决为外国裁决可能需要的证据。并且，如果根据前述规定提供的裁决或者协议的文本是英文或者是除孟加拉语外的任何其他语言，则应当由以申请执行该裁决的一方当事人所属国家的外交或者领事代理人出示经其认证为正确的英文译本，或者根据孟加拉国现行法律规定的其他方式证明其提供的文本是正确的。[4] 孟加拉国的官方语言是孟加拉语和英语，但是只有当事人提供的文本语言为孟加拉语时，才不须

[1] Art 48(b), Arbitration Act 2001.

[2] Art 47, Arbitration Act 2001.

[3] Art 45(1), Arbitration Act 2001.

[4] Art 45(2), Arbitration Act 2001.

再经认证或者说明,其他语言文本包括英语文本在内仍需经过验证。

(2)拒绝承认和执行外国仲裁裁决的理由

只有当外国裁决存在法定的可被拒绝承认和执行的事由时,才能不予承认和执行。事由分为两类:

第一类事由需要当事人向法院提供证据证明,共有6种:①仲裁协议的一方当事人欠缺行为能力;②根据各方当事人所同意遵守的法律,仲裁协议是无效的;③提出申请的一方当事人未得到有关指定仲裁员或仲裁程序的适当通知,或者该方当事人因其他理由未能陈述其案情;④裁决处理了不属于提交仲裁的条款所考虑的或不是其范围以内的争议,或者裁决虽然载有关于提交仲裁事项之外的决定,但是对提交仲裁的事项与未提交仲裁的事项所作的决定是可分的,则仅可撤销包含对未提交仲裁的事项作出决定的那一部分裁决;⑤仲裁庭的组成或者仲裁程序与各方当事人的协议不一致,除非此种协议与各方当事人不能背离《仲裁法》的规定相抵触,或者各方当事人没有此种协议将与《仲裁法》规定不符;⑥仲裁裁决尚未对各方当事人具有约束力,或者作出裁决的国家的有关机关,或者根据其法律作出裁决的国家的有关机关已将裁决撤销或中止。[1]

第二类事由只要被申请承认和执行外国仲裁裁决的法院认定存在即可,共有2种:①根据仲裁当时孟加拉国的有效法律,争议标的不能通过仲裁予以解决;②对该外国仲裁裁决的承认和执行将违反孟加拉国的公共政策。[2] 同样,关于公共政策的定义和范围,将由孟加拉国的法院在个案中自由裁量予以决定。

此外,如果已向有关机关基于第一类事由中的第⑥项[3]提及的理由申请撤销或者中止仲裁裁决,视具体情况,如果法院认为适当,可以暂停作出执行该外国仲裁裁决的决定,且如经要求承认或执行外国仲裁裁决的一方当事人提出申请,还可以命令他方当事人提供适当的担保。[4]

孟加拉国是1958年《纽约公约》的缔约方,但其2001年孟加拉国《仲裁法》对

[1] Art 46(1)(a), Arbitration Act 2001.

[2] Art 46(1)(b), Arbitration Act 2001.

[3] 2001年孟加拉国《仲裁法》英文文本中出现的是“...referred to in sub-clause(v) of clause(a) of sub-section(1)...”,经笔者查验,系笔误,应为“sub-clause(vi) of clause(a) of sub-section(1)”,特此说明。

[4] Art 46(2), Arbitration Act 2001.

于外国仲裁裁决的承认与执行并未直接表明应适用《纽约公约》的有关规定。《示范法》在拒绝承认和执行外国仲裁裁决的事由方面和《纽约公约》完全一致，作为引入《示范法》的国家之一，孟加拉国所制定的仲裁法可以视为将《纽约公约》拒绝承认与执行的事由纳入了本国的仲裁法中。除第一类事由②没有如《纽约公约》或者《示范法》那样规定“在当事方没有选择应遵守的法律时，依据作出裁决地国家法律，仲裁协议无效”之外，其他内容则是对《纽约公约》的全部移植。

总之，在2001年孟加拉国《仲裁法》项下，如果仲裁裁决被认为是终局的，则对各方当事人都具有约束力，而且根据1908年《民事诉讼法》的规定，仲裁裁决可以像法院作出的判决一样得到强制执行。2001年孟加拉国《仲裁法》为外国仲裁裁决的承认和执行提供了明确的规定指引，并且同其他国家一样，外国仲裁裁决的承认与执行必须通过对此类事项具有管辖权的孟加拉国法院，具体的执行程序也需要参照1908年《民事诉讼法》的规定。但是，无论对国内仲裁裁决还是对外国仲裁裁决，1908年《民事诉讼法》都未特别规定执行仲裁裁决的程序，因此，仲裁裁决的执行只能参照执行判决的规定进行，这种现状可能为裁决的执行带来了很多困难。

五、孟加拉国的调解

在孟加拉国，并没有对调解制度进行专门的立法，但近年来，由于孟加拉国对替代性纠纷解决方式的大力提倡，调解作为主要的替代性纠纷解决方式之一，备受瞩目。调解是自愿和非正式的过程，在此过程中，争端各方选择中立的第三方来协助他们达成双方可以接受的解决方案。与法官或仲裁员不同，调解员无权对争议者施加解决方案。相反，调解员协助他们制定解决方案以满足他们的利益需求。[1] 由于调解具有较高的保密性，有关案例难以获取，因此笔者仅从法律规则层面对孟加拉国的调解制度进行简要介绍。

（一）关于调解的法律规则

孟加拉国在2002年颁布了对1908年《民事诉讼法》的修正案，增加了有关调解的规定。但这些规定适用于附属于法院的调解。

根据1908年《民事诉讼法》，除根据1990年第4号法案提起的诉讼外，在提交

〔1〕 Md. Abdul Halim, *ADR in Bangladesh: Issues and Challenges*, 2nd Ed., CCB Foundation: Dhaka, 2011, p. 39.

书面陈述之后,如果所有的当事人或者他们的代理人均出席庭审,则法院有权延期庭审,对当事人之间的争议进行调解,以解决诉讼中的一个或多个争议,或者决定将诉讼中的一个或多个争议移交给当事各方的诉讼代理人或未聘请诉讼代理人的一方当事人,或者由地区法院法官根据《民事诉讼法》的有关规定准备调解员小组,以努力通过调解解决争议。[1] 但是,法院进行这类调解必须符合一个前提条件,那就是所有的诉讼当事人都必须随后以书面说明或者申请的形式表明他们愿意通过调解解决争议。也就是说,附属法院的调解,虽然是由法院主动发起的,但是调解程序能够顺利启动的条件必须是所有当事人同意。

调解员的选任应当特别遵循有关回避的规定。如果前述的调解申请是通过诉讼代理人作出的,则诉讼代理人必须在与各自的当事人协商后,经各方的协议,委任另一名非由诉讼各方聘用的代理人,由这位新代理人负责协调调解事宜。1908 年《民事诉讼法》并不禁止任命 1 名以上的调解员,并且在孟加拉国担任公职的人不得被任命为调解员。[2] 另外,如果曾在任何法院的任何诉讼中被任何一方当事人聘请为代理人,则其不得再担任各方当事人之间争议的调解员。为调解目的,地区法院法官须与地区律师协会的主席协商,拟备一个调解员小组名单(不时更新),该名单可由有资格担任代理人的人、退休法官、已知受过争议解决专业训练的人士以及具有类似资质的其他人士组成,但曾被控犯罪的人以及在政府机关任职的人除外。地区法院应向其行政管辖下的所有民事法院通报调解员小组的有关情况。[3]

如果当事人自行发起调解,则调解程序应充分保障当事人的自由,法院不得肆意干涉。在根据前述规定将一个或多个争议提交调解时,法院不得规定或者确定代理人和调解员的费用,也不得规定调解员和当事人应当遵循的调解程序。代理人、当事人和调解员应当就调解和解的费用和程序达成一致意见,并确定应当遵循的程序。如果是由法院组织的调解,则其应当确定应当遵循的程序,并不得收取任何调解费用。[4]

自争议被法院移交调解之日起 10 日内,所有当事人应当以书面形式通知法

[1] Art 89A(1), Code of Civil Procedure 1908.
[2] Art 89A(2), Code of Civil Procedure 1908.
[3] Art 89A(10), Code of Civil Procedure 1908.
[4] Art 89A(3), Code of Civil Procedure 1908.

院，说明他们是否同意通过调解解决诉讼中的一个或多个争议，以及他们指定谁作为调解员，否则，这种移交将被取消，争议应当继续由法院通过诉讼方式予以审理。如果所有当事人都同意通过上述调解并任命调解员来解决诉讼中的一个或多个争议，调解应当在自法院收到该通知之日起60日内进行完毕，除非法院主动或者经所有当事人共同请求，对该期限进行不超过30日的延长。[1]

调解员应当在不违反调解当事人保密原则的情况下，通过代理人向法院提交调解结果报告。调解报告为协议形式，记录对争议的调解结果，并应当是书面的，各方当事人、证人、代理人以及调解员均应在调解报告上签字。法院须按照《民事诉讼法》的有关规定，通过命令或判令确定调解报告的效力。[2] 关于调解报告作出的命令或判令是终局的，对各方当事人均有约束力，任何人不得针对其提出上诉或者要求作出修订。[3]

如果调解失败，法院应依照1908年《民事诉讼法》的规定，从调解或者移交调解决定前的诉讼阶段开始审理诉讼，如同没有进行过调解一样。[4] 若当事人无法通过调解达成和解时，则法院应当继续进行之前已被搁置的诉讼程序，并且审理案件不受调解过程的影响。调解程序应当绝对保密，各方当事人及其代理人和调解员之间的任何通信、援引的证据、作出的承认、陈述或者评论以及进行的对话等，均不得在同一诉讼或者任何其他法律程序的任何其后庭审中提出并被接纳为证据。[5] 也就是说，与调解有关的一切内容均不得对外泄露，也不得在其他程序中适用和作为处理争议的证据。如果是法院组织的调解失败，则主持调解的法官不得继续在诉讼程序中进行审理，如诉讼程序无其他合适的法官人选，则应当由另一法院来管辖案件。[6]

此外，在上诉程序中，上诉法院也可以进行调解或者将上诉移交调解，以解决上诉中的一个或多个争议，前提是上诉是针对原判决提起的，并且是在原讼案中各方当事人或者其继承人之间提起的。在进行调解时，上诉法院应尽可能遵循

---

〔1〕 Art 89A(4), Code of Civil Procedure 1908.

〔2〕 Art 89A(5), Code of Civil Procedure 1908.

〔3〕 Art 89A(12), Code of Civil Procedure 1908.

〔4〕 Art 89A(7), Code of Civil Procedure 1908.

〔5〕 Art 89A(8), Code of Civil Procedure 1908.

〔6〕 Art 89A(9), Code of Civil Procedure 1908.

《民事诉讼法》第89A条中所载的调解规定,并在必要时作出修改。[1]

(二)机构制定的调解规则

当前,孟加拉国有多个非政府机构为当事人提供调解服务,比如,被认为是调解先驱的Madaripur法律援助协会(Madaripur Legal Aid Association,MLAA)、孟加拉国法律援助和服务信托基金会(Bangladesh Legal Aid and Services Trust,BLAST)等。为更好地开展纠纷解决业务,服务广大商事主体和投资者,BIAC于2019年颁布了机构的调解规则,正式开展调解业务。由于BIAC的调解适用非常广泛,孟加拉国的法院也会在其认为适宜的情况下指示当事人到BIAC进行调解,并且BIAC还制定了关于调解员应当遵守的行为准则,以下仅对BIAC有关调解的规则进行介绍。

BIAC特别注意调解与仲裁之间的对接关系,除拟定调解示范条款外,BIAC还为当事人提供了调解—仲裁示范条款,以便当事人自由选择。

在《2019年BIAC调解规则》项下,调解是一种保密的、协商一致的、非对抗性的和私下的争议解决程序,在该程序中,作为独立第三方的一名或者多名中立的调解员应当促进各方当事人之间争议的谈判解决。

1.调解的适用范围

同仲裁一样,可调解的纠纷也必须是由合同引起或者与合同有关的争议。关于可以启动调解的路径,根据规则,具体有以下3种。

第一,当事人自行达成的书面合意。具体而言又分为两种:一是明确而具体的约定,也就是说,当事人以书面方式直接约定有关争议应当根据BIAC调解规则进行调解;二是默示约定,也就是当事人并未写明要根据BIAC调解规则来调解,但是约定了争议应由BIAC进行管理。换言之,只要BIAC对案件有管理权,则案件所涉争议即有可能通过调解进行解决。

第二,当事人通过BIAC达成的调解合意。根据规则,如果一方当事人认为调解更有利于纠纷解决,可以先向BIAC请求,由BIAC邀请另一方当事人通过调解解决双方之间的争议,如果另一方当事人同意,则以书面形式回应BIAC的邀请,当事人之间的调解合意即告达成。

第三,法院指示调解。值得注意的是,规则项下的调解还可以由法院指定来

[1] Art 89C, Code of Civil Procedure 1908.

开启,如果法院认为调解有利于纠纷解决,则有权指示当事人依照《2019 年 BIAC 调解规则》来解决争议,或者指示当事人到 BIAC 调解解决争议。

此外,规则还提及了溯及力问题,如果当事人之间没有其他约定,则调解应当适用当事人同意在 BIAC 进行调解之日生效的规则版本。

2. 调解程序的启动

根据规则,调解程序的启动将因条件路径的不同而需满足不同的条件。

第一,当事人签订原合同时约定了调解条款。申请调解的一方当事人应当向 BIAC 提供 3 份调解请求书副本,以说明争议的主题、问题、价值等,并可以指定 1 名或多名其认为合适的调解员。申请人应当告知 BIAC 双方的信息。如果申请人希望指定 1 人代表调解,还应提供该人员信息。任何调解请求必须附有不可退还的登记费,包括现金或以 BIAC 名义开具的收款人保付支票或银行汇票。[1]

第二,当事人通过 BIAC 达成调解合意。若当事人未事先约定调解条款,其中一方可以通过 BIAC 向另一方当事人发起调解的邀请,如果另一方同意调解,则需要在收到请求后 14 日内以书面形式同意 BIAC 的请求,以便 BIAC 通知调解申请人。提出调解的一方应当在收到 BIAC 提供的信息后 7 日内,向另一方提供一份书面调解请求以及上述第一种情况中提及的所有信息、文件,并向 BIAC 发送 3 份副本以及登记费用。[2]

在第一种和第二种情况下,在 BIAC 收到调解请求后,应当尽快通过任何能够载有调解请求发送记录的通信方式将调解请求副本连同调解通知发送给另一方。期限的起止点自 BIAC 向另一方发出调解通知和调解请求之日起计算。

被申请人应在收到 BIAC 调解请求之日起 14 日内回复调解请求。在答复中,被请求调解的一方还应当就发起调解的一方提名的调解人是否可以接受进行回复。如需提名多于 1 名的调解员,则被请求调解一方还需提名其本身的调解员。如果被请求调解一方拒绝调解请求,或者在收到 BIAC 调解通知之日起 14 日内未收到回复,则 BIAC 应当及时通知发起调解的一方。[3]

第三,法院指示的调解。如果法院指示当事人在 BIAC 进行调解,则当事人应

---

〔1〕 Art 3(a)(i),BIAC Mediation Rules 2019.

〔2〕 Art 3(a)(ii),BIAC Mediation Rules 2019.

〔3〕 Art 3(b),BIAC Mediation Rules 2019.

当在收到法院命令后7日内共同或者分别向BIAC提供两份包含争议一般问题说明的声明副本。如果一方或者双方已经选择调解员解决争议或者未能选择任何调解员,也应当将该情况通知BIAC。[1] 在法院指示的情况下,调解的启动期间明显要短于当事人自行协商调解。

3. 调解员的任命

根据规则,调解员的国籍不受限制,当事人可以自由约定任何国籍的人作为调解员,只需满足相应的程序性要求即可。在调解员的人数方面,规则倾向鼓励当事人任命1名调解员,[2]因为这可以大大缩短任命调解员的时间,但出于对当事人意愿的尊重,当事人可以在遵守规则的情况下约定多于1名的调解员。此外,如果BIAC认为有必要,也可以向当事人提出任命1名以上调解员的建议,但是,只有该建议得到各方当事人的同意后才可以实施。

如果双方当事人同意遵守BIAC调解规则,并同意从BIAC的调解员名单中提名调解员,且被提议的调解员已书面表示愿意,则双方需将有关情况通知BIAC,调解应当按照BIAC调解规则进行。如果双方选择了不属于BIAC调解员名单的调解员,则被选定的调解员必须以书面形式同意遵守BIAC调解规则(可经必要修改)以及BIAC调解员行为准则。[3] 在适用BIAC调解规则的情况下,当事人可选择的调解员虽不囿于BIAC的调解员名单,但是被选择的调解员只能依据BIAC调解规则来行事,即便规则可经过必要的修改,调解员的自由空间仍较有限。此外,尤其需要注意的是,调解员名单之外的人员被任命为调解员,他或她还必须以书面形式同意遵守BIAC的调解员行为准则,也就是必须接受BIAC对调解员的管理,相当于对调解员名单的临时扩充,因此,依照这一规定来选任不仅能够扩大当事人自由选择调解员的范围,还有助于BIAC对调解事项进行统一管理。

由BIAC任命调解员的情况有二:一是当事人自行协商调解无法指定调解员;二是法院指示调解。[4] 在当事人自行协商调解的情形下,如果各方当事人未能在被请求调解一方收到BIAC调解请求之日起14日内同意指定调解员,并相应地通

---

〔1〕 Art 3(c),BIAC Mediation Rules 2019.

〔2〕 Art 5(g),BIAC Mediation Rules 2019.

〔3〕 Art 5(a)(b),BIAC Mediation Rules 2019.

〔4〕 Art 5(d),BIAC Mediation Rules 2019.

知 BIAC,则应当由 BIAC 选择调解员,即由 BIAC 的首席执行官任命 1 名调解员。在法院指示调解的情形下,则直接由 BIAC 任命调解员,同上,也是由 BIAC 首席执行官应任命 1 名调解员,该调解员应当准备好任职,且不丧失任职资格。值得注意的是,在收到法院命令后 7 日内,如果当事人中一方或者双方已经选择了调解员,规则只规定当事人应当将这一情况通知 BIAC,而在这种情况下如何任命调解员,该规则并未详细规定。

根据规定,当事人应当将他们任命调解员的有关情况向 BIAC 披露,但至于最终任命何人作为调解员,规则并未明确。如果当事人依照规则提名的人数较多且各不相同,则出于效率考虑,BIAC 可以将多个当事人提名的人员视为对调解员名单的扩充,在制作提名清单时赋予他们与名单所包含人员相同的候选资格,再依照任命程序选任即可。

实践总是千变万化的,调解员的选任可能直接影响争议解决的最终走向,在规则未能提供充分指导时,无论采用何种处理方式,BIAC 首席执行官任命调解员的决定均应视为最终决定,对各方当事人均具有约束力。这也许意味着,在法院指示的情况下,如果是出于对争议解决高效性的考虑,则当事人可能不具有完全自由地选任调解员的权利,因为该调解规则为 BIAC 保留了选任调解员的最终决定权。此外,如果 BIAC 直接忽略当事人的选择而重新任命调解员,难免会招来损害当事人意思自治的质疑,但是从规则层面来看,即便当事人的意愿被忽略,这实际上也并不违反 BIAC 的调解规则。

BIAC 的首席执行官遵循既定程序任命调解员的范围仅限于 BIAC 调解员名单上的人员。在程序适用上,规则采用了渐进排除式,3 种任命方式有顺序要求,先是清单任命,由 BIAC 的首席执行官行使建议权,对调解员名单上可能适合于争议解决的人员进行提名,并通过制作和收发清单的方式分别与各方当事人进行沟通,在排除当事人不能接受的人员后,选出 1 名调解员;如果无法任命,则采取会议任命的方式,即由 BIAC 组织会议,与各方当事人进行讨论以确定调解员,这种方式更便于当事人之间、当事人与 BIAC 之间进行面对面沟通;如果仍无法任命,再采取 BIAC 直接任命的方式。

在收到任命调解员的信息后,BIAC 的首席执行官应当尽快任命调解员,并充分考虑调解员资格和能力。[1] 规则并未规定 BIAC 最终任命调解员的最长期限，“尽快”一词明确了规则对调解的效率要求，在条件允许的情况下，BIAC 有义务在最短时间内为当事人选任适格的调解员。在任命需要考虑因素层面，应当充分尊重当事人的意思自治，关注争议处理中要求调解员应当具备的专业素质，确保调解员的独立性和公正性，以及优先选择那些具备高效解纷能力的人员作为调解员。

调解员如需替换，将按照其前任的任命方式任命。

总之，BIAC 对调解员选任的有关规定比较全面，规则之间虽然可能会产生一些冲突，但是仍可以在不违背规则的情况下通过更灵活的方式予以调和，在一些规则的表述上，也可以看出 BIAC 对调解高效性的追求。

4. 调解程序

由于 BIAC 要求被选任的调解员必须依照规则的程序来行事，而 BIAC 调解规则对程序的规定也比较详细，旨在提供明确充分的指导。调解员在被任命后应当尽快开始调解，并应尽最大努力尽快完成调解。BIAC 没有直接规定调解的最长期限，但在一般情况下，调解员的任命不得超过 60 日，除非该期限经过争议各方当事人书面同意并经过 BIAC 的批准而延长。[2]

正式调解前，由调解员和各方当事人进行预备会议，以便调解员同各方当事人商定调解的方式。调解员应与各方当事人协商，拟定一份调解协议，以供当事各方或者其授权代表和调解员签署。除非调解协议中另有规定，否则调解将在双方或其授权代表和调解人签署调解协议后立即开始。

调解是一个包容性高，要求各方积极合作以解决争议的过程，调解过程中应当遵循一些原则。BIAC 规则强调调解员不是法官，虽然调解员自由度很高，但必须同时考虑案件的情况、当事各方的愿望和迅速解决争议的必要性等，公平、公正地对待当事人，并保证程序正当。此外，调解员可与各方一起或者与任何一方单独沟通，包括通过非公开会议的形式。[3] 而对当事人来说，他们应当与调解员合作，任何一方都可以随时要求与调解员举行非公开会议。当事人应当全力协助，

---

〔1〕 Art 5(e), BIAC Mediation Rules 2019.

〔2〕 Art 9, BIAC Mediation Rules 2019.

〔3〕 Art 10, BIAC Mediation Rules 2019.

使调解能够在调解协议约定的时间内尽快进行和完成。调解的任何一方当事人都可以在调解的任何阶段,毫无偏见地通过调解员向另一方提出和解建议。[1]

根据规则,调解程序终止主要有下列情况:①双方签署和解协议;②由调解员发出书面声明,进一步的调解努力此时无效,调解终止;③任何一方当事人书面通知调解员和其他方退出调解;④经 BIAC 书面通知当事各方和调解员,规定的调解期限(包括任何延长期限)已到期;⑤经 BIAC 书面通知,一方或多方未能在规定期限内向 BIAC 付款。[2] 对于调解在达成和解协议前终止的,BIAC将出具证明,说明调解目前尚未成功。

如果当事人之间达成和解,则应当以和解协议的方式记录争议解决的结果。当调解员发现已达成和解时,应当准备协议的内容并提交给各方当事人确认。此后,调解员或者当事各方或者当事各方授权的代表应当立即起草一份书面和解协议,该协议草案将由各方进行审议和修改,直到所有当事人同意协议的内容。当事人或者其代表应当签订和解协议,BIAC 应当对双方签署的协议进行认证。在法院指示调解的情况下,当事人应当向法院提交经 BIAC 认证的和解协议;如果未能达成和解协议,则 BIAC 应当向当事人出具证明,说明未能达成和解,并需提交法院。[3]

5. 保密规则

调解是一个秘密的过程,原则上不对外公开,所有参与调解的人员,包括调解员、各方当事人及其代表、专家、顾问和任何其他与调解有关的人员均应当保密,不得向任何非调解参与方披露与调解有关的任何信息、文件和通信。同时,规则列举了当事人书面同意、法院命令披露等保密的例外。[4] 关于保密性的规定也同样适用于和解协议,除非披露是执行或者强制执行所必需的。在调解过程中所发生的任何事情均不会以任何方式影响争议各方在任何后续的诉讼或者其他争议解决程序中的权利或者损害其地位。

调解员有保密义务。各方当事人可以选择制作他们所需要的任何文件,但调解员无权强迫披露任何文件。调解期间,调解员可以保留文件的副本,但不得保

[1] Art 11, BIAC Mediation Rules 2019.
[2] Art 14, BIAC Mediation Rules 2019.
[3] Art 15, BIAC Mediation Rules 2019.
[4] Art 16(b), BIAC Mediation Rules 2019.

留原件。在调解结束30日后,调解员应当销毁其制作、披露、接收或者提供的与调解有关的一切信息、文件和通信,但当事人另有书面约定的除外。调解员应当对调解笔录、记录、文件、资料、文件和通信的储存和处置予以保密。如果调解员与任何一方或者各方举行非公开会议,一般应当在非公开会议开始前向各方说明会议的目的,特别是,调解员应当将适用于非公开会议期间披露信息的保密限制告知各方当事人。调解员可以就调解程序的日期和进展作个人记录,仅供其个人使用。调解员的说明、各方当事人的陈述和其他文件均应当存放在合理安全的地点,并应当在调解完成后按照有关规定予以销毁。[1]

当事人应当遵守保密规则。各方当事人同意调解会议是没有偏见的和解谈判,除非法律有要求,否则在任何进一步的诉讼或者仲裁程序中,不得披露调解的有关信息。各方当事人均不得在后续任何诉讼中转载或者以其他方式要求调解员作证或者出示调解记录。[2]

此外,在任何调解开始之前,当事各方应当以书面形式向BIAC承诺,在任何随后的裁判、仲裁或者司法程序中,无论是因调解或者与同一合同引起的任何其他争议,任何一方均不得任命调解员为裁判者、仲裁员或者其代表人、代理律师、证人或者专家。这一规定确保了后续调解员的任职回避,阻断调解员重复担任同源争议裁判者角色的可能,防止调解的相关信息被泄露。

6. 调解员的行为准则

为了确保在BIAC使用调解服务的各方利益的标准,以及增强对BIAC作为中立、公正、高效、快速和独立的替代争议解决方法的调解服务的信心的标准,BIAC制定了《调解员行为准则》,其结构与内容与《仲裁员行为准则》相似。

调解以各方当事人自决原则为基础,依赖各方达成自愿协议解决争议的能力。调解员不得建议任何一方当事人就任何争议问题采取任何具体做法,也不得就此类事项发表任何意见。调解员应谨慎告知当事各方他们可以选择咨询顾问或者专家。

调解员必须具备必要的调解资格、经验,并经过专业培训,以确保调解的质量,满足各方当事人的要求。

---

〔1〕 Art 16(h),BIAC Mediation Rules 2019.

〔2〕 Art 16(j)(k),BIAC Mediation Rules 2019.

调解员应当以独立、中立和公正的方式行事。调解员应当披露任何可能影响其独立性、中立性或者公正性,或者其存在的可能被视为偏见的利益或者关系,应当自行调查披露与调解事项存在利益冲突,且在调解程序结束前,调解员不得擅自建立与案件有关的经济、商业、专业、家庭或者社会关系,或者获取可能影响或者可能有理由被认定造成利益冲突、偏袒或者偏见的经济或者个人利益。同时,调解员对与调解有关的事项应当尽到保密义务,调解员应当在调解过程中,甚至在调解终止后保守秘密,不得披露调解的任何信息。

调解员应当公正地进行调解,与各方当事人进行沟通也要遵循一些标准。在接受任命前,调解员只能询问争议的一般性质、当事各方的姓名和详细情况以及争议解决所需的预期期限。在收到任命调解员的正式通知前,调解员不得与任何一方当事人或者其律师进行商议。除非双方另有约定,调解员与双方之间的所有通信和沟通均应当保密,不得复制给争议各方和 BIAC 有关管理和工作人员以外的任何人。

在调解程序中,调解员应当随时向 BIAC 报告调解情况。调解员应当确保在调解开始前,当事各方已理解并同意调解的条款和条件,包括与调解员和当事各方保密义务有关的条款和条件。一旦调解程序开始,调解员应当熟悉当事人所提出的所有事实和论点以及与该程序有关的所有讨论,以便能够适当理解该争议并协助当事各方达成解决方案。

调解员费用应当通过规则附件来确认,调解员不得承诺调解结果,不得根据调解结果或者和解金额与任何一方当事人签订费用协议。如果调解员未能遵守 BIAC 的调解员准则,且未能给予理由充分的解释,则该调解员可能被调离调解程序或者取消其资格,甚至被移出 BIAC 调解员名单。BIAC 委员会的任何决定都将是最终的和有约束力的。

在孟加拉国进行调解能够得到一定的法律和规则支持,也有可提供服务的专业机构。作为孟加拉国的替代性争端解决方式之一,调解仍然是一个发展中的概念。尽管有其局限性,但可以说,它在救济商事关系方面发挥至关重要的作用。未来,随着非政府组织调解数量的增加,与法院有关的调解以及有关调解的法律规定也将得以进一步完善,孟加拉国必将在通过调解解决商事争议方面拥有光明前景。

六、对中国当事人在孟加拉国解决商事争议的建议

孟加拉国是中国在南亚的主要贸易伙伴之一,两国建交后,友好合作关系一直健康、顺利发展。在“一带一路”倡议下,中国支持有能力、有条件的企业依照商事原则和国际惯例开展贸易投资合作。未来,中国对孟加拉国的商事贸易和投资将持续增长,越来越多的中国企业将参与到与孟加拉国有关的经贸活动中来。

在商事关系正式建立之前,尽管当事人都怀着对良好结果的乐观预期,但残酷的现实却是商事关系可能最终以双方分歧而宣告结束。因此,如何在商事贸易活动中防范风险、解决争议应当是中国企业重点关注的问题。对在孟加拉国进行商事活动的中国企业来说,充分了解孟加拉国现有的争议解决方式,选择适宜的争议解决途径来维护自身合法权益至关重要。若发生商事争议,当事人要首先决定权利救济途径,选择最佳的争议解决方式,再根据不同争议方式的要求和特征来处理争议。在选择争议解决方式寻求救济的过程中,中国企业应当结合具体争议的类型和特点,对各种争议解决方式的法律规则、效率、所需成本、执行力等因素进行综合权衡。

本部分将先对各种争议解决方式进行对比分析,并就在孟加拉国进行仲裁为当事人提出相应建议。

(一)争议解决方式的选择

在“一带一路”倡议的背景下研究孟加拉国仲裁与中国企业的关系,不仅要对孟加拉国仲裁制度本身加以熟悉,还应将仲裁置于争议解决的整体范畴内进行比较。更具体地讲,仲裁仅是在孟加拉国化解商事争议的方式之一,诉讼是最传统的争议解决方式,而多元化争议解决机制还包括仲裁、调解、协商等 ADR,而这些方法只要不突破孟加拉国法律的强制性规定,都是可供选择的。

1. 诉讼

诉讼是最传统的争议解决方式,其最大优势在于判决执行层面的便利。如果当事人在孟加拉国的法院获得了一项判决,该判决可以直接在法院依照其 1908 年《民事诉讼法》的规定予以执行,不须经过认证等其他程序。

根据对争议各方的诉求,因商事交易而产生的各类诉讼可分为 3 个类别:①根据 1877 年《特殊救济法》第 12 条之规定,在合同违约的情形下,如经济赔偿不能弥补实际损失或损失难以量化,为了确保正义得以施展,法庭可以允许强制履行合同。②根据 1877 年《特殊救济法》第 42 条之规定,当事人可通过提起权利

确认之诉以恢复个人的法律人格,或其对任何财产的任何权利。③根据 2003 年《借贷法庭法案》的规定,区法院内设立了专门法庭用以处理民间借贷纠纷。该法案的管辖对象同时包括依 1993 年《金融机构法》设立的各类机构实现债权的诉讼,包括金融机构、银行、投资公司、房地产金融公司、租赁公司及非银行金融机构等。

同时,中方当事人选择在孟加拉国法院进行诉讼的不确定性风险也比较多,主要体现在以下方面。

(1)法庭语言带来的障碍

在孟加拉国,官方用语为孟加拉语和英语。在司法实践中,具有涉外因素的诉讼活动也通常会要求以孟加拉语或者英语进行。因此,中方当事人在孟加拉国进行诉讼一般需要依赖翻译,并且如果当事人所提供的文本使用了孟加拉语之外的语言,即便是英语,也要核验文本语言表述是否正确。在诉讼程序中,当事人没有约定适用语言的权利,尤其是基层法院的英语普及程度可能不高,这会增加当事人参与诉讼案件审理的难度。

(2)诉讼审理周期一般较长

孟加拉国的法院系统分为县法院、高等法院和最高法院(包括高等法庭和上诉法院)三级,实行三审终审制。因此,诉讼的当事人最多可以上诉两次,再加上案件审理过程中可能发生因特殊情况而中止审理的情形等,在这些程序规定之下,孟加拉国的诉讼往往需要耗费大量时间。与其他争议解决方式相比,在孟加拉国进行商事诉讼通常需要花费数年的时间,效率也较低。

(3)商业秘密泄露风险

孟加拉国 1908 年《民事诉讼法》并未对民事案件的保密性等问题进行规定。依照一般原则,所有诉讼程序均向公众开放,对涉及商业秘密和个人隐私的案件不公开审理,但必须公开宣判。在诉讼中,当事人的有关信息可能在庭审中被披露,容易引发商业秘密泄露风险。

综上所述,虽然诉讼是解决商事争议的最基本方式,但中方当事人在孟加拉国通过诉讼方式解决商事争议可能会遭遇诸多阻碍,因此诉讼并非最佳选择。

2. ADR

ADR 即非诉讼争议解决方式,是对民事诉讼制度以外的争议解决方式的总称,主要包括协商、调解和仲裁 3 种。与诉讼相比,ADR 程序更灵活、高效、可预测,当事人拥有更多自由选择的空间,企业对该方式更加青睐。

替代性纠纷解决方式是孟加拉国绵延数世纪之久的古老传统,尤其是在农村地区,这种机制又称作“Shalish”或者“Mimangsha”,在这种机制之下,村庄长者或当地权威人士有权作出裁决或平息村民之间的纠纷。此种解纷方式一直作为准司法体系而存在,并且多年来持续发展。在大多数地区,这种方式是一类十分重要的争议解决机制,尤其是过去的 10 多年来,该方式解决了大量因外贸和外资引起的商事纠纷。近年来,由于法院案件积压,孟加拉国大力支持采用 ADR 来管理商事案件,以高效解决当事人之间的商事争议。1908 年《民事诉讼法》在 2002 年的修正案中增加了有关 ADR 的规定,以为其提供法律支持。

(1)协商谈判

在争议发生后,当事人可以通过协商谈判的方式就共同关心的问题互相磋商、交换意见,以寻求解决争议的方案。进行协商谈判往往是当事人解决分歧、化解矛盾的第一步。在争议当事人之间的沟通和交流基础之上,了解对方的需求和内容,才能够作出相应的决定。从本质上说,谈判的直接原因是参与谈判的各方有自己的需要,或者是自己所代表的某个组织有某种需要,而一方需要的满足可能造成他方需要无法得到满足。协商谈判是最低成本的争议解决方式。

若要通过协商谈判达成一致,当事人不能仅仅以追求己方的需要为出发点,而是应该通过交换观点进行磋商,共同寻找使双方都能接受的方案。然而在争议发生后,现实情况却是大多数谈判的重点转变为争议方之间的互相指责,而不是使双方的需求均获得最大程度的满足。因此,协商谈判是最柔性的争议解决方式,其约束力完全依赖各方当事人的诚实信用。在争议矛盾不太严重时,协商谈判能够发挥非常好的作用,而对大多数难以调和的矛盾来说,争议的真正解决不能全部寄希望于协商谈判,当事人可以将其作为解决争议的辅助手段与其他争议解决方式共同使用。

(2)调解

调解能够高效解决争议,经调解而达成的解决方案往往更加符合当事人的心理预期,从而大大降低当事人解决争议的成本。

孟加拉国没有对调解制度像仲裁制度那样颁布专门的立法,但其 1908 年《民事诉讼法》经过 2002 年修正案的补充,增加了关于调解的规定,但主要是和诉讼有关的调解,侧重调解与诉讼程序之间的衔接和转换。而在实践中,大量的案件是适用由当事人之间进行的独立调解来解决争议的。以是否有管理机构作为划分,调解可以分为当事人自行调解和机构调解两种类型。

在孟加拉国,非政府机构的调解较发达,有很多非政府机构能够提供调解服务,其中以 BIAC 最著名。当事人可以协议选择 BIAC 作为调解机构来解决他们之间的争议,BIAC 所制定的调解规则以及调解员的行为准则都为当事人选择和进行调解提供了较明确的指引。

(3)仲裁

仲裁历来在国际商事争议解决领域备受欢迎。在孟加拉国,与其他争议解决方式相比,仲裁有更加明显的优势。2001 年孟加拉国《仲裁法》作为仲裁的法律保障,以当事人意思自治原则为核心建立了适用于国际商事仲裁的法律制度。基于前述对孟加拉国仲裁法律制度的分析,可以发现仲裁的灵活性贯穿仲裁程序始终。当事人可以自由选择仲裁类型,如机构仲裁或者临时仲裁,并有权自行在法律规定限度内对仲裁的诸多事项进行约定。当事人选择仲裁员的权利是仲裁相对于诉讼的一个重要优势,它使争议当事人能够根据其经济商事争议的类型,选择相应领域具有丰富专业技能知识和工作经验的人来处理争议,这有助于达成使双方都满意的结果,最大限度地创造解决争议的便利条件。

孟加拉国仲裁环境友好,并且设立了国际性仲裁机构 BIAC。同时,孟加拉国是《纽约公约》的缔约方,也是《关于解决各国和其他国家的国民之间的投资争端的公约》(又称《华盛顿公约》)的签约方,一直致力发挥仲裁解决国际商事及国际投资争议方面的作用,而中孟之间于 1996 年 9 月 12 日签署了《关于鼓励和相互保护投资协定》,鼓励以仲裁方式解决争议。

通过对几种方式的比较可以发现,仲裁仍是优势最明显的商事争议解决方式。实际上,争议也可以使用多种方式来解决,为高效解决争议,不同的方式之间可以在程序层面进行转换,以便找到最佳方案。

(二)对当事人选择仲裁解决争议的建议

如果当事人选择以仲裁方式解决他们之间的商事争议,那么关于孟加拉国的仲裁制度,除要了解和熟悉其有关仲裁的法律法规和仲裁规则等事项外,还要注意很多程序上的细节,从仲裁协议的拟定到仲裁裁决的申请承认与执行的全过程,当事人都要加以重视。

1. 仲裁协议的拟定

仲裁协议是仲裁赖以生存的基石,是当事人提出仲裁请求和仲裁庭行使管辖权的依据。基于此,特对中国企业签署涉孟加拉国仲裁协议,提出以下几个方面的建议以供中方当事人参考。

(1)仲裁类型的选择

仲裁的类型以是否受到常设仲裁机构管理为标准,可以分为机构仲裁和临时仲裁。孟加拉国的仲裁立法与仲裁规则等并不区分机构仲裁和临时仲裁,只区分仲裁程序的具体环节,因此,当事人在孟加拉国进行的仲裁不限于是否由常设机构管理。中国的仲裁立法实际上是一部机构仲裁法,除仲裁协议的有效性认定及临时措施的发布和执行等方面涉及司法参与外,整个仲裁程序的推进都是围绕仲裁机构的管理职能展开的。[1] 对中方当事人来说,往往习惯于中国机构仲裁模式,对临时仲裁,尤其是孟加拉国的临时仲裁机制并不熟悉。

基于此,当事人参与孟加拉国的仲裁时,为了确保仲裁程序的成功启动和有效进行,保障裁决作出后能够顺利进入执行阶段,在选择孟加拉国的仲裁时,建议优先选择机构仲裁,对临时仲裁要慎重考虑。加之孟加拉国当前的司法环境和实践更倾向机构仲裁,尤其是在2011年成立BIAC作为国际性仲裁机构以后,机构仲裁的优势更加明显,选择机构仲裁能够为当事人提供更多便利的服务。

(2)仲裁意愿

当事人仲裁意愿的表达是仲裁协议的核心。为了确保当事人约定仲裁的意思表示真实,签订仲裁协议的当事人必须具备完全的缔约能力,提交仲裁的意思表示必须真实,仲裁协议中应确定具体可提交仲裁的争议事项。具言之,仲裁协议必须在内容上明示所适用的争议,或者从其用语或者所处背景能够确定其适用的争议,否则,仲裁协议将被视为无效。由于仲裁条款包含在合同之内,如果没有指明适用于哪一个争议,一般可以推定,当事人既然把这样的条款写入合同,其所指的对象必然是与该合同有关的争议。但另行制定的仲裁协议如没有明确其适用对象,则其即使不是无效的也是无法执行的。

---

[1] 参见吴学艇:《自贸区临时仲裁的实践探索——政策依据、制度障碍和实践策略》,载中国政法大学仲裁研究院主编:《自贸区纠纷解决与临时仲裁专题研讨会论文资料集》,2017年版,第33页。

(3)仲裁协议的形式要求

虽然大多数国家,尤其是加入《纽约公约》的缔约方均要求仲裁协议须具备书面形式,但对书面形式的理解却不完全一致。2001 年孟加拉国《仲裁法》也规定仲裁协议必须以书面方式订立。

通常而言,经当事人签署订在纸面合同中的仲裁条款或者单独签订的纸面仲裁协议,其书面形式并不会产生争议,这也是当事人订立仲裁协议的最主要形式。当今电子资料交换技术日新月异,很多新的仲裁协议形式尚待立法、司法和仲裁实践的检验,因此有关书面形式的争论也屡见不鲜。令人欣慰的是,2001 年孟加拉国《仲裁法》对仲裁协议书面性的认定采用了《示范法》和《纽约公约》对书面性的定义,即认可当事人在互换或往来函电、电文及电子邮件等其他形式所缔结合同中的仲裁条款或单独的仲裁协议具有书面性,这放宽了对仲裁协议传统书面性特征的要求。因此,当事人要特别注意在日常商事活动中进行联络和商议时所达成的这类协议,只要此种协议能够留载于电子资料并有可查记录,就属于具有书面性的仲裁协议。

此外,在申诉书和答辩状的交换中,如果一方当事人声称有协议而他方当事人不予否认,则视为当事人之间存在仲裁协议。如果实际上当事人之间并未达成仲裁协议,并且一方当事人不希望争议通过仲裁解决,则应当在另一方提出有仲裁协议时,明确表示否认,如果不予回应,争议将被推定应由仲裁管辖。

(4)仲裁地的选择

应当特别注意,仲裁地不是一个简单的事实上或地理上的概念,而是一项法律概念,这一点 2001 年孟加拉国《仲裁法》也进行了强调。因此,仲裁程序在何地进行、在何地开庭审理、裁决在何处作出等事实或者地理因素,都不是决定仲裁地的关键因素。对于仲裁地的确定,首先以尊重当事人意思自治为原则,即当事人有权自行约定仲裁地。在孟加拉国进行仲裁时,建议当事人在拟定仲裁协议时有必要明确清楚地约定仲裁地,中立的仲裁地对于确定仲裁协议及仲裁程序的法律适用、裁决的国籍、对裁决行使司法审查的法院管辖权等事项都具有直接意义。如果当事人约定孟加拉国作为仲裁地,则意味着要接受 2001 年孟加拉国《仲裁法》法院关于仲裁裁决的程序协助、裁决撤销以及裁决的承认和执行方面的管辖,需要提前熟悉这些规定的内容。

(5)法律适用条款

通常而言,在谈判与起草国际商事贸易合同中的仲裁条款时,当事人及其律师会特别留意在合同中加入法律适用条款,约定与合同相关的争议应如何确定准据法。[1] 在国际商事仲裁实践中,为了顺利进行程序,提高仲裁效率,除要约定合同实体争议的准据法外,还应当尽可能地约定关于仲裁条款适用的法律、仲裁庭组成和仲裁程序适用的法律。对于某些与仲裁相关的事项,则只能依照法院地法律(包括其冲突规则)来裁判,不允许当事人自行选定准据法,比如,审查当事人是否具有缔结合同的权利能力及行为能力、确定仲裁裁决是否应当予以承认和执行等。[2] 在孟加拉国进行仲裁也是如此,对于当事人的缔约能力,应当适用孟加拉国的冲突规则来确认准据法,当事人不能自行选择适用某一与案件毫无关联的法律来主张自己具有缔约能力。

对于实体争议的法律适用,2001 年孟加拉国《仲裁法》规定,当事人对某一国家法律的指定即为直接援引该国的实体法而不包含其冲突规则,当然,当事人可以自行约定将冲突规则包含在内。如果当事人未能作出该约定,则由仲裁庭适用其认为适当的法律规则或者交易习惯。

对于仲裁程序的法律适用,也是以当事人约定优先的,因此当事人可以通过明示或默示的方式进行法律选择,而如果当事人没有选择,则由仲裁庭自行决定程序适用的规则,但是必须受到 2001 年孟加拉国《仲裁法》的限制。也就是说,如果当事人选择孟加拉国作为仲裁地,则没有约定的情况下,仲裁程序受到仲裁地程序法的限制。因此,即便约定可适用的实体法律存在困难,对于有仲裁经验的当事人来说,如有更加熟悉的程序规则,则可以在仲裁条款中作出约定,这样一来,仲裁员必须尊重当事人的意思自治,依据当事人在仲裁协议中已经选定的法律进行仲裁程序。

值得注意的是,2001 年孟加拉国《仲裁法》关于撤销裁决和拒绝承认与执行外国仲裁裁决的事由规定中,都没有提及如果各方当事人没有约定应遵守的法律时,如何判断仲裁协议的效力问题,这种规定似乎在暗示当事人必须选择其同意遵守的法律。另外,法院自行撤销仲裁裁决的事由之一是仲裁裁决与孟加拉国现

---

〔1〕 参见杜新丽主编:《国际私法》(第 2 版),中国人民大学出版社 2015 年版,第 118 页。
〔2〕 参见许杰主编:《国际商事仲裁实务》,法律出版社 2017 年版,第 33 页。

行有效的法律相抵触。基于此,建议当事人在选择适用于案件的法律时,如果选择了孟加拉国法律之外的其他法律规则,要注意提前查明该法的内容,以便确认该准据法是否与孟加拉国的法律有抵触,避免裁决作出后被法院或者高等法庭依照该法定事由撤销。

2. 仲裁庭的组成

“仲裁之好坏取决于仲裁员”是国际仲裁界的著名格言。考虑到仲裁员在仲裁过程中的重要作用,没有令当事人满意的仲裁员,就难以得到令人满意的仲裁结果。仲裁员的重要性不仅体现在仲裁案件需要仲裁员进行审理并作出独立公正的裁决上,而且体现在当事人约定临时仲裁的仲裁协议必须首先约定仲裁庭的组成人数和选任方法。

(1)仲裁庭的人数

如有可能,建议当事人在仲裁协议中先明确约定好仲裁庭的人数,因为一般在仲裁程序启动之后,申请人也需要就仲裁员的人数、组成等事项与被申请人进行协商确定。但往往到此时由于争议已经实际发生,被申请人很可能拒绝合作,最终导致仲裁程序的延误。鉴于此,当事人及时在仲裁协议中将仲裁员人数约定好,可以省去很多仲裁程序上的麻烦,中国企业尤其应当意识到这一点。仲裁庭的人数虽以当事人自行约定为先,但值得注意的是,如果当事人约定的仲裁员人数为偶数,并且没有其他约定时,在 2001 年孟加拉国《仲裁法》之下,必须由这些仲裁员指定 1 名额外的仲裁员来担任首席仲裁员,也就是说,该法所默认的仲裁员人数必须为奇数,因为孟加拉国的仲裁制度没有专门对偶数仲裁员组成仲裁庭的决策方式进行规定。

建议当事人以约定 1 名或者 3 名仲裁员这两种仲裁庭的常见组成方式为主,如果有需要约定偶数仲裁员的情况,则要同时约定仲裁员的决策规则,否则这一目的可能无法在孟加拉国的仲裁中得以实现。因此,不建议当事人约定偶数个仲裁员,这与常见仲裁的实践不一致,可能会产生各种意想不到的情况,而且偶数仲裁员作出最终决策的方案和程序也不易协商确定,除非当事人非常清晰地就仲裁员的决策规则进行了约定,但这种约定一般技术性较强,如果仲裁经验不足,不建议当事人约定偶数名仲裁员组成仲裁庭。此外,从仲裁的费用和程序效率方面考虑,如非必要,也不建议当事人选择 3 名以上仲裁员。

(2)仲裁员的选任

各方当事人有权自由约定指定仲裁员的程序,该约定优先于其他规则。因此,建议有能力的仲裁当事人自行约定指定仲裁员的程序,发挥自主权,尤其是对指定仲裁员的期限,当事人可以根据需求来选定,否则该期限将依据2001年孟加拉国《仲裁法》的规定,为一方当事人受到另一方当事人仲裁请求后的30日内。当事人关于仲裁员指定的约定尽早为宜,最好能在拟定仲裁协议的阶段就确定下来,否则在争议发生后无法达成一致的情况下就需要孟加拉国的法院介入了。如前所述,2001年孟加拉国《仲裁法》的英文译本关于法院协助指定仲裁员的规定疑似存在缺失,其他规定也比较复杂,因此为减少不必要的风险,当事人应自行合意确定仲裁员的指定程序为宜。

另需注意,无论对方当事人是否怠于行使其指定边裁仲裁员的权利,中方当事人都应该及时指定仲裁员,因为被指定的仲裁员在决定首席仲裁员的事项上有一定的话语权,其可以向法院推荐那些专业知识和经验都丰富的人选,以便推动争议的合理解决。

此外,当事人还可以自行约定仲裁员应当具备的资格,可从仲裁员的法律素养和专业能力、仲裁员的独立性与公正性、处理类似争议的经验等角度来考虑。2001年孟加拉国《仲裁法》不限定仲裁员的国籍,[1]当事人可以自由选择任何国籍的适当人选作为仲裁员,为公平考虑,当事人可以约定不同于各方国籍的人作为仲裁员。

(3)对仲裁员提出异议

在仲裁进行的任何阶段,如果当事人认为仲裁员存在影响其公正性和独立性的事由时,为保障裁决的公正性,应当在得知有关情况以后尽快对该仲裁员的任命提出异议,无论该仲裁员是否为己方指定或参与指定,除非在指定该仲裁员之前当事人已经得知该情况。如果当事人对仲裁员的情况不了解,建议当事人向仲裁庭提出要求,要求仲裁员就其公正性和独立性作出说明。

当事人可以自行约定仲裁员异议的程序,尤其是关于提出异议的期限,2001年孟加拉国《仲裁法》规定,该期限为自当事人得知事由后30日内。为了不拖延仲裁程序并保障公平,当事人可以约定他们认为更适合的期限。2001年孟加拉国

---

〔1〕 Art 12(b), Arbitration Act 2001.

《仲裁法》还规定了对仲裁员异议决定的上诉,依照该法,仅高等法庭作出最终裁决就长达 90 天,从仲裁效率的角度出发,建议当事人以自行约定仲裁员异议程序为先。

(4)仲裁员任命的变更

在实践中,可能出现仲裁员任命终止的情形。有一种情况是,仲裁员由于其他原因未能不过分延迟地行事,如果仲裁员辞职或者各方当事人就终止该仲裁员任命达成协议,则该仲裁员的任命即终止。如果当事人发现有仲裁员无法正常行事,并且这种情况可能会影响仲裁程序的进行,则其应当尽快与其他当事人达成合意以终止该仲裁员的任命,以便及时替换新的仲裁员,继续进行仲裁程序,推动争议解决。如果其他当事人怠于行使这一权利,建议中方当事人应当及时向孟加拉国的最高法院提交申请,防止仲裁程序被拖延。若各方当事人就终止仲裁员的任命达成了合意,则该事项应由各方当事人约定的人来执行,2001 年孟加拉国《仲裁法》没有规定当事人可以约定的执行仲裁员任命终止事项的人,则出于效率和便捷等因素,如果仲裁庭由多人组成,建议当事人约定由其他仲裁员来处理对某一仲裁员终止任命的事项:一是仲裁员本身具有处理该事项的经验,二是仲裁员对案件的程序进行情况更加了解,这些都有助于该事项的妥善处理。

指定新的仲裁员仍依照约定的仲裁员指定程序进行,建议当事人自行约定在仲裁员任命终止后,仲裁庭是否有权继续进行仲裁程序,以及仲裁员被替换前所作的命令或者裁决是否随其任命终止而无效。

3. 仲裁程序

在仲裁程序方面,有很多细节需要注意,特就以下方面提示中方当事人关注和重视。

(1)对仲裁庭的管辖权异议

2001 年孟加拉国《仲裁法》明确规定,仲裁庭具有自裁管辖权。如果当事人对仲裁庭的管辖权有异议,则必须在提交答辩状前提出,如果需要推迟提出该抗辩,当事人应当及时向仲裁庭说明理由,以便仲裁庭认定该理由是否正当。

此外,如果当事人对仲裁庭的管辖权有异议,还可以向孟加拉国的高等法庭提出,由其作出决定。需要特别注意的是,当事人向高等法庭提出申请应当表明需要高等法庭决定某一事项的理由。该理由必须具有足够的说服力,否则高等法庭将拒绝该申请。对当事人来说,如果到了迫不得已需要向提请孟加拉国高等法庭来决定仲裁庭管辖权的情况时,一定要明确申请的内容,特别是提出申请的原因,写明请求高等法庭决定某一事项的充分理由,围绕2001年孟加拉国《仲裁法》规定的高等法庭应当考虑的因素,着重突出由高等法庭决定仲裁庭管辖权事项的高效性、紧迫性以及合理性,这样高等法庭才有更有可能接受申请并决定仲裁庭的管辖权事项。

(2)临时措施

2001年孟加拉国《仲裁法》规定,仲裁庭和法院均有权采取临时措施,这一权力的行使必须以当事人的请求为前提,不得主动采取。在仲裁庭组成之前,若当事人的法定权利被侵犯或面临被侵犯的直接危险,应由有权的法院依当事人请求采取临时措施。因此,若事态紧急,当事人应尽快提起仲裁请求,启动仲裁程序,并及时向有权法院提交采取临时措施的申请。

可采取的临时措施种类限于2001年孟加拉国《仲裁法》规定的几种类型,法院为仲裁程序便利而还可以采取其认为合理或适当的临时措施,但一般也仅限于法定的6种。[1] 因此,若当事人需要法院采取仲裁法规定的6种类型之外的临时措施,需要在申请中说明情况和理由。

在仲裁过程中,当事人既可向仲裁庭请求采取临时措施,也可向法院请求采取临时措施。如果当事人有此需求,建议首先向仲裁庭申请,这样更加便利也更为及时,而不必舍近求远去寻求法院的帮助,除非仲裁庭无权发布临时措施,或者仲裁庭没有通过某一临时措施。

(3)申请书和答辩状的提交

申请人提交的申请书应当陈述支持其诉求的事实、案件争点以及所寻求的救济,而被申请人应当逐项作出答辩,除非各方当事人对这种申诉和答辩所要求的内容另有约定。[2] 各方当事人可以随同他们的申诉书或答辩书提交他们认为相关的一切文件,或者附注说明他们将要提交的文件或其他证据。[3] 除非当事人另有约定,在仲裁程序进行中,任何一方当事人均可以修改或补充其申诉书或答辩书,除非仲裁庭为公平考虑或因当事人提出为时过晚而认为不宜允许提出这种改

---

〔1〕 Art 7A(1),Arbitration Act 2001.

〔2〕 Art 29(1),Arbitration Act 2001.

〔3〕 Art 29(2),Arbitration Act 2001.

动。[1] 有关申请书可以包含的内容,当事人可以自行约定。申请书或者答辩状的撰写一定要全面,避免遗漏,如果有需要修改或补充的内容,应当及时送交仲裁庭和其他当事人。申请人撰写申请书要明确己方的诉求并将支持诉求的有关事实、争点和要求的救济列明,被申请人撰写答辩状要针对申请人的诉求逐一回应。当事人应当重视有关书面材料和文件的收集与提交,建议当事人提前整理好需要随申请书或者答辩状一同提交的其他材料,以便仲裁员根据这些材料对案件进行全面了解。

(4)审理方式的选择

根据2001年孟加拉国《仲裁法》,在当事人没有约定案件应开庭审理,也没有约定不开庭的情况下,首先由仲裁庭自主决定仲裁适用口头审理还是书面审理,但仲裁庭在接到当事人的申请后,应当在仲裁程序进行中的适当阶段开庭审理,这种申请不必双方当事人达成合意,可由任何一方当事人单独提起。

虽然开庭审理并非仲裁的必备程序,但其对当事人的意义重大,尤其是开庭审理中的口头辩论,能够令当事人把控仲裁全局,围绕争议事项发表自己的观点,反驳对方,使仲裁庭尽可能采信己方观点,这是仲裁庭根据书面材料审理案件所不具有的。开庭审理有利于推进仲裁庭对案件事实进行客观认定,对证据进行全面审核,同时能够在一定程度上监督仲裁庭权力的行使,保证案件处理的公正性等,若不开庭,就等于失去了这些程序性利益。因此,除非非常明确案件不开庭审理不会对实体权利造成明显影响,或者出于程序简化方面的考虑,为更好地保障自身权益,建议当事人在仲裁协议中明确约定案件开庭审理,或者在仲裁程序进行中及时向仲裁庭申请开庭,积极行使这一程序权利。

(5)证据事宜

当事人可以自行约定证据的形式,可以是口头的、书面的,也可以宣誓的形式进行。2001年孟加拉国《仲裁法》没有规定仲裁应当遵循的证据规则,只是强调仲裁庭行事,不须受到其1872年《证据法》的约束。因此,仲裁庭应当决定证据的证据能力、关联性、实质性和重要性,包括是否适用严格的证据规则。仲裁庭没有义务适用任何特定的证据规则。因此,当事人如果希望仲裁庭采用某一证据规则来进行质证等事项,可以在仲裁协议中同其他当事人达成协议。

---

[1] Art 29(3), Arbitration Act 2001.

关于专家证人的选定,不须依赖当事人的申请,而是属于仲裁庭的一般权限,除非当事人约定排除仲裁庭该项权限。这一制度有利于提高仲裁专业性,当事人应该合理利用,尤其在仲裁庭自主指定专家的情况下,当事人应当充分利用庭审辩论维护自身权益。同时,要认识到可能存在对方恶意利用专家证人拖延仲裁进行的情况。为避免这种情况发生,当事人可以在仲裁协议中约定仲裁庭拒绝当事人指定专家证人的情形,由仲裁庭判断专家证人介入的必要性,防止仲裁程序被恶意拖延。

合理运用证人制度,有助于当事人在仲裁中制胜。在孟加拉国的仲裁中,仲裁庭没有传唤证人的权力,当事人要求传唤证人的途径有二:一是向仲裁庭提出,由仲裁庭向法院申请传唤;二是当事人得到仲裁庭允许后,自行向法院申请传唤。由于涉及司法协助,从 2001 年孟加拉国《仲裁法》的语义来看,当事人不得自行约定证人传唤事宜,如有需求,当事人应尽快作出选择。

(6)当事人缺席

仲裁将决定当事人之间的权利义务分配,因此建议当事人正确认识缺席仲裁可能带来的后果。如无特别情况,当事人最好不要缺席仲裁。对仲裁庭在当事人缺席时的权力,当事人可以自由约定,以便仲裁程序能够快速进行,并有效防止其他当事人故意不出席仲裁以拖延仲裁程序的行为。

4. 仲裁裁决

(1)仲裁裁决的改正与解释

仲裁裁决记录了争议解决的方案,并确定了各方当事人的权利义务,是仲裁的结果。但在实践中,仲裁裁决不可避免会存在一些计算或印刷错误,或者有已在仲裁程序中提出但遗漏的申诉事项等。

当事人提出改正、解释或者追加仲裁裁决的请求有重要意义,这赋予了仲裁庭改正错误的机会,也为当事人提供了更多救济权利的可能。仲裁庭对裁决某一部分的具体解释,将有助于理解仲裁庭在法律适用方面的思路,这也将使裁决更具说服力。因此,建议当事人在接到裁决书的文本后第一时间核对检查,尤其要注意裁决部分的内容,一旦发现错误或者遗漏应当及时要求仲裁庭进行纠正和补充。如果当事人认为裁决有不够清晰的内容,也应当及时要求仲裁庭进行解释。

(2)裁决的撤销

申请撤销仲裁裁决是 2001 年孟加拉国《仲裁法》规定的唯一裁决追诉方式。撤销裁决的权利具有时效性,2001 年孟加拉国《仲裁法》规定该期限为自接到仲裁裁决后的60日内,建议当事人注意这一期间,及时行使权利。为尽快撤销符合条件的裁决,当事人可以提前熟悉了解法定的5种可由当事人提起的撤销仲裁裁决的事由,一旦认为裁决可以被撤销的情况,可以围绕法定事由叙述理由并搜集证据,维护己方的合法权益。而有权处理撤销国际商事仲裁裁决申请的司法主体为高等法庭。

(3)裁决的承认与执行

在2001年孟加拉国《仲裁法》项下,其境内进行的任何仲裁裁决的承认与执行并没有特别程序,都需要参照其1908年《民事诉讼法》关于判决的执行规定来执行。

需要注意的是,如果当事人申请孟加拉国承认和执行外国仲裁裁决,其申请只能向其首都达卡的地区法院提出,其他法院均无权管辖。此外,当事人申请承认执行外国仲裁裁决所附有的材料,只要不是孟加拉语的版本,都要证明文本的正确性。

孟加拉国当前的法律规定和争议解决机构的建立等一系列努力都充分表明了其当前对仲裁以及其他替代性纠纷解决方式的大力支持,争议解决方式也日趋多元化。2001年孟加拉国《仲裁法》的颁布是对孟加拉国传统仲裁观念和制度一次颠覆。但是该法的颁布实施尚不足20年,有关仲裁的实施情况尚无官方统计,而司法对仲裁的态度如何,也仍要留待实践检验。

在"一带一路"倡议之下,未来将会有更多中国企业进入孟加拉国市场。我国当事人在孟加拉国进行商事活动的同时应当保持危机意识,尤其要注意商事争议解决所面临的未知风险,学会运用法律武器维护自身合法权益,做好迎接挑战的准备。在孟加拉国发生商事争议后,我国当事人应当综合权衡争议解决的多种路径,结合自身实际需求,积极向法律专业人士寻求咨询意见,以选择最有利的争议解决途径,高效解决争议,减少损失。此外,相关企业和法务工作者进行日常商事贸易活动的同时,还应当重视与仲裁领域专家学者的交流,建立与专业律师、仲裁员的联系,以便发生争议时能够及时寻求帮助,学会依托国家平台,充分利用信息资源,提高企业自身抵御风险和化解风险的能力。

附录:

2001 年孟加拉国《仲裁法》

The Arbitration Act, 2001

[Act No. I of 2001]

[24th January, 2001]

An Act to enact the law relating to international commercial arbitration, recognition and enforcement of foreign arbitral award and other arbitrations.

Whereas it is expedient and necessary to enact the law relating to international commercial arbitration, recognition and enforcement of foreign arbitral award and other arbitrations;

It is hereby enacted as follows: -

Chapter I
Introductory

1. Short title, extent and commencement. – (1) This Act may be called the Arbitration Act,2001.

(2) It extends to the whole of Bangladesh.

(3) It shall come into force on such date as the Government shall, by notification in the official Gazzette, appoint.

Chapter II
General Provisions

2. Definitions. – In this Act, unless there is anything repugnant in the subject or context, –

(a) "Legal representative" means a person who in law represents the estate of a deceased person, and includes any person who intermeddles with the estate of the deceased, and, where a party acts in a representative character, the person on whom the estate devolves on the death of the party so acting;

(b) "Court" means District Judge's Court and includes Additional Judge's Court appointed by the Government for discharging the functions of District Judge's Court under this Act through Gazette notification;

(c) "International Commercial Arbitration" means an Arbitration relating to disputes arising out of legal ' relationships, whether contractual or not, considered as commercial under the law in force in Bangladesh and where at least one of the parties is —

(i) "an individual who is a national of or habitually resident in, any country other than Bangladesh; or

(ii) a body corporate which is incorporated in any country other than Bangladesh; or

(iii) a company or an association or a body of individuals whose central management and control is exercised in any country other than Bangladesh, or

(iv) the Government of a foreign country;

(d) "Limitation Act" means Limitation Act, 1908 (Ⅸ of 1908);

(e) "Code of Civil Procedure" means Code of Civil Procedure, 1 908 (Act Ⅴ of 1908);

(f) "Specified state" means a spec state declared by the Government under section 47 of this Act;

(g) "party" means a party to an ' agreement;

(h) "Chief Justice" means the Chief Justice of Bangladesh;

(i) "Rules" means any rules made under this Act;

(j) "Person" means a statutory or other organizations, company and association and includes partnership firm;

(k) "Foreign arbitral award" means an award which is made in pursuance of an Arbitration agreement in the territory of any state other than Bangladesh but it does not include an award made in the territory of a specified state;

(l) "Evidence Act" means Evidence Act, 1872 (Act Ⅰ of 1872);

(m) "Arbitration" means any arbitration whether or not administered by permanent institution;

(n) "Arbitration agreement" means an agreement by the parties to submit to Arbitration all or certain disputes which have arisen or which may arise between them in respect of a defined legal relationship, whether contractual or not.

(o) "Arbitration tribunal" means a sole Arbitrator or a panel of Arbitrator.

(p) "Arbitral award" means a decision moxie by the arbitral tribunal on the issue in dispute;

(q) "High Court Division" means High Court Division of the Supreme Court of Bangladesh.

3. Scope. – (1) This Act shall apply where the place of Arbitration is in Bangladesh.

(2) Notwithstanding anything contained in sub-section (1) of this section, the provisions of sections 45, 46, and 47 shall also apply to the arbitration f the place of that arbitration is outside Bangladesh.

(3) This Act shall not affect any other law for the time being in force by virtue of which certain disputes may not be submitted to arbitration.

(4) Where any arbitration agreement is entered into before or after the commencement of this Act, the provisions thereof shall apply to the arbitration proceedings in Bangladesh relating to the dispute arising out of that agreement.

4. Construction of References. — (1) Where this Act, except section 36, leaves the parties free to determine a certain issue, that freedom shall include the right of the parties to authorise any person to determine that Issue.

(2) Where this Act –

(a) refers to the fact that the parties have agreed or that they may agree, or

(b) in any other way refers to an agreement of the parties, that agreement shall include any arbitration rules referred to in that agreement.

(3) Where this Act other than clause (a) of sub-section (3) of section 35 or clause (a) of sub-section (2) of section 41, refers to a claim, it shall also apply to a counter-claim, and where it refers to a defence, it shall also apply to a defence to that

counter-claim.

5. Receipt of written communications. –(1) Unless otherwise agreed by the parties –

(a) any written communication, notice or summons is deemed to have been received f it Is delivered to the addressee personally or at his place of business, habitual residence or mailing address, and

(b) if none of the places referred to in clause (a) can be found after making a reasonable inquiry, a written communication is deemed to have been received f it is sent to the addressee's last known place of business, habitual residence or mailing address by registered letter or by any other means which provides a record of the attempt to deliver it.

(2) The communication, notice or summons, as the case may be, shall be deemed to have been received on the day it is so delivered.

(3) This section does not apply to written communication, notice or summons, as the case may be, in respect of proceedings of any judicial authority.

6. Waiver of right to object. – A party who knows that –

(a) any provision of this Act from which the parties may derogate, or.

(b) any requirement under the arbitration agreement, has not been complied with and yet proceeds with the arbitration without stating his objection to such non compliance without undue delay or, f a time limit is provided therefor within such period of time, shall be deemed to have waived his right to so object.

7. Jurisdiction of Court in respect of matters covered by arbitration agreement. – Notwithstanding anything contained in any other law for the time being in force, where any of the parties to the arbitration agreement files a legal proceedings in a Court against the other party, no judicial authority shall hear any legal proceedings except in so far as provided by this Act.

7A. Powers of court and High Court Division to make interim orders: – (1) Notwithstanding anything contained in section 7 unless the parties agree otherwise, upon prayer of either parties, before or during continuance of the proceedings or until enforcement of the award under section 44 or 45 in the case of international commercial arbitration the High Court Division and in the case of other arbitrations the court may pass order in the following matters:

(a) To appoint guardian for minor or insane to conduct on his/her behalf arbitral proceedings.

(b) To take into interim custody of or sale of or other protective measures in respect of goods or property included in the arbitration agreement.

(c) To restrain any party to transfer certain property or pass injunction on transfer of such property which is intended to create impediment on the way of enforcement of award.

(d) To empower any person to seize, preserve, inspect, to take photograph, collect specimen, examine, to take evidence of any goods or property included in arbitration agreement and for that purpose to enter into the land or building in possession of any party.

(e) To issue ad interim injunction;

(f) To appoint receiver; and

(g) To take any other interim protective measures which may appear reasonable or appropriate to the court or the High Court Division.

(2) The similar powers of the court or the High Court Division as are available in relation to any other legal proceedings shall be available to the court or the High Court Division as the case may be, while passing orders under sub section (1).

(3) Before passing order upon application received under sub-section (1) the court or the High Court Division shall serve notice upon the other party:

Provided that f the court or the High Court Division is satisfied that in the event the order is not passed instantaneously, the purpose of making interim measures shall be frustrated, there shall be no necessity of serving such notice.

(4) If the court or the High Court Division is satisfied that Arbitration Tribunal has no power to initiate proceedings in any matter under sub-section (1) or the Arbitration Tribunal has failed to pass order in such matter, the Court or the High Court Division as the case may be, shall be competent to pass order under this section.

(5) The Court or the High Court Division f considers appropriate shall be compe-

tent to cancel, alter or amend the order passed under this section.

(6) Where any Arbitration Tribunal or any institution or person empowered in any matters relating to orders passed under sub-section (1) passed any order in such matters, the order passed by the court or High Court Division as the case may be, in the same matter, shall be entirely or the relevant part thereof inoperative.

8. Administrative assistance. _ In order to facilitate the conduct of the arbitral proceedings, the parties, or the arbitration tribunal with the consent of the parties, may arrange for administrative assistance by a suitable person.

Chapter Ⅲ
Arbitration Agreement

9. Form of arbitration agreement. _ (1) An arbitration agreement may be in the form of art arbitration clause in a contract or in the form of a separate agreement.

(2) An arbitration agreement shall be in writing and an arbitration agreement shall be deemed to be in writing f it is contained in –

(a) a document signed by the parties;

(b) an exchange of letters, telex, telegrams, Fax, e-mail or other means of telecommunication which provide a record of the agreement; or

(c) an exchange of statement of claim and defence in which the existence of the agreement is alleged by one party and not denied by the other.

Explanation-The reference in a contract is a document containing an arbitration clause constitutes an arbitration agreement f the contract is in writing and the reference is such as to make that arbitration clause part of the contract.

10. Arbitrability of the dispute. – (1) Where any party to an arbitration agreement or any person claiming under him commences any legal proceedings against any other party to the agreement or any person claiming under him in respect of any matter agreed to be referred to arbitration, any party to such legal proceedings may, at any time before filing a written statement, apply to the Court before which the proceedings are pending to refer the matter to arbitration,

(2) Thereupon, the Court shall, f it is satisfied that an arbitration agreement ex-

ists, refer the parties to arbitration and stay the proceedings, unless the Court finds that the arbitration agreement is void, inoperative or is incapable of determination by arbitration.

(3) Notwithstanding that an application has been made under sub-section (1) and that the issue is pending before the judicial authority, an arbitration may be commenced or continued and an arbitral award made.

Chapter Ⅳ
Composition of Arbitral Tribunal

11. Number of arbitrators. _ (1) Subject to the provisions of sub-section (3), the parties are free to determine the number of arbitrators.

(2) Failing the determination of a number referred to in sub-section (1) the tribunal shall consist of three arbitrators.

(3) Unless otherwise agreed by the parties, where they appoint an even number of arbitrators, the appointed arbitrators shall jointly appoint an additional arbitrator who shall act as a chairman of the tribunal.

12. Appointment of arbitrators. _ (1) Subject to the provisions of this Act, the parties are free to agree on a procedure for appointing the arbitrator or arbitrators.

(2) A person of any nationality may be an arbitrator, unless otherwise agreed by the parties.

(3) Failing any agreement referred to in sub-section (1).

(a) in an arbitration with a sole arbitrator, if the parties fail to agree on the arbitration within thirty days from receipt of a request by one party from the other party to so agree the appointment shall be made upon request of a party –

(i) by the District Judge in case of arbitration other than international commercial arbitration, and

(ii) in case of international commercial arbitration with three arbitrators, each party shall appoint one arbitrator, and the two appointed arbitrators shall appoint the third arbitrator who shall be Chairman of the arbitral tribunal

(4) If the appointment procedure in sub-section (3) applies and

(a) a party fails to appoint an arbitrator within thirty days of the receipt of a request to do so from the other party or,

(b) the appointed arbitrators fail to agree on the third arbitrator within thirty days of their appointment, the appointment shall be made, upon the application of a party –

(c) by the District Judge except in case of international commercial arbitration, and

(d) by the Chief Justice or by any other Judge of the Supreme Court designated by the Chief Justice in case of international commercial arbitration.

(5) The third arbitrator appointed under clause (b) of sub-section (4) shall be the Chairman of the said tribunal.

(6) If more than one arbitrator are appointed under sub-section (4) the District Judge, or the Chief Justice or any other Judge of the Supreme Court designated by the Chief Justice, as the case may be, shall appoint one person from among the said arbitrators to be the Chairman of the arbitral tribunal.

(7) Where, under an appointment procedure agreed upon by the parties –

(a) a party fails to act as required under such procedure; or

(b) the parties, or the arbitrators, fail to reach an agreement under the same procedure; or

(c) a person or any third party fails to perform any function assigned to him under that procedure, unless the agreement on the appointment procedure provides other means to take the necessary measure for securing the appointment a party may apply to –

(d) the District Judge except in case of international commercial arbitration and the District Judge shall appoint the Chairman of the tribunal along with the other arbitrators,

(e) the Chief Justice or any Judge of the Supreme Court designated by the Chief Justice in case of international commercial arbitration and the Chief Justice or the Judge of the Supreme Court as designated by the Chief Justice shall appoint the Chairman of the tribunal along with other arbitrators.

(8) The appointment of the arbitrator or arbitrators under sub-sections (3), (4) and (7) shall be made within sixty days from the receipt of the application thereof.

(9) The Chief Justice, or a Judge of the Supreme Court as designated by the Chief Justice, or the District Judge, as the case may be, in appointing an arbitrator under this section, shall have due regard to any qual required to the arbitrator under the agreement between the parties, and to such considerations as are likely to secure the appointment of an independent and impartial arbitrator.

(10) In the case of appointment of a sole arbitrator or third arbitrator in an international commercial arbitration, the Chief Justice or the Judge of the Supreme Court designated by the Chief Justice, as the case may be, may appoint an arbitrator of a nationality other than the nationalities of the parties where the parties belong to different nationalities.

(11) The Chief Justice or the District Judge, as the case may be, may make such scheme as he may deem appropriate for dealing with matters under this section.

(12) The decision under sub-sections (3), (4) and (7) of the Chief Justice or the Judge of the Supreme Court designated by the Chief Justice or the District Judge, as the case may be, shall be final.

(13) The Chief Justice may entrust a Judge with the duties for a particular case or cases or for discharging the entire duties and may fix up the tenure of that Judge for the purposes of this section.

Explanation-In this section "District Judge" means that District Judge within whose local jurisdiction the concerned arbitration agreement has been entered into.

13. Grounds for challenge. – (1) When a person is requested to accept appointment as an arbitrator, he shall first disclose any circumstances likely to give rise to justifiable d is to his independence or impartiality.

(2) An arbitrator, shall from the time of his appointment and throughout the arbitral proceedings, without delay, disclose to the parties any circumstances referred to in sub-section (1) unless they have already been so informed by him.

(3) An arbitrator may be challenged only f circumstances exist that give rise to justifiable doubts as to his independence or impartiality, or he does not possess the

qualifications agreed to by the parties.

(4) A party may challenge an arbitrator appointed by him, or in whose appointment he has participated, only for reasons of which he becomes aware after the appointment has been made.

14. Challenge procedure. – (1) Subject to sub-section (6), the parties shall be free to agree on a procedure for challenging an arbitrator.

(2) Failing any agreement referred to in sub-section (1), a party who intends to challenge an arbitrator shall, within thirty days after becoming aware of the circumstances referred to in sub-section (3) of section 13, send a written statement of the reasons for the challenge to the arbitral tribunal.

(3) Unless the arbitrator challenged under sub-section (2), withdraws from his office or the other party agrees to the challenge, the arbitral tribunal shall decide on the challenge within thirty days from the date of filing the written statement referred to in sub-section (2).

(4) Any party aggrieved by the decision of the arbitral tribunal under sub-section (3), may prefer an appeal to the High Court Division within thirty days from the date of the said decision,

(5) The High Court Division shall decide the matter within ninety days from the date on which it is filed.

(6) If a challenge under any procedure agreed upon by the parties or under the procedures under sub-section (3) or the appeal preferred against the decision is not successful, the arbitral tribunal shall continue the arbitral proceedings and make an award.

15. Termination of arbitrator's mandate. – (1) The mandate of an arbitrator shall terminate. –

(a) he withdraws himself from office:

(b) he dies;

(c) all the parties agree on the termination of his mandate; or

(d) he is unable to perform his functions of his office or for other reasons fails to act without undue delay and withdraws from his office or the parties agree on the termination of his mandate.

(2) If arty arbitrator has incurred disqualifications referred to in clause (d) of sub-section (1) fails to withdraw himself from his office and all the parties fail to agree on his termination, then on the application of any party within the prescribed period by rules —

(a) the District Judge, in case of other arbitrations excepting international commercial arbitration;

(b) the Chief Justice or a Judge of the Supreme Court designated by the Chief Justice in case of international commercial arbitration may terminate the said arbitrator

(3) Where the parties are agreed upon, the termination shall be enforceable by the person agreed by the parties,

(4) If an arbitrator withdraws himself from his office or where all the parties agree on the termination of the mandate of an arbitrator under the circumstances as referred to in clause(d) of sub-section (1), it shall not imply acceptance of the validity on any ground referred to in this clause or in sub section (3) of section 13.

Explanation-In this section "District Judge" means that District Judge within whose local jurisdiction the concerned arbitration agreement has been entered into.

16. Substitution of an arbitrator whose mandate has been terminated. – (1) Where the mandate of an arbitrator terminates, a substitute arbitrator shall be appointed according to the provisions applicable to the appointment to the arbitrator whose mandate has been terminated.

(2) In the absence of any agreement between the parties –

(a) the substitute arbitrator shall, at the discretion of the arbitral tribunal continue the hearings from the stage at which the mandate of the arbitrator has been terminated.

(b) Any order or decision of the arbitral tribunal shall not be Invalid before the termination of the mandate of an arbitrator due to such termination.

Chapter V
Jurisdiction of Arbitration Tribunals

17. Competence of arbitration tribunal to rule on its own jurisdiction. – Unless

otherwise agreed by the parties, the arbitral tribunal may rule on its own jurisdiction on any questions including the following issues, namely –

(a) whether there is existence of a valid arbitration agreement.

(b) whether the Arbitral Tribunal is properly constituted;

(c) whether the arbitration agreement is against the public policy;

(d) whether the arbitration agreement is incapable of being performed; and,

(e) whether the matters have been submitted to arbitration in accordance with the arbitration agreement.

18. Severability of agreement. – An arbitration agreement which forms part of another agreement shall be deemed to constitute a separate agreement while giving decision for the purpose of determining the jurisdiction of the arbitral tribunal.

19. Objection as to the jurisdiction of the arbitral tribunal. – (1) An objection that the tribunal does not have jurisdiction shall be raised not later than the submission of the statement of defence.

(2) An objection during the course of the arbitral proceedings that the tribunal is exceeding the scope of its authority shall be raised as soon as the matter alleged to be beyond the scope of its authority occurs.

(3) The arbitral tribunal may in either of the cases referred to in sub-sections (1) and (2), admit a later plea f it considers the delay justified.

(4) The arbitral tribunal shall decide on an objection referred to in sub-sections (1) and (2), and where the arbitral tribunal takes a decision rejecting the plea, it shall continue with the arbitral proceedings and make an award.

(5) A party shall not be precluded from raising such a plea merely because that he has appointed, or participated in the appointment of an arbitrator.

20. Powers of the High Court Division in deciding jurisdiction. – (1) The High Court Division, may on the application of any of the parties to the arbitration agreement, after serving notice upon all other parties, determine any question as to the jurisdiction of the arbitral tribunal.

(2) No application under this section shall be taken into account, unless the High Court Division is satisfied that –

(a) the determination of the question is likely to produce substantial savings in costs;

(b) the application was submitted without any delay; and

(c) there is good reason why the matter should be decided by the Court.

(3) The application shall state— the reasons on which the matter should be decided by the High Court Division.

(4) Unless otherwise agreed by the parties, where any application is pending before the High Court Division under this section the arbitral tribunal shall continue arbitration proceedings and make an arbitral award.

21. Powers of the arbitration tribunal to make interim orders. –(1) Unless otherwise agreed by the parties, the arbitral tribunal may, at the request of a party, order a party to take any interim measure of protection as the arbitral tribunal may consider necessary in respect of the subject matter of the dispute, and no appeal shall lie against this order.

(2) The arbitral tribunal may require a party to provide appropriate security in connection with a measure ordered under sub-section (1).

(3) No order under this section shall be passed without giving a notice to the other parties:

Provided that the arbitral tribunal may, where it appears that the object of taking interim measure under this section would be defeated by the delay, dispense with such notice.

(4) An order of an arbitral tribunal requiring the taking of interim measures may be enforced by the court, on an application made therefor, by the party requesting the taking of such interim measures.

(5) The application filed before the Court for the enforcement of the interim measures under sub-section (4) shall be deemed not to be incompatible with section 7 or with arbitration agreement or a waiver of the agreement.

22. Settlement other than arbitration. –(1) It shall not be incompatible with an arbitration agreement for an arbitral tribunal to encourage settlement of the dispute otherwise than by arbitration and with the agreement of all the parties, the arbitral tribunal

may use mediation, conciliation or any other procedures at anytime during the arbitral proceedings to encourage settlement.

(2) If during arbitral proceedings, the parties settle the dispute, the arbitral tribunal shall, if requested by the parties, record the settlement in the form of an arbitral award on agreed terms,

(3) An arbitral award on agreed terms shall be made in accordance with section 38 and shall state that it is an arbitral award on agreed terms.

(4) An arbitral award on agreed terms shall have the same status and effect as any other arbitral award made in respect of the dispute.

Chapter Ⅵ
Conduct of arbitral Proceedings

23. General Responsibilities of the arbitral tribunal. – (1) The arbitral tribunal shall deal with any of the dispute submitted to it fairly and impartially and for this purpose –

(a) each party shall be given reasonable opportunity to present his case orally or in writing or both, and

(b) each party shall be given reasonable opportunity to examine all the documents and other relevant materials filed by other party or any other person concerned before the tribunal,

(2) The arbitral tribunal shall deal with a dispute submitted to it as quickly as possible.

(3) The arbitral tribunal in conducting proceedings shall act fairly and impartially in deciding procedure and evidence and in exercising other powers conferred on it.

24. The arbitral tribunal not bound by the Code of Civil Procedure and the Evidence Act. – The arbitral tribunal shall not be bound to follow the provisions of the Code of Civil Procedure and the Evidence Act in disposing of a dispute under this Act.

25. Determination of rules of procedure. – (1) Subject to this Act the arbitral tribunal shall follow the procedure to be agreed on all or any by the parties in conducting its proceedings.

(2) In the absence of any agreement as to the procedure referred to in sub-section (1), the arbitral tribunal shall, subject to this Act, decide, procedural and evidential matters in conducting its proceedings.

(3) Without prejudice to the powers of the parties to include by agreement, or of the arbitral tribunal to include, any other procedural and evidential matters, procedural and evidential matters include—

(a) time and place of holding the proceedings either in whole or in part;

(b) language of the proceedings and to supply translation of a document concerned;

(c) written statement of claim, specimen copy of defence, time of submission and range of amendment.

(d) publication of document and presentation thereof,

(e) the questions asked to the parties and replies thereof (1) written or oral evidence as to the admissibility, relevance and weight of any materials;

(g) power of the arbitral tribunal in examining the issue of fact and issue of law.

(h) submission or presentation of oral or documentary evidence,

(4) The arbitral tribunal may fix the time to enforce its orders and extend the time fixed by it.

26. Place of arbitration. – (1) The parties shall be free to agree on the place of arbitration.

(2) Failing such agreement referred to in sub-section (1), the place of arbitration shall be determined by the arbitral tribunal having regard to the circumstances of the case, including the convenience of the parties.

(3) Notwithstanding anything contained in sub-section (1), or sub-section (2), the arbitral tribunal may, unless otherwise agreed by the parties, meet at any place it considers appropriate for consultation among its members, for hearing witnesses, experts or the parties, or for inspection of documents, goods or other property.

27. Commencement of arbitral proceedings. – Unless otherwise agreed by the parties, the proceedings shall be deemed to have commenced if –

(a) any dispute arises where the concerned arbitration agreement applies; and

(b) any party to the agreement –

(i) has received from another party to the agreement a notice requiring that party to refer, or to concur in the reference of the dispute to arbitration; or

(ii) has received from another party to the agreement a notice requiring that party to appoint an arbitral tribunal or to join or concur in, or approve the appointment of, an arbitral tribunal in relation to the dispute.

28. Consolidation of Proceedings and concurrent hearings. – (1) The parties shall be free to agree upon this respect that –

(a) any arbitration proceedings shall be consolidated with other arbitral proceedings;

(b) concurrent hearings shall be held on such terms as may be agreed.

(2) The arbitral tribunal shall have no power to pass any order to consolidate the proceedings or for concurrent hearing, unless the same is given by the parties on agreed terms to the tribunal.

29. Statements of claim and defence. – (1) Within the period of time determined by the tribunal, the claimant shall state the facts supporting his claim, the points at issue and the relief or remedy sought, and the respondent shall state his defence in respect of these particulars, unless the parties have otherwise agreed.

(2) The parties may submit with their statements all documents they consider to be relevant or may add a reference to the documents or other evidence they will submit in future.

(3) Except otherwise agreed by the parties, either party may amend or supplement his claim or defence during the course of the proceedings, unless the tribunal considers it inappropriate to allow the amendment or supplement for the sake of fairness or having regard to the delay in making it.

30. Hearings and the proceedings. – (1) Unless otherwise agreed by the parties, the tribunal shall decide whether to hold oral hearings for the presentation of evidence or for oral argument, or whether the proceedings shall be conducted on the basis of documents and other materials;

Provided that the tribunal shall hold oral hearings, at an appropriate stage of the proceedings, either on a request by a party, or of its own motion, unless the parties have agreed that no oral hearing shall be held.

(2) The parties shall be given sufficient prior notice of any hearing and of any meeting of the tribunal for the purposes of inspection of documents, goods or other property.

(3) All statements, documents or other information supplied to, or applications made to the tribunal by one party shall be communicated to the other party, and any expert report or evidentiary document on which the tribunal may rely in making its decision shall be communicated to the parties.

31. Legal or other representation. – Unless otherwise agreed by the parties, a party to an arbitral proceeding may be represented In the proceedings by the lawyer or other person chosen by him.

32. Power to appoint experts, legal advisers or assessors. (1) Unless otherwise agreed by the parties, the arbitral tribunal may –

(a) appoint expert or legal adviser to report to it on spec Issues to be determined by the tribunal; and

(b) appoint assessor to assist it on technical matters; and

(c) require a party to give the expert, legal adviser or the assessor, as the case may be, any relevant information or to produce, or to provide access to, any relevant documents, goods or other property for his inspection.

(2) Unless otherwise agreed by the parties. —

(a) if a party or the arbitral tribunal so requests, the expert, legal adviser or the assessor, as the case may be, shall after delivery of his written or oral report, participate in an oral hearing where the parties have the opportunity to put questions to him and to present expert witnesses in order to testify on the points at issue;

(b) the expert, legal adviser or the assessor, as the case may be, shall, on the request of a party, make available to that party all documents, goods or other property in the possession of him with which he was provided in order to prepare his report;

(c) the parties shall be given reasonable opportunity to comment on the report, information, opinion or advice submitted in the tribunal by the expert, legal adviser or the assessor.

33. Summons to witnesses. –(1) The arbitral tribunal, or a party to the proceedings with the approval of the tribunal, may apply to the Court for issuing summons upon any person necessary for examining, or submitting materials or appearing, or producing before the tribunal for both the purposes, as the case maybe, and the Court shall issue such summons.

(2) A person shall not be compelled under any summons issued under sub-section (1) to answer any question or produce any documents or materials which that person could not be compelled to answer or produce at the trial in an action before the Court.

(3) Persons failing to attend before the tribunal in accordance with such summons as issued under sub-section (1) or making any other default, or refusing to perform, or guilty of any contempt to the arbitral tribunal during the conduct of arbitral proceedings, shall be subject to the like punishments by order of the Court on the representations of the arbitral tribunal as they would incur for the like offences in suits tried before the Court.

34. Evidence before the arbitral tribunal-Unless otherwise agreed by the parties –

(a) evidence may be given before the arbitral tribunal orally or in writing or by affidavit,

(b) the arbitral tribunal may administer an oath or affirmation to a witness subject to his consent.

35. Powers of the arbitral tribunal in case of default of the parties. _ (1) The parties shall be free to agree on the powers of the arbitral tribunal in case of a party's failure to do anything necessary for the proper and expeditious conduct of the arbitration.

(2) Where under sub-section (1) of section 29—

(a) any claimant fails to communicate his statement of claim, the tribunal shall terminate the proceedings, and

(b) the respondent fails to communicate his statement of defence, the tribunal shall continue the proceeding without treating that failure in itself as an admission of the allegations by the claimant.

(3) If the arbitral tribunal is satisfied that there has been inordinate and inexcusa-

ble delay on the part of the claimant in pursuing his claim and that the delay —

(a) gives rise, or is likely to give rise, to a substantial risk that it is not possible to have a fair resolution of the issues in that claim, or

(b) has caused, or is likely to cause, serious prejudice to the respondent, the arbitral tribunal may make an award dismissing the claim.

(4) If without showing sufficient cause a party— (a) fails to attend or be represented at an oral hearing of which due notice was given; or

(b) where matters are to be dealt with in writing fails, after due notice, to submit written evidence or make written submissions, the arbitral tribunal may continue the proceedings in the absence of that party or, as the case may be, without any written evidence or submissions on his behalf and may make an award on the basis of the evidence before it.

(5) If without showing sufficient cause a party fails to comply with any order or directions of the arbitral tribunal, the arbitral tribunal may make an order to comply with such order or directions within such time as it may deem fit.

(6) If a claimant fails to comply with an order of the arbitral tribunal to provide security for costs, the arbitral tribunal may make an award dismissing his claim.

(7) If a party falls to comply with any other kind of order not referred to in any of the sub-sections of this section, then the arbitral tribunal may—

(a) direct that the party in default shall not be entitled to rely upon any allegation or material which was the subject-matter of the order;

(b) draw such adverse inferences from the act of non compliance as the circumstances justify,

(c) proceed to an award on the basis of such materials as have been properly provided to it; or

(d) make such order, as it thinks fit, as to the payment of costs of the arbitration incurred in consequence of the non-compliance.

Chapter Ⅶ

Making of arbitral award and termination of proceedings

36. Rules applicable to substance of dispute. – (1) The arbitral tribunal shall de-

cide the dispute in accordance with the rules of law as are designated by the parties as applicable to the substance of the dispute：

Provided that any designation by the parties of the law or legal system of a given country shall be construed, unless otherwise expressed, as directly referring to the substantive law of that country.

(2) Failing any designation of the law under sub-section (1) by the parties, the arbitral tribunal shall apply the rules of law it considers to be appropriate given all the circumstances surrounding the dispute.

(3) The arbitral tribunal shall decide in accordance with the terms of the contract taking into account the usages of the concerned matter, if any, for ends of justice.

37. Decision making by panel of arbitrators. – (1) Unless otherwise agreed by the parties, in arbitral proceedings with more than one arbitrator, any decision of the arbitral tribunal shall be made by a majority of all its members.

(2) Notwithstanding anything contained in sub-section (1), f authorized by the parties or all the members of the arbitral tribunal, questions of procedure may be decided by the Chairman of the arbitral tribunal.

38. Form and contents of arbitral award. _ (1) An arbitral award shall be moxie in writing and shall be signed by the arbitrator or arbitrators.

(2) In arbitral proceedings with more than one arbitrator, the signatures of the majority of all the members of the arbitral tribunal shall be sufficient so long as the reason for any omitted signature is stated.

(3) No reasons shall have to be stated by the arbitral tribunal where the parties have agreed that no reasons are to be given, or the award is an arbitral award on agreed terms under section 22.

(4) The arbitral award shall state its date and the place of arbitration as determined in accordance with section 26 and the award shall be deemed to have been made at that place.

(5) After the arbitral award is made, a copy signed by the arbitrator or arbitrators shall be delivered to each party.

(6) Unless otherwise agreed by the parties—

(a) Where and in so far as an arbitral award is for the payment of money, the arbitral tribunal may include in the sum for which the award is moxie Interest, at such rate as it deems reasonable, on the whole or any part of money, for the whole or any part of the period between the date on which the cause of action arose and the date on which the award is made.

(b) A sum directed to be paid by an arbitral award shall, unless the award otherwise directs, carry interest at the rate of two percent per annum which is more than the usual Bank rate from the date of the award to the date of payment.

Explanation— "Bank Rate" under this sub-section means the rate of interest as determined by the Bangladesh Bank from time to time,

(7) Unless otherwise agreed by the parties –

(a) The costs of an arbitration shall be fixed by the arbitral tribunal

(b) The arbitral tribunal shall specify

(i) the party entitled to costs;

(ii) the party who shall pay the costs;

(iii) the amount of costs or method of determining that amount, and

(iv) the manner in which the costs shall be paid.

Explanation— Under this sub-section, ‘arbitration costs includes reasonable costs relating to the fees and expenses of the arbitrators and witnesses; legal fees and expenses, any administration fees of the institution supervising the arbitration and any other expenses incurred in connection with the arbitral proceedings and the arbitral award.

39. Award to be final and binding. – (1) An arbitral award made by an arbitral tribunal pursuant to an arbitration agreement shall be final and binding on both the parties and on any persons claiming through or under them.

(2) Notwithstanding anything contained in sub-section (1) the right of a person to challenge the arbitral award in accordance with the provisions of this Act shall not be affected.

40. Correction and interpretation of awards etc. – (1) Within fourteen days from the receipts of the arbitral award, unless another period of time has been agreed upon by the parties –

(a) a party with notice to the other party—

(i) may request the arbitral tribunal to correct any computation errors, any clerical or typographical errors or any other errors of a similar nature occurring in the award;

(ii) may request the arbitral tribunal to modify divisible part of the award which has not been sent to the tribunal or f sent it does not affect the arbitral award on the matters sent to the tribunal.

(b) If the arbitral tribunal considers the request made under sub-section (1) to be justified, it shall make the correction, or give the interpretation as the case may be, within fourteen days from the receipt of the request or where the parties agree upon the longer period of time on the request of the arbitral tribunal, within that agreed longer period of time.

(3) The arbitral tribunal may correct any computation errors, any clerical or typographical errors or any other errors of similar nature occurring in the award referred to in clause (a) of sub section (1) within fourteen days from the date of the arbitral award.

(4) Under this section any correction, modification or interpretation, as the case may be, shall form part of the arbitral award.

(5) Unless otherwise agreed by the parties, a party with a notice to the other party, may request, within fourteen days from the receipt of the arbitral award, the arbitral tribunal to make an additional arbitral award as to claims presented in the arbitral proceedings but omitted from the arbitral award.

(6) If the arbitral tribunal considers the request made under sub-section (5) to be justified, it shall make the additional arbitral award within sixty days from the date of receipt of such request.

(7) The provisions of sections 38 and 39 shall apply to a correction, mod or interpretation of the arbitral award or to an additional arbitral award made under this section.

41. Termination of proceedings. – (1) The arbitral proceedings shall be terminated by the final arbitral award or by an order of the arbitral tribunal under sub-section

(2).

(2) The arbitral tribunal shall issue an order for the termination of the arbitral proceedings where –

(a) the claimant withdraws his claim, unless the respondent objects to the order and the arbitral tribunal recognises a legitimate interest on his part in obtaining a final settlement of the dispute;

(b) the parties agree on the termination of the proceedings; or

(c) the arbitral tribunal finds that the continuation of the proceedings unnecessary or impossible.

(3) Subject to the provisions of section 40, the mandate of the arbitral tribunal shall terminate with the termination of the arbitral proceedings.

Chapter Ⅷ

Recourse against arbitral award

42. Application for setting aside arbitral award. – (1) The Court may set aside any arbitral award under this Act other than an award made in an international commercial arbitration on the application of a party within sixty days from the receipt of the award.

(2) The High Court Division may set aside any arbitral award made in an international commercial arbitration held in Bangladesh on the application of a party within sixty days from the receipt of the award.

43. Grounds for setting aside arbitral award. _ (1) An arbitral award may be set aside if—

(a) the party making the application furnishes proof that –

(i) a party to the arbitration agreement was under some incapacity;

(ii) the arbitration agreement is not valid under the law to which the parties have subjected it;

(iii) the party making the application was not given proper notice of the appointment of an arbitrator or of the arbitral proceedings or was otherwise unable due to some reasonable causes to present his case;

(iv) the arbitral award deals with a dispute not contemplated by or not falling within the terms of the submission to arbitration or it contains decision on matters beyond the scope of the submission to arbitration;

Provided that, if the decisions on matters submitted to arbitration can be separated from those not so submitted, only that part of the arbitral award which, contains decisions on matters not submitted to arbitration may be set aside;

(v) the composition of the arbitral tribunal or the arbitral procedure was not in accordance with the agreement of the parties, unless such agreement was in conflict with the provisions of this Act, or, in the absence of such agreement, was not in accordance with the provisions of this Act.

(b) The court or the High Court Division, as the case may be, is satisfied that—

(i) the subject-matter of the dispute is not capable of settlement by arbitration under the law for the time being in force in Bangladesh;

(ii) the arbitral award is prima facie opposed to the law for the time being in force in Bangladesh;

(iii) the arbitral award is in conflict with the public policy of Bangladesh; or

(iv) the arbitral award is induced or affected by fraud or corruption.

(2) Where an application is made to set aside an award, the court or the High Court Division, as the case may be, may order that any money payable by the award shall be deposited in the Court or the High Court Division, as the case may be, or otherwise secured pending the determination of the application.

Explanation. – The expression "Court" in this section means the Court within the local limits of whose jurisdiction the arbitral award has been finally made and signed.

Chapter Ⅸ
Enforcement of arbitral award

44. Enforcement of arbitral award. – Where the time for making an application to set aside the arbitral award under section 42 has expired, or such application having been mode, has been refused, the award shall be enforced under the Code of Civil Procedure, in the same manner as f it were a decree of the Court.

Explanation. – The expression “Court” in this section means the Court within the local limits of whose jurisdiction the arbitral award has been finally made and signed.

Chapter X

Recognition and enforcement of certain foreign arbitral awards

45. Recognition and enforcement of Foreign arbitral awards. — (1) Notwithstanding anything contained in any law for the time being in force, subject to the provisions of section 46—

a) any foreign award which would be enforceable shall be treated as binding for all purposes on the persons as between whom it was made, and may accordingly be relied on by any of those persons by way of defence, set off or otherwise in any legal proceedings in Bangladesh.

b) a foreign arbitral award shall on the application being made to it by any party, be enforced by execution by the Court under the Code of Civil Procedure, in the same manner as f it were a decree of the Court.

(2) An application for the execution of a foreign arbitral award shall be accompanied by —

(a) the original arbitral award or a copy thereof duly authenticated in the manner required by the law of the country in which it was made;

(b) the original agreement for arbitration or a duly certified copy thereof and

(c) such evidence as may be necessary to prove that the award is a foreign award.

(3) If the award or agreement to be produced under sub section (2) is in English or in any other languages excepting Bangla, the party seeking to enforce the award under sub section (1), shall produce a translation into English certified as correct by a diplomatic or consular agent of the country to which that party belongs or certified as correct in such other manner as may be sufficient according to the law in force in Bangladesh.

Explanation. – The expression ‘Court” shall mean the District Judge’s Court exercising the jurisdiction within the district of Dhaka for the purposes of this section.

46. Grounds for refusing recognition or execution of foreign arbitral awards. –

(1) Recognition or execution of foreign arbitral award may be refused only on the following grounds, namely -

(a) if the party against whom it is invoked furnishes proof to the Court that

(i) a party to the arbitration agreement was under some incapacity;

(ii) the arbitration agreement is not valid under the law to which the parties have subjected it;

(iii) the party against whom the award is invoked was not given proper notice of the appointment of the arbitrator or of the arbitral proceedings or was otherwise unable due to some reasonable causes to present his case; or

(iv) the concerned foreign arbitral award contains decisions on matters beyond the scope of the submission to arbitration;

Provided that, f the decisions on matters submitted to arbitration can be separated from those not so submitted, that part of the award which contains decisions on matters submitted to arbitration may be recognised and enforced;

(v) the composition of the arbitral tribunal or the arbitral procedure was not in accordance with the agreement of the parties or, in absence of such agreement was not in accordance with the law of the country where the arbitration took place;

(vi) the award has not yet become binding on the parties, or has been set aside or suspended by a competent authority of the country in which, or under the law of which, that award was made; or

(b) the court in which recognition or execution of the foreign arbitral award is sought, finds that -

(i) the subject matter of the dispute is not capable of settlement by arbitration under the law for the time being in force in Bangladesh; or

(ii) the recognition and execution of the foreign arbitral award is in conflict with the public policy of Bangladesh.

(2) If an application for setting aside or suspension of the enforcement of the foreign arbitral award has been made to a competent authority referred to in sub-clause (v) of clause (a) of sub-section (1) the Court may, f it considers it proper, adjourn the decision on the enforcement of the foreign arbitral award and may also, on the ap-

plication of the party claiming enforcement of the foreign award, order the other party to give suitable security.

47. Power of Government to declare specified state. – For the purposes of this chapter, the Government may, by notification in the official Gazette, declare a state as a specified state.

Chapter XI
Appeals

48. Appeals. – An appeal shall lie from the following orders of the Court to the High Court Division, namely –

(a) setting aside or refusing to set aside an arbitral award under sub-section (1) of section 42;

(b) refusing to enforce the arbitral award under section 44;

(c) refusing to recognize or enforce any foreign arbitral au under section 45.

Chapter XII
Miscellaneous

49. Deposit of costs etc. _ (1) The Arbitral tribunal may fix the amount of the deposit as an advance for the costs referred to in sub-section (7) of section 38, which it expects will be incurred in respect of the claim submitted to it;

Provided that where, apart from the claim, a counter-claim has been submitted to the arbitral tribunal it may fix separate amount of deposit for the claim and counter-claim.

(2) The deposit referred to in sub-section (1) shall be payable in equal shares by the parties;

Provided that where one party fails to pay his share of the deposit, the other party may pay that share;

Provided further that where the other party also does not pay the aforesaid share in respect of the claim or the counter claim, the arbitral tribunal may terminate the arbitral proceedings in respect of such claim or counter claim or refuse to make an award to the parties.

(3) Upon termination of the arbitral proceedings, the arbitral tribunal shall render an accounting to the parties of the deposits received and shall return any unspent balance to the party or parties, as the case may be.

50. Dispute as to arbitrator's remuneration or costs. – (1) If in arty case art arbitral tribunal refuses to deliver its award except on payment of the costs demanded by it, the court may, on an application in this behalf, order that –

(a) the arbitral tribunal shall deliver the award to the applicant on payment into court by the applicant of the costs demanded; and

(b) the Court shall, after such inquiry, f any, as it thinks fit, further order that out of the money so paid into Court there shall be paid to the arbitral tribunal by way of costs such sum as the court may consider reasonable and that the balance of the money if any, shall be refunded to the applicant.

(2) An application under sub-section (1) may be made by any party where the fees demanded have not been fixed by written agreement between him and the arbitral tribunal, and the tribunal shall be entitled to appear and be heard on any such application.

(3) The Court may make such orders as it thinks fit respecting the costs of the arbitration where any question arises respecting such costs and the arbitral award contains no sufficient provision concerning them.

(4) Subject to the provisions of sub-section (1) and to any provision to the contrary in the arbitration agreement, the arbitral tribunal shall have a lien on the arbitral award for any unpaid costs of the arbitration.

51. Arbitration agreement not to be discharged by death of parties thereto. – (1) Unless otherwise agreed by the parties –

(a) an arbitration agreement shrill not be discharged by reason of the death of any party thereto, but shall in such event be enforceable by or against the legal representative of the deceased;

(b) the mandate of an arbitrator shall not be affected by the death of any party by whom he was appointed.

(2) Nothing in this section shall affect the operation of any law relating to abatement of right through the death of a person.

52. Provision in case of bankruptcy. – (1) Where it is provided by a term in a contract to which an insolvent is a party that any dispute arising therefrom or in connection therewith shall be submitted to arbitration, the said term shall, f the receiver adopts the contract, be enforceable by or against him so far as it relates to any such dispute.

(2) Where a person who has been adjudged an insolvent had, before the commencement of the insolvency proceedings, become a party to an arbitration agreement, and any matter to which the agreement is required to be determined in connection with, or for the purpose of the bankruptcy proceedings,

(a) then, f the case is one to which sub-section (1) does not apply, any other party or the receiver may apply to the judicial authority having jurisdiction in the bankruptcy proceedings for an order directing that the matter in question shall be submitted to arbitration in accordance with the arbitration agreement; and

(b) the Bankruptcy Court may, f it is of opinion that, having regard to all circumstances of the case, the matter ought to be determined by arbitration, make an order accordingly.

Explanation. _ In this section "Bankruptcy Act" means: "Bankruptcy Act" 1997 (Act No. X of 1997) and 'Receiver" means the receiver as explained in clause (4) of section 2 of the Bankruptcy Act.

53. Jurisdiction. – Notwithstanding anything contained elsewhere in this Act, or in any other law for the time being in force, where with respect to an arbitration agreement any application under this Act has been made in a Court –

(a) that court alone shall have jurisdiction over the arbitral proceedings; and

(b) all subsequent applications arising out of that agreement and the arbitral proceedings shall be made in that court and in no other court.

54. Application of this Act to other laws providing for arbitration. – Nothing of this Act shall apply to the Industrial Relations Ordinance, 1969 (XXXIII of 1969) or to any other law making special provisions for arbitration.

55. Limitation. -(1) Subject to the provisions of this Act, the Limitation Act, shall apply to arbitrations under this Act as they apply to proceedings in Court.

(2) For the purposes of this section and the Limitation Act, an arbitration shall be deemed to have commenced on the date referred to in section 27.

(3) Where an arbitration agreement to submit future disputes to arbitration provided that any claim to which the agreement applies shall be barred unless some step to commence arbitral proceedings is taken within a time fixed by the agreement, the court may, on such terms, f any, as the interest of justice, may require, extend the time for such period as it thinks proper.

(4) Where the court orders that an arbitral award be set aside, the period between the commencement of the arbitration and the date of the order of the court shall be excluded in computing the time prescribed by the Limitation Act.

56. Publication of a text in English. _ After the commencement of this Act the Government shall, by notification in the official Gazette, publish an authentic text in English which shall be known as the Authentic English Text of this Act:

Provided that in the event of any conflict between this Act and the English text, this Act shall prevail.

Chapter XIII
Supplementary Provisions

57. Power of the Government to make rules. _ Subject to the provisions of section 58, the Government may, by notification in the official Gazette, make rules for carrying out the purposes of this Act.

58. Power of the Supreme Court to make rules in certain cases. - The Supreme Court may, with the approval of the President make rules consistent with this Act, for regulating the proceedings of the High Court Division or the Court under this Act.

Chapter XIV
Repeals and Savings

59. Repeal and savings. -(1) The Arbitration (Protocol and Convention) Act,

1937, the Arbitration Act, 1940, hereinafter mentioned as the Acts, are hereby repealed.

(2) Notwithstanding such repeal, the provisions of the enactments as referred to sub-section (1) shall apply to all arbitral proceedings which commenced before this Act came into force unless otherwise agreed by the parties, as f this Act was not made.

The End

This version of The Arbitration Act, 2001 *is provided by Doulah & Doulah without any obligation. Established in* 1965 *Doulah & Doulah is a Partnership Law Firm under registration number* 27074. *The firm has top-ranked transactional capabilities complemented by a strong litigation practice with a large client-base including over fifty of the Fotune* 500 *companies.*